KB001880

한 권으로 읽는
브리태니커

한 권으로 읽는
브리태니커

백과사전을 통째로 집어삼킨 남자의 가공할 만한 지식탐험

Know-It-All

A. J. 제이콥스 | 표정훈 · 김명남 옮김

김영사

한 권으로 읽는 브리태니커

저자_ A. J. 제이콥스
역자_ 표정훈 · 김명남

1판 1쇄 인쇄_ 2007. 12. 14
1판 6쇄 발행_ 2010. 12. 27

발행처_ 김영사
발행인_ 박은주

등록번호_ 제406-2003-036호
등록일자_ 1979. 5. 17.

경기도 파주시 교하읍 문발리 출판단지 515-1 우편번호 413-756
마케팅부 031)955-3100, 편집부 031)955-3250, 팩시밀리 031)955-3111

값은 표지에 있습니다.
ISBN 978-89-349-2830-0 03100

독자의견 전화_ 031)955-3104
홈페이지_ http://www.gimmyoung.com
이메일_ bestbook@gimmyoung.com

좋은 독자가 좋은 책을 만듭니다.
김영사는 독자 여러분의 의견에 항상 귀 기울이고 있습니다.

이런 기상천외한 도전이라니……

모든 것을 다 알고 모든 일을 행할 수 있는 전지전능全知全能. 여기 전지에 도전한 사람이 있다. 도전의 방법은 지식의 표준으로 대접 받는 브리태니커 백과사전의 모든 항목을 읽는 것. 그 사람의 동기 또는 목적은 무엇일까? 세상에서 가장 똑똑한 사람이 되는 것이지만, 실상은 복잡하다. 어린 시절부터 지적으로 탁월한 사람이 되어야 한다는 일종의 강박에 시달린 탓이기도 하고, 지적으로 뛰어난 친지들 때문에 느끼는 콤플렉스도 작용했으며, 나이가 들면서 지력知力이 감퇴되어 간다는 위기의식 때문이기도 하다.

그 사람 아놀드 J. 제이콥스는 이 범상치 않은 도전을 하는 과정에서 'Know-It-All', 그러니까 '아는 체하는 사람', '똑똑한 체하는 사람'이 되어간다. 일상생활 곳곳에서 일종의 브리태니커 증후군 비슷한 걸 겪게 되는 것이다. 어떤 주제 무슨 화제든 자신이 브리태니커에서 읽은 사항을 떠올리거나 읊어대는 것이다. 아내와 키스를 할 때도, 직장에서 기획회의를 할 때도, 해외여행을 할 때도, 산부인과에서 정자 검사를 위해 정자 채취를 할 때도 어김없이 브리태니커다.

그의 도전은 어쩌면 처음부터 가망이 없는 도전이었는지도 모른다. 설사 브리태니커를 완독한다 해도, 또 그 내용을 모조리 암기한다 해도, 그 결과가 과연 '세상에서 가장 똑똑한 사람'인지는 의문이기 때문이다. 똑똑하다거나 영리하다거나 하는 것이 정말로 무엇을 뜻하는지, 사실 이러한 질문이 도전 과정 내내 그를 뒤따라 다닌다. 예컨대 지식과 지혜의 차이 같은 것에 대한 질문이다. 광범위한 지식을 머리에 담아둔다고 지혜로워지는 건 아니지 않은가.

물론 제이콥스 자신도 이걸 잘 알고 있다. 그는 이 범상치 않은 도전의 과정 내내 '큰 그림Big Picture'을 보고 싶다는 소망, 다시 말해서 잡다한 지식의 축적 과정을 통해 결과적으로는 세상과 자기 자신에 대한 폭넓고도 깊은 통찰에 도달하는 순간이 오지 않을까 하는 기대를 품는다. 일이관지一以貫之하는 지성의 개안開眼, 지식에서 지혜로 질적인 도약을 하는 순간을 꿈꾸는 것이다. 비록 그러한 꿈이 실현되지 못한다 할지라도, 꿈을 향한 도전 그 자체만 해도 소중하고 아름다운 것이 아니겠는가.

그러한 제이콥스의 도전 방식을 자기 교육self education이라 할 수 있을 것이다. 제이콥스는 다분히 익살맞고 가벼운 터치로 자신의 브리태니커 작전을 보고하고 있지만, 그 누구에게도 부과 받지 않고 순전히 스스로 설정한 엄청난 과제를 자기 주도적으로 수행해 나가는 것이 어찌 쉬웠으랴. 그 과제를 완수한다고 해서 누가 상을 주는 것도 아니고 소득 수준의 향상을 기대할 수 있는 것도 아니었지만(결과적으로는 이 책의 인세 수입으로 연결되었겠지만), 제이콥스는 브리태니커를 통해 스스로 배우고 스스로를 교육시켰다.

소싯적 제이콥스로 말할 것 같으면, 여행 가방에 D. H. 로렌스의 소설을 챙겨 넣고 마르크스주의에 대해 열정적으로 토론하며 세상을 자기 몸처럼 근심했다. 지적인 것에 대한 목마름에 늘 시달리던 제이콥스는 그러나 학교를 마치고 본격적으로 사회생활을 시작한 다음부터 연예계 가십과 유행 트렌드 같은 것만(잡지 편집자라는 직업상의 이유도 있었지만) 줄줄 꿰며 지적인 세계와 멀어져만 갔다. 그런 제이콥스의 행로는 바로 우리들의 일반적인 행로가 아니겠는가.

제이콥스는 그런 자신을 과감하게 바꾸려 나섰다. 지식이라는 연료를 새롭게 주입해서 지성을 다시 점화시키려는 도전이 바로 그의 브리태니커 완독 도전이었던 것이다. 나이가 들어가면서 뭘 봐도 시큰둥하고 심드렁해지며 감각적인 자극을 강하게 주는 것에만 그럭저럭 눈길이 가는 증상은 지적 성숙의 징표가 아님은 물론이며, 나이 듦에 따르는 당연한 현상도 결코 아니다. 적어도 제이콥스의 도전을 본다면, 그것은 우리가 극복해야 하고 극복할 수 있는 지적 쇠락이다. 제이콥스는 우리에게 이렇게 말하고 있는 듯하다. '학이시습지불역열호'(學而時習之不亦說乎, 배우고 때로 익히면 즐겁지 아니한가!).

이 책에서 우리가 엿보거나 누릴 수 있는 사항은 다양하다. 예컨대 이 책은 뉴요커로 살아간다는 것이 무엇인지 정확히 보여준다. 제이콥스는 뉴욕의 유대인 집안에서 태어나 맨해튼의 돌턴 스쿨을 졸업하고 이른바 아이비리그 대학인 브라운 대학을 나와 유수의 연예, 패션, 트렌드 잡지의 편집자로 일한다. 아버지는 저명한 법학자, 가족 대부분이 세칭 명문대 출신이다.

뉴욕, 유대인, 트렌드 잡지, 그리고 아이비리그가 이루는 교집합이 제이콥스의 일상의 무대이자 그의 일상의 정체성인 것이다. 그 정체성은 때로는 가족의 일상에서, 직장에서 겪는 일에서, 아내나 친구와의 대화에서, 업무상 만나는 사람들과의 관계에서 수시로 드러난다. 피상적이거나 단편적으로 설정되어 있는 뉴요커의 허상이 아니라, 구체적인 삶의 모습으로 다가오는 뉴요커의 기록이 바로 이 책이다.

또 하나는 '자기를 드러내는 글쓰기'의 좋은 사례라는 점이다. 제이콥스는 자신의 생각, 느낌, 언행, 과거, 태도, 판단 등을 솔직하면서도 위트 넘치게 글로 갈무리할 줄 아는 사람이다. 따라서 이 책은 제이콥스의 세밀한 자기 관찰기이기도 하다. 브리태니커 완독 도전을 통해 그가 얻은 것은 어쩌면 자기 자신에 관해 더 잘 알게 되었다는 것인지도 모른다. 세상의 모든 지식을 흡수하는 데 도전한 제이콥스는 어떤 의미에서 자기에 관한 지식을 얻는 데 더 성공한 셈이다. 때로는 치사하기까지 한 자신의 생각과 감정을 관찰자의 시점에 가까운 태도로 스스로 야유하는 제이콥스는, 이 책을 집필하면서 분명한 단계 더 성숙해졌으리라 추측해본다.

제이콥스의 위와 같은 글쓰기 스타일과 태도 덕분에, 독자들은 남의 일상을 훔쳐보는 불온하지만(?) 쏠쏠한 재미를 누릴 수 있을 것이다. 이른바 웹카메라로 자신의 일상을 드러내 보여주는 것과 비슷하다고 할까. 번역자로서 나는, 어느 사이 제이콥스의 일상의 호흡 또는 리듬에 맞추어 웃음 짓거나 진지해지거나 하는 일종의 공감적 경험을 할 수 있었다. 이것은 그의 글쓰기가 개인 블로그 글쓰기와 비슷하다는 데에서도 까닭을 찾을 수 있을지 모른다.

나는 2008년 5월에 뉴욕을 방문할 계획인데, 제이콥스와 미리 연락을 취해 한번 만나볼까 생각 중이다. 그가 브리태니커에서 읽은 우리나라 관련 항목을 실마리 삼아 대화를 이어나가 보면 좋을 듯도 싶지만, 나를 만나고 나면 제이콥스가 이런 글을 개정판(만일 나온다면)에 추가시키지 않을까 염려되기도 한다. (정말 그럴 것 같다.)

'이 책의 한국어판 번역자를 만났다. 놀랍게도 그가 구사하는 영어는 초등학생 수준이었다. 나이에 어울리지 않게 어려운 단어와 개념을 주워들어 익힌 초등학생! 한국어판이 살짝 걱정되는 것이었다. 아무래도 그에게 영어란 악카드어나 수메르어 비슷한 게 아닐까? 그가 영어 판독에만은 능숙한 사람이기를. 하긴, 그가 나보다 낫다. 나는 한국어를 초등학생 수준으로라도 구사하지 못하는 건 물론이고, 판독할 줄도 모르니 말이다.'

예정대로라면 훨씬 전에 나왔어야 할 책이 전적으로 나의 게으름 탓에 이제야 선보이게 되었다. 귀중한 지면을 사과의 말로 허비하는 것을 용서해주신다면, 편집자에게 진심으로 사과드린다. 경기 시간을 지연시키면서 감독과 야수들을 지치게 만든 못난 선발투수를 대량 실점의 위기에서 구원해주신 공역자 김명남 선생님께 진심으로 감사드린다.

그나저나, 어렵게 얻은 제이콥스 부부의 아이는 잘 자라고 있을까? (얼마나 노심초사하며 얻은 아이인지는 책을 읽어 보시면 알 수 있다.) 제이콥스가 혹시 세상에서 가장 똑똑한 아이 만들기 프로젝트에 돌입한 건 아닐까? 브리태니커 영어판에 수록된 첫 번째 말 아악(a-ak 雅樂)에 대한 설명이 '가가쿠를 보시오'로 되어 있는 게 '한국인의 입장에서는' 영 맘에 들지 않는다는 얘기도 해주고 싶다. 아무래도 제이콥스를 만나봐야겠다.

2007년 12월

표정훈

한때는 나도 똑똑했다

나는 터키 제일의 아방가르드 출판물 이름을 안다. 나는 존 퀸시 애덤스 대통령이 돈을 노린 정략결혼을 했다는 사실을 안다. 나는 배우 버드 애벗이 배신자였다는 사실을 알고, 아일랜드에서는 부재자 투표가 매우 인기 있다는 사실을 알고, 난쟁이들의 엉덩이는 보통 사람의 것보다 튀어나왔다는 사실을 안다.

나는 영국인들이 1797년에 시계에다 세금을 매기려 했다는 사실을 안다(대단한 실수였다). 나는 야구 선수 행크 아론이 인디애나폴리스 클라운즈(광대들)라는 팀에서 뛰었음을 안다. 나는 성경의 그 유명한 아담이 TV 시사 프로그램 〈60분〉과 〈60분 II〉의 기자들 전원의 수명을 합한 것보다 오래 살았다는 사실을 안다(정확히 930년 살았다). 남아메리카의 아차과 부족은 호수를 숭배했고, 일본에 야구를 소개한 남자는 공산주의자였고, 율리시스 S. 그랜트 대통령은 베네치아를 "물만 빼면" 멋있는 도시가 되리라 생각했다는 사실을 안다.

내가 이런 사실들을 아는 이유는 막 브리태니커 백과사전의 첫 100페이지를 읽었기 때문이다. 나는 몹시 높은 고도까지 올라간 유명 열기구 전문가 벤 아브루조처럼 어질어질하다. 한편으로 세상에 이토록 말도 안 되게 많은 정보가 있다는 사실에 경각심을 느낀다. 뇌가 꽉 차서 귀에서 사실들이 데굴데굴 굴러 나오는 것 같다. 하지만 전반적으로 말하자면 나는 결연한 상태이다. 나는 이 사전을 A에서 Z까지, 구체적으로 '아악$_{a-ak}$'에서 '지비에츠$_{zywiec}$'까지 읽을 것이다. 아직 A 항목 앞부분도 채 마무리하지 못했지만, 끝까지 씩씩하게 책장을 넘길 것이다. 나는 이미 여정에 올랐다. 3만 2,900페이지만 더 가면 된다!

왜 이렇게 되었냐고? 왜 소파에 파묻혀 깨알 같은 글씨에 눈을 가늘게 뜬 채 난쟁이의 엉덩이나 남아메리카 호수에 대해 읽고 앉았냐고? 배경 설명이 조금 필요하겠다.

한때는 나도 똑똑했다. 고등학교와 대학 때는 상당히 지성적인 축으로 인정 받았다. 여행 짐을 꾸릴 때는 D. H. 로렌스의 소설을 챙겼고, 마르크스주의의 원리에 대해 열정적으로 토론했고, "그럼에도 불구하고" 같은 표현을 대화에 활용했다. 나는 제법 여러 가지를 알고 있었다. 그러나 대학을 졸업한 이래, 나는 오랫동안 천천히 바보의 길을 밟았다. 서른다섯이 되자 나는 황당할 정도로 멍청해져 있었다. 사태가 이 지경으로 지속되면 마흔 살 생일에는 하루 내내 TV 쇼를 보면서 양동이에 침이나 흘리고 앉았을지 모른다.

우리 세대 사람들이 대개 그렇듯, 나는 값비싼 대학 교육의 산물이 머릿속에서 서서히 흐려져가는 것을 느꼈다. 물론 브라운 대학에서 4년간 배운 것들 가운데 몇 가지는 지금도 기억이 난다. 가령 기숙사 바닥에 내버려둔 부리토는 닷새가 지나도 먹을 만하더라는 사실? 아주 꼭꼭 씹었더니 괜찮았다. 하지만 정통적인 학습에 관해서는? 수업에 관해 퍼뜩 떠오르는 기억이라면 정확히 세 가지가 있다.

1. 영문학 교수가 월트 휘트먼이 동성애자였음을 까발린 순간.
2. 스페인어 수업에서 한 극렬 페미니스트가 남성 대명사 사용을 거부하여 교수를 격분시킨 순간. "라 폴로." "아니, 엘 폴로라니까." "라 폴로." "아니, 아니, 아니 엘 폴로라고!" 이런 식.
3. 니체 세미나에서 한 청년이 손을 들고 이렇게 말했다. "1분만 더 이 수업을 듣고 있다가는 미쳐버릴 것 같습니다." 그러고는 재깍 자리에서 일어나 교실 뒤편으로 걸어가더니, 창문 밖으로 펄쩍 점프했다. 1층이긴 했지만 그게 어딘가. 기억할 만한 순간이었다.

내가 지적인 추락을 겪게 된 데는 직업 탓도 있다. 졸업 직후에 나는 〈주간 엔터테인먼트〉의 기자가 되었다. 영화, TV, 음악 분야를 시시콜콜 다루는 잡지이다. 나는 대중문화에 관한 시시껄렁한 지식을 두개골 가득 채웠다. 엔 싱크 멤버 전원의 이름을 외우고, 안무가의 이름까지 외웠다. 어느 스타가 부분 가발을 쓰는지, 누가 가슴 수술을 했는지, 누가 둘 다에 해당하는지 알고 있었다. 하지만 이 때문에 심오한 지식들은 두개골 밖으로 밀려나야 했다. 나는 도넛을 좋아하는 호머 심슨에 대해서는 자신 있게 떠들 수 있었으나, 기나긴 시를 썼던 눈먼 사내에 대해서는 깡그리 잊었다. 나는 타블로이드 신문의 가십 기사와 매력적인 유명 인사의 얼굴이 표지에 박힌 책 말고는 아무것도 읽지 않았다. 내 책장에는 아직도 배우 매릴루 헤너의 자서전이 손때 묻은 채 남아 있다. 〈에스콰이어〉로 옮기고서는 사태가 조금 나아졌다(이제 시라와 쉬라즈가 같은 포도 품종이라는 사실을 안다). 하지만 현재의 내 지식 기반은 한심할 정도로 조각조각이다. 말런 브랜도만 한 큰 구멍이 여기저기 나 있다. 말이 났으니 말인데 말런 브랜도의 자서전도 물론 읽었다.

나는 브리태니커를 읽는다는 생각을 몇 년간 소중하게 품고 있었다. 어릴 때 모든 주요 항공사의 멀미 봉투를 모았던 것을 제외하면 살면서 인상적인 업적을 이룬 게 하나도 없기에, 이것이야말로 내게 걸맞은 시련이 아닐까 생각해왔다. 가장 높은 지식의 산, 나의 에베레스트. 다행스럽게도 이 에베레스트를 오를 때는 귀에 고드름이 달릴 일도, 내가 가장 좋아하는 기체인 산소가 박탈될 일도 없을 것이다. 나는 세상의 모든 것에 대한 집중 학습 과정을 밟을 것이다. 내 지식의 기반에 구멍 하나 남기지 않을 것이다. 극심한 전문화의 시대에, 나는 종합적인 지식을 완벽하게 갖춘 아메리카 대륙 최후의 제너럴리스트가 될 것이다. 나는, 아마도 상당히 가능성이 있으리라, 세상에서 가장 똑똑한 남자가 될 것이다.

나는 과거에도 참고 도서에 열중한 적이 있었다. 대학 졸업 후의 일인데, 며칠 내내 웹스터 영어사전을 숙독했다. 하지만 단어 만들기 게임인 스크래블에서 교활하고 영리한 수를 두기 위해 알파벳 두 개 짜리 단어들을 찾는 게 목적이었다. (당시 일종의 실업 상태였다.) 목적에 비추어 평가하면 매우 성공적인 경험이었다. 내가 기(gi, 가라테 도복)를 걸치지 않고도 스크래블에서 내 조(jo, 여자 친구를 뜻하는 스코틀랜드 속어)의 엉덩이를 걷어찰 수 있었다는 데 마지막 남은 수(xu, 베트남의 통화 단위)를 걸어도 좋다.

사실 백과사전 발상은 아버지에게서 훔쳤다. 뉴욕의 변호사인 아버지는 내가 고등학교 1학년때, 브리태니커 전권 읽기를 결심하셨다. 아버지는 공부를 사랑하는 분이다. 처음에는 공학 대학원에 갔다가, 다음에 경영 대학원을 갔다가, 다음에 로스쿨을 다니셨다. 아버지가 이제 의대에 등록해볼까 하는 참에 어머니가 나서서 "직장을 잡는 것도 괜찮지 않겠어요? 그러면 돈이 생기니까 식료품을 살 때 도움이 좀 될 거예요"라고 말했다. 아버지는 일을 하면서도 줄곧 책에 탐닉하고 학문적인 글쓰기를 이어갔다. 그러던 1982년, 아버지는 브리태니커를 다 읽으면 모든 주제에 대해 즉각 전문가가 될 수 있으리라 생각한 것이다. 하지만 아버지는 B 중간까지 읽고는 바쁜 일정을 핑계로 포기하였다. 아마 보르네오Borneo쯤이었던 것 같다. 이제 내가 그 일을 이어받는 것이다. 내가 가문의 영광을 되살리겠다.

나는 기쁜 소식을 알리고자 아버지에게 전화를 걸었다.

"아버지가 시작했던 일을 제가 끝맺을게요."

"무슨 소리인지 모르겠구나."

"브리태니커 백과사전 전체 읽기에 도전할까 해요."

잠시 침묵. "P가 특히 훌륭하다고 하더구나."

느낌상 농담이다. 아버지는 늘 그러신다. 엄청난 정보와 지혜를 머릿속에 갖고 계시면서, 누나와 내게는 노상 농담이나 한심한 장난만 하신다. 가령 물잔 꼭대기까지 물을 따라주어서 도저히 흘리지 않고는 마실 수 없게 만든다. 심각한 대화는 직장에서 또는 집안에 수두룩한 다른 변호사들과 나누는 것이다. 곧 그런 상황도 바뀌겠지. 내가 페니키아 법률 체계의 미묘한 부분에 대해 이야기하기 시작하면, 아버지도 나를 어른들 동아리에 끼워주실 것이다.

나는 아내 줄리의 의향도 떠보았다. 함께 수북하게 쌓인 설거지를 해치우던 저녁이었다.

"나는 더 똑똑해질 필요가 있는 것 같아." 내가 말했다.

"왜? 자기는 지금도 충분히 똑똑해." 줄리가 스펀지를 달라고 손짓했다.

"TV 리얼리티쇼 시청을 좀 줄여야 할까 봐." 내가 말했다.

"하루에 두세 시간 정도로 절제할 수 있을 거야."

"그리고 백과사전을 읽을까 해." 대답이 없다. "브리태니커 백과사전을, A에서 Z까지."

줄리가 회의적이라는 것을 느낄 수 있었다. 하긴, 그럴 만하다. 우리는 〈주간 엔터테인먼트〉에서 동료 직원으로 만났다. 줄리는 광고를 팔고 고객과 상담하는 사업부 쪽이었으므로, 사회생활에 서툴고 비현실적인 나와 달리 사교적이고, 실제적이었다. 줄리가 나를 게이로 오해한 탓도 있고 해서 우리의 연애는 느리게 진행되었으나, 지금은 어느덧 5년째 부부로 지내오고 있다. 그동안 줄리는 내가 이것저것 장대한 계획을 선언하는 꼴을 지겹도록 보았다. 잡지사 내에 탁구

리그를 결성하려 했던 일, 투렛 증후군이 있는 대통령을 주인공으로 시나리오를 쓰겠다고 나선 일(가제는 '괴상한 두목에게 경의를'이었다)······. 결국에는 모두 수포로 돌아가는 것을, 줄리는 목격했다.

"잘 모르겠어, 여보." 마침내 줄리가 말했다. "시간 낭비 같아."

회의적일 뿐더러 약간 걱정이 담긴 대답이다. 안 그래도 줄리는 나를 집에서 끌어내 3차원의 실제 인간들과 접촉시키려 애쓰고 있다. 백과사전이라니, 편안한 소파에 붙박여 있을 핑계가 하나 더 늘겠군, 줄리 생각은 그랬을 것이다. "뉴욕의 모든 식당에서 저녁을 먹어 보는 건 어때?" 줄리가 제안했다. "식당 이름 A로 시작해서 Z까지 가는 거야. 재미있지 않을까?"

용맹스런 회유 시도였다. 하지만 나는 백과사전 작전에 대해 엄청 심각하다.

친구들에게 말해도 열광적 지지는 얻을 수 없었다. 《클리프 노트》 같은 요약본 책들을 읽으면 안 돼?" 보통의 반응은 그랬다. 한 친구는 어린이를 위한 《브라운 백과사전》을 독파하라고 권했다. 어떤 이들은 《월드북》 백과사전을 읽는 편이 속도가 빠르지 않겠느냐고 했다. 최소한 사진이라도 많으니까. 그럴 때면 나는 대답했다. 아니, 브리태니커여야만 해.

정말 그렇다. 어젯밤, 나는 백과사전들에 대한 사전 조사를 해보았다. 여전히 브리태니커야말로 정통 중의 정통, 백과사전계의 티파니 명품이었다. 1768년에 탄생한 브리태니커는 역사상 가장 오랜 기간 중단 없이 출간된 참고 도서라는 영예를 갖고 있다. 그 세월 동안 아인슈타인, 프로이트, 해리 후디니 같은 이들이 브리태니커에 글을 썼다. 현재의 기고자 목록에도 노벨상, 퓰리처상, 여배우의 중계가 따라붙지 않는 기타 등등의 시상식을 거행하는 엄숙한 상들의 수상자들이 가득하다. 브리태니커 사는 닷컴 붐이 일었을 때 꽤나 힘들었고, 방문판매원 제도도 오래전에 없앴지만, 아직도 착착 발전하고 있다. 1911년에 발간된 전설의 11판은 온순하지만 나름 열광적인 팬들을 거느릴 정도로 최고로 꼽힌다. 물론 현재의 판본도 단일한 지식원으로서는 최고 중의 최고이다.

인터넷이라는 경쟁자가 있기는 하다. 구글을 A에서 Z까지 읽을 수도 있을 것이다. 하지만 인터넷의 신뢰도는 슈퍼마켓 계산대 위에 트라이던트 껌과 듀라셀 건전지 사이에 놓인 출판물들의 신뢰도와 비슷하다. 인터넷의 신뢰도를 확인해보고 싶은가? 'perfectionist'(완벽주의자) 대신 'perffectionist'나 'perfestionist'라고 검색해보라. 아니, 나는 오래된 책 쪽을 선택하련다. 브리태니커에는 뭔가 마음에 와 닿는 안정감이 있다. 나는 49달러면 살 수 있는 최신식 시디롬이나 월정액 온라인 브리태니커 서비스도 싫다. 나는 1,400달러짜리 가죽 장정 책을 사겠다. 저렴한 가격은 아니지만 대학원 등록금보다는 확실히 싸다. 그리고 작전을 마치고 나면 〈제퍼디〉 퀴즈 쇼에라도 나가 브리태니커 열 질을 살 만한 상금을 탈 수도 있지 않겠는가?

주문을 넣고 며칠 기다리자 상자들이 도착했다. 세 상자인데, 각각이 에어컨을 넣어도 될 만큼 커다랗다. 나는 골판지를 뜯고 새 구입품을 꺼냈다. 참으로 잘생긴 책들이다. 미끈하고 새까맣고, 책등에는 권에서 다루는 첫 항목과 마지막 항목이 금박으로 새겨져 있다. 이를테면 Excretion(배설)/Geometry(기하학). 또는 Menage(가사)/Otta-wa(오타와). 누구라도 저 자유분방한 캐나다인들의 수도에 대해서 알고 있으리라고 선언하듯 엄숙하게.

3차원 브리태니커를 접한 줄리는 녀석들이 책장을 다 잡아먹을까 봐 공포에 질렸고, 나는 내가 얼마나 어마어마한 양을 탐구해야 하는 지 통감했다. 나는 3만 3,000페이지, 6만 5,000개 항목, 9,500명의 저 자, 2만 4,000개의 그림을 봐야 한다. 휴지처럼 얇고 넓적한 책장에 빼곡히 들어찬 글자들을. 모두 다해 4,400만 개의 단어들을.

늑장도 부릴 겸, 나는 책 전부를 한 줄로 쌓아 올려보았다. 내 젖꼭 지에 닿았다. 127센티미터! 배우 대니 드비토만 한 부피의 지식이다. 나는 새로운 적수를 눈앞에 두고 혼자 주먹을 날려보았다. 오른손 잽 을 날리려다 말고 문득 한발 물러서서 다시 녀석을 바라보았다. 심란 한 광경이다. 이걸 다 읽는다는 게 정말 훌륭한 생각일까? 최선의 시 간 활용일까? 컬럼비아 대학에서 수업을 듣거나 새 수영복을 사는 등 좀 쉬운 일을 성취하는 게 낫지 않을까? 허나 그럴 수는 없다. 나 는 이미 칼을 빼 들었다.

나는 첫 권을 쿵 하고 허벅지에 올린다. 제법 묵직하게 느껴진다. 박식하게 느껴진다. 근사하게 느껴진다. 표지를 여니 억센 책등이 약 간 반항하는 것이 느껴져 또한 기분이 좋다. 그리고 나는 읽기를 시 작한다.

| 차례 |

S _535

안식일 엄수주의자 세인트일라이어스 산맥 살리에리, 안토니오 사르트르, 장-폴 슈멜링, 막스 학교 스크래블 게임 대본 선택 7대 불가사의 상어 쇼, 조지 버나드 중국학 잠 달팽이 스노클 사회경제학적 주의와 개혁 운동 솔로몬 소리 스페인-미국 전쟁 언어 장애 향신료 무역 스포츠 기록 스포츠 스탈린, 요시프 미국 국가 〈성조기여 영원하라〉 스트라빈스키, 이고르 말더듬기 수에즈 운하

T _578

태평천국의 난 테러리즘 테슬라, 니콜라 극장 물건, 것, 스칸디나비아 지역의 의회나 법정 사고 시간 톨스토이 트레이닝, 훈련, 연습 개선 행진 삼두정 트로츠키, 레온 트럼프, 도널드 퉁구스카 대폭발 사건 순무 교육, 보호, 영향, 지도, 신탁통치

U _602

우쿨렐레 움라우트 대학 오줌 유용성 웃시야

V _615

백신 밴 뷰런, 마틴 바서 칼리지 채식주의 탈것 자동판매기 복화술 기학 빅토리아 비너그레트 생체액

W _640

전쟁 기술 H. G. 웰스 속죄보상금 백악관 윈첼, 월터 동방 박사, 현자 우드, 그랜트 우드헐, 빅토리아

XYZ _650

엑스선 스타일 요트 양, 프랭클린 해 요들 영, 토머스 제우스 졸라, 에밀 동물원 모관, 주케토 지비에츠

나는 부모님의 친구 분이 들려준 우화를 떠올려 본다.

백과사전의 모든 지식, 세상의 모든 지식을 한마디로 압축했다는 현자의 우화다.

그 현자는 "이것 역시 지나가고 말 것에 불과하다"고 했던가?

그리 나쁘지 않은 가르침이다.

a-ak
아악

브리태니커에 수록되어 있는 첫 번째 말이다. '아악.' 이런 설명이 이어진다. "고대 동아시아 음악. 가가쿠를 볼 것." 이게 설명의 전부다. 고대, 동東, 아시아, 음악, 이렇게 네 단어로 이루어진 설명에 "가가쿠를 볼 것"이라니. 이거 누굴 놀리는 건가! 교활한 브리태니커가 처음부터 날 고민에 빠뜨린다. 제6권을 펼쳐 가가쿠가 뭔지 찾아봐야 하는 건가? 아니면 그러려니 하면서 A 항목의 두 번째 말로 넘어가야 할까? 그냥 앞으로 계속 나가기로 한다. 긴장감을 즐기기 위해서라도 말이다. 웬 긴장감이냐고? 누군가와 대화하는 중에 '아악'이라는 말이 불쑥 나온다면 나는 짐짓 허세를 부리면 그만이다. "아! 난 가가쿠를 좋아해요" 혹은 "당신도 그 소식 들었어요? 마돈나가 다음번 음반에 아악을 수록한다는데."

a cappella
아 카펠라

놀랍기도 해라. 아 카펠라가 뭔지 나는 정확히 알고 있다. 전에 사귀던 여자 친구가 대학 아 카펠라 그룹에서 활동했다. 그 그룹은 데프 레퍼드의 노래를 부르면서 그것을 록카펠라Rockapella라 일컬었다. 록 음악과 아 카펠라, 이런 걸 일석이조라 하나? 별로 나쁘지는 않다.

Aachen
아헨

다음 몇몇 항목들이 내 점수를 까먹어버린다. 나는 중국의 장군 이름이나 불교 경전의 이름을 하나도 모르니 어쩔 수 없다. 그리고 아헨, 나는 이 독일의 도시 이름을 들어 본 적이 없다. 독일에서 가장 높은 온도의 유황 온천이 솟는 슈베르트바트-쿠벨레가 있는 도시란다. 이 정보를 기억하기 위해 애쓰고 있다. 모든 걸 알아야겠다는 목표를 정한 이상, (내가 유대인이라고 해서) 독일 민족과 관련한 지식을 차별할 수는 없다.

Aaron
아론

모세의 형 아론 항목으로 넘어왔다. 그는 고대 유대교의 프랭크 스탤론(실베스터 스탤론의 동생) 같아 보인다. 형제 가운데 성공하지 못한 쪽, 그래서 엄마가 그다지 관심을 기울여주지 않는 그런 쪽 말이다. 엄마는 이웃 아주머니와 이렇게 수다를 떤다. "어어! 아론? 그 녀석은 뭐 그럭저럭 잘하고 있어. 여전히 제 갈 길을 찾고 있는 중이지 뭐. 다시 모세 얘기나 해보자고. 홍해에 관해 들어 봤어?"

나는 유대인이지만 별다른 종교적 교육이나 훈련을 받은 적이 없고, 유대교 성인식을 치르지도 않았다. 유대 문화나 전승에 관해 내가 알고 있는 지식의 대부분은 성서를 소재로 한 찰턴 헤스턴 영화에서 얻은 것이다. 유대 명절 욤키푸르(대속제일)에 나는 점심을 '가볍게' 먹기는 하지만(본래는 금식해야 한다), 결코 유대교 교리 준수자라고 할 수는 없다. 브리태니커가 어쩌면 나의 구세주가, 때늦은 유대교 학교가 되어줄지도 모른다.

애벗, 버드 그리고 코스텔로, 루

페르시아 아바스 왕조 통치자들의 이름을 한참 거쳐서, 이 친숙한 두 사람의 배우 이름과 만나게 됐다. 하지만 이들의 과거에 관한 얘기를 들으니 편안한 느낌이 싹 가셔버린다. 이들 사이의 유명한 파트너십은 뉴욕 엠파이어 극장 공연 기간에 코스텔로의 연기 파트너가 병들어 눕게 되자, 당시 극장 매표소에서 일하던 애벗이 대타로 긴급 투입됨으로써 시작됐다. 공연이 성공적으로 끝나자 애벗은 코스텔로의 정식 연기 파트너가 됐다. 이 얘기는 결코 마음 훈훈해지는 그런 얘기가 아니라, 뼈아픈 교훈을 담고 있는 얘기다. 그렇다. 나는 앞으로 다시는 아프지 말아야 한다. 독감에 걸려 하루를 결근하고 회사로 갔더니 우편실에서 일하던 로버트가 수석 편집자로 발탁돼 있을지 누가 알겠는가. 참 살기 어려운 세상, 냉정한 세상이다.

에이비오식 혈액형

혈액형이 B형이나 O형인 사람들과 비교했을 때, A형인 사람들은 위암에 걸리는 경우가 20퍼센트 더 많다고 한다. 바로 나다. A형. 이 얘기는 앞서 코스텔로 얘기보다 훨씬 더 나를 곤혹스럽게 만든다. 그래, 내가 좋아하지 않는 것에 관해서도 배울 준비가 되어 있어야 한다.

압살롬

구약 성서에 나오는 압살롬은 적어도 지금까지 브리태니커에서 내가 접한 인물들 가운데 가장 어처구니없게 죽었다. 숲에서 전투하는 도중 압살롬의 긴 머리가 참나무 가지에 걸려 적장 요압에게 잡혔고,

결국 죽임을 당한 것이다. 내 생각에는, 이 얘기야말로 군인들이 짧은 머리를 해야 하는 까닭을 잘 말해준다.

Acoemeti
아코에메티

중단 없이 성가를 불렀던 5세기의 수도사 집단이다. 릴레이로 성가를 불렀기 때문에 중단하지 않을 수 있었다. 노래 부르다 지친 수도사의 뒤를 이어 목이 싱싱한 수도사가 부르고, 그 수도사가 지치면 다시 다른 수도사가 이어 부르는 식이었다. 상상해보니 그럴듯한 장면이기는 하지만, 그 수도사 집단의 이웃에 살고 싶지는 않다. MTV가 전파를 처음 내보내기 훨씬 전에 있었던, 확실히 믹 재거(영국 록그룹 '롤링스톤즈'의 보컬)가 태어나기도 전에 있었던 24시간 엔터테인먼트인 셈이다.

Addled Brain Syndrome
뒤죽박죽 머리 증후군

그렇다. 이건 내가 만든 말이다. 뒤죽박죽 머리 증후군 같은 건 없다. 그러나 나는 지금 분명히 그 증후군에 시달리고 있다. 과도하게 몰두하다가 완전히 압도당할 지경이니, 읽기를 중단하고 서재 주변을 걸어 다녀야 했다. 체육관 코치의 말대로 걸으면서 털어버리자. 머리가 살짝 삐었을 뿐 골절된 건 아니니, 걸으면서 털자.

브리태니커 읽기는 내가 예상했던 것보다 훨씬 더 힘들다. 그런데 어떤 면에서는 이상하리만치 쉽다. 뮤직비디오를 보며 자랐고, 아주 잠깐 각성제에 관심을 기울였던 나 같은 사람에게는 완벽한 책이다. 각 항목 설명글은 한 입에 먹기 딱 좋은 크기다. 캔자스 주 중동부의 작은 도시 애빌린이 지루해지면 텍사스로 옮겨 가면 된다. 노예 제도 폐지론을 읽다가 지겨워져도 걱정하지 마시라. 눈을 약간 돌리면 설인雪人이 있다(설인의 발자국이라고 알려진 것들의 상당수가 사실은 달리는 곰이 만들어 놓은 것이라고 한다). 브리태니커를 읽는 건 교양물이 많은 케이블 TV 시스템에 가입해서 채널을 이리저리 돌리는 것과 비슷하다.

채널 변경은 돌연하고도 가차 없다. 이리저리 휘두르는 채찍, 정신에 가해지는 그런 채찍을 맞을 수밖에 없다. 울적하게 처져 있는 것에서 기분이 붕 뜨는 것까지, 극히 미세한 것부터 우주적인 것까지, 고대에서 현대까지 정신없이 오가게 된다. 그렇다고 방향을 안내해 주는 표지판이 있는 것도 아니며, "그럼 이제 긍정적인 측면으로는" 이런 멘트를 해주는 아나운서가 있는 것도 아니다. 다만 하얀 여백이 무심하게 자리 잡고 있을 뿐이며, 신학神學에서 갑자기 벌레의 행동으로 바뀌는 일이 다반사다. 그러나 나는 신경 쓰지 않는다. 전혀 어울리지 않는 것들이 나란히 서 있는 게 당연하기도 하거니와 더 보기 좋지 않은가. 백과사전뿐 아니라 현실이 본래 그렇다. 온갖 것들을 뒤섞어 만든 샐러드가 바로 현실이고 세상이다. 그러니 나는 구약 성서의 예언자 아브라함과 독일의 정신과 의사 칼 아브라함(항문기 폭발 성향과 남근기에 관한 이론을 정립했다)이 팔꿈치를 맞대고 있는 게 보기 좋다.

아! 그렇지. 다른 게 또 있다. 섹스. 이건 나에게 놀랍고도 즐겁게 다가왔다. 브리태니커가 영화 전문 유료 케이블 방송 시네맥스는 물론 아니지만, 호색적인 것으로 느낄 수 있는 내용이 드물지 않다. 이를테면 나는 에스키모가 아내를 교환하기도 한다는 걸 알았다. 남미의 아차과 부족의 남성들은 서너 명의 아내를 두며, 쥐꼬리망초과 식물들은 양성이다. 물론 이런 건 양반에 속하며, 도발적이고 아슬아슬한 내용이 제법 있다. 뜨겁다. 독일에서 가장 높은 온도의 유황 온천이라는 슈베르트바트-쿠벨레보다 더 뜨겁다. 나는 브리태니커가 수줍은 듯 내숭이라도 떨기를 바랐지만, 허리 아래 은밀한 세상을 흔쾌히 승인하는 것 같다.

연소자 관람 불가 내용이라면 폭력도 빠지지 않는다. 우리 역사라는 게 그 얼마나 많은 피를 뿌리고 흘려왔던지. 페르시아의 한 정치인은 부하들에게 목이 졸려 죽었고, 다른 이는 증기탕에서 질식해 죽었다. 11세기 기독교 신학자 피에르 아벨라르(페트루스 아벨라르두스), 불쌍한 아벨라르는 또 어떤가. (초상화를 보니 배우 스티브 부세미와 닮은 구석이 없지 않다.) 그는 행위가 아니라 의도만이 문제라고 생각했다. 바꿔 말하면 선한 의도를 통해 천국에 가는 길을 닦을 수 있다고 본 것이다. 죄도 행위가 아니라 의도로 판단해야 한다고 볼 정도였다. 그런데 아벨라르가 자신의 제자 엘로이즈와 나눈 사랑 이야기가 나오니, 내가 어떻게 아벨라르의 신학 사상에 관해 좀 더 깊이 생각해볼 수 있겠는가? 그들의 사랑은 불행했다. 아벨라르는 엘로이즈의 숙부의 명에 따라 거세를 했다 하니, 이런 세상에나!

섹스, 폭력, MTV, 이런 모든 것들이 내 노력을 조금은 유쾌하게 만들어줄 때도 있지만 이미 말했듯이, 어렵다. 정말 어렵다. 무엇보다도 먼저, 그 방대함 때문이다. 저 멀리 정보의 바다가 끝없이 펼쳐져 있다. 한 컵 한 컵 그 바닷물을 떠 마시기 전까지는 내가 어디에서 있는 건지, 내가 도대체 뭘 하자고 든 건지 알 수 없다. 에티오피아의 수도 아디스아바바에 관해 읽게 된다. 그 도시에 갈라, 구라게, 하레리, 왈라모, 소말리, 도르, 티그레 등 일곱 개의 종족 집단들이 있다는 걸 읽게 된다. 내가 그걸 외워야만 하나? 여섯 개까지는 어떻게 해본다 해도 왜 하필 일곱 개인가? 맥이 풀린다.

　브리태니커는 대충 읽어 볼 수 있는 책이 아니다. 등을 구부리고 몸을 앞으로 기울여 최대한 집중해서, 마치 바느질이라도 하듯이 읽어야 하는 그런 책이다. 그러니 내 하찮은 머리에는 충격으로 다가온다. 지금까지 나는 내 머리가 얼마나 쇠약해져 있는지 깨닫지 못하고 있었다. 브리태니커를 읽으면서 작동시켜야 하는 사고에 익숙하지 못하다. 모히토 칵테일을 마시며 그물 침대에 누워 빈둥빈둥하다가 갑자기 섭씨 30도 이상의 날씨에 철인 3종 경기에 나서 뛰고 있는 기분이다. 내 머리의 수학과 과학 부분은 특히 대학 시절 이후 축 처져 버렸다. 기껏해야 나는 지하철을 몇 차례나 이용했는지, 그래서 교통카드 잔액이 얼마인지 따위를 가늠하는 데 신경 썼을 뿐이다. 요컨대 2차 방정식이 필요했던 적은 거의 없었다. 내가 직업상 접했던 가장 복잡한 과학이라고 해봐야 남성을 위한 보톡스 주사에 관한 몇 줄의 문장 정도였다. 그러니 내가 산-염기 반응, 짝염기, 비수용성 용제 같은 것들에 관해 읽으면서 얼떨떨해지는 건 당연하다. 나는 그런 종류의 항목들을 읽고 또 읽으면서 언젠가는 지나가겠지 하는 심정이었다. 이건 유럽을 여행 중인 미국 관광객이 영어를 못 하는 가게 주인과 만났을 때 취하는 전략과 같다. 우산, 우~산!, 우~사아~안! 충분히 큰 소리로 거듭 말한다. 그러면 일이 풀릴 것이다.

올컷, 브론슨

《작은 아씨들》로 유명한 소설가 루이자 메이 올컷의 아버지로, 그 자신도 매우 유명한 인물이다. 사람들의 통념에서 벗어나는 혁신적인 생각을 많이 했던 그는 어린이를 위한 학교를 여럿 세웠다. 그가 세운 학교의 훈육 시스템은 특이했다. 잘못을 저지른 아이의 손으로 교사를 벌주는 제도였다. 그렇게 함으로써 아이에게 잘못에 대한 부끄러움을 심어줄 수 있다고 판단했던 것이다. 이거 정말 훌륭한 생각이다. 사실 내 머릿속에는 볼기짝을 찰싹 때려주고 싶은 선생들의 긴 명단이 있다. 그 가운데 5학년 때 나를 가르쳤던 바커 선생님이 떠오른다. 그 선생님은 우리들로 하여금 설탕을 넣지 않은 빵을 팔게 했는데, 아무리 자선이 목적이었다 해도 우리가 쥔 수입은 굴욕적이고 참담하게도 1달러 53센트였다.

앨저, 허레이쇼

이 사람에 관해서는, 가난한 소년이 노력하여 부자가 되는 자수성가 소설로 유명한 19세기 작가라고 알고 있었다. 넝마주이에서 부자가 되는 소설이라고 할까. 그런데 그가 소년들과 부적절한 성적 관계를 맺었다는 혐의를 받아 매사추세츠 교회에서 쫓겨난 다음부터 소설가가 됐다는 건 모르고 있었다. 정말 그렇단 말인가? 브리태니커, 이거 잘만 활용하면 가십 넝마주이도 되겠는걸.

자수정

내가 마주한 큰 문제 중 하나는 브리태니커를 통해 새로 알게 된 지식을 대화에서 써먹는 일이다. 자연스러운 일이 아닌가? 지식은 써먹어야 한다. 뭔가 보여줘야 한다. 그러나 무작정 지식을 풀어헤칠 수는 없는 일이다. 상황에 맞는 적절한 지식을 그럴듯하게 풀어놓아야 효과 만점이 아니겠는가. 그렇게 하지 않는다면 나는 정포精包라 불리는 작은 정자 다발을 옮겨 교미하는 진드기Acarina처럼, 남들을 성가시게 하는 꼴이 되어버릴 것이다.

아직 A 항목을 시작한 지 얼마 되지 않아서인지, 새로 알게 된 지식을 적절하게 써먹거나 남들에게 들려줄 기회가 별로 없었다. 땅돼지aardvark나 줄무늬말승냥이aardwolf(이 아프리카 육식 동물에 대해 브리태니커는 너그럽게도 "해를 끼치지 않고 무척 경계한다"고 설명하고 있다) 같은 것에 관해 말해주는 친구 하나쯤 있는 게 좋을 것이다. 오히려 그런 친구 없이 살아왔다는 게 억울하게 느껴지지 않는가 말이다.

드디어 오늘 한 건 했다. 정말로 성공적으로 한 건 해치운 건지 자신은 없지만, 아니 솔직히 말하면 철저한 실패였지만, 시작은 이러했다. 사무실에서 한 작가와 만났다. 나는 그에게 원고 마감 기한을 주지시켜야 했다. 내가 먼저 말했다.

"화요일이 어떨까요?"

"수요일은 어떻습니까?"

"좋습니다. 하지만 수요일이 정말 마지막입니다. 더 늦게는 곤란해요. 만일 더 늦어진다면 나는 전복에 나 있는 것보다 더 많은 구멍을 당신 몸에 뚫어버릴지도 몰라요."

작가가 어리둥절해한다.

"전복은 항문을 다섯 개 지닌 달팽이의 한 종류라고 할 수 있지요."

침묵이 흐른다.

"껍데기에 일렬로 난 구멍이 있어요. 그 구멍들 가운데 다섯 개가 배출구 구실을 합니다."

다시 침묵이 흐른다. 작가의 표정이 별로 좋지 않다. 사실 이 정도면 즐거운 농담 아닌가? 편집자와 작가가 만나 나누는 그렇고 그런 의례적인 대화를 깨뜨리는 삶의 작은 활력소라고나 할까. 정해진 기한까지 반드시 원고를 받아야겠다는 의지를 표명하는 데 이보다 더 분명한 표현·방식이 어디 있겠는가?

늘어나고 있는 나의 지식을 이런 직업적인 상황 말고 보다 부드러운 상황으로 보여주는 게 좋을 것 같다고 생각했다. 줄리와 함께 줄리의 친구 집에 저녁 초대를 받아서 간 날이었다. 마음속으로 단단히 준비를 했다. 섀년과 데이비드의 아파트에 도착해서 그들과 가벼운 인사 키스를 나누며 인사말을 주고받았다.

"만나서 정말 반가워요."

"으흐~!" 몇 겹으로 껴입은 겨울옷을 벗으며 줄리가 말했다.

"바깥이 좀 춥지?" 섀년이 말했다. 기회는 찬스다.

"러시아가 남극에 설치한 보스토크 기지만큼 춥지는 않아요. 그곳 기온이 섭씨 영하 89.6도를 기록한 적이 있거든요. 하지만 춥긴 춥네요."

섀년이 친절하게 미소 지었다.

이윽고 거실에 앉자 섀년이 줄리에게 여름 휴가 계획에 관해 말했다. 카리브 해의 프랑스령 생바르 섬으로 갈 예정이라는 것이다.

"정말 좋겠다!" 줄리가 말했다.

"그래, 이번 여름까지 어떻게 기다릴지 걱정이다. 좀 태워야 하는데 말이야. 나 좀 봐. 하얗다 못해 창백할 지경이라니까."

다시 기회가 왔다. 내가 말했다.

"미국인 2,000명 중에 한 명 꼴로 알비노증(백색증)에 시달리지요."

섀넌은 내 말에 대해 어떻게 응대해야 할지 어색해하는 눈치였다.

"그건 됐고, 네 방은 어디야?" 줄리가 섀넌에게 말했다.

나는 알비노증에 관해 말하지 말았어야 했다. 하지만 말하고 싶어 죽겠는 걸 어쩌란 말인가. 내 상태로 말할 것 같으면, 구멍이 하나 눈에 들어오면 현미경으로 관찰할 수 있는 극히 미세한 구멍에서부터 전복 똥구멍, 그 밖에 별별 구멍에 관한 사실들이 떠오르는 지경이다. '누가 나 좀 말려줘요' 하고 외치기라도 해야 할까?

부엌에서 와인 한 병을 갖고 온 데이비드가 말했다.

"카베르네 와인 한잔 할 분!"

"저 한잔 할게요." 줄리가 말했다.

"저도 한잔 부탁해요. 그리고 혹시 자수정 가진 거 하나 있으면 그것도 좀……." 내가 말했다.

데이비드가 나를 힐끗 쳐다봤다.

"어떤 고대인들에 따르면 자수정이 술 취하는 걸 막아준다고 해요."

"그래요?" 데이비드가 말했다.

"예. 전 알렉산드로스 대왕처럼 죽긴 싫거든요. 그는 고주망태가 되도록 퍼마신 뒤 병에 걸려 죽었습니다."

"아, 그랬군요. 뭐, 우리야 그렇게까지 마시지는……." 그는 웃으며 말했지만, 약간은 당혹스럽고 짜증이 좀 섞인 듯도 했다.

줄리는 섀넌과 다시 휴가 얘기를 하고 싶어 했다. "호텔은?"

"음, 이미 예약해 두었어. 여행·관광 잡지 〈콘데 니스트 트래블러〉 Conde Nast Traveller에서 적당한 호텔을 찾았거든. 거기가 어디냐 하면……."

"그리고 알코올 소비에 관해 말입니다. 어느 나라가 1인당 알코올 소비가 가장 많을까요? 힌트를 드리자면, 많은 사람들의 생각과 달리 아일랜드는 아닙니다."

"음, 프랑스?" 매우 정중한 태도로 섀넌이 말했다.

"아유, 아닙니다! 프랑스가 아니고요, 룩셈부르크랍니다."

"으흠, 그렇군요."

"누가 제일 많이 마신다? 룩셈부르크! 그러니 룩셈부르크 사람과는 위스키 한 병을 사이에 놓고 앉지 않는 게 좋겠죠? 하하하!"

이 말을 하면서 나는 머리를 흔들며 크게 웃었다.

내가 언급한 사실들이 모두 A로 시작하는 말과 관련 있다는 걸 섀넌과 데이비드가 눈치 채지 않기를 바랐지만, 그러면서도 뭔가 그들이 알아주기를 바랐다. 나는 이미 브리태니커를 읽는 데 물경 30시간 이상을 보냈다. 그러니 그들이 내 성취에 대해 '와!', '이야!' 이런 반응을 보여주면 좋겠다고 생각한 것이다. 줄리가 이런 나의 바람을 알아차렸는지, 아니면 더 이상 내 말로 인해 어색한 분위기가 조성되는 걸 막고자 한 것인지(아마도 후자 쪽이겠지만), 내 비밀을 발설하고 말았다.

"A. J.는 백과사전을 읽고 있어. 지금은 A 항목을 읽거든. 그래서 A

로 시작하는 말에 관한 이런저런 사실들을 들을 수 있지." 줄리가 섀 넌에게 말했다.

"백과사전이라고요? 가벼운 독서겠네요." 데이비드가 말했다.

"그럼요, 해변에서 읽기 좋지요." 내가 말했다.

"어머나! 왜 백과사전을 읽지요?" 섀넌이 물었다.

나는 이런 질문이 나올 것에 대비하고 있었다. 내 대답인즉 이렇다.

"아프리카 민담이 하나 있는데, 이럴 때 적절한 것 같아요. 옛날 옛적에 거북이 한 마리가 세상의 모든 지식이 담긴 호리병박을 하나 훔쳤답니다. 거북이는 그 호리병박을 목에 걸고 다녔지요. 거북이가 길을 가는데 큰 통나무 하나가 길을 막고 있더랍니다. 통나무를 넘어가려 애썼지만 도저히 넘을 수가 없었어요. 목에 건 호리병박이 방해가 되었기 때문이지요. 집에는 빨리 가야겠고, 통나무를 넘을 수는 없고. 거북이는 결국 호리병박을 깨뜨리고 통나무를 넘었답니다. 그 이후로 세상의 모든 지식은 곳곳으로 흩어져버리게 된 겁니다. 저는 그렇게 흩어져 있는 지식을 한데 모으고 싶은 겁니다."

"아직 P 항목에는 도달하지 않은 게 분명하군. '제발 닥치시지Please shut up.'" 줄리가 말했다. 그 다음은? 우리 모두가 한바탕 크게 웃었다.

Arabian horses
아랍종 말

다음 날 아침, 오늘의 일용할 브리태니커를 다시 뒤적인다. 대부분의 다른 말들의 척추골이 24개인데 비해 아랍종 말은 23개뿐이다. 이정보가 요긴할 법한 상황은 없을까? 아랍종 말의 척추골을 확인하는 게 중요한 플롯이 되는 추리소설을 쓸 수 있을지 모른다. 많이 유식

A

하면 곤란하고 적당히 유식한 기수騎手와 말의 척추골 숫자를 놓고 내기를 했을 때 이길 수도 있을지 누가 알겠는가?

아시모프, 아이작

나는 수많은 과학 소설과 과학 도서를 집필한 아시모프가 미국 문학의 주요 인물이라는 걸 알고 있었지만, 그렇게 많은 책을 집필했는지는 미처 몰랐다. 500여 권에 달한다니 놀랍다. 내가 지금까지 휘갈긴 포스트잇 메모를 합해도 500여 장이 될지 의문인데 말이다. 그가 글로 이룬 것들은 실로 끝이 없어 보인다. 작품 또 작품, 저서 또 저서. 그 제목만 읽어 봐도 상대적으로 우리가 평생 기를 쓰고 이루는 것이 얼마나 보잘것없는지 깨닫게 된다. 만일 오늘 내 삶을 브리태니커 항목으로 추가시킨다면? 아마 이렇게 될 것 같다.

제이콥스, 아놀드 (1968년 3월 20일 뉴욕에서 태어나다.)

20세기 미국 저널리즘계의 별 볼일 없는 인물. 제이콥스는 브라운 대학에서 철학을 공부했다. 철학에 매료됐기 때문이 아니라, 철학과는 졸업을 위한 전공 필수 학점이 가장 적었기 때문이다. 학위를 받은 뒤 〈치과 경제〉에 글을 기고하면서 사회생활을 시작했다. 이 잡지는 치과 의사들과 치열 교정 전문의들의 재정 문제를 다루는 전문지로, 그 분야에서는 비교적 권위가 있다. 제이콥스는 대중문화지 〈주간 엔터테인먼트〉에 O. J. 심슨과 호머 심슨을 비교하는 뉴스 해설을 실어 저널리즘계에서 좋은 평판을 얻었다. 이 글은 미국 전역에서 각광 받았거나, 아니면 적어도 그의 부모 집안에서는 큰 인기를 끌었다. 그는 당시 연예 산업계의 최정상급은 아니고 중간급 인물들을 많이 만났다. 빌 마허, 사라 미셸 겔러 등을 예로 들 수 있겠지만, 정작 그들은 제이콥스의 이름을 잘 모른다.

2000년에 제이콥스는 줄리 쉔버그와 결혼했다. 쉔버그는 활력 넘치는 광고영업 대리인으로 〈주간 엔터테인먼트〉에서 일하고 있었다. 이들은 대체로 행복한 결혼 생활을 누렸다. 근사한 레스토랑에 가야 하니 바지를 챙겨 입으라고 줄리가 말할 때마다 제이콥스가 푸념과 불평을 늘어놓기는 했지만 말이다.

결혼 외에 제이콥스가 이룬 것으로는 토끼나 모자 모양으로 냅킨을 접을 수 있는 능력을 들 수 있다. 다음 항목을 참고할 것: 심기증 그리고 세균 혐오증(심기증은 자신의 심신 상태에 끊임없이 비정상적일 정도로 주의를 기울이고, 기능의 이상을 병적으로 의심하는 증세다 – 옮긴이).

내 가족 중에 유사類似 아시모프가 한 사람 있기 때문에, 나는 아시모프의 저서 목록이 얼마나 대단한 건지 잘 안다. 남는 시간에 재미로 법률 도서를 집필한 사람, 바로 나의 아버지다. 아버지는 집필한 것들 가운데 24권을 출간했다. 재미로 집필했다고는 하지만 자못 심각한 책들이어서, 이를테면 《규칙 10b-5의 효과》, 《증권법에서 공시와 배상 문제》 같은 것들이 있다. 아버지는 내부자 거래 전문가인데 마사 스튜어트를 떠올리면 그 분야의 성격을 가늠할 수 있을 것이다. 마사 스튜어트는 기업 내부 정보를 이용한 주식 거래와 관련해 수사를 받게 되자 허위 진술 등으로 수사를 방해한 혐의로 유죄 판결을 받고 수감 생활을 했다. 평소 하던 대로 교도소 독방을 그럴듯하게 치장해놓지 않았을까?

언젠가 점심 식사를 하러 부모님 댁을 찾았을 때 나는 아버지의 저서를 살펴보기로 했다. 식사를 마치고 아버지의 서재에서 당신이 저술한 24권의 묵직한 책들과 마주했다. 책들이 워낙 두껍고 무거워서 저서가 꽂힌 서가의 가로받침은 아래로 처져 있었다.

돌이켜 보니 아버지의 책을 펼쳐 본 지도 정말 오래됐다. 열네 살 때로 돌아가 보면, 나는 《규칙 10b-5의 효과》를 애독하곤 했다. 아버지가 여남은 부 가운데 한 권에 〈플레이보이〉의 야한 사진을 끼워 넣곤 했기 때문이다. 나의 아버지를 이상하게 여기지는 마시기를. 그런 사진을 슬쩍 끼워 넣은 책을 친구들에게 보내는 장난을 한 경우이니 말이다. 아버지는 그렇게 사진을 끼워 넣은 책을 아직도 여러 부 소장하고 있다. 내가 법과 대학원에 진학하게 됐다면 아마도 그 책이 강력한 동기로 작용했을지 모른다. 〈플레이보이〉에 실린 미스 1월의 짧은 스커트 분실 사건 같은 걸 열심히 파헤치게 되었겠지만.

그러나 이번에는 청소년 시절에 탐독했던 부분, 이를테면 "나를 흥분시키는 것들: 샴페인, 해변을 거닐기, 나의 배우 경력을 도와준 남성들" 같은 글이 아니라 뭔가 다른 걸 읽어야 한다. 나는 《규칙 10b-5의 효과》를 집어 들고 '신용상의', '원금', '출자 계획' 같은 말들이 들어 있는 글을 읽었다. 역시 이해하기 힘들었다. 뜻을 도무지 모르겠으니 그냥 종이에 잉크가 묻어 있는 것 이상의 의미로 다가오지 않았다.

나는 책 중간 부분을 되는 대로 펼쳐 보았다. 예상했던 대로 엄청난 양의 각주로 가득했다. 정말 대단한 각주였다! 어떤 페이지는 각주의 바다 위에 불과 서너 줄의 본문이 위태롭게 둥둥 떠 있었다. 각주, 즉 'footnotes'라는 말은 가당치 않다. 그대로 풀이하자면 '발(밑) 주석' 정도가 될 터인데 이 정도라면 '어깨 주석'shouldernotes이나 '이마 주석'foreheadnotes이라고 해야 하지 않겠는가 말이다.

아버지는 당신의 각주를 자랑스럽게 여겼다. 몇 년 전 아버지는 법률 논문의 각주 숫자 세계 신기록을 깨뜨렸다. 아버지가 작성한 각주의 숫자는 무려 1,247개였다. 그러나 얼마 뒤에 캘리포니아의 한 법학 교수가 1,611개로 아버지의 기록을 넘어섰다. 그러나 여기에서 멈출 아버지가 아니다. 아버지는 다시 4,824개의 각주를 단 논문으로 그 법학 교수의 기록을 깼다. 이 정도면 아버지를 각주 분야의 웨인 그레츠키(캐나다의 전설적인 하키 선수)라 일컬어도 되리라. 아버지는 〈기네스 세계 기록집〉 편집진의 관심을 끌어 보고자 했지만, 법률 논문의 각주 숫자 따위는 다 자란 방울뱀의 크기 세계 기록에 비해 하찮은 것으로 여겨진 모양이다. 결국 아버지는 〈하퍼스 매거진〉의 인덱스 편에 언급되는 것으로 만족하셔야 했다.

내가 아는 용어가 있는지 찾아보기 위해 아버지 저서의 찾아보기를 들춰보니, 라틴어에서 유래된 딱딱한 법률 용어가 가득했다. 눈에 띄는 건 '새, 1~894'라는 항목이었다. 어머니가 아버지의 이 장난에 관해 말씀해주신 적이 있지만 나는 잊어버렸다. 뭔가 기발한 장난이 아닐까? 오! 이런, 장난이 아닌 장난이다. 첫 페이지부터 894페이지까지, 그러니까 새를 찾아보려면 책 한 권 전체를 뒤져보라는 친절한 안내였다. 이 정도면 아버지가 당신 나름의 백과사전을 집필 중이었다고 할 수 있지 않을까?

아버지의 소일거리의 결과물을 살펴보는 일은 나의 자존심을 살짝 건드리는 일이기도 했다. 그 방대함과 밀도는 나에게 질투심 비슷한 걸 불러일으키기에 충분했다. 물론 아버지가 이런 작업을 통해 내부자 거래 분야의 최고 전문가가 되신 건 아니다. 그냥 전문가라고 할 수 있을 것이다. 그렇다면 나는 어느 분야의 전문가일까? 여러 차례 속편이 만들어진 영화 〈폴리스 아카데미〉의 줄거리를 꿰고 있는 것? 솔직히 말하면 그렇지도 못하다. 나는 아직 브리태니커의 정신분석 관련 항목을 읽지 않았지만, 브리태니커를 끝까지 다 읽으려는 나의 노력은 아버지의 성취와 모종의 관계가 있는 것 같다. 아버지의 속 깊은 곳까지 들여다보지는 못했지만, 당신이 이루신 것의 폭만큼은 어느 정도 가늠할 수 있을 것 같다.

assault and battery
폭행과 구타

폭행과 구타는 늘 함께 붙어 있는 말들이지만 뜻에는 차이가 있다. 법적인 의미의 폭행은 다른 사람의 신체에 불법적인 폭력을 '가하려 하는' 것이고, 구타는 실제로 폭력을 '가한' 것이다. 일종의 폭행 미수와 폭행 기수의 차이라고 할까. 이것 봐라. 나는 이미 법학 교육을 이수하고 있지 않은가 말이다. 변호사 시험을 준비하는 기분인걸.

atrophy
쇠약, 감퇴, 기능의 퇴화

내 몸이 쇠약해져가고 있다는 점에서 볼 때 다분히 문제로 다가오는 항목이다. 뼈는 가벼워지고 구멍도 늘어난다. 근육은 시들고 있다. 그리고 무엇보다도 나이가 들어감에 따라 대뇌 피질의 세포 숫자가 현격하게 줄어든다. 매일 두뇌가 조금씩 위축되어 골이 비어가는 소리가 들리는 것 같다.

대뇌 피질에 관한 브리태니커의 설명은 많은 사람들을 겁주기에 충분하지만, 내 경우는 더욱더 그렇다. 이상하게 들릴지 모르지만 오래도록 나는 뇌 손상에 대한 두려움에 사로잡혀 있었다. 나는 어릴 적에 내가 매우 똑똑하다고 생각했다. 매우 똑똑한 정도가 아니라 세계에서 가장 똑똑한 아이라고 생각했다.

내가 왜 그런 생각을 하게 됐는지는 솔직히 지금도 잘 모르겠다. 아마 어머니와 상관 있는 것 같기도 하다. 어머니는 내가 나 자신을 자부하는 것 못지않게 나를 치켜세워주고 아껴주었으니까. 그리고 내가 시험에 강했던 것도 사실이다. 어떨 때는 학급에서 최고 점수를 획득하기도 했다. 어머니가 가끔 말씀하시듯, 지리 시험에서 나는 '까짓 그거 모를까 봐' 하는 건방진 태도로 임했다가 뉴저지를 'New Jersey'가 아니라 'New Joizy'로 써내기도 했다. 하! 내가 그랬었구나. 여하튼 초등학교 4학년 때 받은 좋은 성적을 근거 삼아, 나는 지구상의 그 어떤 열 살짜리 아이도 나의 지적 능력을 능가하거나 같을 수 없다는 논리적 결론을 내렸다. 그렇다. 그건 분명 비약이다. 그러나 굳이 변명하자면 당시 나는 높은 수준의 통계학 수업을 들은 적이 없었다. 당시의 나로서는 충분히 의미 있고 타당한 결론이었던 것이다. 어떤 식으로든 내가 뭔가 특별하다는(어머니도 자주 그렇게 말씀하시곤 했으니) 걸 느낄 수 있었다. 그런데 나는 최고의 하키 선수도, 가장 잘생긴 소년도, 노래를 가장 잘 부르는 아이도 아니었으니까 남은 건 지적 능력뿐이었다. 그렇다고 내가 늘 최고점을 받은 것도 아니었고, 최고점을 받을 때가 자주 있었던 것도 아니었다면? 그것도 얼마든지 설명할 수 있었다. 아마 내가 노력을 하지 않았거나(똑똑한 머리에도 불구하고), 동급생 녀석들이 부정행위를 저질렀거나, 이런 식으로 말이다.

솔직히 말하건대, 세계에서 가장 똑똑한 아이 노릇은 결코 쉽지 않았다. 내가 그걸 원한 적도, 요구한 적도 없었고, 오히려 크나큰 부담으로 다가왔다. 무엇보다도 먼저, 내 두뇌를 완벽하게 보호해야 하는 임무가 있었다. 나의 대뇌 피질은 국보이자 걸작이고, 인간 두뇌의 시스티나 성당이었으니 말이다. 내 두뇌는 결코 사소하게 취급되어서는 안 될 그 무엇이었다. 내 두뇌에 자물쇠라도 채워서 안전하게 보호할 수만 있다면 나는 그렇게 했을 것이다. 두뇌의 자물쇠 같은 건 물론 없으니 결국 나는 뇌 손상을 매우 두려워하게 되었다.

위험은 도처에 깔려 있었다. 두개골에 가벼운 충격을 받더라도 뇌가 흔들리며 내 귀중한 신경의 수상 돌기가 짓눌리지 않겠는가. 그러니 그 누구라도 내 목 위로는 건드려서는 안 되었다. 목 위는 성스러운 것들 중에서도 가장 성스러운 것이었다. 친근함의 표시로 머리를 만지는 것도 허락하지 않았다. 축구도 당연히 안 된다. 공을 머리로도 받는 미친 짓을 하는 운동이니 말이다. 할머니가 내 이마에 뽀뽀를 하려 할 때도 나는 권투 선수 슈거 레이 레너드가 상대방의 펀치를 피하듯 머리를 요리조리 돌렸다. 내가 그때 피부 세포를 뇌 세포로 바꿀 수 있는 환형동물 벌레에 관해 알았다면, 나는 극도의 질투심을 느꼈을 것이다.

다른 사람의 뇌 손상을 보는 것도 끔찍했다. 열한 살 때 어머니와 함께 뉴욕의 지그필드 극장에서 영화 〈헤어〉를 관람했는데, 히피 패거리의 리더인 버거(배우는 트리트 윌리엄스)가 자기 패거리와 함께 센트럴 파크의 터널에서 마리화나를 피우는 장면에서 두려움을 느꼈다. 그들의 뇌 세포들이 자비를 구하는 소리가 들릴 정도였다. 나는 소변이 마려오기 시작하기도 전에 어머니에게 말했다.

"기분이 좋지 않아요. 그만 가면 안 될까요?"

정말로 내 정신을 어지럽게 만드는 건 자동차 타기였다. 4학년 때 생물학 선생님이 말씀하시기를, 차에서 발생하는 일산화탄소가 뇌 손상의 원인이 될 수 있다는 것이다. 포유류의 혈액 순환에 관해 설명하다가 슬쩍 지나가는 말로 나온 경우였지만, 그날부터 나의 제일의 적은 일산화탄소였다.

그날 이후 나는 창문을 지배하는 나치가 되었다. 창문은 늘 조금이라도 열려 있어야 했다. 내 두뇌가 일산화탄소의 위험에서 벗어나 신선한 산소를 공급 받으려면 어쩔 수 없었다. 아무리 추운 날씨에 추운 곳을 가더라도 나는 뒷자리에 앉아 창문을 열어놓고 있었다.

"제발 창문 좀 닫으면 안 되겠니? 정말 춥구나." 어머니가 말씀하셨다.

"신선한 공기가 조금 필요할 뿐이에요."

"그 신선한 공기가 내 눈꺼풀을 다 얼려버리겠다."

"창문 닫아라." 이번에는 아버지가 말씀하셨다.

어쩔 수 없이 창문을 닫긴 했지만 한 2분 정도만 기다리면 화제가 바뀌기 마련이었다. 이를테면 가족들이 어떤 패스트푸드 체인점을 단골로 삼을 만한가를 놓고 이런저런 의견을 주고받기라도 하면, 나는 눈치를 살피다가 슬며시 창문을 다시 열어놓았다.

"이 녀석! 제발 창문 좀 닫아라."

이렇게 냉동차를 고집하는 나름의 이유를 다른 사람들에게 발설하지 않아야 한다는 것을 나는 알고 있었다. 내가 모든 시대를 통틀어 천재라고 할 수 있는 인간, 1980년대의 레오나르도 다 빈치라는 비밀을 발설할 필요가 없다는 걸 말이다. 그 비밀을 다른 사람들이 알게 되면 심하게 질투하거나 그렇지 않다고 반발할 것이 틀림없을 테니까. 그러니 나는 그저 닫힌 창문을 물끄러미 바라보며 속으로 조마조마할 수밖에 없었다. 내 폐에 신선한 공기를 채우지 못하고 10분이 지나면 나는 거의 공황 상태에 빠질 것 같았다. 일산화탄소가 내 두뇌를 잡아먹는 일은 없어야 한다. 내 머리가 최상의 상태라는 걸 확인하는 한 가지 방법으로는 새로운 라켓 경기를 창안해내는 것이었다. 지우개 크기만 한 공, 냉장고 크기만 한 공, 거대한 라켓, 아주 작은 라켓 등으로 하는 다양한 경기를 머릿속에서 고안해내는 것이다. 스스로 고안하여 자신만을 대상으로 시행하는 지능 검사였다고 할까. 차고 문, 욕실 세면대, 통신위성, 그 밖에 다양한 것들을 경기장 삼아 벌어지는 가상의 라켓 경기. 많이 이상하다는 걸 안다. 그러나 나는 그런 경기를 고안함으로써 편안함을 느낄 수 있었다.

뇌 손상에 대한 두려움에서 비롯된 남들이 보기에 이상한 행동 외에도, 세계에서 가장 똑똑한 소년으로 산다는 데서 오는 일종의 제약이나 어려움은 많았다. 그것은 과도한 책임감, 다시 말해서 이 뛰어난 두뇌와 정신을 그냥 놔두면 안 된다는, 뭔가 그에 합당한 일을 해야 한다는 책임감이었다. 나는 언젠가 위대한 발명을 해야 하며, 뭔가를 고쳐내야 하고, 위대한 작품을 남겨야 한다는 부담감이었다. 나는 두뇌와 정신에 최고 품질의 영양분을 공급해야 한다고 생각했다. 이를테면 물리학 교재나 도스토예프스키 같은 것 말이다. 그러나 내두뇌는 시시껄렁한 TV 시트콤 같은 것으로 채워지며 일종의 다이어트를 하는 중이었다. 대중문화의 유혹을 참아내기란 쉬운 일이 아니었다. 연예오락 프로그램을 볼 때마다 나는 일종의 죄책감과 가책에 시달렸다. 지적 능력이 평균 수준을 조금 넘을까 말까 한 같은 반 친구 녀석들, 운 좋게도 나보다 열등하게 태어난 녀석들처럼 연예오락 프로그램에 열광할 수는 없지 않은가!

내가 세계에서 가장 똑똑한 소년이 아니라는 걸 인정하게 된 날을 기억한다. 그날 나는 유대교 경건주의 운동이라고 할 수 있는 하시디즘에 관한 다큐멘터리 프로그램을 시청하고 있었다. 하시디즘파에 속한 소년들, 그것도 나와 나이가 같은 소년들의 방을 보여주었는데, 저러다 책 더미에 파묻히지 않을까 걱정될 정도로 온통 책으로 가득했다. 해설자의 말인즉 그 소년들은 하루 16시간을 공부한다는 거였다. 나는 뒤로 나자빠지는 줄 알았다. 세상에, 하루에 16시간이라고! 순간 퍼뜩 든 생각은 내가 아무리 최고의 두뇌를 갖고 태어났다 해도, 저 소년들이 계속 저렇게 공부한다면 곧 역전당하고 말리라는 것이었다. 나는 도저히 하루에 16시간을 공부할 수 없었다. 그날 이후 나는 해방되었다. 완전히 새로운 날이 열린 것이다. 드디어 나는 아무런 부담감 없이 TV 시트콤이나 쇼 프로그램을 시청할 수 있게 되었다.

이후 내 지적 능력에 대해 스스로 자부하거나 감탄하는 일은 별로 없었다. 사람들의 지능 지수 분포를 나타낸 종형 곡선(중간이 불룩 위로 올라와 있고 상위 지수와 하위 지수는 아래로 내려가 있어 종 모양을 이루는 그래프 – 옮긴이)에서 스스로 생각한 나의 위치는 점점 더 왼쪽(하위 지수 쪽)으로 움직이는 형편이었다. 나는 아버지보다 훨씬 더 똑똑하다고 생각했었지만, 조금 더 똑똑한 정도로 생각을 바꾸었고, 아버지와 비슷하다고 다시 생각을 바꾸었으며, 최종적으로는 대학 신입생 때 혹은 2학년 때였던 것 같은데 내가 24권의 책을 저술한 아버지보다 똑똑하지 못하다는 걸 인정하게 되었다.

물론 하시디즘파 소년들의 엄청난 독서와 공부 시간과 내 형편을 비교해서 내 지적 능력을 회의하는 건 타당한 추론이라고 할 수 없다. 독서 시간과 지적 능력이 완전한 상관관계를 이루지는 않기 때문이다. 물론 다소의 상관관계는 분명히 있을 것이다. 그런데 지금의 나는 그때와 비슷한 오류에 빠져 있는지도 모른다. 솔직히 말하건대 내가 브리태니커를 읽어 갖가지 사실들로 두뇌를 채운다고 해서, 내가 세상에서 가장 똑똑한 사람이 되는 건 아니라는 걸 잘 안다. 어쩌면 이건 헛수고, 혹은 헛수고보다 더 나아가 어리석은 짓일지도 모른다.

설사 내가 그렇게 생각하지 않더라도 내 주위 사람들이 계속해서 나에게 그걸 일깨워주려 한다. 버클리에 살고 있는 마티 고모는 남성 우월주의적인 정부나 서양 의학을 최고로 치는 통념에 대해서도 회의적이며 신랄했는데, 나의 브리태니커 작전에 대해서도 그러했다. 어느 날 고모와 통화했다.

"백과사전을 왜 다시 읽고 있는 거냐?"

"세계에서 가장 똑똑한 사람이 되려고요."

"너는 지적 능력이라는 게 뭐라고 생각하니? 네가 머리에 넣어둔 정보의 총량이 바로 지적 능력이라고 생각하는 거니?"

"옙!"

"음, 그건 매우 지적이지 못한 생각인데."

"전 아직 I 항목(intelligence가 있는)까지 읽지는 못했거든요."

쉬운 대답이지만 뭔가 의미 있는 대답이다. 물론 나는 브리태니커 1,000페이지를 읽을 때마다 내 아이큐가 1씩 올라갈 것이라고 생각하지는 않는다. 맥아더 장학재단에서 나온 사람들이 내 집 문을 박차고 들어와 거액을 지원해주리라고 기대하지도 않는다. 그 장학금은 지금까지와 마찬가지로 고도로 창의적이고 전도유망한 이들에게 돌아가야 마땅하다. 그러나 나는 지식과 지적 능력 사이에 '어느 정도의' 관계는 분명히 있다고 확신한다. 지식이 연료라면 지적 능력은 그 연료를 태워 움직이는 자동차라고 할까? 정보와 사실들이 벽받이 시설물이라면 지적 능력은 그것을 바탕 삼아 이룩된 대성당이라고 할까? 나는 그 정확한 관계를 모른다. 그러나 브리태니커가 그 관계를 가늠할 수 있게 해주리라 확신한다.

augury
점

미래를 예언할 수 있는 방법도 가지가지다. 주사위를 굴려서도, 땅이나 종이 위에 생기는 점과 선으로도, 불과 연기로도, 희생犧牲 동물의 내장으로도, 동물의 간장이나 어깨뼈로도 점占을 칠 수 있다. 그렇다면 나를 가지고서도 점을 칠 수 있겠다. 이미 시원치 않은 내 어깨뼈를 누군가 쭉 들어 뽑아낸다면.

아스텍

A 항목에는 아스텍 사람들이 넘쳐난다. 그들은 온갖 종류의 표제 어 밑에 불쑥 등장한다. 아메리카인, 원주민 예술, 알코올과 약물 소비(아스텍 사람들은 신비한 효험을 내는 버섯을 '신의 살점'이라 불렀다) 등등. 그리고 여기 이렇게 다시 등장했다. 브리태니커가 고맙다. 아스텍 사람들은 인간이 원숭이가 되면서 파괴될 것이라고 예언했다는 걸 알게 되었기 때문이다. 생각해보니 영화 〈혹성 탈출〉 이야기가 아닌가! 빌어먹을 할리우드! 영화의 발상을 아스텍 사람들에게서 훔쳐 오다니. 지옥에나 가라!

A 항목을 마무리 짓는 마당에 돌이켜 보니 2주가 걸렸다. 이제 목표 지점까지 가는 길의 26분의 1 정도를 온 셈이다. 세상의 모든 지식 가운데 3.8퍼센트 정도를 흡수했다고 할까. 내 브리태니커 책을 쾅 소리 나게 덮고 터치다운에 성공한 미식축구 선수처럼 펄쩍 춤을 췄다. 그래! 난 으뜸이다.

그런데 내가 좀 똑똑해진 걸까? 내 계획에 대해 회의적인 마티 고모가 틀렸다는 걸 입증할 수 있을까? 확실히 나는 예전보다 더 많은 걸 알게 됐지만, 한편으로는 더 불안해졌다. 내가 알게 된 사실들을, 그러니까 자료들을 어떤 정합적인 결론이나 세계관으로 종합하여 정리해낼 수 있을까? 그러기에는 내 지적 능력이 모자란 게 아닐까? 올바른 것에 집중하지 못하고 있는 게 아닐까?

서양 철학사에서 위대한 철학자의 반열에 드는 아리스토텔레스. 나는 그의 도덕 이론이나 인식론을 읽기는 했지만, 정작 흥미를 크게 느낀 건 결혼에 관한 그의 주장이다. 모름지기 남자는 서른일곱에 여자는 열여덟에 결혼해야 한다는 건데, 왜 하필 서른일곱이고 열여덟일까? 다름 아니라 아리스토텔레스 자신이 바로 서른일곱 나이에 열여덟 살 여성과 결혼했기 때문이다.

자신의 행위를 짐짓 철학적 분위기의 진술로 합리화시킨 걸까? 뭐어쨌든 좋다. 그런 식이라면 할리우드에는 수많은 아리스토텔레스주의자들이 있으니까. 사실 나 자신도 그런 부류에서 크게 벗어난다고 할 수는 없다. 아리스토텔레스에 관한 브리태니커의 설명을 읽고 내가 내린 심오한 결론은 바로 다음과 같다. 아리스토텔레스, 그는 젊은 여자를 밝혔다.

B 항목을 끝마칠 때면 내가 시시콜콜한 사항들이 아니라 큰 그림에 집중할 수 있는 사람, 그러니까 좀 더 똑똑한 사람이 되어 있기를!

Bacon, Francis
베이컨, 프랜시스

지식을 추구하기 위해 나는 희생을 치르고 있다. 이에 관해서는 논란의 여지가 없다고 자신한다. 나는 아침 7시에 일어난다. 대부분의 저널리스트들에게 이 시간은 한밤중이나 다름없다. 나는 아침에도 읽고 밤에도 읽는다. 친구들도 하나 둘 잃어가고 있는 중이다. 도무지 그들과 만날 시간을 내기도, 떠나가고 있는 그들에게 내게 돌아오라고 전화할 시간을 내기도 힘들다. 가장 끔찍한 건 보고 싶은 TV 프로그램을 놓칠 수밖에 없다는 점이다. 줄리가 말하기를 〈리얼 월드〉 프로그램에서 화가 난 소녀가 다른 출연자에게 포크를 던졌다는 것이다. 볼 만했을 텐데.

지식을 추구한다는 게 이렇게 고통스러울 줄이야. 그러나 프랜시스 베이컨 경 앞에 서면 나는 부끄럽기 한량없다. 그는 지식을 위해 궁극적인 희생을 치렀다. 바로 목숨이다. 그는 지식을 추구하다가 죽었으니, 가히 지식의 순교자라 할 만하다.

베이컨이 사실은 셰익스피어라는 설을 제외하면 학교 시절에 배운 베이컨에 관해서는 별로 기억나는 게 없다. 17세기 영국의 지식인이자 정치인이었던 베이컨은 공직 생활에서는 문제가 많았다. 1621년에 그는 뇌물을 받은 죄로 런던탑에 투옥됐다. 그의 변명인즉, 뇌물을 받기는 했지만 그것이 자신이 내린 판결에 영향을 미치지는 않았다는 것이다. 학자로서 그는 과학 철학과 언어에 관한 괜찮은 논저를 집필했다. 베이컨에 관해 가장 깊은 인상을 받은 건 그의 죽음이다. 이 인상은 앞으로도 계속 남을 것 같다. 1626년 3월 런던 북부에서 베이컨은 마차를 타고 가다가 눈이 부패를 지연시키는지 여부를 알아봐야겠다고 결정했다. 그는 마차를 급정지시키고 닭을 사서 그 안에 눈을 채워 넣었다. 불행하게도 그 실험을 감행하면서 그는 극심한 오한에 시달렸고 기관지염에 걸렸다. 그리고 얼마 안 있어 친구의 집에서 세상을 떠났다.

고귀한 일화가 아닐 수 없지만, 그의 죽음이 냉동 가금류와 관련 있다는 게 좀 엉뚱해 보이기는 한다. 그가 약간의 가학 성향을 보여준 건지도 모른다. 베이컨이 닭의 목구멍으로 눈을 집어넣을 때 그 불쌍한 닭의 목숨이 이미 끊어져 있었기를! 그러나 이건 반은 농담이고, 이 일화에는 역시 위대한 구석이 있다. 베이컨은 그토록 지식에 목말라 했으며, 떠오른 아이디어에 살짝 미쳐 마차를 세우고 즉시 실험 준비에 들어갔다는 게 아닌가. 부패 방지 기술에 관한 새로운 발견을 위해 촌음을 아꼈던 셈이다. 시사하는 바가 무척 크다. 베이컨을 기리는 뜻에서 나는 브리태니커를 잠시 접어두고 냉동 베이글을 전자레인지에 녹여 먹기로 했다.

baculum
바쿨룸

수컷 생식기 뼈의 정식 명칭이다. 뾰족뒤쥐, 박쥐, 고슴도치 등에서 볼 수 있다. 이것에 관해서는 별로 생각해본 적이 없는데, 흥미롭다. 생식기 뼈라는 개념을 접해본 것은 대학 시절 친구 일레나와 대화를 나누던 중이었다. 일레나는 정말 우연하게 생식기 뼈와 관계를 맺게 되었다. 일레나는 나에게 자신의 뉴욕 아파트에 있는 애완용 라마에 관해 얘기하거나, 자신의 부친과 가수 로버트 고렛(이 사람은 남성이다)의 연애에 관해 얘기하기를 좋아했다.

그리고 한번은 남동생의 생식기 뼈가 부러진 사건에 관해 자세히 얘기해주었다. 일레나의 남동생은 호텔방에 투숙해서 벌거벗은 채로 열려 있는 창문 바로 앞에 서 있었다. 경치를 감상할 요량이었다. 그런데 아뿔싸! 갑자기 창문이 아래로 내려와 그의 생식기 뼈를 부러뜨렸다는 것이다.

"이제 석 달이 지났는데, 녀석은 여전히 생식기에 깁스를 하고 있어. 내가 그 깁스에 사인을 한 첫 번째 사람이지 뭐니."

"그렇지만 일레나, 사람의 생식기에는 뼈가 없어." 내가 말했다.

"오!" 일레나가 말했다. "오!" 이게 다였다.

반박하지도, 변명하지도, 그렇다고 사과하지도 않고 그냥 "오!"였다. 이제 바쿨룸 항목을 읽고 나니, 이런 생각도 든다. 일레나의 남동생이 사실은 고슴도치가 아니었을까?

baldness
탈모증

새로 알게 된 지식이 시도 때도 없이 내 머리에서 부풀어 오른다. 우연한 상황에서도 그렇다. 엘리베이터에서 대머리 아시아인의 뒤에 서게 됐다. 이거 신기하다는 생각이 들었다. 브리태니커에 따르면 아시아인 가운데 대머리는 드문 편이다. 아메리카 원주민과 아시아인

가운데는 드물다는 것이다. 그렇다면 내 앞에 선 아시아인은 모낭을 온전히 보전하지 못하게 된 운 없는 소수의 아시아인 가운데 한 사람이 아닌가. 갑자기 그에게, 아니 그의 모낭에게 애도의 뜻을 표하고 싶어졌다.

Barnum, P. T.
바넘, P. T.

미국의 전설적인 흥행사 바넘은 여든한 살 때 병세가 심각해졌다. 그의 요청에 따라 뉴욕의 한 신문은 미리 사망 기사(약력이 포함돼 있는)를 실었고, 바넘은 자신의 사망 기사를 읽을 수 있었다. 이거 괜찮은 아이디어다. 신문사들이 새로운 수입원으로 삼을 만하다. 오늘내일 하며 침대에 누워 있는 사람들의 사망 기사를 미리 실어주고 돈을 받는 거다. 요컨대 사망 기사 판매업이라고 할까. 역시 백과사전은 쓸모가 많다. 좋은 아이디어를 많이 일깨워주니 말이다.

bearbaiting
곰 놀리기

16세기 영국에서 큰 인기를 모았던 놀이 혹은 구경거리다. 곰을 말뚝에 끈으로 매어놓고, 훈련시킨 개를 부추겨 집적거리게 한다. 곰 대신 황소를 매어놓기도 했으며, 작은 말의 등에 원숭이 한 마리를 끈으로 묶어서 태우기도 했다. 폭스Fox 사가 새 TV 쇼를 내보낸다는 소리와 비슷하지 않은가? 여우가 쇼를 한다.

bedlam
대소동

지식을 많이 쌓아갈수록 자꾸만 나의 일상생활에서 그 지식이 불쑥 튀어나온다. 그렇게 되리라는 건 짐작하고 있었지만 생각보다 자주 그렇다는 게 놀랍다. 한 시간에 여러 차례 내 머리에서 '땡'하고 종소리가 울리는 경우도 많다. 샤워를 하러 욕조에 들어가면 갑자기 17세기의 요양소가 떠오른다. 그곳에서 사람들은 욕조에 한번 들어가면 여러 날 머물렀다고 한다. 아침 식사를 할라치면 세계에서 가장 긴 아침 식사용 탁자가 생각난다. 미시건 주 배틀크릭에 있다고 하던가. 신문에서 보이스카우트 관련 기사를 읽으면 스카우트 운동 창시자 로버트 베이든-파월이 생각난다. 그는 군사 첩보 분야에 열기구를 도입한 인물이기도 하다.

이렇게 자주 일어나는 머릿속 스파크를 모두 다른 사람과의 대화에서 써먹을 수는 없었다. 하지만 그렇게 한다면 내 주위 사람들에게도 큰 도움이 될 것이라 확신한다. 오늘 사무실에서 바로 그런 일이 일어났다. 그것도 나의 동료 편집자 마크와 얘기를 나누던 중에 일어났다는 게 놀랍다.

〈에스콰이어〉 사내 공식 지식인이라고 해도 좋을 마크는 큰 체구에 배우 휴 그랜트 스타일의 머리를 한 영리한 텍사스 사람이다. 그는 놀랍게도 〈에스콰이어〉에서 14년 동안 일해왔다. 그렇게 오래 일해 왔다는 사실 자체가 사무실의 다른 사람들 사이에서는 대단한 화제와 농담거리가 되곤 했다. "마크, 혹시 헤밍웨이(1961년 사망)의 편집자로 일한 적이 있지 않나요?", "마크, 리타 헤이워드(1987년 사망) 사진을 찍어 본 적이 있었어요?" 뭐 이런 식이다.

마크의 사무실에 들어가 책상 가까이 접근하는 일은 늘 힘들다. 그는 14년 동안 단 한 권의 책도 버린 적이 없었으니, 책 지뢰밭을 통과하는 기분이다. 모든 게 정신없이 뒤엉켜 있어 정신이 산란해지는 곳, 대소동의 장소, 즉 베들럼이 따로 없다(베들럼이라는 말은 런던의 악명 높은 정신 질환자 보호시설인 베들럼 왕립병원에서 유래했다).

"어젯밤 행사는 대단했어." 내가 말했다.

"그래, 정말 대단했어." 마크가 동의했다.

전날 밤 우리는 〈에스콰이어〉 주최 사교 행사에 참석했었다. 코리 부커라는 이름의 신참 정치인이 열정적인 축하 연설을 했는데, 연설 말미에 제임스 볼드윈의 글을 사뭇 길게 인용했다.

"제임스 볼드윈 인용 부분이 괜찮았던 것 같아."

"〈에스콰이어〉에 볼드윈이 기고했던 글에서 인용했지." 마크가 말했다. 〈에스콰이어〉가 깃펜을 사용하던 시대에 시작되었더라면(실제로는 1933년에 시작) 마크는 〈에스콰이어〉 역사가가 됐을지도 모른다.

"그거 정말이야? 난 모르고 있었는데." 내가 말했다.

"정말 그렇다니까. 〈에스콰이어〉에 그의 〈다음에는 불을〉(The Fire Next Time, 1963년)이 실렸다니까."

뭐라고? 내가 브리태니커에서 읽기로는, 민권을 주제로 한 볼드윈의 유명한 글 〈다음에는 불을〉은 〈뉴요커〉에 실렸었다. 나는 마크가 얘기할 때면 잠자코 듣는 편이다. 그는 대단한 이야기꾼이어서 한 편의 긴 에세이 분량에 해당하는 말을 막힘 없이 내뱉을 때가 많다. 더구나 그는 잡지의 역사에 관한 한 자타가 공인하는 척척박사가 아닌가. 그러나 이 사항에 관해서는 예외였다. 내가 이 기회를 어찌 놓칠 수 있겠는가?

"하지만 그건 〈뉴요커〉에 실렸어." 내가 말했다.

"아니야, 〈에스콰이어〉야."

"아니라니까. 〈뉴요커〉에 실린 게 틀림없어."

"〈뉴요커〉가 아니라고 해도 그러네! 뭐 혹시 〈프로그레시브〉에 실렸을지 모르지만, 여하튼 〈뉴요커〉는 분명히 아니야."

내 사무실로 돌아와서 즉시 인터넷으로 검색해보았다. 그러면 그렇지. 〈다음에는 불을〉은 〈뉴요커〉에 실렸었다. 나는 마크에게 이메일을 보내 이 기쁜 소식을 전했다. 그리고 마크에게 도움이 될 만한 조언도 빼놓지 않았다. "마크! 바바리아 크림파이나 비버에 관해 뭐 물어볼 게 있으면 주저 말고 물어봐 줘. 내 성심성의껏 알려줄게." 하필 볼드윈이라니, 내가 B 항목을 읽고 있는 게 천운이었다고 할까!

나는 이렇게 해내고야 말았다. 다른 사람이 잘못 알고 있는 걸 바로잡아준 첫 번째 사건, 그것도 아주 똑똑한 사람이 잘못 알고 있는 걸 말이다. 내 자신이 대단하다고 느꼈다. 내가 일종의 사전이 된 듯한 기분마저 든다. 역시 대단하다.

bell
종

세계에서 가장 큰 종은 1733년 모스크바에서 만들어졌다. 200톤 가까운 무게를 자랑한다는데, 완성되기도 전에 부서져서 한 번도 울린 적은 없다. 이런 슬픈 얘기가 있나! 그 엄청난 노고, 엄청난 계획, 엄청난 기대가 물거품이 되어버렸다니. 오늘날에도 러시아에 남아 있는 이 종은 거대한 금속제 실패의 상징이라 하겠다. 이 침묵하는 종을 위해 잠시 묵념의 시간을 가져본다.

벤담, 제러미

'최대 다수의 최대 행복'을 실현해야 한다고 주장한 영국의 도덕 철학자로, 1834년에 죽었다. "벤담이 죽은 뒤 유언에 따라 시신은 친구들이 지켜보는 가운데 해부되었다. 해부가 끝난 뒤 뼈대는 다시 맞추어졌고, 본래의 머리(바짝 말려 미이라 상태로 보존하게 된) 대신에 밀랍 머리를 얹어, 생전에 입던 옷을 입힌 뒤 전면이 유리로 되어 있는 상자 안에 똑바로 세워 넣었다. 밀랍 머리를 단 상像과 말려 보존시킨 머리는 모두 런던 유니버시티 칼리지에 보관되어 있다." 이렇게 해서 벤담이 인류를 얼마나 더 행복하게 했는지 잘 모르겠다. 더 오싹하게 만들었다면 또 몰라도……. 정말 그런 것 같다.

베르세르크, 광포한 전사들

중세 스칸디나비아 전사들에서 유래한 말이다. 그들은 벌거벗은 채 전투에 나섰다고 한다. 벌거벗은 채 소리를 지르며 적진을 향해 돌진하는 스칸디나비아 전사들. "미친 듯이 달린다!going berserk"라는 말에 수긍이 간다. 명심하라. 정말로 완전히 미쳐버리려면 바지를 벗어야 한다.

보이스, 요셉

독일의 아방가르드 행위 예술가다. 그의 유명한 작품 가운데 〈죽은 산토끼에게 어떻게 그림을 설명할 것인가〉라는 게 있다. 이 작품에 관한 설명인즉 이렇다. "보이스는 머리에 꿀과 금박을 뒤집어쓴 채 한 발에는 펠트화를, 다른 발에는 쇠로 창을 댄 신발을 신고, 미술관에서 죽은 산토끼를 안고 2시간 동안 미술관의 그림을 토끼에게 조용히 설명했다."

음, 이런 짓으로 브리태니커에 이름을 남겼단 말이지. 내가 워낙 평범한 사람이기 때문인지는 몰라도, 뭔가 탁월한 점을 찾을 수 없다. 죽은 햄스터나 죽은 이구아나에게 그림을 설명했다면, 그래, 그건 독창적일 수 있지만 죽은 산토끼라고? 별것 아니잖아?

birth control
산아 제한

전설에 따르면 피임 기구 콘돔은 영국의 의사 콘돔 박사가 개발했다고 한다. 지독한 바람둥이인 찰스 2세의 비합법적 자식들이 늘어나는 걸 막기 위해서였다나. 여하튼 전설은 그렇고, 냉철한 태도를 잊지 않는 브리태니커는 콘돔이 용기, 그릇, 저장소 등을 뜻하는 라틴어 콘두스condus라는 말에서 유래했다고 설명한다. 콘돔, 경구 피임약, 자궁 내 장치, 정관 절제술, 이런 것들이 산아 제한 항목에서 적절하게 언급되고 있다. 그러나 나는 아주 오래된 산아 제한 기술의 창의성에 더 끌린다. 그것은 맛있는 것(꿀을 살정자제로 사용한다)에서 에어로빅(성 관계 직후에 뒤쪽으로 일곱 차례 껑충껑충 뛴다)까지 다양하다.

나에게는 특히 유익한 정보가 아닐 수 없다. 나는 줄리에게 관계를 가진 후 뒤쪽으로 일곱 차례 뛰지 말라고 말했다. 물론 허리 아래로 꿀을 흘리지 않도록 조심하라는 당부도 잊지 않았다. 아기를 갖기 위해 노력 중인 우리 부부는 가벼운 사태라도 임신에 방해가 되는 것이라면 피해야 한다. 사실 우리는 필사적이 되어가고 있다. 줄리의 친구들은 15만 개의 알을 낳는 암컷 낙지처럼 아이를 쑴풍쑴풍 잘도 낳고 있다. 그 놀라운 생산력이라니! 현관에서 남편과 스치기만 해도 임신이 되는 것 같다. 기저귀를 찬 피조물 군단이 귀엽게 쑥쑥 자라나고, 유아 보호용 좌석을 장착한 자동차와 접이식 유모차 수송대가 봇물을 이룬다. 그런데 줄리와 나는 해당 사항 없음이다. 무능력. 아! 화가 치밀어 오른다.

노력과 정성이 부족했는가 하면 그렇지도 않다. 우리는 줄리의 배란 주기를 나스닥 단타 투자자들처럼 치밀하게 체크하며 따른다. 줄리는 매일 아침 체온을 측정하고, 차트와 노트와 분석 결과를 작성한다. 보다 엄밀한 주기 측정과 예측을 위해 스프레드시트를 활용하는 것도 물론이다. 그러나 여전히 소용이 없다. 브리태니커에 따르면 널리 퍼져 있는 통념과 달리 임신을 위해 여성이 오르가슴을 느낄 필요는 없다. 어차피 줄리와 나의 성생활은 강렬하고 에로틱하니까, 그거야 어떻든 좋다.

세계가 만원이라 더 이상의 아이를 사절하고 있는지도 모르겠다. 브리태니커에 따르면 세상을 떠나는 사람보다 태어나는 사람이 매주 140만 명 정도 더 많다. 그러나 나로서는 어쩔 수 없다. 나는 침을 질질 흘리고 트림하고 똥을 싸대는 3, 4킬로그램 내외의 작은 피조물을 정말로 원한다. 내가 이렇게 간절히 아이를 원하게 될 줄은 미처 몰랐다. 그러나 지금의 나는 그렇다. 나는 아빠가 되고 싶어 죽겠다.

아직 준비가 덜 된 상태인지도 모른다. 나는 확실히 자기중심적이고 성숙하지 못하다. 그리고 무지하다. 내가 어릴 적 아버지는 모든 질문에 척척 답해주셨다. 왜 나뭇잎 색깔이 변해요? 냉장고는 어떻게 차갑게 되지요? 물이 싱크대까지 어떻게 오나요? 지금까지 가라

앉은 먼지가 어디로 어떻게 가요? 중국인들은 왜 지구에서 떨어지지 않나요? 아버지는 세상이, 사물이 어떻게 작동하고 돌아가는지 다 알고 계셨다. 나는 그 모든 지식을 잊어버렸다. 아마 Z 항목까지 가면 좀 나아지려나.

bobsledding
봅슬레이 경기

썰매 타는 사람들이 머리를 앞뒤로 빠르게 흔들면 썰매 속도가 빨라진다는, 근거가 희박한 믿음에서 비롯된 이름이다. 좋다. 이제 스포츠 바에 가서 한잔 하며 떠들 얘깃거리가 생겼다.

book
책

유엔UN은 책을 최소 49페이지 이상 분량의 텍스트로 정의한다. 이 정의대로라면 브리태니커는 673권의 책과 같다. 불안해진다.

Braille, Louis
브라유, 루이

브리태니커에는 많은 신동들이 등장한다. 프랑스인 브라유는 열다섯 살 때 시각 장애인들을 위한 점자點字 체계를 고안했다. 제러미 벤담은 네 살 때 라틴어를 배웠다. (네 살 때 나는 코에 바나나를 대고 뭉개면 어떻게 되는지 공부했다.) 러시아 시인 알렉산드르 블로크는 다섯 살 때 훌륭한 시詩를 지었다. 내가 세계에서 가장 똑똑한 아이라고 자부하던 시절에 이런 신동들에 관해 알았다면, 나는 그들을 내 친구로 봐야 할지, 혹은 내가 꿈에서 빨리 깨어나야 하는 건지 혼란스러워했을 것이다.

brain
뇌

여기 무수한 신경 단위가 둥근 모양으로 뒤엉켜 있는 존재가 있다. 그런 존재, 바로 나는, 미국 부통령, 15세기 아이슬란드의 주교, 산맥 이름들 따위를 신경 부호로 바꾸게 될 것이다. 브리태니커의 뇌 관련 정보 가운데 하이라이트는 다음과 같은 정도다. 고대 그리스인들은 코나 입의 체액이 뇌에서 나온다고 믿었다. 머리에 총을 쏘는 것에 새로운 의미를 부여해주는 정보다. 언젠가 내가 권투를 하게 된다면, 그래서 뇌신경 손상을 걱정한다면, 권투 장갑을 끼지 않고 하던 옛날 방식의 권투가 낫다. 권투 장갑을 끼지 않은 선수들은 손이 부러질 것을 염려하여 상대방의 머리를 가격하는 일이 드문 편이라는 것이다. 뇌 손상에 대한 나의 각별한 두려움을 감안하면, 이건 매우 중요한 정보다.

brandy
브랜디

이 술에 관해서는 어느 네덜란드 선장이 와인을 농축시킨 데서 유래되었다는 설이 있다. 그 선장은 해안에 도착하면 물을 구해 농축 와인에 섞어 희석시켜 와인을 즐기려 했지만, 그럴 기회를 얻지 못했다나 어쨌다나. 선원들이 해안에 도착하기 전에 너도나도 그 맛 좋은 농축액을 마셔버렸기 때문이다. 때로는 성급함이 좋을 때도 있다는 교훈.

broccoli
브로콜리

줄리와 나는 선물을 주고받기 위해 부모님의 아파트를 방문했다.

이교도에 의해 더럽혀졌던 신전을 되찾아 정화한 것을 기념하는 유대교 명절 하누카와 관련 있는 가족 행사였지만, 종교에 시들해진 다음부터 우리 가족은 새해맞이 행사 비슷한 걸로 치른다.

현관에서 어머니가 반갑게 맞아주었다.

"즐거운 성일聖日!" 가볍게 볼 키스를 나눈 뒤 "행복한 2003년!"

"사실 정확히 말하면 '행복한 2007년'이지요." 내가 말했다.

"정말이니? 왜 그렇지?" 어머니가 물었다.

"음, 과학자들은 예수가 태어난 해가 기원전 6년부터 4년 사이라고 추정하거든요."

줄리는 이미 거실로 발걸음을 옮긴 뒤였다. 아마 '또 시작이군' 하는 심정이었을 것이다. 그러나 어머니는 달랐다. 누가 뭐라 해도 나의 어머니 아니신가. 아들의 말을 늘 경청하시는 나의 고마운 어머니! 어머니는 내가 하는 일이라면 뭐든 지지하셨다. 누나와 내가 위험해 보이는 행글라이딩 강습에 참여했을 때나, 내가 극지방에 필적하는 추위 속에서도 자동차 창문을 열 때를 제외하고는.

나는 어머니에게 자세히 설명해드렸다. 성서는 예수의 탄생을 베들레헴의 별이 나타난 때라고 말하지만, 그런 별은 없었고 다만 별처럼 보일 수 있는 천문 현상이었다는 것. 베들레헴의 별이란 기원전 5년에 관측된 신성新星이거나 기원전 6년에 화성, 목성, 토성이 일렬로 늘어섰던 현상이라는 것.

"그렇구나. 그럼 행복한 2007년!" 어머니가 말했다. 신이여! 우리 어머니에게 축복을. 줄리와 나는 가족에게 줄 선물로 스웨터와 바지를 샀다. 누나 베릴과 매형 윌리는 나에게 책 몇 권을 선물했다. 선물 받은 책을 2008년이 될 때까지 거들떠볼 수나 있을지 잘 모르겠다.

선물 선택의 달인이라고 할 수 있는 줄리는 나의 가족에게 적합한 선물을 고르기 위해 각종 상품 목록과 상점을 뒤진 터였다. 내가 한 일이라고는 선물 카드에 몇 글자 적어 넣은 것밖에 없지만, 그래도 참여했다는 데 행복을 느낀다. 누나 베릴에게 준 선물 카드에 적어 넣은 글은 이렇게 시작된다. "사랑하는 Be₃Al₂(SiO₃)₆에게."

"이게 나에게 쓴 거니?" 베릴이 물었다.

"그럼! 베릴beryl, 그러니까 녹주석綠柱石의 화학 성분 기호야."

"음, 그럴듯하구나."

"가장 큰 녹주석은 브라질에서 발견됐는데 무게가 200톤이야. 거기에 비하면야 다른 베릴, 그러니까 누나는 피골이 상접한 편이지."

아차! 이렇게 말하지 말걸. 나는 누나를 뚱뚱하다고 놀려대곤 했지만 지금의 누나는 그렇지 않다. 돌이키려 해도 이미 내뱉은 말을 주워 담을 수는 없는 일. 너무 늦었다. 선물을 주고받은 뒤 우리는 바닥에 어지럽게 놓인 포장지와 리본 더미를 치웠다.

"저는 이제 B 항목의 마지막을 향해 달리고 있어요."

내가 아버지에게 말했다.

"뭐 재미있는 거 없더냐?" 아버지가 물었다.

"브로콜리 항목을 막 읽었는데, 아버지도 아시다시피 브로콜리는 양배추의 일종입니다."

아버지가 고개를 끄덕이며 말했다. "너를 위해 쓸 만한 정보 하나를 마련해놓았다. 너, 빛의 속도를 아니?"

"예, 초당 29만 9,790킬로미터, 그러니까 초당 약 30만 킬로미터잖아요."

"그렇지. 그런데 그걸 2주당 패덤(두 팔을 좌우로 벌렸을 때의 길이, 약 1.83미터) 단위로 환산하면 얼마인지 아니?"

"예?"

"2주당 패덤 단위로 빛의 속도를 아느냐고 말이다."

"음, 모르겠는데요."

아버지는 이 정보를 알고 있는 세계 유일의 사람이 될 요량으로 속도를 계산했다고 말했다. 어머니 말씀대로 "그게 바로 아놀드다운 것"이라고 할까.

"그 속도는 1.98 곱하기 10의 14승이란다."

"우와! 그거 참 대~단히 놀랍네요." 내 말투는 다분히 공격적이면서도 그게 별 대수냐는 식이었다. 아버지는 내 말에 다소 상처를 받으신 듯했다. 그때 내가 왜 그런 식으로 말했는지, 후회 막심하다. 나는 아버지가 나보다 한 수 앞서려 하신다고 느끼고 그런 식으로 응대했던 것 같다. 이런 못난 자식 놈이 있나. 성일聖日의 정신에 어긋나는 태도, 가족 모임에 어울리지 않는 자세라 하겠다. 손 들고 반성!

bruise
상처

내 왼쪽 눈이 요리된 바다가재의 껍질처럼 붉어졌다. 다리와 발이 아니라 머리와 눈으로 하는 장거리 마라톤, 즉 브리태니커 읽기의 결과라고 보기는 힘들다. 그럼에도 나는 그렇게 여기고 싶다. 눈의 충혈을 브리태니커 관련 첫 부상으로 간주하는 바이다. 이만하면 사뭇 자랑스런 상처가 아닌가. 물론 나는 초기 블루스 음악인들(블라인드 윌리 맥텔, 블라인드 보이 풀러, 블라인드 레몬 제퍼슨)처럼 눈이 멀게 되는 건 바라지 않지만, 눈의 피로는 어쩔 수 없는 그리고 어떤 의미에서는 적합한 현상이다.

줄리가 걱정이 되는지 작은 당근 몇 봉지를 사와서 눈을 이루는 간상세포와 원추세포의 회복을 돕고자 했다. 그런데 당근은 독초인 헴록과 가까운 사이다. (둘 다 미나리과에 속한다. 독당근, 독미나리를 'poison hemlock'이라고 하지 않던가.) 그러니 줄리가 나에게 그 둘을 섞어서 주지 않기를.

Brutus
브루투스

브루투스에 관해서는 많이 들어 봤다. 셰익스피어의 작품에 나오는 유명한 대사 "브루투스, 너마저!"가 우선 떠오른다. 그런데 카이사르 암살 계획에 가담한 두 사람의 브루투스가 있었다는 건 몰랐다. 데키무스 율리우스 브루투스 알비누스와 마르쿠스 율리우스 브루투스, 이렇게 두 사람이다. 카이사르의 충복이자 피후견인이었던 데키무스 율리우스 브루투스 알비누스는 더 유능한 홍보 담당자를 둘 걸 그랬다. 보도자료에 이런 제목을 넣어서 역사학자들에게 배포하면 좋지 않겠나? "브루투스, 너마저!, 브루투스 너마저! 저마저 '너마저'의 '너'랍니다."

확실한 건 잘 모르겠지만, 상대적으로 덜 유명한 이 브루투스가 유명한 브루투스보다 권력이 더 강했던 것 같다. 카이사르 암살 사건 이후 덜 유명한 브루투스는 군대를 이끌고 안토니우스에 대항했다. 그러나 패하여 갈리아인에게 잡힌 뒤 안토니우스의 명으로 처형되었다. 역사 속에서 잊혀지는 것과 프랑스인에게 잡혀 죽는 것. 어느 쪽이 더 슬픈지는 잘 모르겠다.

burial
매장

이 항목에서 나는 깨달았다. 내가 얼마나 통념과 상식에만 젖어 사는 사람인지 말이다. 브라운 대학에서 받은 다문화적이고 개방적이며 자유로운 교육에도 불구하고, 내가 창의적으로 열린 사고를 한다는 지금까지의 자의식은 일종의 기만이나 착각이었다. 나는 인생을 매우 특수한 방식, 그러니까 편협한 방식으로 바라보도록 길들여져 왔다는 걸 새삼 깨달았다.

매장이라고 하면 나는, 그리고 아마도 우리들 대부분은 잠을 자는 것과 같은 자세로 시신의 등을 땅에 붙여 눕히는 걸 떠올린다. 그게 자연스러워 보인다. 이 '특수한' 매장 방식 외에도 얼마든지 다양한 방식들이 있다는 걸 나는 미처 생각하지 못했다.

브리태니커에 따르면 초기 문명들 가운데 일부는 시신을 쭈그린 자세 혹은 웅크린 자세로 매장했다. 북아메리카 원주민들은 시신을 배 속 태아와 비슷한 자세로 매장했다. 무릎을 턱 밑으로 밀어 넣어 사지를 한 묶음으로 묶어 놓은 자세다. 똑바로 선 자세로 매장하는 문화도 있었는데, 특히 전사의 시신을 매장할 때 그러했다.

나에겐 정말 놀라운 사실들이다. 이걸 몰랐다면 나는 죽음이란 긴 잠과 같다는 비유를 계속 구사하게 되었을 것이다. 그러나 죽음은 긴 '잠'이 아닐 수도 있다. 죽음은 긴 잉태 그 자체일 수도 있다. 그렇다면 태아의 자세로 매장되는 게 적합할 것이다. 혹은 죽음이 긴 버스 여행일 수도 있다. 그렇다면 서 있는 자세로 매장되는 것도 생각해볼 수 있다.

문화적 선입견이 없다고 자부하고 있던 나로서는, 이렇게 나의 문화적 선입견을 깨닫게 되는 게 정말 좋다. 매장과 관련해서는 이런 지식이 언젠가 실제로 쓸모가 있을지도 모른다. 손에 리모컨을 쥐고 앉아 있는 자세로 매장되기를 택할 수도 있지 않은가. 그건 그때 가 봐야 알 일이고, 여하튼 지금의 나는 시야가 더 넓어졌다는 걸 느낀다. 솔직히 말하면 내가 좀 더 나아졌다는 느낌마저 든다. 매장에 관한 이런 지식을 알기 전의 나보다 나아졌다는 느낌이자, 매장이라고 하면 드러눕는 자세만 떠올리는 많은 사람들보다 나아졌다는 느낌이다. 두 번째 알파벳 B를 마무리 짓는 마당에 내가 거둔, 작지만 중요한 수확이다.

Cappuccino
카푸치노

어떤 주제에 관해 브리태니커보다 내가 더 많은 걸 알고 있는 경우가 드물게나마 있다. 바로 카푸치노가 그렇다. 나는 우연한 기회에 카푸치노가 카푸친회 수도사들에게서 유래했다는 걸 알게 되었다. 그들이 입는 옷이 밝은 갈색이니, 따뜻하게 데운 우유를 첨가한 카푸치노의 색깔이 바로 그렇다. 카푸친회 수도사들이 입는 옷과 비슷한 색의 커피 정도라고 할까. 이것은 브리태니커에는 나와 있지 않다. 작년에 줄리와 함께 이탈리아의 아말피 해안으로 휴가 여행을 떠났을 때 만났던 이탈리아 택시 기사에게서 들은 정보다. 이렇게 브리태니커의 한계선에 서 있다는 기분이 싫지 않다. 일종의 스릴마저 느낀다. 물론 브리태니커의 다음 항목, 다음 페이지로 옮겨가면서 그런 기분은 곧 사라져버린다. 그리고 나의 엄청난 무지와 마주하게 된다. 아직 멀었다.

Caravaggio
카라바조

17세기의 위대한 화가이자 멍청이였다. 카라바조는 배우 숀 펜만큼이나 종잡을 수 없는 다혈질 인물이었다. 웨이터의 얼굴에 아티초크 접시를 던지는가 하면, 로마 근위병에게 돌을 던져 체포되기도 했다. 테니스 시합에서 점수를 놓고 옥신각신하다가 사람을 죽이기까지 했다. 살인을 저지른 뒤 로마에서 도망쳐 여러 도시를 전전하다가 잡혔지만 탈옥했고, 교황에게 자비를 베풀어 사면해줄 것을 간청했다. 이런 파란만장한 삶을 사는 동안 그는 다소 어두운 분위기의 훌륭한 종교화를 그렸다. 그는 폐렴으로 세상을 떠났는데, 교황이 그를 사면한다는 내용의 문서가 도착하기 불과 사흘 전이었다.

나는 '삶의 고뇌에 시달리는 천재', '성마르고 신경질적이며 괴팍한 예술가'라는 상투적인 이야기를 싫어하지만, 천재나 위대한 예술가의 삶에서 그런 이야기를 쉽게 찾을 수 있다. 내가 위대한 예술가가 못 되는 것도 바로 그 때문일까? 내가 충분히 성마르고 신경질적이며 괴팍하지 못해서? 식당 웨이터에게 채소 요리가 담긴 접시를 충분히 던지지 못했기 때문에? 앞으로 남은 3만 1,000페이지를 통해 풀어야 할 또 하나의 미스터리라 하겠다.

Casanova
카사노바

18세기의 유명한 탕아이자 난봉꾼으로, 삶의 마지막을 도서관 사서로 마쳤다. 오늘날의 사서들이 자신들의 이미지를 섹스어필하게 만드는 데 이 사실을 활용할 수도 있겠다.

chalk
초크

교실에서 사용하는 초크(분필 혹은 백묵)는 초크, 즉 백악白堊으로 만든 게 아니다. 백악은 단세포 생물의 유체와 미세한 방해석의 결정으로 된 암석이다. 나를 가르친 학교 선생님들을 믿지 못하는 또 하나의 이유가 되겠다. 선생이면 선생답게 좀 정확히 가르쳐줄 것이지.

창과 엥

삼쌍둥이의 원조라 할 이 쌍둥이 형제는 '당연히' 같은 항목에 실려 있다. 그리고 이 특이한 쌍둥이에 관한 브리태니커의 설명 내용은 일반적인 다른 항목에 대한 설명보다 '당연히' 훨씬 더 특이하다. 창과 엥은 1811년 오늘날의 태국, 즉 샴에서 중국인 아버지와 중국-샴 혼혈 어머니 밑에서 태어났다. 그들은 어린 시절부터 유명해서 샴 국왕 앞에 서기도 했다. 1829년 창과 엥은 한 영국 상인의 눈에 띄어 미국, 캐나다, 쿠바, 유럽 등지에서 순회 공연(전시라고 하는 편이 더 정확하겠지만)을 했다. 스물한 살이 되면서 창과 엥은 영국 상인에게서 벗어나 독자적인 공연으로 재산을 모았다.

여기까지는 그럴 법해 보인다. 그런데 다음 이야기는 내 예상에서 크게 벗어난다. 창과 엥은 번 돈으로 노스캐롤라이나의 마운트에어리에 정착했다. 그곳에서 땅을 사 농장을 운영하며 미국 국적을 취득해 벙커라는 성을 사용했다. 좋아 보인다. 태어나면서부터 간을 공유하게 된 벙커라는 이름의 두 농부. 그럴듯하다. 그들은 내내 함께할 수밖에 없었으니, 1843년 4월 창과 엥은 애들레이드와 사라 예츠 자매와 혼인했다. 그들은 2킬로미터 정도 떨어진 각자의 집에 사흘씩 번갈아 가며 머물렀다. 브리태니커는 물론 그들의 부부 생활에 관해서는 말해주지 않는다. 엥과 사라가 사랑하느라 여념이 없을 때 창은 신문 스포츠 면이라도 읽으며 짐짓 무심한 듯 모르는 척했을까? 겉으로는 조용히 있으면서도 창 역시 절정에 도달했을까? 그 속사정이야 어찌 됐건 창과 엥은 여러 명의 자녀를 두었다. 그들이 함께한 신체 활동은 그것뿐이 아니었다. 그들은 사격에도 능했고 빨리 달릴 수도 있었으며 수영도 잘했다. 미국에 도착했을 때 창과 엥은 분리 수술 제안을 받았지만 거부했다. 수술이 워낙 위험하기 때문이기도 했지만, 자신들의 조건에 너무도 잘 적응하고 있었기 때문이기도 했다.

남북 전쟁 기간에 창과 엥은 재산의 대부분을 잃고, 1869년에 다시 유럽으로 가서 공연했다. 엥보다 예민하고 우울한 편이었던 창은 술을 많이 마시기 시작했다. 그리고 "1870년에 성공적인 순회 공연을 마치고 미국으로 돌아온 다음, 창은 마비성 발작에 시달리기 시작했다. 그로부터 4년 뒤 1874년 1월 17일 밤에 창과 엥은 세상을 떠났다. 창이 먼저 숨을 거두고 엥이 세 시간 뒤에 숨을 거두었다."

누나와 나는 부모님 승용차의 뒷좌석을 공유해야 한다는 것이 늘 불만이었다. 누나와 나의 승용차 뒷좌석 영역 다툼은 사뭇 치열해서, 접착테이프로 경계선을 표시해놓을 정도였다(나는 누나의 영역 쪽으로 손가락을 슬쩍 들이밀어 누나를 골리곤 했다). 모텔 방, TV, 전화기 등을 함께 써야 한다는 것에 대해서도 우리는 짜증 섞인 푸념을 하곤 했다. 그런데 다른 것도 아니고 몸을 공유한 형제가 있었다는 거 아닌가. 그것도 아주 훌륭하게, 사이좋게 공유한 형제가. 브리태니커에 실린 그들의 사진을 보니, 말쑥한 조끼를 입고 빅토리아풍 가구에 기대어 있다. 팔로 서로의 어깨를 안고서 말이다. 여유 있고 만족스러워 보이며, 고귀한 분위기마저 풍긴다. 감동적인 사진이다. 내가 아이들을 키울 때 게임기를 서로 독차지하겠다 다툰다면, 바로 이 사진을 보여줘야겠다. 미래의 나의 두 아이들에게 세 단어를 말해야지.

창 그리고 엥!

character writer
캐릭터 작가

17세기 영국에서 토머스 오버베리와 조지프 헐 같은 작가들이 자만이나 인색함 같은 성격을 표현하기 위해, 그런 성격이 전형적으로 나타나 있다고 생각한 인물 그림을 활용했다. 나는 토머스 오버베리는 아니지만, 그런 종류의 인물 그림으로 나타낼 만한 사람을 알고 있다. 줄리의 오빠인 에릭이다. 그의 성격은 다름 아니라 명민함, 혹은 건방짐, 혹은 잘난 체함, 혹은 그 모든 것들을 결합한 것이다. 에릭은 내가 좀 더 영리해지겠다고 마음먹게 된 중요한 이유들 가운데 하나이기도 하다. 그래서 내가 이렇게 애쓰고 있지 않은가.

에릭은 정말 영리하다. 하버드 출신에 말은 청산유수고 이메일에서도 라틴어 격언을 수시로 인용한다. 대학 졸업 후에는 미 국무부 외교관 시험에 응시했다. 합격이 어렵기로 세계에서 둘째가라면 서러울 시험이라는 게 응시 이유였다. 그는 보란 듯이 합격했지만 시험을 다시 치렀다. 왜냐고? 최고 점수를 받고 싶었기 때문이다. 그리고 두 번째 치른 시험에서 그는 뜻을 이뤘다.

외모는 또 어떤가? 치열 교정기라고는 애당초 필요 없었을 것이다. 날렵한 몸매를 보아선 콜레스테롤 수치는 최저 수준일 것이고, 머리카락은 대머리 남성들을 절망에 빠지게 만들 정도다. 전체적인 얼굴 윤곽이 배우 존 큐색과 닮았다. 에릭이 나를 바라볼 때의 눈길은 내가 골든레트리버 개를 바라볼 때의 눈길과 비슷하다. 골든레트리버가 아무리 똑똑한들, 그 개가 화장실 물을 내리는 방법을 익히거나

'해피 버스데이'를 말할 수 있게 된다 한들, 골든레트리버는 여전히 골든레트리버일 뿐 그러니까 개 이상은 못 된다. 요컨대 나와 골든레트리버는, 아니 에릭과 나는 다른 종種이다. 골든레트리버가 꼬리를 흔들어 대면 내가 웃어주듯이, 에릭은 크림 전쟁에 관해 나의 지식이 부족한 것을 여유 있게 즐기는 것 같았다.

이건 내가 미처 경험하지 못했던 일이기도 하다. 짐짓 겸손한 체하는 형이라니. 누나와 함께 자랄 때 나는 학자로 간주되곤 했다. 누나 베릴은 나와는 다른 장점, 사교성이 있어 친구가 많다는 장점이 있었다. 나는 자타가 공인하는 책벌레였다. 그런데 서른한 살이 되어 나는 나보다 아는 게 훨씬 많은 형님, 그것도 만날 때마다 그 점을 강조하는 것 같은 형님을 얻게 되었으니.

에릭은 자기 집안에서 단연 지적인 스타였다. 그리고 에릭도 그 사실을 알고 있었다. 휴일에 만날 때면 에릭은 팔짱을 끼고 의자에 앉아 최근의 중요한 이슈를 논했다. 이를테면 미국의 근로자 퇴직소득 보장법 401조 K항에 나와 있는 확정 기여형 기업연금 제도하에서의 투자 심리를 분석하거나, 존 애슈크로프트 법무장관의 정책 방향에 관해 고담준론을 펼친다. 그의 견해가 얼마나 논리 정연한지 다른 사람들은 그저 고개를 끄덕이고 앉아 있을 수밖에 없다. 나는 그럴 때의 기분이 싫다. 나는 강연을 듣기보다 강연을 하는 사람이 되고 싶다. 나는 에릭에게 질문을 퍼부어 당황하게 만들기에 충분한 지식을 갖추고 싶다.

또 다른 굴욕은 게임이다. 내 아내는 보드 게임을 매우 좋아한다. 가족이 모일 때면 갖가지 보드 게임 도구가 방 안에 한가득이다. 게임의 승부가 어떻게 될지는 말하지 않아도 짐작할 수 있으리라. 에릭의 연전연승, 그리고 나의 연전연패. 불과 몇 주 전의 추수감사절은 특히 굴욕적이었다. 브리태니커 작전에 돌입하기 전이었는데 나는 무모하게도 에릭과 일 대 일로 트리비얼 퍼숏 게임을 했다. 말을 던지며 서로 문제를 내서 맞히는 게임이다. 에릭이 말했다. "좋아! 이 게임에서는 말을 번거롭게 두 개 던질 필요 없이 한 개씩만 던지면 되지."

에릭이 던진 말이 보드 위에 떨어져 굴렀다. 1패덤은 몇 미터? 1.83 미터다. 〈스타더스트〉를 누가 작곡했더라? 호기 카마이클이다. 빅토리아 폭포를 발견한 사람은 누구더라? 데이비드 리빙스턴이다. 에릭은 길게 생각하지 않고 즉시 답했다. 그는 고개를 들어 가끔 천장을 쳐다보고 답을 말했다. 마치 천장에 답이 쓰여 있기라도 하다는 듯이 말이다. 베리그 항공이 브라질 항공사라는 따위의 정보는 그에게 식은 죽 먹기였다. 그렇다면 나는? 에릭이 질문했다.

"부등변 삼각형에는 길이가 같은 변이 몇 개나 있을까?" 학교 시절의 빌어먹을 수학 선생이 내게 뭘 가르쳐줬는지 기억해보려 애썼지만, 생각나는 건 그 선생의 지독한 독일어 억양과 대머리를 감추기 위해 올려 빗은 머리뿐이었다.

"힌트를 주지. 아마 네 아이큐와 같을 거야."

"2?"

"아니, 0."

다음 내 차례에서 에릭이 물었다. "엘모 링컨이 연기한 영화 속 첫 인물은?"

이렇게 모르는 것만 묻다니. 내 강점이라고 생각했던 연예 분야에서도 이 모양이라니. 이 에릭이라는 대단한 사람은 DVD나 스토커라치가 등장하기 훨씬 전의 옛날 연예에 관한 걸 물어보기 좋아했다.

"이 소설과 영화 속 인물이 구사하는 어휘는 A. J. 네가 구사하는 어휘의 양과 비슷하다고 할 수 있지."

에릭이 나를 조롱하려 든다는 걸 눈치 챈 내가 답했다.

"프랑켄슈타인. 그 박사 말고, 영화에서 박사가 만든 괴물을 가리키는 프랑켄슈타인."

"아니, 타잔이야."

뭐 이런 식이었다. 결국 에릭은 나를 보기 좋게 물리쳤다. 그리고 내 능력에 맞는 보다 단순한 게임을 더 좋아하지 않느냐 물어왔다. 그래, 뭐 졌다고 대수인가. 트리비얼 퍼슛은 문자 그대로 트리비얼, 즉 사소한 거 아닌가 말이다. 그러나 당시의 패배는 나의 무지를 상기시켜주는 고통스런 기억으로 남아 있다. 정치, 경제, 문학, 역사, 지리, 도대체 내가 아는 게 뭐란 말인가.

5주 전이었다. 에릭이 장모와 처남 더그를 비롯한 나의 처가 식구들과 함께 맨해튼에 납시었다. 우리는 점심을 먹기 위해 어퍼웨스트 사이드에 있는 레스토랑으로 갔다. 그날은 완전히 새로운 날이 될 것이었다. 나는 자리에 앉자마자 대단한 뉴스를 에릭에게 전했다. 에릭에게 나의 브리태니커 대작전에 관해 말한 것이다. 그가 나의 계획을 높이 평가해주기를 바랐다. 그리고 그가 위기감을 느끼기를 바랐다. 그러나 나의 기대는 헛된 것이었다. 에릭의 반응은 내가 코르덴 바지를 입는 걸 좋아한다 말했을 때 보일 법한 시큰둥함 바로 그것이었다.

"그래? 하버드 시절에 그런 짓을 했던 사람을 알고 있지."

"그거 좋네요. 제가 그와 지식을 겨루어 볼 수도 있겠어요."

"그럴 수 있을지도 모르지. 그런데 좀 어려울 것 같아. 그 사람은 자살했거든. 하지만 자네는 잘 해나갈 수 있을 거야."

재를 뿌려도 이렇게 뿌리다니. 여하튼 대화는 메뉴 선택으로 이어졌다. 게살 케이크가 특히 인기 있었다. 내가 말했다.

"아! 게. 정말 귀족이죠."

"뭐라고요?" 더그가 묻자 내가 자랑스럽게 답했다.

"게는 피가 파란색이거든. 파란 피(blue blood, 귀족이나 명문가 출신을 뜻한다 – 옮긴이). 그야말로 귀족 아니겠어?"

나는 좌중의 웃음을 기대했지만 반응이 신통치 않았다.

"혈액blood 항목에서 읽은 거야."

장모가 말했다.

"자네가 새로 알게 된 것 가운데 흥미로운 것 좀 말해보지 그러나."

"지금 말씀드린 건 별론가요?"

"그건 별로 흥미롭지 않아."

와우! 이런 빡센 청중들이 있나.

"그러면, 죽음에 관한 이야기는 어때요?"

"좋네."

"버크와 헤어에 관한 이야기입니다."

"벌써 듣고 있어요. 빨리 해봐요." 더그가 재촉했다.

"좋아, 그럼 윌리엄 헤어와 윌리엄 버크 이야기다."

메뉴판을 내려놓으며 내가 말했다.

"이 두 아일랜드 사람은 1820년대에 한 여관에서 만났지. 어느 날 늦은 빈민 한 사람이 여관에서 죽었는데, 헤어와 버크는 그 시신을 땅에 묻지 않고 그 지역 외과 의사에게 팔아버린 거야. 7파운드를 받고 말이지."

"죽음을 파는 상인이 된 거군요?" 더그가 말했다.

"기다려 봐. 점입가경이라니까. 그렇게 해서 7파운드를 번 더그와 헤어는 괜찮은 사업 아이디어를 구상해냈지. 그들은 사람들을 여관으로 유인해서 술에 취하게 한 뒤, 질식시켜 죽인 거야. 그리고 시체를 외과 의사에게 팔았지. 적어도 15명이 그렇게 살해당했고, 수상하게 여긴 이웃들이 그들을 급습할 때까지 1년이라는 세월이 흘렀어."

"결국 감옥에 갔나요?"

"헤어는 버크를 배신해서 풀려났고, 버크는 교수형에 처해졌어. 그리고 문제의 외과 의사 녹스는 감옥에 가지 않았지만, 명성에 손상이 가서 외과 의사로 활동할 수 없게 됐지."

이것으로 이야기는 끝났다. 나는 생동감 있게 잘 이야기했다고 느꼈다. 에릭도 이번에는 나를 인정하지 않을 수 없을 것이다. 아니나 다를까.

"그거 흥미로운 이야기로군." 에릭이 말했다.

"고마워요."

"그런데 자네 그 사건에 관한 시 한 편을 알고 있나?" 에릭이 물었다.

"음……."

"버크와 헤어에 관한 시를 모른다고? 정말 몰라?" 에릭이 다그치

듯 물었다.

이런 제기랄! 그런 시가 있다니.

"모릅니다."

"오! 그 시를 알아야 이야기가 제대로 되는 건데 말이지. 영국 초등학생이라면 흔히 주워섬기는 시라니까. 아마 이렇지? '버크는 도살자, 헤어는 도둑놈, 녹스는 고기를 샀다네.'"

그제서야 가족들의 웃음보가 터졌다.

"그거 대단하구나!" 장모가 말했다.

"어쩜 무시무시해라!" 에릭의 아내 알렉산드라가 말했다.

에릭은 여유 있는 표정으로 자신이 즐겨하는 자세, 즉 팔짱을 끼고 앉아 있었다. 그는 나를 보며 미소 지었다. 그는 자신이 나를 물리쳤다는 걸 알고 있었던 것이다. 이런 브리태니커! 그 망할 놈의 시는 브리태니커에 실려 있지 않았다. 버크와 헤어 이야기를 택한 나 자신을 원망할 수밖에! 그때 심정으로는 에릭을 질식시켜 그 시신을 외과 의사에게 7파운드 받고 넘기고 싶었다.

여하튼 나는 계속 읽어 댈 것이다. 언젠가는 에릭이 모르는 것을 발견하고야 말 것이다. 에릭이 제대로 발음할 줄 모르는 그 무언가를 찾고야 말리라.

Charles
찰스

생활의 지혜 하나가 있다. 당신이 어느 왕을 만났는데 그 왕의 이름을 기억하지 못한다고 해보자. 그럴 경우 왕의 이름을 찰스로 추측하면 된다. 나는 이제 찰스 항목에 도착했다. 정말 끝이 없다. 48명의 찰스가 24페이지에 걸쳐 자리 잡고 있다. 독일, 이탈리아, 스페인, 포르투갈, 스웨덴, 네덜란드, 헝가리, 오스트리아를 포함해 사실상 모든 유럽 국가에 찰스가 포진하고 있으며, 그중 상당수는 왕이다.

찰스라는 이름을 가진 왕들의 별명도 다양하다. 그들을 구별하는 데 도움이 될 법하다. 어린이들이 좋아하는 닥터 수스 풍의 시로 말해보면 이런 식이다.

선한 찰스가 있다네
나쁜 찰스도 있지.
절름발이 찰스가 있다네
미친 찰스도 있지.
용감한 찰스가 있다네
공정한 찰스도 있지.
대머리 찰스도 잊지 말아야지.
이렇게나 많은 찰스가 있다네.

한 가지 특기할 만한 건, 이 많은 찰스들 가운데 고무적인 인물이 별로 없다는 사실이다. 찰스 항목 24페이지는 군주제가 바람직하지 못하다는 걸 뒷받침하는 글이라 해도 지나친 말이 아니다. 대학을 설립하거나 사법 제도를 개혁한 이례적인 찰스도 있다. 두 경우 모두 스웨덴 사람인데, 브리태니커에서 만날 수 있는 평균적인 찰스보다 훨씬 나아 보인다. 그러나 전체적으로 볼 때 브리태니커에 나오는 찰스 이야기는 전쟁을 좋아하고, 탐욕스럽고, 정신적으로 불안정하고 고약한 왕들의 이야기라고 할 수 있다.

여색을 밝힌다는 걸 빼먹을 뻔했다. 크롬웰 체제의 붕괴 이후 왕위를 되찾은 영국 국왕 찰스 2세는 공식적인 왕비 외에 많은 여인들과 관계하여 14명의 자식을 두었다(찰스 2세가 엽색 행각으로 서자를 많이 두게 되자 더 이상의 서자가 태어나는 걸 막기 위해 피임 기구를 발명했다는 의사 콘돔의 일화를 떠올려 보라). 비교적 충실한 인물로 남은 몇 안 되는 찰스 가운데 한 사람은, 1693년 브리타니에서 조약을 체결했지만 조약을 깨기를 바라는 아내에게 설득당해 전투에 나섰다가 세상을 떠난 찰스다. 적어도 아내에게는 충실했다 할 수 있으니, 14명의 서자를 낳은 찰스 2세보다는 낫지 않은가?

어떤 찰스가 어떤 찰스인지 기억해낸다는 건 무척이나 까다로운 일이다. 브리태니커에 나오는 찰스의 신원을 정확히 분별해 기억하려 하다가는, 프랑스의 샤를 6세처럼 될지도 모른다. 그는 1300년대 말부터 1400년대 초에 걸쳐 44차례나 발광했다. 왕족들이 이름을 지을 때 창의성을 발휘해주었으면 하는 바람이다. 하긴, 우리 가족도 그 점에서는 내세울 게 없다. 나의 전체 이름은 아놀드 스티븐 제이콥스 주니어다. 나의 아버지 아놀드 스티븐 제이콥스의 전체 이름을 따른 것이다. 퍽이나 익살을 즐기는 아버지는 내 이름을 아놀드 스티븐 제이콥스 4세로 하려 했다는 후문이다. 아버지에게 실례의 말씀이 될지도 모르겠으나 아버지는 2대를 '거저 잡수시려' 한 셈인데, 다행히도 어머니의 반대에 꼬리를 내리셨다. 그래서 나는 '4세'가 아니라 '주니어'가 됐다.

초서, 제프리

《캔터베리 이야기》의 저자인 이 사람은 런던 거리에서 프란체스코 회 수도사에게 세금을 물렸다. 벼룩의 간을 빼먹는다고 했던가. 성마르고 신경질적인 예술가 한 사람을 더 알게 된 셈이다.

체니, 딕

미국의 부통령인 이 사람은 예일 대학에서 낙제해 중퇴하고 말았다. 적어도 브리태니커의 설명만 놓고 보면 그가 자퇴한 건지 퇴학 당한 건지는 불분명하다. 자의 반 타의 반이라고나 할까. 여하튼 그는 와이오밍 대학에서 학업을 마쳤다. 민주당원들이 이 사실을 알고 있을까? 그들이 이 사실을 물고 늘어져 체니와 거래를 할 만도 한데 말이다.

체스

나는 체스에 별 관심이 없었다. 체스가 도대체 역사상 무수했던 왕과 여왕들과 무슨 상관인지도 모르겠다. 브리태니커에서 나쁜 짓을 한 많은 찰스들을 접하기 전에도 나는 결코 군주제 지지자가 아니었다. 체스 말이 왕과 여왕 대신 〈스타스키와 허치〉(미국의 TV 시리즈와 영화로 유명한 형사 콤비 – 옮긴이)거나 대통령과 영부인이었다면 내가 체스에 빠졌을지도 모르지만, 여하튼 난 체스에 빠진 적이 없다.

그러나 체스는 똑똑한 사람들이 하는 그 무엇이라고 막연히 생각해왔다. 똑똑한 사람이 되고자 브리태니커를 섭렵 중이고 보니, 체스 게임에 관한 브리태니커의 설명을 각별히 주의 깊게 읽었다. 그리고 한가할 때 휴대용 단말기로 체스 게임을 해보았다. 63차례 게임을 한 끝에 나는 겨우 컴퓨터를 이겼다. 당연한 일이지만, 그 수준이란 수학 지진아가 받는 특별 보충수업 수준에 견줄 정도였다. 그러나 여하튼 내가 이겼다는 거 아닌가.

이 작은 승리에 고무된 나는 마셜 체스 클럽의 대단한 체스꾼들과 한번 겨뤄보면 재미있겠다고 생각했다. 사실 나는 약간의 광장 공포증이 있기 때문에 이건 좋은 계획이라고 할 수 없다. 그러나 브리태니커로 일종의 자기 교육에 나선 마당이니 한번 해보기로 결정했다. 내 지식을 시험대에 올려보는 것이다. 내 지식이 고수들과 마주하여 얼마나 효용을 발휘할 것인가?

마셜 체스 클럽. 예상했던 대로 많은 체스 테이블과 체스 관련 잡지로 가득했다. 나를 놀라게 한 건 체스 클럽에 있는 사람들이 정말 다양하다는 것, 그리고 차림새도 제각각 이채롭다는 점이었다. 바지를 겨드랑이 가까이까지 추켜올린 배불뚝이 유대인 노인이 있는가 하면, 소수이나마 흑인들도 있고, 동유럽 사람들, 드러내놓고 잘난 체하는 사람들, 학교 배낭을 지고 온 나이 어린 체스 천재로 보이는 이들도 있다.

나는 체스 클럽 관리인인 래리라는 사람과 인사를 나누었다. 래리는 나이 든 유대인 범주에 드는 외모였다. 내 실력이 어느 정도 되는지 시험해보고 싶다 말했더니 래리는 날을 잘못 잡은 것 같다고 말해주었다.

"오늘 밤은 대단한 토너먼트 경기가 펼쳐질 겁니다. 황홀한 밤이지요. 제대로 걸리셨군요."

주위를 둘러보았다. 뭐 황홀할 것까지야 있겠나 싶었다.

"그럼 저는 토너먼트에 참가할 수 없는 건가요?"

"아닙니다."

래리는 오늘 경기 참가자 명단이 적힌 서류를 보더니 나를 클럽 룸으로 안내했다.

"여깁니다. 여기에서 하세요. 당신의 상대는 저 여성입니다."

그가 가리킨 여성은 체스 천재 스타일의 필리핀 여성이었다. 래리는 미소 지으며 다른 곳으로 갔다. 그 여성 말고 다른 상대자들은 없을까? 있다. 이를테면 따놓은 폰을 먹다 남은 서브웨이 샌드위치 조각 사이에 놓아둔 10대 경기자들도 있었다.

"이긴 사람과 한판 겨룰 수 있을까?"

그들은 체스판에서 눈길을 떼지 않고 고개를 끄덕였다. 승부가 나기를 기다리는 사이, 나는 바지춤을 높이 끌어올린 패들 사이에서 한 사람을 찍었다. 흑인 소울 그룹 '어스, 윈드 앤 파이어' 멤버들의 머리 모양과 경쟁이라도 하는 듯한 곱슬머리를 가진 유대인 남자였다.

"한판 하시겠습니까?"

"좋습니다."

게임을 시작하기 전 나는 브리태니커에서 배운 것들을 떠올려 보았다. 비숍 앞으로 나이트를 전개시키고, 적의 공격 루트를 미리 치밀하게 예견하고, 체스판 반쪽으로 전면적인 협동 작전을 펼친다. 나는 다분히 포스트모던하게, 그러니까 상대의 예측을 무색하게 만드는 작전으로 시작할까 생각해보았다. 그러나 정석대로 나가기로 했다. 몇 차례 수를 주고받자 나의 상대가 나의 폰을 따버렸다. 여기까진 좋다고 생각했다. 어차피 치러야 할 희생인 것이다. 그러나 이후 몇 수를 통해 나는 엄청난 희생을 치르고 말았다. 아무짝에도 쓸모없는 무의미한 희생. 그러나 그때까지만 해도 나는 이 난국을 헤쳐나갈 수 있으리라 생각했다.

　나는 하나 남은 나이트를 어디로 움직일까 고심하면서, 놓고 싶은 자리를 검지손가락으로 건드렸다. 순간 내 상대의 얼굴색이 변하는 게 아닌가. 마치 택시가 발가락 위를 지나갈 때의 표정 같았다. 그렇단 말이지. 그 자리가 상대에게 큰 타격을 가할 수 있는 좋은 자리란 뜻일까?

　"그러시면 안 됩니다. 체스판을 손으로 건드리시면 안 된다고요. 그건 나빠요."

　"오!" 나는 황급히 손가락을 치웠다.

　"상대에 대한 예의가 아니지요."

　나는 다시는 안 그러겠다고 약속했다. 그리고 비숍으로 공격을 가하면서 한마디 했다. 그가 나를 높이 평가해주길 바라면서.

　"아시겠지만 비숍은 코끼리라 불리기도 하지요. 대각선으로 뛰어 넘어 다닐 수 있고요."

　그가 고개를 끄덕였다. 몇 차례 수가 진행되고 그가 나의 코끼리를 따버렸다. 체스의 수호 여신 카이사가 자랑스러워하겠군. 체스의 달인이자 이론가인 님초비츠쉬에 따르면 일부러 중앙을 상대에게 내어주는 전략이 있다. 나는 중앙을 내어주었다. 그리고 양옆과 앞도 모두 내어주었다. 나는 퀸을 움직였다. "어느 방향으로든 갈 수 있지요."

그가 다시 고개를 끄덕이더니 손을 뺨에 대고 생각에 잠겼다. 이거 좋다. 내가 그를 생각하게 만들었다.

"전 이 경기 막바지에 폰 프로모션을 할까 생각 중입니다." 난 그가 폰 프로모션에 관해 정확히 모르고 있지 않나 생각했다. 그러나 그는 알고 있었다. 폰이 상대편 진영 보드 끝에 도착해 더 이상 나아갈 곳이 없어지면, 그 폰을 퀸, 룩, 비숍, 나이트 등으로 승진시킬 수 있다. 이윽고 그는 외통수 장군을 불렀다. 그와 나는 악수를 나누었다. 경기는 끝났다. 나의 상대자는 훌륭하고 친절했다. 그는 경기 중 내가 저지른 실수를 일일이 지적해주었다. 이를테면 상대방 퀸이 스테일메이트(무승부) 상황을 발생시킬 수 있다면, 그런데 룩이 외통수 장군을 부를 수 있는 상황이라면, 폰을 룩으로 승진시키면 된다는 설명. 브리태니커에서 알게 된 체스에 관한 몇몇 사실들을 주워섬긴 다음에야 나는 그에게 약간의 인상을 남길 수 있었다.

"중세 무슬림들이 사용한 체스판이 단색이었다는 거 아세요?"

"그래요? 초기의 체스판이 단색이었다는 건 알았지만, 그걸 사용한 사람들이 무슬림이었다는 건 몰랐어요." 그는 결코 빈정거리는 투가 아니었다. 그는 정말로 흥미 있어 했다.

"그래요. 무슬림들이었죠."

나는 내 주위의 다른 상대자를 물색했다. 이제 새로운 마음으로 새 경기에 임하리라. 그러나 내 체스 실력이 이미 들통 난 탓인지 아무도 나에게 관심을 보이지 않았다. 머쓱해진 나는 가방을 싸서 그 자리를 떠났다. 나는 진작부터 어떤 주제에 관한 지식과 그 주제를 실행하는 것, 이를테면 체스에 관한 지식과 체스 게임을 실제로 한다는 것 사이에 큰 차이가 있다는 걸 알고 있었지만, 그 차이가 얼마나 큰지 실감한 건 처음이다. 집으로 오는 길에 나는 애꿎은 휴대용 단말기를 툭툭 치면서 내가 오늘 게임 중 저지른 실수를 혼잣말로 중얼거렸다.

Child, Julia
차일드, 줄리아

미국 요리계의 큰 별이었던 그녀는 미 중앙정보국CIA의 전신이라고 할 수 있는 미 전략정보국OSS에서 일한 적이 있다. 그래서인지 재미있는 영화 제목처럼 들린다. 낮에는 요리사, 밤에는 첩보원.

Children's Crusade
소년 십자군

지금까지 살펴본 항목들 중 가장 슬픈 것을 꼽는다면 단연 유력 후보가 아닐지. 프랑스의 어느 소년 목동이 이끄는 3,000명 정도의 어린이들이, 무슬림이 점령하고 있는 성지聖地를 무력이 아닌 사랑으로 정복하기 위해 조직되었다. 그들은 목적을 이루기는커녕 탐욕스런 상인들의 손에 넘어가 대부분이 북아프리카 지역에 노예로 팔려 갔다. 줄리와 내가 아이를 갖게 된다면, 결코 아이를 홀로 중동 지역에 보내지 않으리라 약속하는 바이다.

choreography
안무, 무용술

TV를 켜놓은 채 나는 브리태니커를 읽고, 줄리는 〈뉴욕〉의 십자말풀이를 풀고 있었다. 줄리가 나를 보며 물었다.
"배우 프레드 애스테어의 본명을 알아?"

"물론이지. 알고말고."

나는 그의 본명이 프레더릭 오스터리츠라고 말해주었다. 나는 내 아내가 십자말풀이의 42번 세로줄 칸을 채워 넣을 수 있게 해준 것이다. 물론 이것이 내가 브리태니커를 읽는 데 쏟는 노력과 시간을 정당화해줄 수는 없겠지만, 그 순간만큼은 줄리와 함께 우아한 왈츠라도 추고 싶은 심정이었다. 나는 곤경에 처한 아가씨를 번쩍거리는 정보를 가지고 구해낸 슬기로운 기사가 아니겠는가. 정말 완벽하다!

Christmas
크리스마스

오늘 밤 〈에스콰이어〉의 크리스마스 파티가 열린다. (아르메니아 정교회에서 성탄절은 1월 6일이다. 누군가에게 선물 주는 걸 깜박했다면, '나는 아르메니아 사람'이라 말하면 될 듯.) 줄리가 늦게까지 일해야 하는 탓에 나는 오늘 파티에 혼자 가야 한다. 줄리가 새로 맡은 일이 흥미롭다. 주워 모으기 게임, 그러니까 지정된 물건을 사지 않고 어떻게든 빨리 주워 모으면 이기는 경기를 주관하는 회사의 홍보 업무를 맡은 것이다. 한 주 동안 밤 근무를 해야 하기에 나는 홀아비 신세가 됐다.

〈에스콰이어〉 파티는 잡지에 기고하는 작가들과 잡지사 직원들의 친구들을 위한 파티라고 할 수 있다. 썩 멋진 파티는 못 된다. 8층에 있는 사무실에서 열리는데, 체크무늬 테이블보로 사무실 칸칸을 치장하고 복사기로 와인 바를 만든다. 파티 공간을 급조한다고 할까. 나는 늦게 도착했다. 7층에 있는 내 사무실에서 8층까지 가는 길이 어찌나 멀든지. 내 오랜 친구 릭이 어느 키 큰 여성과 대화를 나누고 있는 게 보였다. 그 여성은 정말 할 말이 많은 것 같았다.

릭이 나에게 알은체를 했지만 그 키 큰 여성은 말을 멈추지 않았다. 자신이 왜 소설보다 극본 읽는 걸 좋아하는지를 열심히 설명하고 있었다. 그 여성은 스웨덴의 극작가이자 소설가인 스트린드베리의 작품 중에서 구절을 인용하기도 했다. 그 여성에 따르면 스트린드베리는 입센보다 훨씬 더 복잡했다. 그 여성은 사람들이 스트린드베리를 "지나치게 간과하고 있다"고 주장하는 것 같았다.

릭은 그 여성의 말에 별 관심이 없어 보였다. 베개라도 꺼내 바닥에 드러누워 쉬고 싶어 하는 것 같은 표정이었다. 키 큰 여성이 잠시 숨 돌리는 틈을 타 릭이 말했다.

"A. J.는 똑똑하죠. 백과사전을 읽고 있거든요. 브리태니커 말입니다."

키 큰 여성이 말했다.

"그래요?"

"예, A부터 Z까지 모조리 읽고 있어요."

"지금은 어디를 읽고 있나요?"

"C 항목을 읽고 있는 중입니다."

"하지만 얼마나 기억하시겠어요?"

망할 놈의 질문이 아닐 수 없다. 질문하는 방식이 글러먹었다. 질문이라기보다 비난하는 투가 아닌가. 마치 내가 부도덕한 목적을 가지고 부녀자들을 다른 주州로 이송하는 행위를 금지한 1910년의 백인 노예 수송법을 어기기라도 했다는 태도다. 얼마나 기억하시겠느냐고? 제기랄. 내가 대꾸했다.

"볼리비아에는 정말 많은 강이 있지요. 그걸 기억하는 게 좀 힘들기는 하지만, 그 밖에 다른 건 분명히 기억한답니다."

이 대답이 그 여성의 입을 닥치게 만들지 않을까? 물론 솔직히 나는 볼리비아의 강 이름에서만 가물가물한 게 아니다. 차드에 있는 강 이름도 가물가물하고 그 밖의 것들도 마찬가지다. 그러나 내가 기억하고 있는 건 다른 사람들이 예상하는 것보다 훨씬 더 많다. 일부러 기억해내려 한다기보다 브리태니커의 내용이 내 일상과 연관되어 갑자기 떠오를 때가 많다. 그런 일이 점점 더 늘어나고 있다. 내 머리에서 일상의 경험과 브리태니커 내용이 어우러져 하나의 교향악이 연주되고 있는 셈이라 할까. 적어도 1분당 두 차례 꼴로 연주된다.

내가 브리태니커에서 읽은 모든 항목을 골고루 기억하는 건 결코 아니다. 대신 내가 얻은 새로운 지식은 매우 다양한 주제들과 얽히면서 각기 다른 인상으로 남아 있다. 그 주제들이라는 게 늘 고상한 것만도, 늘 심원한 의미를 지닌 것만도 아니다. 이를테면 매독이 있다.

나는 매독에 관한 방대한 정보를 갖고 있다. 알 카포네와 윈스턴 처칠의 아버지는 모두 매독 환자였다. 프랑스 시인 보들레르도 매독 환자였다. 그는 사팔눈 사라라는 이름의 유대인 매춘부와 관계해서 매독에 걸렸다. 나는 베두인들 가운데 성교를 통하지 않고도 걸리는 베젤이라 불리는 매독에 걸리는 사람들이 있다는 걸 알고 있다. 매독 검사에서 양성 반응이 나온 사람이라면 이렇게 변명할 수도 있을 것이다. "나는 사실 베두인입니다. 내 매독은 성교를 통해 걸린 게 아니라니까요." 매독은 적절한 예인 것 같다. 전염성이 강한 질병이 어느 날 갑자기 발병하듯 내 머릿속에서 다양한 주제들이 갑자기 떠오르니 말이다. 그렇게 갑자기 떠오르는 걸 나는 주체하지 못한다.

스트린드베리의 광팬인 키 큰 여성은 볼리비아의 강 이름 따위에 관심을 보일 것 같지는 않다. 그 여성은 매우 진지하고 완고해 보였다. 그 여성이 물었다.

"사무엘 베케트에 관해 알고 있나요?" 베케트, 베케트라. 나는 즉시 내 머릿속 시디롬을 작동시키기 시작했다. 그러나 생각나는 게 없었다. "작가라면 저는 발자크에 관심이 많습니다. 그가 철저한 완벽주의자였다는 걸 알고 있나요? 최종 마감 기한을 넘기고 나서도 그는 작품을 수정하고 또 수정했지요. 발자크가 인쇄업을 하다가 파산한 것도 알고 있나요? 이건 우리 모두에게 좋은 교훈이 된다고 할 수 있죠."

당신이 뭔가에 관해 잘 모를 때는 다른 주제로 화제를 돌려라. 다른 사람들이 예전의 주제를 잊기를 바라면서 말이다. 모를 땐 이게 상책이다. 역시 상책이 주효했다. 그 여성이 물었다.

"좋아요. 꽃양배추cauliflower에 관해서는요?"

"아직 거기까지는 아닙니다. 아마 V 항목에, 그러니까 채소vegetable 항목에 있지 않을까 싶은데요."

이게 두 번째 책략이다. '나중에 다시 와서 알려줄게요' 책략이라 할 수 있겠다. 물론 이는 일종의 유효 기한이 있는 책략이기는 하다. 내가 브리태니커의 항목들을 정복해 나갈수록 구사하기 힘든 책략이기도 하다. 그러나 지금의 나는 C 항목을 읽고 있으니 나머지 23개의 알파벳 가운데 하나를 택해서 핑계를 대면 그만이다.

그리고 마지막 책략. 그 자리를 떠나라. 나는 불쌍한 릭을 그 여성 곁에 남겨두고 떠났다. 릭은 스칸디나비아 연극계에 관한 훌륭한 통찰을 그 여성에게서 얻게 되겠지.

남북 전쟁

브리태니커를 펼쳐 보기 전에도 나는 미국 국민으로서 부끄럽지는 않을 정도로 남북 전쟁에 관해 알고 있었다. 몇 년 전에 나는 켄 번스의 남북 전쟁에 관한 다큐멘터리를 본 적이 있다. 북군 소속 흑인 병사의 입장에서 겪으며 본 남북 전쟁을 그린 영화 〈글로리〉도 알고 있다. 덴절 워싱턴은 그 영화로 일단의 흑인 병사들을 이끌고 영웅적인 오스카상 전투에서 승리를 거두었다(이 영화로 남우조연상을 수상했다).

그러나 세부적인 사항에는 약하다는 걸 고백하지 않을 수 없다. 이를테면 벨 보이드(B 항목에 등장한다)라는 이름의 여성에 관해 나는 전혀 몰랐다. 나는 그녀의 이야기가 여름 블록버스터 영화에 적합하다고 판단했고, 세상에 진정한 로맨스가 존재한다는 걸 증명하는 좋은 사례라 생각했다.

벨 보이드는 버지니아에서 태어나 자랐다. 남북 전쟁이 발발하자 어머니와 함께 보이드는 북군 병사들이 자신의 집으로 들어오는 걸 막았다. 북군 병사 한 사람이 강제로 문을 열고 들어오려 하자 보이드는 그 병사를 쏴 죽였다. 보이드는 재판에 회부됐지만 정당방위로 무죄 석방됐다.

전쟁에 대해 나 몰라라 하고 조용히 살 수 있었지만 보이드는 전쟁에 깊이 참여했다. 자신의 집에 북군 장교들이 머무는 동안 보이드는 버지니아의 포트 로열에 있는 다리를 파괴하려는 작전을 엿들었다. 브리태니커에 따르면 보이드는 "천신만고 끝에 전선을 뚫고 남군 지

93
C

휘관 T. J. 스톤웰 잭슨 장군에게 북군의 이 작전을 알렸다." J. S. 모스비가 이끄는 게릴라 부대와 내통하면서 남군 스파이로 활동하던 그녀는 이 일로 북군에 체포됐지만, 티푸스성 발열을 앓고 나서 석방됐다.

여기까지는 남다른 강단의 소녀가 벌이는 비밀 첩보 스릴러물이다. 그러나 할리우드 제작자들이 주목할 대목은 이제부터다. 남군 스파이 여성과 북군 해군 장교 사이의 로맨스가 시작되기 때문이다. 1864년 보이드는 제퍼슨 데이비스의 편지를 지니고 영국으로 가는 남부연합 소속 배에 승선했다. 보이드가 탄 배는 북군 함정에 나포됐다. 그리고 하딩이라는 이름의 북군 장교가 그 배에 올라탔다. 하딩은 보이드에 "완전히 매혹당했다."

보이드에 매혹당한 하딩은 남부연합 소속의 그 배의 선장이 도망치는 것을 방조했다. 하딩은 군법회의에 회부되어 군복을 벗었다. 그리고 1864년 8월 하딩은 영국으로 향했다. 그곳에서 하딩은 보이드와 결혼했다. 하딩과 보이드는 짧지만 행복하게 살았다. 결혼하고 1년이 지나 하딩이 세상을 떠난 것이다.

나의 고교 시절 역사 선생님들이 도대체 뭘 생각하고 있었는지 분통이 터질 지경이다. 학생들에게 이런 이야기를 들려주어야 마땅하지 않은가. 학교 때 배운 남북 전쟁은 말라비틀어진 사실들밖에 없다. 남북 전쟁 발발의 경제적 요인 같은 것도 물론 중요하다. 그러나 북군 장교와 남군 스파이 사이의 멋진 로맨스를 빼놓을 수는 없는 일이 아닌가.

clammyweed
클래미위드

내가 브리태니커를 읽으며 잠이 들어버린 건 이 항목이 처음이다. 침대에 드러누워 clam shrimp(클램 새우, 민물에 사는 세각류의 일종으로 200여 종이 있다), clam worm(참갯지렁이), clambake(조개 따위를 구워 먹는 해변 파티나 피크닉, 혹은 그런 자리에서 먹는 음식, 많은 사람이 법석대는 파티나 정치 집회), 그리고 clammyweed(북미 지역에 분포하는 서양풍 조목과에 속하는 허브 식물, 60센티미터 정도까지 자란다), 이런 단어들 사이를 계속 헤매다 보니, 할 수 있는 건 감기는 눈꺼풀과 힘겹게 싸우는 일뿐. 오늘 내 스케줄이 살인적이었다는 걸 말했던가?

여하튼, 나는 줄리가 방으로 들어왔을 때 깨어났다. 나는 뭔가 나쁜 짓을 하다가 들킨 기분이었다. 자위 행위라도 하다가 들킨 기분, 혹은 종교적 신념에 들뜬 소년들을 노예로 팔아버리려다가 들킨 기분.

claque, aka canned laughter
클래크 혹은 웃음 음향, 미리 짠 웃음

태양 아래 새로운 건 없다는 게 점점 더 분명해진다. (태양, 어떤 인도 고행자들은 눈이 멀 때까지 태양을 바라보기도 한다.) 나는 무엇이든 나름의 역사를 지녔다는 걸 알고 있다. 헌법, 리듬 앤드 블루스, 캐나다 등등. 그런데 그런 것 말고, 다소 이상한 것들 역시 나름의 구구절절한 사연과 곡절을 지니고 있다. 이를테면 마취제에 관해 읽으면서 나는 1840년대 초에 아산화질소를 흡입하는 파티가 유행이었다는 사실을 알게 됐다. 난장판 파티! 오늘날 미국 고등학생들도 그런 파티를 열곤 하지 않는가.

그리고 나는 미리 짜고 웃는 것을 뜻하는 클래크(극장에 고용된 박수 갈채꾼, 박수 부대)에 관해 알게 됐다. 그것은 TV 시트콤이 생기기 훨씬 오래전부터 있었으니, 기원전 4세기로 거슬러 올라간다. 당시 그리스 극작가들은 극 경연대회 심사위원들의 평가에 영향을 미칠 목적으로, 희극 공연 관객들 사이에 크게 웃어주는 사람들을 심어놓았다. 고대 로마인들도 그런 관객들을 심어놓곤 했지만, 웃음소리보다는 박수 소리에 주안점을 두었다. 황제이자 시인이며 음악가이기도 했던 네로는 자신의 순회 공연 때마다 5,000명에 달하는 군인들을 박수 부대로 동원했다.

박수 부대의 전성기는 19세기 프랑스였다. 프랑스의 거의 모든 극장이 전문적인 박수 부대를 고용했다. 박수 부대의 리더는 배우들에게 매달 급료를 받아 챙겼다. 19세기 프랑스 박수 부대는 고도로 전문화되어 있었다. 타파죄르는 큰 박수 소리로 분위기를 잡는 사람들, 비쇠르는 앙코르를 외쳐대는 사람들, 코미세르는 짐짓 유식한 척하며 큰 소리로 호평을 하는 사람들, 플뢰뢰즈는 감동 받은 듯 억지 눈물을 흘리는 여성들이었다. 이거 괜찮은 아이디어 아닌가. 그런데 박수 부대가 왜 미리 짠 울음은 생각하지 못했는지 모르겠다. 종합병원 응급실을 무대로 한 TV 시리즈 〈ER〉을 보고 있다 치자. 이마에 나무 배트 조각이 박힌 소프트볼 선수가 실려 온다. 배경 음향으로 흐느끼는 소리가 들려온다. 시청자들은 질질 짜기 시작한다. 뭐 이렇게 될지 누가 알겠는가. 폭스 TV의 리얼리티 프로그램 〈백만장자 조〉의 마지막 회를 보면서 줄리는 울었다. 제작진이 우는 소리 음향을 넣지 않은 게 그나마 다행이다.

클리블랜드

나는 오하이오 주의 이 도시 이름이 정치가 그로버 클리블랜드의 이름을 딴 것이라 추측해왔다. 그러나 아니었다. 사실은 모제스 클리블랜드의 이름에서 딴 것이다. 코네티컷 토지회사 직원이었던 그는 1796년에 측량사들과 함께 그곳에 도착했다. 그의 임무는 오하이오 주의 땅 판매를 촉진하는 것이었다.

클리블랜드라는 이름의 마을이 생긴 날이야말로 그 부동산 세일즈맨의 인생에서 최고의 날이었을 것이다. 그는 즉시 어머니에게 이런 내용의 편지를 보내지 않았을까? 나 같으면 틀림없이 그렇게 했을 것이다. "엄마! 우리 성姓을 사람들이 영원히 기억하게 됐어요. 이 멋진 오하이오 주에 우리의 위대하고 자랑스러운 성, 바로 클리블랜드라는 이름을 지닌 마을이 생기지 않았겠어요!"

그런데 1832년에 클리블랜드Cleaveland에서 a자가 탈락됐다. 까닭인즉 Cleveland가 그 지역에서 발행되는 신문의 제호에 더 적당하다는 것이었다. 그게 이유라니 참! 사람 이름이자 마을 이름을 신문 제호란에 맞추어 바꾼다고? 신문 제호의 글꼴이나 글자 크기를 바꿀 생각은 해보지 않은 걸까? 그런 식이라면 오하이오Ohio는 오하이Ohi로 바꾸지 왜 그냥 놓아두었나? 잉크도 절약할 수 있는데 말이다.

명성이란 뜬구름 같다. 나는 브리태니커에서 자기 시대에 수많은 사람들로부터 존경 받던 대단한 인물들과 만나고 있다. 그러나 오늘날 그들은 브리태니커를 처음부터 끝까지 읽고 있는 극소수의 별난 사람들에게나 알려질 뿐이다. 대다수 사람들은 그들을 알지 못한다. 설사 당신의 이름이 후세까지 전해진다 해도, 이름의 철자나 발음이 다르게 전해질 가능성이 크다. 모제스 클리블랜드는 네덜란드 출신 탐험가 코르넬리우스 메이Mey를 만나 도움을 받았는데, 오늘날 뉴저지 주 남단의 케이프 메이May가 바로 그 탐험가의 이름을 딴 것이다. 그러니 내가 명성을 얻어 이름이 후세에 전해지더라도, 그 이름이라는 게 A. J. 제이콥스가 아니라 R. J. 제이콥스일지 누가 알겠는가.

climate and weather
기후와 날씨

번개가 위로 올라갈 때도 있다. 땅에서 구름으로 올라가는 것이다. 브리태니커가 그렇게 말하고 있는데, 나는 어리둥절해하며 여러 차례 이 부분을 읽었다. 번개는 하늘에서 땅으로 내리치는 게 아닌가? 그러나 아니었다. 위로 올라가는 번개도 있다.

정확하게 말하자면 번개는 먼저 구름에서 땅으로 내려간다. 온도가 낮은 물방울이나 얼음 알갱이 등이 모여 있는 음전하가 강한 지역에서 전자들이 땅 아래로 움직이기 시작하는 것이다. 이를 선도先導 낙뢰라 한다. 선도 낙뢰는 계단식으로 내려오고 빛이 밝지 않은 편이다. 이에 비해 지면 가까이 내려온 음전하들이 땅의 양전하와 만나 구름과 땅이 일종의 합선을 일으켜 양전하가 위로, 즉 구름을 향해 밝은 빛을 내며 솟구치는 것을 귀환歸還 낙뢰라 한다.

아! 그럴 수도 있구나. 녹음된 웃음소리의 역사나 남북 전쟁 당시 남군의 섹시한 여성 스파이에 관해 내가 몰랐다는 걸 알 때는 별 신경이 쓰이지 않았다. 그러나 번개에 관한 이 사실을 내가 모르고 있었다는 건 나를 괴롭게 만든다. 이건 내 무지함의 새로운 차원이 아니겠는가. 내 비록 오래 살지는 않았어도, 내 평생 많이 봤던 번개의 방향이 하늘에서 땅 쪽이라는 건 내 코가 약간 비대칭이라는 사실만큼이나 분명해 보였다. 통념과 너무도 다른 정보를 접하면 정신이 혼란해진다. 내가 지니고 있는 잘못된 통념과 정보가 그 얼마나 많을 것인가? 혹시 태양은 실제로는 차가운 게 아닐까? 하늘은 노란색이 아닐까? 키아누 리브스는 영민한 배우가 아닐까?

coffee
커피

확실히 나는 커피를 더 마실 필요가 있다. (전설에 따르면, 어느 염소지기가 자신이 모는 염소들이 커피콩을 먹은 뒤 이상하게 행동하는 걸 발견했다고 한다.) 혹은 잠이 더 필요하거나 아니면 그 밖의 어떤 무엇이 더 필요하다. 좀 더 정신 바짝 차리고 일에 임해야 하기 때문이다. 최근에 나는 어처구니없는 실수를 저질렀다. 얼마 전 나는 어느 슈퍼모델이 쓴, 남성들에게 인간관계에 관해 조언하는 기고문을 편집했다. 내 상사는 그 글이 좀 밋밋하다고 지적했다. 상사의 지적에 따라 나는 그 글에 진한 양념을 치려 했다.

그 슈퍼모델은 남성들에게 여성의 외모를 칭찬할 때는 눈 말고 다른 신체 부위를 칭찬하라 충고한다. 눈이 아름답다 칭찬하는 건 너무 진부하다는 것이다. 이를테면 뺨이나 무릎처럼 뜻밖의 부위를 칭찬하는 건 어떠냐는 건데, 좋은 충고라 하겠다. 나는 이런 문장을 덧붙였다. "여성의 눈을 칭찬하는 남성은 물러나야 할지니, 불가리아의 개 사육사들에게 채찍질당해야 마땅하다." 마크 트웨인이나 조지 버나드 쇼 수준에는 못 미치지만, 뭔가 괜찮아 보이지 않는가? 다행히도 내 상사는 이 문장을 좋아했다.

그런데 나는 수정 원고를 슈퍼모델에게 보내는 일을 까맣게 잊어버리고 말았다. 필자의 허락 없이는 한 글자도 새롭게 추가해서는 안 된다는 걸 잊어버린 것이다. 이런 멍청이가 있나! 나쁜 에티켓, 나쁜 저널리즘!

지금 나는 개 사육사 운운한 문장을 추가한 대가를 톡톡히 치르고 있다. 그 슈퍼모델은 〈에스콰이어〉 측이 자신이 쓰지도 않은 문장을 멋대로 추가시켰고, 미국에 사는 불가리아인들에게서 분노하는 항의 이메일을 받았다고 불평한 것이다. 이런 세상에! 미국에 불가리아 이민자 공동체가 있다는 걸 미처 몰랐다. 더구나 그 공동체가 명예훼손에 집단적으로 항의하는 역할을 하고 있다는 것도 미처 몰랐다. 나야말로 큰 체구의 불가리아 남성에게 채찍으로 맞아도 싼 놈이다. (부연하자면, 불가리아 남성의 평균 기대 수명은 68세다.)

나는 이 작다면 작고 크다면 큰 스캔들이 빨리 잦아들기를 바랄 뿐이다. 저널리스트로서의 내 경력에서 오점이라 할 이 사건이 브리태니커에 수록되지 않았으면 한다. 그래도 조금은 안심이 되는 것이, 자신이 실패한 일로 인해서 역사에서 위치를 차지한 인물들이 브리태니커에 드물지 않게 나온다는 사실이다.

이와 관련하여 나는 특히 제임스 챌리스를 떠올리지 않을 수 없다. 브리태니커에 따르면 이 불쌍한 19세기 영국 천문학자이자 성직자는 "해왕성을 발견하는 데 실패한 것으로 천문학사에서 유명하다"는 게 아니겠는가. 1803년에 태어난 그는 20대와 30대 초에 과학 논문을 다수 발표했고, 케임브리지 천문대 대장이 됐다. 여기까지는 나쁘지 않았다. 그리고 운명의 1845년 9월이 왔다. 케임브리지의 천문학자 한 사람이 천왕성의 섭동(攝動: 한 천체의 궤도가 다른 천체의 인력으로 교란되는 현상이다 – 옮긴이)을 계산했고, 챌리스에게 특정 위치에 있으면서 그때까지 알려져 있지 않은 행성을 찾아보라 일렀다. 챌리스는 대단치 않게 생각했던 모양이다. 그 천문학자의 요청을 해야 할 일의 목록에 적어놓고 등한시했다.

그 천문학자가 계속 재촉하자 챌리스는 1846년 7월부터 관측에 들어갔다. 매일 밤 관측하고 또 관측했지만 새로운 것을 찾을 수 없었다. 그리고 같은 해 9월 23일, 챌리스는 일종의 추월을 당하고 말았다. 베를린 천문대가 해왕성을 발견했노라 공표했던 것이다. 챌리스는 정신이 번쩍 들어 부랴부랴 자신의 관측 기록과 계산 결과들을 다시 점검했다. 그리고 8월의 어느 날 밤에 이미 자신이 해왕성을 관측했었다는 걸 알게 되었다. 그는 그날의 관찰 기록을 그 전날의 관찰 기록과 대조해보지 않았던 것이다.

챌리스가 불쌍하다. 그는 동료 천문학자들로부터 심하게 조롱당하지 않았을까? "챌리스가 이렇게 말했다지? '주머니 속의 시계를 잃어버렸는데 좀 찾아주지 않겠나? 오! 이제 기억났어. 신경 쓰지 말게.'" 그들은 이런 농담을 하며 크게 웃었을 것이다. "제임스, 무슨 일이 일어났는지 말해주지 않겠나? 자네 머리가 어디에 있었지? 아마 천왕성 너머에 있었나 보지?" 그들은 다시 불쌍한 챌리스를 앞에 두고 허리가 끊어져라 웃어댔을 것이다.

나는 결코 다른 사람들의 실패를 비웃으려는 게 아니다. 다만 그런 실패 사례들을 떠올리다 보면 슈퍼모델의 글에 관한 내 잘못에 대해 조금은 기분이 나아진다. 나는 이틀 정도 난처한 기분이 들었을 뿐이다. 누구도 크게 신경 쓰지 않았고, 각자 자기 일에 열심일 뿐이었다. 그 일로 태양계가 끝장나는 것도 아니지 않은가? 적어도 나는 제임스 챌리스는 아니다.

나 같은 보통 사람이 자신의 삶을 역사적인 인물의 삶과 비교할 때 드는 기분은 복잡하다. 먼저 자연스러운 일이지만, 내 삶이 얼마나 하찮은지, 신이 내린 재능은 왜 이리 불공평한지 낙담하기 쉽다. 그러나 바로 이 경우에서 볼 수 있듯이, 마음이 편해지고 좀 더 활기차게 될 수도 있다. 그러니 불쌍한 챌리스 씨에게 진심으로 감사드리는 바이다.

Cortés, Hernán
코르테스, 에르난

나중에 멕시코를 정복한 이 스페인 호색가는 매독에 걸리는 바람에 1509년의 남미 원정대에 참가하지 못했다. 행운이란 참 묘한 것이다. 그 원정대의 많은 사람이 죽고 원정은 실패로 돌아갔으니, 성병이 목숨을 구해줄 수도 있다 할까.

cosmos
코스모스, 우주

이 항목에서 브리태니커는 우주가 "춥고, 어둡고, 완전히 텅 빈 공간"으로 끝나거나 "펄펄 끓어오르는 도가니" 상태로 끝날 것이라 말한다. 도대체 어느 쪽이란 말인가? 불 아니면 얼음이라는 건데, 차이가 너무 크지 않은가? 입장을 분명히 해라, 브리태니커! 매일 운동하고 저지방, 저칼로리 음식을 먹어도 우주가 끝날 때까지 살 수는 없다는 걸 알지만, 그래도 미래를 위해 내가 뭘 어떻게 준비해야 할지 알고 싶단 말이다. 정보는 심히 기분 나쁠 정도로 부정확할 수 있다. 나보고 어느 한쪽에 걸라면 얼음 쪽에 걸겠다. 최근에 그 주장이 더 유력하다는 걸 어느 잡지에서 읽은 기억이 나기 때문이다.

하긴, 어느 쪽이건 그게 무슨 상관이란 말인가. 우주의 마지막이 어떤 상태이건 모든 존재의 마지막이 유쾌하지는 않을 터. 때맞춰 걸린 코르테스의 성병과 달리, 우주의 최후에서 행운이 끼어들 틈은 없을 것이다. 이제 겨우 C 항목을 지나는 중인데 벌써 모든 존재의 끔찍한 최후와 만나다니.

courtship
구애

동물의 왕국에서 벌어지는 구애 행동에 관해 읽을 때마다 나는 놀라곤 한다. 특히 수컷들이란 간교하고 치사하기 짝이 없다. 이를테면 열대어인 칼 모양 꼬리 카라신(동물 행동 항목에서 읽은 적이 있다)은 수단과 방법을 가리지 않는 난봉꾼이다. 수컷 카라신은 아가미 옆으로 길게 뻗은 교접기交接器를 갖추고 있다. 그것은 카라신이 좋아하는 먹이인 물벼룩과 아주 비슷하게 생겼다. 먹이를 찾는 암컷 카라신은 그것을 물벼룩으로 착각하고 접근한다. 이제 막 좋아하는 먹이를 먹으려는 순간, 수컷은 재빠르게 암컷과 교미한다.

이런 이야기들은 정말 많다. 다양성의 극치라고 할까. 열대 담수어인 암컷 시클리드는 "입으로 새끼를 키운다." 알을 입에 넣어 부화시키는 것이다. 한편 수컷 시클리드는 암컷의 이런 행동을 정확히 알고 있다. 수컷은 자신의 지느러미를 그 크기나 색깔에서 알과 비슷하게 보이도록 한다. 암컷은 그런 수컷의 책략에 속아 알처럼 보이는 수컷의 지느러미를 삼키려 수컷에 접근한다. 암컷이 입을 여는 순간 수컷은 정자를 뿌린다.

구애 행동에 동원하는 이런저런 책략에 대해 크게 놀랄 것까지는 없을지도 모른다. 우리 인간이야말로 구애 행동에서 온갖 책략을 다 동원하는 동물이니 말이다. 만일 인간이 그런 책략을 하나도 쓰지 않는다면 원더브라의 브래지어는 하나도 팔리지 않을 것이고, 짝을 찾는 매치닷컴의 구애 광고는 이런 식일 것이다. "수입이 변변치 않은 땅딸보, 여드름과 우두 자국 가득한 얼굴의 남성입니다. 세 들어 사는 아파트를 함께 쓰실 여성을 찾습니다."

줄리는 내가 구애할 때 구사한 책략에 관해 말하기를 좋아한다. "처음 석 달은 지킬 박사, 지킬 박사, 지킬 박사였지. 그리고 날 꼬시는 데 성공한 다음부터 갑자기 하이드 씨가 된 거야!" 나는 물벼룩 모양의 교접기를 갖고 있었던 셈이다. 나는 파티와 춤과 브로드웨이 뮤지컬과 멋진 레스토랑에 가는 것 등을 좋아하는 척했다. 저녁을 먹으면서 스웨덴, 남아프리카, 포르투갈 등 우리가 앞으로 여행할 곳들을 주워섬기기도 했다. 이제 줄리는 내가 정말로 가고 싶어 하는 곳이 어디인지 잘 안다. 부엌, 침실, 욕실. 브로드웨이 뮤지컬도 사정이 다르지 않다. 줄리가 나의 약혼반지를 받은 이후 나는 오케스트라 근처에도 간 적이 없다.

그러나 나는 줄리를 속였다고 생각하지 않는다. 나는 줄리에게 말했다. "내가 의식적으로 지킬 박사에서 하이드 씨로 변한 게 아니라니까. 사랑하는 여인을 발견했으니 더 이상 파티에 갈 필요가 없어진 것뿐이라고."

카라신에 관해 읽은 뒤 나는 줄리에게 말해주기 위해 거실로 갔다.
"줄리! 내가 당신과 결혼하기 위해 당신을 속였다고 말했지?"

"그래, 그랬지."

"이걸 한번 읽어 보라고."

줄리가 읽고 나서 말했다.

"정말 말이 되는군. 말이 되고말고. 당신은 나를 속였어!" 줄리는
그러면서 즐거워하는 것 같았다.

브리태니커를 들고 다시 서재로 돌아와 생각해보니, 내가 왜 이 정
보를 줄리에게 알려주려 했는지 모르겠다. 내 변명을 뒷받침해주지
못하는데도 말이다. 이젠 그 어떤 변명이나 핑계도 통하지 않을 것
같다. 줄리와 함께 나눌 정보를 택하는 데에 좀 더 신중해야겠다.

couvade
쿠바드

자신의 아이가 태어날 때 남자가 출산에 부수되는 일을 행하거나
출산을 흉내 내는 풍습이다. 남자는 산모가 겪는 고통을 그대로 흉내
내기도 하고, 출산한 지 몇 시간 안 된 산모가 아이 아버지의 시중을
들기도 한다. 남자가 산모라도 되는 양 말이다. 브리태니커에 따르면
쿠바드(남자 산욕, 의만擬娩)의 사회적 기능은 출산에서 아버지의 구실
과 중요성을 강조하는 것이다. 20세기 초 스페인 바스크 지방에서 행
해진 것이 최근의 사례다.

결코 바스크 사람들을 폄하하려는 건 아니지만, 쿠바드가 비정상
이고 심지어 미친 짓처럼 보이는 건 어쩔 수 없다. 나라면 도저히 못
할 것 같다. 이제 겨우 C 항목을 지나고 있는데도, 남성 혹은 수컷이

라는 종자들이 구사하는 이기적인 책략과 수단이 정말 다양하다. 수컷 시클리드가 있는가 하면 이제는 바스크 아버지들이다. 속이 빤히 보이지 않는가. 새 생명을 낳아 주위 사람들의 주목에 둘러싸인 아내를 곁에 두고, 나 좀 봐달라고 외치는 꼴이 아닌가 말이다. '이봐, 나도 있어. 아버지도 좀 보라니까. 우리도 만들 수 있어!' 그들이 만드는 건 아이가 아니라 출산의 고통을 가장한 뻔뻔스런 가짜 표정이리라.

여하튼 나는 아내가 임신한 것을 질투하지 않을 것이다. 어젯밤 줄리와 나는 임신 테스트를 했다. 결과는 역시 실망스러웠다. 지난 몇 주간 줄리는 임신 촉진제를 복용했다. 그래서 나는 드디어 리틀 제이콥스를 갖게 되나 보나 기대했지만 아니었다. 정말 아니었다. 기분이 최악일 때면 나는 아이를 갖지 않는 게 좋을지도 모른다는 생각을 합리화하곤 한다. 전쟁, 살인자, 미치광이 예술가, 일산화탄소가 가득한 이 세상은 새로운 인간이 태어나 살 만한 곳이 아니라는 것. 그렇다. 어쩌면 아이를 갖지 않는 게 좋을지도 모르겠다.

Czetwertynski
체트베르틴스키

나는 지금 폴란드의 왕실 가문 체트베르틴스키 항목을 끝마쳤다. 26개 알파벳 중에서 3개를 마무리 지은 것이다. 지금 나는 어디쯤 서 있는 걸까? 여전히 나는 세상의 엄청나게 많은 지식에 어리둥절해하고 있다. 그렇지만 내가 아주 조금은 더 나아진 건지도 모른다는 생각을 하게 만드는 두 가지 사실이 있다.

첫째, 브리태니커의 내용은 반복되는 경우가 많다는 사실이다. 이를테면 백년 전쟁은 A 항목, B 항목, C 항목 모두에서 관련 지식을 얻을 수 있다. 그렇다면 4,400만 단어들 가운데 50만 단어 정도는 불필요한 게 아닐까? 둘째, 과거 언젠가 듣거나 읽어서 이미 알고 있었던 것, 그러나 기억이 너무도 희미하여 떠오를 듯 떠오르지 않는 것들을 브리태니커에서 읽는 일도 많다. 오래전에 나는 야구의 기원들 가운데 하나가 19세기 초 영국에서 즐기던 라운더스라는 게임이라는 걸 알고 있었다. 라운더스는 오늘날의 야구에 비해 거칠었다. 공을 던져 주자를 맞히면 아웃시킬 수 있었으니 말이다(이 규칙은 오늘날에도 성질 고약한 골목대장 녀석들이 채택하기도 한다). 20년 동안 라운더스에 관해 까맣게 잊어먹고 있었다. 그것이 내 기억 속 깊은 곳에 자리 잡고 있다는 걸 이제라도 알게 되었으니 그나마 다행이라 할까.

어쨌든 좋은 소식이다. 나쁜 소식은 내가 이미 알고 있었던 것이나 새롭게 알게 된 것, 혹은 반쯤은 잊어버리고 있던 것, 이 모든 정보가 도대체 어떤 의미를 지닐 수 있을지, 그리고 보다 근본적인 문제는 여전히 미해결이라는 점이다. C 항목을 마친 지금 내 정신이 예전과 크게 달라졌다는 느낌은 없다. 브리태니커를 통해 알게 된 것들도 다시 망각의 강 건너편으로 보내버리게 될지도 모른다.

dance
춤

산타마리아 섬에 사는 한 부족 이야기다. 연장자들이 활을 들고 서서, 춤추는 이들 가운데 조금이라도 실수를 하는 사람이 있으면 그 사람에게 활을 쏘았다고 한다. 목숨을 건 춤이라. 이건 〈아메리칸 아이돌〉의 상금을 올릴 수 있는 완벽한 방법이 아닐까(〈아메리칸 아이돌〉은 미국 각 지역을 돌며 실력 있는 사람들을 선발해 연예계에 데뷔시키는 일종의 오디션 쇼 프로그램이다 - 옮긴이).

Darwin, George
다윈, 조지

불쌍한 조지. 당신의 아버지가 찰스 다윈인 덕에 떡고물을 받아먹을 수도 있었겠지. 이를테면 호화스런 빅토리아 시대 레스토랑에서 양고기를 무료로 썰 수 있다거나. 그러나 당신은 출생 때문에, 아버지 때문에 엄청난 압박을 받았을 거야. 당신은 실패한 다윈이 될 운명을 타고났던 거지. 하긴, 당신이 과학을 혁명적으로 변화시키고 우리의 세계관을 송두리째 바꿔버릴 수 있었을지 누가 아나.

그러나 조지 다윈은 결코 그런 업적을 이루지 못했다. 그도 아버지와 마찬가지로 과학자가 됐지만(그는 천문학자였다), 그의 대단한 아이디어는 다음과 같다. 지구의 생성 초기에 흐르는 상태의 용암이 태양에 의해 생기는 조석, 즉 태양 조太陽潮의 힘으로 지구에서 떨어져 나가 달이 되었다는 것. 물론 지금은 받아들여지지 않는 이론이다. 오늘날의 과학자들은 거대한 소행성이 지구와 충돌할 때 달이 형성됐다고 본다. 달 크기만 한 덩어리가 지구에서 떨어져 나갔다는 것이다. 그러니 조지 다윈의 천문학 이론이 진화론이 아닌 건 분명하다. 조지 다윈은 또 다른 흥미로운 이론도 내놓았으니, 먹는 배 모양의 자전하는 유체流體가 안정성을 보여준다는 건데, 이 역시 오늘날 받아들여지지 않는다.

사실 조지는 내가 브리태니커에서 읽은 두 번째 다윈이다. 브리태니커에는 찰스 다윈의 손녀 프랜시스 콘포드도 있다. 그녀는 찰스 다윈의 아들로 식물학자였던 프랜시스 다윈의 딸이다. 그녀의 업적? 〈기차에서 바라보이는 뚱보 여인에게〉라는 시를 썼다. 어떤 시냐고? "오! 아무도 사랑해주지 않는 뚱뚱한 백인 여인이여! 그대는 왜 장갑을 끼고 들판을 걸어가는가?" 뭐 이런 구절이 나온다. 프랜시스 콘포드가 탄 기차 앞이라면, 특히 뚱뚱한 여성이라면 서서 얼쩡거리지 말고 그냥 기차 앞에 납작 드러누워버릴 일이다.

역사 속 위인들의 별 볼일 없는 가족들은 늘 나를 서글프게 만든다. 그들은 태생이 아니었다면 백과사전에 이름을 올리지 못했을 가능성이 크다. 그들은 위대성이 유전될 수 있다는 생각을 의심하게 만드는 증거들이기도 하다. 나는 위대한 항해자 콜럼버스를 졸졸 쫓아다닌 동생 바르톨로뮤 콜럼버스에 관해 읽었고, 위대한 음악가 바흐가 아니라 잊혀져버린 많은 바흐들에 관해 읽었다. 가수 마이클 잭슨과 저메인 잭슨, 티토 잭슨의 바로크 버전이라고 할까.

사실 내 개인적으로도 이건 서글픈 일이다. 나의 삶에서 반복되는 주제이기도 하기 때문이다. 그건 내가 프랜시스 콘포드의 현대판이 아닌가 하는 두려움이기도 하다. 물론 내 가족 중에 새로운 과학적 패러다임을 창조한 인물은 없지만, 이미 밝혔듯이 나의 아버지는 24권의 저서를 냈고 당신이 일하는 법조 분야에서 전문가로 명성을 날렸다. 그리고 정말 위대한 인물이라고 할 수 있는 나의 외할아버지가 있다.

명망 높은 변호사인 그의 이름은 테드 킬, 그러니까 시어도어 킬이며, 1960년대와 70년대에 격렬했던 파업 문제를 해결하고 대통령과 만나고 민권 신장을 위해 일했다. 외할아버지의 모교(그분의 사위 그러니까 나의 아버지와 어머니, 그리고 누나의 모교이기도 하다. 나도 코넬에 갈 걸 그랬나?) 코넬 대학의 산업 및 노동관계 대학원의 자료 센터는 외할아버지의 이름을 따서 '킬 노무勞務 관리 문헌자료센터'로 되어 있다. 미국 현대사에서 탁월한 중재자이자 협상가이고 조정자였던 외할아버지는 린든 B. 존슨 대통령이나 마틴 루터 킹 목사와 함께한 식사에 관해 들려주시곤 했다.

외할아버지는 올해 여든여덟 살이지만 매일 사무실에 나가 분쟁 해결, 생물 다양성 문제, 제3세계를 위한 인터넷 등등 많은 소송 사건과 사회 문제 해결에 몰두한다. 그렇다. 그분은 사람들의 보다 나은 삶을 위해 일해왔던 것이다. 그리고 음, 내가 있다. 〈에스콰이어〉의 '이달의 여배우'를 가슴이 심하게 노출된 사진으로 실을지, 그럴듯한 순간 포착 사진으로 실을지를 결정하는 나 말이다. 뭐 한심할 것까지야 없다. 여하튼 어떤 걸 실을지 선택을 돕기는 하니까.

물론 나는 모든 사람이 각자의 고유한 방식대로 나름의 성공을 거둘 수 있다 말하고 싶다. 다른 사람들과 자기 자신을 비교하면서 인생을 낭비하지 말자. 그러나 작가 샬럿 브론테의 남동생이자 에밀리 브론테의 오빠인 패트릭 브란웰 브론테 같은 사람에 관해 읽게 되면, 앞서의 지론을 강하게 펼쳐도 될지 망설여진다. 그는 술주정뱅이에 아편 중독자였고 "자신을 고용한 사람의 아내를 건드려" 가정교사직에서 해고됐다지 않은가.

Dasnami sannyasin
다스나미 산야신

다스나미 산야신은 인도의 나체 수행자들로, 다른 힌두 종파들과 무력 충돌을 벌이기도 했다. 스칸디나비아의 벌거벗은 광포한 전사들(베르세르크)이 나오더니, 이제 나체 수행자 전사들이라! 이거 내가 브리태니커에서 사소하면서도 이상야릇한 주제 하나를 발견한 게 아닌지 모르겠다. 그 주제란, 벌거벗은 전사.

모름지기 저널리스트로서 나는 트렌드를 포착해내는 훈련을 다년간 쌓아왔다고 할 수 있다. 저널리스트로서 말하건대 뭔가를 트렌드로 규정하려면 적어도 세 가지의 사례가 필요하다. 두 가지는 우연일 수 있지만 세 가지라면 트렌드가 될 수 있다는 건데, 이게 말처럼 쉽지 않다. 애완동물이 점성술사로 나오는 영화 두 편이 있다면, 그런데 마지막 한 가지 사례가 좀처럼 나타나지 않는다면, 어디에서 누군가가 애완동물이 점성술사로 나오는 세 번째 영화를 만들고 있기를 열심히 빌면 된다. 그렇게 하면 애완동물이 점성술사로 나오는 영화가 하나의 트렌드가 될 수 있다. 트렌드의 이 헛됨이여! 〈주간 엔터테인먼트〉에서 일할 때 나는 세 가지 사례로 이루어진 트렌드를 찾는데 지쳐버렸다. 그래서 아예 '두 가지 사례로 이루어진 트렌드'라는 제목의 특집 기사를 작성했지만, 나의 상사는 내 글을 즉시 쓰레기통에 던져버렸다. 여하튼 이제 나는, 벌거벗은 전사를 브리태니커에 나오는 '두 가지 사례로 이루어진 트렌드'로 규정하는 바이다.

death
죽음

한 러시아 귀족은 죽어서 매장된 다음에 다시 의식이 돌아올 것에 대비해서, 그러니까 부활할 것에 대비해서 벨을 울려 바깥에 도움을 청할 수 있는 특수한 관을 주문했다. 실생활에 적용해볼 만한 괜찮은 아이디어다. 매일 아침 공기가 희박한 관에서 깨어나 벨을 울려 외부 사람에게 관을 열어 달라 부탁해야 한다고 생각해보자. 바짝 긴장해서 훨씬 더 능률적으로 주중 일과를 진행시킬 수 있지 않을까? 삶의 소중함을 매일 깨달으면서 말이다. 요즘이라면 벨 장치를 할 필요 없이 관 안에 휴대전화를 넣어두면 되겠다. 배터리가 떨어진 다음에 깨어난다면 큰 문제가 되겠지만.

Descartes, René
데카르트, 르네

르네 데카르트는 사팔뜨기, 즉 사시斜視 여성에게 성적으로 집착했다. 이 부분을 읽으면서 나는 데카르트가 안쓰러웠다. 17세기 유럽 지식인 집단에 사시 여성이 과연 얼마나 됐겠느냐는 말이다. 그가 사시를 매력적인 것으로 여겼던 고대 마야에서 태어났다면 사정이 좀 나았을지도 모르겠다. 아니면 차라리 우리 시대에 태어났어야 했다.

우리 시대에 고도로 광범위하게 발달한 섹스 산업을 감안할 때, '사팔뜨기 계집들' 정도의 제목이 붙은 성인용 잡지나, '뜨거운 사팔뜨기닷컴hotcrossedeyes.com' 같은 성인 전용 유료 웹사이트가 어딘가 반드시 있을 것 같다. 우리 시대의 데카르트라면 그런 잡지와 웹사이트를 맘껏 이용할 수 있을 게 아닌가. 그러나 그는 17세기 사람이니, 자신의 독특한 성적 취향을 충족시킬 수 있는 대상을 찾기가 무척 힘들었을 것이다. 브리태니커 H 항목에 토머스 홉스가 언청이 여성에게 성적으로 집착했다는 등의 내용이 없기를 바랄 뿐이다. 취향이야 자유지만 대상을 찾기 힘든 또 하나의 불행이 없어야 하기에.

데카르트의 사시 여성 취향이 브리태니커에 실린 이유가 있다. 이상하게 들리겠지만 그 이유란 다분히 철학적 함축을 담고 있다. 데카르트는 《철학 원리》에서 자신이 어린 시절 사팔뜨기 소꿉친구를 좋아했기 때문에 커서도 사시 여성에 이끌리게 되었다고 주장한다. 그리고 자신의 사시 여성 취향의 원인을 깨닫자마자 그 취향에서 벗어나, 정상적인 눈을 가진 여성을 사랑할 수 있게 되었다고 한다. 친절한 브리태니커가 알려주기를, 데카르트의 이 통찰이야말로 그가 "신체를 제어하는 마음의 능력과 인간의 자유 의지를 옹호하는 기초"였다. 보다 정확히 하자면 성적 취향을 제어하는 마음의 능력과 자유의지 정도가 될까? 이런 세상에나! 데카르트의 어린 시절 여자 친구가 서양 사상에 그토록 심원한 영향을 미쳤다니! 그 여자 친구가 이걸 알았을지 괜히 궁금하다.

여하튼 나는 데카르트를 존경하게 되었다. (브리태니커는 그를 두 항목에 걸쳐 중요하게 다룬다. 하나는 데카르트 항목이고 다른 하나는 데카르트주의Cartesianism이다.) 그가 자신의 사시 여성 취향을 고백했을 때 프랑스 지식인 사회의 일부 인사들은 "르네 '변태' 데카르트" 운운하며 킬킬거리지 않았을까? 그러나 결코 킬킬거릴 일이 아니다. 데카르트는 마음의 힘을 지극히 신뢰하면서, 자기 자신에 관한 지식에 그토록 높은 가치를 두었다고 볼 수 있으니 말이다. 나는 그 점을 높이 평가한다. 요컨대 그의 유명한 명제, "나는 생각한다. 고로 존재한다"를 "나의 변태 성향을 생각한다, 고로 그것에서 자유로워졌다"로 바꿀 수 있을 것이다. 데카르트는 프로이트가 정신분석 치료용으로 쓸 첫 침상을 구입하기 250년 전에 이미 자신을 대상으로 프로이트적인 치료를 행한 것이다.

그런데 데카르트의 발상은 분명 훌륭하기는 하지만, 나는 그것에 정말로 동의하지는 않는다. 정념이 어디에서 비롯되었는지 알았다고 해서 그 정념을 툭 털어버릴 수 있다고는 생각하지 않는 것이다. 그렇게 툭 털어버릴 수 있다면, 오늘날 뉴욕의 그리니치빌리지 일대에서 팔리는 변태성욕자들을 위한 생가죽 채찍이나 수갑이 지금보다 훨씬 덜 팔려야 마땅하다. 내가 데카르트에 동의하건 안 하건, 그 덕분에 지식의 힘에 관한 꽤 묵직한 주제를 제법 깊이 생각해봤다는 사실 자체가 즐겁다. 사실 그동안의 나로 말할 것 같으면, 〈블라인드 데이트〉(남녀 짝짓기 리얼리티 쇼 프로그램 – 옮긴이)에 출연한 남성이 지난밤 욕조에서 목욕 가운을 잃어버린 일이 우습지 않은가, 하는 따위를 깊이 생각하곤 했다. '데카르트가 그랬다고 나와 무슨 상관인데' 싶은 사람은 이걸 한번 생각해보시길. 데카르트에게는 오전 11시까지 침대에 누워 있는 생활 습관이 있었다. 누군가 당신을 늦잠꾸러기라며 지탄할 때 써먹기 좋은 핑계가 아닌가.

Deseret News
데저렛 뉴스

나는 늘 유타 주에서 발행되는 모르몬교 소유의 이 신문의 이름이 모종의 실수의 결과라고 생각했다. 요컨대 'desert(사막)'의 철자법상의 오류가 아닐까 생각했던 것이다. 사막이 많은 유타 주이고 보니 '사막 뉴스'가 당연해 보이지 않는가 말이다. 그런데 그렇지 않았다. 《모르몬경》에 따르면 데저렛은 '꿀벌의 땅'이다. 모르몬교 사람들은 벌집을 협동 노동의 상징으로 사용한다. 하긴, 154년이 지나도록 신문 제호의 중대한 오식誤植을 그냥 두는 일이 있겠는가.

diction
용어 선택

글쓰기나 말하기에서 어휘를 정확하게 선택하는 건 중요하다. 새뮤얼 존슨은 이를 두고 "위대한 사상들의 일반적인 특성"이라고 확신했다. 그는 "튤립 줄무늬 세는 것" 따위는 결코 시인이 할 일이 아니라고 말했다. 나는 여기에 결코 동의할 수 없다. 나는 일종의 튤립 줄무늬 세는 일에 전념하고 있다. 글쓰기 수업에서 귀에 못이 박히도록 듣지 않았던가? 구체적이면서 특수하고 독특하며 고유한 것을 쓰라고 말이다. 한번 튤립 줄무늬를 열심히 세어 봤다면, 튤립이나 식물의 생태나 생명에 관해 뭔가 위대한 결론을 내릴 수 있을지 누가 알겠는가? 누구 말처럼 위대한 사상이란 결코 아무 곳에서나 나올 수 있는 게 아니다. 정말 그렇다. 그런데 이런! 새뮤얼 존슨, 그러니까 과거의 우뚝 솟은 정신에 동의하지 않는 게 제법 기분 좋은걸.

디오니소스

멘사에 가입할 때가 된 것 같다. 많은 사람들이 알고 있듯이 멘사는 머리 좋은 사람들이 모인 단체로, 영화배우 지나 데이비스도 멘사 회원이다. 물론 나는 가입을 거부당할까 봐 두렵다. 멘사 측이 나에게 "멘사에 관심을 보여주신 귀하께 감사드리며" 운운하는 가입 거부 편지를 보내고 나를 실컷 비웃은 뒤, 그 회원들은 대수적 위상기하학, 철학자 하이데거의 텍스트, TV SF물 〈배틀스타 갈락티카 Battlestar Galactica〉 재방송 등, 멘사 회원들이 평소 즐긴다는 것들에 다시 몰두하지 않을까? 그러나 한 번쯤 도전해볼 거라면 내 두뇌가 갖가지 정보들로 넘쳐나는 바로 지금이 적기가 아닐까 싶다.

나는 멘사 웹사이트에 접속해서 안내하는 대로 클릭을 거듭한 끝에 좀 이상한 걸 발견했다. 멘사 측에서 '우선 증거'라 일컫는 자격을 갖추고 있으면 그 어렵다는 멘사 회원 가입 시험을 치르지 않고서도 회원이 될 수 있다는 사실이다. '우선 증거'란 지능지수$_{IQ}$, 경영대학원 수학능력시험$_{GMAT}$ 점수, 대학수학능력시험$_{SAT}$ 점수, 뭐 그런 것들이다. 나는 그 가운데 대학수학능력시험에 체크했다. 나와 마찬가지로 1986년에 대학수학능력시험을 치른 사람이라면 멘사 가입을 위해 1,250점이 필요하다. 1,250점? 생각보다 높은 점수가 아니다.

과장을 보태 말하면 숨을 내쉬고 들이쉬는 기술만 마스터해도, 그러니까 숨만 쉴 줄 알아도 반타작은 할 수 있는 게 대학수학능력 시험이다. (2004년까지는 1,600점이 만점, 2005년부터 2,400점이 만점.) 나는 자랑스럽게도 1,410점이니, 머리가 지금보다는 싱싱할 때 시험을 치른 게 다행이라고 할까. 여하튼 내 점수는 멘사 측이 요구하는 1,250

점을 넘는다. 둘 중의 하나다. 내가 멍청해서 멘사 웹사이트 내용을 이해하지 못했거나, 곧 멘사 연례 모임에서 내가 지나 데이비스와 보드카 토닉을 마시며 작가 마르셀 프루스트에 관해 담소를 나누게 되거나. 이건 쉬워도 너무 쉽지 않은가. 나는 멘사 회원이 될 수 있는 엄청난 뒷구멍을 찾았다고 느꼈다.

나는 대학수학능력시험 성적증명서를 멘사 측에 보냈고, 여러 주가 지나 멘사 측이 발송한 종이 뭉치 한 다발이 도착했다. 앗싸! 난 이제 회원이 될 수 있다. 물론 초대형 입자가속기의 설계도라도 되는 것처럼 복잡한 회원가입 서류를 무사히 채워 넣는 데 성공만 한다면 말이다. 나는 회원 등록비와 회비를 계산하는 데 각별한 주의를 기울였다. 49달러, 14달러에 다시 21달러, 그러니까 총 84달러였다. 나는 예닐곱 차례나 거듭 계산해보았다. 다 된 밥에 코 빠뜨린다는 말이 있지 않은가. 멘사 회원가입 서류 작성에서 간단한 계산 실수를 한다면 보기 좋게 거부당하지 않겠는가 말이다. 적어 넣기 직전에 나는 다시 한 번 뚫어지게 숫자들을 살피며 계산해보았다. 84달러! 그렇다. 멘사 측이 왜 그렇게 신입회원들을 받아들이고 싶어 안달인지, 대학수학능력시험에서 1,250점을 획득한 사람마저 받아들이려 하는지. 그 비밀은 바로 84달러라는 돈에 있었던 거다.

어쨌든 이건 대단한 뉴스다. 아놀드 J. 제이콥스, 멘사 회원! 나는 기회가 있을 때마다 이 사실을 흘렸다. 직장에서 교열 편집자 사라가 나에게 한 편의 글에서 대문자를 왜 그렇게 지나치게 많이 사용했느냐 물었을 때, 내가 무어라 답했겠는가? "음, 그게 말이지, 내가 멘사 회원이거든." 집에서는 줄리와 가벼운 언쟁을 할 때 내가 멘사 회원임을 내세우기도 했다. 이를테면 태국 음식을 배달시켜 먹을 때라든지. 나는 태국 식당 종업원에게 전화를 걸어 음식을 주문하다가 줄리가 뭘 먹겠다고 말했는지 잊어버렸다. 줄리가 세 번이나 말해주었는데도 말이다. 줄리가 다시 말했다.

"코코넛 새우튀김!"

줄리는 혀를 쭉 내밀고 눈동자를 굴리면서 나에게 '바보!' 하는 시늉을 했다. 전화를 끊고 내가 말했다.

"그건 별로 건설적이지 못해."

"당신이 뭐길래? 좀 모자란 사람 아냐?"

"어라? 멘사 회원 가운데 모자란 사람이 어디 있겠어?"

"있지. 딱 한 사람."

음, 그렇군. 이렇게 멘사 비회원의 빈축을 살 때면 멘사 측에서 보내주는 읽을거리를 뒤적이면 된다. 나는 〈멘사 회보〉를 뒤적이는 게 재미있다. 특히 멘사 내의 다양한 취미 집단이나, 이해관계를 공유하는 회원들을 위한 소식란이 흥미롭다. 취미로 말할 것 같으면 테니스, 고양이 기르기, 스쿠버 다이빙, 위어드 알 얀코빅의 패러디 노래 등, 우리가 생각할 수 있는 거의 모든 취미거리들이 망라돼 있다. 그런데 거기엔 투옥된 멘사 회원 관련 소식도 있고, 유전자 풀을 조작하는 데 관심을 지닌 우생학 동호회 같은 것도 있다. 물론 그들이 정말로 인간 종자 개량에 나설 기회를 얻지는 못하는 것 같았다. 나를 가장 당황하게 한 건 누드 동호회다. 홀딱 벗고 노는 천재들이라! 물론 나는 그들을 직접 만나본 적도 없고, 앞으로도 보고 싶은 생각이 전혀 없다. 설령 지나 데이비스가 그 동호회 소속이라고 해도 말이다.

멘사 회원으로서 즐길 수 있는 것들은 제법 많다. 이를테면 '젊은 멘사 웹사이트'에서 이런 문제를 볼 수 있다. "로빈 윌리엄스가, 멘사 회원인 애드리언 크로너 역을 맡은 영화는?" 로빈 윌리엄스라고? 답은 〈굿모닝 베트남〉이다. 이런 문제 푸는 것도 지겨워지면 멘사 관련 상품 목록을 뒤적여 보는 것도 괜찮다. 멘사 티셔츠, 멘사 야구 모자, 멘사 동물 인형도 있다. 으흠, 멘사 동물 인형이라. 비니 베이비 사의 변호사들을 제외한 모든 이들의 눈에 비니 베이비 사의 인형과 똑같아 보이도록 의도된 그저 평범한 인형이다.

이러기를 한 달 정도 하고 나니 시들해지기 시작했다. 그리고 내가 진정한 멘사 회원이 아니라는 생각이 자꾸만 들었다. '우선 증거'로 회원이 됐다는 게 꼭 뒷구멍으로 슬쩍 들어온 것 같은 기분이 든 것이다. 결국 나는 멘사 회원이 되기 위한 시험을 치르기로 결심했다. 나는 멘사 본부로 전화를 걸어 시험 날짜를 알고 싶다는 메시지를 남겼다. 그런데 이런! 전화를 끊고 나서 생각해보니 내가 이렇게 말했던 것이다. "저에게 날짜를 안내해주시면 대단히 감사드리시겠습니다." 감사드리시겠다고? 내 끔찍한 문법 실력에 경악을 금치 못한 본부 측에서 회원 카드를 회수하면 어쩐다? 하지만 멘사 미국 본부라는 어마어마한 곳에 전화를 걸 때 그 누군들 긴장하지 않을 수 있겠는가? 그 점을 본부 측이 이해해주리라 믿는 수밖에.

그로부터 몇 주 뒤, 나는 멘사 회원가입 시험을 치르기 위해 뉴욕의 첼시에 있는 한 교실에서 기다리고 있었다. 내 곁에 앉은 남자는 이리저리 목을 돌리며 긴장을 풀고 있었다. 교실 안 사람들의 얼굴과 태도에는 마치 럭비 경기 결승전에 나선 선수들이라도 되는 것처럼 어떤 비장감마저 감돌았다. 내 옆의 남자는 책상 위에 네 가지 종류의 껌을 가지런히 올려놓았다. 과일향 껌, 스피어민트 껌, 빅레드 껌, 에클립스 껌. 아! 그가 시험 시간 내내 껌을 질겅거릴 걸 생각하니 미워 죽을 지경이었다. 나는 그 남자가 천재가 아니기를 하느님에게 빌었다.

이윽고 어느 지역 억양인지 도대체 알 수가 없을 정도로 독특한 억양을 구사하는 몸집 큰 여성 감독관이 들어와 사진 대조를 했다. 스티븐 호킹 박사에게 부탁해 대리 시험을 치르는 사람이 있을지도 모른다는 듯, 대조 작업은 철저했다. 그리고 드디어 시험지를 받았다. 7개 장으로 나누어져 있었고, 각 장당 5분의 시간이 주어졌다. 처음 3개 장까지는 술술 진도가 나갔다. 그림들로 이루어진 문제인데, 유아교육 TV 프로그램 〈세서미 스트리트〉에서 자주 볼 수 있는 작고 귀여운 그림들을 좀 복잡하게 바꿔놓은 것과 비슷했다. 다른 그림들과 닮은 그림을 찾거나, 비슷한 것들을 연결 짓거나 하는 문제였다. 투탕카멘 왕, 이스터 섬의 석상 같은 게 예시되어 있었다. 문제를 풀다보니 내가 지금 이런 문제를 풀고 있는 게 아닌가 하는 생각도 들었다. "아시아 여성의 반대는?" 서양 여성 혹은 아시아 남성?

어휘 문제에서도 그럭저럭 괜찮은 편이었다. 이를테면 나는 'propinquity 장소나 시간의 가까움, 근접'의 뜻을 알고 있었다. 그러나 수학 문제에서 나는 점수를 엄청 까먹었다. 나는 새삼 고통스럽게 깨달아야 했다. 브리태니커를 아무리 열심히 읽어도 12 이상의 수로 나누는 나눗셈, 즉 장제법長除法 같은 걸 능숙하게 적용해 수학 문제를 풀 수는 없다는 걸 말이다. 감독관이 특유의 억양으로 이제 펜을 내려놓으라고 말했을 때, 나는 수학 문제의 3분의 1을 겨우 풀고 있었다.

"너무 쉽지 않아요?" 껌의 힘을 숭배하는 내 옆의 남자에게 말을 건넸다. 어색한 분위기를 풀고 싶어서였다.

"쉬웠다고요?"

"아니, 아니에요. 농담입니다."

"저는 풀지 못한 문제가 너무 많아요."

그 남자가 그 말을 하는 순간 나는 그의 쭉 뻗은 목을 감싸 안아주고 싶은 심정이었다. '나만 그런 게 아니었구나!'

브리태니커가 나를 이렇게 실의에 빠지게 하다니, 하는 심정이었지만, 시험의 마지막 7장에서 브리태니커는 나를 실망시키지 않았다. 나에게 7장은 브리태니커에서 읽은 것을 기억하고 있는지 점검하는 기회였다. 시험 감독관은 이야기 한 편을 읽어준 뒤, 그 이야기에 관한 질문을 던졌다. 정말 다행스럽게도 그 이야기란 제우스의 넓적다리에서 태어난 디오니소스와 디오니소스 의식儀式에 관한 것이었다. 브리태니커는 그리스 역사를 유달리 상세하게 다루고 있기 때문에, 나는 물 만난 물고기가 된 기분이었다. 나는 명실상부하게 7장을 지배했다! 나는 시험지를 제출하고 시험장을 표표히 떠났다. 내 옆에 앉은 남자를 힐끗 보니, 그는 애지중지하는 껌 컬렉션을 꽤나 정성스럽게 싸고 있었다. 내가 7장 덕분에 극적으로 겨우 회원 자격을 얻을 수 있게 될 것인가? 아니면……. 잘 모르겠다.

며칠 뒤 멘사 본부의 한 여성이 나에게 전화를 걸어왔다. 매력적인 목소리의 그녀는 좀 당혹스러워하는 듯했다. 그녀는 이미 회원인 내가 왜 시험을 봤는지 이해하지 못했다. 내가 말했다.

"저는 그저 아직도 제가 똑똑한지 알고 싶었어요."

"지불하신 응시료는 반환해드리겠습니다."

"제 시험 결과는 어떤가요? 시험 점수를 알았으면 좋겠는데요."

그녀는 말이 없었다. 아주 오래도록 말이 없었다. 아마도 그녀로서는 무척이나 당혹스런, 그리고 나에게는 고통스런 침묵이었다.

"제이콥스 씨! 대학수학능력시험 점수가 좋으니 축하드려요."

disease
질병

나는 질병에 관해 정말 많이 생각한다. 아내, 친구, 직장 동료, 가족, 심지어 우연히 만나게 된 사람들까지도 나를 히포콘드리증, 즉 건강 염려증 환자로 여기곤 한다. 나도 인정한다. 나는 정말 건강을 염려한다. 웬만하면 악수를 피하고 그저 고개만 끄덕인다. 각별한 친근감을 반드시 표현해야 한다면, 차라리 포옹을 한다(상대방의 손보다는 셔츠 뒤에 훨씬 적은 병균이 서식하고 있을 것 같기 때문이다). 손을 씻을 때도 나는 손이 새하얗게 될 때까지 닦고 또 닦는다. 잔을 부딪쳐 건배할 때도 나는 잔의 아랫부분을 부딪치기 위해 주의를 기울인다. 입이 닿는 부분과 떨어져 있으니 박테리아가 아무래도 덜 묻어 있을 게 아닌가. 이로 볼 때 나는 보통 사람에 비해 확실히 전전긍긍하는 스타일이다.

그러나 나 자신을 건강 염려증 환자로 부를 생각은 없다. 왜냐고? 나는 정말로 한 달에 두 차례 정도 앓기 때문이다. 내 면역 체계는 프로이센과 프랑스의 전쟁, 즉 보불 전쟁에서 14만 병력을 이끌다가 항복하고 나중에 프랑스 군사재판에서 20년형을 선고 받은 프랑스 장군 아쉴 바젠느에 견줄 수 있을 것이다. 바이러스, 박테리아, 각종 균들. 나의 백혈구는 비록 제대로 감당하지 못할지라도 그 모든 걸 언제든 환영한다.

사실 〈주간 엔터테인먼트〉에서 일하면서 내가 성취한 자랑스러운 것들 가운데 하나는 유명 인사들로부터 옮은 감기를 앓았다는 것이다. 이를테면 배우이자 인기 토크쇼 진행자 엘런 드제네레스, 배우 어니스트 보그나인이 나에게 감기를 옮긴 인물들이다. 뭐 그리 대단한 일이냐 할지도 모르지만, 여하튼 유명 인사들이 지녔던 병균이 아닌가. 그 주인과 함께 대단한 삶을 산 병균일 터이다. 에미상이나 오스카상 시상식장이나 잭 니콜슨의 저택 풀장 같은 곳에서 활동하던 병균 말이다.

브리태니커는 나 같은 사람에게 반드시 좋다고 볼 수는 없다. 질병 항목을 읽기 전에도 나는 매 2, 3페이지마다 죽는 방법, 그것도 끔찍하게 죽는 새로운 방법을 배울 수 있었다. 이렇게 엄청난 분량의 책은, 100만 개의 세균 배양용 접시를 가득 채우고도 남음이 있는 갖가지 병균과 질병 관련 항목들로 가득하다. 그러니 브리태니커를 읽으면서 걱정거리들이 늘어만 간다. 며칠 전 나는 심하게 앓는 모습으로 거실에 들어서며 줄리에게 말했다.

"또 아파!"

"이런, 자기 불쌍해서 어쩌나."

"내가 '창백' 가진 거 있나?"

"뭐라고?"

"'창백' 말이야. 내가 그걸 갖고 있지 않나?"

"A. J.! 정상에서 벗어나 있진 않으니 안심해!"

"좋아. 그럼 재생 불량성 빈혈은 아니겠네. 지금 당장은 '창백'이 필요 없겠어."

이건 일종의 농담이었지만, 수많은 증후군과 질병들이 내 머릿속에서 소용돌이치는 형편이다. 건강이 나빠지는 느낌이 들기 시작할 때마다, 브리태니커에서 최근에 읽은 무수한 질병 관련 정보들을 체크하게 된다. 소변이 검지는 않은가? 아니다. 그렇다면 적어도 열대 지방의 열병인 흑수열에 걸린 건 아니다. 다행이다. 그렇다면 관절이 아프지는 않은가? 아프지 않다. 그렇다면 테니스 엘보, 무릎 피하 염증, 뒤꿈치 활액낭염 등, 그 종류도 다양한 윤활낭염에 걸린 건 아니다.

손도 주의 깊게 살핀다. 손가락이 내 의지와 상관없이 제멋대로 떨리거나 움직이지 않는가? 아니다. 그렇다면 주로 사지의 말단에 일어나는 독특한 불수의운동不隨意運動 즉, 아테토시스 증세를 겪고 있는 건 아니다. 천만다행이다. 내 피부를 꼬집어 보기도 한다. 얼굴도 조심스럽게 만져본다. 안심이 된다. 피부 이완증을 앓고 있는 건 아닌 듯하니 말이다.

면역 이상으로 피부에 부분적인 색소 결핍 증세가 나타나는 체디악-히가시 증후군에 걸릴 확률을 보고 나는 안도했다. 지금까지 보고된 사례가 200건 남짓이라지 않은가. 또한 깜부기병에 걸릴 일도 없다. 농작물인 밀이 앓는 병이니 말이다. 그런데 깜부기병, 즉 "스팅킹 스멋!"이라고 새삼 발음해보니, 지금까지 접한 병 이름 가운데 가장 더러워 보인다. TV 연속극 〈더 소프라노스〉에 나오는 뉴욕 마피아의 소두목 토니 소프라노가 고집불통의 두목들 가운데 한 사람에게 이렇게 말하면 그럴듯하지 않을까? "씨팔, 너 다시는 나 보기 싫으냐? 그런 거야? 이런 더러운 깜부기 새끼!"

한편, 어떤 때는 근육이 마비되는 앤더슨병을 앓고 있는 게 아닌지 염려하기도 했지만, 그저 심한 감기였다. 이게 바로 나의 큰 문제다. 질병 항목에 나와 있는 것들을 포함하여 브리태니커에서 알게 된 질병 관련 정보가 모조리 걱정거리가 된 것이다. 감기 몸살인지 뭔지 심하게 앓으면 뜨끈한 저지방 닭 수프를 먹고 아연 성분이 함유된 알약을 복용하고, 이틀 정도 지나 증세가 완화되는 걸 느끼는. 여전히 나는 이 꼴이다.

나는 이 엄청난 질병의 바다를 가능한 한 낙관적인 기분으로 바라보려 애쓰곤 한다. 이렇게 자위하는 것이다. '나는 비록 면도날을 교체하는 주기보다 더 자주 앓지만, 사악한 병원균들을 그럭저럭 견뎌내며 물리치고 있는 내 면역 체계가 자랑스럽지 않으냐.' 그렇다. 내 면역 체계는 브루셀라병으로도 알려져 있는 몰타열이 침입하는 걸 막아오지 않았는가. 병원균을 물리치는 내 면역 체계의 식세포들이여, 전진하라! 그러나, 나는 몰타열에 집착하기 시작했다. 몰타열이라니, 듣기만 해도 끔찍스럽지 않은가. 병에 대한 근심 걱정이 다시 작동하는 걸 어쩌겠는가. 질병은 많기만 하고, 백혈구는 적기만 하다.

Disney, Walt
디즈니, 월트

디즈니의 초기 협력자로 어브 아이웍스가 있다. 지금까지 브리태니커에서 본 사람 이름 가운데 가장 멋진 것 같다. 어브와 월트는 '토끼 오스왈드'라는 캐릭터를 창조해냈지만, 저작권 분쟁 때문에 포기해야 했다. 세상살이라는 게 어떤 하나의 계기에 따라 얼마나 달라질 수 있는지 상기시켜주는 사례다. 그들이 포기하지 않았다면, 토끼 오스왈드에 미친 광적인 팬들, 토끼 모자를 쓰고 돌아다니는 수많은 어린이들이 있을지 누가 알겠는가.

divorce
이혼

가장 쉽고 간단한 이혼은 이렇다. 푸에블로 인디언 여성이 남편의 가죽신을 집 문간에 올려놓으면, 이혼이 성립된다. 정말 그렇게 간단하다니. 변호사도 없고, 판결도 없고, 양말도 없다. 그저 신발만 있으면 된다.

dogs
개

개는 위아래 눈꺼풀 외에도 눈꼬리 쪽에 제3의 눈꺼풀을 지니고 있다. 안구를 보호하기 위한 삼중 장치가 아닌가. 이거 정말 질투가 날 정도로 부럽다. 충혈되었던 내 왼쪽 눈은 줄리가 나에게 꾸준히 당근을 먹인 덕분에 다시 흰색을 되찾기는 했지만, 어머니는 엄청나게 글을 읽어대는 내 습관을 늘 걱정하신다. 나의 브리태니커 작전은 확실히 눈의 건강에는 좋지 않다. 어머니는 제품명이 '행복한 눈'인 전기 램프를 사주셨다. 크기가 무척 크고, 아이보리 색상이 제법 그럴듯하며, 부분 부분이 관절처럼 꺾여 잘 움직인다. 썩 괜찮은 전기 램프가 아닐 수 없다. 불을 켜놓으면 마치 산부인과 진찰실에 놓인 진료용 램프를 갖다놓은 것 같다.

나는 어머니가 사다주신 이 전기 램프를 좋아하게 되었다. 그 빛은 어릴 적 내가 애완용 거북을 키우던 수조에 장착돼 있던 전기 램프의 빛을 떠올리게도 해주지만, 태양빛을 그대로 본뜬 것 같다. 자녀에게 어떤 한계에 도전하게 한다면, 이를테면 매일 마라톤을 완주하게 한다면, 내가 최소한 할 수 있는 건 비싸고 좋은 나이키 마라톤화를 사주는 게 아닐지 싶다. 어머니는 나에게 그런 걸 사주신 셈이다. 여하튼 나는 브리태니커를 완독하는 것과 같은 과업을 수행하는 모든 사람들에게 '행복한 눈' 전기 램프를 추천하는 바이다.

이 주제를 더 밀고 나가 보자. 브리태니커를 읽으면서 나는 몇 가지 중요한 읽기 노하우를 터득했다. 먼저, 적합한 자세다. 브리태니커는 책 모양을 한 콘크리트 블록이나 마찬가지라서, 저렴한 보급판으로 나와 있는 퍼트리샤 콘웰의 소설을 읽을 때와 비슷한 자세를 취하기는 힘들다. 브리태니커를 몸과 떨어뜨려 한 손 혹은 두 손으로 들고 읽어 봐라. 브리태니커로 팔 근육과 손목 힘을 키울 생각이라면 또 몰라도, 아마 1분도 못 가서 이마에 땀이 맺히고 손목이 떨릴 것이다. 내가 그렇게 해봐서 안다. 결국 내가 찾은 가장 좋은 자세는 브리태니커를 무릎 위에 올려놓고 그 끝을 두 손으로 잡고 읽는 것이다. 자동차 핸들을 잡고 조종하는 것과 비슷한 셈이다.

일종의 장비로 말할 것 같으면, 가능한 한 헐렁하고 편안한 옷을 입는 게 좋다. 꽉 끼는 옷이나 비싼 옷은 페이지를 넘기는 동작을 방해할 가능성이 있다. 그러니 대학 로고가 찍힌 낡고 헐렁한 셔츠가 제격이다. 읽는 도중에 음료수를 충분히 마시는 것도 중요하다. 단백질까지 보충할 수 있는 음료수면 더욱 좋다. 그리고 아무리 강조해도 지나치지 않은 가장 중요한 건, 자주 쉬어야 한다는 점이다. 두뇌가 들끓어 올라 과부하 상태가 되기 전에 자주 중단하고 쉬어야 한다. 그래서 나는 〈유에스 위클리〉를 곁에 두고, 줄리아 로버츠가 최근에 입은 옷을 시시콜콜 논하는 따위의 기사를 들춰 보며 머리를 식힌다.

내가 브리태니커를 읽는 장소는 거의 대부분, 아마 90퍼센트 정도 는 우리 집 보조 침실의 푹신한 흰색 소파다. 그러나 장소 불문이라 고 하는 편이 좋을 듯싶다. 욕실, 자동차의 앞좌석과 뒷좌석, 극장, 레스토랑, 바, 건물 로비, 사무실, 병원 대기실 등, 장소를 가리지 않 고 읽는 것이다. 검정 가방에 브리태니커를 담아 어깨에 메고 뉴욕의 이곳저곳을 누빈다고 할까.

조명 상태가 좋다고 하기는 힘들지만 맨해튼 지하철도 예외가 될 수 없다. 같은 칸에 타고 있는 다른 승객들이 나를 이상하게 보지 않 는다는 점이 놀랍고도 기쁘다. 어느 노숙자가 TV 쇼 진행자 패트 세 이젝이 재림 예수라고 외쳐대는 가운데, 한 남자가 책등에 금색 돋을 새김 장식이 되어 있는 커다란 책을 꺼내 읽고 있는 광경. 다행스럽 게도 지하철에 탄 뉴요커들은 노숙자에게도, 그 남자에게도 무관심 하다. 지하철에 비한다면 뉴욕의 택시는 사정이 나쁜 편이다. 도로의 움푹 파인 곳을 지날 때마다 택시가 심하게 덜컹거리니 말이다. 스테 퍼 같은 실내용 운동기구에서 브리태니커를 읽는 것도 추천하고 싶 지 않다. 몸을 단련할 수 있거나 정신을 단련할 수 있겠지만, 그걸 동 시에 하겠다는 욕심은 버리는 게 좋다. 더구나, 운동하면서 흘리는 땀이 브리태니커에 떨어질지도 모른다.

많은 사람들이 나에게 묻는다. 브리태니커를 훑어보고 지나가지 않느냐고. 이건 훑어본다는 걸 어떻게 정의할 것인지에 달려 있다.

적어도 이것만은 분명히 말할 수 있다. 나는 지금까지 브리태니커에 실려 있는 모든 단어를 읽어왔다. 바꿔 말하면 모든 단어를 이해했던 건 아니지만, 모든 단어를 눈으로 본 건 분명하다. 물론 딴생각을 하며 읽을 때가 아주 없지는 않다. 트로피카나 오렌지 주스가 더 필요한지 아닌지, 누나에게 전화를 거는 걸 깜박했던가, 뭐 이런 생각을 하며 거의 자동적으로 눈길을 왼쪽에서 오른쪽으로 옮기는 것이다. 그러다가 몇 분 후에 다시 읽고 있던 주제로 정신을 집중한다. 잠시나마 조종간을 놓고 자동조종 장치에 맡겨버리는 셈이라고 할까. 그럴 때조차도 여하튼 '글자를 읽기는' 한다.

브리태니커의 매크로피디어 부분을 읽을 때 그런 상태에 빠지는 일이 잦다. 브리태니커는 크게 두 부분, 즉 마이크로피디어와 매크로피디어로 나누어진다. 마이크로피디어는 12권으로 이루어져 있으며, 두세 개의 문단 혹은 길어야 한두 페이지 분량의 비교적 간결한 설명글이 실려 있다. 비전문가를 위한 참고적 기능을 하는 사전, 소항목 중심의 간결한 내용의 사전인 셈이다. 이에 비해 17권에 달하는 매크로피디어에는 말 그대로 매크로한 항목과 설명글, 차라리 논문이라고 할 수 있는 글이 실려 있다. 이를테면 '회계', '중국', '진화' 같은 항목들. 분량으로 말하자면 한 항목의 설명글을 읽는 데 지질학에서 말하는 은생누대隱生累代의 시간, 즉 30억 년의 시간이 걸려도 좋다는 식이라고 할까. 정말 무자비하다. 난공불락의 성처럼 다가온다. '소화 및 소화 시스템'이라는 항목의 설명글은 39페이지에 달한다. '대륙 지형' 항목은 56페이지에 달한다.

나는 마이크로피디어와 매크로피디어를 번갈아 읽고 있다. 마이크로피디어의 수백 페이지를 읽고 매크로피디어의 수백 페이지를 읽은 뒤, 다시 마이크로피디어로 돌아오고, 이런 식이다. 그 가운데 나는 마이크로피디어를 더 좋아한다. 그건 뭐랄까, 잡지로 말하면 중간 부분의 심층 집중분석 기사가 아니라 항목별로 비교적 간략한 기사가 나오는 프론트 섹션에 견줄 수 있다. 내가 〈에스콰이어〉에서 맡고 있는 지면이 그렇다. 바로 지금 나는 마이크로피디어를 읽고 있는 중이다. 그리고 이제 어디 보자, 어느 항목으로 풍덩 뛰어들어야 하나.

dragonfly
잠자리

잠자리는 자신의 몸무게와 같은 중량만큼의 먹이를 30분 안에 먹어 치울 수 있다. 그렇다면 잠자리는 영화평론가 로저 에버트와 같지 않은가. 에버트는 매주 30분 방영하는 영화 비평 TV 프로그램을 수십 년간 진행하면서 무수한 영화들을 '먹어 치워버렸다'고 할 수 있으니. 이런 제기랄! 이제 D 항목에 왔으면 이런 따위의 썰렁한 농지거리는 넘어서야 하는데. 그러나 대중문화 아이템이 불쑥불쑥 떠오르는 습벽은 그 얼마나 중단시키기 힘든지.

dress and adornment
복장과 치장

내 인생 최대의 아이러니는 다름 아닌 내가 남성 패션 분야의 권위지이기도 한 〈에스콰이어〉에서 일한다는 사실이다. 그렇다. 나는 끔찍하게 옷을 못 입는다. 내 패션 감각으로 말할 것 같으면, 미국 개척시대에 종자를 곳곳에 뿌리고 나눠주며 방랑했다는 전설적인 인물 조니 애플시드에 견줄 수 있다. 그는 낡은 마대에 팔을 꿸 수 있는 구명만 내서 걸치고 다녔다.

내가 늘 그랬던 건 아니다. 20대 중반 한때 나는 옷에 무척 신경 썼다. 화려한 원색의 꽉 끼는 바지에, 진주색 단추가 달린 셔츠를 애용하기도 했다. 그 덕분일까? 나는 결혼에 골인했다. 그리고 이제 옷에 관한 나의 기준은 확고하다. 무얼 입든 무조건 잠옷을 입은 듯 편안한 느낌이 들어야 한다는 것. 신발도 해변의 오두막에서나 어울리는 샌들 종류를 되는 대로 신고 사무실을 누빈다. 물론 차림새가 말쑥한 상사를 만나러 갈 때면 '직업상의 신발'이라고 할 수 있는 검정 가죽 구두로 바꿔 신는다. 그런데 지난해 어느 날 나는 그 상사의 사무실을 들락거리다가 그만 왼발에는 검정 구두를 신고 오른발에는 샌들을 걸치게 됐다. 그건 마치 70년대 시트콤의 한 장면과도 같았다. 3년 동안 내가 승진하지 못한 까닭이 뭔지는 말하지 않아도 되리라.

내 사는 꼴이 이러니 보 브럼멜의 삶이 각별하게 다가왔다. 브리태니커를 통틀어 최고의 멋쟁이라고 할 수 있는 그는 브리태니커의 '복장과 치장' 항목에서 집중적으로 조명 받고 있다. 나는 전에도 브럼멜에 관해 들어 본 적은 있지만, 구체적으로는 아는 게 거의 없었다. 브리태니커에서 알게 된 건 이렇다. 브럼멜은 이미 이튼 학교에서 멋쟁이로 소문 나 있었다. 그리고 옥스퍼드에 진학해서는 위트 넘치는 이야기꾼으로 유명했다. 그는 1799년 런던으로 이주하여, 이튼 시절부터 자신을 눈여겨보던 섭정 왕세자(나중의 조지 4세)와 각별한 친분을 쌓았고, 화려한 목둘레 장식에 비단 스타킹과 바지를 입고 런던 시내를 활보하면서 고급 취향의 멋쟁이로 이름을 날렸다. 브럼멜은 자신의 "스타일에 무척 신경을 쓴 탓에 외투와 조끼와 바지 등을 각각 다른 재단사에게 만들게 했고, 특히 그의 목둘레 장식은 워낙 크고 복잡해서 시종의 도움을 받아 제대로 입는 데 오전 시간을 다 보낼 때도 있었다." 섭정 왕세자가 브럼멜의 스타일을 따랐음은 물론이다.

그러나 1812년부터 브럼멜의 운도 기울기 시작했다. 그는 섭정 왕세자와 대판 다투었고(브리태니커에 따르면 브럼멜은 "입심이 무척 매서웠다") 3만 파운드의 재산을 노름빚과 사치의 대가로 날려버렸다. 결국 1816년 5월 16일 영국 최고의 이 멋쟁이는 빚쟁이들을 피해 프랑스로 도망갔다. 브럼멜은 영국에 있는 친구들의 도움을 받아가며 14년 동안 프랑스에 머물렀지만, 그곳에서도 역시 채무 관계 때문에 잠시 투옥되기까지 했다.

남의 불행을 나의 기쁨으로 삼는 게 나쁘다는 걸 알지만, 나는 브리태니커의 다음과 같은 설명을 접하고 내심 통쾌했다. "그는 결국 복장에 대한 관심과 취향을 잃어버렸다. 이제 그의 차림새는 단정치 못했고 지저분했다. 그리고 사라져버린 과거에 대한 향수 속에서 살아가기 시작했다." 브럼멜에게는 슬픈 이야기지만 나에게는 유익한 이야기다. 역사상 최고의 멋쟁이조차도 점차 자신의 패션을 포기했다는 거 아닌가. 이거 반드시 줄리에게 얘기해줘야겠다. 줄리가 나에게 "꼴이 꼭 노숙자 같다"고 말할 때 말이다.

duality
이중성

브리태니커는 이래저래 유익할 때가 있다. 늘 보다 나은 전망은 아닐지언정 나에게 삶에 대한 전망을 던져주기도 하고, 화제를 풍부하게 만들어주어 보다 자신감 있게 칵테일파티에 갈 수도 있으며, 줄리가 십자말풀이 문제의 칸을 채우는 데도 도움이 된다. 그렇다면 〈앤티오크 렛저〉지에 있을 때 내 상사가 '써먹을 수 있는 뉴스'라 부른 그런 지식, 다시 말해서 어떻게 하면 되는지 말해주는 생활의 지혜나 힌트 같은 것은 어떤가?

전반적으로 볼 때 브리태니커가 소용이 닿는 지식을 하나도 담고 있지 않은 건 아니다. 이를테면 우주선을 타고 있을 때 고통스런 중력 가속도로부터 당신을 어떻게 보호할 수 있는지, 브리태니커는 훌륭하게 알려준다(로켓 추진 방향의 옆쪽으로 몸을 돌리면 된다). 그리고 부메랑을 어떻게 던져야 하는지도 알려준다(손목에 살짝 스냅을 주면서 약간 아래쪽을 향하게 던져야 한다). 또한 갑자기 나타난 뱀 한 마리가 치명적인 살무사인지 아닌지 잘 모르겠거든 그 색깔에 관한 시를 기억하면 된다. "붉은 색이 감도는 누런 색, 위험한 녀석." 그러나 올 겨울까지 나는 부메랑을 던진 적도, 자동차 속도에서 압박을 받은 적도, 살무사와 만난 적도 없다.

그런데 오늘 밤 저녁 식사 자리에서 올 것이 왔다. 내가 기다려온 순간, 내 지식을 정말 실용적으로 써먹는 순간을 맞이한 것이다. 내 기분도, 줄리의 기분도 좋았다. 일인즉 이러했다. 알래스카 앵커리지 출신인 나의 보조 편집자 즈느비에브가 크리스마스 선물로 알래스카산 게 다리를 보내왔다. (즈느비에브는 우리가 뉴욕의 추운 겨울에 관해 불평할 때마다, 알래스카 출신답게 여유 있는 미소를 지으며 우리를 바라보곤 했다.) 줄리는 이 선물을 무척 반가워했다. 그리고 게살 수프를 대접하기 위해 친구 안나를 초대했다.

"일본산 대형 거미게 가운데 큰 놈은 3미터가 넘는 것도 있지." 줄리가 수프를 거의 마무리 짓고 있을 때 내가 부엌을 어슬렁거리며 말했다.

"우와! 3미터가 넘는다고?" 줄리의 말투는 네 살 먹은 아이가 코를 질질 흘리면서 뒤뚱뒤뚱 다가올 때 반갑게 안아주는 엄마의 말투, "어이구 우리 새끼!" 할 때의 바로 그것이었다. 안나도 고개를 끄덕이며 깊은 인상을 받은 척했다.

"자, 이제 수프 완성이요!" 이렇게 말하면서 줄리가 수프를 떠서 안나와 나의 접시에 담아주었다.

"요리법 안내에 따르면 코리앤더coriander 잎을 살짝 뿌리라는데, 좀 줄까?"

"좋아, 좀 뿌려보지 뭐." 안나가 말했다.

"잠깐만! 코리앤더는 영국 영어로는 실란트로cilantro라고 하지 않던가?"

"정말?" 줄리가 말했다.

"그렇다고 생각해." 내가 말했다.

안나는 마치 전쟁 범죄자들을 경멸하는 것과 비슷한 태도로 실란트로를 싫어한다. 우리가 안나와 함께 몇 차례 갔던 멕시코 레스토랑에서 멕시코식 샐러드인 과카몰리를 먹을 때 보인 반응 때문에 안나의 그런 취향을 알게 됐다. 줄리는 이미 자신의 수프에 잘게 썬 코리앤더를 뿌려놓았다. 줄리는 손가락으로 코리앤더를 찍어 혀에 대보더니 이렇게 말했다.

"A. J. 말이 맞아. 이거 실란트로야."

"언제 한번 브리태니커에서 읽어 봐."

"음, 비슷하다고는 생각했지만, 같다는 건 몰랐어."

줄리는 식료품 가게 점원에게 신선한 코리앤더를 보여달라고 한 적이 있다. 그때 점원은 실란트로 잎을 보여줬다. 그리고 이제 나는 그 혼동을 말끔히 정리해준 것이다. 나는 실란트로와 코리앤더의 일종의 이중성을 밝혀냈다.

"고마워, A. J." 안나가 말했다.

"원, 천만의 말씀!" 내가 말했다.

"정말 대단해, 당신! 당신이 자랑스러워." 줄리가 말했다.

이건 정말 대단한 순간이 아닐 수 없다. 대단하다. 내가 새로 알게 된 지식이 실제로 매우 유익한 결과를 낳은 것이다. 향신료에 관한 불유쾌한 경험에서 친한 친구를 구해주었을 뿐 아니라, 아내의 존경까지 얻게 됐으니 말이다.

"아차blimey! 수저 좀 줘." 내가 말했다.

"좋아, 하지만 영국 영어는 이제 그만." (blimey는 아차, 아뿔싸, 제기랄, 깜짝이야 등을 뜻하는 영국 영어의 속어 표현이다. - 옮긴이)

Dundatree
던다트리

브리태니커는 이 말을 "거대한 발을 지닌 독재자들이 나온다는 신비한 나라"라고 정의하는 바이다. 음, 이상한 개념이다. 한 번도 들어 본 적이 없다. 던다트리를 한 번도 들어 본 적이 없는 까닭은…… 내가 그것을 꿈꾸었기 때문이다. 엄청나게 읽어대는 통에, 읽은 것들이 잠자는 나를 침범한다. 눈을 감아도 다음과 같은 것들에서 도망갈 수가 없다. 끝없는 설명글들과 자료들, 작은 10포인트 크기의 타임체 글꼴 텍스트, 금색으로 새긴 제목 글자. 브리태니커의 포로가 된 꼴 이다. 나는 지금 나만의 사실을 만들어내고 있다. 세상 그 누구도 보지 못한 나만의 브리태니커라⋯⋯. 걱정이다. 내가 실제의 사실과 내가 만들어낸 사실을 혼동하게 될지도 모르니까.

Dyer, John
다이어, 존

이 영국 시인은 내가 꿈꾼 게 아니라 정말로 브리태니커에 나온다. (꿈꾸었을 가능성이 아주 없지는 않지만.) 1699년에 태어난 다이어는 이런 시를 썼다.

다스리고 지배하는 것은
겨울날의 덧없는 햇살일지니
으스대며 힘 자랑 하는 모든 것들은
요람에서 무덤 사이일지니

이런 세상에나. 실망이다. 한편으로 나는 이 시가 현명한 겸손함을 요구한다고 생각한다. 세계 최고의 갑부 도널드 트럼프가 도금한 양변기 청소기의 먼지를 떨 하인들을 거느리고 있다 한들 무슨 대수겠는가? 그가 가진 모든 건 정말로 요람에서 무덤 사이의 하찮은 다스림, 하찮은 지배에 불과하리라. 다른 한편으로 이 시는 나의 냉소적인 성향을 자극한다. 무슨 짓을 하건 어차피 우리는 점차 죽어가게 될 것이 아니겠는가. 이건 결코 건강한 정신 상태는 아니다. 나는 보다 나은 지혜를 원한다.

Earth
지구

금요일 저녁이라 우리는 친구 리사, 폴과 외식을 했다. 줄리는 무려 20년 전에 캠프에서 만난 리사와 지금껏 친하게 지낸다. 리사는 얼핏 오드리 헵번을 닮았고, 폴은 얼핏 리사를 닮았으니까, 요컨대 폴은 머리 숱이 적은 남자 오드리 헵번이다.

두 사람을 만나면 항상 즐겁다. 이날의 문제라면 모두가 동의한바, 이 식당의 주방장은 선택과 집중을 할 필요가 있다는 것 정도였다. 초밥에, 프랑스 요리에, 블린츠까지 파는 레스토랑이라니 원, 새둥지 수프 말고는 다 파는 셈 아닌가(작은 중국 새들의 타액으로 만드는 그런 요리가 있다). 이날의 대화를 후끈 달아오르게 한 주제는 사는 게 왜 이렇게 바쁘냐 하는 문제였다. 내 생각에 동부 도시에 사는 내 연령대의 사람들이 제일 자주 논하는 주제가 아닌가 싶다. 그 밖의 단골 주제로는 부동산 시세, 금연법, 늘 나비넥타이를 매고 등장하는 PBS의 시사 풍자 코미디언 마크 러셀의 경력은 왜 그렇게 비비 꼬였는가 하는 문제가 있다. 솔직히 마지막 주제에 대해서는 내가 개인적으로 좀 관심이 많았다.

식탁에 둘러앉은 우리는 하나같이 스케줄이 미어터질 것 같다며 하소연이었다. 외출할 때 반드시 카메라를 지참하는 리사는 자기 집에 가면 사진들이 구두 상자로 12개는 족히 터져나갈 듯이 가득 담겨 있다고 했다.

"당최 앨범을 정리할 시간이 안 나는 거야."

"내가 해줄게!" 정리 정돈이라면 세계 최강인 줄리가 말했다. 줄리에게 옷장 정리를 할래, 휴가를 갈래 물으면 그녀는 진지하게 고민할 것이다.

"정말 너를 부를지도 몰라. 내가 직접 하고 싶지만, 하루에 몇 시간이 더 있지 않는 한 불가능해."

"하루가 최소 30시간은 되어야 한다니까." 폴이 말했다.

드디어 기회가 왔다. 나는 공격선에서 구멍을 발견한 러닝백마냥 쏙 끼어들었다.

"조금 기다리면 정말 하루에 몇 시간쯤 더 생길지도 몰라요."

아무도 반응이 없다. 나는 말을 이었다.

"지구의 자전 속도가 조금씩 느려지고 있어서 하루가 점점 길어지고 있거든요. 몇 백만 년쯤 기다리면 확 차이가 날 걸요. 10억 년 전에 태어나지 않은 게 어디에요. 그때는 하루가 고작 20시간이었는데."

"정말 아는 게 많으시네요." 폴이 말했다.

낯간지러운 말이지만 폴이 사람을 제대로 봤다. 나는 어머니이신 지구 항목에서 그 외에도 많은 사실을 배웠다. 읽기에 재미있는 항목이었지만, 사람을 적잖이 불안케 하는 내용이라서 문제였다.

하루의 길이만 변하는 게 아니다. '극 이동'이라는 심란한 현상도 있다. 북극과 남극은 가만히 있을 줄 모르는 작은 장난꾸러기들이라는 것이다. 자극磁極 남극은 매년 약 13킬로미터씩 북서쪽으로 여행한다. 20년쯤 지나면 루이지애나 주 배턴루지까지 갈지 모른다. 그 다음에는 뉴저지 해안을 향해 가고 있다는 소식을 듣게 될까?

나로서는 요령부득이다. 어슬렁거리기는 도둑고양이들이 하는 일이다. 약에 취한 히피들도 록 밴드 피시의 콘서트를 찾아 어슬렁거린다. 하지만 자극들이 어슬렁거린다고? 자극은 안정되고 확실하고 꽁꽁 얼어 있어야 하는 것 아닌가. 랜킨-바스가 제작한 산타클로스 특집 애니메이션을 보면 빨갛고 흰 줄무늬로 한자리에 분명히 그려져 있지 않은가 말이다.

게다가 분점 세차라는 건 어떤가. 지구는 2만 6,000년마다 한 번씩 제 축을 기준으로 회전한다는 것이다. 또 있다. 지구의 자기장은 30만 년에서 100만 년 사이에 한 번씩 방향을 바꾼다. 방위각 표류 이탈이라고, 입자 흐름 전환에 관한 것도 있다. 이 밖에도 내가 거의 이해를 못 하는 내용들이 한가득 있다.

요컨대 지구는 바위처럼 단단한 게 아니라는 얘기다. 지구는 확고하지 않다. 지구는 흔들거리고, 어슬렁거리고, 거꾸로 돌고, 뒤집어지는, 커다란 구형의 젤리이다. 세상이 정적이지 않다는 사실은 초등학교 때 배웠던 것 같다. 나도 지구가 공전과 자전을 한다는 건 알고 있고, 판 구조론이라는 것도 잠깐 배웠던 기억이 있다.

하지만 지구가 이토록 불안정하고 유동적이었단 말인가. 감당이 안 된다. 반쯤 녹은 얼음 호수 위를 걷는 기분이다.

그리고 지구가 구형이라 착각하는 분들이 계실까 싶어 하는 말인데, 잘못된 생각이다. 지구는 가운데가 불룩하다. 콩팥 파이를 많이 먹어 배가 불룩 나온 알프레드 히치콕 감독을 생각하면 된다. 지구는 흔들거리고, 어슬렁거리고, 거꾸로 돌고, 뒤집어지고, 체중 문제가 심각한 구형 젤리이다. 그래도 우리에겐 지구밖에 없는 걸 어쩌겠는가.

식사를 마치고 웨스트사이드의 황량한 거리를 걸을 때 줄리가 말했다. "자기, 지식 자랑을 좀 절제하는 게 좋을 것 같아."

제기랄. 나는 실란트로로 승리를 거둔 이래 우쭐하고 있었는데. 그때 따놓은 점수를 날려먹은 것 같다. "하지만 나도 절제한 거야. 지구에 대해 알면서도 말하지 않은 사실이 얼마나 많은데."

"그렇담 고마워."

"하루가 길어지고 있다는 이야기가 재미없었단 말이야?"

"내 말은, 자기가 살아 있는 사람들하고 어울리는 능력을 잃어가는 것 같다는 얘기야."

"옛날에는 살아 있는 사람들하고 어울리는 능력이 있었다는 걸 인정하는 거네?"

내가 이겼다. 하하하! 하지만 줄리의 지적이 옳다. 나는 좀 자제하는 게 좋을지 모르겠다. 그러나 그게 어려운 걸 어쩌나. 뇌에 너무 많은 지식을 쑤셔 넣어서인지 시도 때도 없이 끄집어내고픈 심정이다. 그러고 나면 얼마나 후련한데 말이다(미나리아재비과의 몇몇 유독 식물을 섭취하면 이처럼 뇌가 후련해진다고 한다).

Ecclesiastes
전도서

구약성서의 한 부분이다. 내가 전도서를 읽어 봤을 것 같지는 않다. 창세기는 잘 알고 십계명도 잘 알지만(나는 목록을 좋아한다) 그 외에는 기억이 흐릿하다. 고맙게도 브리태니커는 전도서의 주제를 한 문단으로 정리해두었다.

저자가 인생을 관찰함으로써 확신하게 된 사실은 "발이 빠르다고 달음박질에서 우승하는 것도 아니고, 힘이 세다고 싸움에서 이기는 것도 아니며, 지혜가 있다고 먹을 것이 생기는 것도 아니고, 슬기롭다고 돈을 모으는 것도 아니며, 아는 것이 많다고 총애를 받는 것도 아니더라. 누구든 때가 되어 불행이 덮쳐오면 당하고 만다(9:11)"는 것이다. 인간의 운명은 그가 행한 선행과 악행에 달린 것이 아니며, 다만 하느님 안에 숨겨져 있는 헤아릴 수 없는 신비라고 저자는 주장한다(9:1). 이 신비를 알아내어 자신의 운명을 보호하는 데 필요한 지혜를 얻으려는 시도는 모두 "헛되고" 무익하다. 이런 불확실한 상황 속에서, 저자의 충고는 하느님이 준 좋은 것이 있을 때 최대한 그것을 향유하라는 것이다.

최고다! 나는 7,000페이지를 읽으면서 수백 가지 사실들을 배웠으나, 기실 심원한 예지를 갈구하고 있었다. 다이어의 시는 냉소적일 뿐이었다. 이게 진짜배기다. 이제껏 백과사전에서 읽은 가장 심오한 문단이요, 즉석요리를 능가하는 즉석 지혜이다. 발이 빠르다고 달음박질에서 우승하는 게 아니라니, 정녕 인생이 그러하지 아니한가. 그렇지 않고서야 얼간이 천치 같던 고등학교 친구가 지금 수백만 달러의 연봉을 받고 있는 현실을 어떻게 설명하겠는가? 명민하고 상냥하던 친구가 건강식품 전문점에 처박혀 개밀 주스나 팔고 있는 현실을 어떻게 설명하겠는가? 빈 디젤의 화려한 연예계 경력을 어떻게 설명하겠는가? 그렇다. 삶은 참담할 정도로, 우스꽝스러울 정도로, 말이 안 될 정도로 불공평하다. 그리고 전도서는 이 현실에 대한 적절한 조언까지 제공한다. 아무 수도 없으니 나름대로 알아서 즐기라는 것이다. 작은 것들에서 즐거움을 찾으라는 것이다. 나라면 줄리의 웃음소리, 맛있는 양파 소스, 어처구니없이 편안한 우리 집 거실의 낡아빠진 가죽 의자 등등이 있겠다.

나는 며칠 내내 전도서를 생각했다. 백과사전이 간직한 최고의 지혜가 이것이면 어쩌지? 알파벳 E권의 347페이지에서 이미 삶의 의미를 읽어버렸으면 어쩌지? 브리태니커는 구전된 책이 아니니 최고의 계시가 반드시 맨 끝에 등장하라는 법이 없다. 어쩌면 마지막 항목 지비에츠(zywiec, 폴란드의 도시)가 전도서보다 훨씬 심오할까? 모르는 일이지만 그럴 것 같지는 않다.

ecstasy
엑스터시

머크 사가 1920년대에 식욕 억제제로 특허를 낸 약이었다. 나는 어느 대학을 갈까 고민하던 고등학교 졸업생 때 머크 사의 식욕 억제제에 취한 채 브라운 대학을 방문한 경험이 있다. 제기랄, 그보다 더 멋진 탐방이 또 있을까. 브라운 대학이여, 잠재적 지원자들에게 엑스터시를 나눠줄 것을 강력히 권하는 바이다.

나는 학교가 어쩌나 꿈만 같은지 믿기지가 않았다. "이 카페테리아 좀 봐! 세상에서 가장 아름다운 카페테리아야. 이 구운 지티 파스타는 왜 이렇게 맛있는 거야, 젠장! 이 기숙사에서 살아야 한다고? 완전 궁전이구먼, 궁전. 도서관 열람실도 설계가 완벽해. 저 아름다운 형광등이라니! 세상에, 뒷마당에 있는 벽돌 더미 좀 봐. 어느 대학에서 본 것보다 끝내주는 벽돌 더미인걸." 나는 지나가던 재학생들을 열다 섯 명쯤 껴안아 그들을 놀라게 하고 걱정스런 눈총을 받았다. 그들은 반경 6미터 안에서 어슬렁거리는 어리석음을 범한 죄밖에 없었다.

안타깝게도 내가 브라운 대학의 신입생이 된 시점에는 엑스터시의 약효가 깨끗이 사라졌고, 나는 구운 지티 파스타가 케첩에 담근 스티로폼 맛이라는 사실을 깨달았다.

eggplant
가지

오늘 밤은 우리 집 집들이날이다. 이사 온 지는 여섯 달이 넘었지만 좀체 파티를 할 짬이 없었다. 출장요리 업체를 동원한 파티다. 턱시도를 차려입은 남자들이 코코넛 닭고기 꼬치와 고기말이 가지구이를 나눠주는 진짜 어른스러운 파티 말이다(여담이지만 가지eggplant라는 이름은 달걀egg처럼 생긴 흰 품종에서 나왔다는데, 나는 그런 품종을 한 번도 본 적이 없다). 우리는 하루 종일 집 안을 청소했다. 이를테면 나는 브리태니커 사전들이 가지런히 정돈되어 사교계에 데뷔할 준비를 마쳤는지 확인했다.

집들이는 잘되어 가는 것 같았다. 손님들은 코코넛 닭고기 꼬치를 좋아하고, 한데 섞인 친구들은 우려와 달리 아무 사고도 일으키지 않고 잘 어울리고 있다.

파티 도중, 나는 아버지가 줄리의 전 직장 동료와 대화하는 것을 보았다. 제프라는 그 은행원이 나더러 이리 와 보라며 손짓했다.

"생일이 언제인가요?" 제프가 물었다.

아버지의 얼굴은 사뭇 진지했지만 두 눈이 반짝거리는 걸 나는 눈치챘다. 2월 29일이라고 대답하라는 무언의 신호이다.

아버지는 틀림없이 우리 집안 사람들의 생일이 모두 윤년 2월 29일이라는 거짓말을 제프에게 한 것이다. 어쩌다 그렇게 되었는가 설명해서 듣는 이를 속여 넘기는 것은 아버지의 고전적 농담이다. 아버지가 제프에게 뭐라 말했을지는 뻔하다. 본인의 생일은 1940년 2월 29일이고(실제로는 2월 26일이다), 코넬 대학에 다닐 때 윤년이 생일인 학생들의 모임에서 내 어머니를 만났으며, 어머니의 생일은 정확히 4년 뒤 같은 날이라고 했을 것이다(실제로는 2월 3일이다). 결혼한 뒤에는 내 누나와 내가 같은 날 태어날 수 있도록 신중히 임신을 계획했고, 두 번 다 제왕절개를 해야 했지만 어쨌든 덕분에 자식들의 생일도 2월 29일이라는 이야기다. 온 가족이 2월 29일에 태어난 미국 유일의 집안이라고 말했을 것이다. 아버지가 계산해본바 그 확률은 4조 6,000억분의 1이라고도 말했을 것이다.

제프는 갈피를 못 잡는다. 알지도 못하는 사람이 자기에게 거짓말을 할 이유가 없거니와, 내 아버지는 미소라곤 흘리지 않은 채 차근차근 그럴싸하게 설명한다. 그러나 제프의 마음 한편에서는 아무리 봐도 허풍 같다.

"생일이 언제인가요?" 제프가 다시 묻는다.

아무래도 나는 맞장구를 못 치겠다. "3월 20일입니다."

내가 아버지의 짓궂은 농담에 협조하지 않는 것이 아버지가 내게 가장 서운해하는 점이다. 아버지는 이런 농담을 하는 순간을 너무 좋아해서, 웅얼거리는 소리보다 2데시벨 높을까 싶은 조용한 목소리로 기회만 되면 시도한다.

아버지의 농담은 단순할 때도 있다. 가령 파티에서 만난 낯선 사람에게 "반갑습니다, 샘이라고 합니다"라고 인사한다. 하비든 에드거든 그때그때 떠오른 이름을 댄다.

하지만 그런 것은 맛보기에 불과하고, 아버지가 즐기는 것은 훨씬 복잡한 책략이다. 누가 직업을 물으면 아버지는 이렇게 대답한다. "묫자리를 팝니다." 그러고선 호수가 바라다보이는 근사한 묘지를 소개해주겠다며 설명을 늘어놓는다.

그러다 불쑥 상대방더러 뭐 하는 사람인지 묻는다. 상대방이 뭐라고 답하든 아버지는 그런 회사는 처음 들어 본다고 모르는 척한다.

"타임이라고요? 시계 회사입니까?"

"하버드? 펜실베이니아에 있습니까?"

상대방은 참을성 있게 대꾸한다. 아니요, 잡지 회사입니다, 아니요, 매사추세츠에 있는 대학입니다.

"아, 그렇군요. 들어 본 것도 같네요." 아버지의 대답이다.

사전에 치밀하게 계획된 농담도 있다. 아버지를 잘 모르는 사람이 주최한 파티에서 술을 권유 받으면, 아버지는 금주가임을 숨기고 반드시 옐로우 라이트닝 칵테일을 주문한다.

"옐로우 라이트닝이라고요?" 주인이 묻는다.

"네, 부탁합니다."

"죄송합니다만 옐로우 라이트닝이 뭔지 잘 몰라서요."

"아, 레몬 쿨에이드와 데킬라를 2 대 1로 섞은 겁니다."

아버지의 이론에 따르면 미국에서 옐로우 라이트닝의 두 재료를 동시에 갖추고 사는 사람은 아무도 없다. 주인은 부엌을 뒤져보고 나서 미안한 표정으로 돌아와 레몬 쿨에이드가 없다고 말한다.

"뭐, 그러면 저는 됐습니다." 그리고 한숨. "어쨌든 고맙습니다."

극단으로 가면 권모술수라 할 만큼 복잡하고 미묘한 농담도 있다. 아버지가 열 번 넘게 설명해주어도 나는 어떻게 진행되는 농담인지 기억을 못 할 지경이다. 예를 들어 한번은 아버지가 동료 변호사를 감쪽같이 속였다. 그녀가 식당에 팁을 너무 적게 주고 나와서 종업원이 정신착란을 일으켰고, 그로 인해 가게 창문을 죄다 깨뜨리다 체포되어 인생을 망쳤다고 말이다. 대체 어쩌면 그럴 수 있는지 모르겠지만 그녀는 아버지의 말에 홀딱 넘어갔다. M&M 초콜릿하고 무슨 상관이 있었던 것 같다. 나무판자가 어쩌고 했던 것도 같다. 아무튼 그녀는 식당에 사과 전화를 걸었고, 종업원만 어리둥절한 꼴이 되었다.

아까 말했듯이 나는 아버지의 장난에 절대 맞장구치지 않는다. 아버지가 다른 사람에게 나를 소개하며 사위 윌리라고 해도 나는 "안녕하세요, 아들 A. J.입니다"라고 한다. 그러면 아버지는 풀 죽은 표정을 짓는다. 나도 내가 왜 그러는지 잘 모르겠지만, 아마도 이 분야에서는 내가 아버지에 겨룰 수 없다는 걸 알고 있기 때문인 것 같다. 아니면 사춘기적 반항심 때문인지도 모르겠다. 아버지가 교묘하게 농담을 짜는 일에 너무나 골몰하니까 그만 확 찬물을 끼얹고 싶은 것이다.

제프는 절레절레 고개를 저으며 적당히 낄낄거린다. 수상쩍다고 생각했던 게 옳았다.

"아버님께 속아 넘어가기 일보 직전이었습니다." 제프가 말한다.

이제 내가 말한다. 생일에 관해 한 가지 분명한 점은, 누군가 1582

년 10월 4일과 10월 15일 사이에 태어났다고 하면 절대 거짓말이라는
겁니다. 왜냐? 그런 날짜가 없었기 때문이지요. 그때 그레고리력으로
바뀌면서 전 세계가 열흘을 건너뛰었거든요. 제프는 얼핏 미간을 찡
그리고, 눈썹을 치키고, 입술을 오므리면서, 고개를 끄덕인다. 내가
많이 본 표정이다. '그게 뭐 어쨌다고' 하는 만국 공통의 표정이다.

이런 점에서 아버지와 나는 닮은 건지도 모르겠다. 사교에 서툴다
는 타고난 단점을 극복하기 위해 아버지는 농담을, 나는 지식을 동원
한다. 어울리는 한 쌍인 셈. 우리는 생긴 것도 닮았다. 호리호리하고
갈색 머리칼에 안경을 썼다. 우리가 대화 전술을 복합적으로 적용한
결과 제프에게 식욕이 일어난 것 같다. 제프는 실례한다면서 고기말
이 가지요리를 먹으러 갔다.

elf
엘프

귀여운 생명체들을 떠올리면 안 된다. 그건 언론이 우리를 세뇌시
킨 결과다. 민속 신화 속의 엘프는 잠자는 사람의 가슴에 올라앉아
나쁜 꿈을 꾸게 만들고, 사람 아기와 기형 요정 아기를 바꿔치기 한
다. 알고 보면 산타도 마약상이 아닐까 몰라.

embalming
방부 처리

나는 아직 내 자신이 못 미덥다. 내가 아리스토텔레스 항목에서 한
말을 기억하는가? 그의 형이상학보다 그가 젊은 여자를 쫓아다닌 사
실에 더 흥미가 동한다고 했던 것을? 나는 아직 그런 장애에서 벗어
나지 못했다. 퀘이사를 이해하거나 인간 게놈에 숨겨진 비밀을 배우

려 애써야 할 판에, 정작 내가 이제껏 읽은 1만 4,000개 항목들 가운데 가장 좋아하는 것은 이 항목이다. 방부 처리의 역사. 낸들 어쩌겠는가, 재미있어 죽겠는데.

첫째, 우리 집 부엌에 있는 기초 재료들을 신선하게 활용할 수 있다는 사례를 듬뿍 보여준 항목이다. 알렉산드로스 대왕의 유해는 꿀통에 잠겨 바빌론에서 마케도니아까지 운반되었다. 트라팔가르 해전에서 사망한 넬슨 영국 제독의 유해는 술독에 빠진 총잡이 역의 배우 리 마빈처럼 브랜디에 절여진 채 영국까지 후송되었다.

둘째, 따라 하기 쉬운 조리법을 선호하는 독자들의 요구에 발맞춰, 브리태니커는 이집트 미라 제조업자의 비법을 소개한다. 우선 뇌와 내장을 제거하고, 시신을 야자술로 씻은 뒤, 항아리에 넣는다. 몸속은 향수로 채우고 절개부를 꿰맨다. 70일간 시신을 질산칼륨에 담가 둔다. 시신을 꺼낸다. 씻은 뒤 면 붕대로 감는다. 그리고 감상한다.

여러 사례 가운데 가장 맘에 든 것은 마틴 반 부첼이라는 사내가 남의 허점을 노리기 위해 천재적인 발상을 해낸 이야기였다. 이야기에 앞서, 허점 노리기라는 충분히 흥미로운 별도의 주제에 대해 잠시 살펴보자. 나는 허점 노리기의 대표 사례들을 착실히 검토한 결과, 인간은 치사스럽고, 뺀들거리고, 교활하고, 못 믿을 종자라는 결론에 도달했다. 성경은 성직자가 칼을 들어서는 안 된다고 한다. 중세의 주교들은 어떻게 했을까? 곤봉을 들었다. 길쭉한 금속 날만 아니라면 무엇으로 적의 머리통을 치더라도 예수님이 오케이할 거라고 생각한 모양이지? 성직자 이야기가 나왔으니 말인데, 수도승들은 금요일에는 육식을 할 수 없었다. 그러자 수도승들은 새끼 토끼는 물고기라고 결정했다. 어째서 논리가 그렇게 되는지는 일언반구도 없다. 전하는 말에 따르면 식민 시대 미국에서는 핀을 9개 놓고 하는 볼링은 불법이었다. 볼링 팬들이 어떻게 했느냐? 핀 하나를 더해 핀 10개짜리 볼링을 발명하였다. 어떠냐! 이건 불법이 아니지롱.

보다시피 법과 규칙과 질서가 있는 곳에는 반드시 허점을 파고드는 인간이 있다. 마틴 반 부첼 이야기로 돌아가자. 반 부첼은 18세기 영국의 홀아비였다. 죽은 아내는 부유했는데, 유언장에 명시하기를 자신의 육체가 지상에 거하는 동안에만 남편이 자기 돈을 쓸 수 있다 했다. 자기가 죽은 뒤에 남편이 금 코담뱃갑이나 둘째 부인에게 돈을 쓰는 꼴을 원치 않았던 것이다. 그러나 남편은 유언장 역사상 최고로 기발한 허점 노리기에 성공했다. 반 부첼은 존 헌터라는 사내를 고용해 아내의 시신을 최신 동맥 방부 처리 기법으로 보존시켰다. 근사하게 차려입힌 시신을 유리장에 넣어 거실에 세워두고 매일 정기적으로 인사했다. 기술적으로 따져 시신이 지상에 거하니, 그는 자유롭게 아내의 잔고를 탐닉할 수 있었다.

emotion
감정

할 수 있을 때 즐기라는 전도서의 가르침이 있었건만, 요즘 나는 살짝 우울하다. 녹초가 된 탓도 있다. 이른 아침에 책을 읽는 건 죽을 노릇이다. 내가 자초한 일이라는 건 나도 잘 안다. 매일 100페이지씩 읽지 않으면 무릎을 쏴버리겠다고 협박한 사람이 있는 것도 아니다. 그래도 죽을 노릇은 죽을 노릇이다. 모름지기 저널리스트라면 해 뜰 때 일어나 지칠 줄 모르고 떠들어대는 아침 방송 진행자의 목소리를 듣는 인간이 못 된다. 하지만 내 기분이 처진 진짜 이유는 얼마 전에 또 줄리가 임신 음성 판정을 받았기 때문이다. 싫다. 복잡한 통근 길, 약국의 긴 줄 같은 일상의 사소한 짜증거리들을 갑자기 더 못 견디겠다.

나는 짜증이 난 나머지 우울에 공세를 가하기로 했다. 나는 우울 증상의 98퍼센트는 오래전에 진화적 가치를 잃어버렸노라고 선언했다. 매일 10여 페이지씩 생물학을 읽으며 갑각류니 박테리아니 혈액형의 진화 과정을 알게 되다 보면 매사를 진화적 시각에서 보게 된다. 감정마저도. 하지만 나는 확신한다. 슬픔의 진화적 가치가 원래 무엇이었는지 몰라도 지금의 내 슬픔은 나의 생존이나 번식에 하등의 도움이 되지 않는다. 내가 지하철을 14분 기다려 열 받은 상태라 해도 내 냉장고에는 전자레인지용 야채 라자냐가 잔뜩 들어 있을 것이다. 그러나 불행하게도 이 탁월한 통찰 또한 낙담을 떨치기에는 충분치 못했다.

나는 매크로피디어의 감정 항목을 펼치며 유용한 정보가 있기를 바랐다. 물론 있다. '안면 피드백'이라는 그럴싸한 이야기가 있다. 안면 근육들이 웃는 모양을 하고 있으면 뇌가 그것을 감지하여 지금 내가 행복해야 하는 모양이군, 한다는 이야기다. (뇌도 가끔 어처구니없이 멍청하다.) 브리태니커에 따르면 "'우울할 땐 웃어라'라거나 '무서울 땐 흥겨운 노래를 불러라'는 옛말에는 모종의 과학적 근거가 있는 듯하다."

겨우겨우 E를 읽어나가면서 나는 안면 피드백을 실험해본다. 입가를 억지로 끌어당겨 두 시간 내내 가짜 미소를 지었더니 조금 피곤하다. 화장실에 갔을 때 거울에 비친 내 얼굴을 보았다. 으아, 무섭다. 뺨에 심어진 전극들이 부자연스러운 행복의 모방 상태가 되도록 피부를 잡아당긴 것 같다. 산타클로스가 도끼 살인마로 나오는 영화에서 보았던 미친 엘프의 얼굴이다. 하지만 인정할 건 인정하자. 효과가 있는지도 모르겠다. 나는 콩알만큼 기분이 나아졌다.

나는 안면 피드백 외에 분노를 다루는 법에 대해서도 주의 깊게 읽었다. 브리태니커는 여러 전략을 나열하고 있는데 이런 것들이다.

1. 정면 상대 ("물러서지 않고 싸운다.")
2. 거리 두기 ("그런 것에 잠식당하지 않겠어.")
3. 계획적 문제 해결 ("스스로 변화하거나 성장하기.")
4. 긍정적 재검토

연구에 따르면 첫 두 가지인 정면 상대와 거리 두기는 우리를 더욱 괴롭게 하고, 뒤의 두 가지인 계획적 문제 해결과 긍정적 재검토는 우리를 행복하게 한다. 전형적인 금욕적 남성인 나는 늘 거리 두기를 택해왔는데. 좋은 정보다. 이제 계획적 문제 해결을 해봐야겠다.

나는 베리즌 통신회사와의 문제부터 시도하기로 했다. 어제 전화로 대판 싸우고 엄청 화가 났다. 자그마치 47분을 통화대기 상태로 기다리고, 예전에도 두 번이나 답한 적 있는 질문에 일일이 답하고, 똥구멍 다섯 개짜리 전복보다 아이큐가 낮은 듯한 여성의 어르는 말투를 참아야 했다. 어떻게 계획적 문제 해결을 한담? 나는 1분도 못 되어 답을 찾았다. 다음에 조수 즈느비에브에게 전화하라고 해야지.

권한 이양보다 기분 좋은 일이 세상에 또 있을까.

encyclopedia
백과사전

브리태니커는 자긍심 문제로 고민하는 일이 없다. 브리태니커는 스스로를 부끄러워하지 않는다. 사실 브리태니커가 좋아하는 소재 가운데 하나는…… 브리태니커이다. 브리태니커 편집자들, 브리태니커 출판사들, 브리태니커 중국판 등이 모두 별개 항목으로 들어 있다. 나랑 이야기했던 브리태니커 시디롬 기술지원팀의 남자가 곧 자기 이름을 사전에 집어넣는다 해도 나는 놀라지 않겠다. (그렇다, 나는 그만 브리태니커 시디롬까지 구입하고 말았다. 가끔 검색 기능을 활용한다.)

심지어 브리태니커는 전혀 예상치 못했던 장소에 자신을 슬쩍 끼워 넣기도 한다. 가령 수류탄 개발자에 대한 항목을 보면 그 남자가 브리태니커에서 무기에 대한 내용을 읽은 뒤 수류탄에 집착하기 시작했다는 이야기가 있다. 브리태니커가 10대 소년이라면 자위를 너무 많이 한 나머지 손바닥에서 털이 날지도 모른다.

그리고 지금 나는 최고로 자기 도취적인 브리태니커의 수음 장면을 목격하고 있다. 백과사전에 관한 백과사전 항목을 읽고 있기 때문이다. 32권의 육중한 책들을 일 년 내내 읽을 작정을 했다면 대체 이 녀석들이 어떻게 생겨난 것인지도 알아야 하지 않겠는가.

당연지사 '백과사전(엔사이클로피디어)'이라는 말도 그리스어에서 왔다. 학습의 전체 체계를 일컫는 말이었다. 학습의 전체 체계를 처음 글로 쓴 사람은 플라톤의 조카로 추정되며, 그 직후 대★ 플리니우스가 또 다른 백과사전을 작성했다. (대 플리니우스는 기원후 79년에 베수비오 화산 폭발을 조사하다 죽었다. 오, 지식의 순교자여, 경의를 표하노라!)

　인류가 2,000년 동안 만들어낸 백과사전은 총 2,000가지쯤 된다. 가장 긴 백과사전의 영예는 1738년에 출간된 중국의 《옥해玉海》에 돌아가는데, 무려 240권이라는 말도 안 되는 분량이었다. 가장 시적인 백과사전은 1245년에 출간된 프랑스 사전으로 본문이 모두 8음절 시구로 적혀 있었다. 가장 창조적인 구성을 취한 백과사전은? 나라면 15세기 스페인의 사전을 꼽겠다. 한 청년이 여러 처녀들에게 수업을 받는 우화 형식으로 쓰여졌는데 처녀들의 이름은 문법, 논리, 수사 등이었다.

　가장 역사적인 백과사전에 대해서는 논란의 여지가 없다. 당연히 1751년 8월에 파리에서 모습을 드러낸 디드로의 《백과전서》이다. 나는 이 책을 둘러싸고 물의가 빚어졌다는 사실은 알고 있었지만 그토록 대단한 소동이었을 줄은 미처 몰랐다. 편집자들은 투옥되었고, 책은 살인자 및 광인들과 함께 바스티유 감옥에 갇혔으며(책 자체가!), 경찰은 파리를 헤집으며 사본을 찾아내 불태웠다. 당대의 지적 스타들이라 할 볼테르며 루소 등이 작성한 《백과전서》는 아예 작정하고 미신을 깨부쉈으며, 성직자를 비난했고, 무신론을 은근히 칭찬하는 글까지 실었으니, 어느 날 루이 15세의 왕궁에서 우연한 대화가 오가지 않았더라면 아마 철저히 금서가 되었을 것이다. 그날, 왕은 식사를 하다 말고 손님들과 화약의 조성에 대해 입씨름을 벌였다. 해결책? 사람을 시켜 불법 《백과전서》 사본을 하나 구해 오게 했다. 볼테르에 따르면 이후로 왕은 마지못해 이 귀찮은 서적을 참아주었다고 한다.

그 후 20년도 지나지 않아 파리에서 북쪽으로 800킬로미터 떨어진 스코틀랜드 에든버러에서 전능한 브리태니커의 초판이 별다른 소동 없이 출간되었다. 1768년 초판을 탄생시킨 사전의 아버지는 세 명이었다. 콜린 맥파쿠하라는 평범한 인쇄업자, 여가 시간에는 뛰어난 술꾼이었던 편집자 윌리엄 스멜리(시인 로버트 번스와 함께 다 마신 파인트 잔을 등 뒤로 던지길 좋아했다), 키가 137센티미터밖에 되지 않고 코가 엄청나게 컸으며 종이 찰흙으로 된 더 큰 코를 달고 다니기 좋아했던 익살꾼 앤드루 벨이었다. 말이 난 김에 말하자면 벨은 부자들에게 어여쁜 개 목걸이를 조각해준 돈으로 그 괴상한 가짜 코 비용을 댈 수 있었다. 세 사람은 배움에 대한 열정, 또한 그리스어처럼 보이는 철자에 대한 열정으로 뭉쳤다(브리태니커 백과사전을 encyclopedia가 아니라 encyclopaedia라고 쓴 걸 보면 틀림없다).

그들의 결과물은 기묘하고도 환상적인 짬뽕이었다. 나는 초판을 한 질 주문해봐서 알고 있다. (브리태니커는 가짜 얼룩까지 완벽하게 재현한 초판 복제품을 판매하고 있다.) 독자가 아무 페이지나 펼쳐도 18세기의 평범한 스코틀랜드 사람들이 무엇을 중요하게 여겼는지 알아차릴 수 있다. 브리태니커의 역사를 엄청 상세하게 다룬 책《위대한 브리태니커 백과사전》의 저자 허먼 코건이 지적한바, 초판은 희곡에 대해서는 7줄, 시에 대해서는 단 500단어로 해치운 반면, 말의 질병들에 대한 치료책 항목은? 39페이지씩이나 현란하게 이어진다. 스코틀랜드에는 아픈 말들이 정말 많았나 보다.

수의학 논문들을 논외로 하면 브리태니커 초판은 나름 근사한 읽을거리이다. 입장이 분명하고, 삐딱하고, 가끔은 괴팍하다. 브리태니커 초판이 독자에게 알리는바 자살은 "영웅주의로 위장한 비겁 행위"이다. 방귀가 많이 나면 아몬드 기름과 담배 연기를 항문에 쏘이란다. 우울, 정신 착란, 미친개에 물린 데에는 찬물 목욕이 특효란다. 음, 고양이에 대해서는 뭐라고 했을까? 세상에, 스코틀랜드인 삼총사는 고양이 애호가는 아니었던 모양이다. 가엾은 고양이에게 고작 수백 단어로 이루어진 악의적인 문장을 할당하였다. 이런 식이다.

모든 가축 가운데 고양이는 가장 미심쩍고 의심스러운 성격을 지닌 동물이다. 고양이를 키우는 사람 중에 애교를 바라는 이는 아무도 없다. 들쥐나 생쥐나 기타 유해한 동물들을 박멸할 요량으로 키울 뿐이다. (…) 고양이는 노상 도둑질과 강탈의 기회를 엿보며, 교활하고 위선적이다. 의도를 숨긴 채 비행을 저지를 기회를 놓치지 않고, 처벌을 피해 도망간다. (…) 한마디로 고양이에게 우애란 없다.

잠깐, 이게 끝이 아니다. 고양이는 지나치게 "요염하고"(그러니까 바람기 있고), 먹이를 "고문하고", "약한 동물들을 냉정하게 잡아 죽이는 데서 즐거움을 느낀다." "사실은 나쁜 짓을 궁리하는 중이면서" 자는 척한다. 참, 어미 고양이는 "자기 새끼를 잡아먹는다."

이런. 나는 떳떳한 고양이 애호가로서 그들에게 반대한다. 고양이는 개처럼 의심 없는 커다란 눈망울로 충성을 보여주진 않지만 그렇다고 죽음의 천사 요제프 멩겔레의 동물 판은 아니다. 더구나 미쳐서 사람 다리를 무는 바람에 찬물 목욕을 하게 만들지도 않는다. (현재의 브리태니커는 고양이 문제를 바로잡은 것 같다. 2002년판에는 "고양이의 독립적인 성격, 우아함, 청결함, 섬세한 애정 표현은 많은 사람들의 마음을 끈다"고 적혀 있다. 훨씬 낫군.)

브리태니커 초판은 고작 3권이었다. 박식한 스코틀랜드 소년 독자들은 알파벳 A와 B에 집착했던가 보지? 두 알파벳이 한 권을 몽땅 차지한다. 나머지 알파벳들은 이후 두 권에 몰아넣어져 있다. 내 생각에 스멜리와 친구들은 작업 도중에 그만 지겨워져서 차라리 술집에서 로버트 번스와 어울리는 편이 재미있겠다고 생각한 것이 분명하다. 알파벳 Z는 끼워준 것만도 감지덕지해야 마땅하다.

초판은 그럭저럭 성공이었다. 《위대한 브리태니커 백과사전》에 따르면 5,000부쯤 팔렸다. 곧 미국에서 해적판이 출간되었고 식민지 주민들은 단돈 6달러에 브리태니커를 볼 수 있었다. 구입자 가운데에는 조지 워싱턴과 토머스 제퍼슨도 있었다. 공식 제2판은 1777년에 나왔다. 스멜리가 2판 편집을 사양했기 때문에 그 자리는 또 다른 스코틀랜드인 술꾼 제임스 타이틀러가 맡았다. 타이틀러는 다른 방면으로도 명성이 있다. 열기구의 초창기 팬이었던 타이틀러는 기구를 탄 채 어느 치과 의사의 딸과 사랑을 나누었으니, 비행기에서 애정 행각을 벌이는 이른바 '마일 하이 클럽'의 최초 회원 자격자라 하겠다.

브리태니커는 이후 승승장구하며 15판에 이르렀다. 1974년에 출간된 15판은 통째로 다시 쓰인 판이라고 한다. 지금 우리 집 겨자색 책장에 놓여 있는 녀석이 15판이다. 15판은 영광의 80년대를 정점으로 판매 하향세에 접어들었다. 혹시 브리태니커 영업사원이 더 이상 대문을 두드리지 않는다는 사실을 눈치 챈 사람이 있는지? 방문판매는

1994년에 금지되었다. (여담이지만 훗날 샤퍼이미지 사의 창업주가 되는 사람, 그리고 코미디언 마이크 마이어스의 아버지가 과거의 스타 영업사원이었다고.) 최근 들어서는 다시 판매가 안정되고 있는데 주로 학교와 도서관에서 정기적으로 추가 구매를 해주는 덕분이다.

짐작하다시피 판매량 급성장은 인터넷판, 시디롬판, DVD판 등의 전자판 분야에서 이뤄져, 이들이 현재 브리태니커 사업의 절반을 차지한다. 물론 시장의 일인자는 마이크로소프트 사의 엔카르타이다. 백과사전계의 나이키는 엔카르타이다. 하지만 브리태니커 사도 무지하게 커서, 전 세계에 500명의 직원을 두고 착실하게 내용을 수정해가고 있다. 지난 몇 년간 크고 작게 수정된 항목만 해도 전체 6만 5,000개 항목의 3분의 1쯤 된다.

브리태니커의 변천사를 보는 일은 재미나다. 특히 첫 두 판본은 예술 작품에 가까운데, 내가 보기에는 그 밖의 어느 과거 판본이든 다 사랑스럽다. 그들은 제 시대의 단면을 포착하고 있고, 유쾌하거나 심란한 각 시대만의 편견을 드러내고 있다. 〈에스콰이어〉에 글을 쓰는 내 친구 톰은 1941년판을 A에서 Q까지 갖고 있다. 어느 날 뉴욕 셸터 아일랜드의 쓰레기 하치장 근처를 어슬렁거리다가 녀석들을 구출해냈는데, R에서 Z까지는 부리토 국물에 푹 절어 포기해야 했단다. 그 판본은 허먼 멜빌을 한마디로 이렇게 소개한다. 미국의 그저 그런 작가로서 과장된 문체가 단점이고, 항해를 주제로 한 점잖은 책 몇 권을 썼음. 대강 그런 식의 적대적이고 짧은 문장이 전부다. 1941년의 브리태니커 편집국에는 멜빌의 재발견 열풍이 불어닥치지 않았던 모양이다.

20년 전의 브리태니커에도 쓸 만한 내용이 많다. 〈에스콰이어〉 사의 자료실에 1980년판 브리태니커가 있기에 들춰 보다가, 나는 브리태니커 역사상 가장 기묘한 문장이 아닐까 싶은 내용을 발견했다. 존 애덤스 항목 중 은퇴 생활 부분이었는데, 애덤스는 만년에 "아침 식사 전에 커다란 잔으로 발효 사과술을" 즐겼으며 "자신의 분뇨 더미를 보며 기뻐했다." 미 합중국의 2대 대통령이 아침부터 벌컥벌컥 술을 마셨다는 사실은 조금 실망스러운 수준이지만, 분뇨가 산더미처럼 쌓인 것을 보며 즐거워했다고? 이건 대체 어떻게 해석해야 하나? 미국의 영웅을 위한 기념비 아이디어로는 괜찮은 것 같다. 애덤스의 6미터 높이 분뇨 더미를 대리석으로 본뜨는 것이다. 러슈모어 산에 이걸 만들자!

고전 브리태니커를 논하면서 개중에 가장 고전적인 판본, 즉 1911년의 11판을 빠뜨려서는 안 된다. 책에 집착하는 간서치라면 다들 알 텐데, 이것은 역사상 최고의 백과사전이었다. 11판에 대한 웹사이트도 무려 두 개나 있다. 1911encyclopedia.org와 classiceb.com이다. 배우 애쉬턴 커처에 대한 웹사이트가 더 많다는 점은 인정하지만, 백과사전인데 이 정도면 대단하지 않나?

어째서 11판이 중대한가? 기고자들의 면면이 한몫한다. 수백 명의 유력 전문가들이 글을 썼는데 과학자 T. H. 헉슬리, 철학자 알프레드 노스 화이트헤드, 시인 앨저논 스윈번 등이 있었고 혁명가 표트르 크로프트킨은 런던 감옥에 갇힌 상태에서 무정부주의 항목을 썼다. 하지만 글쓴이의 면면이 화려한 것만으로 11판에 대한 예찬을 다 설명할 수는 없다. 11판의 내용 가운데 상당량이 이전 판본들에서 그대로 가져온 것이었거니와, 진짜 대단한 이름들은 13판에서 등장하기 때문이다. (13판에서는 후디니가 마술 항목을, 프로이트가 정신분석 항목을, 아인슈타인이 물리학 항목을 썼다.)

11판의 매력은 문체에도 있다고 할 것이다. 그 멋진 문장은 때로 소설에 버금간다. 매콜리 경이 새뮤얼 존슨에 대해 쓴 글을 보면 존슨의 우울증을 이렇게 표현했다. "천국의 빛이 그에게도 비치기는 하였으나, 직접 내리쬘 수도, 순수한 광휘를 고스란히 간직한 채 전달될 수도 없었다. 빛이 그에게 다다르려면 혼란스런 방해물을 거쳐야 했다. 그의 영혼에 자리한 무거운 음울함 때문에 빛은 굴절되고, 어두워지고, 색 바랜 채 다다랐으므로, 그의 앞길을 인도하기에는 충분했을지라도 그의 기운을 돋우기에는 너무나 희미했다." 글깨나 쓰는 양반일세.

그런데 문체만으로도 11판의 독특한 매력을 다 설명할 수가 없으니, 진상을 이해하는 가장 좋은 방법은 1981년 〈뉴요커〉에 실렸던 한스 코닝의 글, 〈더 멀리, 더 높은 곳을 향한 예술적 전진: 브리태니커 11판〉을 참고하는 것이다. 요즘 잡지라면 코닝의 글을 세 문장짜리 사진 설명으로 압축할 게 뻔하지만 당시는 잡지 기사가 브리태니커만큼이나 길던 시절이었다. 코닝은 백과사전 일반에 대한 소개로 명문을 연 뒤(내가 앞서 말했던 내용들이다) 자신의 주장을 전개한다. 코닝에 따르면 11판은 계몽주의의 정점이었고, 이성의 시대가 낳은 최후의 위대한 작품이었고, 인류의 모든 지식이 하나의 관점에 입각하여 정돈된 최후의 사례였다. 11판을 낳았던 인류의 확신과 낙관주의는 그로부터 4년 뒤 제1차 세계대전 중 "이프르와 아르곤에서 벌어진

학살 가운데 병사들과 함께 죽어갔다." 멋진 표현이다.

11판은 머지않아 세계 구석구석이 문명화되리라는 희망 속에 쓰여진 책이었고, "나라 간의 투기妬忌가 갈수록 적어지리라"고 내다본 책이었다. 코닝은 말한다. 11판은 이성이 지배하는 책이며, 비합리적인 힘 또는 운이 아니라 위대하고도 논리적인 인간들의 노력이 위대한 업적을 이룬다고 말하는 책이다. 나도 11판을 조금 읽어 본바 코닝의 말에 동의한다. 진정한 매력은 그것이었다. 매사에 의미가 있었고, 인간이 모든 지식을 알아낼 수 있었고, 단 하나의 관점만이 옳은 관점이었던 시절에 대한 향수이다.

물론 이 관점에도 추한 면은 있었다. 코닝도 지적하는바 끔찍할 정도로 인종 차별적이었다. "흑인은 진화의 단계에서 백인보다 낮은 곳에 위치하며 백인보다는 고등 유인원과 더 가까운 것으로 보인다"고 했고, 아이티인들은 "무지하고 게으르며" 필리핀 원주민들은 "육체적으로 열등하고 (…) 꼴사나운 커다란 발을 지니고 있다"고 했다.

후대의 브리태니커는 인종 차별을 뿌리 뽑았다. 그런데 내가 그간 8,000천 페이지를 읽어 본 결과, 나는 코닝이 지적했던 전반적 분위기는 아직 살아남아 있다고 생각한다. 강도는 약해졌지만 사라지지는 않았다. 브리태니커 백과사전의 세계는 여전히 매사를 합리적으로, 이성적으로 다루는 세계이고, 문명의 전반적 진보를 믿는 세계이다. 어쩌면 망상적 세계관에 불과한지도 모르겠다. 하지만 나는 이게 좋다. 다른 대안들보다는 이편이, 나는 좋다.

Engels, Friedrich
엥겔스, 프리드리히

나의 2002년판으로 돌아와 프리드리히 엥겔스를 읽자. 나는 늘 마르크스-엥겔스 듀엣에서 존재감이 덜한 쪽이 엥겔스라고 이해해왔다. 19세기 혁명계의 사이먼 앤 가펑클에서 가펑클 쪽이랄까. 하지만 이제 보니 엥겔스가 그 유명한 혁명 동지보다 흥미로운 면이 있다.

내가 엥겔스에 대해 제일 맘에 드는 점은 이중 인생을 꾸려간 능력이다. 유복한 집안에서 태어난 엥겔스는 30년 동안 가업에 종사하며 편안한 나날을 보냈다. 엥겔스의 아버지는 맨체스터에 면화 공장을, 프러시아에 직물 공장을 갖고 있었다. 엥겔스는 낮에는 능력 있는 독일 사업가답게 숫자를 헤아리고, 계약을 체결했다. 하지만 밤이 되면 침이 튀길세라 자본주의의 해악을 고발하는 글을 써내려갔다.

겉으로 보기에 엥겔스는 사회에 잘 적응한 사교적 인간이었다. "그는 합창단에 가입했고, 그 유명한 브레멘의 시청 식당 라츠켈러에 자주 드나들었으며, 수영 실력이 뛰어났고, 펜싱과 승마를 연마했다(여우 사냥을 할 때면 대부분의 영국인들을 앞질렀다)." 이것은 내가 브리태니커에서 마주친 가장 놀라운 장면들 가운데 하나로, 존 애덤스의 분뇨 더미에나 밀릴 것 같다. 현대 공산주의의 창시자가 붉은 재킷과 승마바지를 빼입고, 거세한 말에 올라, 사냥개에게 "쉭쉭!" 하고 외친다? 그것도 독일 억양으로? 그런 다음 엥겔스는 집으로 돌아가 목욕을 하고, 자리에 앉아, 여우 사냥이나 하는 사악한 자본주의 앞잡이들을 목매달아버리라고 직물 노동자들을 선동하는 강령을 휘갈겼단 말이지. 엥겔스는 맨체스터 면화 공장의 공동 책임자로 승진하였고, 그곳에서 성공적으로 이윤을 쌓으며 "자신의 공산주의 원칙과 자본주의에 대한 비판이 회사의 이윤 추구에 걸림돌이 되는 일이 없도록 철저히 관리했다." 엥겔스는 심지어 선동에 나서거나 여우 사냥을 하는 도중에 짬을 내어 24가지 언어를 배웠다.

궁극의 부유한 자유주의자. 그것이 엥겔스의 실체였다. 나의 대학 시절 한 친구가 떠오른다. 그는 만날 《공산당 선언》을 인용하며 공산주의자를 자처했는데, 그의 아버지는 워싱턴의 일류 로비스트였다. 그를 척 보기만 해도 라틴아메리카계 고용인들이 득실거리고 건물 간 통화를 위해 인터폰이 구비된 웅장한 집에서 자란 녀석임을 알 수 있었다. 녀석의 기숙사 방에 처음 갔을 때가 기억난다. 내가 벽에 걸린 거대한 레닌 포스터를 칭찬하자 녀석은 고맙다고 하더니 액자 선택이 탁월했던 것 같다며 자랑스러워했다. 내 기억이 옳다면 마호가니 액자였다. 본격적으로 돈을 처바른 액자에 담긴 레닌 포스터라. 그 돈이면 민스크의 순무 농장에 트랙터 3대는 사줄 수 있었을 거다.

한편 엥겔스의 경우에는 초현실적으로 모순된 삶을 사는 능력이 괜찮은 결과를 낳았다. 엥겔스가 낮에 회사에 매여 살지 않았더라면, 빈털터리 마르크스에게 돈을 보낼 수 없었을 것이다. 엥겔스의 원조가 없었더라면 마르크스는 혁명 이론을 구축할 여유가 없었을 테고, 러시아는 공산화되지 않았을 것이며, 배우 겸 감독 워런 비티는 영화 〈레즈〉의 극본을 쓰지 못했을 것이다. 위선이 효과적일 때도 있음을 브리태니커가 알려준다. 물론 엥겔스가 후원한 사회 체제가 전적으로 실패작이 아니었더라면 더 좋았겠지만, 원래 세상일이란 게 다 가질 수는 없는 법.

이니그마

"제2차 세계대전 중 독일군이 전략 정보를 암호화하는 데 쓴 기기. 이니그마 암호를 처음 해독한 건 1930년대의 폴란드인들이었다." 봤지? 폴란드인들이 다 바보는 아니다. 브리태니커 덕분에 고정관념이 또 하나 깨졌다. (고정관념이라고 할 때의 스테레오타입stereotype은 인쇄판을 말하는 것이란다. 몰랐다.)

지우개

내가 대학에 진학해서까지 엑스터시에 심취하지 않았던 건 천만다행이다. 나는 뇌세포를 사수할 필요가 있기 때문이다. 집들이 후 며칠 지나서 줄리와 대화하다가 이 사실을 깨달았다. 줄리는 자기가 준 하누카 선물이 마음에 드냐고 물었다.

"어떤 거?"

"자기 작업실에 있는 거."

나는 머릿속이 하얘졌다. 일하는 데 놓아둔 하누카 선물이라고? 대체 그게 뭐야? 요즘 내 머리는 알루미늄 원광 형성 과정과 카메룬의 도시들과 19세기 작곡가들로 꽉 차서 일상의 다른 기억들은 마구 밀려나고 있다. 나는 외쳤다.

"좋다마다!"

그러나 이미 2초간의 침묵이 흐른 뒤인 것을 어쩌랴.

"뭔지 기억 안 나지?"

"기억 나."

"뭔데?"

"음, 프리스비 원반?" 억측해보았다.

줄리는 웃음을 터뜨렸다. 웃다니 다행이구나 싶었다.

"당신 머릿속에 든 게 너무 많구나."

알고 보니 선물은 풀 냄새가 나는 향초였다. 나도 그 향초 꽤 좋아한다. 음, 기억에 남은 정도만큼.

나는 하누카 선물뿐 아니라 그 밖의 소중한 사실들도 마구 잊어버리고 있다. 새로 기억되는 사실들이 오래된 사실들을 밀어낸다. 일례로 이런 사기 꺾이는 일이 있었다. 나는 E 앞부분에서 인간의 기억 감퇴를 연구한 과학자 이야기를 읽었다. 그 과학자는 시간에 따라 정보가 잊혀지는 현상을 묘사하는 곡선을 하나 만들었다. 나는 그 항목을 읽을 때 속으로 다짐했다. 이 남자 이름은 까먹지 말아야지.

어제, 그러니까 그 다짐을 한 지 2주가 지났을 때, 나는 과학자의 이름을 떠올려 보았다. 그런데 E로 시작하는 이름이라는 것 외에는 생각이 안 났다. 얄궂어라, 망각을 연구한 사람을 망각하다니. 나는 메모했던 것을 들춰서 찾아냈다. 에빙하우스였다. 헤르만 에빙하우스와 그 유명한 '망각 곡선.'

앞서 내가 예상했던 것보다 훨씬 많은 양을 기억하고 있다는 말을 했는데, 그 말은 사실이다. 하지만 예상보다 훨씬 많은 양을 까먹고 있는 것도 사실이다. 역설적인 것 같지만 이해해야 한다. 내가 섭취하는 막대한 분량의 정보를 죄다 잡고 있을 수는 없을 테니, 기대보다 훨씬 많이 기억하는 동시에 훨씬 많이 잊는 게 당연한 일이다. 아무튼 어마어마한 양의 정보를 접하고 있으니까 말이다.

하지만 어이구, 내가 대체 얼마나 많이 잊고 있는가. 대부분의 사람들이 평생에 걸쳐 외우는 양보다 훨씬 많은 양을 잊어가고 있다. 작은 운동장을 가득 채울 만큼의 역사 인물들을, 동물원 2개를 채울 만큼의 동물들을 잊었고, 대륙 하나를 채울 만큼의 도시들을, 칠판 1,000개를 채울 만큼의 방정식들을 잊었다.

물론 망각은 모 아니면 도 같은 현상은 아니다. 기억은 지우개로 연필 자국을 지우듯 갑자기 사라지는 법이 없다. (여담이지만 지우개는 고무, 속돌, 식물성 기름, 황으로 만든다.) 기억은 번쩍 하는 순간 증발하는 법이 없다. 기억은 햇볕에 소파의 색이 바래듯 서서히 날아간다. 나는 절반의 사실들을 수억 외우고 있어서, 이 부분에서는 세부 사항이 실종되고, 저 부분에서는 이름이 실종되고 하는 형편이다.

나는 《피터 팬》의 작가가 결혼하고도 부부 관계를 갖지 않았다는 사실은 기억하지만, 섹스를 몰랐던 그 남자의 이름이 뭔지는 모르겠다. 1800년대의 어느 잡지 출판사가 뉴욕에 비밀 지하철을 건설했다는 이야기는 기억하지만, 어느 잡지였더라? 이집트 파라오 역의 배우가 운동화를 신고 출연하는 영화가 있다는 건 기억하지만, 어떤 영화였더라? 나는 정말 모르겠다. (답은 〈십계〉였다. 방금 시대착오 항목에서 확인했다.)

ethical relativism
윤리 상대주의

이건 내가 아는 얘기다. 나는 옛날 옛적 고등학생 때 이미 윤리 상대주의를 깨달았다. 롤랑 바르트던가, 아무튼 어느 논리 실증주의자의 책을 젠체하며 읽다가 놀라운 진실을 발굴했던 것이다. 세상에 절대적인 도덕률은 존재하지 않는다는 진실을! 그때 이후로 나는 10대와 심오한 철학 이론을 붙여놓는 것은 니트로글리세린과 규조토를 붙여놓는 것만큼(알프레드 노벨의 첫 다이너마이트 제조법이었다) 위험한 조합이라고 확신한다. 게다가 이 철학적 학설은 내 면전에서 쾅 하고 폭발하는 바람에, 어린 척척박사로서의 내 경력에 씻을 수 없는 오점을 남기고 말았다.

때는 고등학교 최고 학년. 나는 유치원부터 고등학교까지 돌턴이라는 뉴욕의 사립학교에 다녔는데, 우디 앨런의 영화 〈맨해튼〉에 그다지 바람직하지 않은 모양새로 찬조 출연하는 학교이다. 매리얼 헤밍웨이가 분한 열일곱 살의 등장인물이 돌턴에서 수학을 공부한 뒤, 집으로 돌아가 우디 앨런이 분한 등장인물과 섹스를 한다. 당시 우디 앨런은 한 여든세 살쯤 되었을 것이다. 나와 함께 돌턴을 다녔던 소녀들이 죄다 방과 후에 여든세 살 노인과 섹스를 한 것 같진 않지만, 정말 그랬다면, 왜 아무도 나랑 섹스를 하지 않았는지는 설명이 된다. 좌우간 돌턴은 몹시 거만한 학교로서 변호사와 은행가와 명사의 자제들을 받아들였다. (배우 로버트 레드퍼드의 딸! 소아마비 백신을 발명한 조너스 솔크의 조카딸!) 그리고 황당할 정도로 막대한 기부금 예산 덕분에 수업은 꽤 빡빡했다.

나는 그런 학교의 고등학생이었다. 당시 닉 파네티라는 친구와 함께 물리 수업을 들었는데, 어느 모로 보나 제2의 하이젠베르크는 못 되었던 닉보다 그래도 내가 백지 한 장만큼은 나았기에, 시험 칠 때 내 답안지를 닉에게 보여주기로 했다. 애초부터 그리 똑똑한 계획도 아니었지만 나는 멍청한 실수를 저질러 사태를 훨씬, 훨씬 심각하게 만들었다. 전통의 냄새가 물씬 풍기는(조금 진부하기는 하지만) "$f=ma$"

라는 공식을 놔두고 "f=m+a"라고 적었던 것이다. 물론 닉도 그대로 베꼈다. 그러니 우리가 선생님에게 완전히 딱 걸려버린 건 당연한 일.

교장은 다음 날 부모님을 모셔오라고 했다. 땅딸막하고 턱수염을 기른 교장은 느긋하고 너그러운 어른 행세를 하지만 실은 융통성이라곤 손톱만큼도 없는 사람이었다. 그날, 집으로 돌아간 나는 몇 시간을 들여 변론을 작성했다. 기가 막히게 논리적이고 여백 하나 없이 빽빽한 3페이지짜리 변론문이었다. 그 주장을 한마디로 요약하면 모든 도덕은 상대적이라는 것이었다. 내게는 나만의 도덕 체계가 있다. 내 도덕 체계에서는 닉에게 답안지를 보여주는 게 잘못이 아니다. 그러므로 내 행동은 잘못되지 않았다. 그러므로 학교는 나를 처벌할 수 없다. 증명 완료.

교장과의 만남에 대비하는 차원에서 나는 부모님 앞에서 변론을 연습했다. 뭐랄까, 큰 기대는 안 하지만 부모님이 사소한 조언이라도 해주실지 모르니까 말이다. "그러므로," 나는 배 속에서 목소리를 끌어내려 애쓰며 누런 패선지에 적힌 변론을 읽었다. "돌턴 고등학교는 저를 처벌할 철학적 근거가 없습니다. 저를 풀어주셔야 합니다."

나는 고개를 들었다. 아버지의 얼굴이 몹시 엄숙했다. 어머니의 얼굴도 그랬다. 언제나 나를 지지하고, 내 명석함을 부풀려 말하고, 내가 친구들보다 일찍 장난감 트럭 놀이를 터득한 이래 내 특별함을 의심치 않으셨던 어머니조차 흡족하지 않은 표정이었다. 천남성목(역겨운 냄새를 내뿜어 파리를 꾀는 꽃식물이다) 식물 밭을 헤매다 나온 듯 구겨진 얼굴이었다.

"아주 나쁜 생각인 것 같구나. 그냥 들어가서 죄송하다고 말하려무나." 아버지가 말했다.

"싫어요. 이렇게 말할 거예요. 통할 테니까 믿어 보세요."

다음 날 나는 연설문을 지참하고 교장을 만나러 갔다. 그러나 교장의 웃음기 없는 얼굴을 대면하고, 학교의 명예 운운하는 설교를 듣자, 부모님이 옳을지 모르겠다는 생각이 들기 시작했다. 윤리 패러다임에 관한 짜임새 있는 나의 5분 연설은 교장의 도덕 철학을 급진적으로 바꾸기에 역부족일 것이다. 굳이 시도하려 들었다간 우디 앨런 영화 따위에는 등장하지 않는 다른 고등학교들을 찾아다니며 교육의 기회를 구걸해야 할 것이다. 그래서 나는 죄송하다고 했다. 닉에게 시험지를 보여줘서 너무나 죄송하다고, 진심으로, 엄청 죄송하다고 했다. "닉에게 시험지를 보여준 것은 잘못입니다. 다시는 그러지 않겠습니다." 나는 내 사악한 영혼을 개탄하면서 고개를 저었다.

그 일을 떠올릴 때마다 나는 어린 내가 얼마나 망상에 사로잡혀 있었던가 놀라곤 한다. 지금은 나도 안다. 아름답게 세공한 철학적 논변으로는 직장에서의 실수를 모면하거나, 연봉 인상을 받거나, 셰프 노부가 운영하는 인기 좋은 레스토랑의 좌석을 얻을 수 없다는 것을. 만일 내가 수염 기른 교장의 처지라면? 나한테도 통하지 않을 것이다. 나는 이론적으로는 여전히 윤리 상대주의에 매달려 있지만 사회생활에서 윤리 상대주의가 내게 미친 영향은 거의 없다고 할 수 있다.

신기한 일은, 브리태니커를 읽음으로써 내가 윤리 상대주의와 더욱 멀어졌다는 것이다. 나는 타 문화를, 특히 무문자 사회의 문화를 우리가 함부로 재단해선 안 된다는 생각을 고등학교나 대학 시절부터 어렴풋하게 품고 있었다. 저들에겐 저들만의 관습이 있는데, 우리가 뭐라고 중뿔나게 서양인의 편견으로 저들을 비난하겠는가? 허나 브리태니커를 1,000페이지쯤 읽고 나서 나는 무문자 사회에 대한 모호한 이상화에서 벗어났다. 잘못이라고밖에 보이지 않는 전통을 지닌 문화가 수없이 많았다. 심지어 죄악으로 보이는 것도 있었다.

이를테면 아메리카 원주민 쿠친족의 관습에 대해 읽으면서 판단을 삼갈 수 있겠는가. 초경을 시작한 쿠친족 소녀는 부족에서 멀리 떨어진 특별한 은신처로 가 1년을 보내야 한다. 고개를 들지 못하도록 설계된 뾰족한 두건을 써야 하고, 다른 소리를 듣지 못하도록 시끄러운 딸랑이를 지녀야 하고, 머리를 긁고 싶을 때는 특수한 지팡이를 써야 하고, 물을 마시고 싶을 때는 입술에 닿지 않도록 설계된 특수한 컵을 써야 했다. 이건 생각하고 말고 할 것이 없다. 내가 보기에는 그저 미친 정도가 아니라 확실히 잘못된 것이다.

나는 심지어 이런 본심을 털어놓았다가는 다시는 교양인들의 무리에 낄 수 없을 듯한 한 가지 결론에 도달했다. 식민주의가 100퍼센트 악한 것만은 아니었다는 결론이다. 한 96퍼센트쯤 악한 것 같다. 간혹 식민 문화가 원주민 문화를 도덕적으로 개선한 예도 있기 때문이다. 나는 인도의 과부 화형 제도 폐지에 대해 읽으며 이런 결론을 내렸다. 인도에서는 과부를 남편의 시신과 함께 태우는 것이 관습이었으나, 영국 식민 통치자들이 금지령을 내렸다. 물론 식민주의자들은 온 식민지 국민을 억압하는 범죄를 저질렀다. 하지만 TV를 훔쳐가면서 냉동실의 얼음갑에 물을 채워준 도둑처럼, 극소량의 선행을 수행하기도 했다.

Etruscan alphabet
에트루리아 알파벳

에트루리아 사람들은 가끔 좌우 교대 서법으로 글을 썼다. 무슨 말인고 하니 줄마다 방향을 바꿔 오른쪽에서 왼쪽으로, 다음에는 왼쪽에서 오른쪽으로 쓰는 것이다. 천재적이다! 한 줄 읽은 뒤마다 종이 왼쪽으로 눈알을 굴리느라 시간 낭비할 필요가 없다. 브리태니커가 좌우 교대 서법으로 쓰여졌다면 지금쯤은 내가 F를 읽고 있을 텐데.

Eunuchs
거세된 남자

줄리는 브리태니커를 못마땅히 여기게 되었다. 줄리가 잠시 짬을 내어 사전에서 좋아하는 영화배우 톰 크루즈를 찾아본 게 화근이었다. 줄리는 C권을 펼쳤다. 그러나 아무것도 없었다.

"이럴 수가 있는 거야?" 줄리는 삽화가 조지 크룩섕크와 크루즈 미사일이 들어 있는 페이지를 가리키며 말했다. "톰 크루즈가 없어? 톰 크루즈가 우리 문화에 미치는 영향은 막대하다고. 막대하단 말이야."

"브리태니커는 대중문화에 대해서는 자세히 조명하지 않아." 내가 말했다.

"이상해, 정말."

그녀가 좋아하는 음악가 조지 해리슨은? 줄리는 H를 펼쳐 보았지만 비틀즈 멤버 각각은 별도의 항목감이 아니라는 사실만 확인했을 뿐이다. 19세기의 교회 오르간 설계자 조지 해리슨은 들어 있으면서! 뭐, 그 해리슨도 어쨌든 음악가이긴 하다.

"자기가 보는 책 정말 이상하구나." 줄리의 결론이었다.

브리태니커의 항목 선택은 때때로 별나게 여겨질 만도 하다. 하지만 좋은 소식은, 나처럼 몇 천 페이지쯤 읽다 보면, 어떻게 해야 명사들과 어깨를 나란히 할 수 있는지 감이 온다는 것이다. 비법을 알아낸 내 자신이 자랑스럽다. 독자 여러분에게도 선물로 알려드릴까 하니, 브리태니커 백과사전에 당신의 이름을 올려놓는 열 가지 방법은 다음과 같다.

1. 참수당한다.

한자리 보장 받는 최선의 방책일 것이다. 브리태니커는 목이 뎅경 날아간 사람을 세상에서 제일 사랑한다. 귀족이면 더욱 좋다. 나는 브리태니커를 읽을 때 '프랑스 혁명가'라는 말로 시작되는 항목을 만나면 그 사람이 몇 살에 단두대에 올랐는지 알아맞히면서 논다.

2. 북극을 탐험한다.

불운으로 끝나는 원정에 참여하면 더욱 좋지만, 그냥 평범한 북극 탐험이라도 나쁘지 않다. 캐나다 밴프보다 조금이라도 더 북쪽으로 발을 디디면 즉각 브리태니커 편집위원회의 신중한 눈길을 받게 될 것이다.

3. 시를 좀 쓴다.

초현실주의 시인과 러시아 형식주의 시인 특히 환영. 하지만 4행시든 뭐든 열 단어 이상으로 이루어진 운문을 쓰기만 하면 동아리에서 받아주는 것 같다. 시인에 관해서라면 브리태니커는 폴 보울스의 초기 시편들처럼 바보스러울 때가 많다. 알파벳 B 앞부분에서 아무 페이지나 펼쳤더니 두 페이지 안에 최소 세 명의 시인이 들어 있다. 카를 벨만, 안드레스 베요, 일레르 벨록. 각각 스웨덴 시인, 칠레 시인, 옛날 영국 시인이다. 이 정도 편중은 브리태니커에는 흔해 빠졌다.

4. 식물학자가 된다.

스칸디나비아 사람이면 특히 유망하다. 이탄이나 토탄 매장지에 대한 연구도 과소평가해선 안 될 것이다.

5. 코메디아 델라르테와 관련된 인물이 된다.

브리태니커가 18세기 이탈리아 희극 형식에 보이는 집착은 비정상의 경계를 넘나든다. 브리태니커는 코메디아 델라르테 배우들에게 열광 또 열광한다. 허풍쟁이에 겁쟁이인 군인 카피타노 역을 연기하든, 재기발랄한 하녀 콜롬비나를 연기하든, 약삭빠른 곡예사 찬니를 연기하든 아무 상관없다. 그저 연기만 했다면.

6. 노벨상을 탄다.

경제학상, 물리학상, 평화상. 분야는 중요치 않다. 상만 타면 된다.

7. 거세를 한다(남성 전용).

정말 몸 바칠 의향이 있다면 이력서에 '거세되었음'이라고 적는 것도 좋은 방법이다. 남성 호르몬의 주 공급원을 잃는다 해서 힘까지 잃어버리는 건 아니니까 절망하지 말자. 오히려 반대다. 아마도 보상 작용이겠지만 거세된 남성들 가운데 상당수가 과거 역사에서 패권을 움켜쥐었다. 기원전 4세기의 페르시아 재상 바고아스를 보라. 군대를 이끌어 이집트를 정벌하고, 신전을 약탈하고, 떼돈을 벌고, 왕을 죽이고, 왕자들을 죽이고, 제 손으로 임명한 새 통치자를 독살하려 하다가, 그 독을 제가 마시게 되었다. 음, 잘나가는 동안에는 괜찮았다.

8. 글꼴을 설계한다.

새 글꼴을 만드는 일은 내가 생각하는 것보다 훨씬 중요한 기예인가 보다. 브리태니커는 특히 논쟁의 소지가 있는 글꼴을 좋아한다. 처음에는 차갑게 무시당했다가 나중에 재발견되어 진가를 인정 받는 글꼴 말이다. 영웅 존 배스커빌이 고안한 배스커빌 서체가 좋은 예이다.

9. 군주의 애인이 된다(여성 전용).

유쾌하면서도 고통 없이 이름을 올릴 방법이다. 내가 여자라면 당장 작업에 착수하겠다. 여러분, 지금 이 순간도 세상의 군주 수가 줄어들고 있다.

10. 성찬 제복이 된다.

말처럼 쉽지 않은 일인 것은 알지만, 종교인이 입었던 옷가지란 옷가지는 모조리 사진까지 박혀 등장하는 걸 볼 때마다 나도 성찬복이 되고 싶다. 다른 방법들이 다 실패할지도 모르니까.

Ezekiel
에스겔

성경의 예언자 에스겔은 하느님의 말씀에 복종한다는 증표를 보이고자 말씀이 적힌 두루마리를 먹어 치웠다. 와! 헌신적인 독자라면 이쯤은 되어야지. 나도 말씀에 복종한다는 것을 보이고자 브리태니커 전집을 먹어야 할까 보다. 하지만 가죽 장정이 속에 좋을 것 같지 않아 문제다.

나는 에스겔이 두루마리를 간식처럼 먹어 치우는 광경을 상상하는 게 좋다. 먹는 것과 읽는 것을 말 그대로 이어주는 은유이기 때문이다. 그는 게걸스런 독자였다, 그는 책을 주워 삼켰다, 그는 지식에 목말랐다, 등등. 내게는 참말같이 들린다. 매일 아침 네 시간씩 정량의 독서를 섭취하고 나면 나는 기름진 음식을 마음에 쑤셔 넣은 기분이다. 매일 추수감사절 만찬을 머리로 먹는 기분이다. 뇌에 앞섶이란 게 있다면 살짝 열어 대뇌 피질을 조금 배설하고 싶은 기분이다.

에스겔식 은유를 계속하면, 내가 세상 사람들에게 브리태니커 작전을 선포했을 때 혹 입으로 물지도 못할 만큼 너무 크게 베어 문 것은 아닌가 싶다. 고백하자면 작전을 계속해나갈 자신이 없기 때문이다. 내가 휴지처럼 얇은 책장을 넘길 때 나는 바스락 소리를 더 이상 들을 수 있을지. 얼굴에 정성껏 털을 기른 노인의 흑백 사진을 더 이상 볼 수 있을지. 아프리카 무슨 강의 방류량이 몇 세제곱미터 어쩌고 하는 이야기를 더 이상 읽을 수 있을지. 등에 스코틀랜드 엉겅퀴 문양이 박힌 책을 한 권 더 펼칠 수 있을지……. (야릇하고 호전적인 모양의 브리태니커 로고의 실체가 바로 뾰족한 가시를 지닌 스코틀랜드 엉겅퀴이다.) 어째서 나는 브리태니커 작전을 좋은 아이디어라고 생각했던 걸까?

fable
우화

줄리와 나는 오늘 오후를 부모님의 아파트에서 지냈다. 부모님은 당신들의 친구들을 훈제 칠면조 요리로 대접하고 있는 중이었다. 나는 부모님의 친구인 변호사 밥 옆에 앉았다. 밥은 브리태니커에 관한 내 계획을 듣더니 백과 사전을 주제로 한다고 볼 수 있는 우화를 들려주었다.

"자네 중동의 한 임금에 관해 들어 본 적이 있나? 그 임금은 자신의 왕국에 사는 한 현자를 불러들여 이렇게 말했다네. '전 세계의 지식을 한곳에 모아라. 내 아들에게 그것을 읽게 할 것이다.' 현자는 1년이 지나 전 세계의 지식을 담은 25권의 책을 만들어 가지고 왔지. 그런데 임금은 이렇게 말했어. '너무 길다. 줄여라.' 현자는 다시 1년이 지나 책 한 권을 가지고 왔지. 임금은 이번에도 '너무 길다'고 말했어. 1년이 지나 현자는 한 장의 종이를 가지고 왔지. 그 종이에는 짧은 한 줄의 문장이 적혀 있었네. 그게 뭔지 알겠나?"

밥은 나를 물끄러미 바라보았다. 나는 고개를 저었다.

"그 문장은 말일세, '이것 역시 지나가버리고 말 것이다'였다네."

밥은 잠시 말을 멈추었다가 이렇게 말했다. "아주 젊었을 때 처음 들은 이후 지금까지 계속 이 이야기가 내 마음을 떠나지 않더군."

　지혜를 담고 있는 좋은 이야기임에 틀림없다. "이것 역시 지나가버리고 말 것이다." 지금까지 브리태니커는 나에게도 그런 느낌이 들게 만들었다. 흑사병도 지나갔고, 백년 전쟁도 지나갔으며, 샅주머니를 단 남자 바지의 유행도 지나갔다. 밥이 말한 그 한 문장은 삶의 비밀을 담고 있는지 모른다. 사실 나는 브리태니커 여행이 끝난 다음에도 내가 무언가 좀 더 나아진 상태가 될 것인지 확신하지 못한다. 모든 지식을 정제시켜 내 마음에 길이 남을 한 문장이 과연 있을 것인가? 르네 데카르트가 사시 여성에게 각별한 성적 매력을 느꼈던가? 그 프랑스인이 술 취해 웃기도 하고 울기도 했던가? 아직까지는 노력이 더 필요하다.

Fahrenheit, Daniel
파렌하이트, 다니엘

　18세기 독일 물리학자 다니엘 파렌하이트에 대한 나의 증오에는 유별난 구석이 없지 않다. 집으로 돌아오자마자 나는 줄리에게 이 멍청하기 짝이 없는 파렌하이트에 관해 큰 소리로 떠들어대기 시작했다. 줄리가 고개를 갸우뚱거리며 말했다. "여기에선 뭔가 좀 다른 일을 할 수 없겠어?" 사실 그녀가 옳다. 아이가 없는 결혼 생활 때문에 요즘 내 기분이 계속 울적하다. 파렌하이트 씨가 그런 기분의 희생양이 된 셈이지만, 그는 정말 여전히 나를 화나게 한다.

　1686년에 태어난 그는 생애의 대부분을 네덜란드에서 지냈다. 1714년 그곳에서 그는 수은 온도계를 발명했다. 물론 나는 그를 시기하는 게 아니다. 단지 나는 그의 온도계 눈금 척도가 불합리하기 짝이 없다는 걸 새삼 알게 된 것이다. 그가 정한 온도계 눈금 척도에서 0은 소금과 얼음을 반씩 섞은 것의 온도다. 30은 물이 어는점이고, 90은 인간의 정상적인 체온이다.

도대체 어디에서 시작해야 할지 모를 정도로 어처구니없는 척도가 아닌가 말이다. 파렌하이트는 온도 측정을 엉망으로 만들어버렸다. 학생 시절 암기할 것을 강요받은, 물이 어는점은 화씨 32도이며, 정상적인 체온은 화씨 98.6도였다. 파렌하이트는 정말 바보가 아닌가! 왜 그는 물이 어는점으로 화씨 30도를 택했단 말인가? 오! 그래, 그는 0을 소금과 얼음을 반씩 섞은 것의 온도에 내주었지. 이건 제멋대로가 아닌가! 얼음과 토마토 주스를 반씩 섞은 것의 온도로 하면 어떨까? 아니면 얼음 3분의 1에 중탄산나트륨 3분의 2 비율로 섞은 것에 파프리카를 약간 넣는 것도 좋지 않은가?

나쁜 아이디어들이 지니게 되는 이 오랜 관성이라니! 한번 사람들의 생각에 자리 잡게 되면 좀처럼 떠날 줄을 모른다. 이제 300년이 지나도록 우리는 파렌하이트의 빌어먹을 망령에 붙들려 있는 꼴이다. 생각만 해도 피가 끓어오를 지경이다. 섭씨 100.1도 정도에서 일어나는 그 현상 말이다.

The Family
패밀리

60년대에 있었던 히피 성향의 기독교 종교 집단으로, 이 집단 소속 여성들은 '낚시질'을 해야 했다. 이들이 말하는 '낚시질'이란 남성과 성관계를 가짐으로써 복음을 전하는 것을 뜻한다. 불행하게도 이들은 그렇게 복음을 전파하면서 헤르페스 성병도 함께 전파했고, 결국

'낚시질'은 계속되지 못했다.

Farinelli
파리넬리

내가 거세된 남자에 관해 얘기했던 걸 기억하시는지? 여기 또 하나가 있다. 카를로 브로시로 태어난 파리넬리는 18세기에 가장 유명한 거세 남성 오페라 가수, 즉 카스트라토였다. 1737년에 스페인으로 간 그는 노래로 국왕 펠리페 5세의 우울증을 완화시켜주었다. 그는 왕을 위해 10년 동안 매일 밤 네 곡의 같은 노래를 불렀다. 그가 적어도 노래의 순서만은 매일 밤 다르게 해서 불렀기를!

Farnsworth, Philo
판스워스, 필로

TV의 발전에 기여한 유타 주 출신 엔지니어로, 다년간의 노력 끝에 1927년 미국 TV 역사상 최초로 화상을 내보내는 데 성공했다. 당시 그가 내보낸 화상은 달러 기호였다. 자신의 발명품에 이보다 더 어울리는 이미지는 찾을 수 없었을 것이다. 내심 그는 배우 리사 쿠드로가 TV 시리즈물 〈프렌즈〉에 출연하면서 회당 100만 달러의 출연료 수입을 올리게 될 줄 알았던 게 아닐까.

Fellini, Federico
펠리니, 페데리코

영화 〈8과 2분의 1〉의 제목은 그가 그때까지 감독한 영화의 수효를 뜻한다. 여덟 편과 반 편을 합친 숫자가 아니라 일곱 편의 영화와 세 편의 합작 영화(합작이니 절반으로 친 것)를 합친 숫자다. 지금까지 한 번도 궁금하게 생각한 적이 없었는데, 그렇게 깊은 뜻이!

생산, 번식과 불임

브리태니커에 따르면 줄리와 나는 분명히 불임을 경험 중이다. "불임은 피임을 시행하지 않고 1년 이상 정기적인 성관계를 가졌으면서도 임신하는 데 실패하는 것이다."

우리는 이제 15개월을 넘기고 있다.

브리태니커에 따르면 평균 잡아 여덟 쌍 가운데 한 쌍 꼴로 불임이라고 한다. 생각보다 높은 비율이라 하겠는데, 도무지 불임이 될 만한 이유를 찾기 힘든 상황에서 그나마 위안이 된다고 할까. 하지만 내 친구 녀석들은 아이를 쑥쑥 잘도 낳는다.

불임 상황을 벗어나기 위한 의학적 조언에 관해서는, 브리태니커가 내 서가에 날로 늘어만 가는 임신 방법 안내서들이 담고 있는 조언들보다 신통한 걸 내놓지 못한다. 물론 나와 줄리는 브리태니커의 조언을 무시하지는 않고 있다.

정확히 말하면 나와 줄리는 다산을 기원하는 고대 의식의 전문가가 다 되어가고 있다. 나는 줄리에게 그런 의식들 가운데 몇 가지를 적어놓으라고 했다. 물론 우리는 그런 의식이 뭔가 실질적인 효과를 낳으리라 생각하지는 않지만, 뭐 해가 될 건 없지 않은가! 뭐든 못 해볼 게 없다.

그래서 우리는 '이번 주의 다산신多産神'을 정하기로 했다. 첫 번째 신은 이란의 다산신이자 농경신 아나히티였다. 그리고 두 번째는 가나안 사람들이 숭배하던 바알, 그 다음에는 수메르 사람들이 숭배하던 두무지. 우리는 이런 신들을 정말로 숭배하지는 않지만, 작은 동물이나 식물을 일종의 희생으로 그런 신들에게 바쳐왔다. 불임 상황과 관련하여 뭔가 해야 할 일을 찾은 셈이라고 할까.

줄리가 물을 것이다.

"이번 주는 누구야?"

"이번 주에는 지모신地母神이야."

"오, 그래, 지모신."

"다른 다산의 여신들과 달리 지모신은 남신과 주기적인 성관계를 갖지 않아."

나는 줄리에게 박제한 토끼를 사다주기도 했다. 브리태니커의 부활절 항목에서 나는 토끼가 다산의 상징이라는 걸 알게 되었기 때문이다. 부활절 토끼는 이교도 의식에서 들어온 것으로, 본래의 기독교와는 별 상관이 없다.

어느 날 밤 침대에서 브리태니커를 읽다가 줄리에게 말했다.

"그런데 어떤 문화권에서는 채찍질이 임신을 돕는다고 믿는다는군."

"그냥 넘어가자고!"

"딱 한 대만 안 될까?"

"아니!"

나는 털목도리로 그녀를 가볍게 쳤다. 제발 행운이 있기를!

Fillmore, Millard
필모어, 밀러드

미 합중국의 제13대 대통령이다. 통나무 오두막집에서 태어났다. 궁금한 것은, 그가 통나무 오두막집에서 가난하게 태어났다는 점이 왜 언론의 주목을 끌지 못했는가 하는 것이다. 아무래도 링컨 대통령이 통나무 오두막집으로 받을 수 있는 스포트라이트를 죄다 독차지했나 보다.

Fitzgerald, F. Scott
피츠제럴드, F. 스콧

젤다와 혼인하고 《낙원의 이쪽》을 발표한 뒤 1920년에 그는 이렇게 썼다.

"어느 날 오후 택시를 타고 자줏빛과 장밋빛 하늘 아래 큰 빌딩들 사이를 지나가고 있을 때였다. 순간 나는 크게 소리쳐 울기 시작했다. 내가 원하던 것을 모두 가졌기 때문에, 그리고 다시는 이런 행복을 경험하지 못하게 되리라는 걸 알았기 때문에."

오, 이런! 이런 슬픈 인용문이 있나. 나도 그와 비슷한 경험을 한 적이 있기에 이 글이 마음에 오래 남는다. 내 인생에서 극도의 행복감에 젖었던 몇 안 되는 순간에 나는 묘한 압박감을 느꼈다. 내가 지금 느끼는 행복이 덧없으리라는 짐작 때문이었다. 피츠제럴드의 삶은 말년으로 갈수록 비참했으니, 작품은 상업적으로 성공을 거두지 못했고 알코올 중독에 빠졌으며 빚에 시달렸고 결국 마흔네 살에 심장마비로 세상을 떠났다. 결코 바람직한 역할 모델은 아닌 셈이다.

Fleming, Ian
플레밍, 이언

이언 플레밍이 제임스 본드 소설만 쓴 건 아니다. 이를테면 하늘을 나는 자동차에 관한 소설 《치티치티 뱅뱅》도 썼다. 그 소설에서 플레밍의 인생철학을 요약한 문장과 만날 수 있다. "모험하기를 주저하면서 '노'라고 말하지 마. 늘 '예스'라고 말해. 그렇지 않으면 인생이 무척 지루해질 거야." 음, 적당히 심오하군. "헛되고 헛되며 헛되고 헛되니 모든 것이 헛되도다"로 시작되는 구약의 전도서와는 확실히 다른 인생관이자 훌륭한 조언이다. 피츠제럴드보다는 훨씬 더 나은 사고방식이라고 할 수 있겠다.

fondue
퐁듀

16세기 스위스에서 신교와 가톨릭 사이에 휴전이 이루어졌을 때 신교도들이 빵을 가져오고 가톨릭 신자들이 치즈를 가져와 생긴 음식이라는 전설이 있다. 그 밖에 다른 설들도 있지만 어느 것도 확실하지는 않다. 여하튼 멋진 이야기다. 리스 땅콩버터 컵에 전쟁과 종교 얘기가 더해진 것과 비슷하다고 할까.

fowl
가금

정확히 말하자면 '덕$_{duck}$'은 암컷 오리를 가리킬 때만 써야 한다. 수컷 오리는 '드레이크$_{drake}$'라고 해야 한다. 그렇다면 애니메이션에 등장하는 '미친 오리'가 미친 까닭이 짐작이 간다. 그렇다. 성적 정체성의 혼란이 아니겠는가.

French literature
프랑스 문학

고등학교 시절에 내가 가장 좋아하던 은사에게 이메일을 보내 브리태니커 작전에 관해 말씀드렸다. 선생님이 나를 자랑스럽게 여기지 않으실까? 선생님과 점심 약속을 했다. "너의 그 계획이란 게 얼마나 어리석은 건지 아니? 전적으로 시간 낭비다." 오! 이런. 제임스 조이스와 배우 호위 만델을 비교한 나의 과제물을 돌려주셨을 때와 비슷한 말투였다. 그때 나는 D 마이너스 점수를 받았는데, 이번에는 과제물이 아니라 내 삶이 아닌가.

벤더 선생님은 고등학교 2학년과 3학년 때 나의 영어 선생님이셨다. 이제 15년이 지난 지금 나는 그를 스티브라 부른다. 물론 고등학교 시절에도 친구들끼리는 늘 그렇게 불렀지만, 이제 어른이 되어 그렇게 부르니 감회가 새롭다. 큰 체구에 수염을 많이 기른 스티브의 외모는 링컨 대통령과 비슷하다. 링컨처럼 뺨이 쑥 들어가 있거나 높은 실크 모자를 쓰지는 않았다는 점만 빼면 말이다. 그는 무척 쿨하고 흥겨운 선생님이었다. 수업 시간에 그는 교사가 되기 전 자신의 삶에 관해 배우 에디 머피가 떠벌리는 투로 흥겹게 얘기해주곤 했다. 그는 하와이 원주민의 기타와 비슷한 현악기 우쿨렐레를 연주할 줄도 알았다. 그리고 우리에게 초현실주의 영화감독 루이스 부뉴엘에 관해 소개해주기도 했다. 종잡을 길 없이 반항적인 고등학생 녀석들의 머리에 그건 일종의 가짜 마리화나같이 다가왔다.

내가 고등학교를 졸업한 다음 스티브는 불교에 심취했다. 그리고 지금 그는 내가 열중하고 있는 일을 꾸짖는 데 불교를 활용하고 있다. 그가 내게 말했다. "불교의 관점에서 너는 정말로 바보라고 할 수 있지. 너의 마음은 본래 순수하지만 그걸 더럽히고 어지럽게 만들고 있는 꼴이니, 아무것도 제대로 보지 못하게 되기 십상이다. 넌 지금 네 자신의 마음을 혼란스럽게 하고 있어."

"선생님, 동의할 수 없어요." 나는 종업원을 우리 테이블로 오게 만들려 애쓰면서 말했다. '오늘의 특별 메뉴' 목록이라도 있어야 그걸 바탕 삼아 스티브에게 반박할 수 있을 것 같았지만, 종업원을 부르기가 멸종 위기에 놓인 인도네시아산 '바다의 영광 뿔조개'를 찾는 것만큼이나 어려웠다.

"불교도가 되면서 지식에 대한 나의 생각과 태도가 바뀌었다. 지식과 정보를 쌓아나가는 것은 중요하지 않아. 순수한 탐구 그 자체가 중요한 거지."

"왜 그 둘을 모두 추구할 수 있다고 생각하지 않는 거죠? 작가 대니얼 디포가 열세 차례나 파산했다는 걸 알고 계시죠? 선생님의 영어 수업 시간에 배운 지식이었어요. 그렇죠?"

스티브가 고개를 저으며 말했다. "넌 어쩌면 방대한 양의 피상적인 지식을 보유하게 될지도 모르지. 그리고 우리가 살고 있는 이 피상적인 문화 안에서 너는 사람들에게 그 방대한 지식으로 깊은 인상을 남길 수 있을지도 몰라. 하지만 그게 지혜와 무슨 상관이란 말이냐?"

"전 아직 브리태니커의 마지막 항목에 이르지 못했어요." 약간은 당혹스럽고 방어적인 나의 대답이다. 스티브는 물론 수긍하지 않았다. 내가 그의 불교적 평온 상태를 어지럽히고 있는 것 같았다. 더 이상의 공격과 방어가 싫었던 나는 스티브와 불교에 관해 얘기했다. 그는 나에게 자신이 명상을 얼마나 좋아하는지 말했다. 그는 무엇보다도 불교가 평화의 사상이기 때문에 좋아한다고 했다. 불교도는 사람을 죽이지 않는다는 것이다. 기회는 찬스였다. 나는 고교 시절 은사가 잘못 알고 있는 걸 고쳐줄 기회를 잡은 것이다.

"사실은 그들도 사람을 죽입니다."

나는 스리랑카의 수상이 불만에 가득 찬 한 불교 승려에게 피격당했다는 사실을 말해주었다. 1959년 9월 25일 반다라나야케 수상이 한 불교 승려에 의해 피격되었고, 그 다음 날 사망했던 것이다. 스티브는 고개를 가만히 끄덕였다. 그는 그 사건에 관해 모든 걸 잘 알고 있었다. 그리고 별로 개의치 않는 눈치였다. 내가 불교도들이 세상을 바라보는 심원한 관점에 도달하지 못했기 때문일까?

"플로베르의 소설 《부바르와 페퀴셰》를 읽어 봐. 아마 지금 네가 하고 있는 일을 돌이켜 생각해보게 될 거다."

고등학교 영어 선생님이 과제를 내주시면 선생님의 말씀을 착실히 따르는 게 가장 좋다. 이미 머리맡에 3만 3,000페이지에 달하는 책을 놓고 읽는 중이라 해도 말이다. 그래서 나는 펭귄 클래식 시리즈로 나온 《부바르와 페퀴셰》를 읽기 시작했다. 스티브가 옳았다. 확실히 그 소설은 나의 계획과 상관 있다. 있어도 보통 있는 게 아니다. 놀랍게도 귀스타브 플로베르는 내가 태어나기 150년 전에 나의 삶을 들여다보기라도 한 것 같다. 《부바르와 페퀴셰》에서 플로베르는 19세기 프랑스인 두 사람의 이야기를 들려준다. 그들은 실수 만발에 성적性的으로도 서투르기 짝이 없으며 무척 우둔하다. 그들은 세상의 모든 것을 배우기로 작정했다. 그리고 미친 듯이 읽기 시작했다. 화학에 몰두한 나머지 실험을 감행하다가 집을 날려버리기도 했다. 의학에 관해 읽다가 사이비 의사가 되어 자신들의 부모를 거의 죽일 뻔했다. 정치, 종교, 철학, 기타 다양한 모든 분야에서 그들은 그러했다. 배우 짐 캐리와 애덤 샌들러가 펼치는 한바탕 코미디 같다고 할까. 플로베르는 내가 지니고 있던 관점을 통렬히 비웃는다. 압살롬 항목을 기억하시는지? 긴 머리가 나무에 걸려 적에게 잡혀 죽은 그를 두고, 나는 그가 짧은 머리를 해야 했다고 생각한 바 있다. 플로베르는 압살롬이 가발을 쓰는 편이 나았을 것이라고 말한다. 짧은 머리를 하는 게 낫다는 내 의견이 훨씬 더 그럴듯하다고 자위하는 바이다. 플로베르는 말하자면 하찮은 지식은 위험하다고 말하는 셈이며, 책을 읽어서는 삶의 비밀을 배울 수 없다고 충고하는 셈이다.

나는 플로베르와 벤더 선생님의 의견에 일리가 있다고 인정한다. 적어도 표면적으로는 나의 브리태니커 작전이 부질없는 짓에 가까울지도 모른다. 하지만 지식을 추구하는 것 그 자체로 가치 있는 일이 아닐까? 나는 지금까지 제대로 추구해보지 못했다. 그 추구가 나를 어디로 이끌 것인지, 내가 무엇을 발견하게 될 것인지, 누가 알겠는가?

내가 보기에 부바르와 페퀴셰는 영웅적이다. 19세기 프랑스의 보통 사람, 즉 퍼져 앉아 페이스트리를 먹기에만 바쁘고, 기본적인 위생 관념에 무지하며, 유대인들을 박해하는 보통의 19세기 프랑스 사람들과 비교할 때, 그들은 무언가 다른 것을 추구하지 않았는가 말이다. 더구나 부바르와 페퀴셰의 우스꽝스러운 아이디어들 가운데 어떤 것, 이를테면 여성이 해방되어야 한다는 것은 결코 우스꽝스러운 생각이 아니라는 걸 이제 누구나 다 알고 있다. 이만하면 이 두 사람, 멋진 사내들 아닌가!

나는 플로베르가 싫다. 지식을 추구하는 일을 이른바 전문가들이 독점해야 할 까닭이 도대체 무엇인가? 열심히 추구하는 아마추어들 만세! 브리태니커의 F 항목 초반에서 나는, 플로베르가 한 여인을 사랑하게 됐지만 이후 35년 동안이나 고백하지 않았다는 걸 알게 됐다. 그래서 나는 이렇게 결론지었다. 제기랄, 플로베르가 제대로 아는 게

도대체 뭐야?

Freud, Sigmund
프로이트, 지그문트

나는 프로이트의 열광적인 팬이었던 적은 없다. 약간의 자기 분석을 해보면 내가 왜 그랬는지 알 것도 같다. 프로이트의 이론을 처음 읽은 건 고등학교 신입생 때였는데, 당시 나는 성에 대한 관심이 많은 편이 아니었다. 그때까지 성관계를 가져본 적이 없었던 것이다. 그러니 섹스가 인간 행동의 주요 동력이라는 프로이트의 주장은 이미 위험수위에 달하고 있던 나의 욕구불만을 증가시킬 뿐이었다. 여러 색깔의 꽃을 즐기는 데 삶의 의미가 있다는 글을 색맹인 사람이 읽는 것과 마찬가지였다고 할까. 사실 나는 프로이트보다 마르크스를 더 좋아했다. 나는 공장 노동 경험도 없고 사슬에 묶인 무산자 계급도 아니었지만, 적어도 마르크스를 부모에 대해 정의감을 세우는 데 활용할 줄은 알았다. 기성세대인 부모는 억압적이고 부르주아적이며, 상대적으로 나는 올바르다는 자기 정체감을 마르크스 덕분에 세웠던 것이다.

프로이트로 말할 것 같으면 나는 어디에선가 읽은 적이 있는 글을 거듭 떠올리는 것으로 충분했다. "정신분석은 치료임을 가장하는 하나의 질병이다." 정말 그럴듯하지 않은가. 어떤 사고체계 전체를 한마디 풍자의 말로 보기 좋게 처리해버리다니. 대단하다!

젊은 시절의 선입견에서 벗어나기는 쉽지 않은 법인지, 나는 아직도 프로이트의 이론에 크게 공감하지는 않는 편이다. 그러나 프로이트 박사의 이론 가운데 딱 하나만 택하라고 한다면, 나는 오이디푸스

콤플렉스를 택하겠다. 그 이론만은 어느 정도 타당해 보인다. 이제 푹신한 소파에 비스듬히 누워 정신분석가에게 내 머리를 맡기기 적합한 때가 된 것 같다. 아버지와 나의 평생에 걸친 경쟁을 해부해보는 것이다.

그 경쟁은 일찍 시작됐다. 어린아이였을 때 나는 매일 밤 같은 게임을 했다. 핸드볼을 나름대로 변형시킨 게임이라고 할 수 있는데, 멜론 크기의 녹색 장난감 공, 내 방의 벽, 그리고 침대(게임을 좀 더 흥미롭게 해주는 일종의 장애물 구실을 한다) 등이 이 게임과 상관 있다. 나는 이 게임을 그 본질에 적합하게 월볼Wall Ball이라 불렀다. 이 게임은 나에게 매우 중요했다. 나는 방과 후 시모어란 이름의 장난감 공과 함께 여러 시간을 놀았다. 이런 나의 열의는 테니스의 전설 비외른 보리에게 깊은 인상을 남길 만했다. 사실 이 게임은 단조로웠다. 탁, 탁, 탁, 공이 계속 벽에 부딪힐 뿐이었다. 게임 중 휴식 시간이라곤 반쯤은 우연히 공이 거실을 건너 누나의 방으로 굴러갈 때뿐이었다. 그럴 때면 유리 깨지는 듯한 누나의 고함 소리를 들어야 했다. 하긴 그럴 만도 했다. 누나 베릴이 스페인어 숙제를 하고 있는데 갑자기 녹색 스펀지 공이 굴러와 발목에 닿았으니, 기분 좋을 리가 없었을 것이다.

잠자리에 들 무렵 아버지가 내 방에 오셔서 두세 게임을 함께하곤 했다. 나에게 그건 중요한 이벤트였다. 나는 존 매캔로 선수라도 되는 것처럼 나의 게임 상대에게 화를 내기도 했고, 내가 구사할 수 있는 가장 나쁜 말로 크게 고함치기도 했다. 특히 "이런 찌질이!"라는 말을 즐겨 외쳤다. 만일 월볼 심판이 그 자리에 있었다면, 나는 심판의 정강이라도 걷어찼을 것이다.

제법 오랜 시간에 걸친 훈련 덕분인지 나는 아버지를 상대로 승리를 거두곤 했고, 아버지는 그런 나를 축하해주었다. 정말로 행복해하시는 것 같았다. 한껏 기세가 등등해진 나는 주먹을 위로 내지르며 외쳤다. "나는 월볼의 제왕이다!"

운동 경기가 내키지 않을 때면 아버지와 나는 또 다른 경쟁을 할 수 있었다. 하키를 보드 게임으로 변형시킨 것으로, 나는 이 게임을 무척 좋아했다. 그도 그럴 것이 내가 고안해냈기 때문이다. 고안자이기 때문에 당연히 나는 그 게임의 규칙 전문가이기도 했다. 흥미롭게도(어쩌면 그 또래로서는 당연하게도), 규칙은 "그때그때 달라요"인 형편이어서 놀랍도록 유연했다. 특히 아버지가 이기고 있을 때면 당연히 규칙은 더욱 자주 바뀌었다. 안 봐도 뻔하지 않은가. 내가 이길 요량으로 규칙을 게임 중에라도 제멋대로 바꿨던 것이다.

"퍽이 벽 두 곳을 맞고 45도 각도로 튕겨 나오면 자동적으로 제 차례가 되는 거예요."

"그래, 그게 그렇단 말이지."

아버지는 한 번도 이의를 제기하지 않았다. 그저 내가 정한 규칙을 따를 뿐이었다. 나와 그렇게 얘기를 주고받으며 뭔가 함께한다는 게 행복하셨던 것이다.

내가 성장해 가는 동안에도 아버지와 나는 계속 게임을 했다. 물론 내가 아닌 다른 사람들이 고안해낸 게임, 예컨대 크로케(게이트볼), 단어 만들기 놀이인 보글, 그리고 스크래블 등을 함께했다. 그래도 철이 좀 들었던지 여의치 않다고 뭘 집어던지지도 않게 되었고, "이런 찌질이" 같은 말 대신에 "이런 제길" 같은 좀 더 성숙된 표현을 사용하게 되었다.

돌이켜 보면 내가 왜 아버지를 못 이겨 안달이었는지 알 것도 같다. 프로이트 박사에게는 미안하지만, 거세당할지도 모른다는 두려움이나 어머니와 성관계를 갖고 싶은 욕구 때문이 아니었다. 아버지가 나와 특별히 경쟁적인 관계여서도 아니었다. 나의 아버지는 영화 〈위대한 산티니〉에서 아버지로 등장하는 로버트 듀발이 아들에게 했던 것처럼 농구공을 이마에 던져 튀게 하는 따위의 일은 하지 않으셨다. 굳이 이유를 들자면 아마도 어린 시절에 시작된 인지부조화 때문이 아니었을까 싶다. 말하자면 이런 일종의 딜레마라고 할 수 있다. 한편으로 나는 내가 세상에서 가장 똑똑한 소년이라고 확신했다. 그러나 다른 한편으로는 나보다 분명히 훨씬 더 똑똑한 사람이 나와 같은 아파트에 살고 있었다. 그는 모든 답을 알고 있는 사람이었다. 그는 냉장고 안이 왜 차가운지, 렉싱턴 가의 지하철을 움직이게 하는 게 뭔지 알고 있는 사람이었다. 세상에서 가장 똑똑한 소년을 우둔해 보이게 만드는 사람이었다. 그런 현실은 사춘기 이전 나의 마음에 혼란과 좌절감을 안겨주었다. 그리고 오늘날까지도 그 여파가 남아 있다고 할 수 있다. 나는 무언가 내가 분명히 최고가 될 수 있는 영역, 내가 다스릴 수 있는 영토가 필요했던 것이다. 나는 윌볼이 그런 영역이기를 바랐던 것이고, 그게 아니라면 하키, 크로케, 혹은 백과사전 읽기가 그런 영역이기를 바라왔던 것이다.

군함새

〈에스콰이어〉의 동료 편집자 앤디가 알렉스 트레벡과 인터뷰할 사람을 찾고 있다는 걸 알게 됐다. 알렉스 트레벡, 그가 누구인가? 그렇다. 퀴즈 쇼 〈제퍼디Jeopardy〉의 진행자인 바로 그 알렉스 트레벡이다. 나에게 맡겨 달라고 앤디에게 간청했다. 내가 못할 게 뭐란 말인가? 브리태니커 작전의 화려한 피날레를 〈제퍼디〉 우승으로 장식한다면? 상상만 해도 흐뭇하다. 그리고 알렉스 트레벡! 유식한 척하는 사람들 가운데 세계에서 가장 유명한 사람.

"내가 트레벡의 광팬이라니까! 나만 한 팬 있으면 나와보라고 해." 그러나 앤디는 바보가 아니다. 그는 내가 브리태니커를 읽고 있다는 걸 알고 있다. 그러니 내가 수상쩍은 의도를 품고 있다는 것쯤은 금방 눈치를 챘다. 생각만 해도 멋지지 않은가. 나와 트레벡의 한판 대결! 최후의 한판이 되지 않겠는가.

사실 트레벡에 대한 나의 감정은 복잡하다. 한편으로 나는 〈제퍼디〉를 무척 좋아한다. 그리고 트레벡이 쇼를 진행하는 엄격한 군대 지휘관 같은 자세, 시시껄렁한 농담 따위로 시간을 허비하지 않는 자세도 존경한다. 그런데 다른 한편으로는 뭐든지 다 아는 척하는 그에게 한방 먹이고 싶었다. 어처구니없는 실수를 하거나 문제를 못 맞힌 출연자에게 그 심정을 충분히 이해하고도 남음이 있다는 듯 짐짓 친절한 태도로 내뱉는 그의 유명한 말, "아쉽습니다"도 거슬렸다. 그 말의 밑바탕에는 우월감이 깔려 있어 보였다. 은혜라도 베푸는 것처럼 생색을 내는 꼴이라니! 잘난 척은 또 얼마나 하는지. 그가 '부리토'를 발음할 때면 피델 카스트로와 유치원 동창이라도 되는 것 같다. '폴

크스바겐'을 발음할 때면 라인 강 연안에서 성장하기라도 한 것 같다. 더구나 TV에 관해 글을 쓰는 내 친구의 말에 따르면, 실제로는 트레벡이 교양도 별로 없고 거칠다고 한다. 그래 좋다. 트레벡의 실체를 폭로할 좋은 기회다. 방송 진행용 카드에 적힌 정답을 읽고 있는, 우스꽝스러운 콧수염을 기른 그저 그런 사내가 그 정체다. 그는 이미 답을 갖고 있다!

로스앤젤레스로 날아가 렌터카를 타고 비벌리힐스에 있는 트레벡의 저택에 도착해 벨을 눌렀다. 트레벡의 아들이 나와서 한곳을 대충 가리키며 저쪽 뜰에 나가 계시다고 말해주었다. 저쪽이라. 무수한 나무가 잘 가꾸어져 있고 그 사이로 작지만 말끔한 산책로가 나 있는 뜰이었다. 그쪽으로 잠시 걸어간 나는 멕시코인 정원사에게 물었다. "알렉스 트레벡 씨를 만나러 왔습니다만." 그 정원사는 손으로 더 먼 곳을 가리켰다. 다시 걸어가다가 만난 또 한 사람의 멕시코인 정원사도 역시 더 먼 곳을 가리켰다. 이번에는 트레벡을 만나려나? 그런데 웬걸, 세 번째 멕시코 정원사와 만났다.

그는 무릎을 꿇고 땅에 구멍을 파고 있었는데, 나를 쳐다보지도 않는 것이었다. 이쯤 되니 슬슬 부아가 치밀었다. "알렉스 트레벡 씨를 만나러 왔는데요." 내 목소리는 다소 날카로워져 있었다. 영어를 못하는 사람인가? '돈데 에스타 세뇨르 트레벡?'이라 물으려는데 그 정원사가 입을 열었다. "트레벡 씨를 지금 찾으셨습니다." 그가 일어나 흙이 묻은 장갑을 벗고 악수를 청해왔다.

이거 시작이 영 신통치 않다. 경험 많은 저널리스트로서 나는 알렉스 트레벡의 저택 구역 안에 있는 알렉스 트레벡을 척하니 찾아냈어야 했다. 처음부터 스타일을 구긴 것 같다. 변명을 하자면 트레벡은 야구 모자를 쓰고 있었고 머리카락은 생각했던 것보다 짙은 회색이 었으며, 결정적으로 그놈의 콧수염은 어디로 갔단 말인가? 몇 년 전 부터 밀어버렸다고 하는데 내 머릿속의 트레벡은 콧수염 난 사람이 었으니. 여하튼 좋다, 두고 봐라. 내가 구상한 최후의 한판으로 돌진 하리라. 전의가 불끈 솟고 머리도 더 똑똑해지는 것 같다.

트레벡이 나를 시답지 않게 생각하는 건 아닌가 염려도 됐지만, 그 의 태도는 사뭇 진지했고 성의를 보여주는 것 같았다. "제 사무실로 가시죠." 우리는 집으로 들어갔다. 현관에는 큰 사이즈의 파도타기 널만 한 융단이 깔려 있다. 푸른색 바탕에 노란색 '제퍼디!'란 글씨가 수놓인 융단이다. 그의 사무실 벽은 여러분이 상상할 수 있듯이 책으 로 가득하다. 러시아어 교재도 있고 남북 전쟁 관련 책, 그리고 물론 브리태니커도 보인다. 그리고 역시 예상할 수 있듯이, 그 모든 책들 이 주제에 따라 구획을 달리하며 잘 정리돼 있다. 언론 보도에 따르 면 트레벡은 정장 와이셔츠는 밝은 색 옷걸이에, 스포츠 셔츠는 어두 운 색 옷걸이에 걸어 놓는 사람이다. 체계적인 정리정돈 습관이 몸에 밴 사람? 유별나게 깔끔한 척하는 사람?

가벼운 이야기로 인터뷰를 시작했다. 정원 가꾸기, 렌터카, 뭐 그 런 주제들. 분위기가 제법 편안해졌다고 느꼈을 때 나는 그를 겨냥한 진짜 질문을 발사하기 시작했다. 그렇게 똑똑하다면 〈제퍼디〉에 진 행자가 아니라 참가자로서 한번 나서보지 않겠느냐는 발칙한 질문이 었다.

알렉스는 자기 연배의 사람들과 함께라면 한번 해보겠지만 내 또래 젊은 사람들과 함께라면 어려울 것 같다고 답했다. "얼마 전에 뉴욕에서 로스앤젤레스로 날아오는데 말입니다, 알츠하이머 증세가 생기고 있는 게 아닌가 처음으로 심각하게 생각해보게 됐어요. 비행기에서 기내식이 나오는데 내가 이렇게 말했지요. '오! 내가 가장 좋아하는 채소인걸.' 그런데 그 좋아하는 채소를 보고 또 들여다봐도 그 이름이 떠오르지 않는 거예요. 도무지 브로콜리라는 말이 떠오르지 않았어요. 지력을 상실하기 시작했다는 걸 깨닫는 순간이라고 할까요? 하지만 그러면 또 어떻습니까? 그건 중요하지 않아요. 모든 걸 안다는 게 가장 중요한 건 아니지요."

천하의 알렉스 트레벡이 초기 치매 증세를 보이기라도 하는 건가? 뭐든지 다 아는 척척박사 분이 이렇다고?

얘기를 나누면서 나는 미처 예상치 못했던 트레벡과 마주하고 있다는 걸 알게 됐다. 그는 까다롭게 구는 변변치 못한 남자가 아니었다. 그는 〈스타트렉〉에 나오는, 피가 차가운 스포크가 아니었다. 그에게는 충동적이고 낭만적인 구석도 있었으니, 한 여성에게 반해 줄기차게 쫓아다닌 끝에 군사 학교를 중퇴하기도 했다.

트레벡에게 잘난 체하는 태도가 전혀 없다고 하기는 힘들다. 짐짓 점잔을 빼며 젠체하는 태도가 불쑥 드러날 때도 있었다. 그는 자신이 영어는 물론, 프랑스어, 스페인어를 구사할 줄 알고 몇몇 다른 언어도 그럭저럭 하는 편이라고 말했다. 나로서는 '그래 너 잘났다' 하는 심정이었다. 그는 내안內岸의 급경사지, 급경사면, 단층애斷層崖, 해저애海底崖 등을 뜻하는 'escarpment' 같은 단어를 일상적인 주제의 대화에서도 사용했다. 그는 유명한 영국 간호사 이디스 커벨Edith Cavell

과 미국 메이저리그의 유명한 1루수 에노스 카벨Enos Cabell의 이름을 가지고 만든 말장난을 들려주기도 했다. 그러나 전체적인 느낌으로는, 그는 너그럽고 친절하고 점잖은 사람, 꽤 괜찮은 사람이었다. 인터뷰가 절반쯤 진행되었다 싶을 즈음에 그가 이런 얘기를 들려주었다.

"오하이오 주에서 열린 대학 스포츠 선수권 대회에서 관중들에게 말할 기회가 있었지요. 나는 관중들에게 아프리카 여행 경험을 얘기했어요. 그리고 눈물을 글썽이다가 소리 내어 울기 시작했지요. 좀 어처구니없어 보였겠지요? 3,000명의 사람들 앞에서 아프리카에 관해 얘기하면서 질질 짰으니 말입니다."

알렉스 트레벡이 소리 내 울었다고? 그것도 공공 장소에서 많은 사람을 앞에 두고? 상상하기 힘든 광경이 아닐 수 없다. 그건 헨리 키신저 장관이 낄낄대며 웃거나 블라디미르 푸틴 대통령이 요들송을 부르는 것과 마찬가지다.

"아프리카가 나에게 어떤 의미일까요?" 내가 궁금해하는 것을 트레벡이 먼저 스스로 물었다. "그래요, 나는 아프리카에 갔어요. 케냐, 에티오피아, 탄자니아…… 나는 그곳에 서서 어떤 느낌, 어떤 생각에 깊이 잠겼습니다. 내가 떠나온 곳이 바로 이곳이구나, 나는 여기에서 왔지. 그리고 나는 편안해졌습니다."

어라? 이게 무슨 소린가? 알렉스 트레벡이 흑인이란 말인가? 그러나 어딜 봐도 흑인 같은 구석이라고는 털끝만치도 찾을 수 없다. 아무리 자세히 뜯어봐도 그는 흰색 그 자체가 육화한 존재라고 할 수 있을 만큼 전형적인 백인이다.

"그게 그러니까, 지금 하신 말씀은…… 아프리카가 인류 문명의 요람이라는 뜻으로……?"

"그래요, 바로 그렇습니다. 나는 인류의 고향에 있었던 거지요."

사실 지금 생각해봐도 그의 이야기는 조금, 아니 많이 이상하다. 그 이야기를 왜 생면부지의 한 저널리스트와 나누고자 했을까? 그러나 그 대화가 나에게 미친 영향은 분명했다. 그를 좀 더 좋아하게 된 것이다. 그는 콧수염을 비비 꼬고 앉아 있는 악당이 아니다. (하긴, 콧수염도 밀어버려서 이제 없으니.) 그는 자신의 상처나 약점을 남에게 보이는 것을 두려워하지 않는 사람이다. 오히려 침착하지 못한 구석도 없지 않으며, 그 점을 감추려 하지도 않는다. 이쯤 되니 최후의 대결을 향한 나의 전의는 봄눈 녹듯 사라지고 말았다.

여기 두 사람이 있다. 지식과 사실의 바다에서 헤엄치며 날을 보내는 남자들이다. 나는 그에게 내가 지금 브리태니커를 읽고 있는 중이라고 말했다. '아! 그랬군요' 하는 눈치다. 그는 〈제퍼디〉가 막을 내리자마자 은퇴하여 집에 쌓아둔 모든 책을 읽을 작정이라고 말했다.

"예전에 읽었던 책들까지 빼놓지 않고 모두 읽을 겁니다. 읽었던 책이라고 그 내용을 다 알고 있는 건 아니니까요."

나는 그에게 지난 13년 동안 〈제퍼디〉에서 언급했던 수십만 건의 문제 단서들 가운데 가장 좋아하는 것이 뭔지 물었다. 지금까지 배운 지식 가운데 가장 좋아하는 게 뭐냐고 묻는 것이나 마찬가지인 셈이다.

"오! 이런." 잠시 생각에 잠기더니 그가 말했다. "초기 해사법海事法에 따르면 한 국가의 주권이 미치는 영해는 해안에서 3마일 떨어진 곳까지라는 것을 아십니까? (사실 나는 모른다. 아직 N 항목까지 가지 않았으니 'nautical law'에 관해 모를 수밖에.) 대포의 착탄 거리, 그러니

196

까 해안에서 발사된 대포알이 날아가 떨어지는 곳까지의 거리가 3마일이었기 때문에 그렇게 정해진 거지요." 나로서는 그렇게까지 흥미롭지 않았지만 이렇게 답했다. "그거 정말 재미있는 사실이네요."

인터뷰를 시작한 지 두 시간쯤 지나서 가장 중요한 질문을 던졌다. 트레벡의 지식관이랄까, 지식에 대한 철학이랄까 그런 걸 물었던 것이다. 잠시 생각을 가다듬은 트레벡이 답했다. "전 모든 것에 대해 호기심을 지니고 있습니다. 설사 흥미가 당기지 않는 것이라 하더라도 말입니다." 나는 이 말이 썩 맘에 들었다. 어찌 보면 이 말은 모순이지만 나는 그게 무슨 뜻인지 안다. 인터뷰가 끝나고 렌터카를 몰아 호텔로 돌아온 나는 보험제도의 선구라고 할 수 있는 17세기의 우애조합, 다른 새가 허둥대다가 놓쳐 떨어뜨린 물고기를 공중에서 낚아채 먹기도 하며 전체 날개 길이가 2미터 50센티미터 정도에 달하는 군함새, 그 밖에 '흥미가 당기지 않는' 많은 것들을 읽었다. 그것들이 소용이 닿는 지식이 될 가능성은 물론 있다. 내가 만일 지금 정장을 갖춰 입고 로스앤젤레스로 돌아가 알렉스 트레벡의 퀴즈 쇼에서 5회 연속 우승자가 되기로 결심한다면 말이다.

Fux, Johann
푹스, 요한

내가 자랑스럽다. 18세기 오스트리아 작곡가 요한 푹스라는 이름을 처음 봤을 때 나는 키득거리지 않았다. 아, 엷은 미소를 짓기는 했다. 나는 요한 푹스가 첫 데이트에서 뭘 했는지, 그가 적절한 피임 조치를 취했는지 따위를 궁금해하지도 않았고, 'Fux You'라는 글귀를 새긴 쿨한 혹은 묘한(상스런 표현인 'Fuck You'를 에둘러 말한) 티셔츠를 만들 수 있겠다는 생각도 하지 않았다.

그러나 브리태니커를 읽으면 읽을수록, 메마른 내 마음 안에도 열한 살 소년이 들어 있다는 걸 느끼게 된다. 애니메이션 '비비스와 버트헤드' 스타일의 농지거리가 무척이나 즐거운 그런 소년 말이다.

나귀, 고집쟁이, 바보라는 뜻도 있지만, 똥구멍, 보지, 씹 등의 뜻도 있는 애스ass가 하도 여러 차례 나오니 진화가 충분히 진행된 인간의 정신도 슬슬 묘한 방향으로 작동하기 시작했다. 플라톤주의 철학자가 쓴 《황금 당나귀The Golden Ass》를 놓고서는 본래 제목보다 '황금 똥구멍'이나 '황금 보지'라는 말이 떠오른다. 같은 맥락에서 발자크의 소설 《야생 당나귀 가죽Wild Ass' Skin》도 이상한 상상을 불러일으킨다. 양과 질이 같은 먹이 두 개를 놓고 어느 것을 먹을까 망설이다가 굶어 죽었다는 철학적 우화에 나오는 뷔리당의 당나귀는 뷔리당의 똥구멍인가? 애스는 시작일 뿐이다. 아일랜드에 있는 석Suck 강으로 여행하는 커플은 서로의 성기를 핥아줘야 하나? 혹시 그 강에서 작은 민물고기 크래피crappie를 낚을 수 있을지도 모르지만, 자꾸만 똥crap이 생각나 그 고기를 먹기는 힘들 듯하다. 그렇다면 벨로루시의 한 도시로 낙농장이 유명한 브레스트Brest의 우유라도 마셔볼까? 애인의 젖가슴breast을 떠올리면서 말이다. 당신이 좀 똑똑하다고 자부한다면 아일랜드 지도자 아이작 버트Butt와 엉덩이butt에 관해 토론해보면 좋을 것 같다. 독일의 대상인 가문 푸거Fugger나 독일 항공기 포커Fokker에서 나는 왜 자꾸만 씹할 놈fucker을 떠올리는 걸까.

물론 이런 게 별로 좋지 않다는 걸 잘 안다. 내가 브리태니커를 읽는 까닭이 이런 묘한 연상과 너저분한 농담이나 말장난을 즐기는 데 있는 건 결코 아니다. 그 정확한 까닭은 어디까지나 내가 좀 더 똑똑하게 되는 것이다. 아마 내가 그런 것들을 하도 많이 읽어서, 그러니까 브리태니커 덕분에 내가 조금은 더 많은 걸 알게 되어서 나타나는 자연스런 현상인지도 모른다. 나는 농지거리에 푹 젖어들고 싶은 순간을 잘도 꾹 참아왔다. 그러니 이 얘기는 여기서 그만!

gagaku
가가쿠

오랜 기다림이 이제 끝났다. 브리태니커에 처음 나오는 말이 '아악'이라는 걸 기억하시는지. 별다른 설명 없이 "가가쿠를 볼 것"이라는 친절한 말만 나왔었다. 나는 놀라운 결단력을 발휘하여 '가가쿠'를 즉시 찾아보지 않고 언젠가 만나겠지 하는 심정으로 계속 읽어왔다. 이제 그로부터 석 달이 지나 나는 드디어 '가가쿠'에 도착했다. 참는 자에게 복이 있다고 하더니 역시.

그런데 '가가쿠'의 비밀이 드디어 풀리려나 싶은 순간, 이게 웬걸. 석 달 동안이나 고대했던 만족할 만한 설명은 만날 수 없다. O. 헨리 소설의 극적인 반전 같은 걸 기대한 건 아니었지만 그래도 맥이 빠진다. '가가쿠'는 5세기부터 8세기 사이에 두드러졌던 동아시아 음악의 한 형식을 가리키는 일본어 개념이다. ('아악'은 그것의 한국어 명칭이다.) 가가쿠는 관악기, 북, 현악기 등으로 연주되며 춤을 동반할 때도 있다. 이 정도만으로는 정확한 설명이라 하기 힘들지만, 일본에서는 오늘날에도 가가쿠를 들을 수 있다고 한다.

gall
후안무치

줄리의 형제들이 우리 아파트에 집결했다. 자연사 박

물관에 가기 위해서다. 더그는 브리태니커 A 항목 책을 뽑아 들고 이리저리 펼쳐 보고 있다. 그는 소프트웨어 회사를 운영하고 있으며 영리하다. 그러나 늘 나를 조롱하곤 하는 에릭만큼은 아니다. 더그가 물었다.

"A 항목에서 아직도 기억하는 거 있어?"

"아마 다 기억하고 있을걸."

"그래? 그렇단 말이지. 그럼 앙크$_{ankh}$가 뭐지?"

"고대 이집트에서 생명의 상징이지."

사실 나는 앙크에 관해 브리태니커를 읽기 전부터 알고 있었지만, 그렇다는 말은 더그에게 하지 않았다. 더그가 또 물었다.

"알류샨 열도에는 몇 개의 섬이 있지?"

"423개!"

"아니야. 14개의 큰 섬과 55개의 작은 섬이 있어."

나는 고대 마야의 20진법 체계에 따라 섬의 수효를 말한 것이라는, 어설픈 농담으로 이 상황에서 탈출하려 했다. 더그가 계속 물었다.

"아르키메데스의 나사는 뭐지?"

이건 알고 있다! 물을 끌어올리는 데 사용한 장비로, 나선형의 순환 파이프다. 더그는 다소 놀란 눈치였다. 더그가 다시 물었다.

"그럼, 왜 물을 위로 끌어올리려 했지?"

개념을 풀이해줬으면 됐지, 왜 또 물어? 왜 더 자세한 걸 물어서 나를 압박하느냔 말이다. 난 솔직히 모른다고 말했다. 더그가 말했다.

"배 안에 들어차는 물을 밖으로 퍼내는 데 사용했어."

그때 에릭이 나섰다.

"어디 좀 봐." 에릭은 동생 더그에게서 책을 받아들고 빠르게 읽어 나갔다. 그리고 말했다.

"이건 틀렸군. 아르키메데스의 나사, 그러니까 아르키메데스의 나 선 양수기는 말이지, 처음에는 관개 시설에 쓰였어."

나는 믿을 수 없었다. 에릭이 브리태니커가 핵심적인 정보를 빠뜨 리고 있다고 주장하는 셈이기 때문이다. 그는 감히 브리태니커가 "틀 렸다"고 아무렇지도 않게 말했다. 이런 불경스러울 데가 있나. 브리 태니커 백과사전의 강력한 권위에 도전하다니. 에릭이 아르키메데스 의 나선 양수기의 초기 용도에 관한 전문가라도 된단 말인가? 이 후 안무치함이라니! 나는 에릭에게 브리태니커 편집자들과 얘기해보라 고 말했다.

나는 아이들이 놀고 있는 서재로 갔다. 더그의 아이들과 에릭의 아 이들은 모두 깨물어주고 싶을 만큼 귀엽다. 에릭은 공공연히 나를 얼 간이로 취급하기도 하지만, 그리고 나는 그걸 용인할 수밖에 없지만, 그는 분명히 자상한 아빠, 아이를 키우는 데 많은 공을 들이는 좋은 아빠다.

"'사이먼 가라사대' 놀이 할 사람!"

녀석들은 즐거워하는 눈치였다. 내가 사이먼이 되기로 했다.

"사이먼 가라사대, 오른손을 들어라."

우리는 모두 오른손을 들었다.

"사이먼 가라사대, 발가락을 만져라."

우리는 모두 발가락을 만졌다.

"사이먼 가라사대, 돌고 돌고 또 돌아라."

우리 모두는 빙빙 돌기 시작했다. 나는 이걸 진작부터 해보고 싶었다. 브리태니커에서 이탈리아 무용가 카를로 블라시스가 고안한 블라시스 테크닉에 관해 읽은 다음부터 말이다. 그것은 무용수가 목을 몸보다 빠르게 돌려 현기증을 막으면서, 한 지점에 초점을 맞추며 균형을 유지하는 기술이다.

나는 이게 매우 유익한 정보라고 생각했지만, 그 유익함이라는 걸 어떻게 실현할 수 있단 말인가? 회사에서 직원에게 〈백조의 호수〉 동작을 해보라고 하지는 않는다. 뉴욕 어퍼웨스트사이드에서 볼 수 있는 이슬람 신비주의자들에게 빙빙 도는 명상 춤 세마를 출 때 이걸 활용해보라 하기도 그렇다. 그러니 내가 할 수 있는 건 '사이먼 가라사대' 놀이밖에 없다.

나는 줄리가 그린 레이 찰스 초상화에 초점을 맞추면서, 목을 빨리 움직이며 돌고 또 돌았다. 그럴듯했다. 조카 녀석들이 어지러움을 견디다 못해 바닥에 넘어질 때도 나는 그럭저럭 균형을 유지할 수 있었다. 울렁거림을 그다지 심하게 느끼지도 않았다. 그러나 계속 돌수록 내가 성미 고약한 골목대장이나 얼간이라는 생각이 들었다. 내가 새로 알게 된 지식을 어떻게든 실제로 써먹어 보고 싶어도 그렇지, 그걸 조무래기 녀석들과 '사이먼 가라사대' 놀이를 하면서 써먹다니. 도대체 내가 무슨 짓을 하고 있는 거지?

내가 저지른 이 죄를 줄리에게 고백했다. 줄리는 별 관심을 나타내지 않았다. 줄리의 말인즉, 오늘날 춤을 배우는 사람이라면 누구나 그 고개 돌리는 기술에 관해 알고 있다는 것이다. 다들 알고 있는 것에 대해 내가 그렇게 열광했구나!

gamete
배우자, 생식체, 생식 세포

줄리의 친구 하나가 임신했다. 그 친구의 생식 세포는 이제 배수 염색체들을 갖춘 접합자가 된 것이다. 줄리의 친구들은 왜 하나같이 생식력이 놀랍도록 뛰어나지? 줄리와 나는 서글픈 기분에 휩싸였다. 나는 온종일 입을 닫아걸고 가끔 미소를, 억지 미소를 지을 뿐이었다. 그렇게라도 하면 기분이 나아지려나 싶었지만 결코 그렇지 않았다.

Gandhi
간디

너무나 분명해서 새삼 말하기도 뭣하지만 나는 10대 아이를 키우고 있지 않다. 그러나 신의 도움으로 언젠가 그런 날이 온다면, 간디의 청소년 시절을 반드시 기억해낼 것이다. 내 아이가 공중전화를 쓰러뜨리거나 친구의 사물함에 고약한 냄새 폭탄을 넣는다든가 하면, 나는 브리태니커의 다음 문장을 떠올리며 위안 삼을 것이다.

"어른들에게 반항할 나이가 되자 간디는 무신론에 심취하고 사소한 물건을 훔치며 몰래 담배를 피우기도 하고, 비슈누파 가정에서 태어난 소년으로서는 매우 충격적인 짓, 그러니까 육식을 하기까지 했다."

모한다스 간디의 고향인 인도의 포르반다르의 부모들은 자녀에게 이렇게 말하곤 했다고 한다. "싹수가 노란 모한다스 녀석과 놀지 말아라!" 이거 영화 소재로 딱이다. 제목은 〈젊은 간디〉. 배우 프랭키 무니즈가 10대 골초이자 좀도둑 간디로 출연해 점차 자신이 성스런 인간으로 살아야 할 운명이라는 걸 깨달아가는 거다.

간디의 청소년기에 대한 짧은 한 문단에서 너무 많은 걸 이끌어내려 해서는 안 되겠지만, 그 문단은 나에게 인간 본성에 대한 희망을 품게 해준다. 나는 한 사람의 성격은 일생을 통해 그다지 변하지 않는다고 생각했다. 어릴 적 다른 아이들을 괴롭히는 나쁜 골목대장 노릇을 한 놈은 커서도 늘 그런 꼴이라 생각했던 것이다. 그런데 이제 간디의 경우를 만났다. 자비와 평화의 사람 테레사 수녀가 한때 악랄한 고리대금업자였다고 해도 간디의 경우보다는 덜 극적인 변화일 것이다.

Garibaldi, Giuseppe
가리발디, 주세페

나는 가리발디가 이탈리아 통일에서 모종의 중요한 구실을 했다는 건 알고 있었다. 그가 붉은 셔츠 부대를 이끌었다는 사실도 기억난다. (옷 색깔을 꼬투리 삼아 세계사를 집필하려는 사람에게 단연 쓸모 있는 지식이다. 이탈리아의 붉은 셔츠 부대 외에 티베트의 황모파, 그러니까 누런 모자를 쓴 종파도 기억해둘 필요가 있다. 아일랜드 독립 세력을 탄압한 악명 높은 흑갈색단, 미국 독립 전쟁 초기 인디언 세네카 부족을 이끌고 영국군 편에서 싸운 지도자로 본명이 오테티아니인 레드 재킷, 독일 나치 돌격대의 별칭인 브라운 셔츠, 누런 수건을 머리에 둘렀다는 고대 중국의 황건적, 심지어 아르헨티나에서 후안 페론을 지지한 세력인 '셔츠 벗은 녀석들'에 이르기까지. 이렇게 나열해놓고 보니 박사학위 논문 주제로도 제격이고, 하다못해 〈하퍼스 바자〉의 특집 기사도 될 만하다.)

가리발디로 돌아가 보자. 내가 이 사람에 관해 무지했다는 게 부끄러워진다. 그는 다른 사람들의 삶의 의욕을 고취시킬 만한 인물, 에이브러햄 링컨의 삶처럼 심원한 삶의 방식을 보여주는 인물이다. 나중에 언급하겠지만 가리발디는 링컨과도 인연이라면 인연을 맺었다.

우선 가리발디에 관한 60초 상식.

1807년 7월 4일에 태어난 가리발디는 이탈리아 북서부의 피에몬테 해군 소속 선원으로 일했다. 청년 이탈리아당의 혁명 운동에 가담했다가 사형 선고를 피해 남미로 도망갔다. 그곳에서 가리발디는 브라질 기혼 여성과 애정 행각을 벌였고, 일단의 이탈리아 출신 병력을 이끌고 아르헨티나에 대항하는 우루과이 독립 전쟁에 참여했다. 그 병력이 최초의 붉은 셔츠 부대였다. 패션으로 말할 것 같으면 가리발디는 남미 초원 지대의 가우초 복장을 즐겨했고, 이후 생애를 통해서도 그 패션 콘셉트를 유지했다.

가리발디는 1848년 이탈리아로 돌아와 의용군을 조직하여 독립 투쟁에 참여했지만 여의치 않자 뉴욕으로 망명했다. 가리발디는 불굴의 사나이였다. 다시 이탈리아로 돌아온 그는 1860년에 자신의 가장 유명한 전투를 치렀다. 그는 1,000명 정도에 불과한 붉은 셔츠 부대를 이끌고 지역 농민들의 지원 속에 시칠리아와 나폴리를 점령했던 것이다. 봉건제의 억압에서 자신들을 해방시켜줄 신神. 많은 이탈리아 농민들이 가리발디를 그렇게 보았다. 1862년 그는 마침내 이탈리아를 통일했다.

애정 문제에서 가리발디는 성공적이지 못했다. 브리태니커에 따르면 그는 1860년에 조세피나라는 이름의 여인과 결혼했지만, 자신의 부하와 정을 통해 이미 임신 5개월째라는 사실을 알고 결혼한 지 몇 시간 만에 결별했다. 배우 섀년 도허티보다 더 짧은 결혼 생활이라니! (도허티의 첫 결혼 생활은 6개월 남짓.)

말년에 가리발디는 평화주의자가 되었고, 여권 신장, 인종 간 평등, 종교의 자유 등을 옹호했다. 그만하면 나쁘지 않다. 아니, 지금까지 내가 알게 된 혁명가들 가운데 가장 좋아할 만한 인물이다.

그러나 내가 가리발디에 관해 알게 된 가장 흥미로운 사실은 따로 있다. 1861년 7월, 에이브러햄 링컨이 가리발디에게 연방군, 즉 북군 장군이 되어 달라 요청했다는 거 아닌가. 가리발디는 링컨의 요청을 거절했다. 링컨이 노예해방 조치를 취하지 않은 상태였던 것도 하나의 원인이며, 가리발디가 북군 총사령관이 되고 싶어 했기 때문이기도 하다.

이거 참 흥미진진한 이야기다. 이탈리아인이 북군을 승리로 이끌었다면? 남부 사람들이 이탈리아에 대한 지독한 반감을 품게 되지 않았을까? 앨라배마 주에는 피자 가게가 발을 못 붙이지 않았을까? 뭐 이런 역사의 가정법 때문만이 아니다. 나에게는 '정직한 에이브(링컨)'의 삶에 가리발디가 깜짝 카메오로 등장한다는 사실 자체가 흥미롭다. 난 이런 종류의 깜짝 등장을 무척이나 좋아한다. 시트콤에 대스타가 깜짝 특별 출연한 것이나 마찬가지 아닌가. 브리태니커에는 그런 시트콤이 제법 있다. 유명한 인물들 사이의 예기치 못한 관계.

이를테면 작가 아서 코넌 도일은 마술사 해리 후디니와 앙숙 관계였다. 비학秘學을 혐오했던 후디니는 코넌 도일이 여는 강령회가 협잡에 지나지 않는다고 생각했던 것이다. 한편 윈스턴 처칠은 작가 이언 플레밍의 아버지를 위한 추도문을 작성했다. 그리고 바흐와 헨델은 같은 돌팔이 의사에게 치료 받았다. 영국 시인 존 던(1572~1631)의 말마따나 "인간은 섬이 아니다." 내가 결코 홀로 떨어진 섬이 아니라 거대한 그물의 한 부분이라는 사실에 안도감을 느낀다. 그 거대한 그

물은 때로는 어긋나기도 하지만 대체로 튼튼하고 아름답다. 아바스 왕조 시대에 직조한 최고 품질의 페르시아 카펫처럼 말이다.

Garrick, David
개릭, 데이비드

18세기의 유명한 셰익스피어 연극배우로, 드루어리 레인 극장을 운영했다. 그는 관객들을 '개혁'하려 했다. 일찍 자리에서 일어나 나가는 관객들에게 입장료를 깎아주는 당시의 관행을 고치려 했던 것이다. 나는 이 사나이가 맘에 들지 않는다. 그의 개혁은 끔찍하다. 개혁이 아니라 개악이다. 오히려 오늘날의 극장이 그 문제의 개혁 이전으로 돌아가야 한다고 생각한다. 두 시간짜리 영화라면 한 시간만 보는 관객에게는 반값만 받아야 한다. 30분만 본다면 관람료의 4분의 1만 받아야 한다. 그리고 10분 정도 지나 떠나는 관객에게는 극장 측이 돈을 지불해야 마땅하다. 문제는 관객이 아니라 공연물 자체에 있다. 오죽하면 10분 만에 자리를 박차고 일어설까?

gazpacho
가스파초

브리태니커를 읽는 게 힘겹다. 무엇보다도 시간이 너무 많이 걸린다. 글자는 작고 페이지는 두꺼우며 다음절 단어가 너무 많다. 수풀이 빽빽하게 우거진 정글을 걸어가는 것과 같다고 할까. (아마존 열대림은 그렇지 않다. 뜻밖에 아마존 삼림의 지표 부분은 성긴 편이다. 물론 수풀의 윗부분이 워낙 무성해 햇볕이 잘 들지 않을 정도지만.) 브리태니커 작전 진행 속도는 더디기만 하다. 뭔가 돌파구를 마련해야 한다.

그래서 나는 뉴욕의 사설 성인교육 기관인 러닝 어넥스에 등록하기로 했다. 수강료가 44달러인 속독 과정을 수강하기로 한 것이다. 두 배 정도만 읽는 속도가 빨라져도 얼마나 좋을까. 누가 알겠는가? 내가 속독 챔피언이 될지 말이다. 화요일 저녁 레스라는 이름의 강사가 진행하는 수업이다. 레스는 에블린 우드 속독 과정의 창안자들 가운데 한 사람이다. 레스는 200만 명 이상이 그 과정에서 훈련 받았다고 자랑했다. 그 가운데는 케네디 대통령, 존슨 대통령, 닉슨 대통령, 카터 대통령도 있다고 한다. 레스가 말했다. "카터는 노벨상도 받았죠. 물론 이 과정이 노벨상을 보증하는 건 아닙니다만."

수강 열기는 사뭇 뜨거웠다. 20명쯤 되는 수강생들은 각자 자신의 읽을거리를 가지고 왔다. 수강생 면면이 다양한 만큼 읽을거리도 가지각색이었다. 한 여성은 앨 고어의 《위기의 지구》를 가지고 왔고, 마키아벨리의 《군주론》을 들고 온 사람도 있다. 그리고 한 남성은 남성 잡지 〈맥심〉을 들고 있었다. 아마도 그 남자는 책을 빠르게 읽고 싶어 하는 게 아니라 자위 행위를 보다 빠르게 해치우고 싶은 게 아닐까? (나중에 보니 그는 쉬는 시간에 읽기 위해 그 잡지를 가져왔다. 그가 수업 시간에 읽으려고 가져온 것은 간호사 복장을 한 모델들이 주인공으로 등장하는 이상야릇한 소설이었다.) 나는 가방에서 브리태니커를 꺼내 책상 위에 여봐란듯이 내려놓았다. 그러나 아무도 나를 주목하지 않는 것 같았다.

레스는 뭐랄까, 거북이, 큰 거북이처럼 생겼다. 그의 줄무늬 셔츠에 달린 단추가 거슬렸다. 그의 부푼 복부의 압박 때문에 당장이라도 단추가 튀어나올 것 같다. 딴전 피우는 수강생의 두 눈을 향해 발사될 것 같은 불안감. 내가 안경을 끼고 수업에 임했다는 게 다행스럽다.

내가 처음 배운 것은 레스가 말을 할 줄 안다는 사실이었다. 그는 먼저 자신이 가르쳤던 수강생 가운데 외눈의 대기업 중역이 있었다고 말했다. 외눈인 사람도 속독에 능할 수 있으니 열심히 배워보라는 격려일까? 그리고 역시 자신의 수강생들 가운데 인세 수입을 300만 달러나 올린 주부도 있었다는 말을 했다. 평범한 주부도 속독법을 익히면 베스트셀러 작가가 될 수 있다?

수강생 성공 사례를 한참 말한 뒤 비로소 레스는 강의 주제에 관해 말하기 시작했다. "천천히 읽을수록 더 많은 걸 기억할 것 같지요? 그렇습니까? 오! 오! 아닙니다. 천천히 읽을수록 이해도가 떨어집니다." 레스는 수강생들을 한 번 둘러보았다. 자기 말에 회의적인 태도를 보이는 사람이 없나 살피는 눈치였다. "여러분의 두뇌는 강력합니다. 하지만 그 강력한 두뇌를 썩히고 있어요. 신형 페라리 스포츠카를 시속 30마일로 운전하는 꼴이란 말입니다. 제 딸이 운전하는 방식이라 할까요. 한쪽 발은 브레이크에, 한쪽 발은 가속기에 놓고 말이지요. 멈췄다 전진했다, 멈췄다 전진했다, 늘 그 꼴이란 말입니다. 빨리 읽을수록 이해도가 높아집니다. 천천히 읽으면 두뇌가 지겨워해요. 그리고 딴생각을 하게 되지요. 책을 읽으면서 두뇌는 파티장에 가 있는 꼴이 되는 겁니다."

나는 이 대목에서 고개를 끄덕였다. 레스가 뭔가를 보여주리라 기대했다. 신형 페라리 스포츠카 같은 내 두뇌는 그의 말을 재빠르게 이해했다. 이제 시동을 걸고 속도를 내리라. 그러나 정작 레스는 좀처럼 속도를 내지 않았다. 이 주제에 관해 시시콜콜 중언부언하는 것이었다. 그러는 사이 내 두뇌는 백화점과 파티장과 그 밖의 다른 곳으로 떠나갔다. 레스는 속독의 달인인지는 몰라도 빠르게 가르치는 선생은 결코 아니었다.

드디어 레스가 우리에게 강의가 시작될 무렵 나눠준 기구를 집어들라고 말했다. 그것은 시가 모양을 한 은색의 레이저 포인터였다. 레스가 사뭇 감격스런 목소리로 말했다. "이건 정말 혁명적인 도구입니다. 우리는 이걸 레이저 마스터라 부르지요. 자! 우리 모두 레이저 마스터에게 인사할까요? 안녕, 레이저 마스터!" 수강생들이 일제히 그 말을 따라 했다. "안녕, 레이저 마스터!" 수강생들이 레이저 마스터의 버튼을 누르자 강의실이 붉은색 점들로 가득 찼다.

"이건 하늘에서 그냥 떨어진 물건이 결코 아닙니다. 우린 10년 동안 연구했어요. 눈은 움직이는 것을 따라가게 되어 있습니다. 왜냐? 아프리카의 사바나에 살던 우리 조상들이 나무에서 내려온 다음, 죽지 않기 위해 애썼기 때문입니다. 사방에 적들이 넘쳐났어요. 사자도 있고 호랑이도 있었지요. 아! 공룡은 아닙니다. 공룡은 이미 오래전에 멸종됐으니까요. 우리 조상들은 그런 적들과 갖가지 위험을 빨리 알아채야만 했습니다. 왜냐? 죽지 않기 위해서! 오늘날 우리를 이렇게 만든 게 신이든 진화든 상관없습니다. 중요한 건 우리가 주요 시선의 바로 바깥쪽 범위의 시야, 즉 주변 시력이라는 걸 갖게 되었다는 거죠. 제가 너무 많은 걸 알려드렸나요? 너무 어렵고 복잡한가요?"

절대 그렇지 않으니 안심하시라, 레스 선생. 그가 말을 이었다. "제가 초등학교 고학년생을 가르칠 때도 있는데요, 레이저 마스터를 코 위에 올려놓지 말라고 주의를 주곤 한답니다. 그러면 녀석들은 귀에다 레이저 마스터를 꽂으려 해요. 하하하!" 나도 웃으며 고개를 끄덕였다. 나는 그 어떤 구멍에도 레이저 마스터를 집어넣지 않으리라. 여하튼 레스의 설명에 따르면 레이저 마스터는 주변 시야를 넓혀주며, 이에 따라 한 번에 여러 단어를 읽을 수 있게 된다는 것이다. 그는 이에 관해 장황하게 설명했다.

레스는 수강생들에게 그 대단한 레이저 마스터를 직접 사용해보게 했다. 나는 브리태니커의 G 항목을 펼쳤다. 레스가 60초를 쟀다. 나는 텍스트의 행을 따라 붉은 점을 움직이며 가능한 한 한꺼번에 여러 단어를 읽으려 했다. 나는 '가제보'(gazebo: '보다'라는 뜻의 라틴어 '가제'와 라틴어의 1인칭 미래형 접미사, 그러니까 영어의 'I shall'에 해당한다고 할 수 있는 '에보'ebo를 붙여 만든 말로, 전망대 혹은 멀리 내려다볼 수 있게 높은 곳에 세운 정자 등을 뜻한다), 아랍어로 젖은 빵을 뜻하는 '가스파초'gazpacho 등을 읽었다. 레스가 "이제 그만!" 하고 말했을 때 나는 라이베리아의 도시인 그방가gbarnga에 관해 막 읽기 시작했었다. 솔직히 나는 레이저 마스터의 도움으로 보다 빨리 읽었는지 알 수 없었다. 그러나 문제를 일으키기 싫었기 때문에 전보다 빨리 읽은 것 같다고 말했다.

레스는 레이저 마스터를 조심히 다뤄달라고 말했다. 알고 보니 그건 우리가 가져가는 게 아니었다. 레스의 웹사이트에서 20달러에 판매하는 상품이었던 것이다. 물론 강의실 현장에서 구입하는 것도 가능하다. 그는 계속해서 주변 시야와 레이저 마스터에 관해 장황하게 늘어놓았다. 이렇게 가다가는 한도 끝도 없을 것 같았다. 속독법이 아니라 레이저 마스터의 효용에 관해 들으러 온 건 아니지 않은가. 바로 그때, 진홍색 바지를 입은 한 러시아 여성이 손을 들고 말했다.

"계속해서 이것만 말씀하시네요. 그 밖에 새로운 건 하나도 말씀하지 않으셨어요."

오우! 그렇다. 바로 내가 말하려던 게 그거란 말이다. 그 여성은 감히 레스에게 도전했다. 힘내라 러시아 여성! 할렐루야!

그러나 레스는 즉시 반격했다. 그의 목소리는 사뭇 날카로워졌다. "대부분의 사람들이 한 번에 한 가지 이상의 전략을 구사할 수 없답니다. 그러니 지금 당장은 제가 제시하는 전략에 집중하는 편이 나을 겁니다. 원하신다면 지금 강의실을 떠나도 좋습니다. 그러나 후회하실 걸요. 이제 두 번째 전략으로 들어가려는 참이니 말이지요."

그 러시아 여성은 더 이상 아무 말도 하지 못했다. 수강생 가운데 그녀의 반란에 동조할 만한 사람이 있는지 둘러보았지만, 모두들 침묵했다. 그 러시아 여성이 강의실 안을 휘저을 혁명에서 트로츠키가 되기를 바랐지만, 기대는 허사였다. 다른 사람들은 그녀를 쓸데없이 문제를 일으키는 성가신 존재 정도로 보는 눈치였다. 그렇다. 대부분의 사람들은 권위에 복종하는 성향을 갖고 있다. 그 권위를 뒷받침하는 게 알고 보면 허풍과 과장인데도 말이다.

잠깐의 휴식 시간 뒤 레스는 새로운 전략을 가르치기 시작했다. 그러나 그 새로운 전략이란 속독과는 아무 상관이 없어 보였다. 이를테면 종이 위에 손을 올려놓고 펜으로 그 윤곽을 따라 그리는 것 따위다. 이건 유치원생들이나 하는 게 아니던가. 그 밖에 "맨 헤이 쉰"이라는 주문을 외우며 명상하는 방법도 알려주었다. 레스는 이 주문을 TV 시리즈 〈웨스트윙〉에 나오는 배우 마틴 쉰의 이름과 연관 지으며 떠벌렸다. 마틴 쉰, 맨 헤이 쉰. 잠결에 일어나 비몽사몽간에 마틴 쉰을 발음하면 그런 소리가 나올 법하다. 레스의 장광설이 이어졌다. "인도의 힌두교도들은 이 명상법을 2,500년 동안 시행해왔다는 거 아닙니까. 그들이 얼마나 영리해 보이는지 알지요? 하긴, 정말로 그들이 영리한지 알기는 힘들지만, 적어도 그들은 바싹 여위었어요. 힌두교도들이 얼마나 여위었는지는 알고 계시지요?"

우리는 고개를 끄덕였다. 그렇다. 힌두교도들은 대부분 여위었다. 그러나 이게 도대체 속독과 무슨 상관이지?

오! 그래. 우리는 한 가지 중요한 걸 또 배웠다. 이 강의에서 가장 중요한 사항이라고 할 수 있다. 정말로 빨리 읽게 되기를 바란다면, 395달러의 수강료를 내고 레스의 주말 강의에 등록해야 한다는 위대한 가르침이었다. 이제야 비밀이 풀렸다. 그 말을 듣는 순간 미몽의 구름이 걷히고 모든 게 분명해졌다. 오늘 밤 강의는 진짜 강의, 훨씬 더 비싼 강의를 위한 일종의 예비 과정, 아니 정확히 말해서 홍보 시간이었던 거다. 제기랄! 나는 브리태니커를 가방에 넣고 머리를 절레절레 흔들었다.

강의실 밖으로 나오면서 나는 레스에게 한 방 먹이고 싶은 심정을 억누를 수 없었다. 나는 수강생들에게 나누어준 강의 자료에 잘못된 점이 있다고 지적했다. 비행기 자동조종 장치를 작동시키며 책을 읽다가는 대참사가 들이닥칠지도 모른다고 경고하는 문장이었다. 내가 그에게 말했다.

"'wrecks havoc'은 'wreaks havoc'(파괴하다, 엉망으로 만들다, 황폐화시키다, 재난이 엄습하다)으로 고쳐야 하는 거 아닙니까?"

"그렇게 생각하세요?"

"그렇다니까요."

"그렇군요. 그 철자가 w-r-e-e-k인가요?"

"아닙니다. w-r-e-a-k입니다."

"그래요, 맞아요. 내 비서에게 꼭 말해두겠습니다."

한 방 먹인 것 같아 기분이 좀 나아지기는 했다. 그러나 영 씁쓸한 건 어쩔 수 없었다. 더러운 데에 몸을 담그고 난 직후의 기분이라 할까. 나는 전철을 타고 집으로 돌아오면서 레이저 마스터를 열차 안 포스터에 쏘아댔다. (그렇다. 난 한심한 놈이다. 이 지랄 같은 걸 구입했다.) 이후 며칠 동안 나는 레이저 마스터를 이용해 G 항목을 읽어 보았지만, 불편하고 부자연스럽기 그지없었다. 결국 새로운 방법을 깨끗이 포기했다. 설혹 내 읽기 속도가 조금 빨라졌다 해도, 그렇게 해서 아낀 시간의 총량은 내가 레스의 강의에서 허비한 세 시간에 훨씬 못 미칠 게 틀림없다.

General Grant National Memorial
그랜트 장군 국립기념관

누군가 내게 이렇게 물어주기를 간절히 바라고 있다. "그랜트 무덤엔 누가 묻혀 있나요?" 나는 이제 이렇게 답할 수 있다. "그랜트 무덤에는 율리시스 S. 그랜트가 묻혀 있지요. 그의 아내 줄리아 덴트 그랜트도 함께 묻혀 있답니다. 1897년 완공된 이 무덤을 짓는 데 60만 달러의 돈이 들었고, 높이는 45미터에 달합니다."

Genghis Khan
칭기즈칸

나는 이 주제에 각별한 관심을 기울였다. 아버지가 칭기즈칸에 심

취해 있기 때문이다. 당신의 서가에는 사실상 칭기즈칸 섹션이 마련
돼 있을 정도다. 나는 아버지가 브리태니커에 나오는 칭기즈칸 관련
지식 정도는 모두 알고 있으리라 믿어 의심치 않는다. 칭기즈칸이 핏
덩어리를 손에 쥐고 태어났다는 것도 아버지는 분명히 알고 계실 것
이다. 핏덩어리를 쥐고 태어난 것은 행운의 징조였다. 칭기즈칸이 타
타르를 정복할 때 수레의 굴대 높이보다 키가 큰 모든 사람을 죽여버
렸다는 것도 아버지는 알고 계실 것이다. 디즈니랜드의 놀이 기구를
떠올려 본다. "표시된 신장 이상의 사람만 이용하실 수 있습니다." 이
걸 칭기즈칸 식으로 바꾸면 "표시된 신장 이상의 사람은 다 죽입니다."
　아버지의 칭기즈칸에 대한 관심은 정말 뜻밖이다. 내가 아는 한,
아버지처럼 전사나 전쟁과 거리가 먼 사람도 드물다. 아버지가 행하
는 가장 폭력적인 일은 스테이플러로 종이 뭉치를 철하는 일이다. 만
일 아버지가 칭기즈칸 군대에 속해 있었다면 틀림없이 심각한 곤란
을 겪었을 것이다. 예컨대 적군 살상 책임 할당량 같은 게 있었다면
아버지는 자기 몫을 채우지 못해 늘 질책당했으리라. 나는 태어나 지
금까지 아버지가 말을 타는 걸 본 적이 없다. 어느 모로 보나 아버지
는 페스트에 감염돼 죽은 사람의 시신을 적군의 성벽 너머로 날려보
낼 수 없는 사람이다.
　브리태니커에 나와 있는 칭기즈칸에 관한 내용만으로는, 아버지가
왜 칭기즈칸에 심취해 있는지 이해하기 힘들다. 나에게는 칭기즈칸
이 또 한 사람의 성공적인 폭군, 그 일생이 약탈과 살인으로 점철된
폭군으로 보이는데 말이다. 그런데 아버지는 왜 하필 칭기즈칸인가?
이 미스터리를 풀고야 말리라 단단히 마음먹고 아버지에게 여쭈어

보았다. 사실 내가 아버지에게 이렇게 진지한 질문을 이렇게 진지하게 하는 건 매우 드문 일이다. 이 질문에 대한 아버지의 대답을 통해 내가 아버지를 좀 더 깊이 알게 될지도 모른다.

"글쎄다. 난 그의 옷차림이 맘에 든다."

에잇, 아버지도 참. 그걸 나보고 믿으라고?

"음, 게다가 춤도 참 잘 추었다지 않니. 짧고 빠르고 활발하게 펼쳐지는 그의 춤을 봤어야 하는데."

아버지! 제발! 전 정말 알고 싶단 말입니다. 아버지는 내 질문이 우리 부자 관계에서 지극히 예외적인 요구에 해당한다고 여기신 걸까? 아마 그렇게 여기신 것 같다. 그리고 질문을 마뜩찮아하신 것 같다. 그러나 나의 거듭된 간청에 아버지는 잠시 생각해보시더니 두 가지 까닭을 말씀하셨다.

첫째, 많은 사람들이 칭기즈칸에 관해 잘 모르고 있다. 바로 그 점에 이끌렸다. 둘째, 무자비한 폭군이기도 했지만 그는 문명의 전파와 교류에 중요한 구실을 했다. 이른바 팍스 몽골리아, 즉 몽골의 평화를 이루어 동서 교역로를 활짝 열어놓았다는 것이다.

음, 그랬구나. 그런 까닭이 있었구나. 생각해보면 아버지가 말씀하신 까닭을 나도 어느 정도 공유하고 있다. 나도 아버지와 마찬가지로, 아직까지 많은 사람들이 관심을 기울이고 있지 않은 지식의 영역을 파고드는 걸 좋아한다. 통념으로 굳어져 있는 정보의 이면에 뭔가 새롭고 깊은 정보가 있으려니 생각하고 그걸 추구하는 것도 좋아한다. 뭔가 진전을 이룬 느낌이다. 무엇보다도 아버지에게 감사드리고 싶다.

George III
조지 3세

이 영국 왕은 습관적으로 말끝을 "뭐, 뭐, 뭐?"로 맺곤 했다. 줄리와 말할 때 이걸 써먹어야겠다고 생각했다. 특히 종이 타월이 정확하게 찬장의 어느 지점에 놓여 있어야 한다는 등의 주제로 다툴 때 말이다. 그러나 실제로 그렇게 해보니 정말 괴로웠다.

gerbil
게르빌루스 쥐

아프리카 게르빌루스 쥐가 선페스트를 옮긴다고 말하는 사람도 있다. 그러나 모든 설치류들 가운데 게르빌루스 쥐가 특별히 부정적으로 받아들여져야 할 까닭은 없다. 선페스트를 옮기는 게 게르빌루스 쥐만의 전담 업무였던 것도 아니니 말이다.

Gettysburg Address
게티즈버그 연설

대부분의 미국인들과 마찬가지로 나도 이 유명한 연설의 첫 부분 "지금으로부터 87년 전"이라는 문구를 기억하고 있다. 그러나 고등학교 졸업 이후 이 링컨의 연설을 한 번도 읽어보지 않았다. 브리태니커에 연설 전문이 실려 있다. 과연 그 명성에 부합하는 멋진 연설이다. 링컨은 말한다. "세상은 오늘 우리가 여기 모여 무슨 말을 했는지 별로 주목하지도, 오래 기억하지도 않겠지만 그 용감한 사람들이 여기서 수행한 일이 어떤 것이었던가는 결코 잊지 않을 것입니다."

그러나 세상은 연설에 각별히 주목해왔고, 오래 기억해왔다. 더구나 링컨의 말과 달리 게티즈버그 전투 자체보다도 연설을 더 분명하고 자세하게 기억하고 있다. 이런 일종의 아이러니를 내가 고등학교 시절에 간파했던가? 그런 것 같기는 한데 잘 생각나지 않는다.

이것이 이 연설에 관해 내가 알게 된(혹은 잊어버렸다가 다시 알게 된) 가장 놀라운 점은 아니다. 링컨은 당시 미 합중국 대통령이었으면서도 그날의 주 연사가 아니었다는 사실이 가장 놀랍다. 매사추세츠 전 의원이자 하버드 대학 총장 에드워드 에버릿이 그날의 주 연사로서 두 시간에 걸쳐 연설했다는 거 아닌가.

불쌍한 에버릿. 그는 여러 주에 걸쳐 연설문을 다듬느라 여념이 없었을 것이다. 아내 앞에서 연설을 연습해보기도 하면서 고치고 또 고쳤을 것이다. 연단에 오른 그는 온갖 제스처를 구사하며 목도 축여가며 두 시간 동안 열변을 토했을 것이다. 연설의 마지막은 그런 연설이 대부분 그렇듯 웅장한 수사학을 다 동원한 감동적인 피날레로 장식했을 것이다. 청중들을 감동의 도가니로 몰아넣었다며 흡족해했을 것이다. 그러나 그는 링컨의 2분짜리 게티즈버그 연설 직전에 쓸데없이 장황하게 지껄인 사람으로 기억될 운명이었다.

2시간 대 2분이라. 의미심장하다. 그렇다. 짧을수록 좋다는 내 지론을 뒷받침해주는 역사적 일화가 아닐 수 없다. 140년 전에도 사람들이 집중할 수 있는 시간은 포유류 중 가장 가벼운 뒤쥐 종류의 크기 정도에 불과했다는 거 아닌가. 140년 전에도 사람들은 연설 따위가 빨리 지나가는 걸 좋아했다는 거 아닌가.

지금도 난 90분 이상 길이의 영화를 보느라 자리를 지키는 게 고역이다. 레스토랑에서도 주 요리가 나올 때쯤이면 나는 계산할 준비를 한다. 30분짜리 TV 시트콤을 볼 때도 마찬가지다. 한 가지 비법을 공개하자면, 프로그램의 대화 내용을 자막으로 처리해주는 클로즈드

캡션 기능을 선택하고 VCR이나 디지털비디오녹화기 티보 셋톱박스의 빠르게 가기 버튼을 누른다. 그렇게 하면 모든 대사를 읽을 수 있다. 30분짜리 시트콤이라면 보통 8분 정도에 그 대사 내용을 다 읽을 수 있다. 〈에스콰이어〉의 동료들이 4,000단어짜리 긴 글보다 짧은 아이템을 좋아하는 나를 놀려댈 때면, 나는 불쌍한 에드워드 에버릿을 떠올린다. 그나저나 이 주제에 너무 오래 머물렀다. 이제 다른 주제로 빨리 가자.

giraffe
기린

"기린의 목소리를 들을 수 있는 경우가 워낙 드물기에 사람들은 기린은 목소리를 내지 않는다고 여긴다. 그러나 기린은 신음 소리 비슷한 낮은 목소리를 낼 수 있다." 이거 유익한 정보다. 아이들하고 놀 때 써먹어야겠다. "소는 '음매' 하고 말하지, 고양이는 '야옹'이고 말이야. 그렇다면 기린은 말이지……. (주의할 점. 아이와 놀 때니 사람이 성행위 때 내는 신음 소리와는 다른 신음 소리를 내야 한다.)"

glottal stop
성문 파열음

음성학에서, 후두의 성문聲門을 닫을 때 공기 흐름이 순간적으로 멈추면서 나는 소리를 뜻한다. 뉴욕의 브루클린 토박이나 런던 토박이들은 '바틀bottle'을 '바흐을'에 가깝게 발음한다. 이때 그들은 성문 파열음을 내고 있는 것이다. 그런데 여기에는 사소한, 그러나 어떤 의미에서는 좀 잔인한 아이러니가 있다. 성문 파열음을 구사하는 사람들은 성문 파열음이라는 단어 자체, 그러니까 '그라틀 스톱'을 정확하게 발음할 수 없다는 점이다. 그들은 아마 '그라흐을 스톱' 정도로 발음할 것이다. 그라틀 스톱이라는 명칭을 누가 고안해냈는지는 몰라도, 만일 그가 일부러 그랬다면 지독한 장난꾸러기이거나 잔인한 사람이다.

Glyndwr
그린두어

웨일스의 한 지역. 웨일스어의 모음이 이렇게 영어와 다르고 복잡하다니! 누구 웨일스어 모음 좀 사갈 사람 없나?

Goethe
괴테

나의 브리태니커 작전은 어디까지나 브리태니커 종이 책을 무기삼아 진행된다. 브리태니커 시디롬은 작전 계획 안에 들어 있지 않다는 뜻이다. 아주 예외적으로 시디롬으로 읽을 때가 있기는 했는데, 괴테가 바로 그렇다. 사무실에 있을 때였다. 당연히 컴퓨터를 사용하고 있었다. 점심시간에 모처럼 여유가 생겨 브리태니커 시디롬을 돌려볼까 하는 생각이 들었는데, 유혹을 이기기 힘들었다. 그때의 심정이란, 젊고 멋진 여성과 바람피우는 심정 바로 그것이었다. 종이와 잉크로 만들어진 나의 친애하는 오랜 벗, 브리태니커 종이 책에 대해 사과라도 해야 할 것 같다. 집에 들어갈 때 꽃다발을 사서 브리태니커에게 바쳐야지.

브리태니커를 읽기 전에도 괴테에 관한 이런저런 사항들을 알고 있었지만, 이름의 발음을 잘못 알고 있던 때가 있었다. 고등학교 시절 얼마 동안 나는 교재에 나오는 고에타(괴테)라는 인물과 벤더 선생님이 말씀하신 게르타라는 독일 작가, 이렇게 두 사람이 있다고 생각했던 것이다. (벤더 선생님, 제발 발음 좀!) 그러나 그 두 사람이 모두 《젊은 베르테르의 슬픔》을 썼다는 걸 알게 된 다음부터, 그들이 동일인이라고 짐작했다.

괴테의 자세한 경력을 알고 나면, 그가 사람들에게 이름의 발음을 설명하느라 허비할 시간이 없었다는 걸 잘 알 수 있다. 비평가, 저널리스트, 화가, 극장 감독, 정치인, 교육가, 연금술사, 군인, 점성가, 소설가, 작사가, 철학자, 식물학자, 생물학자, 색채 이론가, 광산 감독자, 군복 전문가에 이르기까지, 도대체 괴테가 하지 않은 일이 무언지 궁금할 지경이다. 뭐 여하튼 좋다. 그는 적어도 관개시설 전문가는 아니었다. 오! 잠깐만. 내 착오다. 그는 관개시설 감독자이기도 했다.

다양한 분야에 걸쳐 뛰어난 다재다능의 인간, 즉 '르네상스인'이라는 개념은 괴테 같은 사람에게 딱 어울린다. 아니 그 이상인지도 모른다. 안 그래도 만능 재주꾼인 사람이 각성제를 복용해 불철주야 자기 능력 이상을 발휘한 경우라 할까. 도대체 한 인간이 일생을 통해 어떻게 그 많은 일을 감당해냈는지 불가사의하다. 고용주들이 요구하는 한 페이지짜리 이력서가 도저히 감당할 수 없는 다양하고 화려한 이력. 괴테의 이력은 대표적 르네상스인으로 일컬어지는 레오나르도 다 빈치를 게으름뱅이로 만들 지경이다.

그리고 그는 나에게 질투심을 불러일으킨다. 나는 특정 분야에 매몰되지 않고 다양한 분야에 두루 능통한 사람이 되고 싶었다. 대학 시절 나는 개론과 입문 강의에 무척 열심이었다. 사회학 개론, 인류학 개론, 수학 개론 기타 등등. 4학년이 되자 친구들은 모두 〈세르반 테스의 전 작품에 나타난 조류鳥類의 기호학〉 같은 고급 세미나에 참여했지만, 나는 신입생들 사이에 앉아 '영어를 간신히 말할 수 있는 사람을 위한 심리학' 같은 과목을 수강했다. 대학 졸업 후 저널리스트가 된 것도 부분적으로는 내가 제너럴리스트로 남을 수 있으리라는 기대 때문이었다. 그러나 저널리즘 세계도 르네상스인의 삶과는 거리가 멀다. 이 분야에서 10년을 일했어도 색채 이론에 관해 깊이 생각해본 적도 없고, 관개 시스템을 감독해달라는 요청을 받은 적도 없다.

나의 아버지도 르네상스인을 지향하신다. 당신이 이수한 다종 다양한 학위 과정과 획득한 수료증을 보면 알 수 있다. 어머니가 그런 아버지를 뜯어말려 정규직 일자리를 갖도록 설득하는 데 실패했다면, 아버지는 지금도 여전히 학위 과정을 이수하거나 수료증을 따는 데 전념하고 계실 가능성이 크다.

아버지는 시대를 잘못 타고나신 것 같다. 20세기 이전의 사람들은 거의 모두 적어도 한 가지 이상의 일을 겸했다. 그것도 주 직종과는 아무 상관없는 일이었다. 브리태니커에서 읽은 것들을 예로 들어 본다.

시인/기상학자

변호사/천문학자

선주船主/사회학자

작사가/연체동물 연구 과학자

글꼴 디자이너/꼭두각시 부리는 사람

해적/과학자

오늘날에는 전문 분야를 특화시켜야 할 뿐 아니라, 자기 전문 분야 안에서도 더욱 전문화되어야 한다. 그러니 다른 분야에서도 능한 제너럴리스트로서의 연체동물 연구 과학자는 나오기 힘들 것이다. 동북부 연안에서 조개를 캐면서 조개 생식 분야 과학자가 되는 것으로 만족해야 할 것 같다. 나의 브리태니커 작전은 어떤 의미에서 전문화의 강한 추세와 싸우려는 노력, 르네상스인의 부활을 꾀하는 프로젝트이기도 하다. 그러나 괴테에 관해 읽고서 나는 그가 활동한 영역의 4퍼센트 정도라도 건드릴 수 있으면 다행이라는 걸 깨달았다. 슬픈 일이다.

과학에 관해 괴테가 쓴 글만 책으로 14권에 달한다는 얘기를 했던가? 그런 와중에도 괴테는 궁정 관리의 아내 샬롯테 폰 스타인에게 1,500통의 열정적인 편지를 보낼 시간도 냈다. 괴테의 《파우스트》에서 이끌어낼 수 있는 교훈이 지식을 과도하게 추구하면 위험할 수도 있다는 것이던가? 고등학교 시절에 그렇게 배웠다. 그러나 괴테의 삶을 보건대 정작 그 자신이 지식을 향한 채워지지 않는 목마름에 시달렸다는 걸 알 수 있다. 그리고 그는 훌륭하게 성공적으로 지식을 추구했다.

Gospel
복음

가끔이지만 내 직업에서 즐거움을 느낄 때도 있다. 이를테면 포도 재배업자가 와인 몇 병을 보내올 때가 있다. 매달 연재되는 와인 칼럼에서 다루어 달라는 무언, 아니 유언의 부탁인 셈이다. (포도 재배업에 종사하는 분들도 이 책을 읽고 있을지 모르니 이참에 〈에스콰이어〉 주소를 알려드리는 바이다. 1790 Broadway, 13th floor, New York, NY 10019. 참고로 말씀드리면 나는 쇼비뇽 블랑을 좋아한다.) 그러나 대부분의 업무는 지루하다. 잔디가 자라는 걸 지켜보고 있는 것만큼이나 지겹다.

편집자로서 나는 내가 맡고 있는 섹션에 수록할 글 각각을 43번쯤 읽어야 한다. 모든 문장의 의미가 맞아떨어지고 제자리를 잡아 잡지에 수록되기까지 그런 과정을 거쳐야 하는 것이다. 오늘은 밀리터리 스타일의 구두를 소개하는 글을 검토했는데, 휠whorl이라는 단어가 나온다. 휠? 그거 참 이상한 단어다. 허얼whore-l! 워얼wore-l! 우우얼 wooorl!

브리태니커를 읽다 보면 내가 하는 일에 대한 새로운 전망을 얻게 되기도 한다. 편집의 힘을 새삼 일깨워주는 것이다. 이를테면 1870년의 엠스 전보가 있다. 프러시아 총리 오토 폰 비스마르크는 중요한 외교 회합을 보고하는 그 전보 내용을 제멋대로 편집해버렸다. 비스마르크는 프랑스와 전쟁을 하기 위해 전문을 고쳐서, 프랑스 대사가 프로이센 국왕을 모욕했다는 인상을 주는 내용으로 바꾸어 신문에 발표했던 것이다. 그 결과 프로이센의 국민 여론은 프랑스에 대한 강경론으로 기울어졌고, 프랑스 측의 여론도 프로이센과의 전쟁을 불사한다는 쪽으로 기울었다. 결국 프랑스-프로이센 전쟁이 발발했다. 물론 한 사람의 편집자로서 내가 전쟁을 촉발시키고 싶다는 건 아니다. 그러나 역시 한 사람의 편집자로서 알아둘 만한 일이 아닌가.

다른 예로 B 항목에서 읽었던 사악성서邪惡聖書가 있다. 이것은

1631년에 출간된 악명 높은 성서 판본이다. 문제가 뭐였냐고? 십계명이 실려 있는 출애굽기 20장의 14절 문장에서 'not'을 빼버렸다. 그 결과 십계명 가운데 한 계명이 이렇게 바뀌어버렸다. "그대는 간음할지어다." 편집자들이여! 조심하고 또 조심할지어다. 편집상의 사소해 보이는 실수 하나로 인해 온 나라 남성들이 이웃의 아내와 간음하는 상황을 초래할 수도 있으니.

문제의 사악성서를 곧이곧대로 읽은 17세기 영국 사람들이 이렇게 생각했을지 누가 알겠는가. 그래! 어느 누구도 죽이지 말아야지. 살인은 안 돼! 우상도 숭배하지 말아야지. 그리고 결혼한 여인과 성관계를 가져야겠어. 간통을 하는 거야. 제7계명을 준수해야 하니까. 그런데 하느님이 내가 농부 존의 아내와 간음하는 걸 더 기특하게 여기실까? 아니면 교구 목사 제베디어의 아내와 간음하는 걸 더 기꺼워하실까? 생각 좀 더 해봐야지.

나는 궁금하다. 이 일로 300파운드의 벌금을 낸 출판업자는 정말로 실수를 한 걸까? 아니면 하느님의 계명을 가지고 고의로 장난을 친 걸까? 문제의 출판업자는 처음에 "살인하지 말라"는 계명을 "엎지르지 말라"는 계명으로 바꿔놓으려 했을지도 모른다. 만일 그랬다면 차를 따르고 마실 때 사람들이 무척이나 주의를 기울였을 것이고, 대신 살인 사건은 늘어났을 것 같다. 그러나 그는 결국 간음하지 말라는 계명을 건드렸다. 살인 사건이 늘어나는 것보다는 나은 일이라 판단한 걸까? 그런 것 같기도 하다. 편집의 힘! 다시 한 번 눈을 부릅뜨고 내가 읽고 있는 문장 하나하나, 단어 하나하나에 온 정신을 집중해야겠다. 편집자로서의 책임의식이 용솟음치는 걸 느낀다.

그레이엄 크래커

정맥하지 않은 보리를 배합해 만든 장방형의 크래커, 즉 그레이엄 크래커를 고안해낸 사람은 사회운동가이자 목사인 실베스터 그레이엄이다. 그는 각종 건강 수칙, 그 당시로서는 괴상한 건강 수칙을 주장한 것으로도 이름이 높았다. 이를테면 딱딱한 매트리스, 찬물에 샤워하는 것, 집에서 만든 빵 같은 것들이다. 특히 마지막 수칙 때문에 그는 성난 제빵업자들의 공격을 받기도 했다.

그레이트풀 데드

나는 그레이트풀 데드 공연에 한 차례 가본 적은 있지만, 그레이트풀 데드의 전설적이고 광적인 팬인 데드헤드는 아니다. 밴드 멤버들처럼 긴 머리에 히피 복장을 하고 공연장마다 함께 움직였던 수천에 달하는 그 광적인 팬 집단 말이다. 적어도 당시 내가 골머리를 앓으며 읽고 있던 검은 곰팡이 생태 주기를 설명한 균류 관련 논문에 실린 도표보다는 그레이트풀 데드가 훨씬 더 흥미로웠다. 그래서 그 멤버 제리 가르시아, 그들의 노래 〈테라핀 스테이션〉, 환각제 LSD를 탄 음료 같은 그레이트풀 데드 관련 토막 지식을 어느 정도 갖고 있다.

어머니보다는 확실히 많은 걸 알고 있노라 자신할 수 있다. 어머니는 가르시아가 세상을 떠난 날 나에게 전화를 걸어 '제리'가 도대체 누군지 아느냐 물으셨다. 어머니는 어느 데드헤드가 주유소에서 전화를 걸어 남겨놓은 10분에 달하는 장황한 메시지에 놀라셨다. 제리 가르시아의 사망 소식에 크게 충격을 받은 그 데드헤드는 친구의 전화번호를 바르게 누르지 못했던 것이다. 여하튼, 나는 브리태니커가 그레이트풀 데드에 관해 담고 있는 대부분의 정보를 이미 알고 있어야 했다. 나는 읽기 시작했다.

"많은 문화권의 전설과 민담에서 세상을 떠난 이의 영혼은……." 첫 부분부터 요령부득이다. 이게 뭐지? 내가 바보가 된 기분이다. 나는 제리와 그 동료들이 그레이트풀 데드라는 이름을 마약에 취한 상태의 머리로 생각해냈다고 추정해왔지만 실제로는 그렇지 않다. 그건 일종의 장난기 섞인 인유에 가깝다. 그레이트풀 데드 전설인즉 이렇지 아니한가. 한 나그네가 남자 시신 한 구를 발견했다. 그 남자는 갚지 못한 많은 빚을 지고 있었기 때문에 매장되지도 못하고 방치되어 있었던 것이다. 그 착한 나그네는 자기 돈을 들여 남자의 시신을 매장해준 뒤 다시 제 갈 길을 갔다. 이후 그 죽은 남자의 영혼은 동물 모습으로 나그네 앞에 나타나 나그네를 곤경에서 구해주곤 했다. 결국 그 동물은 자신이 죽은dead 남자의 고마워하는grateful 영혼이라는 걸 밝히고, 나그네에게 레드락 콘서트장 무료 입장권과 함께 마리화나가 든 멋진 초콜릿 케이크를 선물했다. 마지막 부분은 내가 좀 고쳐봤는데, 그럴듯하지 않은가?

브리태니커를 읽다 보면, 이렇게 내가 익히 알고 있는 말이라고 생각했는데 뜻밖에 한 방 먹는 경우가 드물지 않다. 내가 매일 모르고 그냥 지나치는 수많은 인유들이 있을 것이다. 물론 내가 제임스 조이스의 작품 《피네간의 경야》에 나오는 드루이드의 룬 문자나 시와 관련 있는 인유들을 모른다고 해서 부끄러워할 필요는 없을 것이다. 그런 문학 작품에 나오는 속 깊은 인유들 말고, 이를테면 나는 로나 둔Lorna Doone을 나비스코에서 생산한 쿠키라고 생각했지만, 그것은 스코틀랜드 작가 리처드 블랙모어가 쓴 소설 제목이다. 나는 코베트 corvette 를 자동차 브랜드로만 알고 있었지만 그것은 프랑스에서 처음 건조한 소형 전함 종류의 명칭이기도 하다. 이른바 코르베트함.

그레이트풀 데드 외에도 나는 브리태니커에서 여러 밴드 이름에 관해 배웠다. 애니 레녹스의 보컬이 인상적이었던 1980년대 인기 밴드 유리스믹스. 율동 체조를 뜻하기도 하는 유리스믹스는 20세기 초에 음악을 가르치던 방법들 가운데 하나로, 리듬에 맞춰 손뼉을 치며 발로 바닥을 두드리는 것이다. 몸으로 리듬을 느끼고 익히는 방법이라 할까. 수퍼트램프는 또 어떤가. 윌리엄 데이비스의 저서 《수퍼 떠돌이의 자서전》에서 따온 밴드 이름이다. 나는 아직 N 항목에 도착하지 못했지만, 행여 이런 설명과 접하게 될지도 모르겠다. "엔 싱크는 오스만 제국의 혁명파이다."

grease
그리스, 유지, 기름

다양성. 그렇다. 문제는 다양성이다. 이 세상 모든 것들의 이 엄청난 다양성. 나는 그 다양성의 바다를 헤엄쳐왔다. 병, 호수, 설치류, 기타 등등 브리태니커는 어느 하나라도 다양하지 않은 게 없다는 걸 알려준다. 브리태니커를 읽는다는 건 다양성에 눈뜬다는 것과 같다. 초콜릿 아이스크림과 바나나 아이스크림 너머에 무수히 다양한 아이스크림의 세계가 펼쳐지는 걸 처음 경험하는 것과 비슷하다 할까.

기름만 해도 그렇다. 기름은 그저 기름일 뿐이지 뭐 대단한 게 있겠느냐 생각하면 오산이다. 엄청나게 다양한 기름의 세계가 펼쳐져 있는 것이다. 식용으로 부적합한 돼지 지방 부위에서 추출한 것, 소나 양의 지방에서 추출한 것, 양이나 염소 따위의 생가죽의 지방에서 추출한 것, 심지어 쓰레기에서 추출한 것 등등. 나나 여러분 몸의 지방층에서 추출한 것도 얼마든지 가능하리라. 미네랄 기름이라는 것도 있는데, 지방산의 알칼리 금속염이나 무기질 젤을 윤활성이 있는 석유 같은 물질과 섞어 만든다.

언제나 우리가 생각하는 것보다 훨씬 더 다양하다. 익히 알고 있다고 생각하는 그 어떤 주제를 택해도, 브리태니커는 그것의 다양성으로 우리를 놀라게 한다. 고등학교 시절 생물 분류법을 암기하느라 애썼던 기억이 난다. kingdom界, phylum門, class綱, order目, family科, genus屬, species種, 즉 계문강목과속종이다. 이걸 외우기 위해 각 분류 개념의 첫 글자가 순서대로 나오는 이런 문장을 사용했었다. "King Philip came over from Germany Saturday(필립 왕이 토요일에 독일에서 온다)." 생물학 섹션을 읽으면서 내가 생물 분류학에 관해 얼마나 하찮은 지식밖에 갖고 있지 않은지 깨달았다. 계문강목과속종만 있는 게 결코 아니었다. 단團 brigade, 코호트 cohort, 아속亞屬 section, 족族 tribe 등도 있었고, 아문亞門 subphyla, 아목亞目 suborder도 있었다. 정말 다양하다.

분류학에 관해 이야기하다 보니 잠시 다른 이야기, 그러나 완전히 무관하다고 볼 수는 없는 이야기를 하고 싶다. 한 가지 새삼 깨달은 게 있기 때문이다. 브리태니커가 내 마음에 미치고 있는 영향이, 줄리가 나에게 미쳐온 영향과 비슷하다는 것이다. 무슨 영향인고 하니, 다름 아닌 정리하는 것 바로 그것이다.

줄리는 미국에서 정리를 가장 잘하는 사람, 정리 그 자체인 사람이라 확신하는 바이다. 줄리는 구멍 세 개짜리 천공기, 행잉 파일, 매직 펜, 포스트잇 메모지, 네 가지 색상 노트의 세계에 살고 있다. 우리가 본 모든 영화를 엑셀 파일로 정리해놓았는데, 각 영화를 DVD로 봤는지 비디오 테이프로 봤는지 극장에서 봤는지도 적어놓았다. 뿐만 아니라 과거에 입었던 모든 옷, 머물렀던 모든 주요 장소들도 정리해놓았다. (이를테면 텔아비브 호텔의 몬티홀!) 줄리는 우리 결혼식에 참석했던 사람들의 이름을 지금도 모두 기억하고 있다. 몇 달 전 어느 날 밤에 줄리가 우리 결혼식 참석자들의 이름을 기억해내는 걸 보고 질린 적이 있다. 데이비스가 다섯 명, 마이클이 세 명, 이런 식이다.

집까지 음식을 배달해주는 식당을 비롯해서 지금까지 줄리가 가본 식당들도 세 권의 노트에 정리돼 있다. 색깔 있는 꼬리표로 다양한 음식 메뉴들도 목록으로 만들어놓았다. 나는 줄리가 알파벳으로 정리한 줄 알고 잘못됐다고 지적한 적이 있다. 이탈리아$_{Italian}$ 음식이 인도$_{Indian}$ 음식보다 먼저 나온다는 지적이었다. 그러나 줄리가 말하기를, 자신의 분류법은 지리적 분류라는 것이다. 가장 서쪽 지역부터 가장 동쪽 지역까지 순서대로 정리했다는 것이다.

처음에는 줄리의 이 유별난 정리벽을 우스꽝스럽다고 생각했다. 그러나 점차 시간이 지나면서 줄리가 의도하거나 노력하지 않았는데도 내가 자연스럽게 줄리의 습관 쪽으로 기우는 것이다. 지금의 나는 각종 사항과 사물의 목록을 만들어 폴더별로 정리해놓는다. 나도 줄리처럼 네 가지 색깔의 노트를 사용한다. 내 사무실에 상사가 올 때면 그 노트를 감추기는 하지만 말이다. 내가 쩨쩨하고 소심한 남자로 비쳐질까 봐 그러는 건데, 생각해보면 그렇게 비쳐질까 봐 노트를 감추는 짓이 더 쩨쩨하고 소심한 것도 같다. 여하튼 정리하는 인간이 됐다는 게 기분이 좋다. 모든 것이 있어야 할 자리에 놓여 있다는 것. 물론 삶이란 카오스 그 자체일 수 있다. 결국에 가서는 물질의 무질서도가 증가한다는 열역학 제2법칙(루돌프 클라우지우스가 발견했다)이 승리할지도 모른다. 그러나 우리는 살아 있는 동안 무질서와 싸워야 한다.

다시 브리태니커로 돌아가 보자. 브리태니커를 읽고 있는 덕분에 내 두뇌가 잘 정리되어 가는 걸 느낀다. 두개골 속에 행잉 파일을 장착하는 셈이라 할까. 브리태니커는 내가 세계를 합리적 분류 범주들로 정리하는 걸 도와준다. 카드 게임만 해도 그렇다. 무수한 카드 게임이 있지만, 브리태니커는 두 가지로 분류해준다. 순서에 바탕을 둔 카드 게임(이를테면 브리지 게임)과 조합에 바탕을 둔 게임(이를테면 포커 게임)이다. 이렇게 간단하게 두 가지로 정리되다니. 이걸 아는 순간 방대하고 복잡한 카드 게임의 세계가 분명하게 다가오는 느낌이었다. 시리얼에 관해서도, 케이크에 관해서도, 불에 관해서도, 약어略語의 유형에 관해서도 그 어떤 것에 관해서도 마찬가지다. 이를테면 시리얼은 얇게 으깬 것, 부풀린 것, 조각조각 뜯어낸 것, 낟알 혹은 과립 모양 등으로 분류된다. 분류학이라는 주제 자체에 대해서도 그 나름의 분류학이 있는 형편이다. 끝이 없으니 이쯤에서 멈추자.

Greek system
그릭 시스템

(미국 대부분의 대학에는 남학생 클럽이나 여학생 클럽 하우스가 있다. 그런 클럽 집단들을 '그릭 시스템'이라 일컫기도 하는데, 각 클럽 혹은 클럽

하우스가 두 글자 혹은 세 글자의 그리스어 알파벳으로 명명되기 때문이다. 예컨대 아래 글에는 카파 알파라는 이름의 클럽이 나온다. - 옮긴이)

　G 항목을 잠시 접어두고 줄리와 영화를 보러 갔다. 우리가 택한 영화는 〈올드 스쿨〉. 성인용 코미디물로, 등장하는 남성들이 일탈을 즐기는 남성 클럽을 출범시킨다. (최초의 남학생 사교 클럽은 1825년 유니언 칼리지에서 시작된 카파 알파다.) 나는 이 선택이 훌륭하다고 생각했다. 영화 제목에 '학교'가 들어가 있으니, 나의 지적 추구와 어떤 식으로든 관련 있다고 볼 수 있으니 말이다.

　늘 그렇듯 우리는 30분 일찍 도착했다. 극장 맨 앞자리에 앉아 두 시간 동안 배우들의 맨홀 뚜껑만 한 콧구멍만 쳐다보는 사태를 방지하려면 30분 일찍 도착하는 게 좋다는 게 나의 지론이다. 그러나 예상치 못한 난관에 봉착했다. 우리가 자리를 잡자마자 뒷자리에도 한 쌍의 남녀가 자리를 잡았는데, 나는 곧 그 쌍의 남성을 싫어하게 됐던 것이다. 젊고 경망스럽기 그지없는 데다가, 무엇보다도 시끄러웠다. 그의 발성 기관은 태어날 때부터 유달리 시끄러운 소리를 내는 구조였던 게 분명하다.

　극장에서 휴대전화로 업무를 보다니! 통화 내용으로 짐작컨대 그는 음반 관련 일을 하는 것 같았다. 통화 내용인즉, 사무실에서 자기를 빼놓고는 모두 숟가락질도 못 하는 바보들이라는 것. 그러더니 그래미상에 관한 불평을 늘어놓는다. 주최 측에서 자기더러 꼭 참석해 달라고 했지만, 가봤자 얼간이들만 가득할 게 뻔해서 안 갔다는 둥의 이야기. (얼간이들만 가득하다는 말은 옳을지도 모른다.) 그러다가 다시 전화를 걸어 또 다른 동료를 흠보는 것이었다. 곁에 앉은 여자 친구가 정말 훌륭한 충고를 했다. 모든 사람을 피안peon처럼 취급하지 말라는 충고였다. 남자가 여자 친구에게 물었다.

"너 피안이 무슨 뜻인지도 잘 모르는구나?"

"내가 왜 몰라? 하인이나 지체가 낮은 사람을 뜻해."

"아니야. 그렇지 않아. 사회적 지위와는 아무 상관없는 말이야."

"그럼 뭔데?"

"그건 작은 사람을 뜻하지. 체구가 작은 사람 말이야. 이를테면 난쟁이라든가."

"정말? 난 그게 하인을 뜻한다고 확신하는데."

"아니야! 아니라니까. 진짜 뜻은 체구가 작은 사람이란 말이야. 사람들은 늘 그 말을 잘못 사용하고 있어."

피안이라는 말이 난쟁이를 뜻한다고? 그게 정말일까? 난 아직 P 항목에 도착하지 못해서 피안에 관해 읽어보지 못했지만, 그가 틀릴 가능성이 96퍼센트 정도에 이른다고 확신하는 바이다. 정말로 작은 건 바로 저 남자의 대뇌 피질이 아닐까? 그러나 그가 맞을지도 모를 4퍼센트의 가능성 때문에 나는 고개를 돌려 그에게 휴대전화일랑 엉덩이 밑에나 깔고 있으라고 말하지 못했다. 평생 다시는 만나기 싫은 녀석이다. 우디 앨런의 〈애니홀〉의 한 장면이 떠오른다. 미디어 학자 마셜 맥루언이 갑자기 영화에 등장해서 잘난 척하는 대학 교수를 두고 한 방 먹이는 장면. 맥루언이 "틀린 말 하는 저런 이가 어떻게 교수 노릇을 하는지 모르겠다"고 말했던가. 나에겐 마셜 맥루언까지도 필요 없다. 필요한 건 사전이다.

제목과 달리 뭔가 학문적이거나 지적인 면은 없었지만, 그런대로 즐겁게 볼 수 있었던 영화가 끝난 뒤 집으로 돌아와 사전을 펼쳐 '피안'을 찾아보았다. 난쟁이라는 설명이 나와 있지 않은 건 물론이고, 신화나 이야기에 나오는 난쟁이 종족인 드워프, 호빗도 나와 있지 않고 (키가 170센티미터에 못 미치는) 더스틴 호프만도 나와 있지 않다. '피안'은 날품팔이 농장 노동자, 하인, 가난한 사람 등을 뜻한다. 어원은 스페인어에서 농민을 뜻하는 페온peon으로, 더 거슬러 올라가면 걸어 다니는 사람을 뜻하는 라틴어가 어원이다.

많이 안다고 잘난 척하고 다른 사람을 무시하는 척척박사들 대부분이 사실은 우둔한 헛똑똑이들이라는 걸 보여주는 또 하나의 사례다. 스스로에게 다짐하는 바이다. 내가 언젠가 지금보다 훨씬 더 똑똑하게 되더라도, 내 지식을 악이 아닌 선을 위해 쓸 것을, 다른 이를 깔보는 게 아니라 일깨우는 데 쓸 것을.

Green, Hetty
그린, 헤티

월스트리트의 마녀라 불렸으니 사람들에게 사랑 받은 인물은 결코 아니었다. 헤티는 19세기 말에서 20세기 초까지 살았다. 특유의 영리함으로, 때로는 무자비함과 투자로 그녀는 그 시대에 가장 부유한 여성이 됐다. 또한 가장 인색한 자린고비이기도 했다. 뉴저지 동북부 호보컨의 작은 아파트에서 살았고, 낡아 빠진 옷을 입었다. 전해지는 바에 따르면 그녀는 아들이 다리에 심한 상처를 입었는데도 의사를 부르지 않았다. 결국 아들은 다리를 절단해야 했다. 그녀가 좋아하지 않았을까? 양말 살 돈을 아낄 수 있었을 테니 말이다.

나는 구두쇠였던 적도 없고, 낭비벽이 있는 것도 아니다. 바나나

리퍼블릭 같은 중간 가격대 의류 체인점에서 남 보기 부끄럽지 않을 정도의 옷을 구입한다. 나는 아이의 팔다리를 고치기 위해서라면 의사에게 기꺼이 돈을 지불할 것이다. 종업원이 카푸치노를 내 무릎에 쏟지 않는 한, 그리고 나에게 컨트리 가수이자 배우인 라일 로벳을 닮았다고 말하지 않는 한, 나는 15퍼센트의 팁을 준다.

어느 모로 보나 나는 중간 정도에 해당한다고 할 수 있다. 그런데 브리태니커가 나를 자꾸 인심 좋은 사람으로 변화시키고 있다. 지금까지 살아오면서 요즘처럼 내가 '덜 짠돌이'였던 적이 있던가? 지난 몇 주 전부터 나는 20퍼센트에서 25퍼센트 사이의 팁을 주고 있다. 곰곰이 생각해보니, 이런 변화가 경제학 섹션에서 한계효용이론에 관해 읽은 다음부터 일어났다. 대학에서 한계효용이론에 관해 자세히 배우긴 했지만 그것을 체득하거나 실감하지는 못했다. 하긴, 대학에서 배우는 거의 모든 것들이 체득이나 실감과는 거리가 멀다.

미시경제학 시간에 늘 졸았던 분들을 위해 말하자면 이렇다. 한계효용이론에 따르면 단위 상품에서 소비자들이 얻는 만족의 크기는 다르다. 빵을 일곱 조각만 가진 사람에게 한 조각을 더 주면 그 사람은 행복해질 것이다. 그러나 수백 조각의 빵을 갖고 있어 여러 달 동안 샌드위치를 만들어 먹을 수 있는 사람에게 빵 한 조각을 더 주어봐야 뭐 하겠는가. 고마워할 리도, 행복해질 리도 없다.

그렇다면 돈이란 그것을 갖고 있지 않은 사람에게 더욱 각별하다는 뜻이 된다. 난 이걸 일종의 상식으로 알고 있었다. 그런데 브리태니커에서 그것이 경제학 법칙으로 표현되어 있는 걸 보니 더욱 강력하게 다가온다. 눈발이 날리던 오늘 집에서 택시를 불러 탔는데, 운

전기사는 잠시도 쉬지 않고 자신의 던킨 도넛 취향을 내게 이야기했다. 그런데도 나는 평소와 달리 5달러가 아니라 6달러를 팁으로 주었다. 내가 그 운전기사보다 은행 잔고가 많다고 추정해볼 때, 그는 1달러에서 나보다 훨씬 더 큰 행복을 느끼지 않을까. 단순하면서도 논리적인 결론이다.

물론 다소 젠체하는 노블레스 오블리주의 냄새를 풍기는 데다가 생색 내는 꼴로 보이기도 할 것이다. 하지만 그렇다 한들 어떤가? 내 기분이 더 나아졌으니 말이다. 정말로 올바른 건 내 은행 잔고의 90퍼센트를 나보다 잔고가 적은 사람들에게 줘버리는 건지도 모르지만, 그렇게 할 수야 없다. 나는 계속 바나나 리퍼블릭에 가서 옷도 사야 하고, 팁을 주며 카푸치노도 마셔야 한다.

Greenland
그린란드

의문이 풀렸다. 거대한 얼음 덩어리라고 해도 좋을 곳을 왜 초록 땅, 그린란드라고 하는지 늘 궁금했다. 982년 아이슬란드에서 실수로 사람을 죽인 죄로 추방당한 에리크라는 사람이 초록 땅이라 이름 붙였다. 보다 많은 사람들을 그곳으로 유인하기 위한 이름이었다. 전적으로 한 중죄인이 꾸며낸 수상쩍은 선전 홍보 술책이었던 것이다. 수상쩍긴 해도 영리한 술책임에는 틀림없다. 에리크가 현지 사정을 보다 정확하게 반영하는 정직한 이름을 지었다면 어떻게 됐을까? '찬바람 휘몰아치는 땅', '울적한 땅', '사람을 굶겨 죽이는 땅.' 그런 이름의 땅에 가고자 하는 사람이 과연 생겼을까?

gymnasium
김나지움

 그리스어의 뜻 그대로를 정확히 옮기면 "벌거벗고 훈련하는 학교" 정도가 된다. 그런 곳이라면 다음 이용자를 위해서라도 페달 운동기를 잘 닦아놓는 게 매우 중요할 성싶다.

haboob
하부브

사하라 사막에서 엄청난 양의 모래를 휘날리며 부는 뜨거운 바람이다. 하부브가 불면 높이 900여 미터에 달하는 모래 벽이 공중에 형성되기도 한다니, 우후! 지금 내 처지가 떠오른다. 물론 내가 자초한 것이기는 하지만, 나는 지식과 정보의 하부브에 휩싸여 있는 꼴이 아닌가. 빠져나갈 길은 좀처럼 보이지 않는다. 이놈의 브리태니커를 Z 항목까지 빠져나갈 수 있게 되기까지 아직 3분의 1도 못 왔으니 말이다. 지금까지 내 인생이라는 게 쓰고 읽고, 읽고 쓰고, 그 중간에 잠깐 잠을 자고 막간에 주린 배를 채우는 것이었다.

부모님에게 짧게 전화를 걸 때가 아주 가끔 있는데, 어머니는 나에게 멀티태스킹에 대한 증오를 퍼붓곤 하신다. 어머니는 전화 통화를 하면서 이메일을 체크하는 걸 증오한다. 그건 그 사람이 상대방의 말을 제대로 듣지 않는다는 걸 뜻한다나. 그럴 때 내가 어떻게 하느냐고? "응! 그거 재미있네." 물론 그 말을 하면서 나는 새로 온 이메일을 열고 있다.

Hanson, John
핸슨, 존

존 핸슨은 미 합중국의 초대 대통령으로 일컬어지기도

한다. 그는 1781년 대륙회의에서 대통령 구실을 했던 것이다. 미 합중국의 초대 대통령은 조지 워싱턴이 아니었다. 미 의회 증언석에서 발언하기 좋은 사실이다. 발로 채이고 안경이 부러지는 걸 각오한다면.

Harrison, William Henry
해리슨, 윌리엄 헨리

미 합중국의 제9대이지만 존 핸슨부터 친다면 제10대 대통령이다. 그는 유권자들에게 공짜 술을 퍼주며 유세했다. 그가 선거에서 내건 슬로건이 "통나무집과 거친 사과술"이었으니 "이 사람 윌리엄 해리슨, (서민적인) 보통 사람입니다. 믿어주세요!"라고 외친 셈이다. 그러나 그는 대통령 취임 한 달 만에 폐렴으로 세상을 떠났다.

Harvard
하버드

세계사의 중요한 인물들 모두가 하버드로 간다는 걸 염두에 둬야 할까 보다. 나의 모교 브라운 대학은 나쁜 학교는 아니지만, 브라운을 다닌 유명인을 생각하자니 작가 S. J. 페렐만, 케네디가의 몇몇 사람들, 음, 그리고 대통령 후보였던 마이클 뒤카키스의 딸, 즉 나와 같은 기숙사 건물에서 살던 카라 뒤카키스가 있다. 카라 뒤카키스의 룸메이트는 기숙사 샤워실에서 무척이나 시끌벅적하게 섹스를 하곤 했다. 그렇다면 하버드, 오! 하버드! 대통령도 많고 상하원 의원은 부지기수인데다가 유명한 작가들도 널려 있다. 브리태니커는 하버드 출신 가운데 문명을 떨친 몇 사람을 거론한다. 헨리 제임스, T. S. 엘리엇, E. E. 커밍스, 로버트 프로스트, 존 도스 파소스……

우와! 이건 또 뭐야? 잠깐만. 하버드 졸업생 로버트 프로스트라고?

페이지를 후다닥 앞으로 다시 넘겨 보자. 내 기억엔 분명히, 그래 분명히 로버트 프로스트의 사진 바로 옆에 하버드를 중퇴했다고 나와 있다. 하버드에 다닌 적이 있는 사람을 졸업생이라고 하다니. 브리태니커, 너는 금빛 찬란한 제목 글씨에 화려한 장정을 자랑하는 책 아니었니?

나에겐 정말 흥분된 순간이다. 너무 흥분되어 당혹스러울 정도라고 할까. 나는 좀처럼 찾기 힘든 오류, 아마 400페이지에 한 번꼴로 나올까 말까 한 오류를 찾아낸 것이다. 42만 년마다 지구 곁을 지나간다는 다고-사토-고사카 혜성을 관측한 천문학자가 느낄 법한 기분이다. 학급에서 가장 똑똑하고 성적이 우수한 녀석이 칠판에 방정식을 풀고 있는데, 지우개를 던져 녀석의 뒤통수를 보기 좋게 맞춘 C학점 학생의 기분이다. 체코의 도시 드부르 크랄로베 항목에서 인용부호가 거꾸로 찍혀 있는 걸 발견했을 때와 비슷한 기분이다.

그리고 논란의 여지는 있지만 또 하나의 사례가 있으니, 브리태니커는 문법을 논하면서 접미사, 접두사의 친척뻘 되는 삽입사infix라는 걸 언급한다. 그런데 브리태니커는 삽입사가 그리스어와 필리핀 원주민 말인 타갈로그에는 있지만 영어에는 없다고 설명한다. 그러나 대학 시절 언어학 수업의 기억을 떠올려 보면, 영어에는 적어도 하나의 삽입사가 있으니 바로 fucking이다. '좆나 죽인다' 혹은 '좆나 뒤집어질'(in-fucking-credible, un-fucking-believable)이라고 말하지 않던가. 물론 점잖은 영어는 아니지만 적어도 언어학 수업을 담당했던 나의 대학 시절 은사(지금 생각하니 무척 리버럴했던)에 따른다면 'fucking'은 엄연한 삽입사 구실을 한다.

브리태니커가 아무리 멋져 보여도 결국 사람들이 한 일이 아닌가. 그 사람들이 설혹 지능 지수가 가장 높다고 해도 브리태니커는 오랜 오류의 역사를 지니고 있다. 1999년 〈월스트리트 저널〉에 마이클 J. 매카시가 쓴 글은 그런 취약점들을 흥겹게 파고든다. 브리태니커 초판은 잘못된 정보를 특히 많이 담고 있었으니 캘리포니아 항목을 예로 들 수 있다. "캘리포니아는 서인도 제도에서 가장 큰 나라이다. 그곳이 반도인지 섬인지 분명하지 않다."

물론 이후 캘리포니아 항목의 설명은 수정되었지만, 그 밖에도 다른 많은 오류들이 있어 독자들이 그것을 지적하는 즐거움을 허락해왔다. 오류를 찾기 위해 브리태니커를 샅샅이 수색하는 사람들이 분명히 있다. 매카시의 글에 따르면 브리태니커는 로마 황제 칼리굴라가 자신의 애마를 원로원 멤버로 임명했다는, 널리 받아들여지고 있던 전설을 오랜 기간 사실로 간주했다. 한 독자의 제안에 따라 고전 자료를 조사한 결과, 브리태니커는 문제의 설명을 삭제했다. 칼리굴라의 말은 대리석 마구간에서 상아로 만든 여물통으로 식사를 했으니 그리 나쁘지 않은 대접을 받은 건 분명하지만, 요직에 임명된 적은 없다. 철저한 수색의 희생자는 또 있다. 마르틴 루터가 교회 문에 95개조 반박문을 못으로 박아 걸어 놓았다는 이야기다. 그러나 루터는 반박문을 교회 문 주위에 모인 사람들에게 배포했을 뿐이다. 최근에는 브리태니커 시디롬이 스코틀랜드에는 의회가 없다는 잘못된 정보를 담고 있는 것으로 밝혀져 스코틀랜드를 한바탕 시끌벅적하게 만들기도 했다. 한 영국 신문은 이 어처구니없는 실수를 다룬 머리기사 제목을 이렇게 뽑았다. "Encyclopedia Twit-annica" 즉 '멍청태니커 백과사전' 정도라고 할까. 심할 정도로 가차 없는 조롱! 물론 독자들의 불평이 늘 옳은 건 아니다. 한 독자는 갖은 욕설을 동원하여, 5세기 말부터 6세기 중반까지 이탈리아를 지배했던 동고트족이 다른 민족들과 동화되어 사실상 소멸되었다는 브리태니커의 설명을 비난했다. 그 독자는 어처구니없게도 자신이 동고트계 미국인이라고 확신하고 있었던 것이다.

공정하게 말해서 브리태니커는 정확성을 기하기 위한 노력에서 후한 점수를 받아야 마땅하다. 이를테면 브리태니커의 사실 검토 부서는, 마술사 후디니가 그 자신이 주장하듯이 미국 위스콘신에서 태어난 게 아니라 헝가리 부다페스트에서 태어났다는 것을 입증하기 위해, 후디니의 출생 관련 서류의 사진 복사본을 입수했다. 1986년에는 임시 해고 조치를 당해 기분이 상한 편집자 한 사람이 데이터베이스를 제 맘대로 고친 사건이 일어났다. 그는 예수에 관한 설명 자료를 알라에 관한 설명 자료로 몽땅 바꿔놓았으니, 정말 큰 사건이 아닐 수 없었다. 브리태니커 측이 법적 조치를 취하려 하자 비로소 그 편집자는 자신이 저지른 짓을 고백했다.

오류를 바로잡으려는 엄격한 노력에도 불구하고 실수는 계속되곤 한다. 가장 영리한 사람, 가장 권위 있는 기관조차도 실수를 하곤 한다는 걸 새삼 깨닫게 되는 건 여하튼 좋은 일이다. 로버트 프로스트 건의 경우 내가 신문·잡지·통신 기사 온라인 검색 서비스인 넥시스를 통해 알아본 결과, 그는 분명히 하버드를 중퇴했다. 그러나 나중에 명예 학위를 받았다. 하! 나는 여전히 그를 하버드 졸업생이라고 할 수는 없다고 생각한다.

호손, 너대니얼

호손에 관해 내가 아는 건 고등학교 시절에 잠깐 배운 것들밖에 없다. 성인이 되어서도 나는 기초적인 것만 알고 있다. 첫째, 그가 《주홍글씨》를 썼다. 둘째, 그런 글씨(주홍글씨)가 있었다. 셋째, 그 책은 해피엔딩이 아니다. (그런데 롤랑 조페가 감독한 같은 이름의 영화에는 원작과 달리 해피엔딩이었다. 바뀐 결말을 정당화하는 주연 배우 데미 무어의 말인즉, "많은 사람들이 그 책을 읽지 않았다." 나를 두고 하는 말 같다.)

19세기 작가 호손의 인생은 행복하지 못했다. 선장이던 아버지는 네 살 때 바다에서 세상을 떠났다. 그의 조상 가운데 한 사람이 세일럼의 마녀 재판에서 판사였기 때문에, 호손은 죄의식에 짓눌려 있었다. 호손은 작가 허먼 멜빌과 곡절 많은 친분을 쌓았지만 끝은 좋지 않았다. 멜빌은 호손이 너무 쌀쌀맞다고 생각했고, 호손을 풍자하는 시를 쓰기까지 했다. 호손은 세관에서 조사관으로 일하다가 해고당하는 고통을 겪기도 했다. 그리고 생의 마지막으로 향하면서 호손은 "종이 스크랩에 강박적으로 64라는 숫자를 적곤 했다."

나는 이 문장을 여러 번 읽어 보았다. 도대체 이게 무슨 뜻일까? 호손이 64라는 숫자를 강박적으로 적곤 했다고? 아무런 설명이 없다. 그가 왜 65도 아니고 63도 아닌 64라는 숫자를 적은 걸까? 학문적 야망이 큰 대학원생이라면 이런 주제의 논문에 도전해볼 만하지 않을까? '주홍 숫자: 반복되는 64의 종말론적 함축과 너대니얼 호손.'

나는 이 이상한 사항에 한동안 집착했다. 아마도 나 자신의 강박 증세 때문이었는지도 모른다. 물론 나는 숫자 64에 대한 강박은 없지만, 절반씩 한 쌍이 되는 것에 집착한다. 이를테면 나는 복숭아를 먹을 때 한 입 꿀떡 베어물어 씹고 나서 그 가운데 절반을 먼저 삼킨 뒤 나머지 절반을 삼킨다. 정확히 절반으로 나누어 두 차례에 걸쳐 삼키는 데 유달리 집착하는 것이다. 라디오를 들을 때도 나는 유별나다. 라디오를 끌 때 내가 듣는 마지막 말은 동사도, 전치사도, 부사도 아닌 명사여야만 한다. 나는 명사가 필요하다. 그것도 이왕이면 아주 순수하고 좋은 명사, 손안에 쥘 수 있는 물건을 지칭하는 명사. 샤워를 마칠 때 나는 물이 뚝뚝 떨어지는 몸으로 라디오 전원 스위치를 몇 번이고 껐다가 다시 켠다. 신랄하고 진지하고 깐깐한 통신원 니나 토텐버그가 '술병'이나 '자동차' 같은 것을 말할 때까지 계속 그렇게 한다. 니나가 그런 말을 할 때 비로소 나는 샤워실에서 나와 옷을 입는 것이다.

이런 강박 증세를 걷어차버리고 싶지만 제법 오래 치료를 받지 않으면 고치기 힘들 듯하다. 내가 이 모양이어서 그런지 나는 다른 사람들의 강박 증세에 흥미를 느낀다. 브리태니커를 읽으며 그런 흥미를 충족시킬 수 있으니, 이 또한 브리태니커가 고마운 까닭이라 할까. 브리태니커에는 개인적인 기벽에 관한 정보가 풍부하다. 그것도 갑남을녀의 강박 증세가 아니라 역사상 가장 탁월하거나 영민했던 여성과 남성들의 강박 증세에 관한 정보.

Head flattening
머리 납작하게 만들기
의례상의 목적으로 사람의 두개골을 변형시키는 풍습으로, 태평양 연안 미주 북서부 인디언들 사이에서 행해졌다. 아기가 누운 요람의 판에 아기의 두개골을 고정시켜 지속적으로 조임으로써 머리를 평평하게 만드는 것이다. 남동부 지역 미주 인디언들은 다른 방법도 사용했다. 아기의 이마에 모래주머니를 올려놓는 것이다.

사실은 B 항목에서 '머리 납작하게 만들기(편두扁頭 풍습)'에 관해 읽은 적이 있다. 신체 변형에 관한 글에서 잠깐 등장한 경우인데, 기억하기로는 브리태니커에서 가장 기묘하고 섬뜩한 항목의 반열에 든다. 인간이 인간의 신체를 변형시키는 다양한 방법들은 정말로 놀랍다. 놀란 나머지 입을 벌리다가 턱이 빠질지도 모른다. 고대 의식에서 턱을 빼버리는 풍습이 없었기를 바랄 뿐이다.

지난 오랜 세월 많은 문화들이 신체를 모래시계 모양처럼 만들기 위해 골격의 다양한 부위를 끈이나 그 밖의 도구로 단단히 졸라매거나 압박했다. 사람들은 치아도 그대로 놓아두지 않았으니, 일부러 검게 만들거나, 깎아내거나, 아예 그림을 새겨 넣거나, 꽉 조이거나 했다. 마야 인디언들은 내사시를 아름답다고 여긴 나머지 아기의 두 눈 사이에 작은 물건을 걸어놓기도 했다.

혀도 고초를 겪어왔다. 호주 원주민 부족들 가운데 일부는 혀를 잘라내기도 했고, 아스텍 사람들은 혀에 구멍을 뚫어 노끈을 통과시키기도 했다. 그 밖에 입술을 잡아늘이는 것, 목을 파스타 반죽 덩어리라도 되는 양 길게 늘이는 것(파다웅족 여인들은 목에 고리를 여럿 걸어 30센티미터까지도 목을 늘이는데, 그 고리들은 척추골 네 개를 목까지 끌어올린다) 등등 정말 가지가지다.

유방으로 말할 것 같으면 17세기 스페인에서는 눌러서 작게 만들었고, 파라과이에서는 늘려서 크게 만들었다. 그리고 현대 미국의 종족들은 다분히 조직적이고 체계적으로 유방을 확대시키고 있다.

이 항목은 나에게 충격적이었다. 신체를 억지로 당기고 눌러서 비틀린 모양을 만드는 이런 문화들이 얼마나 당혹스러웠던지. 그런데 젤을 주입하는 유방 성형수술. 그렇다. 우리도 다르지 않다. 우리도 그 나름의 특이한 취향과 습속을 가진 또 다른 문화라고 할 수 있다. 우리 문화는 흰긴수염고래(몸무게 200톤에 심장 무게만 해도 680킬로그램에 달하는, 가장 큰 동물)의 크기를 숭배하기라도 하는 건가.

Heisman, John
하이즈만, 존

하이즈만 트로피에 자신의 이름을 남긴 인물은 조지아텍의 미식축구 감독으로 명성을 드날린 존 하이즈만이다. 그는 미식축구 시즌이 아닐 때는 셰익스피어 연극 배우로 생계를 유지했다. 이 직업 덕분이었는지 그는 미식축구를 지도하면서 엘리자베스 여왕 시대 분위기가 나는 표현을 구사하곤 했다. (이를테면 그는 미식축구 공을 '풋볼'이라고 하는 대신 "한쪽 폭이 넓은 회전 타원체"라고 부르곤 했다.) 왜 최근에는 셰익스피어에 식견을 갖춘 미식축구 감독이 보이지 않는 걸까? 하긴, 여러 프로팀에서 명성을 날린 빌 파셀스가 있다. 그가 노르웨이 극작가 헨리크 입센을 즐겨 인용한다고 하던가. 여하튼 존 하이즈만은 그의 시대 이후로 우리의 입심이 얼마나 보잘것없어져 왔는지 보여주는 셈이다.

Heroin
헤로인

헤로인은 바이엘 사가 처음 개발했다. 헤로인 약간이면 아스피린 10정을 먹는 것보다 훨씬 더 빠르게 두통을 몰아내줄 것이다. 나에게

헤로인 2회 주사량을 주고 아침에 깨워줄 사람 어디 없나? 늦은 오후라도 좋고.

hip-hop
힙합

"디제이 쿨 허크, 그랜드 위저드 시어도어, 그랜드마스터 플래시 등을 포함한 초기의 영향력 있는 디제이들." 나는 그랜드마스터 플래시에 관해서는 들어 본 적이 있지만, 쿨 허크라고? 그랜드 위저드 시어도어? 이런 제기랄! 난 그 둘을 모른다. 브리태니커가 나를 이렇게 우울하게 하다니. 그 두 사람에 관해 들어 본 적이 없다는 사실에 나는 약이 오르고 화나 있다. 고교 시절 나는 스스로를 M. C. 밀라노라 일컫는 에릭이라는 친구 녀석 덕분에(녀석은 겉은 백인이었지만 속은 흑인이었다), 정말로 랩 음악의 초창기 팬이었다. 그러나 돌이켜 보니 우리가 진짜배기 랩을 들은 건 아니었나 보다. 우리가 쿨 허크와 그랜드 위저드 시어도어를 놓친 걸 보니 말이다.

스스로에 대한 연민에 휩싸인 직후에 나는 퍼블릭 에너미와 우-탱 클랜이 "1980년대와 90년대에 걸쳐 가장 인기 높은 랩 조달자들에 속한다"는 브리태니커의 설명을 읽었다. 랩 조달자들이라고? 내가 읽어 본 문구 중에 가장 흐리멍덩하다. 요우! 왓츠업, 더어그? 시바스나 한잔 걸치면서 랩이나 조달해볼까나.

Hogan, Ben
호건, 벤

호건은 40년대에 가장 유명한 골프 선수였다. 브리태니커에 따르면 이렇다. "그는 자동차 사고를 당해 다시는 걷지 못하리라는 진단을 받을 정도로 크게 다친 뒤에도 비범한 의지로 골프 경기에서 승리를 거두었다."

나에게 정말 필요한 글이 아닐 수 없다. 나는 역경을 극복해낸 이야기가 필요하다. 내 인생에는 제법 많은 역경이 있는데 그중에서 가장 큰 것은 줄리와 내가 아이를 갖지 못하고 있다는 사실이다. 우리는 이에 관해 말을 아끼려 하지만, 우리가 사는 아파트가 말해준다. 아파트에는 세 개의 침실이 있다. 하나는 우리를 위한 방이고 다른 둘은 아직 존재하지 않는 아이들을 위한 것이다. 그 두 개의 방은 늘 빈 방으로 존재하면서 우리 커플의 불임이라는 현실을 떠올리게 만든다.

벤 호건에게 비범한 의지를 허락한 신에게 감사한다. 벤 호건과 함께 브리태니커에 이름이 올려져 있는 의지의 인간들에 관해서도 신에게 감사한다. 브리태니커는 독자를 질리게 만들기도 하지만, 용기와 의욕을 북돋워주는 한 문단이나 한 문장이 빛나는 경우도 많다. 로빈 윌리엄스가 기운 넘치고 활기찬 모습으로 나오는 영화를 10초 정도 감상하는 것과 같다고 할까.

고대 그리스의 유명한 웅변가 데모스테네스는 말더듬이에 발음이 끔찍했던 언어 장애에 시달렸지만 입에 자갈을 물고 연습하여 장애를 극복했다. 런던 경찰의 창시자들 가운데 한 사람인 존 필딩은 눈이 멀었지만 목소리만 듣고 3,000명의 절도범들을 식별해낼 수 있었다. 초보적이지만 효과적인 지문 수사 시스템의 일종이었다고 할까. 프랜시스 포드 코폴라는 소아마비에 걸렸는데 스스로 인형극을 만들면서 영화감독의 꿈을 키웠다. 복사기 제록스를 발명한 체스터 칼슨은 자신의 발명품을 팔려 했지만 20개가 넘는 회사에서 퇴짜를 맞았다. 그 밖에도 많다. 체 게바라가 천식에 시달렸다는 걸 알고 계신가? 천식 기침과 가쁜 숨 때문에 혁명을 이끄는 일을 중단해서는 안된다.

나는 벤 호건과 같은 비범한 의지를 다져야 한다. 여하튼 줄리와 나는 아이를 가질 것이다. 만일 그게 생물학적으로 불가능하다면, 서류와 씨름하여 입양이라도 할 것이다.

Holland Tunnel
홀랜드 터널

여기 좋은 정보가 하나 있다. 맨해튼과 뉴저지를 연결하는 홀랜드 터널은 홀랜드, 즉 네덜란드라는 나라 이름을 딴 게 아니라는 사실. 놀라운 환기 시스템을 갖추고 있는 이 터널의 이름은 엔지니어인 클리포드 홀랜드의 이름에서 비롯되었다. 터널 안의 모든 공기를 환기시키는 데 90초밖에 걸리지 않는다니 놀랍지 않은가? 일산화탄소 중독으로 인한 두뇌 손상을 내가 얼마나 두려워하는지 아시는가? 중독 경험을 한 지 20년이 지났지만 아직도 나는 터널을 지날 때마다 초긴장 상태에 빠지곤 한다. 그러니 홀랜드 터널에 관한 이 정보야말로 나에게는 더없이 좋은 정보인 셈.

Hollywood
할리우드

호레이스 윌콕스라는 사람이 처음 이곳을 개발했다. 그는 "주류 양조 및 판매 금지주의자로, 소박한 종교 원리에 기초한 공동체에 자신의 그런 신념을 구현하고자 했다." 그런데 나는 할리우드에 알코올 중독자들이 제법 많다는 걸 알고 있다. 그 사실만 아니라면 윌콕스

씨가 크게 실망하지는 않으리라.

후프 스커트

18세기에 후프 스커트, 즉 버팀대 구실을 하는 테를 넣은 스커트 중에 어떤 것들은 그 폭이 5미터 50센티미터에 달했다. 그런데 당시 풍자가들은 폭이 7미터에 달하는 후프 스커트를 거론하기도 했다. 내 생각에는 풍자가들이 약간 뻥튀기를 한 것 같은데, 겨우 1미터 50센티미터 정도를 뻥친 걸로는 부족한 듯싶다. 8미터나 9미터 정도는 돼야 웃기지 않겠는가.

Hoover, Herbert
후버, 허버트

콜럼버스 가를 함께 걷다가 줄리가 나에게 기억력을 시험하는 퀴즈를 냈다. "지브롤터!" 나는 훌륭하게 답했다. 유럽에서 유일하게 야생 원숭이가 서식하는 지역. 줄리는 고개를 끄덕이며 흡족해하는 눈치였다. 줄리가 또 퀴즈를 냈다. 이번에는 "허버트 후버!" 나는 그가 고아였고 삼촌의 손에 자랐으며 미국 대통령이었다고 답했다. 이번에는 "핼리팩스!" 이번에는 좀 헷갈렸다.

"영국의 마을이지."

"아~니야!" 나를 물끄러미 바라보며 줄리가 말했다.

"그럼 캘리포니아에 있나? 북부 혹은 남부 캘리포니아에 있는 마을인가?"

"아니."

"그럼 난 모르겠는걸. 도대체 어디에 있지?"

"캐나다에 있는 마을이야. 정말 그걸 몰랐어?"

오! 그래, 난 그걸 알고 있었다. 집에 돌아와 즉시 핼리팩스를 찾아보았다. 영국의 핼리팩스, 북부 캘리포니아의 핼리팩스, 그리고 캐나다의 핼리팩스, 이렇게 세 군데의 다른 핼리팩스가 있다. 나는 가장 크고 유명한 핼리팩스는 까맣게 잊어버리고 작은 핼리팩스 두 곳만 머리에 집어넣었던 것이다. 아무래도 내 머리가 이상하게 작동하는 것 같다.

hummingbird
벌새

벌새는 놀랍게도 1초에 80회나 날개를 퍼덕인다. 그런데 더 놀라운 건 성질이 사나워서 까마귀, 매, 심지어 사람에게도 달려든다는 점이다. 굵은 포도 알 크기의 그 작은 녀석이 사람을 쫓아버린다니, 뻔뻔스럽기도 해라. 어디에나 있는 미물들에게 하나의 영감이 될 만하다. 내 아내가 좋아하는 남자 배우를 포함한 미물들에게.

humor
유머

유머의 역사에서 내가 배운 교훈은 바로 이렇다. 그때 거기 그 자리에 있어야 한다. 같은 유머도 자리가 바뀌면 유머의 자격을 상실하곤 한다. 이 교훈을 믿지 못하겠거든 체육관 라커룸에서 오래된 일본 우스개 하나를 다른 사람에게 말해보라.

원숭이 무리의 우두머리가 자신을 따르는 1,000마리의 원숭이들에게 물에 비친 달을 가져오라 명령했다. 물에 비친 달을 아무리 건져올리려 해도 실패하는 건 당연지사. 그런데 놀랍게도 그중 한 마리가 물에 비친 달을 건져 우두머리에게 바쳤다. 우두머리는 크게 기뻐하며 말했다. "이 얼마나 대단한 일인가! 넌 정말 대단해." 그러자 달을 바친 원숭이가 말했다. "그런데 물에서 건진 달로 뭘 하려 하십니까?" 우두머리 원숭이가 말했다. "글쎄…… 그건 생각해보지 못했는데."

나는 이 이야기를 〈에스콰이어〉 동료 편집자 앤디와 브랜던에게 건네보았다. 아! 그 썰렁함이라니. 그들은 나에게 새로운 별명 하나를 지어주었다. 이름하여 "위대하신 대화 방해자."

hunting
사냥

사람들은 정말로 동물을 죽이는 걸 좋아한다. 중부 유럽의 왕들은 특히 사냥에 열광했다. 브리태니커에 따르면 17세기 색소니의 군주 요한 게오르크 2세는 붉은 사슴 4만 2,649마리를 사냥했다. "그는 정치적인 이유로 보헤미아의 왕위를 마다한 게 아니라 보헤미아의 사슴이 색소니의 사슴보다 작다는 이유로 왕위를 마다했다." 그리고 그는 색소니와 보헤미아 사이에 울타리를 세워, 발육이 시원치 않은 보헤미아 짐승들이 색소니로 들어오지 못하게 했다. 프랑스의 루이 15세도 사냥광이었다. 그는 1726년 한 해에 276일을 사냥하는 데 보냈다. 좀처럼 믿기지 않는다. 조지 W. 부시보다 집무 시간이 짧았다니.

나로 말할 것 같으면 사냥을 좋아하지 않는다. 큰 소리가 나는 걸 싫어하기 때문이기도 하거니와, 많은 장비가 필요한 스포츠를 좋아하지 않기 때문이다. 여가 시간을 동물의 내장을 끄집어내 해체하는 데 쓰고 싶지는 않다.

그러나 내가 지금 하고 있는 일을 천천히 되새겨 보면 사냥꾼의 일과 다를 바 없는 게 아닐까. 사실 나는 색소니의 요한보다 더 많은 걸 사냥하고 싶은 욕심에 사로잡혀 있는 게 아닐까. 사슴만이 아니라 사자, 곰, 그 밖의 다양한 것들을 사냥하는 내 꼴이라니. 물론 나의 사냥은 사슴, 사자, 곰 등에 관한 정보 혹은 사실을 사냥하는 거지만 말이다. (이를테면 이런 정보다. 곰은 정말로 동면하지는 않는다. 곰의 체온은 급강하지 않으며 잠을 자는 듯해 보여도 아주 쉽게 깨어난다. 정말로 동면한다고 할 수 있는 동물이라면 박쥐, 고슴도치, 다람쥐 따위가 있다.) 이런 정보를 뒤쫓는 내 꼴이 욕심 많은 사냥꾼이 아니고 또 무엇이랴.

hurling
헐링

내 친구 제이미가 미국 십자말풀이 대회에 함께 가자고 제안했다. 정말 뜻밖의 초대다. 내가 제이미를 만난 건 제법 오래전인 〈주간 엔터테인먼트〉에서 그가 나의 편집자였을 때인데, 그래서 나는 그의 비밀을 몇 가지 알고 있다고 자부해왔다. 그는 스파이스 걸스 영화를 무척 즐기는 편이다. 그에게는 몇 사람의 스토커도 따라붙은 바 있다. 그는 지역 잡지에 유쾌한 섹스 칼럼을 연재했었는데, 열성적인 팬들이 생길 만한 주제와 내용이었다. 그는 또한 무조 재즈를 좋아한다. 그러나 십자말풀이 취미라니. 이건 정말 뜻밖이다.

제이미는 자신이 오랫동안 십자말풀이광이었다고 고백했다. 그가 말하기를 "사람들 만나는 것보다 쉽기도 하고, 훨씬 더 재미있지." (사람을 싫어하는 은둔주의자의 분위기마저 풍긴다.) 나는 십자말풀이 전문가는 아니지만 그의 초대를 받아들이기로 했다. 평생 세 번 정도 십자말풀이를 해보았을까. 그때마다 별 흥미를 느끼지 못했다. 마찬가지로 나는 라켓볼과 각성제에도 흥미가 동하지 않는다. 그러나 나는 십자말풀이에서 줄리에게 프레더릭 오스터리츠를 알려주는 전과를 거둔 바 있다. 그렇다면 이번 미국 십자말풀이 대회는 내가 새로 얻은 지식을 시험해볼 좋은 기회가 아닐까. 펜대 굴리기 좋아하는 숙맥들에게 한 수 가르쳐줄 수도 있지 않을까.

토요일 아침 제이미와 나는 8시 10분 기차를 타고 코네티컷의 스탬퍼드로 향했다. 뭔가 심각한 문제가 있다는 걸 깨닫기 시작한 것은 기차 안에서였다. 제이미는 주말판 〈뉴욕 타임스〉를 나에게 건네며 거기 실려 있는 십자말풀이에 도전해보라고 권했다. 좀처럼 단서를 풀어내기가 힘들었다. 나는 내 옆에서 열중하고 있는 제이미를 물끄러미 쳐다보았다.

"물어볼 게 하나 있는데."

"뭐?"

"이건 전략적인 문제라고도 할 수 있는데, 어떤 철자를 어떤 칸에 넣어야 하는지 어떻게 알지?"

제이미는 이 이상한 질문에 어떻게 답해야 할지 잘 몰랐다. 하긴 나 자신도 내가 뭘 물어 본 건지 잘 몰랐으니. 내가 분명하게 아는 건, 방대하다면 방대한 내 지식이 세로줄 29번에 들어갈 말을 포함하고 있지 않다는 뼈아픈 사실이다. 단서인즉 "체스터턴의 책《세상이 왜 이 꼴인가?》에 나오는 인물." 곰곰이 생각한 끝에 세로줄 32번에 관한 단서는 풀어냈다. "헐링의 사촌 격"이라는 단서인데, 최근에 나는 아일랜드식 하키 경기라고 할 수 있는 헐링에 관해 읽었기 때문에, 크로스라는 라켓을 사용해서 하는 하키 비슷한 경기, 즉 라크로스라는 답을 써넣었다.

이윽고 스탬퍼드 메리어트 호텔에 도착한 우리는, 로비와 커피숍을 꽉 채운 400여 명의 다른 경쟁자들 대열에 끼어들었다. 인상적인 건 십자말풀이를 위한 자질구레한 기념품들이 무척이나 다양하다는 사실이다. 십자말풀이 넥타이, 십자말풀이 핸드백, 십자말풀이 노트, 십자말풀이 스카프, 십자말풀이 티셔츠 등등. 한 열렬한 참가자는 영화 〈디어 헌터〉 스타일로 십자말풀이 수건을 머리에 질끈 두른 모습이다. 나중에 이 참가자는 자신의 펜으로 제이미의 목을 찌르는 시늉을 하며 위협했다. 제이미가 연필깎이를 너무 오래 차지하고 있었기 때문이다. 그의 찌르는 시늉은 장난처럼 보이기도 했지만, 나는 그게 결코 장난이 아니라고 확신한다.

호텔 로비에 있는 사람들 가운데 십자말풀이 대회에 참가하지 않는 사람은 어느 고등학교 라크로스 팀 선수들뿐이었다. (라크로스, 인연치고는 묘한 인연이다.) 그들은 두려움 반, 어리둥절함 반의 표정으로 대회 참가자들을 지켜보았다. "헐링의 사촌들! 좋은 하루 되세요!" 나는 큰 소리로 그들을 향해 떠들었다. 제이미와 나는 키득거렸다. 그러나 우리는 L로 시작하며 모두 6개의 철자로 이루어진 말에 해당한다는 걸 깨달았어야 했다. L-O-S-E-R-S, 우리가 '패자'가 되리라는 걸 말이다.

기념품점을 어슬렁거리다가 배우 레아 펄만과 무척이나 닮은 한 여성과 얘기를 나누게 됐다. 프랑스 십자말풀이협회 회장이라는 그녀에 따르면, 프랑스의 십자말풀이 대회는 이름이 두 글자로 이루어진 도시에서만 열린단다. 제이미와 나는 별 감흥 없이 그냥 웃었다.

"프랑스의 십자말풀이 문제에는 이름이 두 글자인 도시가 많이 출제되거든요."

우리의 무관심한 태도에 약이라도 오른다는 투로 그녀가 말했다.

"오~! 그렇습니까?"

그녀는 좀 더 똑똑한 사람을 찾아 우리 곁을 떠났다. 아쉬울 건 없다. 뒤섞여 얘기를 나눌 사람들은 정말 많았으니까. 우리는 〈뉴욕 타임스〉 십자말풀이 코너의 문제를 만드는 사람도 만났다. 듣고 보니 그 사람의 삶도 참 피곤하다. 무엇보다도 독자들의 불평불만이 장난이 아니란다. 한번은 그가 '24시간'이라는 단서를 제시한 적이 있단다. 해답은 '자전'이었다. 분명 화가 난 듯한 어느 독자가 항의 편지를 보냈다. 지구는 자전하면서 동시에 태양 주위를 돌기 때문에, 그 영향으로 자전 시간은 23시간 56분 9초라는 내용이었다.

그런가 보다 하고 있는데, 대머리에 안경을 쓰고 단추로 뒤덮이다시피 한 옷을 입은 남자가 우리에게 다가왔다. "내가 좀 굼뜬 편이오만 이번에는……" 하더니 곧 이렇게 말했다. "지식은 힘이다! 부패한 힘이다! 열심히 공부하라, 그러면 악해질 것이니!" 그는 경기 참가자는 아니고 감독관으로 일하는 자원봉사자였다. 그에게 왜 경기에 참여하지 않기로 했는지 물었다.

"난 십자말풀이를 하지 않습니다. 적어도 미국식 십자말풀이는요. 별로 어렵지 않아서 흥미를 느끼기 힘드니까요. 영국 암호식 십자말풀이라면 또 몰라도."

영국 암호식이라고? 그게 뭘까?

그는 이런 때를 미리 대비라도 한 듯이 종이 한 장을 펼쳐 보여주며 말했다. "좋아요, 단서는 'Late bloomer, finally flown, in back' 입니다." 이게 뭐야? '뒤에 있던 대기만성인 사람이 결국 훨훨 날았다'는 건가? 우리가 생각할 틈도 없이 그 사람이 말했다. "애스터(aster, 국화과의 개미취, 쑥부쟁이 등)는 늦게 피는 꽃late bloomer이지요. N은 'finally flown'의 마지막 글자입니다. 그리고 배의 고물stern이 배의 뒤쪽back이지요. 그러니까 답은 'astern'(고물로, 고물에, 뒤로, 뒤에)입니다."

말을 마친 그가 우리를 물끄러미 쳐다봤다. 우리가 놀랍다는 표정으로 환호성이라도 지르며 악수를 청하기를 기대하는 눈치가 역력했다. 그러나 다행스럽게도 우리가 그에게 뭔가 말을 건네기 전에 십자말풀이 대회가 곧 시작된다는 안내 방송이 나왔다.

"자! 열심히 칸을 채워보자고!" 제이미가 말했다.

"그래, 해치워버리자!" 내가 답했다.

자, 이제 시작이다. 우리는 대회장으로 들어가 긴 탁자 앞에 앉아 연필을 올려놓고 기다렸다. 기분이 고조되면서, 나는 기차 안에서 십자말풀이를 제대로 풀지 못했던 건 예외적인 일이었을 뿐이라고 생각했다. 여하튼 나는 브리태니커가 담고 있는 모든 지식의 28퍼센트를 알고 있지 않은가. 조용한 말투의 수염이 덥수룩한 윌 쇼츠 씨. 이번 대회의 책임자이자 〈뉴욕 타임스〉 십자말풀이 코너를 편집하고 있는 그가 말했다. "속도와 정확성으로 판가름 날 겁니다. 제한 시간은 15분입니다. 시작!"

출발이 좋다. 내가 아는 게 있다. "레이더 스크린에 나타나는 표시"는 블립blip이다. 적어 넣어야지. B-L-I-P. 그리고 어디 보자, 어디 보

자. "로스웰에서 목격된 것들"은 그렇지, 미확인 비행물체 U-F-O-S. 어디 또 보자……. 그런데 바로 이때 대회장 곳곳에서 사람들이 손을 들기 시작한다. 다 풀었다는 건데, 도대체 어떤 놈들이야? 몇 분이나 지났을까, 이번에는 제이미가 연필을 놓더니 손을 든다. 제기랄! 15분이 되려면 아직도 한참 남은 것 같은데, 윌 쇼츠는 아직 끝마치지 못한 사람들은 연필을 내려놓으라고 말했다. 나는 채워 넣지 못한 하얀 빈칸들을 바라볼 뿐이었다. 정말 하얗다. 남극의 보스토크 기지 주변만큼이나 하얗다. 이럴 수가! 브리태니커에게 책임을 돌릴 수야 없지만, 기분이 엉망인 건 어쩔 수 없다.

두 번째 경기는 더 큰 재앙이다. 제기랄! 브리스틀 운하로 흐르는 강이라고? 목성Jupiter의 가장 작은 위성? 머리가 마치 백지장이 된 것 같다. 브리태니커의 J 항목까지 미처 가지 못한 게 이렇게 아쉬울 줄이야. 윌 쇼츠 씨가 아이를 어르는 소아과 의사 비슷한 목소리로 경기 시간 종료를 알렸을 때, 나는 겨우 3분의 1 정도를 풀었다.

핑계 없는 무덤은 없다고 했던가. 경기 시간 내내 기침을 해대며 정신을 산란하게 만든 내 옆의 여성 탓으로 돌리기로 했다. 그건 누가 들어도 보통의 기침이 아니었다. 끈적끈적한 액체를 동반한, 체내 여러 기관을 거치면서 몸속 깊은 곳에서부터 끓어올라 마침내 폭발하는, 바로 그런 고약한 기침이었던 것이다. 그런 사람 옆에서 내 어찌 실력을 발휘할 수 있었겠는가 말이다. 제이미와 나는 호흡기 질환을 앓는 사람을 위한 별도의 경기 장소를 주최 측이 마련했어야 한다는 데 의견을 같이했다.

세 번째 경기는 사정이 조금 나았고 네 번째 경기도 비슷했지만,

다섯 번째 경기는 "《반야 아저씨》의 등장인물", "버드 그레이스의 연재만화" 이런 단서들과 함께 나를 다시 한 번 암울하게 만들었다. 나는 이 상황을 예견했어야 했다. 사회자가 이번 문제의 작성자 이름을 발표했을 때 참가자들이 일제히 경이를 담아 "ㅇㅇㅇㅇ"라고 했었기 때문이다.

도대체 뭐가 잘못된 걸까? 내가 십자말풀이에서 처참하게 실패한 원인이 뭘까? 나에게 번쩍 하는 통찰을 내려줄 사람이 있다면 그는 존 델핀일 것이다. 존은 십자말풀이계의 타이거 우즈라고 할 수 있는 인물로, 각종 대회에서 일곱 차례 우승을 차지했고 내가 참가해 525명 가운데 510등이라는 호성적을 거둔 이 대회에서도 승리는 그의 차지였다. 그는 월요일자 〈뉴욕 타임스〉 십자말풀이를 단 2분 만에, 주말판의 십자말풀이도 6분 만에 풀어내는 사람으로, 15개의 사전을 정복했다는 전설의 주인공이기도 하다.

그는 이상하리 만치 정상적이다. 은둔형 외곬도 아니고 사회적으로 잘 적응된 사람처럼 보였으며, 외모는 가수 폴 사이먼과 약간 닮았고, 피아니스트로서 생계를 꾸려 나가는 사람이다. 그는 뻐기지도 않았고 나를 우습게 여기지도 않았다. 오히려 매우 친절하게 나의 실패에 관해 조언해주었다.

"십자말풀이는 말하자면 하나의 언어입니다. 당신이 그 언어를 일단 익히고 나면, 술술 말할 수 있게 될 겁니다."

십자말풀이에서 만만한 일반적인 지식이 등장하는 경우는 드물다. 매우 특수한 지식, 특화된 지식이 필요한 것이다. 요컨대 모음이 많이 들어 있는 네댓 글자 단어들을 집중 공략하는 게 관건이다. 이를테면 아레레Arere나 우엘레Uele 같은 강 이름을 알아야 하고, 아프리카의 이랜드eland 영양도 알아야 한다. 사람이라면 유명한 칼럼니스트 어마Erma 봄벡이나 가수 어마Erma 프랭클린(가수 아레사 프랭클린의 언니)을 알아두는 게 좋고, 그 밖에도 아이다Aida나 오나Onna 같은 이름을 가진 사람들에 밝아야 한다. 지금의 나는 A부터 I에 걸친 것들을 섭렵했을지 몰라도 모음의 비중이 큰 명사에는 약하다. 나는 모음을 좋아하는 팬이 결코 아니다. 그건 너무 부드럽지 않은가. 딱딱한 자음을 내게 다오. 언젠가 알파벳에서 모음이 죄다 없어지는 날이 오기를!

기차를 타고 집으로 돌아갈 일만 남았는데, 제이미는 말 알아맞히기 게임을 하기 위해 더 머무르고 싶어 했다. 여러 사람이 한 팀을 이루어, 사회자가 제시하는 문제에 대한 여러 개의 답을 팀 구성원들이 하나씩 맞혀 나가는 경기였다. 참가자를 제비뽑기로 정하는데 놀랍게도 내가 뽑혀 크로스 팀에 속하게 되었다. 대회장 무대 위에서 수백 명의 관중을 앞에 두고 다우니 팀과 대결하게 된 것이다. 참가하기를 원했던 제이미는? 수백 명의 관중들 가운데 한 사람이 됐다.

"십자말풀이광들이 즐기는 다른 형태의 퍼즐 놀이의 이름은?" 팀 동료들은 대단했다. 글자 수수께끼 놀이, 말 찾기 게임, 이렇게 두 개를 맞혔다. 이제 내 차례였다. 사회자는 다시 한 번 문제를 말했다. 더해지는 압박감! 머리가 백지 상태가 되는 기분이다. 내 머릿속은 십자말풀이를 할 때 비워둘 수밖에 없었던 칸, 그 자체였다. 하지만 입 다물고 있을 수는 없다. 뭔가 말을 해야 한다. 기어 들어가는 목소리로 겨우 말한 게 바로 이거였다. "카드 게임과 연결 지어 하는 퍼즐."

카드 게임과 연결 지어 하는 퍼즐이라고? 하! 도대체 뭘 뜻하는지도 모르고 되는 대로 무작정 주워섬긴 말이다. 사회자가 나를 쳐다보는 눈길은, 마치 안다만 제도 사람들이 하는 말을 들었다는 듯했다. (사용자가 극히 적은 이 언어에는 숫자가 둘밖에 없다. 하나, 그리고 하나보다 많은.) 나는 관중들의 반응을 슬쩍 살폈다. 당혹스러워하는, 걱정스러워하는, 그리고 무엇보다도 한심스러워하는 400명의 눈길이 내 얼굴에 꽂히고 있었다.

"예, 좋~습니다! 카드 게임과 연결 지어 하는 퍼즐이라고 말씀하셨습니다." 오답임을 알리는 버저 소리가 크게 울렸다. 나는 내 자리로 슬금슬금 들어가 다시 앉았다. "카드 게임과 연결 지어 하는 퍼즐이라고?" 제이미가 빈정댔다. 나는 뭘 말해야 할지 몰랐다. 내 머리는 꽁꽁 얼어붙어 있었다. 머리를 쥐어짜도 어쩔 수 없었다. 그런 중압감에 시달린 적은 거의 없었다. 정신 기능이 완전히 멈추어버린 듯했다. 제이미가 말했다. "우리 돌아갈 때 제발 5미터 정도 떨어져서 가자!"

정체성

세상 사람들이 말하기를, 네 자신을 알면 좋다 했다.

요즘 나는 과거 어느 때보다도 내 자신에 대해 잘 안다. 내 자신과 꽤나 친숙해졌다. 예전에는 몰랐던 수십, 수백, 수천 가지의 나에 관한 사실들을 알고 있다.

나는 내가 세포 75조 개의 집합이라는 것을 안다. 걱정스러울 만큼 많은 양이다. (실은 상황이 더 나쁘다. 요새 운동을 통 안 했더니 복부에 세포가 몇 억 개쯤 더 붙은 것 같다.) 내 몸무게의 60퍼센트는 수분이다. 나는 이족보행 동물이라는 인간만의 특성을 지닌다(캥거루는 꼬리가 세 번째 다리라서 이족보행 동물이 아니다). 10만 가닥쯤 되는 내 머리칼은 한 달에 1.2센티미터쯤 자란다. 나는 척색동물문門에 속한다. 이 점은 충격이었다. 내가 어느 계와 종에 속하는지는 잘 알고 있었고 조금만 생각하면 강과 목도 알 것 같았지만, 문은 전혀 몰랐다.

내가 권투에 나서면 주니어 미들급(66.7~69.9킬로그램)이 된다. 갓 태어났을 때 내 시력은 법적 시각 장애인의 시력보다도 한참 떨어지는 0.025 수준이었고, 자궁 속에 있을 때 내게는 아가미구멍이 있었다. 나는 숨을 들이쉴 때마다 흔하고 지루한 산소 외에도 크립톤이나 크세논 같은 희한한 이름의 원소들을 미량 섭취한다. 내 주소로 말할 것 같으면, 국부 은하군 내, 지름이 약 100광년인 나선 은하 내, 태양계 내, 지구인데, 지구는 원주가 약 4만 킬로미터이고 23.5도가량 기울어진 행성이다. 더 구체적으로 적시하면, 나는 캐나다 순상지에 기반을 둔 대륙인 북아메리카에 산다.

나는 3억 5,000만 명의 인구와 더불어 영어를 사용한다. 구체적으로 미국 북부 내륙 사투리를 쓴다(거들먹거리며 영국 표준 발음을 쓰는 작자들과 달리, 모터motor의 t를 d처럼 발음한다). 나는 오늘날의 독일 및 프랑스 영토에 뿌리를 둔 아슈케나지 유대인이다(그렇다고 내가 프랑스 사람이란 뜻은 아니니 착각 말자). 나는 잡지사에서 일하는데, 최초의 잡지는 1731년에 영국에서 창간된 〈젠틀맨즈 매거진〉이었다. 그 잡지의 모토는 미국인에게는 너무나 친숙한 'E pluribus unum' 즉 '여럿으로 이루어진 하나'였다(달러 지폐에 적혀 있다).

한편으로는 이 상황이 좋다. 내 삶을 옹스트롬 단위까지 세세히 규정할 수 있다니 어쩐지 편안한 느낌이다. 하지만 그놈의 생물학만 생각하면 나는 머리가 주뼛 선다. 고등학교 이래 내 몸의 75조 개 세포들이 하는 일에 대해 이처럼 골똘히 생각하기는 처음이다. 생명의 기적에 감사하는 게 옳은 태도 같지만, 대신 나는 겁에 질린다. 지난주에 나는 90분 동안 잠들지 못한 채 내 신체 기관들에 대해 걱정했다. 특히 심장이 걱정이다. 내 심장은 분당 70회 뛴다. 박동수가 분당 1,000번인 카나리아보다는 느리지만, 분당 25번이라는 가련한 코끼리보다는 훨씬 빠르다. 서른다섯 해를 쉬지 않고 뛰어온 내 심장이 앞으로 얼마나 더 고장 없이 뛸 수 있을까? 심장에는 동방결절, 유두 근육, 삼첨판 등등 섬세한 부속이 너무 많은 것을. 나는 90분 동안 꼼짝 않고 침대에 누워 있었다. 양손을 심장에 얹고 내 심장이 계속 펌프질하고 있다는 사실을, 내가 아직 살아 있다는 사실을 확인하다가, 마침내 스르르 잠이 들었다.

illusion
착각

우리 부부는 줄리네 집안 친구의 결혼식에 다녀왔다. 결혼식도 즐거웠지만 에릭의 아내 알렉산드라와 나눈 대화가 내게는 훨씬 즐거웠다.

알렉산드라는 대단한 여성이다. 줄리와 나는 에릭을 참아내는 그녀의 인내를 높이 사 성聖 알렉산드라라고 시성했다. 콜롬비아 출신인 알렉산드라는 그곳에 파견 근무 중이던 에릭과 만나 사귀기 시작했는데, 몇 년 뒤 미국으로 건너올 때 영어라곤 열네 단어쯤 알았다고 한다. 지금은 살짝 억양이 있고 간간이 단어를 혼동하는 것 말고는 유창한 영어를 구사한다(한때 '촌스런'이란 단어의 뜻을 '예쁜'으로 착각해서, 이웃 아이들을 촌스런 아이들이라고 막 칭찬했단다. 당연히 이웃들과 마찰이 있었다).

나는 결혼식 칵테일파티에서 구운 아스파라거스가 담긴 조그만 접시를 앞에 두고 알렉산드라에게 불평을 토로했다. 지식 면에서 도저히 에릭을 따라잡지 못하겠다, 에릭의 머리는 나보다 머리통 몇 개만큼 앞서 있다고 말이다. 그러자 알렉산드라가 내 기운을 북돋우는 이야기를 해주었다.

몇 년 전, 알렉산드라와 에릭이 다른 부부와 외식을 했다. 한 여종업원이 주문을 받아 간 뒤, 알렉산드라는 들떠서 어쩔 줄을 몰랐다.

"저 종업원 말투가 콜롬비아 억양이에요. 게다가 내 고향 칼리 출신인 것 같아요."

에릭은 단호히 고개를 저었다. "저건 콜롬비아 억양이 아니라 슬라브계 억양이야." 그러고는 발칸 국가들의 음성학에 대해 장광설을 늘어놓았다. 문제의 종업원이 전채 요리를 갖고 등장하자 알렉산드라가 물었다.

"어디 출신이에요?"

"콜롬비아요."

"콜롬비아 어느 도시요?"

"칼리요."

알렉산드라는 구름을 탄 기분이었고, 에릭은 어깨를 으쓱하곤 흘려 넘겼단다.

어찌나 환상적인 이야기인지! 에릭이 틀려서 그런 게 아니다. 물론 에릭이 틀린 것은 의문의 여지없이 신나는 일이다. 하지만 그보다는 에릭이 콜롬비아 억양을 쓰는 아내 앞에서 콜롬비아 억양 문제로 주름 잡았다는 사실이 끝내주게 웃기면서도 멋지다. 이 점에서 나는 용기를 얻었다.

슬라브계 억양이라고 말할 때의 에릭은 보나마나 추호의 흔들림 없이 단호했을 것이다. 한순간도 머뭇거리지 않았을 것이다. 자신의 눈동자 색을 말할 때나 헤이스팅스 전투는 1066년이라고 말할 때와 전혀 다르지 않은 어조였을 것이다. 나는 에릭도 별것 아니네, 라고 말하려는 게 아니다. 에릭은 지긋지긋하게 많은 정보를 알고 있다. 그런 에릭도, 드물긴 하지만, 자세히 모르는 것에 마주칠 때가 있다.

그때 에릭은 어떻게 하는가? 사소한 문제 따위에 발목 잡히지 않는 것이다.

나는 지난 몇 달간 성공적인 척척박사가 되는 비결은 극단의 자기 확신이 아닐까 얼핏 생각해왔는데, 과연 그렇다는 사실을 에릭이 보여준 것이다. 척척박사로 인정 받고 싶은가? 당신이 아는 사실을 무조건 큰 소리로 자랑스럽게 말하라. 나처럼 세부 사항들을 잊거나 뒤죽박죽으로 기억하는 경우라도 말이다. 재무 분석가인 친구 하나도 비슷한 말을 한 적이 있다.

"옳을 때도 있고, 틀릴 때도 있지만, 늘 확신해야 해."

며칠 전에 한 동료가 쌍둥이 아이들을 회사에 데려왔다. 나는 그에게 들려줄 근사한 사실을 하나 알고 있었다. "베트남 전통 사회에서는 남녀 쌍둥이는 서로 결혼해야 했대요. 자궁 속에서 이미 섹스를 했다고 생각한 거죠." 좋은 대화 소재 아닌가? 하지만 사실은 베트남이 아니라 발리 섬이었다. 나도 베트남이 아니란 건 알았지만, 쌍둥이를 결혼시킨다는 나라 이름이 도무지 생각나지 않았다. 그리하여 대화 상대가 동아시아 전통 산부인과학 학위를 가졌을 리 없다고 판단한 임기응변이었다. 물론 보기 좋게 먹혔다.

Indian Mutiny
세포이 항쟁

19세기 인도인들이 영국의 통치에 대항해 일으킨 실패한 반란이었다. 세포이 항쟁은 발단이 사뭇 기이해서 눈길이 간다. 1857년, 영국은 동인도회사에 인도 병사(세포이)들을 고용했다. 영국인들의 실수는 신식 엔필드총을 세포이들에게 나눠준 점이었다. 이 총을 쓰려면 윤활제가 발라진 탄약통 끝을 이로 조금씩 떼어내야 했는데, 문제는 그 윤활제였다. 돼지기름과 소 기름을 혼합한 것이었으므로, 돼지고기를 먹어선 안 되는 이슬람 교도와 소고기를 먹어선 안 되는 힌두교도 양쪽을 동시에 자극하는 절묘하게 명청한 짓이었던 것이다. 세포이들이 봉기하였고, 영국 장교들이 살해당했다. 그러나 결국 종교적 잔인함으로 무장한 영국인들이 반란을 진압했다. 브리태니커는 이렇게 말한다. "종국에는 보복 학살이 원래의 난폭 행위보다 훨씬 잔인했다. 복수심에 불탄 영국인들은 세포이들을 대포알로 장전하여 발사함으로써 수백 명을 죽였다(유혈 사태에 저항한 영국 장교들도 몇 명 있기는 했다)."

우선, 사람을 대포알로 쏘아 날린다는 것은 내가 생각하는 가장 심란한 광경 축에 든다. 하지만 또한 나는 괄호 안에 쓰인 말, 유혈 사태에 저항한 영국 장교들도 몇 있었다는 말에 주목한다. 그래, 그래야 브리태니커이지. 브리태니커는 출판 역사상 가장 공명정대한 책일 것이다. 이처럼 매사에 양면을 조명한다. 최악의 행위, 최악의 사람들에서도 점수를 만회할 자질들을 찾아낸다.

가령 흑사병이 유럽 인구의 3분의 1을 쓸어버린 건 사실이지만, 노동 인구를 줄임으로써 살아남은 자들의 임금을 높이는 결과를 가져왔다. 나쁜 일이 있으면, 좋은 일도 있는 법.

훈족의 아틸라? 물론 그는 악독한 야만인이었다. 오죽하면 별명이 절대 귀엽다고는 할 수 없는 '신의 징벌'이었을까. 물론 그는 혼자 제국을 통치하려고 형 블레다를 죽인 망나니였다. 사람이 사는 땅이라면 한 평도 놓치지 않고 동유럽 전역에서 강간과 약탈을 저질렀다.

참, 그리고 아틸라가 죽고 난 뒤, 그의 시신을 묻은 얼간이들도 사형에 처해졌다. 아틸라의 묘지 위치를 세상 사람들에게 숨기기 위해서였다.

좋다. 아틸라는 단점 투성이다. 그래도, 그래도 혹시…… 아, 날을 잘 잡아서 아틸라를 만났다면 깜짝 놀랐을지도 모른다. 브리태니커에 따르면 아틸라는 "의심의 여지없이 냉혹한 인간"이었으나, 연회에서는 "부하 장수들이 은 접시로 갖가지 미식을 즐기는 동안 자신은 나무 접시에 담긴 고기만을 먹었다." 봤는가? 나무 접시로 먹었단다! 당신이라면 온 유럽을 정복하느라 식욕이 만점인데 나무 접시로 먹겠는가? 아닐걸.

별건 아니지만 없는 것보다는 낫지 않은가. 브리태니커는 정말이지 사려 깊고 완벽한 신사이다. 길에서 브리태니커 신사와 부딪치면 그는 이렇게 말하지 않을까. "어이쿠 여보게, 대단히 죄송하다네." 하루에 다섯 시간씩 브리태니커를 읽으면 그 한결같은 찬반 어투에 세뇌당한다. 속으로 이렇게 생각하게 된다. 그래, 러시 림보는 약자 괴롭히기에 찬성하는 골 빈 보수주의자 라디오 진행자이지, 하지만 애국심이 중요하다는 주장은 틀린 말이 아니고 목소리도 카랑카랑하니 듣기 좋잖아?

industrial engineering
산업 공학

중요한 소식. 나는 브리태니커에서 영감을 얻어 식기세척기 채우는 방법을 바꿨다. 나의 혁신은 대량 생산 항목을 읽으면서 시작되었다. 대량 생산에서 제일 중요한 점은 업무를 전문화된 분업 단위로 세분화하는 것이란다. "단순하고 고도로 반복적인 움직임, 최소한의 제품 이동. 그래야만 사람은 불필요한 움직임이나 의식의 재조정 없이 쉽고 빠르게 동작을 수행할 수 있다."

이 문장을 읽은 날 부엌에서 설거지를 하다가 깨달았다. 나는 불필요한 움직임과 의식의 재조정을 어마어마하게 자행하고 있구나. 나는 접시 하나를 포크로 긁고, 헹구고, 세척기에 넣은 뒤, 다른 접시를 들어 긁고, 헹구고, 세척기에 넣는 식이었다. 나 원, 미쳤구먼. 전문화도 분업도 없는 혼란 그 자체 아닌가.

이제 나는 아름답고 효율적인 한 편의 시 같은 움직임을 개발했다. 나는 포크의 움직임을 일사불란하게 유지하며 먼저 접시들을 모두 긁어낸 뒤에 높이 쌓인 접시들을 한 번에 헹군다. 그 다음에 역시 경제적인 움직임으로 한 번에 세척기에 넣는다.

아주 좋다. 나는 스톱워치와 클립보드를 들고 공장을 습격했던 프랭크 길브레스 같은 20세기 능률 전문가들의 뒤를 잇고 있다. (말이 나왔으니 말인데 길브레스는 아이를 열두 명이나 두었다. 《한 다스로 더 싸게》라는 책이 이 집안 이야기이다.)

단언컨대 새로운 체계는 설거지 속도를 높여주었다. 내가 백과사전 읽는 일에 1년을 낭비하고 있는지는 몰라도 최소한 집안일에서는 시간을 아끼게 되었잖은가. 대차대조표를 평생으로 넓히면 최소 2분이나 3분은 아끼게 되겠지.

inherited traits
유전 형질

최근에 유전에 관한 여러 흥미로운 이론들을 읽었다. 고대인들은

'모측인상母側印象'이라는 것을 믿었다. 임신부가 겪는 심적 체험들이 아기의 인성에 영향을 준다는 믿음이었다(그래서 에스키모 산모들은 아기가 카누를 잘 젓게 되길 바라는 마음에 오리 날개를 먹었다). 한편 아리스토텔레스는 감응 유전 이론을 지지했다. 아기의 선천적 형질은 생물학적 아버지에게서만 오는 게 아니라 어머니가 과거에 관계했던 남자들한테서도 온다는 이론이다. 내 어머니는 한때 윌리엄 하워드 태프트 대통령의 증손자와 데이트를 했다고 하니, 내가 갑자기 어마어마하게 뚱뚱해지고 높은 관세를 주장하기 시작하면, 누구 탓인지 안 봐도 뻔하다.

그런데 오늘, 나는 유전에 관한 밀착 취재를 할 기회가 있었다. 아버지와 점심을 하면서였다. 아버지도 나도 미드타운에서 일하기 때문에 가끔 만나 함께 샌드위치를 먹는다.

나는 자리에 앉자마자 아버지에게 말했다. "제가 백과사전에서 법률 관련 내용들을 잘 배웠는지 한번 확인해보세요. 아버지의 사건 해결에 도움을 드릴 수 있을지도 모르잖아요?"

아버지는 영 불편한 기색이었다.

"아무 사건이나 하나 말씀해주시면 제가 답을 생각해볼게요."

"종업원이 안 보이는 문제는 어떠니? 당장 해결하면 좋겠는데."

나는 아버지를 몰아붙일 수도 있었지만, 그냥 놔두는 게 좋겠다고 판단했다. 변호사-고객 비밀보장 특권인가 뭔가 그런 것도 있다니까.

대신 다시 물었다.

"법적이지 않은 문제는 어때요? 물어보실 것 없어요?"

"'너 뭐 주문할 거니?' 같은 문제는 어떠냐?"

"아버지, 제발요. 사실에 관한 문제 말입니다."

아버지는 몇 초쯤 생각하다가 질문을 던졌다.

"미국의 최남단 주는?"

나는 잠시 생각했다. 함정이 있는 문제인가?

"하와이."

"그렇지. 최북단 주는?"

"알래스카."

"맞아. 가장 서쪽은?"

나는 미국 지도를 떠올리려 애썼다. 알래스카 아니면 하와이 같다.

"가장 서쪽도 알래스카예요."

"좋아. 가장 동쪽은?"

"메인."

"땡! 가장 동쪽도 알래스카란다."

뭐라고? 말도 안 된다. 나는 못 믿겠다는 듯 얼굴을 찌푸렸다.

"알류샨 열도의 섬 몇 개가 180도 경도선을 넘지. 그러니까 공식적으로 제일 동쪽의 주야."

에휴. 인정하기 싫지만 괜찮은 질문이었다.

"브리태니커 A권을 읽을 때 알게 되신 거예요?"

"어디서 들었는지는 모르겠구나."

나는 아버지의 1974년판 브리태니커 독서 추억을 끌어내지 말았어야 했다. 그러나 별로 기억하는 게 없다고는 이미 말씀하셨고, 실제로 알래스카 항목은 아버지의 기억에 남지 않았을지 모르지만, 어쨌든 뭔가 남은 게 있어야 하지 않겠는가?

"A나 B로 시작하는 단어들은 대부분 기억한단다."

아버지가 말했다.

"에이, 거짓말 마시고요."

"사실은 얼마 안 돼. 여기저기 찔끔찔끔."

젠장. 내게는 나쁜 징조이다.

"솔직히 어렸을 때 읽었던 《월드북》 백과사전 내용이 더 많이 기억난다. 그때 나는 오스트레일리아에 대한 두꺼운 보고서를 썼었지. 오스트레일리아에 홀딱 빠져서 엄청나게 집착했단다. 네 할아버지한테 온 가족이 오스트레일리아로 이민 가면 어떻겠냐고 말했더니, 네 할아버지가 나를 단념시키면서 자기는 뉴욕 변호사라서 어쩔 수 없다고 말씀하시더구나."

나는 예상치 못한 충격에 어쩔했다. 나 역시 어렸을 때 같은 대륙에 집착했기 때문이다. 영화 〈미지와의 조우〉의 주인공 리처드 드레퓌스에 비견될 만한 정신병적 일념으로, 몇 시간씩 오스트레일리아 지도를 베껴 그리곤 했다.

"저도 어릴 때 오스트레일리아를 좋아했었어요!"

"그랬지, 물론 기억한다."

이 정보를 어떻게 해석해야 할지 모르겠다. 특정 지정학적 위치를 애호하게 만드는 유전자가 있는 건가? 아버지가 내게 은근히 영향을 미쳐 좋아하는 대륙으로 오스트레일리아를 찍게 만든 것일까? 어느 쪽이든 내 마음이 갈기갈기 찢어지긴 마찬가지이다. 나는 세상에서 가장 똑똑한 소년이기를 바랐을 뿐 아니라 전적으로 독특한 존재이기를 꿈꿨다. 나는 다른 인간들과는 전혀 다른 존재가 되고 싶었다.

물방울 속에서 생겨났다는 북유럽 신화의 최초의 거인들처럼, 온전히 자력으로 형성된 존재이고 싶었다. 오스트레일리아를 고른 데는 그런 이유도 있었다. 원주민 악기 디저리두가 뭔지, 토착 들개 딩고가 뭔지 아는 아이는 우리 반에 나밖에 없었기 때문이다. 그런데 보라, 내가 전혀 독특하지 않다는 증거가 여기 있다. 나는 사실상 아버지의 복제인 것이다.

intelligentsia
지식인

나는 대단한 주말 계획을 세웠다. 반년에 한 번 있는 뉴욕 멘사협회 지역 총회가 스태튼아일랜드에서 열린다. 근 한 달을 기다려온 모임이다.

배우자를 데려가도 되기 때문에 줄리를 초청해보았지만, 줄리는 선약이 있단다. 소파에 묻혀 잡지를 읽는 선약이라고 한 것 같다. 하는 수 없이 짝 잃은 외기러기 신세로 가야겠다. 멘사 총회는 처음이기 때문에 나는 조금 초조하다. 회원들이 나의 지식에 감동 받을까? 같잖은 대학수학능력시험 점수로 슬쩍 입회한 사실을 눈치 챌까? 그 사람들은 내내 생명윤리 얘기만 할까? 지나 데이비스도 참석할까?

사실 나는 몇 주 전에 다른 멘사 모임에 가본 적이 있었다. 시내의 한 중국 식당에서 열린 '유쾌한 금요일 저녁' 모임이었다. 하지만 선전만큼 유쾌하지는 않았다. 나는 하필이면 한구석에 앉아서 대화에 끼어들지도 못했다. 유일하게 인상적이었던 일은 한 회원이 완당 수프 그릇 둘레로 세심하게 얼음을 쌓는 걸 본 것이었다.

"뭐 하시는 건지 여쭤봐도 됩니까?" 내가 물었다.

"수프를 묽게 만들지 않으면서 차갑게 식히는 겁니다."

그가 대답했다.

"아."

"집에서는 플라스틱 아이스볼에 물을 넣어 얼려 쓰죠."

"식당에 아이스볼을 가져오지 그러셨어요?"

"낮에 일하는 동안에는 어디에 두라고요?"

그는 내 지성에 전혀 감동 받지 않은 것 같았다. 남자는 나를 찬찬히 뜯어보았다. 언제부터 멘사가 어릴 때 납페인트를 먹어 바보가 된 녀석들을 가입시키기 시작했나 분개하는 눈초리였다. 내가 생각해도 그가 나보다 낫다. 얼음 활용법은 꽤 똑똑해 보였다.

공식 명칭이 '뉴욕의 지성들'인 총회는 이보다는 괜찮을 것 같다. 훨씬 질 높은 멘사 경험을 하게 될 것 같다. 나는 토요일 아침 일찍 일어나 스태튼아일랜드로 가는 페리를 탈 계획이었다. 하지만 어쩌다 보니 늦어서 비둘기가 득실거리는 대합실에서 두 시간이나 기다려야 했다. 뉴욕 시를 벗어나지도 못한 데다, 페리를 최소한 세 시간이나 타야 한다. 급격히 우울해졌다. 어제 일찍 자느라 금요일 밤을 만끽하지도 못했는데 더 이상 시간 낭비하기는 싫다. 도대체 누가 스태튼아일랜드에서 총회를 열자고 한 거야? 멘사라면서 별로 똑똑하지 못한 발상이잖아. 나는 자신의 재치에 속으로 낄낄댔다.

나는 가까스로 점심시간에 맞춰 스태튼아일랜드 호텔에 도착했다. 천장이 낮고 정신 사나운 무늬의 카펫이 깔린 하버룸에서, 대략 40명의 천재들이 페퍼로니 피자와 알마덴 와인을 꾸역꾸역 먹고 있었다. 일단 지나 데이비스는 없다.

나는 둥근 식탁에 앉았다. 주변 회원들은 어젯밤의 코미디 쇼를 논하느라 바빴다. 듣자 하니 코미디 쇼가 매끄럽게 진행되지 못한 것 같았다.

"무슨 일이 있었는데요?" 내가 물었다.

"엉망이었어요. 야유꾼들이 있었거든요." 청재킷을 입고 아주 커다란 안경을 쓴 여자가 알려주었다.

"멘사 회원 야유꾼들이요?"

"네. 술 취한 멘사 회원들이요. 멘사답지 못한 행동이었죠."

"뭐라고 야유했는데요?"

"여성 코미디언한테 멋진 궁둥이라고 소리쳤어요. '멋진 공연'이라고 말하는 대신 '멋진 궁둥이'라고 했다고요."

"저런." 나는 우둔한 주정뱅이 멘사 회원들을 보지 못한 게 못내 아쉬웠다. 재미있었을 텐데!

"현명한 행동이 아니죠." 청재킷을 입고 잠수함 현창만 한 안경을 쓴 여자가 선언했다. "어젯밤을 완전히 망쳤잖아요. 그전까지는 멋진 저녁이었다고요."

멘사 총회의 논란거리는 이것만이 아니었다. 듣자 하니 어떤 천재가 거대한 버니즈 마운틴독 두 마리를 데려왔는데, 그중 한 녀석이 오락실 밖에다 눈 거대한 똥을 주인이 제대로 치우지 않았다는 것이다. 멘사 회원들도 평균 아이큐의 사람들처럼 유아적이고 책임감 없을 수 있는 모양이지. 나는 피자를 씹으며 여기에 어떤 함의가 담겨 있을까 숙고했다.

그러다 문득 점심 친구의 가슴에 달린 총회 배지를 보았더니 동그란 노란색 스티커가 눈에 들어왔다.

"그 노란 스티커는 뭔가요?"

"초록색은 '포옹해도 좋습니다'라는 뜻, 노란색은 '포옹하기 전에 물어보세요'라는 뜻이에요."

나는 방을 둘러보았다. 나만 빼고 모두가 색색의 스티커를 붙이고 있었다. 살짝 소외감이 느껴졌다. 한 남자는 초록색 스티커를 세 개나 붙이고 있다. 정말 미쳐버릴 만큼 포옹 받고 싶나 보다. 중독자가 주사를 원하듯 포옹을 원하고 있다.

"껴안는 인사가 싫으신가 보죠?" 내가 친구에게 물었다.

"저는 가냘프니까요. 짜부라질 수 있거든요. 뚱뚱한 회원이 좀 많아야죠."

음, 굳이 지적하고 싶은 사항은 아니었는데. 하지만 사실이 그러하였다. 이들은 모두 거대한 뇌의 소유자들이겠지만, 개중에 놀랄 만큼 많은 수가 또한 거대한 엉덩이의 소유자였다. 아이큐 1점마다 1킬로그램이나 1.1킬로그램씩 얻게 되는 것 같다. 기왕에 외모 이야기가 나왔으니 말인데, 이 사람들에게는 비만 외의 다른 특징도 있었다. 르네 데카르트의 집착을 기억하는가? 데카르트라면 멘사 총회에서 흥겨운 시간을 보낼 수 있었으리라.

피자 몇 조각, 플라스틱 컵에 담긴 알마덴 와인 몇 잔을 섭취한 뒤, 나는 다음과 같은 몇 가지 결론을 내렸다.

1. 멘사 회원들은 동음이의 말장난을 사랑한다. 프랑스 사람들the Frogs 은 개구리frogs 다리를 먹으면 미쳐 날뛴다는 둥. 건축에 관심 있는 사

람은 건축물 콤플렉스(edifice complex, 보통은 건축가가 가급적 거대 건축을 추구한다는 의미로 쓰인다)가 있는 것이라는 등. 사진관을 운영한다는 한 회원은 내게 이렇게 말했다. "직업 덕분에 매우 부정적인(negative, 사진 원판이라는 뜻도 있다) 인생관을 갖게 되었죠."

"생각만 해도 진저리나네요(shudder가 셔터shutter와 발음이 비슷한 것을 이용했다)." 내가 이렇게 대답하자 그 사람은 존경 어린 눈길을 보냈지만 스스로는 조금 혐오스러워졌다.

2. 멘사 총회는 새 직장을 원하는 구직자에게 바람직한 모임은 아니다. 말장난을 좋아하는 사진관 운영자를 제외하면 총회 참석자 가운데 상당수가 일정한 수입이 없는 듯했다. 어떤 일을 하느냐고 물으면 대개 "몇 가지 프로젝트를 하고 있죠"라거나 "이것저것 조금씩 걸치고 있습니다" 같은 모호한 대답이 돌아왔다. 나는 깨달았다. 멘사 사회에서 "무슨 일을 하십니까?"라는 질문은 보통 사람한테 "자위를 얼마나 자주 하시나요?"라고 물어보는 것만큼 예의에 어긋난다는 것을.

3. 멘사 회원들은 장대한 이론을 사랑한다. 50대로 보이는 한 여성은 내게 인성의 분재盆栽 이론이라는 것을 들려주었다. 물론 그녀가 구축한 이론이다. "플라톤에게 동굴이 있다면, 제게는 분재가 있는 거예요." 그녀의 이론을 이 지면에서 소개할 수는 없다. 무슨 말인지 내가 하나도 못 알아들었기 때문이다. 대강 인간 행동 분야에서 아인슈타인의 $E=mc^2$에 필적하는 이론이라고 했던 것 같다.

나는 멘사 총회 오락실로 지정된 방에서 내 나름대로 인간 행동을 탐구하기로 했다. 홀 아래쪽에 위치한 베라차노룸이었는데, 스크래블, 보글, 터부 등 단어 게임들이 산더미처럼 쌓여 있는 점이 인상적이었다. 가서 원하는 게임을 말하면 주최 측이 내주었다. 나는 반백의 사내가 같은 팀 동료들에게 단어를 설명하는 광경을 구경했다.

"두 물체 사이의 공간." 사내가 말했다.

"간극interstitial!" 한 여자가 외쳤다.

"아니, 아니, 두 물체 사이의 공간."

"열극interstice!" 여자가 다시 도전했다. "간극! 열극!"

"아니라니까!"

시간 끝. 답은 '틈gap'이었다. 나는 조금 행복해졌다. 여자는 복잡하고 현학적인 단어들만 골라 말했지만 답은 고작 아름답고도 단순한 '틈'이었다니. 결론인즉, 세상에는 지나치게 똑똑함을 추구하는 사람들도 있다.

오락실 저쪽 구석에서는 두 회원이 잠시 게임에서 손을 놓고 격렬한 대화를 나누고 있었다. 나는 슬쩍 엿들으려 다가갔다. 말해두는데, 나는 멘사 회원들에 대한 세간의 고정관념을 강화하고픈 마음이 전혀 없다. 그래서 그들이 클린턴 이후 미국의 대외 정책이나 모차르트와 차이코프스키의 상대적 비교 같은 주제를 논하고 있었노라 말할 수 있다면 얼마나 좋을까 싶다. 하지만 안타깝게도 그들은 〈스타트렉〉 이야기를 하고 있었다. 구체적으로 장 뤽 피카르 선장 이야기였다.

멘사 회원 1: 왜 피카르 선장이 대머리인지 이해할 수가 없어요.

멘사 회원 2: 어째서요?

멘사 회원 1: 22세기라면 당연히 대머리 치료제가 있지 않겠어요?

멘사 회원 2: 물론 있겠죠.

멘사 회원 1: 그런데 왜 선장은 대머리일까요?

멘사 회원 2: 그건 선장의 개인적 취향이니까요. 일부러 대머리를 선
택한 거죠.

멘사 회원 1: 그래도 내가 보기엔 이상해요.

나는 〈스타트렉〉 팬도 아니고, 아무도 나를 게임에 끼워주지 않았
기 때문에, 하버룸으로 돌아가 피자나 한 조각 더 먹기로 했다. 나는
파격적인 스타일로 얼굴 털을 기른 두 남자가 앉은 탁자에 합류했다.
다행스럽게도 이들은 〈스타트렉〉이 아니라 계산기를 주제로 담소하
고 있었다.

그들은 계산기에 숫자를 찍고 위아래를 돌려보면 뒤집힌 숫자가
영어 단어로 보일 때가 있다며 정보를 교환했다. 'Shell Oil', 'hello',
'hell' 등을 찍을 수 있다고 했다. 그러다 한 사람이 대화의 수준을 높
였다. 앞머리를 모두 쓸어 넘겨 봉긋하게 만든 남자 쪽이었다.

"지금 하고 싶은 일이 하나 생각났는데, 계산기를 가져다가 음수의
제곱근을 구하게 하고는 어떤 결과가 뜨는지 보고 싶군요."

"어떻게 되는데요?"

이렇게 물은 남자의 턱수염은 하늘을 향해 기어올라 광대뼈까지
진출한 뒤 현재는 이마로의 진출을 노리고 있었다.

"계산기에 따라 다릅니다. 20달러 넘는 좋은 계산기라면 오류라고
하고요, 20달러 미만의 저가품이면 신경 쇠약을 일으킬 거고요."

턱수염 남자는 감동한 표정이었다. 정말 훌륭한 계산기 정보가 아

닌가. 나는 이후 20분간 조용히 앉아 두 남자의 대화 주제가 20세기 물리학으로 발전하는 것을 들었다. 그들은 양자, 파동 입자, 막스 플랑크, 초끈, 평행 우주, 쿼크, 이중 슬릿 실험에 대해 자신감 넘치게 대화했다. 나도 끼고 싶다. 나도 브리태니커에서 물리학의 근황을 많이 배웠단 말이다. 하지만 그들은 내 쪽으로는 눈길도 주지 않았다. 나는 축출된 기분이었다.

그때 갈색머리 여자가 내 옆에 앉았다. 드디어 신선한 상대다! 얼굴을 보니 오락실에 있던 사람이었다.

"아, 베라차노룸에 계셨죠? 조반니 베라차노룸."

내가 말을 걸었다.

"네엡."

"베라차노가 헨리 허드슨보다 먼저 허드슨 강을 발견했다는 거, 아시나요?"

"아뇨, 몰랐어요."

"그리고 사실 헨리 허드슨이 진짜 나쁜 놈이었거든요. 어찌나 쩨쩨한지, 한 선원한테 선물을 줬다가 다시 내놓으라고 하는 바람에 배에서 선원들이 폭동을 일으켰죠. 허드슨은 보트에 실려 바다로 쫓겨났다가 죽었죠. 그래서 제 견해로는 허드슨 강이라 부를 게 아니라 베라차노 강이라 불러야 할 것 같아요."

"그 이야기는 난생처음 듣네요." 그녀의 대답이었다.

하하하! 나는 두 계산기 열성분자들이 내 이야기를 들었길 바라며 슬쩍 쳐다보았다. 찬사는커녕 그들은 아직도 닐스 보어에 대해 재잘대고 있다. 한편 내 옆의 여자는 탈출을 모색 중이었다. 와! 내가 멘사 회원을 지루하게 만드는 데 성공했다!

그녀에게 운이 따랐는지, 주최측 사람이 들어와서 곧 902호실에서 퀴즈 경연대회가 시작된다고 알렸다. 나도 가야지. 드디어 브리태니커로 쌓은 지식을 자랑할 절호의 기회다.

902호실은 이미 멘사 회원들로 가득했다. 소파에 터를 잡은 사람, 바닥에 진을 친 사람, 모두가 종이와 연필을 돌리고 있었다.

"모두 연필 준비하셨습니까?" 사회자가 말했다. 사회자는 뉴욕 그레이트넥에서 이름을 날리는 치열 교정 의사쯤으로 보였다. 하지만 멘사에서 직업을 묻는 건 금기이니까, 영원히 확인할 수 없겠지. "모두 연필 잡으셨습니까?"

모두 연필을 준비했다. 자, 시작! 이 멘사 퀴즈 대회에 대해서는 딱 한마디만 하겠다. 지랄 맞게 어려웠다. 이런 문제들이 나왔다. "'세상은 위대한 예술가를 잃도다'라는 유언을 남긴 사람은?" (네로 황제. 나는 나중에 알았다.) "'오, 소녀여, 착하기도 하지, 지금 당장 내게 키스해줘, 자기Oh be a fine girl kiss me right now sweety'라는 말은 무엇을 외우기 위한 기억법인가?" (스펙트럼에 따른 항성의 분류 순서 OBFGKMRNS.) 주변의 천재들이 일제히 투덜대지 않았다면, 나는 내 지식의 보잘것없음에 충격을 받고 말았을 것이다.

"대체 누가 이따위 문제들을 낸 거야!"

스펙트럼 등급 K 항성만큼 덩치가 큰 여자가 구석에서 소리쳤다.

내가 브리태니커를 읽지 않았다면 17문제 가운데 하나쯤 맞혔을 것 같다. 실제로는 성실하게 독서한 보람이 있어 17점 만점에 4.5점이라는 상당한 수확을 거뒀고, 나는 어쩌면 1등을 할 수도 있겠다고 기대했다(0.5점을 받은 것은 벤저민 프랭클린이 나라새로 칠면조를 추천한 사실은 알았지만 이유를 몰랐기 때문인데, 독수리를 '비겁한' 동물로 생각했기 때문이란다).

가장 자랑스러운 순간은 '여름 개의 날'이라는 표현의 유래를 맞힌 때였다. (dog days 또는 dog days of summer. '한여름의 무더운 날', '한여름 중에서도 가장 무더운 때'를 뜻하는 표현. 고대인들은 늑대별이라고도 불리는 큰개자리의 시리우스가 태양의 열기를 더하기 때문에 시리우스가 뜰 때 특히 날씨가 덥다고 믿었다.) 그리고 아벨라르가 받은 처벌 내용을 맞힌 것도 잊을 수 없다. 답은 거세이다.

"저는 아벨라르가 누구인지도 모르겠습니다. 하하하." 사회자가 답을 발표하며 이렇게 말하자, 사람들이 투덜거리며 고개를 끄덕였다.

그래서 나는 말했다. "11세기의 기독교 신학자입니다." 이것은 위대한 승리의 순간이어야 했다. 내가 나보다 무지한 멘사 회원들에게 역사를 가르쳐주다니! 그런데 어쩐 일인지, 방의 음향 상태가 나빴던 건지, 내가 너무 웅얼거린 것인지, 둘 다인지, 아무도 내 말을 듣지 못한 것 같았다. 나는 다시 말했다. "11세기의 기독교 신학자였다고요!" 역시 반응이 없다. 사회자는 이미 다음 문제로 넘어갔다. "현학자라는 단어의 원래 정의는……."

"11세기의 기독교 신학자라니까요!" 내가 발언한 시점이 나빴던 것은 둘째치고, 멘사 회원들은 내 말투에서 분명히 분노와 씁쓸함을 느꼈을 것이다. 사람들은 겁을 먹었다. 사회자도 말을 멈췄다. 사회자는 나를 거대한 버니즈 마운틴독 똥 무더기를 방치한 사내와 나란히 요주의 인물 목록에 올려놓겠다는 표정을 지은 뒤 진행을 이어

갔다.

결국 나는 7점을 받은 남자에게 패배했다. 머리를 삼각형으로 깎고 행동거지는 꼭 긴코원숭이 같은 잘나신 샌님이었다. 그는 내가 기록한 4.5라는 준수한 점수를 높이 사지도 않았다.

곧 나는 다시 스태튼아일랜드 페리에 몸을 싣고 멘사 회원들이 없는 맨해튼의 일상으로 돌아왔다. 기분이 썩 좋지 않았다. 퀴즈 경연에서 졌기 때문만은 아니었다. 하루 종일 철저하게 멘사를 관찰한 결과, 이 집단이 얼마나 엘리트적이고 자기 도취적인지 깨달았기 때문이고, 그 사실에 짜증을 내면서도 한편으로 그 속에 진심으로 끼고 싶어 하는 내 자신에 화가 났기 때문이다. 이런 감정은 차차 연민으로 누그러졌다. 나보다 심각한 사회 부적응자, 경력 상담이 절실한 자들이 많다는 점을 떠올렸기 때문이다. 그 뒤에는 씁쓸함이 밀려들었다. 내가 대학수학능력시험 점수로 슬쩍 입회한 것을 안다면, 오히려 그들이 나를 연민하겠지.

총회는 나의 추잡한 일면을 드러내는 데 그치고 말았다. 특히 마지막 몇 분을 잊을 수 없다. 내가 다른 멘사 회원과 함께 서 있는데 한 사내가 다가왔다. 뉴햄프셔 출신으로 같은 호텔에 묵고 있다는 그는 우리에게 질문이 있다고 했다.

"당신들이 그 멘서인가 하는 겁니까?" 그가 물었다.

"네, 멘사입니다." 동료 천재가 대답했다.

"잘됐네요, 진지하게 여쭤볼 것이 있어서요. 뒷간을 다른 으리으리한 말로도 부르던데, 뭐죠?"

"수세식 변소요?" 내가 안을 냈다.

"아니, 그것 말고요. P로 시작하던데. 어떤 고고학자가 라디오에서 하는 말을 들었거든요. 오래된 뒷간을 판다면서 이 단어를 썼어요."

"옥외 변소Privy." 동료 천재가 말했다.

"맞아요! 그거예요!" 뉴햄프셔 사내가 외쳤다.

"추밀원privy council이 더러운 게 그래서죠." 모든 대화는 말장난으로 끝낸다는 멘사의 내규에 따라 동료 천재가 덧붙였다.

뉴햄프셔 남자는 만족하여 떠나갔고, 동료와 나는 웃음을 터뜨리며 잘난 머리통을 흔들었다. 저 평범한 사람들 같으니라고, 뒷간의 동의어도 모르다니 어쩌면 저렇게 한심할 수가? 물론 일반인들이 정말 멍청한 것일 수도 있다. 하지만 최소한 그들은 포옹 받을까 말까를 결정하는 데 스티커를 동원하는 일은 없다.

intercourse
성교

임신을 맹렬히 추구하는 줄리와 나는 무시무시할 정도로 섹스를 자주 한다. 섹스는 즐거운 것이라고 하지만 우리는 그런 단계를 넘어선 지 오래다. 우리는 목적 지향적 섹스를 한다. 우리에게 섹스는 버스를 타고 도시를 가로지르는 일 정도로 재미있을 뿐이다. 목적지로 가기 위한 수단이기 때문이다. 정말 온당치 못하다. 왜 하느님은 인생 전반에 걸쳐 고르게 섹스를 분포시켜주지 않는가? 내가 진정 필요로 하던 때, 가령 줄곧 솔로였던 칙칙한 20대 시절에는 왜 섹스를 허락하지 않으셨는가? 내 섹스 횟수는 가파른 종형 곡선처럼 30대 중반을 정점으로 몰려서, 좋은 것도 하루이틀이라는 옛말을 절감시켜주고 있다. 가끔 줄리가 여왕벌이었으면 싶을 때도 있다. 일생에

단 한 번 관계를 갖지만 그때 정액을 저장했다가 향후 5년간 써먹는 여왕벌 말이다.

그렇지만 오늘 밤, 나는 우리 부부의 성생활에 활력을 불어넣을 생각이다. 줄리는 벌써 침대에 들어 소설을 읽고 있다. 10시 반, 나는 브리태니커를 내려놓고 침실로 간다. 침대 발치에 선다. 발을 구르기 시작한다. 왼발, 오른발, 왼발, 오른발. 그러고는 고개를 천장으로 쳐든다. 줄리가 책에서 눈을 뗀다.

"이게 무슨 일일까요?"

"후끈 달아오르지 않으셨습니까?" 내가 묻는다.

"네, 흥분됩니다만."

나는 다시 한 번 왼발, 오른발, 쿵쿵 구른다. "이게 푸른발부비새의 짝짓기 춤이야. 하늘 가리키기 춤이라고 하지. 당신이 좋아할 줄 알았어."

"응, 못 견디게 흥분되네."

"어쩌면 자기는 토끼들이 짝 지을 준비가 됐다는 신호로 남기는 똥 무더기를 더 좋아할지도?"

"됐네, 그만 이리 와서 나를 임신시켜주는 게 어때?"

"제의를 수락하지!"

나는 침대로 기어오르고, 우리는 거사에 돌입한다. 줄리가 갑자기 키스를 멈추더니 고개를 뗀다.

"지금 브리태니커 생각하고 있지?"

"절대 아냐." 거짓말. 나는 브리태니커를 생각하고 있다. 어쩔 수가 없다. 짐 벨루시 코미디쇼 시청을 제외하면 세상에서 가장 대뇌가 필요 없는 일을 하면서도, 나는 새로 배운 지식을 곱씹고 있다. 실잠자리들은 공중에서 교접한다는 것, 양서류는 정자를 덩어리로 뭉쳐 낸다는 것, 암컷 세가락메추라기는 여러 수컷들과 분방하게 교미한다는 것 등을 생각한다. 스코틀랜드의 약혼자들은 같은 침대에서 자되 별도의 침낭에 들어가 잤다는 것(이 풍습을 '번들링'이라 했다)을 생각한다. 어떤 경골어는 성기가 오른쪽 아니면 왼쪽으로 휘어 있어서 방향이 같은 개체들만 짝 지을 수 있다는 것, 그러니 음경이 오른쪽으로 휜 수컷과 질이 왼쪽으로 휜 암컷이 사랑에 빠지면 얼마나 슬플까 하는 것을 생각한다.

줄리가 다시 내게 키스한다. 뻔히 거짓말인 걸 알지만 모른 척해주는 것이다.

Iraq
이라크

미국이 이라크와 전쟁하게 되리라는 전망이 갈수록 확실해지고 있다. 나는 TV 편성표에서 정확한 전쟁 발발 일시를 알려주기를 은근히 바라고 있다. 그러면 예약 녹화를 할 텐데. (미국은 영국, 오스트레일리아 등 동맹국과 함께 2003년 3월 20일 미사일 폭격을 시작으로 이라크를 공격했다. 저자가 이 책을 집필한 때는 그 이전이었다. - 옮긴이)

나는 도를 넘어서 스트레스를 받고 있다. 이것은 추악한 전쟁이 될 것이다. 동료들과 한잔할 때, 나는 이 전쟁이 테러리즘이라는 판도라의 상자를 열게 될 것 같아 두렵다고 털어놓았다. (브리태니커에 상자가 아니라 단지라고 나오기 때문에 판도라의 단지라고 말하려다가, 동료들이 나를 괴이쩍게 바라볼까 봐 그냥 상자라고 했다.)

나는 사태를 걱정하며 끙끙 앓고, 야후 웹사이트에 접속해 테러 경보 수준을 확인하고, 지하철을 타지 않고 다닐 수 있는 방법이 있나 고민했다.

줄리는 나더러 시간 낭비하지 말라고 한다. 걱정으로 해결되는 건 아무것도 없으니까. 차라리 해병대에 입대하거나 맥도날드 매장에 쓰레기통을 던지는 항의 시위에 참가하라고 한다. 그 정도는 해야 뭐라도 하는 거란다. 가만히 앉아서 안절부절못하는 건 누구에게도 도움이 안 된단다. 줄리 말이 옳다. 나도 안다. 그래도 어쩔 수 없는 걸 어쩌나. 나는 걱정 중독자인걸.

나는 브리태니커가 이라크 사태에 대해 명쾌한 해법을 주기를 바란다. 최소한 내가 전쟁에 대해 어떤 입장을 취해야 할지 가르쳐주면 좋겠다. 그러나 그런 내용은 없었다. 방금 나는 이라크에 대한 25페이지짜리 매크로피디어 항목을 읽었기 때문에, 아랍권 동부에 위치한 면적 43만 8,317제곱킬로미터의 이 국가에 대해 많은 사실들을 알고 있다. 최소한 에빙하우스 곡선이 작동하기 전까진 다음의 사실들을 기억하고 있을 것이다. 7세기까지 이 지역은 메소포타미아라 불렸다. 석유 다음의 주요 수출품은 대추야자이다. 바그다드에는 영국 통치의 유물인 빨간색 이층버스가 돌아다닌다. 2000년까지 비료 부족 사태가 있었다. 바그다드에는 알리바바 이야기에 등장하는 여종 마르자나의 커다란 동상이 서 있다. 티그리스 강과 유프라테스 강에 감싸인 유역은 최초의 문명 발상지였다. 근사한 마무리가 아닌가. 문명은 그곳에서 시작되었고, 이제 그곳에서 끝날지도 모른다.

나는 전쟁에 대한 역사적 시각도 갖추게 되었다. 이 땅은 지난 800

년간 거의 해마다 약탈을 당했다. 아, 오늘이 화요일이니까 이라크에서 격변이 있겠구먼, 하는 식. 가장 적절한 상식은 기독교인과 이슬람인의 반목이 십자군 이전 시절부터 존재했다는 사실이다.

자, 그런데 사담 후세인은 어떻게 처리해야 좋을까? 그건 모르겠다. 솔직히 말해 내가 브리태니커에게 바라는 게 정확히 무엇인지도 모르겠다. 이라크 항목의 마지막 문장이 "덧붙이자면, 미국은 재앙으로 끝날 것이 분명한 이라크와의 전쟁을 개시하지 말아야 한다" 또는 "결론적으로, 핵으로 쓸어버려라"이기를 바라는 건가? 어쨌든 실망은 실망이다. 그리고 윤리학 항목에서 읽었던 이야기가 떠오른다. '현상'과 '당위' 사이에는 깊은 틈이 존재한다는 이야기였다. 이쪽에는 사실들이 있고 협곡 건너 저쪽에는 윤리적 선택지들이 있다. 둘 사이를 이어주는 논리적 삼단논법은 없다.

내가 확실히 말할 수 있는 것은 딱 한 가지이다. 인류는 아메리카 원주민의 전쟁 방식으로 회귀해야 한다. 먼 옛날 그들의 전쟁은 일종의 정교한 술래잡기였다. 적의 몸을 건드리면 훌륭하게 공격에 성공한 것이었다. 머리 가죽을 벗기는 것도 아니고, 죽이는 것도 아니고, 살짝 건드리기만 하면 된다. 나는 그런 전쟁을 보고 싶다. 토미 프랭크 사령관이 바그다드로 가서 사담의 옆구리를 쿡 찌르고는, 와하하 승리의 웃음을 터뜨리며 도망치는 것이다.

irony
아이러니

프렌치 호른은 프랑스가 아니라 독일에서 만들어졌다. 그레이트데인 개는 덴마크와 아무 상관이 없다. 냉혈동물의 체온이 온혈동물의 체온보다 따뜻할 때가 있다. 연한 나무軟材가 딱딱한 나무硬材보다 딱딱할 때가 있다. 고양이장선腸線이라 불리는 현악기의 현은 양의 창자로 만든다. 카이사르는 제왕절개(카이사르 절개)로 태어나지 않았다. 감기$_{a\ cold}$는 추워서$_{cold}$ 걸리는 게 아니다(벤저민 프랭클린이 이 점을 지적했다). 데스밸리(죽음의 계곡)에는 생명이 넘쳐난다(조류 200여 종 이상, 몇 종의 어류 등이 있다). 케첩으로 유명한 하인즈 사는 '57가지 다양한 맛'이라고 선전하지만 실제 제품 종류는 수백 가지이다. 불가사리$_{starfish}$는 어류$_{fish}$가 아니다. 전기뱀장어는 장어가 아니다. 원자 물리학에 등장하는 비정상 제만 효과는 정상 제만 효과보다 더 흔하게 일어난다.

이상이 내 컴퓨터의 '아이러니한 사실들' 폴더에 들어 있는 내용이다. 아이러니라는 말은 "그리스 희극에서 재치를 무기로 허풍선이 알라존을 내내 골탕 먹이는 영리한 약자 에이론의 이름"에서 왔다. 이런 아이러니들은 우리의 언어가 우스꽝스러울 정도로 정교하지 못하기에 생겨난 것들이다. 누군가 혜성처럼 등장해서 사태를 정리해주면 좋겠다. 영어계의 줄리아니 시장이 등장하여 게으른 단어, 빈둥거리는 단어, 전 세대에서 남겨진 찌꺼기 단어 들을 일소하는 것이다. 화씨 항목에서 배웠듯 나쁜 아이디어가 갖는 관성은 대단하다.

Jackson, Reggie
잭슨, 레지

펜실베이니아 윈코트 출신의 레지널드 마르티네즈 잭슨. 나의 영웅. 사춘기 이전 나는 뉴욕 양키스의 광팬이었고, 레지 잭슨을 사랑해 마지않았다. 나는 레지의 포스터를 갖고 있었고, 레지의 성적에 관한 각종 통계를 꿰고 있었으며, 레지 캔디바를 먹었다. 그래서 브리태니커에 그의 이름이 올려져 있는 것이 무척 기쁘다. 내가 좋아하는 또 한 사람의 양키스 맨, 버키 덴트는 나와 있지 않기 때문에 더욱 그렇다. 이 화려한 장정의 큰 판형 책에서 레지가 애리조나 주립대에서 펼친 활약을 접한다는 것, 그리고 뉴욕 양키스와 맺은 5년 계약의 첫 해인 1977년의 기념비적인 활약을 접한다는 것. 이보다 더 즐거운 독서가 어디 있겠는가. 레지는 그해 월드시리즈 한 게임에서 세 개의 홈런을 날렸다.

나는 그 월드시리즈 게임을 기억한다. 내가 바로 그 현장에 있었으니까. 이건 브리태니커 전체를 통틀어 내가 두 눈으로 직접 목격하고 개인적으로 경험한 유일한 항목일 것이다. 나는 워털루 전투를 놓쳤고, 십자군 전쟁도 놓쳤다. 그러나 나는 양키 스타디움에서 열린 1977년 월드시리즈 여섯 번째 경기에서 레지 잭슨이 뛰는 걸 직접 봤다. 뭐 그 정도 가지고 그러느냐고 하면 할 말이 없지만, 여하튼 그랬다.

그때를 말하자면 이렇다. 당시 나는 아홉 살이었다. 아버지는 그 대단한 경기의 입장권을 구해오셨다. 부모님은 스포츠 팬은 아니었지만, 미국의 모든 어린이들이 밟아나가는 성장 단계를 잘 알고 계셨다. 순전히 나를 위해 입장권을 구하고 경기장에 함께 간 것이다. 경기장에서 나는 왼손에는 야구 글로브를 끼고, 허벅지 위에는 양키스 팬북을 올려놓고 있었다. 기분은? 당연히 흥분 그 자체였다.

4회에 나의 영웅 레지가 타석에 들어섰다. 그리고 "딱!" 공은 쭉쭉 뻗어 오른쪽 담장을 넘어갔다. 홈런이었다. 그리고 바로 다음 회. 다시 한 번 레지가 홈런을 쳤다. 믿을 수 없었다. 내 눈앞에서 이런 일이 벌어지다니. 천국이 바로 이런 게 아닐까! 홈런 두 방! 그런데 그때 아버지는 집으로 돌아가기로 결정했다. 경기가 끝나고 지하철로 몰려든 인파에 뒤섞여 고생하는 것보다는 빨리 뜨는 게 좋다고 생각한 것이다.

"하지만 아빠, 레지가 홈런을 또 치면요?"

"설마 그렇게 되겠니? 벌써 두 개를 쳤으니 레지가 하나 더 치지는 않을 거다."

우리는 결국 경기장을 떠났다. 지하철 승강장에 서 있을 때 우리는 들었다. 그건 경기장에서 관중들이 내는 함성, 내가 그때까지 들어보지 못한 엄청난 함성이었다. 레지가 세 번째 홈런을 친 것이다. 역사가 탄생하는 순간이었다. 사람들은 그날을 언제까지라도 이야기할 것이다. 그리고 이후 며칠 동안 아버지와는 말도 하지 않았다. 물론 지하철을 우리 가족이 전세 낸 것처럼 편안하게 집으로 돌아오긴 했고, 그건 좋았지만.

그 역사적인 현장의 3분의 2만 경험했다는 건 실망스럽다. 마치 미군이 이오지마에 성조기를 게양하는 역사적인 순간 직전에 이오지마를 떠난 것과 마찬가지라고 할까. 그러나 브리태니커를 읽고 있는 지금 그때를 기억할 수 있다는 점에서 역시 좋은 일이다. 내가 관중석에서 그렇게 열심히 응원하지 않았다면 레지가 두 개의 홈런을 못 쳤을지 누가 알겠는가? 비록 세 번째 홈런에 대해서는 할 말이 없지만.

사실 레지가 활약하던 때가 내가 스포츠에 푹 빠져 있던 마지막 시기였다. 나는 최근의 프로 스포츠 선수들에 관해서는 잘 모른다. 평균적인 미국인들보다도 무지할 뿐더러, 아마 바깥 세상과 담쌓고 지내는 편인 아미쉬 공동체에서 일하는 농부보다도 모를 것 같다. (한편 아미쉬 공동체 사람들은 '형성 이상'으로 알려져 있는 안짱다리 증세를 유전적으로 겪을 가능성이 높다고 한다.)

내가 왜 열네 살 때 스포츠에 대한 관심을 잃었는지 정확히는 모르겠다. 추측컨대 이렇다. 나는 스포츠에 대한 나의 열광과 나의 운동경기 능력 사이에 커다란 간극이 있다는 걸 열네 살 때 깨닫기 시작했다. 그래서 스포츠에 대한 관심을 잃어버린 게 아닌가 싶다.

그로부터 21년이 지나서 나는 당혹스러운 처지에 놓이곤 한다. 〈에스콰이어〉 편집회의에 참석하면 지난 주말의 야구 경기에 관한 이야기가 나오곤 한다. 그러면 나는 사람들의 눈길을 피하기 바쁘다. 경기 결과에 대한 내 생각을 물을지도 모르기 때문이다. 나는 고개를 숙이고 회의실 바닥 타일을 내려다보기 바쁘지만, 1982년쯤에 내가 스포츠에 대한 관심과 결별했다는 걸 알고 있는 친구 앤디는 이런 질문으로 나를 놀리려 할 것이 틀림없다. "이봐 제이콥스, 그레이그 네틀스가 지난 주말에 2루타 날린 거 봤지?" 그러면 회의 참석자들이 모두 웃을 것이고, 나는 따개비를 만난 게처럼 움츠러든 기분을 느낄 것이다(따개비는 게의 겉껍질에서 양분을 취한다).

고등학교 미식축구 코치들은 늘 이렇게 말한다. 공격이야말로 최선의 방어다. 내가 바로 그렇게 할 때라는 걸 알았다. 올해의 경기 전적이나 각종 통계, 선수 트레이드 상황 등을 놓고서는 도저히 다른 사람들에 필적할 수 없다. 나로서는 언제 생겼는지 모르는 팀 이름을 놓고 다른 사람과 겨룰 수도 없는 일이다. (꽘 재규어스? 링스? 치타스? 이런 팀이 있었나?) 그러나 고마운 브리태니커 덕분에 나는 스포츠의 역사에 관해서는 동료들을 보기 좋게 물리칠 수 있다. 누군가 스포츠를 주제로 얘기를 걸어오면, 나는 오늘날의 스포츠가 지나치게 상업화되었느니 어쩌느니 하면서 짐짓 개탄조로 몇 마디 떠들면 그만이다. 요컨대 내가 지나간 시절의 스포츠를 더 좋아한다는 인상을 팍팍 풍기는 거다.

야구라면, 초기의 야구 경기에서는 포수 뒤에 제2포수가 있었다. 파울볼을 처리하는 게 제2포수의 임무였다. 그리고 뉴욕 양키스 전에 뉴욕 하이랜더와 뉴욕 뮤추얼스가 있었다.

미식축구라면 나는 이걸 말할 수 있다. 1905년 대학 미식축구 시즌은 그 어느 해보다 격렬했고 폭력적이었다. 경기에서 심각하게 부상당한 18명의 선수가 세상을 떠났으니 말 다했다. 당시 시어도어 루스벨트 대통령은 이 사태를 조사하기 위한 대통령 직속위원회를 소집했다. 그 결과 미식축구에서 전진 패스가 공식적으로 인정되기에 이르렀다.

테니스도 빠질 수 없다. 최근 세계 여자 테니스계를 주름잡고 있는 윌리엄스 자매보다 훨씬 전에 도허티 형제가 테니스계를 호령했다. 그들은 1897년부터 1906년까지 명실상부하게 테니스계를 주름잡았는데, 특히 4년 동안 두 차례밖에 패하지 않은 전무후무의 기록을 세우기도 했다.

이런 나의 반격에 대한 반응은 약간의 관심에서부터 당혹스러움까지 무척 다양했다. 여하튼 내가 조롱의 대상이 되는 것보다는 훨씬 나았다. 야구로 친다면 삼진 아웃만 당하다가 내야 안타로 1루에 진출한 것 정도라고 할까.

Jacobs
제이콥스

내게 약간의 자아 도취적 성향이 있다는 건 인정하지만, 대부분의 미국인에 비하면 특별히 더 자아 도취적이지도 않다. 여하튼 나는 구글 검색창에 내 이름을 입력하고 검색 결과를 살펴보는 데서 큰 즐거움을 느낀다. 브리태니커에는 제이콥스 관련 항목(물론 철자상의 관련이지만)이 6페이지에 달한다. 이게 웬 떡인가! 제이콥스 관련 항목의 시작은 모든 제이콥스들의 조상이라 할 구약 성서의 야곱이다. 야곱이 그렇게 표리부동했다는 걸 잊고 있었다. (그는 형 에서의 장자권을 가로챘다. 눈이 보이지 않게 된 아버지 이삭을 속여서 말이다.) 내 이름에 남겨진 오명인 셈이지만, 여하튼 계속해보자.

우선 도시학자 제인 제이콥스, 민속학자 조지프 제이콥스가 있었다. 더욱 인상적인 것은 제이콥 운동이 세 번이나 있었다는 사실이다. 자코뱅당(프랑스 혁명기의 급진주의자들), 자코바이트(Jacobites, 망명한 제임스 2세를 지지한 사람들), 그리고 자코비안 시대(제임스 1세 치세의 예술을 가리키는 말). 셰익스피어가 그의 후기 비극들에 관한 한 자코비안 극작가로 여겨진다는 게 기뻤다. 셰익스피어와 나를 연결시켜주는 고리가 있다고 할 수 있으니 말이다. 두 사람의 자코비안 작가, 그러니까 나와 셰익스피어. 그럴듯하다.

내가 특별히 자아 도취적이지는 않다고 했거니와, 제이콥스에만 관심을 기울인 건 아니다. 나는 이름이 우연히 같은 다른 경우들도 눈여겨보았다. 낚시 항목에서 나는 미시건 주 남서부의 캘러머주에 살던 한 남자가 1896년에 혁신적인 낚시 릴을 고안해냈다는 걸 알았다. 그의 이름인즉 윌리엄 셰익스피어였다. 그렇다. 바로 그 자코비안 극작가의 이름이다. 낚시 릴을 고안한 윌리엄 셰익스피어의 부모는 나름의 유머 감각, 고약한 유머 감각을 지니고 있었음에 틀림없다. 그들은 이렇게 생각하지 않았을까? '내 아이에게 이름을 지어줘야 하는데 어떤 이름이 좋을까? 이름 때문에 녀석이 사춘기 이후로 오래도록 놀림받을 수 있는 그런 이름. 그리고 녀석이 도저히 필적할 수 없을 정도로 큰 업적을 남긴 사람의 이름. 그래서 녀석이 스스로에 대해 '나는 역시 안 돼!'라고 자괴감을 느끼게 될 이름.' 정말 고약한 부모다.

물론 더 있다. 오스카상을 수상한 배우로 영화 〈미저리〉에서 제임스 칸의 발목을 부러뜨린 케시 베이츠가 있는가 하면, 《아름다운 미》를 쓴 케시 베이츠도 있다. 그리고 〈내셔널 인콰이어러〉. 이 연예 주간지를 탐독하는 걸 더 이상 부끄러워할 필요는 없겠다. 남북 전쟁

이전 1800년대로 돌아가 보면 또 하나의 〈내셔널 인콰이어러〉, 노예제도 폐지론을 펼친 유명한 신문 〈내셔널 인콰이어러〉가 있기 때문이다. 그 〈내셔널 인콰이어러〉에는 가수 제니퍼 로페즈의 애정 행각 같은 기사가 실리는 일은 거의 없었다. 그러니 오늘날의 〈내셔널 인콰이어러〉를 구입할 때 반 노예제도 출간물을 구입하고 있다고 스스로에게 최면이라도 걸어 보면 한결 마음이 편해질지도 모른다.

내가 이름의 우연의 일치에 왜 각별하게 관심을 기울이는지 잘 모르겠다. 이름이란 모름지기 임의적이고 불명확할 때도 많으며 같은 이름이 많다는 점 외에, 별달리 심오한 걸 보여주지도 못하는데 말이다. 돌이켜 보면 이름에 대한 흥미는 아버지에게 물려받은 것 같기도 하다.

몇 년 전에 나는 〈주간 엔터테인먼트〉에서 앨버트 킴이라는 동료와 함께 일하고 있었다. 그런데 아버지도 앨버트 킴이라는 이름의 동료와 법률회사에서 일하고 있었다. 아버지는 두 사람의 앨버트 킴과 두 사람의 아놀드 제이콥스가 만나는 점심 식사 자리를 마련했다. 언뜻 보기에는 그럴듯한 아이디어였다. 우리는 어느 레스토랑에서 만났다. 두 사람의 앨버트 킴은 서로 인사를 나누었고 우리 모두는 즐겁게 웃었다. 두 사람의 앨버트 킴은 서로의 중간 이름이 뭔지 물어봤고, 음식이 나오자 우리는 이런저런 얘기를 나누며 식사했다. 그게 전부였다. 당연한 일이지만 '앨버트'와 '킴'을 제외하면 그들 사이에는 아무런 공통점이 없었다. 자리가 썰렁하지는 않았지만 그렇다고 뭐 신통한 얘기가 오간 것도 아니었다. 그렇고 그런 자리. 결국 이 모임이 정례화되는 일은 일어나지 않았다.

제임스, 제시

1882년에 세상을 떠난 서부의 유명한 무법자이자 강도다. 그는 숨어 살던 집에서 "벽에 걸린 그림의 위치를 똑바로 조정하다가" 등 뒤에서 악당이 쏜 총에 맞아 죽었다. 올바르지 못한 일이다. 뒤에서 총을 쏘다니, 이건 정말 나쁘다. 그런데 벽에 걸린 그림의 위치를 똑바로 조정하다가 총을 맞았다고? 이 악명 높은 무법자가 인테리어 디자인을 하다가 생을 마감하다니, 이건 아무래도 좀……. 여하튼 뜨개질을 하다가 총을 맞은 건 아니니.

제퍼슨, 토머스

좀 이상하게 들릴지도 모르겠지만, 나는 제퍼슨에게서 훈족의 아틸라 대왕을 떠올리게 된다. 능력이 출중하고 독창적이며 유례없는 업적을 달성했지만 그 이면에는 어두움이 도사리고 있는 사람. 나는 노예에 대한 제퍼슨의 위선적 태도를 알고 있다. 그는 노예제도 폐지를 말하면서도 공공연히 많은 노예를 부리면서 유색인종을 열등하다고 멸시했다. 그리고 제퍼슨은 존 애덤스를 중상모략하기 위해 신문기자들을 매수했다. 이건 내가 알지 못했던 끔찍한 사실이다. 사람들은 성공하기 위해 꼭 그렇게 얄팍하면서 너저분한 짓을 해야만 하나? 당연히 아니라고 생각하지만 다른 사람도 아닌 제퍼슨이 그런 짓을 했다지 않은가. 그래서 나는 당혹스럽다. 한편 제퍼슨의 발만은 매우 깨끗했다. 그는 매일 새벽에 일어나 찬물에 발을 씻었다고 한다.

조크, 익살, 농담

오늘은 4월 1일 만우절. 정확히 말하면 '4월 바보의 날_{April Fool's Day}'
이다. 다시 말해서 속아 넘어간 사람을 '4월 바보'로 여기는 날이다.
이날은 춘분 절기와 관련 있는 것 같다. 날씨가 갑자기 바뀜으로써,
자연이 사람들을 우롱하거나 놀리는 때라고 볼 수도 있기 때문이다.
익살 섞인 거짓말에 속아 넘어가는 사람을 프랑스에서는 물고기라
부르고, 스코틀랜드에서는 뻐꾸기라 부른다.

그런데 직장에서는 사람들이 이런 정보에 별 관심이 없는 것 같다.
편집자의 책상에 플라스틱으로 만든 개똥을 놓아둔 사람이 도대체
누구인지에는 깊은 관심을 보이면서도 말이다. 도대체 어떤 녀석일
까?

존슨, 벤

나는 당신의 생명을 구해주는 것들을 많이 알고 있다. 헬멧, 유능
한 변호사, 콜레스테롤 치료 약물 등. 그런데 새로운 걸 하나 알게 되
었다. 라틴어를 읽는 능력. 당신이 미국 화폐에 나오는 라틴어 문구
'여럿으로 이루어진 하나_{E pluribus unum}'를 눈여겨보아 두었다가 읽을
줄 안다면 목숨을 연장할 수 있다. 벤 존슨처럼 16세기 영국에서 범
죄자로 체포되었다면 말이다.

내가 벤 존슨에 관해 어렴풋이 기억하기로는, 그는 16, 17세기에
셰익스피어 다음으로 가장 성공한 영국 극작가였다. 셰익스피어가
코카콜라라면 벤 존슨은 펩시콜라였던 셈이다. 내가 알지 못했던 건
그가 성마르고 고집이 세며 공격적이기까지 한 악한이었다는 점이

다. 1598년 그는 〈십인십색〉이라는 작품으로 대성공을 거두었지만 바로 그해에 결투를 벌여 배우 한 사람을 살해했다.

특이한 건 그가 엄중한 처벌을 면하게 된 사연이다. 체포된 그는 '성직자 특권'이라 불리는 법적인 탈출구를 활용했다. '성직자 특권'은 12세기 영국에서 교회가 왕에게 사제나 그 밖의 교회 관계자들에게 세속적 의무를 면제해줄 것을 요청하여 왕이 수용함으로써 시작되었다. 그러나 16세기에 '성직자'라는 개념은 참회의 내용이 담겨져 있는 〈시편〉 51장을 라틴어로 읽을 수 있는 사람이라면 누구나 포함되는 개념이었다.

사실 이런 법률은 공정하지 못하고 자의적이며 지나치게 엘리트적이다. 그러나 다른 한편으로는 읽는 능력과 학식을 그토록 높이 평가했다는 점에서 괜찮은 법률이기도 하다. 읽는 능력과 학식이 참수하는 도끼 날을 피할 수 있게 해줬다는 거 아닌가. 결국 분명한 건 이것이다. 라틴어를 읽어라, 그리하면 살지니. 라틴어를 읽지 않는다면, 사후 경직을 경험하게 될지니. (사후 경직의 뜻을 모르는 것도 무지의 한 증거라 하겠다.)

juggling
저글링

저글링도 나름의 역사적 단계를 거쳐왔다는 걸 알아야 한다. 오늘날 최고 수준의 저글러들은 서너 개 정도의 공을 다루지만 장소가 놀라운 곳일 경우가 많다. 이를테면 말 위에서 혹은 외발 자전거를 타고 저글링을 한다. 그런데 19세기에는 공의 수효가 관건이었다. 많은 공을 다룰수록 높은 평가를 받았던 것이다. 19세기로 돌아가 보면,

엔리코 라스텔리라는 사람이 무려 10개의 공을 다루어 유명해졌다. 브리태니커는 이를 두고 "거의 기적적인 성취"라고 언급한다.

나는 그런 엔리코를 존경해 마지않는다. 그는 나와 비슷한 부류의 사람이다. 그리고 공 10개로 하는 저글링도 나의 성취와 비슷한 구석이 있다. 엔리코의 예는 브리태니커의 인물 열전에서 다분히 예외적인 경우다. 백신을 발명한 사람, 새로운 교역로를 개척한 사람, 나는 브리태니커에서 이런 사람들과 계속 만나면서 기가 한풀 꺾였다. 도저히 그런 업적을 이룰 수 없다는 걸 알기 때문이다. 그렇다. 그건 분명 나의 일이 아니다. 대신에 나는 내가 엔리코와 비슷한 부류의 일을 하고 있다는 걸 깨달았다. 사람의 생명을 구하거나 세계를 변화시키는 일은 분명히 아니니 하잘것없는 성취인지도 모른다. 그러나 사람들은 여하튼 그 일에 놀라면서 말할 것이다. "이거 대단한걸!" 혹은 "세상에, 이건 시간 낭비야."

브리태니커에는 이와 비슷한 부류가 드물게나마 있기는 하다. 이를테면 16세기 영국인 피터 베일스는 작은 글씨 쓰기의 달인으로, 호두 한 알 크기의 성서를 만들 정도였다. 19세기에 줄타기의 명수였던 블론딘도 있다. 그는 나이아가라 폭포를 외줄을 타고 건넜다. 더욱 놀라운 건 그가 중간쯤에 멈춰서 오믈렛을 만들어 먹었다는 사실이다. 나라면 곧 죽어도 그런 일은 못 하겠다. 특히 달걀 흰자위가 들어 있지 않은 오믈렛이라면 말이다. 여하튼 나는 블론딘의 열정과 노력을 더없이 존경한다.

이제 내 삶으로 말할 것 같으면, 나도 그에 못지않은 열정과 노력을 지니고 있다고 느낀다. 내 나름의 목표를 정하고 열심히 추구하고 있는 것이다. 물론 내 노력에 경의를 표하는 사람은 극소수이고 "이게 무슨 지랄이야!"라는 말은 훨씬 더 자주 듣는다. 그렇다. 브리태니커를 처음부터 끝까지 샅샅이 읽는다고 해서 내 이름이 브리태니커에 오르지는 못할 것이다. 그러나 이건 시작일 뿐이다. 나는 이 목표를 이룬 다음에 무언가 더욱 인상적인 것을 정복할 수 있을 것이다. 이를테면 호두 한 알에 적혀 있는 브리태니커를 읽는다든가 하는.

jujube
주주브

줄리가 오스카 파티를 열었다. 결코 아무렇게나 여는 그렇고 그런 파티가 아니다. 이건 사뭇 진지한 오스카 파티다. 뉴욕 맨해튼에서 가장 잘 준비된 오스카 파티라고 해도 지나친 말이 아닐 것이다. 벽에는 영화 포스터를 걸고, 텔레비전 수상기는 오스카상 모조 트로피들로 장식한다. 상품도 마련하고 누가 상을 탈 것인지 내기도 행해지며 오스카상 관련 뒷이야기들이 넘쳐난다. 물론 탁자에는 팝콘, 사탕을 비롯해 주전부리할 것들이 가득하다. (그 가운데는 대추 모양의 사탕 주주브도 있는데, 나는 주주브라는 이름이 자두 열매 크기의 중국 원산 묏대추 열매에서 유래되었다는 걸 브리태니커를 통해 알았다. 사탕의 어원학. 내가 미처 알지 못했던 분야다.)

줄리의 파티에 참석하고 싶다면 준비가 필요하다. 20명쯤 되는 참석자들은 그해에 개봉된 영화와 관련 있는 복장을 하고 와야 하는 것이다. 2002년의 경우 줄리는 빨간색 의상과 쇠스랑을 준비했다. 이건 영화 〈파 프롬 헤븐〉이다. 나는 좀 무심한 편이어서 청바지를 입고 티셔츠를 걸쳤을 뿐이다. 그런 옷을 입고 구석에 조용히 앉아 있을 심산이었으니, 굳이 영화로 말하자면 〈조용한 미국인〉이라고 할까.

손님들이 도착하기 한 시간 전에 줄리는 3대의 TV를 점검하느라 여념이 없었다. 누군가 다른 방에 가더라도 그곳에서 TV를 볼 수 있게 해놓아야 한다는 게 줄리의 지론이었다. 그렇게 하지 않으면 시상식의 중요한 장면을 놓칠지도 모른다는 세심한 배려였다. 그 순간 퍼뜩 아이디어가 하나 떠올랐다.

"줄리! 우리 사기 한번 칠까?"

주전부리할 것들을 그릇에 담으며 내가 말했다.

"뭐라고?"

"나중에 게시하기라는 게 있어. 불법적으로 쉽게 돈 벌기con game 항목에서 읽었지. 나는 내 서재에서 TV로 오스카 시상식을 시청하는 거야. 그리고 당신과 손님들은 거실에서 티보로 시상식을 보는 거야. 중요한 건 당신이 티보 녹화기에 뜨는 시상식 장면을 몇 분만 지체시키는 거지. 그러면 당신과 손님들보다 내가 몇 분 일찍 누가 상을 탔는지 알 수 있겠지? 이제 좀 알겠어? 누가 어느 부문에서 상을 탈 건지를 놓고 손님들과 우리가 내기를 하는 거야. 내가 미리 몇 분 일찍 알고 있으니 당연히 우리가 이길 수 있어. 영화 〈스팅〉과 비슷하다고 할까."

"영화 〈스팅〉과 비슷하다고? 어릴 적에 봐서 이해가 잘 되지 않았는데."

"뭐 그래도 좋아. 여하튼 그 영화에서 주인공들이 모든 걸 멋지게 속인다니까. 그들이 쓴 수법과 비슷해."

"하지만 영화에서 티보는 나오지 않았잖아?"

"그래, 영화 〈스팅〉에 티보는 나오지 않지. 그땐 그런 게 없었으니까."

"나중에 게시하기, 하여간 흥미로운데."

하! 줄리가 흥미를 나타내다니. 이보다 더 좋을 수가 없다. 그녀가 내 편이 되어준 것이다. 내가 브리태니커에서 알게 된 것들을 오래된 영화의 플롯을 설명하는 데 써먹을 수도 있겠다. 파티는 정말 즐거웠다. 줄리가 나의 계획을 실천하는 데 결국 동의하지는 않았지만 말이다. 줄리는 누가 수상할 것인지 다른 사람들과 함께 가슴 두근거리며 지켜보는 즐거움을 잃기 싫었던 것이다. 내기에서 이겼을 때 딸 수 있는 돈을 포기하는 값비싼 결정인 셈이었지만, 분별 있는 결정임에는 틀림없다.

Julie
줄리

브리태니커에서 줄리는 율리히(신성 로마제국에 속한 공국)와 율리이스카 산맥(슬로베니아 근처를 지나는 알프스 산맥) 사이에 샌드위치처럼 끼워져 있다. 파란색 볼펜으로 이런 글자가 적혀 있는 것이다.

"줄리는 어디 있지?"

나는 한바탕 크게 웃었다. 줄리는 브리태니커 J 항목 권을 펼쳐서 자기 이름이 있는지 찾아보고는 볼펜으로 그 문장을 슬며시 적어 넣은 것이다. 나는 거실로 가서 줄리에게 말했다. "너무 실망하지 마! 결혼하기 전에 쓰던 쉔버그란 성이 있잖아. 그 항목에서 당신을 만날 수 있을 거야. 그리고 브리태니커가 미처 업데이트할 시간이 없었나

보지 뭐."

jump rope
줄넘기

한밤중이다. 줄리는 잠자고 있다. 나는 보조 침대에 비스듬히 누워 발을 탁자에 올려놓은 채로 브리태니커를 읽고 있다. 줄넘기하면서 흔하게 흥얼거리는 말에 관해 읽고 있는 중이다. (그러니까 이런 것. "사과~, 복숭아~, 배~, 그리고 자두~, 생일이~ 언제인지~ 말해줘요.") 그런데 벌레 한 마리가 기어가고 있는 게 보였다. 바퀴벌레였다. 일명 독일바퀴로도 불리는 이놈은 날개 달린 벌레들 가운데 가장 원시적인 것으로, 지난 3억 2,000만 년 동안 거의 변하지 않았다.

내 눈에 띈 이놈은 오늘 정말 재수 없게 걸린 거다. 나는 브리태니커를 어깨 위까지 들었다가 아래로 떨어뜨렸다. B-17 폭격기(워낙 커서 '하늘을 나는 성채'로 불렸던)에서 폭탄을 투하하는 것과 비슷하다고 할까. 예상했던 대로 쾅 소리를 내며 떨어졌다. 나는 떨어진 책을 집어 들었다. 이렇게 약오를 수가 있나. 그 조그만 벌레 녀석은 기습 공격을 받고도 용케 살아남았다. 맹폭격을 뚫고 전진하는 탱크처럼 계속 전진 중인 게 아닌가.

이번에는 브리태니커를 녀석을 향해 힘껏 던진 뒤, 바닥에 떨어진 브리태니커를 발로 누르며 비볐다. 이겼다! 인조 가죽 재질의 브리태니커 장정에 묻은 이물질은 깨끗하게 닦아내기 쉽다는 점을 말해두어야 하겠다. 죽은 벌레의 흔적은 하나도 남지 않았다. 브리태니커는 해충 박멸에도 소용이 닿는 것이다.

나는 사람들이 백과사전의 다른 용도에 관해 말하는 걸 많이 들었다. 스쿼시 경기를 하다가 손목을 다친 나의 사촌은 의사의 권고에 따라 브리태니커를 물리치료용 도구로 사용했다. 내 친구 하나는 청소년 시절에 임시변통으로 만든 드럼 세트에서 브리태니커를 드럼으로 사용하여 부모에게 야단을 맞기도 했다.

어니스트 섀클턴이 남극 탐험을 할 때 브리태니커 전권을 가지고 갔다는 이야기를 얼마 전에 읽었다. (뉴욕 도심을 지나는 지하철에 브리태니커 한 권을 갖고 탈 때 무겁다느니 거추장스럽다느니 하는 푸념을 해서는 안 된다는 걸 새삼 깨달았다.) 섀클턴이 갖고 간 브리태니커의 운명은 누구라도 짐작할 수 있을 것이다. 탐험선이 좌초당해 극심한 추위에 떨었던 그는 결국 브리태니커를 불쏘시개로 써야 했다.

브리태니커의 내용이 아니라 그 물질성에도 뭔가 대단한 구석이 있다는 걸 실감하게 된다. 브리태니커는 물질성이 없는 정보 그 자체가 아니며, 마이크로칩에 2진법적으로 코딩되어 있는 정보도 아니다. 그것은 분명 벌레를 때려잡을 수도 있고 불을 피울 수도 있으며, 쿵 소리 나게 떨어뜨릴 수도 있는 크고 묵직하고 오래된 책, 바로 그것이다. 이렇게 말하고 보니 내가 마치 접좌석이 있는 구식 자동차가 역시 좋았다는 따위의 말을 중얼거리며 좋았던 옛날을 추억하는 데여념이 없는 고집불통의 늙은이라도 된 것 같다. 그러나 나는 손으로 집어 들 수 있고 페이지를 넘길 수 있는 책을 믿는 바이다.

카프카

이것저것 참견하기 좋아하는 친구보다 더 성가신 존재도 없다. 나를 위해 무엇이 가장 좋은지 자기가 다 알고 있다는 듯이 굴면서, 정작 내가 정말로 원하는 건 무시하는 그런 친구 말이다. 내 친구 앨버트가 바로 그렇다. 몇 년 전 앨버트와 함께 〈주간 엔터테인먼트〉에서 일하고 있을 때, 광고 영업을 하는 줄리 쉔버그라는 여자에게 홀딱 반했다는 걸 앨버트에게 고백했다. 물론 엄격한 조건을 달았다. 단 한 사람에게도 말해서는 안 된다는 것, 특히 줄리 본인에게는. 그러나 앨버트는 내 말을 이렇게 해석하고 말았다. "제발 누구에게나 말해줘. 특히 줄리에게."

내가 앨버트에게 말을 하고 나서 두 시간이 채 지나지 않아, 줄리와 앨버트는 나 모르게 이 일에 관해 얘기를 나누면서 웃고 있었다. 친구의 그런 행동이 옳았다는 걸 알게 될 때면, 더욱 약이 오른다. 앨버트가 비밀엄수의 조건을 지켰다면, 나는 쉔버그에게 적극적으로 접근하지 못했을 것이다. 고마운 앨버트! 만일 그랬다면 나는 여전히 총각이며 외로웠을 것이다.

카프카에 관해 읽을 때 바로 위와 같은 생각이 떠올랐다. 카프카는 서양 역사에서 유례를 찾아보기 힘들 만큼

참견하기 좋아하는 친구를 갖고 있었던 것이다. 먼저 카프카에 관한 약간의 배경 지식이 필요할 것 같다. 내가 알고 있기로 카프카는 아버지의 독재에서 비롯한 일종의 자존감의 위기를 겪었다. 구체적으로는, 문학에 전념하지 못하고 법학 학위를 받은 뒤 보험회사에서 일했다. 법학을 공부하는 동안 그는 소설가 막스 브로드를 만나 평생에 걸친 친구가 되었다.

생전의 카프카는《변신》을 비롯한 몇몇 작품을 전위적인 성향의 출판사에서 출간하는 데 동의하기는 했지만, 자신의 작품이 출간된다는 것을 전적으로 내켜하지는 않았다. 마흔한 살 때 결핵으로 세상을 떠날 때쯤 카프카는 브로드에게 매우 분명한 메시지를 남겼다. 미출간 원고를 모두 폐기해버리라는 메시지였다. 그러나 브로드는 그 메시지를 이렇게 해석했다. "미출간 원고를 모두 출간하라." 브로드는 여기에서 한발 더 나아가 "카프카의 유작 출간과 홍보 담당자, 카프카 전기 작가, 카프카 작품 해석가, 그리고 카프카 문헌 정리자가 되라"는 뜻으로까지 해석했다고 할 수 있다. 그런 브로드가 아니었다면 우리는《심판》,《성城》,《아메리카》 같은 작품들을 알지 못하게 되었을 것이다.

카프카 항목을 읽고 나서 나는 친구 앨버트에게 이렇게 말하기로 결심했다. "내가 죽으면 나의 미완성 원고를 모두 불태워줘." 앨버트는 자신이 어떤 일을 해야 할지 잘 알 것이다.

Kama
카마
사랑의 꽃화살을 쏘아대는 인도의 신이다. 카마가 사용하는 활은 사탕수수로 만들어졌고, 활시위는 꿀벌로 이루어져 있다고 하니, 이 환상적인 활과 활시위는 우리의 큐피드를 이류로 여기도록 만들기에 충분하다. 큐피드는 평범한 마름모꼴 활촉이 달린 화살을 쏘아대며 날아다닐 뿐이다. 그나저나 다른 두 문화가 모두 사랑의 화살을 쏘는 존재를 갖고 있다는 게 우연치 않게 다가온다. 인간 정신의 심원한 그 무엇을 말해주는 게 아닐까? 폭력(활쏘기)과 사랑에 관한 그 무엇을 말이다. 하지만 브리태니커는 그런 질문에 대해서는 답해주지 않는다.

kappa
가파

지금까지 내가 들어본 것들 가운데 가장 이상하고 낯선 초자연적 존재다. 일본 전설에 등장하는 "뱀파이어처럼 호색하는 존재"라는데, 오이를 무척이나 좋아한단다. 물고기 비늘을 지닌 녹색 원숭이를 닮았다고 하며, 접시처럼 생긴 두개골 꼭대기의 구멍에 마법의 물을 지니고 있어, 그 물을 쏟지 않기 위해 고개를 숙이려 하지 않는다. 이런 걸 누가 생각해냈는지는 모르겠지만, 적어도 그것이 일본 음식점에서 먹을 수 있는 가파河童 마키(주로 오이채를 넣은 일종의 꼬마 김밥)나 "접시처럼 생긴" 표고버섯이 아니라는 건 분명하다.

katydid
여치

메뚜기 목에 속하는 이 곤충은 짝을 찾을 때 내는 독특한 소리에서 그 이름이 유래됐다. 요컨대 의성어 명칭인 셈이다. "케이티디드, 케이티디드" 이런 소리를 낸다는 건데, "케이티가 했어Katy did, 케이티가 안 했어Katy didn't, 케이티가 했어, 케이티가 안 했어" 이렇게 들리지 않는가? 꼭 정신 이상의 목격자가 되는 대로 진술하는 소리 같다.

Kennedy, Edward M.
케네디, 에드워드 M.

레지 잭슨의 역사적인 홈런이 내가 목격한 유일한 역사였다. 그리고 브리태니커에 나와 있는 인물들 가운데 내가 직접 만나 본 유일한 사람이 하나 있다. 나는 아리스토텔레스나 발자크와 얘기를 나누어 보지는 못했지만, 테드 케네디(에드워드 M. 케네디의 애칭)와 굳게 악수를 나누고 좋은 시간을 보낸 적이 있다. 좋은 시간이라는 표현이 과하다고 볼 수도 있으나, 여하튼 굳게 악수를 나눈 건 분명하다.

나는 그를 친구 더글러스 케네디의 총각 파티에서 만났다. 고故 로버트 케네디의 자녀들 가운데 한 사람인 더글러스는 대학 시절 나의 룸메이트였다. 더글러스는 몇 해 전 보스턴의 레스토랑에서 총각 파티를 열었다. 나는 뉴욕에서 날아가 파티가 열리기 1시간 30분 전에 레스토랑에 도착했다. 레스토랑으로 들어서자 나보다 먼저 와 있는 한 사람이 보였다. 그는 바로 상원의원 케네디, 즉 테드 케네디였다.

살아 있는 전설과 직접 대면하여 얘기를 나눌 수 있는 기회, 정치와 역사와 영광과 비극에 관한 그의 생각을 탐색할 수 있는 대단한 기회라고 여길 사람이 있을지 모른다. 그러나 적어도 나에게는 테드와 함께 있는 그 시간, 그 자리가 되지도 않는 이런저런 얘기를 억지로 중얼거리며 수줍게 웃을 기회로밖에 보이지 않았다. 그렇다. 나는 권력을 가진 사람, 유력한 인물이 불편하다. 그가 이 자리에 올 것을 미리 알았다면 나는 공항에서 1시간 30분을 어슬렁거리다가 왔을 것이다. 그러나 일은 이미 벌어졌다. 이 파티의 주인공인 더글러스의 삼촌, 테드 케네디가 바로 내 앞에서 보드카 토닉을 마시고 있다.

그는 나에게 뭘 해서 먹고사느냐고 물었다. 나는 그에게 〈주간 엔터테인먼트〉에서 일한다고 말했다. 그의 얼굴에서 약간의 난처한 기색을 읽을 수 있었다. 자신이 〈주간 엔터테인먼트〉의 오랜 구독자가 아니라는 사실에서 오는 난처함 같았다. 사실 그는 대중문화를 애호하는 팬은 아니었다. TV 드라마 〈도슨의 청춘일기〉에 관해 잡담 나누기를 좋아하는 그런 사람이 결코 아니었던 것이다. 하지만 그는 지금 자기 앞에 있는 젊은이와 대화하기에 적절한 주제를 찾고자 나름 대로 애쓰는 눈치였다. 그는 시그램의 유니버설 스튜디오의 합병에 관한 얘기를 꺼냈다. 나로 말할 것 같으면 〈도슨의 청춘일기〉에 나오는 삼각관계에는 밝았지만, 기업 간 인수 합병에 따른 대차대조표에 관해서는 젬병이었다. 그러니 이 주제에 관해 대화가 계속 이어지지는 못했다.

그는 요트 항해에 관해 말을 꺼냈지만, 이 주제에 관해서도 나는 문외한이었다. 한 3분 정도 그럭저럭 얘기를 나누었을까? 앞으로 남은 80여 분의 시간을 어떻게 보낼지 캄캄했다. 그와 나는 주로 레스토랑의 은식기들이 달그락거리고 에어컨 돌아가는 소리를 즐기면서 좋은 시간을 보냈다. 사실 뭘 하고 보냈는지 지금 생각해도 잘 모르겠다. 이윽고 더글러스가 레스토랑으로 걸어 들어왔을 때 내가 느낀 기분은, 이라크전 당시 포로가 됐다 구출된 제시카 린치 일병의 기분, 해병대 소속 특수부대가 자신을 구출하러 '병원에' 들이닥쳤을 때의 기분과 비슷했을 것이다. (미군 당국은 린치 일병이 "적군에 구금돼

고문을 받다가 치밀한 작전으로 구출됐다"고 발표했지만, 린치 일병은 교통사고로 다쳐서 이라크 병원에서 치료를 받고 있던 중이었다.)

그 상원의원은 역시 친절하고 관대하고, 특히 나와 달리 사회적 처신과 사교에 능한 사람들에 둘러싸였을 때 그 빛을 더 발하는 사람이었다. 그는 내 이름을 한 번도 부르지 않았다. 그러나 내가 시간을 엄수하는 사람이라는 점을 높이 평가한 듯했다. 결국 파티에서 그것이 이름을 대신한 나의 정체성이 되어버렸다. 이름하여 시간 엄수 친구. 그날 파티에서 테드는 나를 볼 때마다 이렇게 외쳤다. "어이! 시간 엄수 친구!" 기념 사진을 촬영할 때 그는 시간 엄수 친구에게 "어서 이리 와서 서라"고 말했다. 식사 내내 그는 시간 엄수 친구에게 따뜻한 배려를 아끼지 않았다. 지금 다시 그 상원의원을 만난다면 나는 뭔가 더 잘할 수 있을 것 같다. 나는 이제 건강의료개혁에 관해서도, 공정주택거래에 관해서도 조금 안다. 그러니 90분 정도 그와 단둘이 만나도 그럭저럭 이런저런 얘기를 하며 시간을 보낼 수도 있을 것 같다. 물론 이것만은 절대 말하지 않을 것이다. 그의 "다소 방탕한 사생활"이 대통령을 향한 꿈을 흐리게 만든 것에 관해 브리태니커가 어떻게 언급했는지.

Kentucky
켄터키

줄리의 가족이 우리 집을 방문했다. 그들은 방문하는 걸 무척 좋아하는 것 같다. 특히 줄리의 사촌 애덤은 하룻밤 머물 예정이다. 나는 애덤의 잠자리를 위해 공기 주입식 매트리스를 준비했다. 이건 결코 쉬운 일이 아니다.

자전거 바퀴에 공기를 넣는 펌프를 붙잡고 15분 동안 열심히 씨름했지만 별 진전이 없었다. 매트리스가 제대로 부풀어 오르기는커녕, 깡마르고 쭈글쭈글한 노인 같다. 문제는 공기 펌프의 호스가 매트리스의 공기 주입구와 딱 들어맞지 않는다는 데 있었다. 그러니 열심히 펌프질을 해도 공기가 술술 빠져나갈 수밖에. 장인 어르신 래리가 안락의자에 앉아 내가 하는 꼴을 보고 계시다가 한마디 하셨다. "자넨 뭐든지 책에서 배우지. 그러니 뭔가를 정말 해치우는 데는 젬병일 수밖에!"(장인은 뉴욕의 브롱크스 출신이지만, 몇 가지 이유로 앨라배마의 비음 섞인 억양을 구사한다.)

나는 장인의 고마운 통찰력에 감사드리면서 다시 펌프질을 해댔다. 어느덧 이마에는 땀이 맺혔고 몸무게도 몇 킬로그램쯤 줄지 않았나 하는 기분이 들었지만, 공기 매트리스의 상태에는 큰 변화가 없었다. "이봐 자네, 아무래도 브리태니커 읽는 시간을 줄이고 매트리스 사용법 안내서를 열심히 읽어야겠어."

내가 이런 종류의 말을 듣는 건 드문 일이 아니다. 지난 몇 주 동안 나는 앞으로 평생에 걸쳐 들을 잔소리를 한꺼번에 들었다. 헤라클레스가 치워야 했던, 아우게이아스 왕의 축사에 쌓인 배설물에 필적하는 엄청난 양의 잔소리라고 할까. 나는 늘 기계치에 가까웠다. 전자레인지를 작동시키는 일, 자물쇠를 여는 일, 파일을 다운로드하는 일 등에서 모두 서툴렀던 것이다. 내가 쩔쩔맬 때면 누군가 꼭 이렇게 말한다. "뭐가 문제야? 그 잘난 브리태니커에 나와 있지 않나?" 내가 뉴욕 교외 지역 용커스로 가는 길을 잘 모르거나, 가까운 주유소가 어디 있는지 모르거나, 다음번 버스가 언제 출발하는지 모르거나 할 때면 누군가 꼭 이렇게 얘기한다. "어이 척척박사 씨! 아무것도 모르는군그래." 아이젠하워 대통령 재임 시 국무장관이 누구였는지, 켄터키의 주도가 어디인지 모를 때도 이런 소리를 듣는다. "이봐, 네가 뭐든지 다 안다고 생각했는데!" (국무장관은 존 포스터 덜레스였고 켄터키의 주도는 프랭크퍼트다.)

여하튼 좋다. 나는 결국 매트리스에 공기를 주입하는 데 성공했다. 솔직히 말하면 완전치는 못했지만. 나는 애덤에게 매트리스가 너무 빵빵한 것보다 좀 덜한 편이 잠잘 때 더 편안하다고 말했다. 다행스럽게도 애덤은 내 말을 믿는 눈치였다.

Khnum
크눔

우리 부부는 여전히 임신하기 위해 노력 중이다. 금주의 다산신은 크눔이다. 인간의 몸통을 하고 뿔이 난 숫양의 머리를 한 고대 이집트의 신이다. 크눔을 정확히 어떻게 발음해야 하는지는 잘 몰랐지만, 어제 줄리와 나는 저녁 식사를 하기 전에 잠깐 고개를 숙여 크눔에게 빌었다. (브리태니커는 발음에 관해서는 안내해주지 않는다.)

그런데 우리의 비非이집트 조력자, 그것도 신이 아닌 인간 조력자, 그러니까 줄리의 산부인과 의사가 나의 정자를 검사해볼 것을 권했다. 그래서 지금 나는 대부분 여성인 다른 사람들의 눈길을 피하며 산부인과 대기실에 앉아 있다. 접수대의 간호사가 내게 말했다.

"정자를 채집할 거니까 잠깐 기다리세요."

나는 그 채집이라는, 다분히 완곡한 표현이 맘에 든다. 그렇다. 채집. 내가 고등학교 시절 그렇게 많은 시간을 들여 했던 활동. 나의 취미였던 동전 채집(수집 대신 채집이라고 해두자)과 음료수 젓는 막대 채집에 들인 노력을 합친 것보다도 훨씬 더 많은 노력과 열정을 바로 그 채집 활동에 기울였던 것이다. 이윽고 간호사는 나를 채집을 위한 방으로 안내했고, 작은 플라스틱 컵을 내게 건넸다.

"도움이 필요하면 부르세요." 그리고 간호사는 포르노물이 가득 든 바구니를 가리켰다. 〈플레이보이〉나 〈펜트하우스〉 같은 점잖은 잡지가 아니라, 정말로 음란한 잡지들이었다. 땀으로 흠뻑 젖은 남성과 여성(혹은 남성들과 여성들)이 다양한 체위로 열을 올리고 있는 사진, 브리태니커라면 "교접, 매우 음란한 형태의" 정도로 분류했을 그런 장면이 가득했다. 그렇지, 브리태니커. 내가 이 방에 브리태니커를 갖고 들어온 유일무이한 남성일 것이라는 생각이 들었다. 브리태니커를 컴퓨터 가방 안에 넣어 가지고 온 것이다. 그걸 꺼내 볼까 하는 생각도 잠깐 했다.

물론 바구니 가득한 잡지들만큼 채집에 도움이 되지는 않겠지만, 브리태니커에는 뜻밖에 많은 누드 사진이 실려 있다. 강조하자면 누드에 관한 텍스트가 아니라, 엉덩이와 가슴과 그 밖의 다양한 신체 부위들이 적나라하게 드러나 있는 사진들이다. 존 애슈크로프트 법무장관(2004년 11월에 사임)에게 보내면 입에 거품을 물고 화를 낼 게 틀림없다. 애슈크로프트는 국무부 장관들이 기자회견장으로 애용하는 그레이트홀에 있는 정의의 여신상을 베일로 가리는 조치를 단행했다. 여신상의 오른쪽 가슴이 완전히 드러나 있는데, 그는 TV의 기자회견 화면에 그 가슴이 나오는 걸 싫어했다. 'TV 배경 화면 미화'가 구실이었으니, 참 할 짓도 없다. (다행히 2005년 6월부터 그 가슴을 다시 볼 수 있게 되었다.)

　브리태니커의 누드 사진 가운데 상당수는 심심한 고전적인 누드가 아니라 적나라하게 벗은 여성의 몸을 보여주는 흑백 사진들이다. 예컨대 B 항목을 돌이켜 보면, 다소 흐릿하고 어둡기는 하지만 젖꼭지를 포함한 여체를 적나라하게 보여주는 사진작가 빌 브란트의 작품과 만날 수 있다. 거기에서 좀 뒤로 가보면 시카고 출신의 사진작가 윈 벌록의 작품도 있다. 한 여성이 나체로 숲에 누워 있는데, 한쪽 젖꼭지가 보인다. 200페이지 범위 안에서 두 차례나 젖꼭지를 볼 수 있는 것이다. 약간의 교양미를 첨가한 〈허슬러〉와 비슷하다고 할까. 내가 10대 시절에 브리태니커의 이런 정체를 알았다면, 의류 상품 카탈로그에서 노출이 심한 모델 사진을 찾는 데에 들인 시간을 아낄 수 있었을 텐데. 그러나 지금의 나는 어엿한 성인이 아닌가. 그래서 나는 누드 사진을 찾기 위해 성급하게 브리태니커를 뒤지는 일은 참기로 했다.

　그건 그렇고, 나는 똑똑함 같은 건 별 도움이 못 되는 임무, 그러니까 채집을 빨리 끝냈다. 물론 지식이 약간의 도움이 되기도 한다. 창세기에 나오는 오난은 홀로 된 형수에게 아이를 낳게 해줄 의무, 당시로서는 일종의 사회적 의무를 저버린 채 자신의 정액을 땅에 배설했다가 하느님의 노여움을 사 죽었다. 내가 오난과 같은 죄를 저지른 게 아니라는 걸 확신한다. 내 정액은 땅이 아니라 채집용 플라스틱 컵으로 들어갔으니까. 그러니 하느님의 노여움을 사 죽는 일은 없으리라.

　이 방의 문에는 웃고 있는 모습의 노란색 스마일 캐릭터가 그려져 있고, 그 옆에 "와주셔서 감사합니다"라는 문구가 적혀 있다. 그 문구 바로 옆에는, 이 방에 들어왔다는 게 무척이나 기분 나빴던 남성이 휘갈긴 게 틀림없는 문구가 있다. "기분 지랄 같네!" 내 보기에는 그 웃고 있는 모습의 캐릭터, 참 잘 그렸는데. 여하튼 나는 채집용 플라스틱 컵과, 그 안에 든 약 3억 마리의 수영 선수(정자)들을 간호사에게 무사히 넘겼다. 물론, 잡지를 읽거나 휴대전화로 수다 떠는 여성들로 가득한 대기실을 아무 일도 없었다는 듯이 통과해야 했다.

아기를 갖기 위해 뭘 얼마나 어떻게 더 노력해야 하는지, 정확히 말하면 줄리와 내가 뭘 얼마나 어떻게 더 노력해야 하는지 잘 모르겠다. 즐겁게 성관계를 갖기만 하면 척척 아이가 생기는 친구 녀석들을 보면 맥이 쑥 빠지기도 한다. 그래 친구 녀석들아! 나 여기에 있다. 큰 죄라도 저지른 사람처럼 슬그머니 몰래 정액을 운반하고 있다.

Kierkegaard, Søren Aabye
키르케고르, 쇠렌

19세기 덴마크 철학자로, 오늘날에도 그를 좋아하는 팬들이 꽤 많다. 그는 몇 가지 문제점을 안고 있었다. 자기 학대적이고, 우울하고, 죄악감에 시달리고, 분노하기도 하고, 아버지를 증오하는 등. 키르케고르는 소작농이었던 아버지가 유틀란트의 광야에서 너무나 허기지고 추운 나머지 하느님을 저주한 적이 있다는 사실에 큰 충격을 받았다. 아버지의 그런 처사가 온 가족을 죄로 물들게 했다는 감정에 사로잡혔던 것이다. 그러나 이것이 키르케고르의 가장 큰 문제는 아니었다. 내가 보기에 그의 가장 큰 문제는 '아니다'라는 말을 할 줄 몰랐다는 점이다.

줄리는 나에게도 그런 문제점이 있다고 늘 지적하곤 한다. 맞는 지적이다. 나는 누구의 감정도 상하게 하고 싶지 않기 때문에, 원치 않는 상황에 말려들어 빠져나오지 못하는 경우를 자주 경험한다. "2월에 유콘 강에서 벌거벗고 급류 타기를 한다고? 그거 정말 재미있겠는데." 차라리 솔직하게 "그게 말이 되는 소리냐"고 할 것을, 후회막급. 뭐 이런 식이다. 총각 때는 여성에게 그만 사귀자고 말하는 데 무던히도 곤란을 겪었다. 나와 어울리는 게 하나도 없는 여성과 8개월 동안이나 관계를 유지한 적도 있었는데, 어떻게 끊어야 할지 몰랐기 때문이었다.

내 꼴이 그렇다 보니 상황은 점점 더 악화되기 마련이었고, 결국 나는 정신과 의사를 찾았다. 프로이트 정신분석을 신봉하는 그 여의사에게 내가 직면한 상황들을 어떻게 다스려야 할 것인지 배우려 했던 것이다. 한 10번 정도 찾아가 상담을 한 다음 나는 그만 찾아가기로 했다. 다음번 상담 약속을 취소하기 위해 새벽 2시에 그 의사의 전화에 메시지를 남기고 편지를 한 장 썼다. "제가 직면한 상황에 관해 도와주셔서 고맙습니다. 우리가 많은 진전을 이루었다고 생각합니다." 역시 나는 안 된다. 사실 내 상태가 별로 호전되는 것 같지 않아 상담을 그만두려 한 건데, 기껏 한다는 소리가 많은 진전을 이루었다고?

불쌍한 쇠렌에 관해 읽으면서 나의 이런 경험이 떠오를 수밖에 없었다. 스물다섯 살 때 키르케고르는 열 살 연하인 레기네라는 이름의 소녀와 사랑에 빠졌고, 3년 뒤 약혼했다. 그러나 키르케고르는 심리 상태의 차이가 아니라 나이 차이를 새삼 깨달은 것 같다. 그는 일기에 이렇게 썼다. "나는 천 살이나 먹었으니⋯⋯. 내가 만일 레기네에게 나 자신을 설명하려고 한다면, 나는 그녀를 무서운 것들 속으로, 이를테면 나와 아버지의 관계, 아버지의 우울, 내 안에 둥지를 틀고 있는 저 영원한 밤, 나의 방황, 나의 욕정과 방탕 속으로 끌어들이지 않을 수 없을 것이다. 그러나 그런 것들은 아마 하느님의 눈에도 잘 띄지 않으리라."

결국 키르케고르는 파혼하기로 결심했다. 그러나 키르케고르는 레기네에게 파혼을 통보하지 않았고 레기네는 키르케고르에게 매달렸다. 키르케고르는 시트콤에 나올 법한 전략을 구사했다. 일부러 레기네를 매몰차게 대하면서 브리태니커가 "야비하고 치사한 척 꾸미는 짓"이라고 표현한 짓을 했던 것이다. 이렇게 함으로써 키르케고르는 레기네의 명예를 지켜주려 했다. 파혼당한 여성이 아니라 "야비하고 치사한" 녀석과의 약혼을 파기한 여성이 될 수 있도록 말이다. 좋다. 그러나 방법이 글러먹지 않았는가. 꼭 나 같으니 말이다.

King's evil
림프선 결핵, 연주창

목 주위 림프선이 비대해져 혹같이 만져지는 증상이 나타나는 림프선 결핵이, 왕과 접촉함으로써 나을 수 있다고 믿었던 시절이 있었다. 찰스 2세는 9만 명 이상의 환자들과 접촉했다고 한다. 내가 18세기의 왕이 아니라는 사실이 새삼 고마워졌다. 나는 세균 공포증이 있기 때문에 어떤 사람하고도 악수하는 걸 꺼린다. 아무리 건강해 보이는 사람이라도 마찬가지다. 친구들을 만날 때 나는 손을 직접 맞잡고 악수하기보다는, 악수하는 시늉을 하는 것으로 인사를 대신하곤 한다. 입술을 살짝 내밀며 뽀뽀하는 시늉을 하는 것과 비슷하다고 할까. 이건 내가 유행시키고 싶어 하는 트렌드이기도 하다. 군주제를 요약하자면? 막강한 권력과 막대한 부. 이건 좋다. 백성들의 결핵의 고통과 상처를 어루만지기. 이건 나쁘다.

kissing
키스하기

줄리가 부엌에서 당근을 잘게 썰고 있다. 나는 줄리 곁으로 살금살금 다가가 코를 줄리의 뺨에 대고 누르며 숨을 깊이 들이쉬었다.

"자기 지금 뭐 하는 거야?"

"라플란드 사람들의 방식대로 스칸디나비아식 키스를 하는 거야."

나는 코를 다시 줄리의 뺨에 대고 콧구멍으로 숨을 깊이 들이쉬었다. 줄리는 당근 썰기를 멈추고 나를 쳐다보았다. 그건 개 한 마리를 쳐다보는 시선과 비슷했다. 집중해서 일하고 있는데 자꾸만 다리를 건드리며 귀찮게 구는 천방지축 개 한 마리.

"음, 인도 남동부 지역에서도 이런 키스를 한다고 하니, 라플란드 사람들만의 키스는 아닌 셈이지."

"이봐 자기, 나 지금 바빠."

Knox, John
녹스, 존

16세기 스코틀랜드의 사제였던 녹스는 잊기 힘든 제목의 책을 썼다. 스코틀랜드의 메리 여왕을 불신하는 내용인 그 책의 제목은 이러했다. 《여성의 끔찍스런 통치에 반대하는 첫 번째 나팔 소리》. 그러나 그 저서가 출간되자마자 엘리자베스 1세가 집권했으니, 끔찍스런 패배는 녹스 자신이 경험한 셈이다.

《여성의 끔찍스런 통치에 반대하는 첫 번째 나팔 소리》도 물론 하나의 제목이기는 하지만, 브리태니커에 실린 제목들 가운데 내가 가장 좋아하는 건 따로 있다. 찰스 다윈이 승선하여 갈라파고스까지 갔던 배, 바로 영국 군함 비글호의 함장 로버트 피츠로이가 쓴 책의 제목이다. 《남아메리카 남부 해안 탐사와 비글호의 세계 주항周航을 포함한, 영국 군함 어드벤처호와 비글호가 1826~1836년 사이에 수행한 탐사 항해의 기록》.

나는 《남아메리카 남부 해안 탐사와 비글호의 세계 주항을 포함한, 영국 군함 어드벤처호와 비글호가 1826~1836년 사이에 수행한 탐사 항해의 기록》을 읽어 보지 못했지만, 적어도 제목은 정말 듣기 좋다. 처남댁 알렉산드라가 가입해 있는 북클럽이 그 책을 원할지는 심히 의문이지만, 만일 그랬다면 알렉산드라에게 책을 달라고 해서 제목 부분을 오려내 내가 지금 쓰고 있는 이 원고에 붙였을 것이다.

여하튼 이렇게 컴퓨터에 그 제목을 입력하고 있으려니, 그 책에서 얻을 건 대부분 얻었다는 생각(혹은 착각?)이 든다. 그 제목을 접하는 순간 당신은 길다고 생각했을 것이다. 그래 길긴 길다. 고대 인도의 산스크리트 서사시로 10만 편의 시구로 이루어진 《마하바라타》의 전체 텍스트만큼이나 길다.

그러나 나는 그 제목을 좋아하지 않을 수 없다. 뽐내려 하는 제목도 아니고, 그렇다고 부끄러워하지도 않으며, 풍자나 반어법이 있는 것도 아니고, 거짓으로 책을 광고하려는 제목도 결코 아니다. 정직한 제목. 그렇다. 피츠로이는 쓸데없이 긴 제목으로 당신을 압도하려 했던 게 아니다. 그는 단지 있는 그대로를 말했을 뿐이다. 책에서 우리가 뭘 얻을 수 있는지 이렇게 정확히 알려주는 제목이 또 어디 있겠는가. 나는 오래전의 책 제목들 가운데 이런 성격의 것들을 많이 알고 있다. '~이야기' 혹은 '~에 관한 실화'로 끝나는 경우가 많고, '~' 부분에는 책 내용이 정리·요약되어 있다. 내가 다른 책을 한 권 쓴다면 제목을 '몇 가지 주제에 관한 예비적 성찰' 정도로 할까 생각 중이다. 이는 17세기 아일랜드 출신 영국 화학자 로버트 보일이 도덕 문제에 관한 글을 모아 출간한 책의 제목이기도 하다. 나는 정말 그 제목이 마음에 든다. 그 제목이야말로 출판의 역사를 통틀어 최고의 만능 제목이라고 할 수 있다. 주제가 뭐든, 주제가 둘이든 셋이든 혹은 넷이든 상관없이 쓸 수 있는 제목이 아닌가.

Kyd, Thomas
키드, 토머스

내가 아는 자유기고가가 원고 기획안을 제안했다. 영화 〈잃어버린 성궤의 추적자들〉(한국에서 〈레이더스〉라는 제목으로 개봉된 스필버그 감독의 영화 - 옮긴이)을 리메이크한 영화감독에 관해 원고를 쓰고 싶다는 것이다. 영화의 등장인물들을 모두 어린이들이 연기하는 영화로서 청소년에도 이르지 못한 나이의 인디애나 존스, 여덟 살짜리 나치, 뭐 이런 식이다. 나는 그가 보낸 기획안에 "과거의 이상하기 짝이 없는 모방"이라고 적어 철해 두었다. 문제의 영화가 셰익스피어, 벤 존슨, 토머스 키드 같은 극작가들의 작품을 일단의 어린이들이 연기했던 17세기의 어린이 극단과 정확히 같은 개념이라고 생각한 것이다. 성인 극단은 어린이 극단을 싫어했다. 사람들이 귀여운 축소형 인간, 즉 어린이들이 약강弱强 5보격의 대사를 줄줄 말하는 걸 보는 것을 성인 연기자들의 연기를 감상하는 것보다 더 좋아했기 때문이다.

여하튼 그의 기획안은 〈에스콰이어〉에 적합하지 않았다. 이메일로 그 자유기고가에게 이를 알렸다. 나는 위에서 언급한 셰익스피어 연극 관련 사실들도 그에게 알려줄까 했지만, 그만두기로 했다. 자신의 기획안을 거절한 사람에게 느닷없는 역사 강의까지 듣는 걸 좋아할 사람이 어디 있겠는가. 브리태니커에서 얻은 지식 가운데 어떤 것을 남에게 나누어주어야 할 것인가? 바로 이 문제를 좀 더 심사숙고하려 노력 중이며, 보다 신중한 선택이 필요하다는 걸 느낀다. 나는 이제 깨닫기 시작했다. 누구나 16, 17세기 유명 인물들의 진가를 인식하고 싶어 하는 건 아니라는 사실을.

La Rochefoucauld, François de
라 로슈푸코, 프랑수아 드

프랑스 역사상 가장 위대한 잠언 작가일 것이다. 이런 잠언들을 남겼다. "죄악은 규모에 따라 무죄가 되거나 심지어 미덕이 되기도 한다." "강물이 바다로 사라지듯 미덕은 이기심으로 사라진다." 17세기 문학계의 자동차 스티커였던 잠언을 뉘라서 싫어하랴.

Lacoste, René
라코스테, 르네

세상에는 갈수록 나아지는 것들이 많지만, 스포츠 선수들의 별명만큼은 갈수록 못해지고 있다고 확신한다. 〈에스콰이어〉의 동료 편집자 앤디 '시끄러운 소인小人' 워드가 언젠가 잡지 기사로 쓴 주장이지만, 브리태니커를 보아도 통감할 수 있다.

쿨 파파 벨(20년대의 미국 야구 선수 제임스 토머스 벨의 별명) 같은 별명은 어디로 갔는가? 바운딩 바스크(통통 튀는 바스크 말, 20년대의 프랑스 테니스 선수 장 보로타의 별명)나 갤로핑 고스트(질주하는 유령, 20년대의 미국 풋볼 선수 레드 그레인지의 별명) 같은 별명은? 왜 우리는 게임 치킨(작고 다부진 싸움꾼, 19세기 영국의 프로 권투 선수 헨리 피어스의 별명) 같은 별명을 생각해내지 못하는가? 오늘날, 우리는 에이로드니 샤크니, 아니면 "이봐, 멍청이!"

같은 별명들을 갖고 있다. 매력과 호감을 자랑하는 별명으로는 농부 폐증(먼지 흡입으로 인한 폐 질환으로, 비둘기사육자폐증, 치즈닦이폐증 등과 한 가족이다) 정도의 것들이 있을 뿐이다.

르네 라코스테는 별명의 황금기 시절 사람이다. 1920년대에 활약한 파리 출신 테니스 선수로, 조직적인 경기 스타일로 유명했으며, 테니스 국가 대항전인 데이비스컵에서 프랑스가 6연패의 업적을 일굴 때 큰 역할을 했다(첫 2년 동안 출전했다). 사람들은 라코스테를 크로커다일(악어의 한 종류)이라 불렀다. 파충류 별명을 선사한 것은 미국 언론이었는데, 라코스테가 무척 끈질기기도 했거니와 그가 다른 선수와 겨뤘던 한 내기에서 악어 가죽으로 된 근사한 가방 세트를 땄기 때문이다.

나는 테니스 선수로서의 라코스테는 잘 알지 못해도 그 셔츠는 알고 있다. 하지만 브리태니커는 설명 끝에 가서야 셔츠 이야기를 한다. 라코스테는 "자신의 '크로커다일' 문양이 새겨진 (왠지 지금은 앨리게이터로 변했다) 스포츠 셔츠 및 기타 의류들"을 판매하는 회사를 설립했다고 적혀 있다.

이거, 이상한걸. 그새 무슨 일이 있었기에 왜 크로커다일이 갑자기 앨리게이터로 변했지? 라코스테 마케팅 부서가 둘 사이의 커다란 차이점을 발견했나? 앨리게이터의 이미지는 지적이고 섹시한 반면, 크로커다일의 이미지는 게으르고 불성실한가?

나는 계속 브리태니커를 읽어야 했다. 라코스테 앨리게이터 문제는 '신은 존재하는가?', '악의 정의는 무엇인가?', '어째서 데이브 펠저 같은 골칫덩어리가 계속 책을 출간할 수 있는가?' 같은 심오한 인식론적 의문들에 비하면 아무것도 아니니까. 하지만 나는 진실을 파헤치고 싶었다. 예전에 어머니가 내게 라코스테 셔츠를 물경 수십 벌은 사 입혔으니(종종 대담한 체크무늬 바지를 맞춰 입기도 했으니 가령 코네티컷의 치과 의사가 본다면 당황해 마지않을 복장이었다), 개인적 인연이 있다고도 할 수 있다. 게다가 나는 네 시간 연속으로 독서를 해서 눈알이 튀어나오기 일보 직전이다.

나는 줄리의 옷장을 뒤져 불그스름한 빛이 도는 청색 라코스테 셔츠를 찾아냈다. 로고를 살펴보았다. 좋은 친구 브리태니커 덕분에 나는 앨리게이터와 크로커다일의 차이점을 안다. 크로커다일은 입을 닫았을 때 아래턱 양쪽의 네 번째 이빨들이 주둥이 밖으로 나온다. 라코스테 악어의 이빨도 튀어나왔나? 모르겠다. 이 망할 놈의 로고 파충류가 입을 벌리고 있기 때문이다. 그렇게 나온단 말이지. 나는 라코스테 웹사이트를 확인했다. 웹사이트를 보니 확실히 로고를 앨리게이터라고 부르고 있다. 하지만 수상쩍게도 크로커다일적 과거에 대해서는 입을 다물었다. 흐음. 내가 폭로 기사를 쓰게 되는 건가?

나는 구식 조사를 하기로 결정했다. 라코스테 회사 사람하고 직접 말해보기로 했다. 나는 뉴욕 지부에 전화를 걸었다. 연결된 사람은 근사한 남부 억양의 지지라는 여성으로, 언론 홍보를 맡고 있다고 했다. 내가 채 질문을 마치기도 전에 지지가 말을 끊었다.

"크로커다일입니다."

하지만 웹사이트를 보면······.

"글쎄요, 웹사이트를 수정해야겠네요. 어쨌든 분명히 크로커다일입니다. 죽 크로커다일이었고요. 크로커다일!"

척척박사를 꿈꾸는 인간을 좌절시키는 순간이다. 나는 상충하는 자료 사이에서 낭떠러지에 몰렸다. 시시한 라코스테 로고에 대한 사실조차 확실히 알 수 없다면, 지식 전반에 대해서는 어떻게 생각해야 하는지? 내가 최선을 다해 끌어낸 결론은 이렇다. 라코스테 로고는 크로커다일이지만 미국인들은 앨리게이터라고 생각한다. 이 정도로 만족하자. 카멜 담배의 로고 조 카멜이 라마가 아니기나 빌어야지.

Langley, Samuel
랭글리, 새뮤얼

코네티컷에서 활약했던 발명가로서 라이트 형제보다 9일 앞서 중重 항공기를 완성했다. 하지만 비행기는 사출기에서 발사되다가 어딘가에 걸리는 바람에 포토맥 강으로 추락했다. 발진이 잘되었더라면 랭글리가 라이트 형제 대신 역사에 이름을 남겼으리라 생각하는 사람도 많다. 랭글리는 하루에 몇 번이나 그 추락 사고를 곱씹었을까? 목숨이 붙어 있는 한 매 순간 그랬을 것 같다.

랭글리는 역사적 인물들 가운데 가슴 아픈 부류에 속한다. 조지 다윈을 위시로 한 패배자 친척 부류, 한 끗 차이로 실패한 군상들. 빌어먹을 나무에 한 번 걸리는 바람에 세월을 넘어선 명예와 거의 전적인 무명 사이에서 길이 갈리다니. 랭글리라면 엘리샤 그레이와 교감을 나눌 자격이 있다. 그레이는 1876년 2월 14일에 전화 발명 특허를 청구했다. 그러나 불과 몇 시간 전, 알렉산더 그레이엄 벨이 특허를 접수시킨 터였다. 그레이는 정말이지 일정을 조정할 필요가 있었다. 그레이, 특허청에 먼저 갔다가 식료품점에 갔어야지, 거꾸로 해서야 쓰나!

일요일인 오늘, 나는 조부모님과 점심 식사를 했다. 부모님과 나는 한 달에 한 번 리버데일 교외에 있는 조부모님 댁을 방문하여 내가 평생 본 것 중 가장 큰 식탁에서 닭고기와 감자를 먹으며 오후를 보낸다. 정말 거대한 식탁이다. 할아버지에 따르면 한때 보나파르트 가문의 누군가가 소장했던 거라는데, 코파카바나의 댄스장에서 접대용 테이블로 사용했던 거라고 해도 나는 믿겠다.

오늘 식사에는 초대 손님이 두 명 있었다. 제인 이모와 이모의 열한 살 난 아들 더글러스였다. 제인 이모는 어머니 집안의 대표 인텔리다. 하버드 졸업생이고, 풀브라이트 장학금을 받았고, 유럽의 언어는 거의 다 말할 줄 안다(피노우그리아 어군의 하나로서 현재 사용자가 100명도 안 되는 보트어는 제외). 더글러스도 못지않게 영리하다. 나는 더글러스처럼 과외를 많이 받는 아이는 난생처음 봤다. 독일어, 체스, 펜싱, 그리고 레고 공학 수업. 레고 공학이 뭐 하는 건지 잘 모르겠지만 뭐 레고 블록으로 로봇을 만드는 일이 아닐까. 어쨌든 알게 되어 기쁘다. 나도 저널리스트 경력이 잘 풀리지 않으면 레고 공학 교육자쯤은 될 수 있겠지.

우리는 거대한 골동품 호두나무 식탁에 둘러앉았다. 더글러스는 멀리 끄트머리에 앉아 가져온 노트북으로 단어 놀이에 여념이 없었다. 할머니가 말씀하셨다. "이렇게 다들 모이니 정말 좋구나! 내 두 손자들도 있고! 똑똑한 내 손자들!" 더글러스는 꾸벅 인사를 하고는 다시 게임에 몰두했다.

나머지 가족들은 직장이며 휴가며, 늘 하는 이야기들을 나눴다. 나는 광대한 나무판을 사이에 두고 가족들과 떨어져 앉았으나, 음향 상태가 좋은지 부모님의 말씀을 잘 알아들을 수 있었다.

할머니가 그릇을 돌리기 시작하며 미안한 듯 말씀하셨다.

"오늘은 감자 개수가 평소보다 작구나."

그 순간, 더글러스가 컴퓨터 두드리던 손을 멈추고 고개를 들었다. 그리고 말했다.

"잠시만요! 틀렸어요!" 더글러스는 종이와 연필을 꺼내 뭔가 적더니 식탁에 기대어 종잇조각을 할머니께 들이밀었다.

내가 집어서 보니 이른바 "바로잡을 문법 사례"라는 종이였다. 가령 "free gift(a가 누락되었음)"나 "'impact'가 동사로 잘못 사용되었음" 같은 흔한 문법 오류들이 줄줄이 적혀 있었다. 더글러스는 "'적다/작다' 혼동"이라는 문항에 체크를 해놓았다. 할머니는 '감자 개수가 평소보다 작구나'가 아니라 '감자 개수가 평소보다 적구나'라고 하셨어야 옳았다.

제인 이모가 설명하고 나섰다. "더글러스가 요새 문법에 심취했어요. 문법 경찰인가 하는 데서 활동하죠."

"단어 경찰." 더글러스가 교정했다.

"대단하네." 할머니가 쿡쿡 웃었다.

"지난주에는 선생님한테 지적을 해드렸대요." 제인이 말했다.

"선생님이 어쨌기에?" 할아버지가 물었다.

"'너와 나 사이에'가 아니라 '너와 내 사이에'라고 하셨어요."

더글러스는 선생님의 인칭대명사 실수에 슬픔과 연민을 느끼는 듯 설레설레 고개를 저으며 말했다.

"책에서 읽은 것 좀 말해보렴." 이모가 부추겼다.

착한 더글러스는 컴퓨터 게임을 일시 중지시킨 뒤, 우리에게 소중한 정보들을 나누어주기 시작했다. "음, 동의어와 반의어라는 건 누구나 알지만 대문자어capitonym라는 건 모르실 거예요. 첫 알파벳을 대문자로 바꿀 때 뜻이 달라지는 단어를 말하죠."

이해하기 어려웠다.

"마리화나Herb와 허브herb, 폴란드인Polish과 닦다polish 같은 거예요." 더글러스가 설명했다.

"그건 미처 몰랐구나." 아버지가 말했다.

"잘했다, 더글러스." 할아버지가 말했다.

정말 그렇다. 지랄 맞게 참신한 사실 아닌가! 나는 열한 살 짜리 사촌과 겨뤄보기로 마음먹고, 영어에 대한 사소한 지식들을 담아둔 머릿속을 뒤졌다.

"고대 영어에서는 '빛light'이라는 단어의 'ㅎ'가 묵음이 아니었다는 거 아니? 스코틀랜드 어딘가에서는 아직도 '리히트'라고 발음한단다."

내 명석함에 특별히 감탄하는 사람은 없는 것 같았다.

"가운뎃말miranym이라는 것도 있어요." 전혀 굴하지 않고 더글러스가 말했다. "두 반대말 가운데 오는 말이죠."

어른들은 갈피를 잡지 못했다.

"예를 들어 '볼록'과 '오목'의 가운뎃말은 '평평'이죠."

더글러스가 참을성 있게 설명했다.

그 순간, 나는 복잡한 감정이 들었다. 한편으로는 자랑스러웠다. 여기 진정한 신동이 있도다. 나와 함께 정신을 단련할 동지가 있도다. 게다가 그는 내 핏줄이다. 더글러스는 내가 그만한 나이 때 혼자 망상했던 천재적 아이큐 수치를 실제로 지니고 있는지도 모른다. 다른 한편, 나는 질투가 나고 위협을 느꼈다. 내가 남의 실수를 교정하거나 사소한 지식을 자랑하면 사람들은 나를 일요일 바비큐 파티에 출몰한 침노린재 보듯 했다(침노린재는 30센티미터까지 침을 발사할 수 있다). 그런데 더글러스가 그러면, 사람들은 미소를 지으며 머리를 쓰다듬어준다. 척척박사는 변성기가 오고 몸에 털이 나는 순간 귀여움을 잃고 혐오 대상으로 변신하는 건가?

"'뜨거운'과 '차가운'의 가운뎃말은 '실온'이고요."

더글러스가 말을 이었다.

"그래, 나가 보기에도 참 신기하구나." 내가 말했다. 나는 전략을 수정한 것이다. 더글러스와 겨루는 대신 더글러스가 못내 아끼는 우리말을 난도질해서 녀석을 미치게 하겠다. 내가 봐도 참도 어른스러운 짓이군.

더글러스는 문법 교정 용지를 하나 더 꺼내더니 몇 군데 체크해서 내게 건넸다.

"왜 때문에 내가 이걸 받는 건데?" 내가 말했다.

더글러스는 종이를 또 꺼내 체크해서 내밀었다.

"하지만 난 잘못을 잘못하지 않았는데?"

더글러스가 나를 바라보았다. 앗, 알아챘나 보다.

"일부러 틀리게 말하고 있는 거죠?"

"그렇지 안 해."

"영어 단어 중에 제일 긴 게 뭐게요?"

더글러스가 불쑥 도전장을 내밀었다.

"'Smiles' 첫 알파벳(S)과 끝 알파벳(s) 사이에 1마일(mile)이나 들어 있으니까."

수세에 몰린 나는 더글러스 나이 때에 들었던 농담을 끄집어냈으나 더글러스는 단호히 고개를 저었다.

"이거예요. pneumonoultramicroscopicsilicovolcanoconiosis(진폐증).'"

인정할 수밖에. 이놈의 자식은 영어를 안다.

"화산에서 분출된 실리콘 먼지 때문에 생기는 병이에요. 나는 철자도 다 알아요." 더글러스는 높낮이가 없는 스타카토로 빠르게 한 자 한 자 내뱉었다. "P-n-e-u-m……." 게임 오버.

Las Vegas
라스베이거스

최초의 정착자는 모르몬 교도들이었다. 모르몬교의 아버지 조셉 스미스 2세가 환생한다면 웃통을 벗어젖힌 쇼걸들과 술을 용인할지 모르겠다. 물론 그도 미라지 호텔의 화산 장식은 좋아할 것이다. 누구나 화산을 좋아한다.

Lascaux Grotto
라스코 동굴

구석기 시대 벽화들이 그려진 유명한 프랑스 동굴이다. 우뚝 선 남근을 지닌 새 사람鳥人 등이 그려져 있다. 나는 설명을 반쯤 읽은 뒤에야 내가 그 동굴에 가본 적이 있다는 걸 깨달았다. 물론 동굴 이름은 잊고 있었다. (고마워요, 에빙하우스 박사.)

나는 몇 년 전에 줄리와 프랑스 남부를 자전거로 여행하던 중에 라스코 동굴에 들렀다. 1년 연봉의 3분의 1을 처들여서, 대부분 피부과 전문의이지만 간간이 치주학 전문의가 양념으로 섞인 미국인 동료 여행자들과 함께 헬멧을 쓰고 허위허위 페달을 밟아 산을 오르는, 끝내주는 자전거 여행이었다. 우리 부부는 그런 여행을 두 차례인가 해봤는데, 내게는 매번 굴욕의 현장이었다. 나는 사전에 예행 운동을 하는 일이 없었으므로 실전에서 늘 무릎이나 발목을 접질리곤 했다. 그 말인즉 여행사의 밴에 탄 채 여분의 자전거 부속과 소풍 준비물들 사이에 끼어 실려 다녀야 했다는 것이다.

그것만 해도 최악인데, 설상가상 65킬로미터를 달리고도 땀 한 방울 흘리지 않는 여든두 살 먹은 은퇴한 피부병 전문의가 이렇게 묻는 것이다. "무릎은 좀 어떻소, 젊은이?" 이 말의 진짜 뜻은 이렇다. "도대체 왜 그 모양이냐, 이 자식아? 너보다 늙고 치질도 있는 내가 이 언덕을 자전거로 달리는데, 넌 뭐냐, 약해 빠진 사내 새끼 같으니라고." 어쨌든 내 귀에는 그렇게 들렸다.

좌우간, 라스코 동굴에 잠시 들렀던 기억이 난다. 42단 기어가 달린 끝내주는 자전거를 몰고 말이다. 과장이 아니다. (최초의 성공적인 자전거는 1860년대에 등장했는데, 기어가 하나밖에 없었다. 그 자전거를 타면 어찌나 쿵쿵대던지 '털털이'라는 별명이 붙었다.) 동굴 입구에는 우리의 여행 가이드인 깡마른 프랑스인 인류학자가 기다리고 있었다. 그는 인류 진화에 관해 5분간 강연했다. 특히 원인原人의 두개골 용량이 800세제곱센티미터에서 1,350세제곱센티미터로 늘어났다는 이야기를 하면서 기뻐했다. 이어 그는 선사 시대 미술관으로 우리를 이끌었다.

"이 황소의 윤곽선을 눈여겨보십시오." 프랑스 인류학자가 말했다. 피부과 전문의들은 모두 고개를 끄덕이며 뭐라고들 웅얼거렸다.

"황소의 뿔이 아주 멋지게 드러나 있지요." 인류학자가 말했다.

내가 물었다. "어디에요? 안 보이는데요."

"저깁니다. 저 선들을 보세요." 인류학자가 손으로 가리켰다.

"죄송합니다만, 정확히 어디라고요?"

줄리가 나섰다. "신경 쓰지 마세요. 이이는 두개골 용량이 800세제곱센티미터밖에 되지 않아서요."

가이드는 프랑스인다운 웃음을 터뜨렸다.

"좋아요, 트레비엥, 트레비엥."

나는 끝내 황소의 뿔이 어디 있는지 발견하지 못했다. 하지만 인류 진화에 대한 대화를 경청하다 보니, 내가 어릴 적부터 고민해온 한 가지 문제가 내 콩알만 한 뇌에서 떠올랐다. 인류가 앞으로 수천 년을 더 산다면 두개골이 지금보다 더 커질 것이다. 내가 아무리 똑똑하고, 아무리 많이 알고, 아무리 많이 읽고, 아무리 많이 외우고, 아무리 많이 생각해도, 나는 머리로 미분 계산을 할 수 없는 종의 일원일 뿐이다. "오, 호모 사피엔스가 페르마의 마지막 정리를 풀어낸 방법을 한번 보세요! 300년밖에 안 걸렸다는군요. 제법 귀엽네요!"

현재의 작전에 대한 회의가 든다. 브리태니커를 다 읽은 뒤 내가 더 똑똑해지고, 이 경험에 대해 근사한 책을 쓴다 해도, 나는 동굴 벽에 뾰족한 남근의 새 사람을 그렸던 인간의 21세기판에 지나지 않는다.

유언

내가 브리태니커에 실릴 수 없는 이유 하나 더. 내가 북극 탐험가나 스웨덴 식물학자가 아닌 것은 제쳐두더라도, 나는 여기 실린 인간들처럼 말할 줄 모른다. 내게는 확신도, 열정도 없다. 위인들의 유언편을 읽다 보니 사실이 더욱 분명해졌다. 조르주 당통, 프랑스 혁명의 지도자로 공포 정치에 반대하다 참수된 그는 단두대에 서면서 사형 집행인에게 이렇게 말했다. "내 머리를 시민들에게 보여주시오. 그만한 가치가 있으니까." 나라면 이렇게 말했을 것이다. "이런 씨팔! 이런 젠장!" 물론 프랑스어를 쓰는 편이 정확하겠지. "메르드(젠장)!"

당통의 반열에 올릴 만한 인물이 꽤 많다. 조르다노 브루노는 어떤가. 1500년대 말의 이탈리아 철학자 겸 천문학자였던 브루노는 코페르니쿠스의 지동설에서 한 발짝 더 나아가 우주에는 지구 같은 세상이 무한히 많다고 주장했다. 가톨릭 교회는 브루노의 입을 막으려고 그를 화형시켰다. 심판관들이 사형을 언도하자 브루노는 말했다. "선고를 받는 나보다 선고를 내리는 당신들의 두려움이 더 클 것이오." 그런 압박 상황에서 어쩌면 그렇게 냉정하다지? 플랑베 요리처럼 곧 자기 몸에 불이 붙을 거라는데, 고상하고, 조리 있고, 탁월한 명문으로 응수하다니. 나라면 보나마나 이랬을 것이다. "이보십시오, 무한한 우주니 어쩌니 했던 건 농담이었습니다. 세상은 하나뿐이죠, 무한한 세상이라니 어디 그런 농담을! 취소하겠습니다, 취소요!"

학습

학습 편에 보니 지능 지수에 대한 짤막한 언급이 있다. 높은 지능 지수는 "32미터 전력질주 능력, 그리고 한 발로 서서 균형 잡는 능력과 강한 상관관계를 보인다." 내가 백과사전에서 얻은 정보 가운데 가장 요상한 축에 속한다. 왜 하필 32미터 전력질주라지? 그런 말은 난생처음 들어 봤다. 왜 50미터가 아니지? 왜 하필 한 발로 서서 균형 잡는 능력이지? 왜 테더볼 실력이 아니지? 테더볼 실력도 높은 지능 지수와 상관관계가 있지 않을까? 사실 뭐라고 해도 이상하긴 마찬가지일 텐데. 이건 내 직관에 정면으로 위배되는 사실이다. 허약하고 나약한 천재라는 고정관념은 어쩌란 말인가? 게다가 무엇보다도 불공평하다. 똑똑하면서 빠르고 균형까지 잘 잡는 사람을 만들다니, 자연은 정신이 있는가 없는가. 여러 인간들에게 능력을 골고루 나눠 주면 어디가 덧나냐? 멘사 시험에서 확인했듯 나는 지능이 높지 못하니, 최소한 쿵후의 학 자세 같은 걸 할 줄 알아야 공평하지 않느냐 말이다.

lector
강사, 강연자

오늘 아침에는 브리태니커 독서를 빼먹어야 했다. 〈에스콰이어〉 편집자들이 오전 9시라는 (저널리스트로서는) 터무니없는 시각에 회사에 나가 잡지 광고팀에게 프레젠테이션을 하는 날이었기 때문이다. 편집자들은 잡지의 향후 주제들에 대한 계획을 발표해야 한다. 말이야 쉽지. 나는 워낙에 남 앞에서 말을 잘하는 인간이 못 되는지라, 프레젠테이션 때문에 은근히 스트레스를 받았다.

나는 브리태니커가 내 웅변에 도움을 주지 않을까 기대했다. 실제로 브리태니커에는 고전적인 수사학 기교들에 대한 정보가 가득하다. 가장 맘에 든 것은 '돈절법', 일부러 문장을 중간에서 끊는 방법이다. 가령 "왜 당신은……" 아니면 "어째서 내가……" 하는 식이다 (사업 아이디어가 떠올랐다. "돈절법 때문에 내가……"라고 인쇄된 티셔츠를 수사학자들에게 팔아서 떼돈을 벌자). 하지만 50년대 시트콤에 등장하는 수다쟁이 아버지 캐릭터나 고전적 토론 애호가가 아닌 이상, 현대 사회에서 돈절법은 그다지 유용해 보이지 않는다.

나는 또한 어순을 변형시키는 도치법의 팬이다. 새뮤얼 테일러 콜리지의 시 〈쿠빌라이 칸〉 첫 문장이 좋은 예이다. "재너두에서 쿠빌라이 칸이 명령하였다, 웅장한 환락의 궁전을 지을 것을." 대단한 문장이라고 생각한다. 약간 어지럽긴 하지만 얼마나 장엄한가. 하지만 내가 프레젠테이션 원고를 작성하며 도치법을 써보니 그저 괴상하기만 했다. "우리 잡지의 페이지에 등장할 것입니다, 옷을 적게 걸친 여성들이." 변태 요다가 하는 말 같다.

결국 나는 세 가지 수사학적 장치에 기대기로 결정했다. 전사반복前辭反復, 즉 앞에 했던 말을 반복하는 것, 접속사 생략(카이사르의 "왔노라, 보았노라, 이겼노라"), 그리고 대구법, 즉 상반되는 개념들을 병치하는 것이다("인생은 짧고, 예술은 길다").

나는 내가 가진 유일한 양복인 구찌 결혼 예복을 입고, 모임이 열릴 트럼프타워로 갔다. 내 발표 순서는 직속상관인 데이비드 그레인저 다음이었다. 상당히 문제가 있는 순서다. 그레인저는 침례교회 설교자가 되었을 정도로 유창한 연사이기 때문이다. 얼마나 비교가 될까.

때가 되어, 나는 써놓은 것을 앞에 두고 읽기 시작했다. "올해, 우리 잡지의 얼굴은 더욱 똑똑해질 것입니다. 우리 잡지의 얼굴은 더욱 재미있어질 것입니다. 우리 잡지의 얼굴은 모든 면에서 더 나아질 것입니다." 나는 잠시 멈추고 나의 전사반복과 접속사 생략이 사람들에게 스며들기를 기다렸다. 나의 웅변은 자코비안 시대 극본을 암송하기라도 하듯 확신이 넘쳤다. 그리고 대구법. "〈GQ〉의 특집은 좋겠지만, 〈에스콰이어〉의 특집은 훌륭할 것입니다. 〈GQ〉는 흥미로운 정도이겠지만, 〈에스콰이어〉는 없어서는 안 될 정도일 것입니다."

광고팀이 관심을 보이고 있었다. 받아 적는 사람까지 있다!

그러나 내가 수사학적으로 짜낼 수 있는 말은 거기까지였다. 이후의 웅변에는 유창함이나 고전적 기교는 전무했다. 앞으로의 기사 소재들을 줄기차게, 그것도 엉성하게 나열하기만 했다.

스스로 평가하자면 내 수사학은 가벼운 성공이었다. "음……"이나 "어"로 점철되었던 과거의 연설들보다는 한참 나았다. 나는 좀 더 브리태니커를 믿어야 할까 보다. 내 프레젠테이션은 최소한 벤저민 디즈레일리의 영국 하원 처녀 연설보다는 나았다. 가련한 디즈레일리는 이런 말로 연설을 맺어야 했다. "지금은 그만 자리에 앉겠습니다만, 언젠가 여러분이 제 말을 경청하게 될 날이 올 것입니다." 나는 조금은 발전한 것이다.

Leonardo Pisano, aka Fibonacci
레오나르도 피사노, 혹은 피보나치

피보나치는 13세기 이탈리아 수학자로서 1, 1, 2, 3, 5, 8, 13, 21 등으로 이어지는 피보나치 수열을 발견했다. 각 수는 앞선 두 수의 합이다. 나는 수열을 들여다보았다. 어디선가 본 듯한데 어디더라. 몇 초 지나서 생각났다. 보글이다! 내가 사랑하는 단어 게임, 보글의 점수 체계이다.

이야기를 이어가기 전에, 잠시 불쌍한 보글을 옹호할 기회를 달라. 보글을 좋아한다고 하면 험멜 사의 도자기 인형을 수집한다고 하는 것만큼이나 한심한 눈총을 받을 게 뻔하지만, 나는 보글이야말로 세계 최고의 단어 게임이라고 믿는다. 스크래블에는 운이 너무 많이 개입한다. 게다가 영어라기보다 슬라브 지역 공업도시 이름 같은 경음 덩어리들을 동원할 수밖에 없다. 반면 보글은 체스와 같아서, 철저히 기술이다. 모든 참가자들이 같은 알파벳 주사위들을 굽어 보며 그 속에 숨겨진 단어들을 찾아내려 애쓴다. 그리고 내 보글 실력은 썩 좋은 편이다. 내가 처남 에릭을 이길 수 있는 몇 안 되는 분야 중 하나인데, 내 전략은 대개 남이 만든 단어 끝에 'er(꾼)'을 붙여 새 단어를 만들어내는 것이다. 내가 'pillower(베개꾼)'라는 단어가 진짜 있다고 강하게 항변하면, 에릭은 의심스러운 듯 군소리하지만 다행스럽게도 사전을 펼치지는 않는다.

이 영광스런 보글 게임에서는 찾아낸 단어의 알파벳 개수에 따라 점수가 주어지는데, 점수 단계가 1, 1, 2, 3, 5점인 것이다. 보라! 피보나치 수열이다. 앞 대가리 일부라 해도.

왠지 행복하다. 세상의 패턴을 이해하게 되었다는 것, 낯선 수열이 내가 사랑하는 놀이와 관계 있음을 알게 되었다는 것, 설령 파커브라더스 사가 만든 한심한 게임에 관한 것일지라도 하나의 암호를 풀어내었다는 것, 그래서 행복한 게 아닐까 싶다.

브리태니커 덕분에 나는 보글 점수 체계의 이름을 알아낸 것을 넘어 그 피보나치 수열이 최초에 어떤 형태로 소개되었는지도 알게 됐

L

다. 피보나치는 음탕한 토끼들에 관한 수수께끼로 수열을 소개했다.

어떤 농부가 사면이 막힌 공간에 토끼 한 쌍을 가두었다. 토끼 한 쌍이 매달 한 쌍씩 새끼를 낳고, 새끼들은 다음 달부터 바로 새끼를 낳을 수 있다면, 1년 뒤에는 토끼가 몇 쌍 있겠는가? 나는 녀석들의 한없는 생식력이 부러워 미치겠고, 얼마나 많은 근친상간이 자행되었을지 걱정스럽다. 이 계산을 통해 피보나치 수열이 도출된다는 사실에도 깊은 인상을 받았음은 물론이다. 토끼가 많아질수록 더 많은 토끼가 태어나고, 그 증가량은 우리의 피보나치 수열을 따라 1, 1, 2, 3, 5, 8, 13, 21, 34로 진행된다. 1년이 지나면 총 376쌍이 된다.

나는 호색한 토끼들과 보글 사이의 감춰진 관계를 찾아낸 셈이다. 브리태니커에 따르면 솔방울과 조개껍질도 피보나치 수열을 드러낸다고 하니, 보글과 솔방울과 조개껍질도 범우주적으로 이어져 있다. 귀여운 사총사이다. 보글, 토끼, 솔방울, 조개껍질.

Liar paradox
거짓말쟁이 역설

다음과 같은 오래된 역설이 있다. "이 문장은 참이 아니다"라는 문장이 참이라면, 이 문장은 참이 아닐 것이고, 이 문장이 참이 아니라면, 이 문장은 참일 것이다. 이런. 내 정신이 말짱하기에 망정이지, 마리화나라도 한 모금 당긴 뒤에 이 문장을 읽었다면 머리가 터졌겠다.

life span
수명

소형 설치류의 수명이 1년이고, 소나무는 4,900년을 살 수 있다는 통계들 사이에 끼어 있는 한 숫자가 나에게 충격을 주었다. 1700년대 사람들의 평균 수명이 30년이었다는 것이다. 30년이라니! 나는 지금 서른다섯 살이다. 내가 18세기 구두 수선공이었다면 이미 관 속에서 5년째 쉬고 있었으리라는 계산이 쉽게 나온다. 30년은 너무 심하다. 가재도 30년은 산다. 한편 이것은 내게 좋은 정보이다. 유용한 정보이다. 세상을 낙천적으로 보게 하는 정보이기 때문이다.

lily
나리

오늘 두 가지 볼일을 처리했는데 그야말로 극과 극 체험이었다. 볼일 하나, 꽃집에 갈 것. 줄리가 스스로 "백과사전 과부"라고 부르기 시작했으므로, 나는 내가 그녀를 사랑한다는 것을, 그 증거로 45달러를 쓸 용의가 있다는 것을 보여주기로 했다.

나는 회사에서 몇 블록 떨어진 미드타운의 꽃집에 갔다. 꽃집 주인의 허리까지 늘어진 레게 머리가 제일 먼저 눈에 띄었다. 레게 머리를 한 원예 전문가? 도무지 흔한 조합이라고는 생각되지 않는다. 모호크 머리(가운데에 벼슬처럼 한 줄만 남기고 다 밀어버리는 것이다)를 한 보험회사 중역이나 마찬가지 아닌가.

내가 꽃다발을 주문하겠다고 하자, 그는 화병에 든 꽃을 말하는 거냐고 되물었다. 나는 그렇다고 했다.

"그건 꽃다발이 아니라 꽃꽂이에요."

그의 말투는 놀랄 만큼 적대적이었다. 지겹다는 기색도 물씬 풍겼다. 아, 나는 그때 뒤돌아 나왔어야 했다. 그러나 나는 뒤돌아 나오지 않고 히아신스를 달라고 말했다.

"히아신스 아시죠? 아폴론의 남자 애인 이름을 딴 건데, 아폴론이 그 애인한테 원반 던지기를 가르치다가 사고로 죽이고 말았죠."

레게 머리를 한 꽃집 주인은 콧김 반 헛기침 반 섞인 요상한 소리를 냈다.

"그리고 층층나무를 섞고 싶어요." 내가 말했다.

"층층나무는 어울리지 않습니다."

나는 사전에서 읽은 내용을 말해주었다. 빅토리아 시대의 꽃말에 따르면 숙녀가 선물 받은 층층나무를 돌려보낼 경우 관심 없다는 뜻이라 했다. 나는 아내가 아직 나를 사랑하는지 확인하고 싶었다.

"층층나무는 길고 히아신스는 짧아서 안 됩니다." 그가 말했다.

꽃집에서의 불행한 대화를 더 이상 인용하지는 않겠다. 나는 일본의 꽃꽂이 기법, 호가스 곡선이라 불리는 서양의 S자형 설계, 중세에 처녀성의 상징이었던 흰 백합 등등을 주워섬겼으나, 그는 줄곧 토론에 무관심했다. 그는 카드에 뭐라 적겠느냐고 물었다.

"'이 꽃들은 양성이지만, 나는 이성애자이고, 당신을 사랑합니다'라고 적어주세요."

그는 펜을 쥐고 쓸 채비를 갖췄지만, 받아쓰는 대신 할머니 같은 안경 너머로 뚫어져라 나를 쏘아보았다. 그렇다. 내가 깜박 잊고 말을 안 했는데 그는 할머니 안경을 쓴 레게 머리 꽃집 주인이었다.

"꽃은 대부분 양성이거든요. 속씨식물이 양성이니까요."

내가 설명했다.

나는 이미 저능아로 낙인찍힌 뒤였는데, 이제는 낙인이 동성애 혐오자로까지 확장되었으리라.

한편 두 번째 볼일. 미장원에서 머리를 깎았다. 스티브라는 이름의 이발사는 귀에 상당한 양의 귀걸이를 진열하고 있었으나, 레게 머리도 아니고 할머니 안경을 쓰지도 않았다.

나는 가방에서 L권을 꺼냈다. 스티브가 싹둑싹둑 가위를 놀리는 동안 나는 등대lighthouse와 피뢰침lightning rod 항목을 읽었다. 잘린 머리칼이 책장 사이로 떨어졌다. 스티브가 궁금하게 여기기에 나는 브리태니커 작전을 알려주었다.

스티브 왈. "대단한 생각이네요! 세상 사람들이 다 도전해봐야 해요!"

이에 고무된 나는 로마 시대에는 집사를 두듯이 집안 전속 이발사를 두었다는 사실을 알려주었다. 요즘 우리가 집을 찾은 손님에게 와인을 권하듯, 로마인들은 이발을 권하곤 했다.

"와우. 맘에 드는데요!"

어쩌면 예의를 차리느라 한 말인지도 모른다. 하지만 나는 스티브가 정말로 흥미를 느꼈다고 믿는다.

나는 고고학자들이 5,000년 된 시체에서 이발의 흔적을 찾아낸 이야기를 들려준 뒤, 매끄럽게 할리우드로 넘어가, 그레타 가르보의 첫 직장이 이발소였다는 소재를 꺼냈다.

"머라이어 캐리가 미용실에서 일했다는 것만 알고 있었어요." 그가 말했다.

스티브는 친절하고, 포용력 있고, 격려가 된다. 나는 그를 안아주고 싶었지만 그 대신 팁을 10달러 주었다. 스티브가 팁 쪽을 훨씬 좋아하리라 짐작했기 때문이다.

오행속요

즐거운 일 하나 더. 다음의 시를 보라.

플루트를 가르치는 개인 교수tutor가

두 나팔수two tooters에게 나팔 부는 법to toot을 가르치려 했네

두 나팔수가 개인 교수한테 묻기를,

"나팔 부는 게 어려워요, 두 나팔수에게 나팔 부는 법 가르치는 게 어

려워요?"

재미있고, 지저분하지 않고, 낸터컷도 등장하지 않는 좋은 오행속요이다('There once was a man from Nantucket, 낸터컷에서 온 사내가 있었다네' 으로 시작하는 저속한 오행속요가 엄청나게 많아서 하는 말이다 – 옮긴이).

로이드 웨버 경, 앤드루

브리태니커가 아니라도 나는 이 사람을 안다. 뮤지컬계의 레이 크록(맥도날드를 번창시킨 햄버거 왕), 〈지저스 크라이스트 수퍼스타〉나 〈오페라의 유령〉 같은 맥뮤지컬들을 탄생시킨 인물이다. 〈주간 엔터테인먼트〉에 다닐 때 나는 뮤지컬 〈캣츠〉에 경의를 표하며 억지로 독자의 눈물을 자아내는 기사를 쓴 적이 있다. 〈캣츠〉가 뉴욕 브로드웨이에서 7,485번째 공연을 끝으로 막을 내린 때였다. 돌이켜 보니, "이제 럼텀터거는 영원히 하늘의 고양이 변소에 머물게 되었다"라고 썼던 것 같다.

하지만 앤드루 로이드 웨버에 얽힌 찬란한 기억은 따로 있다. 〈캣츠〉보다 훨씬 과장되고 진부한 뮤지컬 〈스타라이트 익스프레스〉의 기억이다. 모르는 분들을 위해 한마디 하면, 기차들이 등장하는 뮤지컬이다. 주인공들의 이름은 녹슨 러스티, 식당칸 디나 등이고 롤러스케이트를 탄 배우들이 무대를 씽씽 가로지르며 기차를 연기한다. 스케이트를 도구 삼아 교통수단을 묘사한 뮤지컬들 중에서는 〈스타라이트 익스프레스〉가 단연 상위 5위 안에 들 것임을 확신하는 바이다.

나는 열다섯 살에 이 뮤지컬을 보았다. 모자간의 유대를 다지고자 어머니와 단둘이 런던을 여행하던 중이었다. 우리는 런던탑에서 고문 도구들을 점검하고, 음료에 넣을 얼음을 주문했다가 조롱을 당하는 등(종업원이 '양키 전용'이라고 적힌 들통에 얼음을 담아 가져다주었다) 바쁜 하루를 보낸 뒤 극장으로 갔다. 〈스타라이트 익스프레스〉라, 무해하고도 재미있을 것 같은 제목이었다.

기름칠을 한 스케이트를 신고 철도 차고와 역에 대해 노래하는 배우들을 보고 난 뒤, 우리는 의무감에서 열심히 박수를 쳤다. 밖으로 나와서 어머니가 물었다.

"어땠니?"

"음, 제가 보기에는 좀 서툴렀어요."

"어디가?"

나는 설명했다. 〈스타라이트 익스프레스〉는 사실 정치적 우화이다. 오래된 증기 기관차는 노예 제도를 의미한다. 디젤 기관차는 자유방임적 자본주의를, 의상에 번갯불 무늬를 달고 있는 악당 전기 기차는 파시즘을 의미한다. 내 이론의 정확한 근거가 무엇이었는지는 기억나지 않지만, 상당히 설득력 있었던 것만은 확실하다. 일장연설이 끝나자 어머니는 고개를 끄덕였다.

"흥미롭구나. 나는 그런 식으로는 생각하지 못했단다."

척척박사로서의 내 인생에서 가히 기념비적인 순간이었다. 나의 로이드 웨버 분석이 지나쳤고, 어머니의 말은 입발림 대꾸였을 수도 있다. 하지만 나는 그렇게 보지 않는다. 내 어머니는 석사 학위 소지자에 〈뉴요커〉 평생 구독에 빛나는 똑똑한 여성으로서, 정말 내 분석에 깊은 인상을 받았을 것이다. 그때의 기분은, 아, 굉장했다.

나는 그 기분을 되찾고 싶다. 세상의 숨겨진 의미들이 중국의 뛰는 생쥐처럼 내 눈앞에 펄쩍펄쩍 솟아나길 바란다. 나는 장대한 전개와 거대한 그림을 보고 싶다. 나는 통렬한 분석으로 사람들을 놀래고 싶다. 한편 나는 기차에 관한 뮤지컬은 더 이상 보고 싶지 않다.

Los Angeles
로스앤젤레스

브리태니커에 이런 농담이 실려 있다. "로스앤젤레스 버뱅크의 자살률이 낮은 것은 그곳에 사는 것 자체가 자살이기 때문이다." 음. 원숭이와 달이 어쩌고 했던 일본 농담보다 한 수 위로군.

Louis XIV
루이 14세

루이 14세는 특별히 호감 갈 만한 인물은 아니다. 프랑스 농부들이 흙 덩어리를 저녁으로 먹는 동안 국부를 쏟아 부어 왕궁을 지었던 그는 백만장자 도널드 트럼프에 맞먹는 자아를 지닌 남자였다. 하지만 루이 14세도 한 가지 잘한 일이 있었다. 그는 생물 무기를 금지했다.

브리태니커에 따르면 한 이탈리아 화학자가 루이 14세에게 최초의 생물 무기 계획을 바쳤다. 하지만 루이 14세는 그것을 거부했다. 그는 무기를 개발하지도, 다른 유럽 국가들을 향해 사용하지도 않았다. 더욱 인상적인 점은, 생물 무기 계획을 세상에 비밀로 하는 대가로 화학자에게 연봉 분량의 돈을 주었다는 사실이다.

참 잘했어요, 루이. 트레비엥! 그는 제네바 협약 발표 250년 전부터 생물 무기 금지법을 지킨 셈이다.

훌륭한 판단이었지만, 안타깝게도 그 누구도 생물 무기를 영원히 비밀에 부칠 수는 없는 노릇이다. 신의 간택을 받은 태양왕일지라도. 정보는 언제나 새기 마련. 완벽한 오트밀 건포도 쿠키 조리법이라면 새도 무방하지만, 화학적 질식으로 인한 사망을 유발하는 정보라면 큰일이 아닐 수 없다.

오늘날 나는 끔찍한 생물 무기가 언제 지하철에 퍼질지 모르고, 국토안보부가 두 시간마다 청테이프로 콧구멍을 틀어막으라고 경고하는 세상을 살고 있다. 생물 무기를 피할 수 없다는 사실이 나를 우울하게 한다. 루이 14세 항목 때문에 나는 어둡고 음울한 생각의 나락에 빠져들었다. 안 돼, 이쯤에서 우울을 잘라내야 한다. 루이 14세가 원시적 생물 무기를 진압하였듯, 나도 이 우울을 진압해야 한다. 줄리의 충고가 옳다. 낙천적으로 생각할 것. 루이 14세 시대에는 평균 수명이 30세였다는 것을 기억하자. 숨 쉬고 있는 것만 해도 어딘가.

LSD

리세르그산 디에틸아미드(LSD)는 곡식, 특히 호밀에 기생하는 맥각

균에서 유래한다. 점막으로 쉽게 흡입할 수 있는데, 귀로도 가능하다.

나는 불안해졌다. 비합리적인 불안인 건 나도 안다. 나는 현재 아이가 없고, 영원히 아이를 갖지 못할 수도 있다. 하지만 만약 아이를 낳았을 때, 녀석이 LSD에 빠지면 어쩌지? 녀석이 귀에 환각제를 쑤셔 넣으면 어쩌지?

브리태니커 덕분에 나는 아이의 질문들에 요령 있게 답할 실력을 얼추 갖추었다. 나는 태양이 얼마나 뜨거운지 알고 있다(표면은 섭씨 1,000도, 핵은 2,700만 도 정도이다). 나는 비행기가 어떻게 나는지 알고 있다(베르누이의 정리). 나는 "하늘은 왜 푸른가요?" 하는 진부한 질문에 대한 대답도 알고 있다(대기의 먼지가 태양빛 중 파장이 짧은 푸른 빛만 산란시킨다).

하지만 이제 보니 그런 것들은 문제도 아니었다. 아이가 섹스와 맥각균과 로큰롤에 대해 물으면 어쩌나? 나는 앨 고어의 부인 티퍼 고어 같은 양반들이 외설적인 가사나 오락용 약물에 사사건건 거품을 물며 덤비는 꼴을 늘 비웃었다. 그런데 이제 그들의 마음을 알겠다. 아직 잉태되지 않은 내 아이가 그런 것들을 보면 어떤다? MTV 리얼리티 쇼의 스리섬 섹스를 보여줘도 괜찮나? 나도 집 안에서 욕하며 돌아다니는 버릇을 고쳐야 할까? 아이가 대학 탐방을 다니면서 엑스터시를 먹는 걸 어떻게 막는다? 나는 그 참담한 결과를 너무 잘 알고 있다.

친구에게 들은 말이 생각난다. 요즘 부모들은 아들의 유대교 성인식에 특별 경호원을 고용한다고 했다. 경호원의 임무는 아이들이 구강 성교를 하는지 감시하는 것이다. 열세 살짜리 아이들 세계에서 구강 성교가 어찌나 유행인지, 잠시만 한눈을 팔면 구석으로 도망가 바지를 내린다는 것이다. 사태가 이런 식으로 악화되면 내 아들은 엄마 젖을 떼자마자 첫 경험을 할 판이다.

줄리가 임신에 성공하면, 나는 목줄을 하나 살 거다. 아이가 석사 학위를 받기 전에는 절대 풀어주지 않을 거다.

Luciano, Lucky
루치아노, 럭키

나는 브리태니커를 읽기 전에도 마피아의 역사에 대해 꽤 많이 알고 있었다. 가령 《대부》의 루카 브라시가 생선과 함께 잠들었다는 것, TV 드라마의 토니 소프라노는 바다빙 클럽 사업에 신경을 덜 쓰고 결혼 생활에 좀 더 충실했어야 한다는 것 등등.

좋았어, 수월하겠는데.

즐겁게도 브리태니커에는 다채롭게 악독한 실제 괴물들이 그득했다. 개중 최고는 럭키 루치아노일 것이다. 마리오 푸조의 필력으로 《대부》처럼 쓰여지기에도 손색이 없을 이야기이다. 시칠리아 태생인 루치아노는 어린아이였던 1906년에 뉴욕으로 건너왔다. 조숙한 악당이었던 그는 열 살이라는 인상적인 나이에 강도질로 일가를 이루었다. 10대와 20대에는 기술의 폭을 넓혀 고전적 마피아 사업인 밀수, 매춘, 마약업을 섭렵했다. 럭키라는 별명은 운 좋게 몇 차례 체포를 면하고, 주사위 노름에서 돈을 딴 데서 생겼다. 마피아 역사상 가장 잔혹하고 고통스런 '저승길'에서 살아남았던 천운은 말할 것도 없다. 1929년 10월, 루치아노는 "네 명의 괴한에게 차로 납치당해 두들겨 맞고, 얼음 송곳으로 수도 없이 찔리고, 귀에서 귀까지 목이 찢긴 채,

스태튼아일랜드에 버려졌다."

　죽음을 떨치고 일어난 루치아노는 코니아일랜드의 한 식당에서 두 목 조 마세리아를 죽였고, 30대 초에는 '두목들 중의 두목'으로까지 승격했다. 그러나 좋은 시절은 1936년에 끝났다. 루치아노는 매춘굴 과 콜걸 사업 혐의로 기소되어 최대 50년 형을 받았다. 그래도 그는 감옥에 앉아 제국을 운영했다고 한다.

　지금까지는 생동감 넘치되 다소 전형적인 깡패의 모험담에 지나지 않는다. 다음부터가 정말로 흥미로운 대목이다. 1942년, 호화 여객선 노르망디호가 제2차 세계대전용 군함으로 개조되기 위해 뉴욕 항에 기항해 있던 중 폭파당하는 사고가 일어났다. 항구 노동자들의 사보 타지 같았다. 연합군에게는 뉴욕 항의 안전이 극히 중요한 문제였다. 주요 군수품들을 싣는 장소였기 때문이다. 해군 첩보국은 루치아노 의 감방을 직접 찾아가 도움을 구했다. 여태 부두 노동조합을 장악하 고 있던 루치아노가 감방에서 명령을 내렸고, 사보타지는 끝났다. 루 치아노는 협조의 대가로 감형을 받고 이탈리아로 추방되었다. 이탈 리아에서는 마약 밀매 및 미국 밀입국 알선에 종사하며 바삐 지내다 1962년에 심장마비로 죽었다.

　나는 이 이야기가 좋다. 해군과 깡패 사이의 가슴 훈훈한 우정. 내 가 보기에 교훈은 이렇다. 때로는 더 큰 이익을 위해 비위 상하는 것 을 꾹 참고 어둠의 세력에게 도움을 구할 줄 알 것.

lumbar puncture
요추 천자

　척추 바늘 꽂기(스파이널 탭)의 정식 명칭이 요추 천자이다. 잘난 체할 때 써먹으면 좋을 말이다. 특히 로브 라이너 감독의 사랑스런 모큐멘터리(다큐멘터리인 척하는 극영화) 〈이것이 스파이널 탭이다〉를 언급하면서 써먹으면 좋겠다. 나는 잘난 체할 때 쓰기 좋은 표현들을 아주, 아주 많이 수집해두고 있다. 일상 언어에서 불쑥 튀어나올 지경이다. 요전 날 회사에서는 "자제issue를 남기지 않다"는 우습지도 않은 표현을 쓰고 말았다. 지난 6개월간 누가 말하는 것을 한 번도 들어 본 적 없는 표현이었다(자식 없이 죽었다는 뜻이다). 나처럼 잘난 척하고 싶은 독자들을 위해 다섯 가지 간편한 전략을 알려드리겠다.

1. 누가 시간을 물어보면 시인 발레리의 말을 인용한다. "지금이 몇 시인지what time it is는 누구나 알려줄 수 있겠지만, 시간이 무엇인지what is time는 누가 알려줄 수 있겠소?"

2. 코티지 치즈 대신 '네덜란드 치즈'라고 한다.

3. 비행기를 오래 탄 뒤에 '24시간 주기 리듬 스트레스'를 호소한다(촌뜨기 친구들이 "시차 적응이 안 돼"라고 하는 것이다).

4. 베트남 전쟁 대신 '인도차이나 전쟁'이라고 한다.

5. 성장 소설을 이야기할 때 '교양소설Bildungsroman'이라고 하지 않는다. 물론 그것도 잘난 체하는 표현이지만 우리는 더 잘난 체할 수 있다. 예술가의 형성기에 초점을 맞춘 소설은 '예술가소설Kunstlerroman'이라 하고, 양육에 초점을 맞춘 소설은 '교육소설Erziehungsroman'이라 하고, 인물의 성장에 초점을 맞춘 소설은 '발전소설Entwicklungsroman'이라 하자. 《해리 포터》는 굉장한 예술가소설이라고 생각해!"

뤼미에르 형제, 오귀스트와 루이

카메라 공장을 소유했던 프랑스인 형제. 1895년, 그들은 〈뤼미에르 공장을 나서는 노동자들〉이라는 영화를 찍었다. 이름에 걸맞게 노동자들이 공장 문을 바삐 나서는 광경을 찍은 다큐멘터리로서, 최초의 영화로 간주된다. 내게 또 영화 아이디어가 떠올랐다. 할리우드의 A급 스타들을 캐스팅해서 〈뤼미에르 공장을 나서는 노동자들〉을 리메이크하는 것이다. 톰 행크스, 러셀 크로, 톰 크루즈가 줄을 지어 공장 문을 나선다. 검은 모자를 쓰고! 대박은 따놓은 당상!

마돈나

　브리태니커는 이번 판본부터 마돈나를 포함시켰다. 편집자는 에볼라 바이러스를 다룰 때 입는 전신 방호복으로 단단히 무장한 채 항목을 써 내려간 게 틀림없다. 최초의 마돈나인 성모 마리아와 영국의 법 역사학자 토머스 매독스 사이에 가까스로 끼어든 마돈나에 대한 설명은 이런 식이다. "그녀의 성공으로 같은 업계의 여성들은 재무 관리의 필요성을 똑똑히 깨닫게 되었다. 하지만 역할 모델로서의 평가는 양가적이다." 브리태니커의 표현을 내가 거칠게 번역하면 이런 뜻이다. "마돈나는 창녀다. 추잡한 창녀다."

　브리태니커를 통해 새로 알게 된 사실이 몇 가지 있긴 하다. 마돈나의 가운데 이름이 루이즈라는 것, 마돈나가 파리에서 파트릭 에르난데즈의 디스코 레뷰(뮤지컬 코미디 형식이다) 단원으로 일했다는 것. 사실 나는 레뷰가 뭔지 정확하게 모르지만, 내가 다음에 마돈나의 뮤직비디오를 보면 이 사실을 끄집어내 이야기하리라는 점은 분명하다.

　그런데 그 다음이 도대체 언제일까. 마돈나 항목을 읽으니 대중문화가 그립다. 언젠가 꼭 돌아갈게, 나의 대중문화여, 약속해. 브리태니커가 지랄 맞게 길어서 그러니

기다려. 그리고 브리태니커여, 모든 노벨상 수상자와 아프리카의 협곡과 남아메리카의 수도를 하나도 빼놓지 않고 챙겨야만 직성이 풀리는가? 몇 개쯤 빼면 안 되겠나? 누가 안다고?◆

Mahler, Gustav
말러, 구스타브

말러는 어머니에 대한 고착이 있었다. 절름발이였던 어머니를 흉내 내 무의식적으로 다리를 약간 저는 습관까지 있었다. 브리태니커에서 만난 인물들 가운데 가장 심리 치료가 절실한 인물이다.

majuscule
매저스큘, 대문자

사람들이 나더러 〈제퍼디〉에 언제 나가느냐고 자꾸만 물어본다. 솔직히 말하자면 나도 점점 자신감이 붙고 있다. 나는 오랜 친구 알렉스 트레벡이 프로그램을 진행하는 걸 챙겨 보면서, 경쟁자들보다 먼저 정답을 외치는 데 있어 장족의 발전을 이루고 있다(특히 티보의 일시 정지 버튼을 누를 경우에).

어쩌면 내가 지나치게 똑똑한지도 모른다. 요전 날 알렉스가 100달러짜리 문제의 힌트를 주는 걸 보았다. "인쇄에서 어퍼 케이스를 활용하는 문자로, 가령 문장의 첫 알파벳에 쓰이는 문자입니다."

나는 답을 안다. 쉽다. "매저스큘!" 나는 당당하게 외쳤다. "매저스큘이야!" '매저스큘'은 대문자의 공식 명칭이고 '미니스큘'은 소문자의 공식 명칭이다.

한 참가자가 엄지를 까닥하여 벨을 누르고 말했다.

"답은 대문자입니다."

"정답입니다." 알렉스가 대답했다.

아, 맞다. 그거지, 대문자. 나도 맞혀야 했는데. 멘사 총회에서 정답이 '틈'인데 자꾸 '간극'이라 대답하던 여자가 떠올랐다. 나는 공부벌레가 된 기분이다. 하지만 은근히 우월감이 드는 것도 사실이다.

내가 정말 〈제퍼디〉에 출전하려면 전문가에게 한 수 배우는 것도 괜찮으리라. 나는 역대 최고의 상금 수상자 중 한 명으로 무려 다섯 차례나 우승한 데이브 생퍼그너로를 인터넷에서 찾아냈다(그의 이메일 주소 앞부분은 '제퍼디보이jeopardyboy'이다). 우리는 만나서 차를 한잔하기로 했다.

데이브는 염소 수염에, 은테 안경을 끼고, 과민성 에너지가 넘치는지 내내 다리를 떨면서 손으로는 빨대 포장지를 비틀어 대는 좋은 사내였다. "저는 백과사전을 다 읽어 보진 못했습니다." 데이브가 자리에 앉자마자 말했다. "하지만 다섯 살 때 퀴즈 쇼 〈인포메이션 플리즈〉의 연감을 다 읽긴 했죠."

데이브는 아이비엠IBM에서 일하는데, 요즘의 여가 시간 취미는 수집이다. 그는 골동품 자동차 번호판을 모으고, 음료수 로고가 찍힌 온도계를 모으고, 대통령들의 서명을 모으고, 무엇보다도 사실을 모은다. 사실 기계나 다름없는 이 남자와 나는 사실들을 가지고 한판 붙었다.

데이브는 율리시스 그랜트 장군의 아내가 사시여서 초상화 포즈를 취할 때는 그걸 교묘히 감추는 각도로만 앉았다고 말했다. 나는 이제 나의 고전적 레퍼토리가 된 르네 데카르트의 내사시 집착으로 응수했다. 데이브는 제임스 뷰캐넌 대통령이 한쪽 눈은 근시, 다른 쪽 눈은 원시라서 사람을 볼 때는 고개를 모로 꼬았다고 말했다. 나는 제임스 뷰캐넌의 사촌이 잠수함을 발명해서 미시시피 강 바닥에 내려갔는데, 그곳에서 납과 철을 발견하여 떼돈을 벌었다는 사실로 맞섰다. 데이브는 에이브러햄 링컨이 특허를 소지한 유일한 대통령이라는 사실로 나를 깨부쉈다. 보트를 제방 위로 끌어올리는 기계의 특허였다고 한다.

대화는 날쌔고, 폭 넓고, 조금 피곤하지만, 상쾌했다. 눈알을 두리번거리는 탐색은 여기 없다. 어색한 침묵도 없다. 데이브는 나만큼, 아니 어쩌면 나보다 더욱 사실을 사랑하고, 사실들을 콸콸 쏟아 내거나 꿀꺽꿀꺽 삼키는 인간이다.

데이브는 〈제퍼디〉 출연이 쉽지는 않을 거라고 조언해주었다. "대기실에서는 어찌나 긴장되는지 덜덜 떨리더군요. 잔을 들다가 물을 왕창 쏟을 정도였어요." 그것도 출연하게 되었을 때의 말이다. 데이브는 8년간 최소 일곱 차례 도전한 끝에 출연 승낙을 얻었다. 지원자는 우선 10문제 시험을 치르고, 다음엔 더 어려운 50문제 시험을 치르고, 마지막으로 카메라가 잘 받는지 확인하는 면접을 치른다. 거기서 통과한다 해도 끝내 전화가 오지 않을 수도 있다.

데이브는 딱히 성공의 비결이랄 것도 없다고 했다. 대답할 때는 직감을 믿으라. 그리고 열정적으로 지식을 추구하라. 공부하는 것을 잡일로 여겨서는 안 된다. 사실들과 친구가 되어야 한다.

사실에 관해서라면 데이브에게는 할 말이 얼마든지 있는 듯했다.

"있잖아요, 한때 백악관에는 화장실이 하나밖에 없어서 누가 들어가 있으면 대통령이라도 밖에서 기다려야 했답니다."

나는 사무실로 돌아와서 데이브의 8년에 걸친 오디션을 생각해보 았다. 세상에. 나도 당장 시작하는 게 좋겠다. 나는 〈제퍼디〉 홍보 담 당자에게 전화를 걸어 다음 오디션이 언제냐고 물었다. 그런데 예상 치 못했던 불쾌한 대답이 돌아왔다. 홍보 담당자 왈, 나는 알렉스 트 레벡을 만났기 때문에 자격이 없다는 것이다. 뭐라고? 내가 트레벡을 토요일 오후마다 만나 야치 주사위 게임이라도 한단 말인가? 나를 빼 빼 마른 백인 저널리스트들 사이에 끼워두고 트레벡더러 찾아보라고 하면 찾지도 못할 텐데? 나로 말하면, 트레벡을 멕시코 출신 정원사 로 착각하지 않았던가. 그래도 안 된단다. 〈제퍼디〉는 퀴즈 쇼 계의 〈뉴욕 타임스〉라서, 부당한 연줄의 출연자는 사절이란다. 그들이 보 기에는 트레벡과 두 시간이나 인터뷰를 한 나는 이미 트레벡의 아내, 트레벡의 어머니, 〈제퍼디〉의 창시자 머브 그리핀과 동급에 해당하 는 내부자인 것이다. 답변: 너무나 실망스럽군요. 문제: 〈제퍼디〉의 규칙 중 지나치게 엄격한 것은?

나는 퀴즈 쇼 〈백만장자가 되고 싶습니까?〉 쪽을 알아봐야 할까 보 다. 상금도 더 많이 딸 수 있고, 내 글씨가 얼마나 엉망인지 공개하지 않아도 되니까.

mammals
포유류
코끼리의 교미는 20초 지속된다. 안도를 느끼는 남성들이 많으리 라 짐작한다.

M

맨, 호레이스
Mann, Horace

이 교육 개혁가는 최후의 연설에서 학생들에게 이렇게 말했다. "여러분이 인류를 위해 승리를 거두지 못하고 죽는다면 부끄러운 일입니다." 좋은 지혜이다. 위대한 지혜이다. 나도 기억해둬야지.

퇴비
Manure

브리태니커는 패럴리 형제의 영화도 아니면서 이상하게 분변학 이야기를 많이 한다. 나야 고맙지. 내게는 배설물에 대한 지식을 넓혀야 할 절박한 이유가 있기 때문이다.

나는 줄리와 결혼함으로써 줄리의 조카들에게 고모부가 되었다. 꽥꽥 소리를 질러대는 사랑스러운 열 살 미만의 조카가 넷이다. 어린이 TV 채널 니켈로디언 청중과는 그다지 교유할 기회가 없었던 나는, 처음에 녀석들과 가까워지느라 애를 먹었다. 그러다 비결을 발견했다. 단 두 단어면 충분했다. 나와 남녀 조카들과의 관계는 '원숭이 똥'이라는 두 단어에 전적으로 의존하여 발전했다. 지난 5년간 나는 조카들과의 대화마다 이 구절을 끼워 넣었다.

"생일에 뭐 갖고 싶니?" 내가 일곱 살 앤드리아에게 묻는다.

"게임보이 핀볼요!"

"음, 나는 원숭이 똥 258킬로그램을 생각하고 있었는데. 그게 어때?"

"싫어어어!!!" 앤드리아는 비명을 지르며 도망간다. "원숭이 똥 싫어어!"

원숭이 똥 농담은 내 인생 최대의 히트작이다. 빌 코스비의 치과 농담과 마찬가지이다. 내 생각에 조카들은 다 큰 어른이 자기보다 미성숙한 꼴을 보이는 걸 좋아하는 듯하다. 그러나 원숭이 똥 같은 탁월한 소재도 5년이 지나니 신선함을 잃어가고 있다. 나는 새로운 재료가 필요하고, 백과사전은 그럴 때 쓰라고 있는 것이다.

어느 일요일, 시내에 볼일을 보러 온 조카들과 그 부모들이 우리집을 전초기지로 점령했다.

"오늘 점심은 뭘까?" 내가 아홉 살 나탈리아에게 물었다.

"몰라요."

"줄리 고모가 고래 똥을 주지 않을까?"

"고래 똥이요?"

"그래, 고래 똥은 맛있단다."

"으으."

"진짜야. 고래 똥 좋아하는 사람이 얼마나 많은데."

"네, 알았어요."

"고모부를 못 믿는구나?" 나는 A권을 꺼내 와서 용연향ambergris 항목을 펼쳤다. 용연향의 정의. 고래의 장에서 형성되는 악취 나는 물질을 말리면 달콤한 향이 나므로 향신료와 향수로 쓴다. 나탈리아는 당연히 깊은 인상을 받았다. 나탈리아가 부엌으로 달려간다.

"고래 똥 주세요! 프랑스 빵에 얹어주세요!"

브리태니커에 실용적 지식이 없다고 누가 그랬나? 얼마나 끝내주는 자료원인데. 다음 단계로 나는 조카들에게 화석이 된 공룡 똥 이야기를 해준다(분석糞石이라고 한다). 나는 퇴비 저장법 이야기로 매끄럽게 넘어갔지만(질소가 빠져나가지 않도록 쌓아두는 게 제일 좋다) 이건 별로 인기가 없었다. 하지만 나는 잎벌레 이야기로 명예를 회복했다. 어떤 잎벌레는 위협을 느끼면 다리를 안으로 쑥 끌어당기고 쐐기벌레 똥으로 위장한다.

"다 같이 쐐기벌레 똥으로 변신!" 내가 외쳤다.

우리는 모두 바닥에 누워 팔다리를 안으로 쑥 끌어당겼다.

"거기, 혹시 쐐기벌레 똥 아니니?" 내가 나탈리아에게 물었다.

"아니야, 나야! 나탈리아! 속았지롱."

줄리의 올케 리사가 방에 들어와 우리 다섯 명이 공처럼 몸을 말고 누워 있는 것을 보았다.

"뭐 하는 거니?" 리사가 물었다.

"쉬잇." 리사의 딸인 다섯 살배기 앨리슨이 말했다. "쐐기벌레 똥 흉내를 내고 있어요."

리사가 나를 쳐다본다. 감탄하는 표정은 아니다.

"분명히 이야기했던 것 같은데요. 원숭이 똥 농담은 더 이상 하지 않기로."

"하지만 쐐기벌레 똥입니다. 전혀 다르죠."

masochism
마조히즘

'마조히즘'이라는 용어는 오스트리아 소설가 레오폴트 폰 자허-마조흐에게서 왔다. 그는 자기가 얻어맞고 복종하는 것을 얼마나 좋아하는지 낱낱이 기록했다. 불쌍한 마조흐. 그는 사드와 다르다. 사람들은 요즘도 사드 후작 얘기를 한다. 사드가 쓴 책을 읽고, 사드에 관한 영화를 만들고, 사드를 이상화한 전기를 읽는다. 하지만 마조흐에게는 아무것도 없다. 집안의 성이 웃음거리가 되는 것 외에는. 한편으로 생각하면 마조흐야말로 무시당하는 걸 즐겼을 것 같다. 나한테 관심을 기울이지 마세요! 그래요, 내 저작을 무시해주세요! 내 이름을 더럽혀주세요!

브리태니커가 주는 교훈이 있다면, 신중하라는 것이다. 나는 언젠가 내 이름이 꼴불견의 명사나 동사나 형용사로 쓰이길 원치 않는다. 나는 찰스 보이콧처럼 되기 싫다. 아일랜드의 토지 관리자였던 보이콧은 기근 중에 소작료를 낮추길 거부함으로써 최초의 보이콧 대상이 되었다. 나는 찰스 린치처럼도 되기 싫다. 버지니아의 치안 판사였던 린치는 미국 독립 전쟁 중에 불법 재판을 통해 영국 국왕파들을 매달아 죽임으로써 '린치를 가하다'라는 표현에 악명을 남겼다. 나는 '제이콥스'가 주야장천 집에 처박혀 있기, 또는 강박적으로 자주 손 씻기 등의 동사로 쓰이는 꼴을 볼 수는 없다.

mechanics
공학

이틀 전, 골프공을 바닥에 똑딱거리며 〈에스콰이어〉 미술 책임자의 사무실이 있는 층을 돌아다니다가, 궁금해졌다. 왜 골프공에는 보조개들이 패어 있을까? 답은 이렇다. 홈 때문에 공 표면에 난기류가 형성되어 날아갈 때의 공기 저항을 줄여준다. (수영복 표면을 울퉁불퉁하게 하면 수영 속도가 빨라질 것이라 주장하는 과학자들도 있는데, 이는 아직 논란의 대상이다.) 브리태니커가 이렇게 적절한 시점에 해답을 주다니.

유체 역학

깨달았다! 인생을 바꿔놓을지도 모르는 깨달음이다. 휘발유는 몹시 추운 날 사야 한다. 기체는 온도가 낮을수록 부피가 줄어들므로, 기체의 값은 상대적으로 싸진다. 털 점퍼를 입고 장갑을 낀 날 주유소에 가자. 여의치 않으면 최소한 이른 아침에 가자. 조금이라도 춥게.

다들 아는 사실인가?

나는 액체의 팽창에 대한 방정식과 도표들을 들여다보다가 이 통찰에 맞닥뜨렸다. 기체가 팽창한다는 건 알고 있었지만 액체도 그렇다는 것은 잊고 있었다. 나는 일상의 여러 액체들, 오렌지 주스, 물, 휘발유 등을 생각하다가 이 영리한 지적 도약을 이뤄냈다. 과학을 학습한 뒤 응용한 것이다.

나는 얼마나 많은 단서와 비법과 통찰 들이 백과사전에 잠복한 채 내 해방의 손길을 기다리고 있을지 궁금해졌다. 내가 그간 생각 없이 독서해온 것이 아닌가 싶어 초조해진다.

기억

오래전에 읽은 셜록 홈즈 이야기에, 친애하는 탐정 친구가 태양계 행성들의 이름을 모른다는 걸 알고 와트슨이 충격을 받는 대목이 있었다. 탐정 친구는 지구가 태양을 돈다는 사실조차 모르고 있었다. 홈즈는 담뱃재만 보고 140가지 담배를 구별해낼 줄 알면서, 행성 이름은 몰랐다. 혼란에 빠진 와트슨에게 홈즈가 설명했다. 마음은 다락방과 같아서, 그 속에 채울 수 있는 잡동사니의 양에는 한계가 있다. 그래서 자신은 범인을 잡는 데 유용한 정보만, 이를테면 여러 담배들의 냄새와 향 등에 대한 정보만 채운다. 자기에게 행성은 아무 소용이 없다. 홈즈는 와트슨이 자신에게 행성에 대한 정보를 주절대는 게 버겁다. 홈즈는 최선을 다해 그 정보를 잊기로 다짐한다.

나는 몇 년이나 이 이야기를 기억해왔다. 물론 소설 제목은 잊었지만, 이 일화만은 머리에 남았다.

나는 요즘 홈즈를 자주 떠올린다. 정신의 다락방에 무수한 잡동사니를 쑤셔 넣고 있는 시절이기 때문이다. 기억의 용량은 얼마일까? 마음은 정말 다락방일까? 혹시 좋은 운동복처럼 한없이 늘어나는 건 아닐까? 무엇보다 중요한 질문으로, 내가 다락방에 쑤셔 넣은 것들이 영원히 거기 있으리라고 어떻게 확신할 수 있는가?

구원을 바라며 나는 브리태니커의 기억 항목을 읽었다. 그래서 데자뷰(기시감)의 반대말이 자메뷰(미시감, 어떤 상황을 낯설다고 착각하는 현상, 가령 내 집에 들어섰는데 처음 보는 집인 것처럼 느껴지는 일)라는 것을 알게 되었지만, 기억 향상 기법에 대해서는 알아내지 못했다. 그렇다면 어디서 알아내지? 독자 여러분도 기억하겠지만, 나의 첫 성인 교육 체험은 그다지 즐겁지 않았다. 헬(북유럽 신화에서 말하는 사자死者의 세계로서 영원히 춥다고 하는데, 나는 불타는 지옥보다 이편이 훨씬 무섭다)에서 열린 속독 강좌가 아니었던가. 바보처럼 옳다구나 하며 다시 뛰어들 생각은 없다. 이렇게 말하는 주제에, 나는 다시 러닝 어넥스 사의 카탈로그를 집어 들었다. 세계적 전문가 데이브 패로우가 알려주는 '하룻밤 만에 완벽한 기억력 갖기' 과정이 있었다. 소개를 보니 패로우는 무작위로 섞인 카드 52벌의 순서를 외운 일로 《기네스북》에 올랐단다. 52벌. 52장이 아니다. 2,704장이다. 논란의

M

여지없이 무시무시한 기술이다. 나는 이 남자를 만나야겠다. 그래서 나는 성인 교육에 한 번 더 기회를 주기로 했다.

몇 주 뒤, 내가 평생대학 휴게실에 도착해 보니, 푸른 넥타이에 푸른 양복을 빼입은 데이브가 교실 앞을 왔다 갔다 하며 간간이 들어오는 학생들에게 인사를 하고 있었다.

수염 기른 남자 하나가 문을 활짝 밀고 들어왔다. 빨간 베레모와 체크무늬 바지를 입은 남자였다. "여기가 기억술 교실입니까?" 그가 물었다.

"기억하셨군요!" 데이브가 쾌활하게 대답했다.

"흠. 선생님은 카탈로그 사진이 더 나아 보이는군요."

남자가 말했다.

불쌍한 데이브. 낯선 사람에게 외모에 관한 모욕을 당한다는 건 나처럼 잊는 데 선수인 사람이라도 잊기 힘든 일이다. 나는 데이브에게 당신 외모는 괜찮다고 말해주고 싶었다. 배우 제임스 반 데어 비크와 조금 닮았다. 그리고 빨간 베레모에 체크무늬 바지를 입은 사람이 남한테 외모에 대한 비평을 할 자격은 없는 것이다.

동정을 느꼈기 때문인지, 나는 데이브를 좋아하기로 결정했다. 캐나다 사람이라는 것도 호감 요인이다. 캐나다 사람을 싫어할 수가 있는지(남북 전쟁 직후에 미국이 캐나다를 합병하네 마네 했던 일은 있다지만)? 데이브는 모든 말을 느낌표로 끝냈고, 재미있는 강의가 될 거라는 말을 골백번 반복했다. 또한 우리를 격려하기 위해서 끔찍한 학습 장애를 세 가지나 극복한 자신의 과거를 털어놓았다(주의력 결핍 장애, 난독증, 다른 하나는 난생처음 들어 본 것이라 까먹었다). 그런데 지금의 데이브를 보라!

"뇌의 회색질을 활용하는 법을 익히면 전화번호부만 한 양의 정보도 외울 수 있습니다!" 데이브의 기법은 우리에게 꿈같은 기억력을 선사할 것이다! 우리도 할 수 있다! 아멘!

아, 말이 나왔으니 말인데, 재택 교재를 꼭 사야 한다. 마침 할인 중이라 여기서는 129달러에 살 수 있다. 그렇다. 성인 교육의 공격이 시작되었다. 이것 역시 강좌로 위장한 광고였다. 재택 교재라는 말이 몇 분에 한 번씩 튀어나온다. 판매원식 투렛 증후군인지, 음식이든 책이든 아일랜드이든 무슨 얘기든 하다가 갑자기 재택 교재로 돌아가버린다. 나는 그 말이 몇 번 나오는지 세면서 놀았다.

강좌 중에 할 수 있는 또 다른 놀이는 카드 2,704장을 외우는 남자에게서 사소한 기억상의 실수를 찾아내어 공격하는 것이었다. 이건 나 혼자 한 놀이가 아니다. 솔직히 좀스러운 행동이고, 데이브 같은 착한 캐나다인이 이런 비열한 흠집 내기를 당할 이유는 없다. 그래도 기분 좋은 걸 어쩌나. 이를테면 데이브가 엘리베이터 안에서 학생을 만난 이야기를 시작하는데……

"계단!" 뒤에서 한 남자가 소리쳤다.

데이브가 말을 멈췄다. "뭐라고요?" 남자는 의자에 등을 기대고 두 손은 머리 뒤에 깍지를 끼고 있었다. "계단이었다고요." "아, 네, 맞습니다. 계단에서 만났지요. 엘리베이터가 고장 나서."

수강생들이 킬킬댄다.

데이브의 강좌는 끔찍했던 속독 강좌와 겹치는 내용을 다루고 있었다. 하지만 나는 데이브 쪽이 더 좋았기 때문에, 그가 시각화의 이

점을 찬양할 때는 주의를 기울여 들었다. 데이브가 말하기를, 어떤 사실을 기억하려면 머릿속에서 그것을 묘사하는 그림을 그리자. 내 이름 A. J.는 어떨까? 수강생들은 에이잭스Ajax 세제를 떠올려 내가 에이잭스 거품으로 설거지하는 장면을 시각화했다. 온 교실 사람들이 내가 그릇이나 욕조를 닦는 광경을 상상하다니, 은근히 당황스러웠다. 내가 바지는 제대로 입고 청소한다고 상상해주면 좋으련만.

하여간 데이브의 기법은 효력이 있었다. 우리는 수강생들의 이름을 외우고, 무작위적으로 단어들을 이어 붙여 외우고, 다양한 식물들의 성격을 외우고, 하나씩 성공할 때마다 박수갈채를 보냈다.

휴식 시간에 나는 데이브에게 브리태니커 작전을 설명했다. "백과사전을 A에서 Z까지 다 읽어서 세상의 모든 지식을 배우려 하고 있습니다. 그런데 내가 그걸 다 기억할 수 있을까요?" "있다마다요! 재택 학습 과정의 기법들을 익히면 절대로 하실 수 있습니다!"

"하지만 백과사전 항목은 6만 5,000개나⋯⋯."

"하실 수 있습니다! 나는 이틀 만에 카드 2,700장을 외운 걸요! 해내신 다음에 저에게 감사장이라도 수여하시면 되겠군요!"

한편으로는 흐뭇했다. 그러나 다른 한편으로는, 그리고 이쪽이 더 컸는데, 나는 조금 짜증이 났다. 나는 데이브가 이렇게 말하길 원했다. "와, 세계적 기억력 전문가인 저도 그런 묘기는 시도하지 못했는데요, 당신이 최고입니다! 제 다락방에는 그만한 공간이 없거든요!" 이런 말은커녕 재택 학습 과정이라니. 나는 데이브에게 신용카드를 건넸다. 그러면 카드 번호 외우기도 식은 죽 먹기일 터라 조금 신경이 쓰이기는 했지만.

지금은 우리 집 거실이다. 나는 〈데이브 기억력 도우미〉의 두 번째 시디를 듣고 있다. 데이브가 사물의 정의를 암기하는 법을 설명한다. "웃긴 걸로 해보도록 합시다." 우리가 웃기게 외울 정의는 반중성미자 입자의 속성이다. 데이브는 반중성미자anti-neutrino가 '개미ant'와 '영원newt'을 합친 말처럼 들리니까, 개미가 영원을 등에 지고 가는 광경을 시각화하라고 한다. 문제없다. 이제 반중성미자는 아원자subatomic 입자라는 사실을 외우자(개미와 영원이 원자력 잠수함atomic submarine을 운전하는 광경을 그리자). 이 입자는 질량mass이 없고(잠수함에 탄 신부가 오늘은 미사mass가 없다며 손을 젓는 광경을 시각화하자) 베타beta 붕괴 중에 방출된다(신부의 손에 베타맥스Betamax 캠코더가 들려 있는데 당장 수리해야 하는 상태라고 시각화하자). 완성! 이렇게 간단합니다.

과연 웃긴 그림이지만……. 나는 졸리기 시작했다. 이런 식의 기억술은 내 예상보다 훨씬 복잡하다. 그래도 시도는 해봐야겠지. 꼭 재택 학습 과정에 129달러를 지불해서 그런 것은 아니다. 나는 홀링홀링 브리태니커를 넘긴다. 멜레, 이거 괜찮아 보이네. 멜레는 축구의 전신으로서 부풀린 방광을 차는 놀이였다. 영국인들은 데인족의 머리를 차기도 했다. 11세기까지만 해도 재의 수요일 전날인 참회의 화요일에 사람들이 멜레를 했다.

좋았어, 해보자. '멜레'는 '멜론'과 발음이 비슷하다. 나는 축구공이 된 멜론을 상상하고, 이 멜론이 얼른 화장실에 가고 싶어 한다고 상상하고(방광을 외워야 하니까), 멜론이 머릿속에 라즈베리 덴마크 페이스트리를 쑤셔 넣는다고 상상하고(데인족의 머리), 마지막으로 멜론이 두 손가락two dates으로 삽shovel을 들고 있다고 상상한다(참회의 화요일Shrove Tuesday).

　데이브의 기법은 물론 훌륭하다. 하지만 6만 5,000개 항목에 대해 일일이 웃긴 그림을 상상해야 한다면 내 머리는 11세기 영국인들의 발길질에 시달리는 꼴이 될 것이다. 현재의 기법으로 돌아가는 게 낫겠다. 눈을 기름하게 뜨고 책장을 뚫어져라 쳐다보면서 몇 가지 사실이라도 대뇌 피질에 남기를 막연히 바라는 기법 말이다.

　데이브를 무시하는 건 아니지만, 다른 전문가에게 상의해보면 어떨까 싶었다. 길거리에서 카탈로그를 판매하지 않는 진짜 학교의 진짜 전문가한테 말이다. 나는 자존심일랑 배 속 깊이 묻어두고, 처남 에릭에게 도움을 구했다. 에릭은 현재 콜럼비아 대학의 심리학 대학원에 다닌다. 외교, 컴퓨터 프로그래밍, 투자 금융을 차례로 섭렵하고 지루해진 끝에 다다른 게 심리학이었다. 에릭은 나를 수업에 데려가주었지만 뒷자리에 조용히 앉아 있으라고 으름장을 놓았다. 강의 후, 인지 심리학 교수인 데이비드 크란츠와 잠시 대화를 나눌 수 있었다. 꽃무늬 셔츠를 입고 심각해 보이는 안경을 쓴 남자였다.

　내 질문의 요지는 사람이 얼마나 많이 기억할 수 있는가였다. 크란츠는 정확한 답을 주지 않았다. "사람은 230만 가지 사실을 저장할 수 있습니다"라거나 "A에서 Q까지는 외울 수 있지만 그 이상 집어넣지는 못할 겁니다"라고 말해주지 않았다. 짜증 나는 일이긴 하지만, 분명 인간의 기억은 그런 식으로 정량화할 수 없는 것이리라.

　크란츠는 대신 "기억은 부익부 빈익빈 활동"이라고 했다.

　무슨 뜻인지?

　"주제에 대해 깊이 알수록 그에 관한 사항들을 더 많이 기억할 수 있다는 뜻입니다."

달리 말해, 나는 역사, 대중문화, 문학에 대해서는 더욱 풍성해질 수 있지만, 애초에 빈한한 수준인 양자 물리학과 화학에 관한 지식은 중간에서 약간 못 미치는 수준까지만 오를 수 있으리라는 것이다. 나는 수천 페이지를 읽으면서 이 사실을 짐작하긴 했지만, 그래도 전문가한테 에누리 없이 확인 사살을 당하니 조금 슬프다. 나는 내 교양에 숭숭 뚫린 구멍들을 어느 정도 메울 수 있겠지만 오직 얕은 것들만 메울 수 있으리라. 깊은 구멍들에는 흙 한 줌 뿌려 넣는 것으로 만족해야 하리라.

metric system
미터법

선언하노니, 나는 미터법으로 개종한다. 이 문장을 쓰는 것만으로도 미국을 배신한 기분이다. 사과 파이보다 린처 토르테가 좋고, 셰이 구장에 가서 뉴욕 메츠의 야구를 보느니 텔레비전으로 맨체스터 유나이티드 경기를 보는 게 좋다고 고백하는 기분이다. 하지만 킬로그램을 킬로그램이라고 부르는 것이 훨씬 나은 측정법임을 깨달았으니 어쩔 수 없다.

나는 미터법에 대해 아는 바가 거의 없었다. 1.5리터 펩시콜라, 10킬로미터 달리기 하는 식으로 은근슬쩍 내 삶에 끼어드는 게 싫었다는 기억 밖에는. 내가 10킬로미터 달리기를 했다거나 그램 단위로 코카인을 샀다는 말이 아니라, 가끔 펩시를 마시면서 미터법 단위를 볼 때마다 기분이 나빴다는 이야기다. 이제는 말할 수 있다. 미터법을 대령하라. 나는 준비가 되었다.

내가 개종을 결심한 까닭은, 브리태니커를 보고 새삼 세상에는 무게와 길이의 단위가 지긋지긋하게 많다는 생각을 했기 때문이다. 책장을 넘길 때마다 새로운 단위가 나온다. 촐드론, 체인, 링크, 와인 갤런, 에일 갤런, 콘 갤런, 앤 여왕의 갤런, 질, 큐빗, 상형 온스, 트로이 온스, 코드, 올드 런던 마일, 아일랜드 마일, 스코틀랜드 마일, 리브라(이걸 줄여서 파운드의 lb.가 생겼다), 기타 등등, 기타 등등. 사람들이 이런 단위들을 어떻게 만들어 냈느냐고? 말할 것도 없다. 위스키 몇 질 마시고 대강 붙였겠지. 로드만 해도 그렇다. "한때 '로드_rod'는 교회 문을 나서는 남자 16명의 왼발을 나란히 이은 길이로 정의되었다." 뭐라고? 여기서 교회가 왜 나와? 좋은 설교를 듣고 나면 남자의 발 크기가 변하나? 인치도 마찬가지다. 인치의 최초 정의들 가운데 하나는 남자의 엄지손톱 뿌리 너비였다. 하지만 과학자들이 손가락이 굵은 남자, 보통인 남자, 가는 남자 세 명의 엄지 너비를 평균한 값으로 개량하였다. 후에는 통상 보리 세 알의 길이로 정의되었지만, 양귀비 씨앗 12개 길이 쪽을 선호하는 사람도 있다. 지친다, 정말.

생태계와 주식 포트폴리오는 다양할수록 좋다. 그러나 무게와 길이 단위는 단일한 것이 도와주는 일이다. 나는 미터법이 측정계의 스타벅스라는 결론에 도달했다. 요즘은 골목만 돌면 스타벅스가 있으니, 가끔은 짜증도 나지만, 거기에는 다 이유가 있는 것이다. 프라푸치노가 확실히 맛있기 때문이다. 그러니 이제 스타벅스에도, 미터법에도 대들지 말자.

미국인들이 경시하는 미터법에는 알고 보면 호감 가는 점이 많다. 애초에 프랑스 혁명 때 생긴 것이니 자동으로 호감도 상승! 게다가 합리적인 체계라는 건 진즉 알았지만 이렇게까지 합리적일 줄은 몰랐다. 프랑스 과학자들은 1미터를 북극에서 적도까지 거리의 1,000만분의 1로 정의했다. 1킬로그램은 1,000세제곱센티미터 물의 무게로 정의된다. 훌륭한 접두사들도 빼놓지 말자. 나도 '킬로' '센티' '나노'에는 익숙했지만 이제 '페타' '엑사' '테라' 같은 더 큰 것들을 알게 되어 행복하다. 나는 요즘 일상 대화에도 녀석들을 등장시킨다. 상사의 사무실에 고개를 디밀고 이렇게 말한다. "시간을 피코초만 내주세요. 펨토초면 될지도 모르고요."

물론 모든 사랑스러운 것들이 그렇듯, 미터법에도 흠은 있다. 알고 보니 물의 무게를 재는 것은 너무 어려웠기 때문에, 이제 1킬로그램은 파리 근교의 한 건물에 보관되어 있는 어느 금속 덩어리의 무게로 정의된다. 킬로그램이 실존하다니, 내게는 충격이었다. 과학자들이 표준 킬로그램이라 부르는 이것은 백금-이리듐 원통으로서 세브르라는 마을에 있다. 나는 고대 이집트인들이 검은 화강암으로 표준 큐빗을 만들어서 그것을 기준으로 모든 큐빗 자들을 재단했다는 이야기를 읽은 적이 있다. 인류가 발전했다더니만 그렇지도 않군.

이쯤에서 또 영화 시나리오가 떠올랐다. 제목은 '미터법 대강도 사건'으로 하자. 강도 일당이 표준 킬로그램을 훔쳐서 세상의 무게와 길이 측정을 아수라장으로 만든다. 도널드 서덜랜드가 마지막으로 크게 한탕 노리는 나이 든 사내로 출연하면 좋겠다. 그들이 표준 킬로그램의 몸값을 요구하는 것도 괜찮다. 그리고 B. D. 웡이 연기하는 아시아계 강도가 표준 킬로그램을 활용해 유도 기술을 선보이는 멋진 장면도 꼭 들어가야 한다.

M

표준 킬로그램은 심오한 교훈을 알려준다. 결국 세상은 물리적인 것들에 기대게 되어 있다는 교훈. 제아무리 내키는 대로 이론을 구축하고, 끝없이 추상적인 논증을 전개해도, 우리 모두 결국에는 소매를 걷어붙이고 금속 덩어리를 조각해야 하는 것이다.

Michelson-Morley experiment
마이컬슨―몰리 실험

줄리가 자연사 박물관의 아인슈타인 전시를 보고 싶어 한다. 나는 동행하기로 했지만 불량한 태도를 견지하며 터덜터덜 따라갔다. 아인슈타인이라면 무조건 숭배하는 아버지에 대한 반항일 수도 있겠지만, 좌우간 나는 언제나 아인슈타인에 대해 약간 의혹을 느껴왔다. 그래, 그는 똑똑했겠지. 하지만 대체 얼마나 똑똑했기에? 아인슈타인이 디랙이나 보어나 기타 떨거지 과학자들, 티셔츠나 유아용 비디오에 출현할 일이 절대 없는 그들보다 1,000광년은 앞섰다는 건가? 얼마나 똑똑했기에 그의 이름이 지성의 대명사가 되는가? 몇 년 전에 나는 아인슈타인의 뇌를 지닌 채 미국을 횡단한 사내의 이야기가 책으로 출간되었을 때도 짜증스런 반응을 보였다. 아인슈타인의 전설적인 뇌, 지긋지긋하다. "나는 다윈의 췌장을 갖고 미국을 가로지르는 이야기를 써야겠어." 당시에 내가 줄리에게 한 말이다. "그 다음에는 뉴턴의 소장을 갖고 버스를 타는 거야."

"할 일이나 제대로 하시죠." 내가 괴상한 이야기에 몰두할 때마다 줄리가 내뱉는 다용도의 대답이다.

지금 나는 똑똑한 사람이 되는 여정에 올랐으므로, 아인슈타인과 그의 무한한 인기에 더욱 질투를 느낀다. 나더러 알베르트 아인슈타인처럼 똑똑하다고 말해줄 사람이 있을까? 없겠지. 알프레드 아인슈타인만큼 똑똑하다고 말해줄 사람은? 알프레드는 아인슈타인의 사촌이자 저명한 음악 역사가였으며 역시 브리태니커에 소개되어 있다. 그럴 사람도 없겠지. 이러니 내가 전시장에 들어서며 불퉁하지 않을 수가 있는가.

첫 번째 전시실은 문제의 위인이 썼던 잡동사니들로 가득했다. 아인슈타인이 뻐끔했다는 파이프 두 개, 아인슈타인이 갖고 놀았다는 컴퍼스, 아인슈타인이 어릴 때 풀었다는 작은 퍼즐. 한 유리장에는 아인슈타인이 아내에게 쓴 편지가 있었다. 무너져가는 부부 관계를 바로세울 요량으로 쓴 것 같았다. "당신은 내가 내 방에서 하루 세 끼 식사할 수 있도록 챙겨주어야 하오. 내게서 친밀함을 기대하지 말고, 어떤 식으로든 내게 잔소리를 하지 말 것."

허헛! 별로 똑똑하지 않은 글이다. 전혀 똑똑하지 않다. 나는 노벨상을 탈 만한 두뇌를 갖지 못했어도, 여성에게 그런 최후통첩을 날린 주제에 이행을 기대해선 안 된다는 것쯤은 안다. 그게 통할 확률은 공기점(空氣占, 대기 현상을 읽어 미래를 예측하는 점이다)이 들어맞을 확률만 할까.

나는 다른 설명판을 읽어 보았다. 아인슈타인은 생일을 기념하지 않았다고 한다. "내가 태어난 것은 명백한 사실이니, 그것으로 족하다"라고 했단다. 이거 좋은데? 나는 잽싸게 줄리를 데려왔다. 줄리는 생일을 사랑하니까, 불만을 드러내리라. 줄리는 자기 생일을 죽죽 잡아늘여서 생일 주간이라며 일주일 내내 기념하는 사람이다. 생일의 달로 확장하겠다고 협박도 한다.

"아인슈타인은 생일을 싫어했대. 멍청하다, 그지?" 내가 말했다.

"나하고 정반대네. 하지만 우주의 신비를 푸느라 바쁜 사람은 그럴 수 있을지도 모르지."

이런. 내가 바랐던 격분한 반응이 아니다.

다음 전시실은 아인슈타인의 물리학을 설명하는 공간이었다. 나는 이 방의 모든 것을 다 이해하리라고 마음먹었다. 어려워봤자 얼마나 어려울라고? 나로 말하면, 오랜 세월 동안 간헐적으로 조금씩 이해를 축적해온 상태였다. 내가 열 살 때, 아버지는 내게 특수 상대성 이론을 설명하면서, 아파트의 높은 층 사람들이 낮은 층 사람들보다 오래 산다고 하셨다. 대관람차의 바퀴살 끄트머리가 축보다 빨리 움직이듯, 지구의 자전 때문에 고층 주민들은 저층 주민들보다 빨리 움직이는 셈이라는 것이다. 상대성 이론에 따르면 속도가 높을수록 시간이 느려지니까 초고층에 살면 천천히 늙는다. 이상하게 들릴지라도 사실이 그렇다. 고작 1조분의 1초 더 산다 해도 사실은 사실이다. 덕분에 나는 초고층에 사는 친구들을 부러워했다. 재수 좋은 밥맛들 같으니라고. 그때 나는 친구 조너던 그린네 29층 아파트에서 놀곤 했는데, 베란다 너머로 캔털룹 멜론을 던져 박살 나는 꼴을 보는 게 즐거워서만은 아니었다. 나는 수명을 연장시키고 있었다.

어쨌든, 나는 그 설명으로 상대성 이론에 입문했다. 이후에는 고등학교 물리 수업과 간간이 읽는 대중 과학 서적을 통해 지식을 넓혔는데, 자랑할 만한 정도는 아니다. 그리고 아직 브리태니커의 R(상대성 이론은 relativity)을 읽지 못했으니 백과사전의 도움도 없다(아인슈타인 항목은 주로 삶을 다룬다. 지리 점수가 나빴고, 항해를 좋아했고 등등. 이론은 다루지 않는다).

줄리와 나는 고등학생 단체를 인솔하는 안내원의 설명을 염치 불구하고 엿듣기로 했다. 아시아계 남자 안내원은 플라스틱 컵의 물을 홀짝이며 10대들의 흥미를 유발하려 애쓰고 있었다. 이런 식이다. "아인슈타인은 저스틴 팀버레이크, 제니퍼 로페즈, 애슈턴 커처를 합친 것만큼 유명했습니다." 아이들은 약간 의심하는 기색이지만 감동받긴 한 것 같았다.

안내원은 마이컬슨-몰리 실험이라는 것을 설명했다. 움직이는 물체에서 쏘아 보낸 빛이 정지 물체에서 쏜 빛보다 빠르지 않다는 사실을 증명한 실험이다. 빛은 괴상한 동물이지요, 그가 말했다. 우리의 직관에 위배되게도, 빛은 달리는 트럭에서 던진 원반이나 공처럼 움직이지 않는다. 빛은 그 어떤 것과도 다르게 움직인다.

"아인슈타인은 빛의 속도는 누가 봐도 같다고 했습니다. 그게 특수 상대성 이론이에요. 빛의 속도가 일정하면, 그럼 무엇이 바뀔까요? 시간이 바뀌지요."

내가 심오한 내용을 이해한 순간에는, 짜릿한 자극이 목 뒤에서 이마까지 달려와 고개를 격렬히 끄덕이게 한다. 나는 이 끄덕끄덕이 좋다. 지적 황금기 시절에는 매일같이 끄덕끄덕했었다. 그리고 이 순간, 나는 격렬하게 끄덕였다. 특수 상대성 이론 접수. 이해했음. 어때? 아인슈타인도 나와 아예 종류가 다른 인간은 아니었다고. 나도 같은 자료를 가졌으면 같은 이론을 만들어 낼 수 있었을 거야. 안 그래?

그러나 다음으로 도전한 일반 상대성 이론은 좀 복잡했다. 안내원에 따르면 우주는 바나나, 파인애플, 딸기 등 맛없는 프루츠 칵테일 조각들이 섞인 젤리와 같다. "그게 일반 상대성 이론입니다." 안내원이 말하자 고등학생들이 예의 바르게 고개를 끄덕였다. "공간은 젤리와 같다는 겁니다. 공간은 아름답습니다. 우리는 그 속의 과일 조각들이지요. 우리가 공간을 흩뜨려놓습니다. 우리가 공간을 휘게 만듭니다. 우리는 그런 얼룩들입니다." 젤리 비유는 잘 와 닿지 않았다. 이번엔 끄덕끄덕이 없다. 결국 그런가. 나는 아인슈타인이 아닌가 보다.

전시실 벽에는 아인슈타인의 친필 원고가 여기저기 걸려 있었다. 나와는 몇 광년 먼 방정식과 수식들이 휘갈겨져 있다. 음, 그래도 나는 베르세르크가 나체로 싸웠다는 사실을 알잖아. 아인슈타인도 알았을까? 몰랐을걸. 호손이 숫자 64에 집착했다는 사실, 카라바조가 테니스를 치다 사람을 죽인 사실을 아인슈타인이 알았을까? 몰랐을걸. 일반 상대성 이론이 내 손아귀에서 멀리 빠져나가는 마당에, 이런 생각이 내 자아가 받는 충격을 조금은 완충해준다.

"다 봤어?" 줄리에게 물었다. 우리는 잽싼 걸음으로 걸어 수명을 늘려가며 집으로 갔다.

migration
이주

줄리는 이번 주 수요일에 시애틀에 사는 대학 동창 페기네 집에 간다. 5일간의 짧은 여행이다. 몇 달 전부터 계획한 일이었는데, 당시 우리는 지금쯤이면 줄리가 임신 3개월에 접어들어 포동포동해져 있으리라 확신했다. 그러나 그런 행운은 없었다. 줄리의 자궁에는 아무런 기미가 없다. 돌아버릴 만큼 절망적이다. 하지만 우리는 불임으로 인한 끝없는 비탄에 빠지느라 줄리를 인질 신세로 묶어둘 수는 없다고 결정했다. 게다가 줄리는 90퍼센트의 확신으로 화요일에 배란했다고 믿었다. 시애틀에 머무는 동안에는 배란하지 않을 것이다. 그래서 줄리는 택시를 타고 JFK 공항으로 떠났다.

그때부터 나는 걱정에 휩싸였다. 줄리가 틀렸으면 어쩌지? 10퍼센트의 가능성 때문에 수요일이나 목요일이나 금요일에 배란하면 어쩌지? 우리가 지금 여유를 부릴 땐가? 나는 뉴욕에 남기를, 줄리가 옛 친구와 카약 타기를 선택하는 바람에 우리가 영원히 아이를 갖지 못하게 되면 어쩌나?

목요일 오후, 나는 항공사에 전화를 걸어 비자 카드에 심각한 상해를 입힌 뒤 그 대가로 주말의 시애틀 왕복 표를 얻었다. 나는 이주할 것이다. 나는 그렇게 생각했다. 나는 후손을 낳기 위해 수천 킬로미터를 날아 이주할 것이다. 북아메리카 장어는 15년 동안 강에서 첨벙첨벙 잘 살다가, 갑자기 눈이 튀어나오고 몸 색깔이 노랑에서 은색으로 바뀌면 수백 킬로미터를 헤엄쳐 바다로 향한다. 사르가소 해(카리브 해 동쪽)의 난류에 닿아야 생식에 임할 수 있기 때문이다. 나도 그와 다르지 않다.

금요일 저녁, 나는 눈을 장어처럼 크게 뜬 채 아메리카 항공사 여객기 후미에 앉아 시간대를 넘어 이주했다(여담이지만, 후에 아메리카 항공사가 되는 회사의 첫 조종사는 찰스 린드버그였다).

시애틀에는 자정에 도착했다. 어쨌든 이주는 끝났다. 나는 택시를 타고 선착장으로 간 뒤, 다시 페리를 타고 페기가 사는 이름 모를 히피스러운 섬에 가야 했다. 문제는, 자정 이후에는 페리가 자주 다니지 않아서 내가 1시간 30분 동안 선착장에 묶여 있어야 한다는 점이었다. 나 말고도 정염에 사로잡힌 10대 한 쌍, 60년대 오토바이 갱단 영화에 엑스트라로 출연하면 어울릴 부루퉁하고 건장한 사내, 이상할 정도로 짐이 많은 중년 여성이 있었다. 내 친구 브리태니커를 읽기에는 너무 어두웠다. 나는 함께 페리를 기다리는 사람들을 구경하는 일밖에 할 게 없었다.

10대들은 서로 더듬었다. 화난 사내는 울근불근했다. 중년 여성은 립스틱을 발랐다. 나는 그녀의 립스틱이 진사辰砂로 만들어진 게 아니길 빌었다. 진사는 19세기 캘리포니아 원주민들이 전쟁 시 얼굴에 발랐던 염료로서 일종의 수은이다. 붉은 염료를 바른 아메리카 원주민들은 자기도 모르는 새 수은에 중독되었다. 전쟁을 멈추는 방법으로 괜찮지 않나, 나는 생각했다. 위장용 페인트 때문에 사람들이 앓기 시작하는 거다.

진사에 관한 몽상은 심오한 사변 축에는 못 낀다. 하지만 나는 덕분에 지루하지 않다는 사실을 깨닫고 기뻤다. 책도, TV도, 친구도, 트럼프 카드도 없는 곳에 멍청히 앉아 있으니, 평소 같았으면 미쳤을 것이다. 하지만 나는 지금 괜찮다. 나는 전쟁용 물감을 생각하며 놀았다. 브리태니커 덕분에 내 뇌는 작은 장난감들이 잔뜩 든 놀이터가 되었다. 달리 비유하면, 내 생각의 기차가 지나는 풍경은 과거보다 한층 다채로워졌다.

마침내 줄리와 포옹한 시각은 새벽 3시였다. 아직 나의 이주는 완벽히 마무리되지 않았다. 나는 씨를 뿌려야 한다. 우리 집에서 이곳까지 14시간을 여행했기 때문에, 솔직히 씨를 뿌리기에는 너무 지쳤다. 하지만 장어는 수백 킬로미터를 헤엄치고도 해낸다는데, 페리를 타고 온 나도 시도는 해봐야지. 이번엔 제발 성공해야 할 텐데.

Milton, John
밀턴, 존

이 영국 시인은 학창 시절에 밤늦게 독서를 많이 해서 눈이 멀었다. 내가 얻은 교훈, 학문 추구는 위험하다. 브리태니커에는 너무 많이 읽어 눈이 먼 사람(양쪽 다 먼 사람, 한쪽만 먼 사람), 척추가 굽은 사람, 탈진한 사람이 한 트럭은 된다. 나의 모험도 정말 위험천만한 것처럼 느껴진다. 동시에 은근히 마초 같은 스릴이 느껴진다. 실제로는 소파에 처박혀 하는 일이지만.

mime
무언극

불쌍한 마임. 누구나 마임을 비웃고 싶어 한다. 지마(탄산 알코올 음료), 당근 머리(미국 코미디언 스코트 톰슨의 별명), 마임. 어른이 된 후 내가 농담 소재로 애용했던 삼총사이다. 고백하건대 나는 오락 양식으로서의 마임을 그다지 좋아하지 않는다. 하지만 사람들이 마임의 영광스러운 과거를 안다면, 조금은 더 존경을 표하지 않을까. 음, 그렇게 영광스럽지는 않은가. 선정적이고 흉악한 과거라고 해야 할까.

마임은 그리스·로마 시대에 탄생했다. 브리태니커의 설명을 인용하자. "극히 단편적인 자료만이 남아 있으나, 마임의 줄거리는 보통 자유롭게 세태를 풍자하면서도 간통 등 부도덕한 행위들에 초점을 맞추었던 게 분명하다. 로마제국 시대에는 무대에서 간통 행위를 실연했다는 증거가 있다. 사형 장면에 배우 대신 실제 죄수를 등장시켜

처형했다는 기록도 있다."

그런 것이었다. 섹스 생중계, 처형 생중계. 솔직히 얼굴을 하얗게 분칠한 남자가 투명 우산으로 씨름하는 광경보다는 흥미로울 것 같다.

minimalism
미니멀리즘

스스로 변호하는 셈치고 말하면, 나는 요즘 대단한 의지력을 행사하고 있다. 나와 줄리, 줄리의 친구 페기가 시애틀 교외의 작은 마을에서 점심을 먹을 때였다. 먹구름을 올려다보며 페기가 말했다.

"저 침울한 하늘 좀 봐."

나는 '페기, 방금 감상적 오류(무생물에 감정을 부여해 표현하는 것)를 저지른 겁니다'라고 말하고 싶어 죽을 뻔했지만, 참았다. 참기 쉽지 않았지만, 참았다. 사람들이 좀 알아줬으면 좋겠다.

miscellany
잡다한 것, 잡학, 잡동사니

《쇼트의 원조 잡학사전》(한국어판 〈나의 잡학사전〉, 장석봉 옮김, 을유문화사, 2006)이라는 새 책이 곧 출간된다. 여러 내용 중에서도 배우 엘리자베스 테일러의 남편 목록, 여종업원 은어집, 록 스타 사망 목록 등이 돋보이는 얇고 매력적인 책이다. 〈에스콰이어〉에 서평이 실리길 바라는 출판사는 영국인 저자 벤 쇼트와의 저녁 식사에 나를 초대했다. 물론 다른 저널리스트들도 함께하는 자리이다. 못 갈 거 없지! 쇼트와 내가 잡학을 교환하는 두뇌 대 두뇌 대결을 벌일 수 있을지도 모르니까.

장소는 그리니치빌리지에 위치한 다 실바노라는 시끄러운 이탈리아 식당이었다. 안타깝게도 내 좌석은 둥근 식탁을 사이에 두고 쇼트에게서 가장 먼 지점이었다. 내가 쇼트와 대화할 수 있는 방법은 그의 휴대폰으로 전화를 걸거나, 검은 꼬리 프레리독의 정교한 인사 예식을 수행해 눈길을 끄는 것밖에 없었다. 몸통 위쪽을 격렬하게 허공에 내던지면서 코는 하늘을 찌르고, 간간이 "입", "입" 하는 소리를 내는 것이다.

하는 수 없이 쇼트를 저 멀리 둔 채 나는 옆자리 여성과 대화를 나눴다. 한 소규모 신문사에 다니는 여성이었는데, 토미 힐피거 의류 카탈로그에 등장해도 손색이 없을 만큼 아름다운 얼굴과 검고 긴 머리칼의 소유자로, 저널리스트로서는 보기 드물게 매력적이었다. 또한 보기 드물게 제정신이 아니었다. 아니면 내가 만난 사람들 가운데 올드 잉글리시 800 맥아주를 열네 병 마셨던 대학 친구 존 이래 최고로 취한 사람이거나.

"저희 어머니는 벤을 사랑하세요." 그녀가 내게 속삭였다.

"어떻게 어머니가 벤을 아시죠?" 내가 물었다. 책은 미국에서는 아직 미출간 상태이고, 벤은 런던에 산다. 그녀는 즉답을 회피하고 이렇게 말했다. "어머니는 정말 벤을 사랑해서 그와 소통할 수 있도록 집을 한 채 구입하셨죠."

그녀는 나를 보고 미소 짓더니 아랫입술을 깨물었다. 시간이 흐르자 나는 이것이 그녀의 특기임을 알아차렸다. 수수께끼 같은 발언을 한 뒤, 미소를 짓고, 입술을 깨문다. 그녀는 또 머리칼을 늘어뜨려 얼굴을 완전히 숨기는 것도 좋아했다. 그 속에서 혼자만의 시간을 가지며 새로운 아리송한 말을 생각해내는 듯했다.

M

하여간, 나는 어머니 이야기에 완전히 당황하고 말았다. "죄송합니다만, 무슨 말씀인지?"

"어머니가 벤과 소통할 수 있도록 집을 샀다고요."

그녀가 되풀이했다.

나는 고개를 저었다.

"코스타리카에요." 그녀의 말투는 이 한마디면 사태가 명명백백해지고 내가 더 이상 멍청한 질문을 하지 않게 되리라는 듯 단호했다.

내가 지식이 아무리 많아도 그 말을 해석할 도리는 없었다. 슬슬 이 자리가 시간 낭비로 보이기 시작했다. 하지만 몇 시간이 흐르고, 탄수화물 요리가 몇 접시가 흘러간 뒤, 마침내 나는 벤 쇼트의 옆자리를 차지했다. 벤과 대화하느라 수신호를 동원할 필요까지는 없게 된 것이다.

벤은 멋진 녀석이었다. 녀석, 그렇게 부르겠다. 벤은 브리태니커만큼 점잖았다. 완벽하게 다듬은 외모, 말쑥한 복장, 나서지 않는 태도, 게다가 나를 만나 엄청나게 반가운 표정이었다.

우리는 사람을 창밖으로 내던진 사건들 가운데 좋아하는 것을 서로 이야기했다. 벤은 30년 전쟁을 촉발시킨 프라하 사건을 좋아한다고 고전적으로 답했다. 나는 브리태니커에서 습득한 영국 지식으로 벤을 감동시켜야겠다고 결심했다. 기억하시겠지만 나는 이미 2003년의 코리앤더/실란트로 사건으로 이 방면에서 큰 성공을 거둔 바 있다. 이건 안전한 분야다.

"어떻습니까, 올해 '늙은 부인들의 여름'이 될 것 같습니까?" 나는 그에게 물었다.

벤은 내가 코스타리카 집 이야기를 하는 여성을 보았던 눈길로 나를 보았다.

"'늙은 부인들의 여름'. 영국 사람들은 인디언 섬머를 그렇게 부르지 않나요?"

"아뇨, 그냥 인디언 섬머라고 합니다만." 그가 말했다.

이런. 시작이 좋지 않다. 브리태니커는 분명히 영국에서는 '늙은 부인들의 여름'이라고 부른댔는데. 하지만 몸소 영국 영어를 쓰는 사람하고 논쟁해봐야 소용없겠지.

"올해는 티모시 풀 때문에 알레르기를 일으키지 않으셔야 할 텐데요."

다시, 혼란스런 그의 표정.

"영국에서는 티모시 풀이 알레르기를 일으키잖습니까? 미국에는 돼지풀이 있고요. 티모시 풀이라고 있지요?"

벤은 몸을 돌려 자기 책에 흥미가 있는 진짜 저널리스트와 대화하려고 했다. 나는 잽싸게 마지막 질문을 던졌다.

"그냥 궁금해서 그러는데요, 영국 사람들은 라스베이거스에 있는 기계를 뭐라고 부릅니까?"

"아, 슬롯 머신이라고 합니다."

"아뇨, 과일 기계겠지요." 내가 낙담하여 대꾸했다.

"오, 과일 기계라고도 합니다. 계기판에 과일들이 나오니까요."

젠장, 나도 왜 과일 기계라고 부르는지 안단 말이다. 그걸로 내가 구제불능 얼간이가 아니라는 점을 벤에게 확인시키고 싶었단 말이다. 하지만 이미 늦었다. 벤은 다른 사람과 대화하기 시작했다.

나는 영국 영어와 미국 영어의 차이점으로 벤을 감동시키는 데 실패했으니, 아까운 김에 남은 몇 가지를 여기에 소개한다.

- 무당벌레는 미국에서는 '아가씨 벌레ladybug', 영국에서는 '아가씨 새ladybird'이다.
- 'Lumber'는 미국에서는 '재목'이란 뜻으로 주로 쓰이지만 영국에서는 '오래된 가구'를 말한다.
- 당구에서 비틀어 치기를 가리켜 미국 사람들은 '잉글리시 치기'라고 하고 영국 사람들은 '옆 치기'라고 한다.
- 영국에서는 외과 의사는 '선생님Mr.'이라 부르고 더 경칭인 '박사님Dr.'은 내과 의사를 부를 때만 쓴다.
- 영국에서는 알루미늄을 '알루미니움'이라고 부른다.

보면 알겠지만, 미국과 영국은 같은 언어를 쓰고 있다고 할 수 없다.

좀 있다 보니 벤은 신비로운 검은 머리칼 여인과 대화를 나누고 있었다. 대화 내용은 들리지 않았지만, 벤의 표정으로 보건대 그녀가 그 암호 같은 말을 꺼낸 게 분명했다. 중앙아메리카에 있는 소통용 집 이야기를 했을지도 모른다. 벤은 나와 그녀 중에 누가 더 황당했을까? 슬프지만 내가 아닐 거라고 잘라 말하지는 못하겠다.

missing links
잃어버린 고리

집에 친구들을 초대했다. 특별한 일이 있는 건 아니지만 오늘은 파라과이의 독립기념일(5월 14일)이니 이유로는 충분하다.

"자기, 치즈 칼 좀 줄래?" 줄리가 말했다.

어디에 있는지 알아야지. 나는 서랍을 다섯 개나 열어 본 뒤에야 치즈 칼을 발견했다. 나는 치즈칼을 쥐고 들여다보았다. 한참을 들여다보았다.

그 순간 치즈 칼에도 상당히 재미있는 이야기가 얽혀 있을 거라는 생각이 들었다. 분명히 치즈 칼을 처음 발명한 사람이 있었을 것이다. 누구였을까? 어떤 사람이었을까? 치즈 칼 산업의 거물들은 누구일까? 치즈 칼 모양을 혁신한 괴짜이지만 호감 가는 치즈 칼 디자이너가 있었을 것이다, 안 그런가? 치즈 칼의 과학도 있다. 치즈 자르기에 최적인 날 형태, 금속 날을 둘러싼 논쟁, 손잡이에 어떤 광택제를 바를 것인가.

이런 것들을 백과사전에서 읽은 기억은 없다.

나는 치즈 칼을 족히 20초는 노려보고 있었다. 우드스탁에서 갈색 LSD를 섭취한 사람처럼 멍하니 입을 벌린 채 생각에 빠져서 말이다(60년대의 전설적인 록 공연 우드스탁에서 관중들은 흔하게 각성제를 먹었는데, 유통되는 것 중 갈색 LSD가 해롭다는 소문이 있어 주최측이 갈색 LSD는 먹지 말라고 방송까지 했다 - 옮긴이).

"찾았네." 줄리가 부엌으로 돌아와서 말했다. "나 줘."

"아, 그래." 나는 퍼뜩 현실로 돌아왔다. "여기, 치즈 칼."

치즈 칼의 계시 때문에 나는 작은 혼란에 빠졌다. 세상의 온갖 물건들에 사실이 담겨 있을 것이다. 아파트를 둘러봐도, 장식장의 작은 손잡이, 토스터, 얼음 집게 좀 찾아 달라고 말하는 줄리 입술의 립스틱, 그 모두에 사연이 있을 것이다. 얼음 집게 역시 저만의 역사가 있지 않겠는가.

나는 그것들에 대해 얼마나 아는가? 전혀. 나는 이제 M 항목을 읽고 있지만, 아무것도 모른다.

Montaigne
몽테뉴

나는 이 16세기 프랑스 작가가 꽤 좋다. 그가 '에세이'라는 말을 만들었는데, 원뜻을 옮기면 '시도' 또는 작은 '시행착오'에 가깝다. 나는 내가 쓰는 〈에스콰이어〉의 기사들이 그랬으면 한다. 작은 시도들이었으면 싶다. 설령 원더브라에 얽힌 농담을 다루는 시도라 할지라도. 시도라고 하면 어깨에서 압박이 덜어지는 기분이다.

'에세이'의 원뜻보다 더 좋은 일화도 있다. 당대의 프랑스 지식인이었던 마리 드 구르메라는 여성은 몽테뉴의 글을 처음 읽었을 때 너무 흥분하여 기절을 했다. 책을 읽다가 기절하는 여성. 얼마나 근사한 정경인가. 현대인은 독서에 진저리가 난 상태다. 나는 빨려 들고, 지겨워하고, 야릇한 기분이 되고, 짜증이 나고, 놀라워한 적은 있지만, 기절에 필적하는 일은 해보지 못했다.

슬프다. 요즘도 독자들이 책 속의 생각에 흥분하여 기절하곤 했으면 좋겠다. 나를 비롯한 모든 독자들이 독서에 대해 보다 육감적인 반응을 보였으면 좋겠다. 브리태니커 작전 수행 중에 내가 보인 최고로 본능적인 반응은 말 콧구멍에 알을 까는 말파리 이야기를 읽고 메스꺼워져서 먹던 아이스크림 샌드위치를 남긴 일이다.

정신박약아, 얼간이
moron

나는 유머 감각을 잃어가는 중이다. 줄리와 나란히 TV 시트콤 〈프렌즈〉 재방송을 보는데, 자타 공인 얼간이(여담이지만 모론이라는 이름의 쿠바 도시도 있다) 캐릭터인 조이가 친구들이 열쇠로 문 따는 것을 보면서 이렇게 말하는 장면이 나왔다. "열쇠가 문을 열 줄 안다는 건 정말 굉장하지 않아?" 한바탕 웃음. 조이의 아이큐가 장식장 위 촛대 정도라는 걸 보여주는 장면이었다.

하지만 나는 이렇게 생각했다. 그래, 조이 말이 맞아, 열쇠가 문을 여는 건 정말 굉장한 일이지. 나는 자물쇠 항목에서 보았던 회전판과 용수철이 잔뜩 그려진 도면을 떠올리고, 내가 열쇠의 작동 원리를 이해한다는 사실이 새삼 자랑스러웠다. 물론 나는 조셉 브라마만큼 상세히 알지는 못한다. 유명한 자물쇠 설계자였던 브라마는 새로운 자물쇠를 발명한 뒤 그것을 여는 자에게 200파운드를 주겠다고 공언했지만, 이후 50년이 넘도록 아무도 그것을 열지 못했다. 어쨌든 나는 알기는 안다. 조이와 나는 자물쇠가 얼마나 놀라운가를 알고 있는 동지이다.

모로조프, 파블릭
Morozov, Pavlik

브리태니커 백과사전을 통틀어 최고로 밉살스러운 쥐방울 녀석이다. 머리에 피도 안 마른 주제에 소름 끼치는 인간이다. 그리고, 말하기 저어되나, 어린 시절의 나 자신을 떠올리게 하는 녀석이다.

열혈 공산주의자 청년이었던 파블릭은 소비에트 정권에 의해 순교자로 숭앙된 인물이다. "가난한 농민의 아들로 태어난 모로조프는 시골 학교에서 청년돌격대의 지도자였으며 소비에트 정부의 농촌 집산화 정책에 열광적인 지지를 보냈다. 1930년, 열두 살의 모로조프는 지역 평의회 의장이었던 아버지를 당국에 고발함으로써 악명을 얻었다. 법정에서 모로조프는 아버지가 문서를 위조해 쿨락(집산화 정책에 저항하고 있던 부농)들을 도왔다고 고발했다. 모로조프는 당국에 곡물을 반입하지 않고 몰래 비축한 다른 농민들도 고발했다. 이러한 일련의 고발 탓에 모로조프는 지역 쿨락들의 손에 잔인하게 살해되었다. 소비에트 정권은 곧 모로조프를 순교자로 칭송하였다. 여러 도시에 그를 위한 기념비를 세웠고, 여러 세대의 학생들에게 공산주의자의 본보기로서 그의 사례를 가르쳤다."

어린 파블릭을 측은히 여겨야 마땅할 것이다. 그도 결국에는 스탈린의 정신병적인 세뇌 정권이 낳은 희생자였다. 하지만 나는 독실한 척하는 쥐방울만 한 새끼가 응분의 벌을 받았다는 걸 읽을 때 슬쩍 기쁜 맘이 드는 걸 막을 수 없었다.

나는 파블릭에게서 열두 살 때의 내 단점을 보았다. 열두 살의 나는 내가 세계에서 가장 똑똑한 소년이라고 믿었다. 파블릭처럼, 투미한 부모님보다 내가 더 많이 안다고 단정했다. 역시 파블릭처럼, 나는 마르크스주의자였다. 어쩐 일인지 《공산당 선언》을 읽게 되었는데, 내용의 14퍼센트쯤 이해할까 말까였지만, 사슬을 끊어버리자는 쌈박한 선동 문구가 마음에 들었던 것이다. 나는 스스로 공산주의자라 선언했다.

나는 어린 시절의 지적 탐구 중 몇 가지를 아직도 자랑스럽게 기억한다. 앤드루 로이드 웨버의 〈스타라이트 익스프레스〉 분석도 여기 속한다. 남에게 피해를 주지 않는 주장이었으며, 지금도 나는 내가 옳았을지도 모른다고 생각한다. 하지만 공산주의자 시절을 떠올리면 나는 쥐구멍에라도 숨고 싶다. 당시의 나는 철저하게 내가 옳다고 믿었다. 당황스러울 정도로 확신했다. 나는 아버지가 자본주의 법률회사에 다니고, 1년에 단지 4주의 휴가를 주면서 비서들을 착취한다는 사실을 믿을 수 없었다. 당국이란 게 있었다면 나도 아버지를 고발했을지 모른다.

때때로 아버지와 나는 논쟁을 벌였다. 이스트햄프턴의 해변에서 유리 조각을 주우며 나눴던 대화가 기억난다. 아버지는 마르크스주의가 멋진 이론이라고 하셨다. 가난이 없고 만인이 협동하는 세상은 과연 근사할 것이지만, 현실에서는 공산주의가 제대로 기능하지 못했다고 하셨다. 나는 외우고 있던 대여섯 개의 문장 가운데 하나를 끄집어내 반론했다. 공산주의가 "국가를 소멸시킬" 것이고 자본주의는 "자기모순에 의한 파국"을 맞을 것이고 어쩌고 했던 것 같다. 하여튼 그 비슷한 말이었다.

아버지는 합리적인 질문을 던짐으로써 내 생각을 명료화하려 했다. 그러나 곧 내가 문구들의 의미를 잘 모른다는 사실이 천하에 드러났고, 그 사실에 화가 난 나는 더 독선적으로 변했다. 그래서 나는 문구들을 재창하고, 아버지에게 《공산당 선언》 좀 읽으시라고 말한 뒤, 쿵쿵 걸어 파시즘적 해변을 떠났다. 나는 속으로 생각했다. '혁명이 도래하면, 그때는 아빠도 이해하시겠지.'

파블릭의 동기가 무엇이었는지는 모르겠다. 하지만 내 경우를 돌이켜 보면, 나는 지적 분야에서 아버지와 가열찬 월볼 대결을 벌였던 셈이다. 아버지는 나보다 훨씬 아는 게 많고 인생 경험도 풍부했다. 하지만 내가 한 가지 점에서라도 이길 수 있다면, 가령 아버지가 속한 사회경제 체제를 전복시킬 수 있다면, 상당한 성과가 아니겠는가?

Mosconi, Willie
모스코니, 윌리

"아들이 보드빌(19세기 말과 20세기 초에 미국에서 인기 있던 가벼운 연예 쇼) 연기자가 되길 바랐던 아버지는 당구를 금지시켰지만, 그럴 때마다 어린 모스코니는 감자와 빗자루로 연습을 계속했다." 아들이 슬랩스틱 코미디계에 진출하기를 바라는 아버지라니, 마음에 드는걸. 하지만 그보다도 윌리가 쭈글쭈글한 농작물들을 동원해가며 꿈을 좇았다는 사실이 더 마음에 든다. 역경을 이겨낸 이야기는 늘 우리에게 용기를 준다.

motion
운동

줄리와 나는 토요일을 교외에서 보내려 뉴저지로 나갔다(내 제안에 따라 이른 아침에 차가운 휘발유를 샀다). 줄리의 오빠 부부인 에릭과 알렉산드라 집에 간 것인데, 언제나처럼 첫 일정은 부부끼리 테니스 시합을 하는 것이었다.

에릭은 화가 날 정도로 테니스를 잘 친다. 지성 항목에서 읽었던 내용이 떠오른다. 지능 지수가 높은 사람일수록 32미터 달리기를 잘한다는 내용이었다. 테니스도 마찬가지인가 보다. 자연은 달걀들을 한 바구니에 담지 말라는 말도 못 들었는지, 원.

설상가상으로 에릭은 옷장에 완벽한 의상을 갖춰두는 사람이다.

오늘은 흰색 셔츠, 흰색 반바지, 흰색 손목 밴드 차림이었는데 모두 산뜻한 푸른 줄이 그어진 것들이었다. 에릭이 꺼낸 새 라켓은 NASA 의 화성 탐사 우주선에 사용되는 재료로 만들어진 것이라고 했다.

우리는 경기에 앞서 몸을 풀었다.

"아직 L까지 안 갔나?" 에릭이 물었다. "아직 '패배자loser'는 안 읽 었나 보지?" 자기 농담에 자기가 낄낄댔다. "A에서 에이스ace가 뭔지 는 읽었겠지. 오늘 많이 보게 될 거야."

"내 남편 괴롭히지 마." 줄리가 말했다.

"괜찮아, 여보." 나는 줄리를 안심시킨 뒤 에릭에게 말했다. "나하 고 경기를 마치고 나면 블라디미르 나보코프한테라도 가서 수업을 받아야 할 걸요."

"뭐라고?" 에릭이 물었다.

"나보코프는 작가가 되기 전에 테니스 강사였지요. 독일 영화 몇 편에 배우로 출연하기도 했고요."

"'쓰레기 같은 비방trash-talking'을 하는 걸 보니 아직 T까지 읽지 않 았군." 에릭이 대답했다.

"A. J., 정말 잘했어" 줄리가 나를 응원했다.

줄리는 나보코프를 끌어들인 대꾸가 적절한 반격이었다고 믿는 게 아니라, 에릭에게 시달리는 고충을 동정할 뿐이다. 줄리도 어린 시절 에 같은 고충에 시달렸는데, 버거킹과 맥도날드의 상대 가치를 두고 벌어진 싸움은 특히 맹렬했다고 전해진다.

좌우간 나는 평소보다 시합에 자신이 있다. 대담한 새 전략을 만들 어 왔기 때문이다. 나는 브리태니커에서 읽은 물리학 내용을 복습하여 날아가는 구체의 역학을 머릿속에 그려 보았고, 덕분에 더 나은 선수가 될 수 있으리라는 자신감을 반쯤 채웠다. 나는 각도와 힘과 화살표를 머릿속에 그려가며 테니스장을 볼 것이다. 나는 테니스의 자연법칙을 정복할 것이다. 나는 지식을 힘으로 바꿀 것이다. 특히 강력한 포핸드 스트로크로 바꿀 거다!

연습을 하면서, 나는 마그누스 효과를 잊지 말자고 다짐했다. 마그누스 효과는 톱스핀을 먹은 공이 내리꽂히는 현상이다. 비행기를 날게 하는 베르누이 정리의 한 종류라 할 수 있으며, 공의 아래보다 위쪽에 유압이 높은 것과 상관이 있다. 공이 내게 날아오면, 나는 그 노랗게 흔들리는 발사체의 스핀을 유심히 관찰하여 상황을 파악한 뒤, 찰싹 쳐서 날린다. 해냈다! 여기 테니스 자연법칙의 정복자가 있도다! 나는 흠잡을 데 없이 차려입은 처남을 능가하지는 못해도 최소한 대등한 정도로 선전하고 있다.

"나이스 샷, A. J.!" 내가 마그누스 효과를 철저히 적용한 포핸드를 선보이자 알렉산드라가 외쳤다.

정식으로 시합이 시작되었고, 줄리와 내가 놀랍게도 2 대 0으로 앞서 나가기 시작했다. 에릭의 행동이며 말투가 금세 딱딱해졌다.

나는 사랑하는 마그누스 효과에 계속 초점을 맞춘다. 하지만 높고 느린 공은 포물선을 그린다는 사실도 잊지 않는다. 갈릴레오가 발견한 사실이다. 나는 중력이 적도 쪽에서 더 세다는 것도 기억하고 있으므로, 경기장 북쪽에서 공이 더 높게 튕길 것임을 안다. 음, 이건 잊어버려야지. 별로 도움이 되지 않겠군. 또한 나는 코리올리 현상에 말려들지 않도록 조심한다. 북쪽으로 날아가는 발사체는 지구 자전 때문에 살짝 동쪽으로 치우친다는 현상이다. 음, 튄 공을 받아 칠 때는 이 현상이 큰 영향을 미치지 않겠군. 어쨌든, 테니스 자연법칙의 정복자는 발사체들의 뉴턴 역학적 아름다움을 머릿속에 그리며 포핸드와 백핸드로 선전 중이다. 우리가 한 세트를 땄다! 에릭이 지식을 가득 실은 나의 포핸드를 받아 쳤으나 그물에 걸리고 말았다.

"에릭!" 에릭이 외쳤다.

이것이야말로 내가 듣고 싶던 말이다. 하버드를 졸업하고, 손목 밴드를 차고, 충치 하나 없는 내 처남이 스스로에게 단단히 화가 났다는 증거! '임신입니다'라는 말을 제외하고 내가 세상에서 가장 듣고 싶었던 말!

덕분에 의미 있는 시합이었다. 슬프게도 그 순간이 줄리와 나의 정점이었지만 말이다. 결국은 에릭과 알렉산드라가 이겼다. 나는 마그누스 효과를 잊지 않으려 애썼지만 번번이 한심한 백핸드 효과에 말리고 말았다. 그러라지. 우리는 이미 노란 구체들 가운데서 영광의 순간을 맛보았거늘.

motion picture
영화

최초의 유성 영화는 〈재즈 싱어〉가 아니었다. 브리태니커에 따르면 〈재즈 싱어〉는 "실질적으로 무성 영화로서, 바이타폰(축음기를 사용한 디스크식 발성 영화기)을 사용해 간간이 노래나 대사가 영상과 일치하도록 만든 장면들이 있을 뿐이었다." 최초의 100퍼센트 유성 영화는 1928년에 제작된 〈뉴욕의 불빛〉이었다. 브리태니커 덕분에 또 하나의 신화가 깨어졌다.

영화예술과학 아카데미

오스카상을 주는 단체이다. 나는 이 단체를 잘 아는 편이다. 〈주간 엔터테인먼트〉에 다닐 때 매년 누가 그 작은 금색 조각상들을 탈 것인지 숨 가쁘게 예측하는 기사들을 몇 주씩이나 써댔기 때문이다. 게다가 나는 오스카 시상식에 직접 참석한 경험도 있다.

때는 1997년, 영화 〈샤인〉이 개봉한 직후였다. 〈샤인〉은 정신분열증 피아니스트를 다룬 영화로 비평가들의 찬사를 한몸에 받은 유력오스카 후보였다. 젊은 시절의 피아니스트를 연기한 배우는 노아 테일러였다. 머리를 안쪽으로 말고 키신저 스타일의 두꺼운 검은 테 안경을 써서 덜 떨어져 보이는 오스트레일리아 친구였다. 말하기 부끄럽지만 당시 나 역시 안쪽으로 만 머리에 키신저 스타일의 두꺼운 검은 안경을 썼으며, 테일러의 기름한 얼굴형과 뾰족한 코까지 빼닮았다. 나는 노아 테일러의 복제, 혹은 큰형처럼 보였다.

나는 노아가 시상식에 오지 않는다는 사실을 알아내고, 그를 가장하여 행사에 참석한 뒤 뒷이야기를 기사로 쓰기로 했다. 영화배우가 된다는 것은 어떤 것인가 밝히는 잠입 취재랄까. 내 결론은 이랬다. 빌어먹을, 배우는 이렇게 근사한 거였구나.

처음에는 내 계략이 먹히지 않을까 봐 걱정되었다. 하지만 빌린 턱시도를 입고 리무진에서 내려 레드 카펫에 발을 댄 순간, 카메라가 찰칵대기 시작하고, 관중들이 "노아! 노아!" 하고 외쳐대고, 파파라치들이 엎치락뒤치락하고, 팬들이 사인을 부탁했다(나는 "빛나는 나날이 되길!Shine on!"이라고 사인했다). 내가 수상 후보가 되지 못한 데 분개하는 지지자들이 내 몸을 막 만졌다. "내년이 있으니까요." 나는 가짜 오스트레일리아 억양으로 말했다. 내 목소리는 럭키 참즈 시리얼 로고의 악동처럼 들렸다.

나는 열성적인 기자들과 인터뷰를 했다(다음번에는 대작 재난 영화에 출연하고 싶다고 말했다). 배우 크리스 팔리도 내게 다가와 팬이라고 말했다. 우쭐해진 나는 〈샤인〉의 주인공인 제프리 러시에게 접근했다. 진짜 노아 테일러를 잘 아는 그에게 다가가 건방지게 이렇게 말했다. "안녕하세요, 제프리! 저예요!" 그렇게 어안이 벙벙한 표정은 또 처음 봤다. 러시는 내가 누군지 모르고, 내가 누구 흉내를 내고 있는지도 모르는 게 분명했다. 그는 천천히 뒤로 물러섰다.

하여튼, 기사도 쓰고 시상식에도 참석해보았으니, 응당 나는 오스카상에 대해 이것저것 알아야 마땅하다. 그러나 나는 '오스카'라는 말이 어디서 유래한 것인지도 모른다. 뾰족한 코 바로 앞에 놓인 사물들에 대해서도 모르다니, 내 무지는 끝이 없다. 왜 한 번도 '오스카'의 뜻을 찾아보지 않았지? 왜 그럴 생각조차 해보지 않았지? 오늘 사무실에서 브리태니커 시디롬을 훑어본 바에 따르면, 이름의 유래에는 몇 가지 설이 있다. 아카데미의 한 사서가 조각상을 보고 자기 삼촌 오스카를 닮았다고 했다는 설, 배우 베티 데이비스가 조각상의 '후면'이 자기 남편 하면 오스카 넬슨을 닮았다고 했다는 설도 있다. '후면'은 브리태니커식으로 '엉덩이'를 지칭하는 표현이다.

Mozart
모차르트

모차르트는 열세 살에 시스티나 성당의 성가를 한 번 듣고 완벽히 외웠다. 나도 그런 기억력이 필요하다. 모차르트도 데이브 패로우식 기억술을 썼을까?

노새

줄리는 임신하지 않았다. 나의 시애틀 여행은 실패였다. 4,800킬로
미터를 비행하고 많은 돈을 썼는데도 소득이 없다. 후에 태어날 우리
의 아이들은 우리의 노력에 감사해야 할 것이다. 태어난다면 말이지
만. 노새와(수탕나귀와 암말의 잡종) 버새를(암탕나귀와 수말의 잡종) 다
룬 장에서 불임이라는 단어를 보았다. 죽고 싶다.

무솔리니, 베니토

나는 일 두체(지도자라는 뜻, 무솔리니의 별명)에 대해 전적으로 무지
하지는 않다. 몇 년 전에 TV 프로그램의 대본을 쓸 때 파시스트 독재
자에 대해 겉핥기지만 조사를 한 바 있다. 당시 나와 친구 릭은 MTV
최고의 교양 프로그램인 〈셀레브리티 데스매치〉의 대본을 쓰는 프리
랜서였다. 유명인을 본뜬 클레이 인형들이 링에 올라 죽도록 서로 두
들겨 패고, 상대방의 내장을 즐겁게 후벼 파는 애니메이션이었다. 첫
시합은 힐러리 클린턴과 모니카 르윈스키 차지였다. 그런데 내가 합
류할 무렵에는 유명인도, 내장 기관도 바닥이 나 있었다(신장을 너무
자주 뜯는 경향이 있으니 비장이나 췌장을 시도해보라는 충고를 들었다).
릭과 나는 이탈리아 혈통의 두 종마, 거위 걸음(무릎을 굽히지 않고 걷
는 것)의 폭군 베니토 무솔리니와 오스카 수상 배우 로베르토 베니니
를 붙여 보라는 임무를 받았다. 그래서 성실하게 무솔리니 뒷조사를
했던 것이다. 그가 언론인으로 경력을 시작한 것을 알고 기분 나빴던

기억이 있다. 내 직업은 이미 존경 받지 못하는 직업 목록에서 통신 판매원과 국제 무기 거래상 사이에 끼어 있다. 제2차 세계대전의 학살자들까지 가세하실 필요는 없다. 내 기억에 남은 것은 그 점뿐이었다. (궁금한 분이 있을까 봐 말씀드리면, 데스매치는 충격적인 결말로 끝났다. 베니니가 무솔리니를 피자처럼 납작하게 날려버렸다. 내가 말했지 않은가. 교양 있는 프로그램이었다고.)

브리태니커 덕분에 나는 무솔리니를 전혀 다른 시각에서 보게 되었다. 무솔리니의 삶을 관통한 한 가지 야릇한 주제, 즉 정부情婦에 대해 알게 된 것이다.

무솔리니는 가난하게 자랐다. 그의 가족은 프레다피오라는 마을의 작고 낡은 팔라조(이탈리아식 주택) 2층의 방 2개짜리 집에서 살았다. 아버지는 대장장이였는데, 브리태니커에 따르면 "대부분의 수입을 첩에게 탕진하여 아이들은 늘 굶주렸다." 베니토는 아버지와 사이가 안 좋았을 것이다. 첩이란 하이힐을 신은 악마의 화신이라고 생각했을 것이다. 베니토는 저녁으로 베르미첼리(파스타의 일종) 몇 가닥이면 감지덕지하는 판국에, 금귀걸이를 하고 비싼 끼안티 와인을 마시는 매춘부들 같으니라고! 분노에 찬 어린 무솔리니는 문제아였으며, 학교에서는 주머니칼로 친구들을 찔렀다.

그러던 1909년, 스물일곱의 나이에 무솔리니는 라첼레 구이디라는 열여섯 살 소녀와 사랑에 빠졌다. 라첼레를 어디서 만났을까? 소개팅에서? 이탈리아 볼링인 보치 게임을 하다가? 아니다. 라첼레는 아버지 정부의 딸이었다. 세상에. 이런 콩가루 집안이 있나. 아버지의 악독한 첩의 자식하고 결혼했다고? (라첼레는 정부의 죽은 남편 소생이

M

었다.) 나는 그 결혼식의 손님 자리 배치는 절대 맡기 싫다. 20세기 초 이탈리아에 〈제리 스프링어 쇼〉 같은 저질 폭로 리얼리티 쇼가 있었다면, 무솔리니 집안이 출연하면 딱인데.

시간이 날 때마다 전 세계적 분란을 일으키고 수백만 명을 억압했던 무솔리니. 그는 어린 시절의 경험을 통해 정부는 나쁘고 고통스러운 존재라는 교훈을 얻었을까? 천만에. 그의 시체가 밀라노의 한 주유소에 거꾸로 매달렸을 때, 옆에 누가 함께 매달렸을까? 그의 정부 클라레타 페타치였다.

나는 클라레타에 대해 알고 싶었다. 알고 보니 클라레타가 무솔리니 아버지 정부의 청소부더라, 하는 식의 꼬인 이야기가 더 있을지 궁금했다. 나는 유혹을 못 이기고 구글에서 검색했다. 브리태니커의 경쟁자, 다소 신용이 떨어지지만 솔직히 백과사전에 없는 사실들을 알려주기도 하는 구글, 그러나 구글도 클라레타에 대해서는 잘 알지 못했다. 그래도 나는 한 가지 이상한 사실을 발견했다. 무솔리니는 1930년대에도 다른 정부를 둔 적이 있었다. 마르게리타 사르파티라는 이름의 이 여성은 미국으로 건너가 베니토의 선전에 힘썼다. 결국에는 윌리엄 허스트가 운영하는 신문사들에 파시스트 지지 칼럼을 쓰는 일자리를 얻었다. 정말 충격적인 대목은, 그녀가 유대인이었다는 점이다.

요컨대 무솔리니는 인간 관계 장애가 있었고, 그것은 아버지 탓이었다. 사람은 아무리 노력해도 자란 환경을 벗어날 수 없다. 파시스트 독재자는 하늘에서 떨어지는 게 아니다. 내 아버지가 정부를 데리고 뉴욕을 활보하지 않아서 다행이다. 내 아버지의 정부들은 독서,

지식, 두꺼운 책들이었다. 그래서 내가 그런 쪽 단점을 물려받긴 했지만, 최소한 명령을 어기거나, 자유 선거를 금지하거나, 스타카토로 연설하는 인간은 되지 않았다.

mutualism
상리 공생

두 생물종이 모두 이득을 보는 협동 관계. 하느님, 고맙습니다. 나는 미덕을 섭취할 필요가 있다. 자연계에 대해 읽으며 미덕을 느끼기는 쉽지 않았다. 자연이 정글이라는 건 알고 있었지만, 그렇게 폭력적이고, 살벌하고, 위험하고, 기만적이고, 살인적인 정글인 줄은 몰랐다. 2,000페이지쯤 읽으면서 나는 동물들의 탁월하고 창의적인 살생 방법을 수십 가지 배웠다. 아귀는 등에 달린 조그만 낚싯대로 작은 물고기를 꾀어 잡아먹는다. 물총고기와 혼동하지 말자. 물총고기는 물총을 발사하여 나뭇잎에 매달린 곤충들을 떨어뜨려 잡는다. 매복노린재도 있다. 앞다리 집게로 나비를 포획하여 체액을 빨아 먹는다. A에서 몇 개 찾아낸 것만도 이 정도다.

나는 뻐꾸기 이야기가 특히 심란했다. 코코아 퍼프 시리얼 광고에 나오는 뻐꾸기를 보면서 과연 뻐꾸기는 성격 장애가 있구나 싶었지만, 이렇게 타락한 녀석일 줄은 몰랐다. 뻐꾸기는 이른바 공격 의태를 한다. 암컷 뻐꾸기는 다른 종의 새 둥지에 몰래 알을 낳는데, 뻐꾸기 알이 그 새의 알과 닮았기 때문에 그 새는 아무 의심 없이 새끼 뻐꾸기를 부화시킨다. 태어난 새끼 뻐꾸기는 배다른 형제자매 알들을 둥지에서 밀어내 죽여버린다. 비열한 새끼.

이렇듯 혼란한 자연계이기 때문에, 공생 항목이 좋을 수밖에 없다.

드디어 자연의 해피 엔딩들을 보게 되었구나. 서로 떨어져서 살 수 없는 흰개미와 흰개미 장 속의 편모 원생생물을 보라. 흰개미가 나무를 먹으면 원생생물이 그것을 소화시키면서 둘은 영원히 행복하게 살았습니다, 끝. 놀래기도 있다. 청소부 물고기인 놀래기는 이빨을 닦을 때가 된 큰 물고기 앞에서 살랑살랑 춤을 춘다. 큰 물고기가 마음을 열고 입을 벌리면, 놀래기가 그 이빨에 낀 것들을 먹어 치운다.

나는 인생의 이런 면에 집중할 필요가 있다. 줄리가 늘 강조하듯 나는 염세주의로 빠져드는 성향을 고쳐야 한다. 나는 물잔이 반이나 비었다고 보는 것이 아니라, 물잔이 반이나 빈 데다가 물에는 세균들이 득시글거리고 컵 가장자리는 지저분하고 물은 빠르게 증발하고 있다고 본다. 줄리는 항상 세상의 좋은 것들을 찾아보라고 충고하는데, 옳은 말이다. 브리태니커에서부터 시작하자. 이 32권의 책 속에는 이해 불가능할 정도로 끔찍한 것부터 감동적일 정도로 경이로운 것까지 모든 생명이 망라되어 있으니, 경이로운 것들을 찾아 찬양해야겠다. 물론 나는 행복한 공생 관계가 하나 있을 때마다 독이 든 침을 뱉는 벌레가 1,000마리쯤 있다는 사실을 안다. 그래도 우울해지느니 환상에 빠지겠다.

Myrrh
몰약

몰약이 이런 것이었구나. 나는 유향이라면 꽤 알고, 금이라면 익숙하지만, 몰약에 대해서는 언제나 신비로운 감정을 느껴왔다. 몰약은 작은 관목에서 얻은 물질로서 방향제 겸 잇몸 치료제로 쓰였다. 됐다, 끝. 이제 나는 M을 마쳤다. 26개 알파벳 가운데 13개를 먹어 치웠다. 세상 모든 지식의 50퍼센트를 알아야 한다.

실은 50퍼센트 이상이다. 브리태니커는 앞쪽에 중점을 두고 있어서, A와 B와 C 부분이 다른 알파벳들보다 길다. 또한 뒷부분에는 Q, X, Y, Z처럼 가까스로 중편소설 하나 분량에 미치는 짧은 알파벳들이 있지 않은가.

그러나 내 마음에는 의혹이 들끓는다. 특히 나의 과학 지식이 의심스럽다. 나는 19세기의 역학적 세계관에 대해서는 속속들이 이해할수 있다. 하지만 일단 렙톤과 파동 입자가 등장하기 시작하면, 어쩔줄을 모르겠다. 단어가 한쪽 눈으로 들어왔다가 다른 눈으로 나간다. 차라리 마케도니아어로 된 비디오 설명서를 읽으라면 읽겠다. 이것은 내가 시대를 잘못 타고났다는 강력한 증거이다. 나는 괴테 시대에 태어났으면 훨씬 좋았을 것이다.

게다가 나는 독서의 가치 전반에 대해서까지 의혹이 든다. 심리철학 항목에서 읽은 존 로크의 시각 장애인 우화가 떠오른다. 한 시각장애인이 진홍색이 어떤 색인지 알고 싶었다. 그는 수십 명에게 진홍색에 대해 물은 뒤, 오랜 시간 숙고하고, 마침내 무엇인지 알겠노라고 선언했다. "그것은 트럼펫 소리 같은 색깔이다." 나는 이따금 걱정스럽다. 내가 그 시각 장애인일까? 문학과 과학과 자연을 실제 경험하지 않고 책으로만 읽는 것은 거짓된 트럼펫 소리를 듣는 게 아닐까? 이럴 시간에 차라리 세상에 나가 몸으로 겪는 게 낫지 않을까?

names
이름

줄리와 나는 아직 생기지 않은 우리 아이의 이름에 관해 대화를 나누었다. 대단한 낙관주의자인 데다가 계획성도 남다른 편인 줄리가 벌써부터 아이의 이름을 거론해봐야 한다고 주장한 것이다. 줄리는 휴대용 개인정보 단말기에 이미 몇 가지 후보들을 저장해놓았다. 맥스, 재스퍼, 카야, 마야 등등. 브리태니커 덕분에 나도 새로운 아이디어를 떠올릴 수 있었다. 저녁 식사가 끝나고 내 아이디어를 말해보기로 했다.

"우리 아이 이름 후보로 괜찮은 게 생각났어."

"오, 그래?"

"크리플드(Crippled, 지체 장애가 있는) 제이콥스가 어때?"

"이런! 끔찍해."

"아니야. 많은 문화권에서 아이에게 악령이 해코지하는 걸 막으려고 일부러 안 좋은 이름을 붙이거든. 지체 장애가 있는 제이콥스, 추악한 제이콥스, 뭐 이런 거지."

"안 돼!"

"악령을 쫓는 이름이라니까."

줄리의 반응이 없었다.

"그러면 모쉬쉬는 어때? 아프리카 남서부의 소토족 족

장으로 국가를 세운 사람이지. 본래 다른 이름이었는데 스스로 이름을 모쉬쉬로 바꿨어. 면도할 때 나는 소리 같지 않아?"

나는 면도하는 동작을 하며 다시 말했다.

"모쉬쉬!"

"안 돼!"

"그럼 어드$_{Odd}$는 어때? 철자는 오우, 디, 디. 어드 하셀이라는 사람이 있는데, 노르웨이 화학자로 노벨상을 받았어."

"오! 그건 괜찮다. 노벨상이라……. 위대하게 들리는걸."

나폴레옹
Napoleon

비로소 나는 이 작은 체구의 거대한 인물에 도착했다. 나폴레옹에 관해서는 이미 많은 걸 알고 있다는 느낌이다. 그도 그럴 것이, 이 프랑스 황제에 관한 이런저런 사항들이 내가 이미 읽은 1만 8,000천 페이지 곳곳에 흩어져 있었기 때문이다. 이를테면 이런 것들이다.

- 토머스 제퍼슨 정부에서 부통령을 지낸 애런 버가 플로리다를 정복하기 위해 나폴레옹을 등에 업으려 했다.
- 나폴레옹은 유대주의자였다. 혹은, 적어도 "고대에 이스라엘 영역이었던 곳에 유대인 국가를 세우려는 생각"을 했다.
- 나폴레옹 전쟁의 전비가 워낙 엄청나게 들어서, 영국은 전비를 마련하기 위해 최초로 소득세를 부과했다.
- 니콜라 쇼뱅이라는 프랑스 군인은 나폴레옹을 신처럼 숭배한 탓에, 쇼비니즘(맹목적이고 광신적이며 호전적인 애국주의)이라는 단어에

이름을 남길 수 있었다.

- 나폴레옹은 정찰 목적으로 기구氣球를 사용했고, 니콜라 콩테(근대적인 연필을 발명한 인물이기도 하다)를 기구 정찰 부대 대장으로 임명했다.

- 나폴레옹은 조세핀과 헤어지고 싶어질지도 모른다고 생각했다. 이 영리한 황제는 결혼식에 교구 신부를 참석시키지 않았다. 이혼을 금하는 가톨릭 교리의 족쇄를 교묘하게 피하고 싶었던 것. 결국 나폴레옹은 골치 아픈 이혼 절차 없이 조세핀을 내칠 수 있었다.

- 나폴레옹은 조각가 안토니오 카노바에게 고전적 남성 누드 양식으로 자신의 거대한 상을 만들라 명했다. (이거 참 놀랍다. 조지 W. 부시가 자신의 누드상을 만들게 한다면? 혹시 클린턴이라면 또 모르겠다. 오늘날의 정치 지도자들은 자신의 젖꼭지가 드러나는 걸 원하지 않을 것이다.)

- 나폴레옹의 여동생은 오스트리아 재상 메테르니히와 동침했다.

- 나폴레옹은 약 1,320제곱미터당 1센트의 가격으로 당시 미국 영토 전체 넓이에 해당하는 땅을 토머스 제퍼슨에게 팔았다.

나폴레옹에 관한 사소하다면 사소한 이런 정보들을 알고 있다는 게 나는 기분 좋다. 이 점이 내가 어떤 사람인지 말해주는 건지도 모른다. 그렇다. 나는 역사의 부스러기에 끌리는 사람이다. 아니면 내가 매일 이렇게 브리태니커에 열중하고 있다는 걸 정당화하려는 심리일 수도 있다. 사실 나는 보나파르트 관련 지식 더미에서 뭔가 더 대단한 것을 알고 싶다. 사소해 보이는 사항들이 역사 속에서 서로 어떻게 얽혀 있는지 알고 싶단 말이다. 나폴레옹은 단지 19세기 유럽 여러 나라의 동맹 관계에만 영향을 미친 게 아니다. 그는 소득세에도, 기구에도, 심지어 내 부모님의 농담거리에도 영향을 미쳤다. 80년대에 나의 아버지의 별명은 남성 쇼비니스트 돼지였다. 매년 생일 때마다 친지들은 아버지에게 돼지 관련 선물을 하곤 했다. 돼지 모양의 양념통 같은 것 말이다.

나폴레옹 항목 자체로 말할 것 같으면, 뭔가 대단한 건 없지만 그런대로 괜찮았다. 그는 영리한 장군이었고, 교황과는 그리 친한 친구 사이가 아니었으며, 볼테르를 좋아했다. 결론적으로 나는 나폴레옹의 금화 더미가 더 심원한 의미를 지니고 있다고 확신하는 바이다.

Nation, Carry
네이션, 캐리

금주 운동에 전투적으로 헌신했던 6척 장신의 여성이다. 자신의 트레이드마크라 할 손도끼를 들고 살롱이나 바를 급습하곤 했다. 브리태니커에 따르면 "그녀는 우애 조합, 담배, 외국 음식, 코르셋, 부적절한 길이의 치마, 당시 살롱이나 바에 흔히 걸려 있던 여성의 몸을 많이 보여주는 예술 작품 등에 대항해 싸웠다." 담배와 짧은 치마는 어느 정도 수긍이 가지만, 외국 음식이라고? 그게 뭐가 나쁘다는 거지? 도대체 외국 음식이 문제가 될 게 뭐란 말인가? 캐리 네이션이 지금까지 살아 있지 않은 게 천만다행이다. 도끼 날의 위협 없이 외국산 채소를 마음대로 먹을 수 있는 지금 세상이 좋다.

national park
국립공원

줄리와 나는 이스트햄프턴에 있는 부모님 댁에서 주말을 보냈다.

멋진 나무 마루와 고전적 양식의 현관, 그리고 수많은 버펄로 장식품이 있는 좋은 집이다. 부모님 집의 주요 장식 모티프가 바로 버펄로라 해도 좋을 것이다. 버펄로 머그잔, 버펄로 사진, 버펄로 상징물 등등.

가히 버펄로의 습격이라 할 이런 집안 꼴은 아버지의 장난, 내가 신물이 나도록 자주 들은 장난에서 비롯됐다. 부모님의 친구인 오델 가족이 이스트햄프턴에 집을 샀을 때, 부모님은 한 가지 일을 꾸몄다. 미국 정부의 공식 문서처럼 꾸민 서류를 오델 가족 앞으로 보낸 것이다. 서류의 내용인즉, 오델 가족이 매입한 땅은 미국 국립공원청에 의해 멸종 위기에 놓인 버펄로를 방목하는 지역으로 지정되었다는 것이다. 아버지는 전문성을 살려 법률 용어를 그럴듯하게 써넣었고, 서명도 관료적인 분위기가 물씬 풍기는 이름으로 했다.

그러나 오델 가족은 문제의 서류를 믿지 않는 눈치였고, 이에 따라 부모님은 다음 단계 작전에 들어갔다. 이번에는 배우로 활동한 적이 있는 이모를 등장시켰다. 이모는 사파리 복장을 하고 불시에 나타나 오델 가족에게 버펄로 방목을 위해 집을 비워줄 것을 요청했다. 그러나 만만치 않은 오델 가족은 현관 문을 쾅 닫아버리고 경찰을 불렀다. 이모는 작전상 철수할 수밖에 없었다. 우리 부모님은 주로 이런 방식으로 논다.

그런 일을 누가 꾸몄는지 짐작하게 된 오델 가족은 들소고기 육포를 잔뜩 보내왔다. '이거나 먹어라!' 하는 메시지인 셈. 이 일을 계기로 두 집안은 버펄로 관련 물건 구매 전쟁을 벌였다. 버펄로 관련 물건을 사서 상대방에게 보내는 전쟁이었으니, 전쟁치고는 참 기묘했다. 가장 격렬한 공격은 오델 가족이 퍼부었다. 우리 부모님이 피가 떨어지는 버펄로 시체를 보게 될 줄이야!

여하튼 줄리와 나는 토요일 점심시간에 맞춰 부모님 댁을 찾았고, 버펄로 그림 장식 접시에 담긴 요리를 먹고 버펄로 그림 장식 컵에 따른 음료를 마셨다. 사정이 이러니 내가 버펄로 관련 지식을 쏟아낼 수밖에. 나는 뉴욕 주 버펄로 시의 이름이 동물 버펄로에서 딴 게 아니라는 걸 지적했다. 버펄로에는 버펄로가 없기 때문이다. 이에 관한 가장 유력한 주장은, 버펄로 시의 이름이 프랑스어 문구 '보 플뢰브 beau fleuve', 즉 아름다운 강에서 비롯되었다는 것이다. 이야기하다 보니 나의 버펄로 관련 지식도 동이 났고, 아역 스타에 관한 이야기를 하게 되었다. 아버지가 말했다.

"〈브래디 번치〉(1969년부터 5년 동안 미국 ABC 방송에서 방영됐던 TV 시트콤)에 출연했던 아역 배우들 가운데 포르노 스타가 된 사람이 있지."

그래? 하지만 아버지 말씀이 맞는지 잘 모르겠다. 그런데 줄리는 틀리다는 걸 알고 있었다. 오호! 〈브래디 번치〉 관련 지식을 놓고 줄리와 대결하지는 말아야지.

"아버님, 아니에요. 그 시트콤에 출연했던 아역 배우들이 지금 뭐 하는지 다 말씀드릴 수 있어요. 포르노 스타가 된 사람은 없어요."

줄리에 따르면 신디는 운동화 디자이너가 됐고, 바비는 카메라맨이 됐고, 마셔는 몇 년 전에도 시트콤에 출연한 적이 있다. 대단한걸! 줄리가 아역 스타들의 인생 궤적을 계속 추적하고 있었다니. 많은 영역에서 아버지가 줄리와 나보다 훨씬 더 많이 알고 똑똑할 것이다. 그러나 시트콤은 그런 영역이 아니라는 게 보기 좋게 증명됐다.

니츠풋 오일

가축의 발을 끓여 추출한 엷은 노란색 기름으로, 주로 가죽을 처리하는 데 쓴단다. 지금 살구를 넣은 과일 롤을 먹고 있는 데 엷은 노란색이다. 설마…… 아니겠지.

신경계

뇌 손상에 관한 자세한 정보가 나온다. 정말 자세하다. 20대 이후 사람은 하루에 5만 개의 뇌세포를 상실한다. 당신이 바로 지금 이 문장을 읽고 있는 순간에도 얼마나 많은 뇌세포를 잃고 있는지 생각해보라. 그 생각을 하는 동안에도……. 맙소사! 그나마 지금의 내 뇌세포가 휴대용 개인정보단말기로 빨리 계산할 수 있는 양이라는 게 다행이다. 어디 보자. 스무 살 생일 이후 나는 3,000만 개의 뇌세포를 잃었다. 3,000만! 그래도 아직 100억이 훌쩍 넘는 뇌세포를 갖고 있으니 다행이다. 일산화탄소로 내 뇌가 손상될지도 모른다는 두려움에 휩싸여 있던 시절에 이 정보를 몰랐던 것도 지금 생각하면 다행이다. 더구나 이 정보는 브리태니커 작전 수행의 좋은 동기이기도 하다. 줄어드는 뇌세포를 새로운 지식으로 보충해야지.

새해

인도에는 쌀을 끓이는 신년 의식이 있다. 태국에서는 사람들이 서로에게 물을 끼얹는다. 페루에서 태어난 매형 윌리 덕분에 브리태니커에 나와 있지 않은 신기한 신년 의식을 알게 됐다. 고마운 매형! 페루에서는 새해가 되면 여성들이 노란 속옷을 입는다는 거 아닌가.

뉴턴, 아이작

브리태니커를 통해 스스로 재교육을 받기 전에도 나는 아이작 경에 관한 기본적인 것들을 알고 있었다. 영국 과학자, 이신론자, 중력 발견자, 떨어진 사과에 맞은 사람, 기타 등등. 브리태니커는 유명한 뉴턴의 사과 이야기가 확증할 수 없는 전설에 가깝다고 언급한다. 나는 뉴턴이 중력 이론을 창안하는 데 영감이 되어준 것이, 떨어지는 과일보다 더 흥미로운 것이라는 사실을 알게 되어 기쁘다.

뉴턴은 6년 동안 스스로 사회와 고립되어 지내는 동안 중력 이론을 고안해냈다. 그것은 1678년의 일로, 당시 뉴턴은 신경쇠약에 시달린 나머지 집에 칩거 중이었다. 그렇다. 사실 뉴턴은 괴팍한 데다가 화를 잘 내고 성격이 무척이나 까다로운 과학자였던 것이다. 브리태니커는 이런 표현을 사용한다. "두드러진 정신 이상적 성향."

뉴턴이 겪은 불화 가운데는 철학자 존 로크와의 불화도 있다. 뉴턴은 로크가 자신을 "여자 문제에 말려들게 하려 했다"는 다분히 편집증적인 내용의 편지를 로크에게 보냈다. 또한 뉴턴은 독일 철학자 라이프니츠를 증오했다. 뉴턴과 라이프니츠는 미적분을 누가 먼저 고안해냈는가를 두고 다퉜다. 뉴턴은 라이프니츠를 깎아내리는 데 엄청나게 많은 노력을 쏟아 부었고, 라이프니츠가 세상을 떠난 다음에도 뉴턴의 공격은 멈출 줄 몰랐다. 브리태니커는 이렇게 설명한다. "그 시기부터 뉴턴이 쓴 어떤 주제에 관한 그 어떤 글이라도, 라이프니츠를 맹렬하게 공격하는 문장이 들어 있지 않은 글은 없다고 해도 지나친 말이 아니다. 결국 뉴턴이 세상을 떠남으로써 라이프니츠에 대한 뉴턴의 분노와 비난이 멈추었다."

중력 이론으로 돌아가보자. 본래 뉴턴은 세계를 당구공들이 서로 충돌하고 있는 곳으로 보는, 17세기의 전형적인 기계론적 과학자였다. 그러나 뉴턴은 칩거하면서부터 연금술과 마법에 관한 책에 빠져들었다. 그 대부분은 이단으로 지목되는 비의적 전통에 속하는 책들이었다. 뉴턴은 직접 그런 책들을 필사하기까지 했다. 그 책들은 하나의 물질이 다른 물질들과 직접 닿지 않고서도 서로 영향을 주고받을 수 있으며, 신비적으로 공감하고 소통하거나 배척하고 밀어낸다고 주장한다.

이런 비상식적인 생각이 뉴턴으로 하여금 일종의 지적 도약을 가능케 했다. 그게 바로 그의 사과였다고나 할까. 뉴턴은 그런 신비한 힘에서, 서로 멀리 떨어져 있는 것들 사이에 작용하는 끌리는 힘과 밀어내는 힘을 생각해낸 것이다. 이것이 점차 만유인력 이론으로까지 발전했다고 할 수 있다.

이거 놀랍다. 합리적 질서를 갖춘 우주에 대한 비전을 제시한 뉴턴. 그런 뉴턴이 이상한 마술적 비의를 다룬 책의 도움이 없었으면 그런 비전을 생각해 내지 못했을 것이라니 말이다. 여기에서 얻을 수 있는 교훈? 그렇다. 나는 좀 더 열린 마음을 가져야 한다. 비정통적인 사고방식이나 관념에 대해서도 너그러워야 한다. 그런 것들 가운데 가장 어처구니없어 보이는 것이라도 심원한 이론의 영감이 되어줄 수 있다. 유대교 신비주의 전승 카발라, 타로 카드, 매일 아침 태양을 2분간 응시하는 게 건강에 도움이 된다고 믿는 버클리에 사는 내 고모의 뉴에이지 사고방식, 이런 것들을 완전히 무시해서는 안 될 것 같다. 아니다! 아무리 생각해도 고모의 생각은 무시해야 할 것 같다.

논픽션 산문

일요일 아침, 아버지는 우리 부부를 해변으로 초대하셨다. 아버지는 해변을 좋아하신다. 정확히 말하면 아버지는 해변에 앉아 있는 걸 좋아하신다. 날씨도 문제될 게 없다. 원반던지기 놀이에는 관심이 없으시다. 아버지는 해변 의자에 앉아 일하는 걸 좋아하신다. 당신의 전문 분야인 법률 서적을 집필하거나 엄청나게 두꺼운 책을 읽으시면서.

당신 세대의 많은 사람들과 마찬가지로 아버지는 내가 머릿속에 쑤셔 넣고 있는 잡다하고 피상적인 정보가 아니라, 피가 되고 살이 되는 진짜 정보를 소중하게 여긴다. 아버지는 고대 유대 예언서인 《에스겔서》 같은 책을 해변에서 읽으신다. 언젠가 어머니는 티셔츠에 아버지의 이미지를 이렇게 그려 넣으셨다. 드넓은 바다 한가운데 아버지의 모자가 둥둥 떠 있는 모습. 하도 독서에 열중하다 보니 물이 해변으로 밀려와 당신을 삼켜버리는 것조차 느끼지 못하시리라는 것. 그 순간 아버지는 《묵시록》을 읽고 계실지도 모르겠다. 그런 순간에도 아마 아버지는 책에 묻은 물을 닦아내시고 바다가 피로 변한다는 식의 묵시록적 해석을 내린 뒤, 다시 해야 할 일에 열중하실 것이다.

아버지는 나의 약점과 같은 약점을 보여주신다. 우리 부자는 지식과 정보를 무던히도 좋아한다. 실제 경험보다도 지식과 정보를 더 선호하는 경향마저 없지 않다. 우리가 유럽 여행을 할 때 아버지는 두꺼운 여행안내 책자를 늘 지니고 다니셨다. 예컨대 로마의 판테온을 둘러볼라치면 아버지는 책을 들어 판테온의 역사에 관한 부분을 큰 소리로 읽으셨다. 책을 내리고 정확히 3초에 걸쳐 판테온을 쓱 보신다. 그리고 즉시 다음 페이지를 펼친다. 나도 이 점에서 아버지를 닮았다. 아버지에게 어떤 새로운 정보를 말씀드릴까? 아버지처럼 해변을 좋아하는 건 아니지만, 브리태니커의 파도 항목에는 그럴듯한 정보가 많다. 파도의 골 깊이가 파도 높이의 1.3배가 되었을 때 파도는 부서진다.

norms
규범

줄리와 나는 JFK 공항의 알리탈리아 항공사 카운터 앞에 줄 서 있다. 우리의 친구 릭과 일레인이 전몰자 추도기념일에 올리는 결혼식에 참석하러 이탈리아로 떠나려는 것이다.

나는 보안 문제로 걸리지 않을까 걱정이다. 세 권의 두꺼운 브리태니커가 엑스레이 기계를 통과하면서 빨간 불이 켜지지 않을까? 일종의 휴가 여행의 동반자로 삼기에는 부적절한 책이 틀림없지 않은가 말이다. 그러나 다행히도 알리탈리아는 지식과 학문을 존중하는 항공사인 것 같다. 무사 통과!

N 항목을 계속 읽다가 브리태니커를 좌석 주머니에 넣고 잠을 청했다. 잠이 들고 90초쯤 지났을까? 코 고는 소리, 바로 그것이었다. 내 좌석에서 두 줄 뒤, 그러니까 17열 D좌석에 코를 골며 자는 사람이 있다. 그런데 이건 일반적인 소리가 아니다. 비행기 제트 엔진에서 나는 소리와 비슷한 데시벨이다. 그 사람의 코 고는 소리 박자에 맞춰 비행기 창문 가리개가 오르락내리락하게 될지도 모른다. 나와 줄리가 차례로 말했다.

"이럴 수가."

"와우!"

나는 살짝 일어나 뒤를 돌아보았다. 그곳에 그가 있다. 우람한 체구에 토마토처럼 벌건 얼굴빛을 하고 입을 떡 벌린 채 꽉 끼는 노란색 탱크톱을 입고 있다. 나 혼자가 아니다. 주변의 다른 사람들도 나처럼 이 범상치 않은 음향 현상의 원인 쪽을 쳐다본다. 그 사람을 중심으로 앞뒤 7열에 앉은 사람들이 잠을 이루지 못하는 형편이다. 스튜어디스가 다가오자 내가 조용히 말했다.

"저 남자 좀 깨울 수 없나요?"

이탈리아 억양이 섞인 친절한 대답이 돌아왔다.

"죄송합니다. 저희는 주무시는 손님을 깨울 수 없습니다."

"하지만 저 남자를 뺀 다른 승객들이 잠을 못 자고 있어요."

"안전상의 문제가 아니라면 저희는 주무시는 손님을 깨울 수 없습니다."

"그래요? 수면무호흡증이 얼마나 위험한지 아세요? 뇌가 산소 공급을 받지 못하면 위험하단 말입니다."

그러나 스튜어디스의 태도는 요지부동이다.

"죄송합니다만, 손님이 직접 깨워보시는 게 어떨까요?"

그 말을 남기고 스튜어디스는 제 갈 길을 간다. 제기랄! 코 고는 남자의 급소를 콱 찌르고 얼른 달아날까도 생각해봤지만, 멀리 떨어져 그 남자를 저주하는 게 최선의 전략이라 판단하고 말았다. 2, 3분마다 한 번꼴로 코 고는 소리가 들리지 않을 때마다 이제 그만 하려나 기대해봤지만 허사다. 미칠 지경이다. 세상의 그 많은 지식으로도 이 문제 하나를 해결할 수 없다니. 이럴 때 내 지식이 도움을 주는 방식은 별다른 게 아니다. 나는 코 고는 상황을 역사적이고 철학적인 틀을 통해 생각하기 시작한 것이다. 줄리에게 말했다.

"이건 고전적인 윤리적 딜레마에 해당하지. 고전적인!"

줄리는 내 말을 계속 듣는 게 코 고는 소리를 듣는 것보다 조금은 더 나을지 아닐지 판단이 서지 않는 눈치였다. 여하튼 나는 말했다.

"나는 이 문제에 관해 윤리학_{ethics} 항목에서 읽었어. 우리는 지금 전형적인 공리주의 대 의무론 상황에 처해 있는 거야."

"어떻게 그렇지?"

내 설명은 대략 이러했다. 잘 알려져 있다시피 공리주의는 최대 다수의 최대 행복을 주장한다. 그렇다면 우리는 저 남자를 깨워야 한다. 공리주의 철학자 제러미 벤담이 지금 알리탈리아 항공사 승무원복을 입고 식음료 카트를 굴리고 있다면, 나는 당장 일어나 뜨거운 에스프레소를 저 남자의 목구멍에 부어서라도 비행기 안의 최대 다수의 최대 행복을 확보할 수 있을 것이다.

그러나 의무론자라면 그대로 자게 놓아둘 것이다. 그들은 개인의 권리를 우선시하기 때문이다. 불행하게도 이 비행기 승무원들은 의무론자들이다. 의무론자들은 말할 것이다. 구명선에 탄 모든 이가 굶주려 죽기 일보 직전이라 하더라도, 그중 가장 병약한 사람을 죽여 그 살을 먹어 생명을 유지할 권리는 그 누구에게도 없다고. 내 말에 줄리가 약간의 관심을 보였다.

"당신은 어느 쪽인데?"

"난 우리가 저 코 고는 녀석을 깨워야 한다고 생각해. 그러니 난 공리주의라고 할 수 있겠지?"

"오호!"

"단, 나 자신이 코 고는 상황이 아니라면. 이렇게 보면 난 의무론자야."

줄리가 웃었다. 그러나 난 농담을 한 게 결코 아니다. 난 타인에 대해서는 공리주의자고, 나 자신에 대해서는 의무론자다. 분명한 건, 내가 윤리 부문에서 진전을 보였다는 사실이다. 여하튼 나는 윤리학 이론을 현실에 적용해 구분하고 생각할 수 있게 된 거다. 그 점이 내 기분을 조금은 낫게 해준다.

North Italy
북부 이탈리아

나는 브리태니커가 《영어-이탈리아어 사전》을 훌륭하게 대체해줄 수 있기를 바랐다. 안초비가 들어 있지 않은 피자를 주문하고 가까운 택시 승강장이 어디 있는지 물어보는 데 브리태니커가 도움을 주기를 바란 것이다. 그러나 그런 행운은 없었다. 물론 브리태니커에도 당장 써먹을 수 있는 외국어 표현의 번역이 실려 있기는 하지만, 이탈리어는 아니다.

영어: Let us move indeed to the west cross the creek(강 건너 서쪽으로 데려다주세요).

북미 호칸 원주민 언어: Yabanaumawildjigummaha' nigi.

영어: The girl ate mush and three biscuit but she wasn't

satisfied(소녀는 옥수수 죽과 비스킷 세 개를 먹었지만 아직 배가 고프다).

미국 동남부 해안 및 섬에 살던 흑인 노예들의 방언: Uma-chil' nyamnyam fufu an t'ree roll-roun, but' e ain't been satify.

영어: You are going to remain lying down(너는 계속 누워 있을 거야).

아이티크리올어: T-ale reste Kushe.

영어: I have good friends(난 좋은 친구들을 두었다).

에스페란토: Mi havas bonajn amikojn.

지식의 보고 브리태니커가 왜 하필 이런 문구들을 택했을까? 물론 쓸모 있을지도 모른다. 호칸 사람들이 사는 곳 건너편에 있는 스타벅스로 커피 한잔 마시러 가려는데 샛강이 가로놓여 있다면 말이다. 사실 이런 농담할 처지가 아니었다. 이탈리아는 아름다운 곳이기도 하거니와, 무엇보다도 음식이 맛있는 곳이지 않은가. 브리태니커 작전을 시작한 이후 이렇게 무기력한 느낌은 처음이다. 우리가 머물 베네치아의 호텔을 찾아가는 데만도 온갖 손짓 발짓에, 되지도 않는 이탈리아어에, 지도를 펼쳐 보기가 수십 번이었다.

내 기분은 친구 피터와 샤론 부부와 그들의 아기를 만나면서 더 악화됐다. 그들은 우리 부부와 며칠을 함께 보내기 위해 런던에서 날아왔다. 피터는 큰 키에 이목구비가 뚜렷하고 영리한 세금 전문 변호사다. 몸짓을 보고 단어를 알아맞히는 게임을 할 때면 피터는 80년대 팝 스타나 MTV 브이제이 이름이 아니라 잘 알려지지 않은 역사적인 인물을 문제로 내곤 했다. 피터는 이탈리아어를 능숙하게 구사했다. 식당에서 줄리와 내가 주문하느라 곤란을 겪을 때면 피터는 모음을 굴려가며 정신없이 빠른 이탈리아어로 웨이터와 몇 분간 떠들곤 했다. 웨이터는 십년지기라도 만난 듯 크게 웃으며 피터의 몸을 툭툭 건드리며 친근감을 표시하기까지 한다. 그리고 피터는 아무 일도 없었다는 듯 자리로 돌아온다. 무슨 말을 주고받았는지 알려주지도 않는다. 도대체 뭘 지껄인 거야? 혹시 웨이터에게 이런 말을 한 게 아닐까? "나와 한 테이블에 앉은 저 남자가 비천한 유대인이라는 거 알아? 한번 자세히 봐. 정말이니까."

이탈리아에서 사람들이 보통 그렇듯이, 우리는 먹는 데 많은 시간을 보냈다. 피자, 피자, 정말 피자도 가지가지다. 피터와 샤론 부부의 아기 샘은 태어난 지 6주밖에 안 됐다. 샤론의 가슴에 들러붙어 큰 소리로 호칸 원주민 언어 같은 말을 구사한다. 샤론이 말했다.

"샘! 여기 봐, 여기 봐, 엄마 봐!"

샘의 눈길이 엄마 샤론을 향하는 듯싶더니 곧바로 천장을 향한다. 내가 끼어들었다.

"샘의 눈길을 사로잡으려면 좀 더 붉은색 옷을 입어야 할 겁니다. 유아들은 붉은색에 더 집중하는 경향이 있거든요."

내 말을 입증해줄 수 있는 물건을 찾아보니 마침 냅킨이 붉은색이었다. 나는 샘의 얼굴 바로 앞에 냅킨을 갖다 대고 샘이 주목할 때까지 흔들어 댔다.

"보이지?"

나는 브리태니커의 육아 관련 항목에 각별한 주의를 기울여왔다. 줄리와 내가 아이를 키우게 될 때를 대비해서 말이다. 샤론은 내 조언을 참고하겠노라 말했다. 내가 다시 말했다.

"샘이 충분한 양의 비타민 K를 섭취하고 있겠죠? 유아의 대장에는 비타민 K를 만드는 데 필요한 박테리아가 없거든요."

"그래요? 샘은 모유를 먹고 있어요."

"그건 상관없어요. 비타민 K 보충이 필요할 걸요."

"으흠, 그렇군요."

"귀여운 샘! 그렇지? 아저씨 말이 맞지?"

나는 아기의 발바닥 바깥쪽을 살살 건드렸다.

"샘, 간지럽니?"

샤론이 내 말을 받아 말했다.

"샘! 제이콥스 아저씨가 널 간질이지?"

"사실은 지금 난 샘을 간질이고 있는 게 아닙니다. 바빈스키 반사 테스트를 하고 있는 거죠." 아기의 발바닥 바깥쪽을 비비면 엄지발가락이 위로 치켜지고 다른 발가락은 부채꼴로 벌어지는 반사 현상이다. 아기들에게서 흔히 볼 수 있는 현상으로 병적인 것은 아니다. 샘도 반응을 보였다.

"자, 봐요. 이게 바빈스키 반사라는 겁니다. 생후 4개월이 지나면 없어지니 걱정하지 않아도 돼요."

줄리와 내가 아이를 가질 수 없다 해도, 아이를 키우는 친구들보다 육아 지식에서는 뛰어나다는 걸 보여줄 수 있으리라. 점심을 먹고 우리는 베네치아 대운하 변에 있는 페기 구겐하임 미술관에 갔다. 단연 멋지다. 미술관 정원에는 수집가 페기 구겐하임이 생전에 끔찍이 사랑했던 자신의 열네 마리의 개 무덤에 둘러싸여 묻혀 있다.

미술관을 걷다가 피터가 손을 뺨에 대고 그림을 뚫어지게 바라본다. 그렇다. 그는 지금 예술을 감상하고 있는 것이다. 나는 슬쩍 질투가 났다. 브리태니커 덕분에 예술사 지식을 다소 향상시킬 수는 있었지만, 아직까지 한 작품 앞에 오래 머무르며 감상할 수준은 결코 못 된다. 피터가 넋을 잃고 보는 게 뭐지? 지금 안 보면 그림이 어디 다른 데 가기라도 하나? 그림이 다른 데로 안 간다는 걸 모르나? 이 그림들은 80년 동안 그 자리에 있었는데 말이지. 하긴 나 같은 문외한이 뭘 알겠는가. 피터는 지금 그 무언가를 보고 있다.

미술관은 페기가 살던 집에 자리 잡고 있다. 페기의 거실에는 콘스탄틴 브란쿠시의 유명한 작품 〈공간 속의 새〉가 전시돼 있다. 그가 1920년대에 완성한 이 추상적인 작품은 그 모양이 새라기보다는 동으로 만든 당근 같다. 순간 갑자기 이 작품에 관한 정보가 떠올랐다. 예술을 감상할 줄 아는 피터와 이 정보를 나누어야지.

"그거 혹시 알지 모르겠네? 브란쿠시가 이 작품을 미국으로 가져가려다가 곤란을 겪었지. 미 정부는 브란쿠시가 산업용 부품을 미국으로 밀반입하려 한다고 고소했거든."

"그거 정말이야?"

"그렇다니까. 브란쿠시는 체포당할 뻔했어."

"그거 놀라운 사실인데."

피터는 정말로 놀라는 눈치였다. 그리고 나에게 뭔가 배웠다는 걸 행복해하는 눈치였다. 아! 그렇다. 피터는 틀림없이 나보다 훨씬 더 나은 사람이다.

number game
숫자 놀이

브리태니커를 읽는 건 외롭고도 긴 여행이 될 수 있다. 그렇다. 나는 알고 있다. 자발적으로 나선 나의 브리태니커 여행에 대해 가족과 친구들이 그다지 공감하지 않는다는 걸. 나 홀로 수행하는 외로운 임무. 지금 나는 호텔 방 침대에 누워 있다. 줄리는 잠든 지 한 시간이 지났다. 음악도 없고 TV도 없고 침묵 속에서 읽는다. 브리태니커와 나만 깨어 있다. 나는 이런 문장들을 힘겹게 통과하고 있는 중이다. "퇴적물이 암석으로 변해가는 과정 중에, 마그네슘 성분이 든 방해석 方解石은 보다 순수한 방해석으로 안정화되면서, 백운암의 결을 나타내기도 한다." 이런 걸 읽으며 아직 잠들지 않고 있다니.

그냥 건너뛰고 싶은 생각이 든다. 사실 나는 몇 차례 건너뛴 적이 있지만, 그때마다 죄의식을 느끼면서 후프 스커트(버팀대가 든 치마)나 허버트 후버 대통령처럼 나의 건너뛰기에 희생당한 항목으로 되돌아가고 싶다. 그러나 점잖게 건너뛰었다고 해두자. 어쨌든 나는 스스로 즐거워할 수 있는 것들을 브리태니커에서 찾을 줄 안다. 브리태니커를 즐기는 데 선수가 되었다고 할까. 이를테면 나는 여러 가지 게임을 나름대로 고안해보기도 했는데, 여기 그 가운데 세 가지가 있다.

1. 양탄자 숫자 세기 게임: 브리태니커에는 양탄자 무늬가 정말 많이 나온다. 박티아리Bakhtiari, 발로치Balochi, 베르가마Bergama, 비자르Bijar,

보카라Bokhara 기타 등등. 중동의 어느 큰 시장에서 잘 정리된 카펫 품목 명세서를 보는 것 같다.

2. 누가 누구를 닮았나 게임: 브리태니커에 실려 있는 많은 흑백 사진에 바탕을 둔 게임이다. 이를테면 18세기 프랑스 학자 퍼민 아보지는? 배우 케빈 스페이시를 닮았다. 18세기의 유명한 비올라 연주자 칼 아벨은? 배우이자 코미디언 드류 캐리를 쏙 빼닮았다.

3. 최악의 통치자 경쟁 게임: 브리태니커에는 나쁜 통치자들이 가득하다. 중앙아프리카공화국의 장-베델 보카사는 나폴레옹을 끔찍이도 흠모한 나머지 황제 대관식 행사 비용으로 2,000만 달러를 써버렸고, 이는 국가 재정 파탄의 한 요인이 됐다. 그는 교복 강제 착용에 항의하는 중고교생 시위 참가자들 가운데 200여 명을 죽이기까지 했다. 정말 나쁜 놈이다. 그러나 C 항목에 보카사 황제의 강력한 경쟁자가 등장한다. 기원전 12세기 중국 상나라의 주왕紂王이다. 주왕은 총애하는 여인을 즐겁게 하기 위해 술로 가득 채운 연못을 만들었고, 벌거벗은 남성과 여성들로 하여금 나체로 놀게 했으며, 고기를 매달아 숲을 만들기도 했다. 주왕은 악행에서 나름의 창의성을 발휘한 셈이지만, 다른 나쁜 왕들과 비교했을 때 특별히 이상하다 할 것도 없다. 브리태니커의 각 알파벳 항목마다 그런 놈들이 등장한다.

브리태니커는 수백 페이지를 읽을 때마다 위와 같은 종류의 새로운 게임을 고안할 수 있게 해주거나, 특이한 게임을 알려준다. C 항목에서는 정말로 풀리지 않는 〈뉴욕 타임스〉 십자말풀이도 나온다. 펜을 들어 브리태니커 해당 페이지 공란에 써가며 한번 풀어 보시기를. 그리고 본래 일종의 수수께끼 맞히기를 일컫던 말인데 지금은 다른 사람의 몸짓을 보고 말을 맞히는 게임을 가리키는 말로 쓰이는 샤레이드 항목에는 이런 게 나온다. "처음은 타타르 / 두 번째는 글자 하나 / 전부는 어떤 나라 / 명절 음식." 아시겠습니까? 투르크Turk 그리고 이E, 그러니까 터키(Turkey, 추수감사절 음식 칠면조도 터키임)! 그렇다. 그게 정답이다. 그리고 지금 나는 13페이지 분량에 달하는 숫자 게임 설명 부분을 읽고 있는 중이다. 이를테면 "기분 전환용 오락"을 제공한다는 흥미로운 숫자 패턴도 나온다.

$$3 \times 37 = 111$$
$$6 \times 37 = 222$$
$$9 \times 37 = 333$$

남아프리카 공화국의 내륙 고원 카루의 페름-트라이아스기 암석층에 관한 설명 같은 걸 읽다가 이런 흥미로운 내용을 접하다니. 그러나 이런 행운도 잠시뿐이다. 숫자 게임 다음에는 정수론에 관한 지겨운 설명이 기다리고 있다. 정수론에서 뭔가 재미있는 것과 만나리라는 기대는 접어야지.

numismatics
화폐학
금이나 은으로 주화를 만들던 시절로 돌아가 보면, 돈을 훔친 도둑들은 그 가장자리를 깎아 녹이곤 했다. 이를 막기 위해 조폐국은 주화 가장자리를 톱니 모양으로 만들기 시작했다. 25센트 주화에 얽힌 뒷이야기라 하겠다. 일종의 보안 수단이 미적으로도 진전을 가져올 수 있다는 하나의 사례이기도 하다.

nursery rhyme
자장가

"잭은 그랬는데 질은 그랬어요" 하는 자장가에 관해 내가 알게 된 마음에 드는 정보. 사실은 '잭과 질Jack and Jill'이 세금 문제와 깊은 관련이 있단다. 어떤 의미에서는 세금에 관한 넓은 의미의 비유나 풍자라 할 수 있다. 잭과 질은 옛날 영국의 척도였다. 찰스 1세가 판매세 세수를 늘리기 위해 본래 2온스였던 잭의 단위를 줄이자, 잭의 두 배로 정해져 있던 질의 단위도 자동적으로 줄었다. 으흠, 어린이들은 세금 이야기를 좋아하나 보지. 부시 대통령이 연방 정부가 부과하는 유산세를 폐지하는 데 성공한다면 뭔가 새로운 자장가가 나오지 않을까?

Nyx
닉스, 그리스 신화의 밤의 여신

닉스는 밤을 여성화시킨 것이라 할 수 있다. 지금은 새벽 5시. 닉스의 시간이 서서히 지나가고 있다. 그리고 지금 나는 베네치아의 별다를 것 없는 호텔 방에 있다. 베네치아. 아마 세계에서 가장 아름다운 도시이리라. 날렵하게 빠진 보트가 가득하고, 줄무늬 셔츠를 입은 남성들과 이색적인 사람들로 넘쳐난다. 지난밤 줄리와 샤론과 피터는 저녁을 먹기 전에 산책에 나섰지만, 나는 브리태니커 N 항목을 끝내기 위해 호텔에 머물기로 했었다. 내가 베네치아에까지 와서 브리태니커 작전을 수행하는 걸 두려워했던 줄리. 그런 줄리의 두려움이 현실로 나타난 것이다. 나는 베네치아를 돌아보지 않고 호텔 방 안에 틀어박혀 있어야 하는 새롭고도 강력한 이유를 찾은 셈이다. 난 브리 태니커 작전에 푹 빠져 있다. 그러나 무언가에 푹 빠져 있는 다른 이 들과 달리, 나는 내가 빠져 있는 것에 끌리면서도 동시에 그것이 나 를 자꾸만 밀어내는 것 같은 느낌이 든다.

맹세

베네치아에서의 체재가 끝났다. 우리는 샤론과 피터에게 작별을 고한 뒤 수상 택시를 타고 기차역으로 갔다. 길어야 5분 거리이므로 요금은 10달러쯤 나와야 했다.

그런데 우리를 내려준 택시 운전사는 볼리비아의 국민총생산(82억 달러이다)에 육박하는 금액을 내놓으라고 했다. 아, 그런 요구를 받아들여서는 안 된다. 하지만 우리는 이미 늦은 데다 운전사는 덩치가 산만 한 이탈리아 남자인 것을. 심리학자 W. H. 셸던의 체형 분류 체계에 따르면 운전사는 전형적인 내배엽형이었고(머리가 둥그렇고 몸통이 퉁퉁하다) 나는 겁쟁이 같은 외배엽형이었다(가슴이 좁고, 이마가 높고, 팔이 길다). 나는 그에게 줄리와 나의 몸값을 지불한 뒤 택시에서 내렸다.

나는 택시가 선창에서 충분히 멀어져서 베네치아의 탁한 물이 그와 나를 멀리 떨어뜨려놓을 때까지 기다렸다. 그리고 소리쳤다. "이봐!" 그가 돌아보았다. 추악한 미국인이 되어도 좋은 순간이 있다면 이때다. 내 저금을 몽땅 앗아간 추악한 이탈리아 사내에게 제대로 모욕을 가해야 할 순간.

다만, 브리태니커를 절반 이상 읽은 현재, 나는 모욕적 언동조차도 전보다 고상하게 할 수 있을까? 다행히 이런 상황에 대비해 좋은 정보를 하나 기억해뒀다. 초기의 로마 가톨릭 교회가 사면이 불가능한 중죄인을 파문할 때 쓴 "종, 책, 촛불"이라는 저주의 맹세이다.

이렇게 말하면 된다. "우리는 그를 파문하고 저주를 내리노라. 그는 악마와 그의 수호 천사들과 모든 타락자들과 함께 영원한 지옥불에 타오를 것이며, 끔찍한 노역을 겪을 것이며, 그 후에 개심하고 회개하여야 비로소 자유롭게 되리라. 이렇게 될지니라!"

이쯤은 되어야 모욕이지.

안타깝게도 나는 막 강탈을 당한 참이었으므로, 절실히 필요함에도 불구하고 "종, 책, 촛불" 저주의 전문을 떠올릴 수 없었다. "타락자"가 어쩌고 악마가 어쩌고 했던 것 같은데 그 이상은 기억할 수가 없었다. 나는 덜 고상한 대안들도 몇 가지 알고 있었건만 슬프게시리 그마저 하나도 떠오르지 않았다. 이를테면 "잠복 고환 같으니라고(고환이 제 위치로 내려오지 못한 장애이다)!" 또는 "덤덤 열병(내장 레슈마니아증)이나 걸려라!" 같은 저주도 좋았을 텐데.

어쩌랴. 전투가 한창일 때는 고상한 모욕을 기억해낼 시간 따위는 없는 것을. 나는 비상 수단을 동원했다. 아마 이쪽이 언어 장벽을 넘어 더 쉽게 전달되었을 것이다. 나는 가운뎃손가락을 쳐들어 보였다.

obscenity
외설

줄리와 나는 릭과 일레인의 결혼식이 열릴 포르토피노의 한 호텔에 들었다. 그리고 하루 내내 수영장에서 빈둥거리며 기름진 이탈리아 간식을 먹었다. 우리는 역시 결혼식 참석차 호텔에 묵은 트렌트라는 사내를 만나 수영장 양산을 나눠 썼다. 미네소타 출신에 금발 머리인 트렌트는 〈뉴스위크〉의 기자인데, 막 8주간의 이라크 취재를 마치고 돌아온 참이었다.

트렌트는 우리에게 전쟁 이야기를 한 보따리 풀어 놓았다. 이를테면 미군이 제공하는 음식 말고 다른 것을 먹으면 위험하다는 것, 현지의 염소 고기를 맛보는 등의 미식가적 모험을 감행할 경우 며칠간 만용의 대가를 톡톡히 치른다는 것. 저널리스트에게 특수한 위험도 있다. 반미 정서를 담은 글을 쓰면 어떤 일을 당할지 모른단다. 트렌트는 미군들이 다소 호전적임을 암시하는 기사를 썼는데, 그 때문에 물리적으로 위협을 당했음은 물론, 군인들이 제작, 복사한 반反 트렌트 소식지의 희생양이 되어 공개적으로 조롱을 당했다. 하지만 트렌트의 이야기 중 가장 놀라운 것은 미군들의 몇몇 풍습이었다. 트렌트의 표현에 따르면 군인들은 때로 상당히 노골적이다.

"그게 무슨 말이죠?"

모르는 게 좋을 텐데요, 트렌트가 말했지만 우리는 제발 알려달라고 우겼다. "음, 버섯 찍기란 게 있어요."

"난생처음 들어 보는 말이네요."

트렌트 왈, 버섯 찍기는 잠자는 동료 병사를 깨울 때 쓰는 창의적 방법이다. 한 병사가 바지를 끄르고, 음경을 꺼내어 케첩을 묻힌 뒤, 잠에 빠진 동료의 이마에 찍어 누른다. 이마에 찍힌 무늬가 꼭 버섯 같다 해서 버섯 찍기이다.

허, 그것 참.

줄리와 나는 새로 알게 된 군사 지식을 흡수하느라 족히 몇 분을 말없이 있었다.

"드디어 백과사전에서 읽을 수 없는 지식을 알게 됐네."

이윽고 줄리가 말했다.

"2003년판에는 수록될 거야." 내가 대답했다.

물론 줄리 말이 맞다. 버섯 찍기는 브리태니커에 등장하지 않는다. 나는 트렌트가 부럽다. 염소 고기를 먹은 일이나 이라크 체재 중 샤워 횟수가 나의 오페라 관람 횟수보다 적은 것을 부러워하는 게 아니다. 몸소 모래투성이 참호에 잠복하며 일차 정보를 얻어 낸 점이 부러운 것이다. 그의 정보는 시시한 책 따위를 통해 간접적으로 얻은 게 아니다. 그의 정보는 괴상하고 노골적이어서, 사춘기 소년의 마음을 간직한 내 눈에는 환상적으로 보였다.

내게도 위안거리가 없는 것은 아니다. 브리태니커에도 나름 괴상하고 노골적인 사실들이 많다. 나는 역사적으로 남자들이 제 은밀한 부위를 가지고 어떤 기괴한 장난을 쳤는지 잔뜩 읽었다. 어떤 남자들은 여성의 월경을 흉내 내기 위해 자기들도 피 흘리는 의식을 거행했다. 거세된 남자는 또 얼마나 많았는가. 부분적 거세, 즉 50퍼센트만 거세하여 '홑고환' 상태가 된 남자도 얼마나 많았는가. 고환에 자갈을 집어넣고, 핀으로 찌르고, 요도 절개를 하고(안쪽을 자르는 것이다), 평범하고 전통적인 할례를 했다. 음경을 뚫어 흐른 피를 신에게 바치기도 했다. 브라질 원주민 코베와족 남자들은 거대한 모조 남근을 가운데 두고 춤을 추었으며, 집 안 구석구석 다산多産이 퍼지길 기원하는 의미로 요란한 신음과 함께 격렬한 성교 동작을 취하며 여인들 사이로 뛰어들었다. 여인들은 꺅꺅 깔깔거리면서 도망쳤다.

나는 최소한 버섯 찍기 풍습의 사회학적 맥락은 이해하는 셈이다. 그저 낄낄거리고 마는 게 아니라, 세상의 여타 남근 숭배 의식들에 비추어 그 의미를 곱씹어 본 뒤, 낄낄거릴 수 있다.

"토미 프랭크 장군도 버섯 찍기를 하나요?"

내가 트렌트에게 물었다.

"아닐 걸요."

occupational disease
직업병

옛날의 모자 만드는 사람들은 토끼털로 펠트를 만드는 공정에 수은염을 사용했다. 수은 중독은 신경성 흥분을 동반하는 정신 이상을 일으킨다. 그래서 "모자 장수처럼 미친mad as a hatter"이라는 표현이 생겨났다. 이걸 이제야 알다니. 내 아이에게 《이상한 나라의 앨리스》를 사줄 때 여백에 주석으로 적어줘야겠다(미친 모자 장수가 등장하지 않는가). 아이가 생긴다면 말이지만.

olive oil
올리브 오일

결혼식은 성대했다. 멋진 전통 유대교 결혼식이었다. 음, 정확히 말해 12세기 이탈리아 수도원에서 치러진 사실을 제외하고는 전통적이었다. 요새 나는 중세 기독교에 대해 상당히 정통한 편이므로 12세기 이탈리아의 수도사들은 머리글자가 새겨진 유대 모자 야물커를 쓰지 않았다는 사실을 90퍼센트의 확신으로 엄중히 단언할 수 있다. 하지만 그들도 유대인의 원무圓舞인 호라 춤은 좋아했을 것 같다. 호라 춤을 싫어하는 사람은 없잖아?

혼인 서약이 끝난 뒤 나는 행복한 신혼부부를 축복하기 위해 인사하는 줄에 섰다. 나는 릭과 악수하며 백과사전에서 읽은 조언을 건네주었다. 훈족의 아틸라는 결혼식날 밤에 죽었는데, 아마도 탈진했던 듯하다. "그러니까 맘 편히 가지라고. 첫날밤부터 뭔가 증명하려 애쓸 필요는 없어." 내가 말했다.

"유용한 정보인걸. 고마워." 릭이 대답했다.

다음은 일레인. 나는 그녀가 얼마나 아름다워 보이는지 칭찬한 뒤 이렇게 덧붙였다. "혹시나 해서 하는 말이지만, 만약 결혼을 깨고 싶으면, 제일 쉬운 방법은 푸에블로 원주민들의 이혼 방법이에요. 릭의 가죽신을 문지방에 올려두면 된답니다. 간단하죠?" 일레인은 꼭 기억해두겠다고 했다.

음식은 아주 맛있고 이탈리아적이었다. 파스타, 빵, 올리브 오일 천지였다(여담이지만 이집트인들은 무거운 건축 자재를 옮길 때 윤활유로 올리브 오일을 썼다. 올리브 오일이 없었다면 피라미드도 없었다). 결혼식에서 유일하게 실패한 대목은 식후의 무도회였다. 적어도 내게는 그랬다. 나의 줄리는 챙 넓은 모자를 쓰고 까만 장갑을 낀지라 그날따라 우아했다.

"한 곡 추시겠습니까, 부인?" 내가 청했다.

"네, 그러지요."

이때까지는 좋았다. 문제는 내가 새로운 춤사위를 시험해보기로 한 것이었다. 나는 야생마처럼 펄쩍 뛰며 경련을 일으킨 사람처럼 움찔움찔 사지를 떨었다.

"지금 뭐 하는 거야?" 줄리가 항의했다.

"성 비투스 춤이야!" 내가 말했다. "자자, 따라해 봐!"

나는 깡충깡충 뛰면서 광적으로 팔을 흔들었다. 슬프게도 줄리는 더 이상 설명을 요구하지 않았다. 단단히 준비를 해두었건만. 성 비투스 춤은 중세 때 유럽에 번졌던 무도병舞蹈病이었다. 브리태니커에 따르면 일종의 집단 히스테리인 이 병에 걸린 사람들이 하도 많아서 사회적 골칫거리였다. 병에 걸린 사람들은 고함을 지르며 입에 거품을 물었다. 12세기 수도원에서는 12세기 기독교 법을 따르자는 게 내 신조였던 것이다.

줄리는 내게 등을 돌리더니 릭의 친구인 테드와 춤추기 시작했다. 중세적 발작에 사로잡히지 않은 춤 상대를 찾아나선 것이다. 내 원래 계획은 성 비투스 춤을 파티장 전체로 퍼뜨리는 것이었는데. 차라리 타란텔라 춤을 출 걸 그랬나? 타란텔라 춤은 독거미에 물렸을 때 추는 춤으로, 땀을 통해 독을 내보내는 게 목적이었다던데.

Olympus Mons
올림퍼스 산

나는 호텔로 돌아와서 추락한 위신을 일부 되찾을 수 있었다. 우리가 묵고 있는 호텔은 환상적인 곳이다. 수영장에 따로 사환이 있고, 나무 옷걸이가 있고, 진짜 형편없는 에어컨이 있다. 에어컨은 혈관 수술을 받은 환자의 숨소리처럼 씨근거린다. 방은 어찌나 더운지 잠을 이룰 수가 없다. 역사상 최고 온도를 기록한 리비아의 아지지아 지방만큼 덥다(1922년에 섭씨 57.78도를 기록했다). 올림퍼스 산만큼 덥다(화성에 있는 화산으로서 태양계 최고의 화산이다). 우리 방에 땀벌들이 있었더라면 줄리와 내 몸은 까맣게 뒤덮였으리라(땀벌은 사람의 체취에 끌린다). 나는 선풍기를 가져다달라고 했다. 그러나 도움이 안 된다. 접수계에 불평을 늘어놓았더니 사환을 보내주었는데, 그는 아, 저게 켜진 거예요, 라고 한마디 하고 나가버렸다.

"어떻게 좀 해봐." 줄리가 말했다.

"내가 뭘 어쩌겠어? 에어컨을 수리라도 할까?"

"어떻게든."

"미안, 공구를 안 가져와서 말이지."

하지만 줄리의 말이 옳다. 어떻게든 해야겠다.

뜬금없지만 작금의 상황에 적합한 회상 하나. 이탈리아로 오기 전, 우리는 〈볼 오브 파이어〉라는 흑백 영화를 빌려 봤다. 백과사전을 주제로 한 로맨틱 코미디라며 친구가 추천해준 영화였다. 백과사전을 주제로 한 로맨틱 코미디라니, 비디오 대여점에 별도의 코너가 마련될 정도로 인기 있는 장르는 아니지만, 대단하지 않은가? 줄리와 나는 대번 영화에 반했다. 빌리 와일더가 각본에 참여한 영화의 줄거리는 이렇다. 대저택에 기거하며 밤낮없이 백과사전 작성에 골몰한 여덟 명의 교수들이 있다. 짐작하시겠지만 물론 이들은 금테 안경을 썼고, 나비넥타이를 맸고, 웅얼거리기에 능하다. 개중 그나마 세련된 것은 게리 쿠퍼가 연기한 젊은 교수이다. 언어학 전공자인 젊은 교수는 속어slang 항목을 집필 중이다. 하지만 몇 년째 저택에만 틀어박혀 있다 보니 현대의 속어를 전혀 모르겠지 뭔가. 게리 쿠퍼는 바깥 세상으로 나가고, 바버라 스탠윅이 연기한 매력적인 벌레스크 쇼(남성 관객을 위한 노골적 통속 희가극이다) 가수와 만난다. 그녀는 참담한 문법적 실수들을 저지르는 데다가 폭력배 일당과도 모종의 관계를 맺고 있지만, 우여곡절에도 불구하고 둘은 사랑에 빠진다.

영화는 한편으로 반 지성주의를 드러내면서 다른 한편으로 교육을 권하는, 묘한 잡탕이다. 반 지성주의적인 면은 구태여 설명하지 않아도 될 것이다. 교수들은 머리에 정보를 채우는 데 급급해 가슴을 방치해왔기에 진짜 인생에 대해서 아무것도 모른다. 한편 학문이 승리의 나팔을 부는 장면들도 있다. 이를테면 교수들이 무장 악당들에게 사로잡힌 위기의 순간을 보자(주의: 아래에 영화의 주요 줄거리가 공개됨).

절박한 교수들은 그리스 과학자 아르키메데스의 일화를 떠올린다. 아르키메데스는 거대한 확대경을 로마군의 범선에 겨누어 함대를 불태웠다고 한다. 우리의 샌님들은 현미경 렌즈의 초점을 벽에 걸린 그림의 끈에 맞추어 끈을 불태운다. 그림은 망을 보던 악당의 머리에 정통으로 떨어지고, 교수들은 악당이 나가떨어진 틈을 타 탈출한다.

몇 가지 점에서 흥미로운 장면이었다. 첫째, 내가 브리태니커에서 읽은 바에 따르면 아르키메데스 일화는 신화이다. 아르키메데스는 실제로 로마 함대를 불태우지는 않았다. 내가 이런 사실을 알고 있다니, 기분이 좋았다. (또한 영화에서는 "불길에 휩싸인 로마를 굽어보며 네로 황제가 흥얼거린 노래가 무엇인지" 교수들이 안다고 했는데, 내가 줄리에게 지적했듯, 로마가 불타는 동안 네로가 노래를 불렀다는 것도 사실이 아니다.) 하지만 솔직히 질투의 마음도 컸다. 나도 지식을 그런 식으로 활용하고 싶다. 악당을 잡거나 여주인공을 구하는 데 활용하고 싶다. 나 역시 지식을 실제적으로 활용하려 꾸준히 노력해왔으나, 대수롭지 않은 몇몇 개가를 올렸을 뿐이다. 가장 인상적이었던 일이란 게 고작 게살 수프에 뿌린 허브 이름 증명 사건이었다.

여기까지 생각하다가 나는 에어컨 문제로 돌아왔다. 방법이 없을까? 나는 냉방의 역사를 되새겨 보았다. 로스앤젤레스의 그로먼 극장은 냉방기가 설치된 최초의 건물들 가운데 하나라는 사실, 전기가 없던 시절에 아메리카 원주민들은 풀로 엮은 매트를 물에 적셔 창문에 걸었다는 사실을 떠올렸다. 아하! 내가 애니메이션의 주인공이라면 이 순간 '딩!' 하는 효과음이 울렸을 게다.

나는 커다란 흰 수건 두 개를 물에 적신 뒤 활짝 열린 창에 매달았다. 실내 온도가 낮아지는 효과가 있는지 확실히 알 순 없지만 내 느낌에는 그런 것 같다. 무엇보다도 기분이 좋아졌다. 나는 행동을 취했다. 나는 지식을 현실에 적용했다. 현미경 렌즈를 휘두른 교수들이 영웅이라면, 나도 영웅이다!

onion
양파

우리는 미국으로 돌아왔지만 줄리의 마음은 아직 이탈리아에 있다. 맛있었던 본토 피자 생각뿐이다. 급기야 줄리는 나를 보조 요리사로 부려 직접 피자를 만들기로 했다.

나는 가지와 주키니 호박을 썰었다. 우리 둘 다 맡은 일을 하느라 조용하다. 다음, 양파를 썰 차례. 나는 양파 껍질을 벗기고, 개수대에 넣은 뒤, 수돗물을 틀고, 물살 아래에서 썰기 시작했다.

"뭐 하는 거야?"

"물속에서 양파를 썰고 있지."

"왜 그렇게 하는데?"

"브리태니커가 그러는데 이렇게 하면 눈물이 안 난대."

브리태니커에서 알게 된 생활의 지혜였다. 이런 유용한 정보를 백과사전에서 얻는 일은 흔치 않다. 나는 실전에 적용해보게 되어 제법 가슴이 뛰었다.

"안 돼. 너무 위험해."

"하지만 브리태니커에 나와 있는걸!"

"안 된다면 안 돼. 내가 주방장이야. 자기는 보조 요리사니까 내 말 들어."

이런 난처한 상황에 맞닥뜨릴 줄이야. 브리태니커 대 줄리. 권위의 양대 산맥끼리 정면 충돌. 어느 편을 들지? 믿음직스럽기로 따지면 브리태니커 쪽이 신뢰가 간다. 하지만 브리태니커는 내 아이를 임신하지 못하고, 며칠 동안 쌀쌀맞게 나를 무시하지 못하고, 꼴사나운 티셔츠라며 내 옷가지를 내다버리지 못한다.

그리하여 나는 줄리의 손을 들어주었다. 나는 물을 잠글 것이고, 눈물을 질질 짜면서 양파를 썰 것이다.

ooze
연니

연니軟泥는 최소한 30퍼센트 이상이 부유 미생물들의 골격 잔해로 이루어진 퇴적물이다. 30퍼센트, 구체적 정의에 감탄할지어다. 29퍼센트? 안타깝지만 운이 없구먼, 친구. 자네는 그냥 퇴적물이지 연니는 아니라네.

Opium Wars
아편 전쟁

금요일 저녁, 줄리와 나는 비디오를 빌려왔다. 우리는 무시무시하게 충성스런 영화광들이다. 우리가 올해 영화 관람에 쓴 돈으로 어느 운 좋은 할리우드 제작자는 구찌 양복 세 벌과 비크램 요가 수강권을 구입했을 것이다. 오늘 밤에 볼 영화는 〈상하이 나이츠〉다. 재키 찬 (성룡)과 오웬 윌슨 주연, 1887년의 영국 및 중국이 배경인 코미디 버디 무비이다.

첫 장면, 의화단의 자객들이 자금성에 잠입한다.

"의화단은 똘아이들이었어." 내가 줄리에게 말했다. "왜 의화단 Boxers라고 불리게 되었는지 알아? 특별한 권법boxing을 연마하면 총알에도 다치지 않는다고 믿었기 때문이야."

"그런 이야기는 나중에 하자, 자기."

나는 어깨를 으쓱하고는 인도식 병아리콩 요리를 마저 먹었다.

몇 분 뒤, 아서 코넌 도일 경이 영화에 등장했다. 재키 찬이 영국에서 감옥에 갇히는데, 당시 런던 경시청에 코넌 도일이 형사로 일하고 있는 것이다. 코넌 도일이 런던 경찰이라고? 웃기지 말라그래.

"실제로 아서 코넌 도일 경은 작가가 되기 전에 의대생이었어."

"A. J., 제발 그만."

나는 이후 30분쯤 얌전히 굴었다. 그러나 그때, 악당이 아편 전쟁을 이용할 계획을 밝히는 장면이 등장했다. 이건 너무 유혹적이다. 불과 며칠 전에 아편 전쟁 항목을 읽었는데, 쏙쏙 기억할 만한 재미있는 이야기였단 말이다! 아편 전쟁의 발발 원인 중 하나는 아편 산업 근절에 나선 중국 관리 임칙서가 영국 상인들로부터 압수한 아편을 바다에 버린 사건이었다. 임칙서는 물을 더럽혀 죄송하다는 사죄의 글을 써서 바다의 신들에게 바쳤다. 사려 깊기도 하지. 오염을 사죄하는 시를 자연에게 바치다니, 멋진 작전이잖아. 엑손 사도 바다에 석유를 흘리기 전에 이렇게 해야 한다. 좌우간, 얼마 전에 보스턴 차 사건을 겪었으며 아편 무역으로 떼돈을 벌고 있던 영국인들은 임칙서의 아편 투기에 불같이 화를 냈다. 그리하여 영국은 중국에 전쟁을 선포했다.

이 사건은 1830년대에 벌어졌던 것 같다. 정확한 연도는 기억나지 않지만 1830년대였다는 것은 분명하다. 1887년? 말도 안 된다.

"있잖아, 줄리, 아편 전쟁은⋯⋯."

줄리는 영화를 일시 정지시켰다. "좋아, 규칙을 정해야겠어."

"어떤 규칙?"

"당신이 부적절한 사실을 이야기할 때마다 1달러씩 벌금을 내는 거야."

"에이, 그러지 말고."

"1달러 벌금이라고 했어."

"하지만 이제까지 말한 사실들은 다 적절했잖아." 내가 주장했다.

줄리는 1초쯤 생각했다.

"좋아. 부적절한 사실 하나마다 1달러, 그리고 적절하지만 영화 관람을 방해하는 사실에 대해서도 1달러 벌금."

"말도 안 돼!"

"입장 바꿔 생각해봐."

opossums
주머니쥐

주머니쥐의 젖꼭지는 13개이다. 놀랍군. 주머니쥐는 코로 새끼를 낳는다는 속설이 있는데, 이것은 어미가 출산 직전에 얼굴을 주머니에 집어넣어 깨끗하게 청소하기 때문에 생긴 말이다. 나는 그런 속설이 있다는 것도 몰랐다. 병 주고 약 주고도 아니고, 고정관념의 습득과 타파를 한꺼번에 하다니.

반대, 상대
opposites

"나 죽겠네." 동료 편집자 앤디가 불안을 드러낼 때 애용하는 말버릇이다. 앤디는 일주일에 몇 번씩 이 문장으로 시작하는 성마른 이메일을 보내곤 한다. 내가 지금 하고 싶은 말도 그거다. 나 죽겠네. 나는 태산 같은 정보들의 의미를 헤아리느라 악몽 같은 시간을 보내고 있다. 나는 나무를 보기에 급급해 숲을 보지 못한다. 내 앞에 놓인 정보의 숲은 지구 삼림 면적의 5분의 1을 차지하는 시베리아 북극 수림대만 하다. 제기랄, 그러니 얼마나 나무가 많겠는가!

나는 백과사전에서 모종의 해답을 찾는 중이다. 백과사전에는 분명 해답이 들어 있다. 그건 좋다. 문제는 해답이 너무 많다는 것이다. 수천 가지 해답들이 모조리 서로 상충하는 것 같단 말이다. 내가 한 가지 명제를 도출해내고 스스로의 명민함에 뿌듯해하는 것도 잠시, 몇 시간 뒤에는 앞선 명제가 엉터리였고 정반대의 명제가 옳다는 결론에 도달하게 된다. 그랬다가 다시 첫 번째 명제로 돌아간다.

이런 식이다. 나는 브리태니커의 정보들을 보건대 "인내는 미덕"이라는 옛말이 참이라는 결론을 내린다. 진드기는 나뭇가지에 매달려 그 아래로 포유동물이 지나갈 때까지 몇 주, 몇 달, 심지어 몇 년이고 기다린다. 마침내 동물이 지나가면 그 털 속에 떨어져 행복하게 피를 빨아 먹는다. 모름지기 진드기를 닮을지어다. 참는 자에게 복이 있나니.

그런데 좀 있다가는 정반대를 지지하는 내용을 읽게 된다. 추진력을 발휘해 빨리 결정하는 것이 중요하다고 강조하는 사례, "쇠뿔도 단김에 빼라"는 옛말을 지지하는 사례를 본다. 나폴레옹이 워털루 전투에 패한 것은 공격을 너무 미뤘기 때문이다. 나폴레옹은 간밤에 내린 비로 진흙탕이 된 땅이 햇볕에 마를 때까지 기다렸는데, 그동안 영국군은 지원군을 보강했다. 역사학자들의 평가는 만장일치이다. 나폴레옹은 그냥 밀어붙였어야 했다.

나더러 어쩌란 말인가? 진득하게 참아야 하나? 밀어붙여야 하나? 나는 이것은 옳고 저것은 그르다고 확실히 알려줄 조언자가 필요하단 말이다. 요전 날 TV에서 퉁명스러운 심리학자 필 박사가 진행하는 인생 상담 토크 쇼를 보았다. 나도 필 박사 같은 사람과 브리태니커 작전에 관해 상의할 필요가 있다.

orgasm
오르가슴

아기들도 오르가슴을 경험할 수 있다. 뭣이라? 내가 아기일 때부터 오르가슴을 느꼈다고? 그 다음에는 자그만 담배라도 피웠나?

oyster
굴

굴은 수온에 따라 성별을 바꿀 수 있다. 내 그럴 줄 알았지. 온탕은 어쩐지 남성을 남성답지 못하게 만든다고.

오즈마 계획

1960년대, 미국 천문학자들은 외계의 지적 생물체를 찾아 나서며 《오즈의 마법사》의 공주 이름을 따서 오즈마 계획이라 명명했다. 안타깝게도 계획은 대실패였다. 나는 지난 몇 주간 지구에서 내 나름의 지적 생물체 탐사 계획을 수행했다. 세상에서 가장 똑똑한 사람이 되겠다고 큰소리를 쳤으니 경쟁자를 탐사해볼 필요가 있었던 것이다. 그래서 나는 론 회플린을 만나기로 했다.

론은 지능 지수가 높은 사람들을 위한 단체를 네 개나 창설한 인물이다. 이 단체들을 세련되게 일컬어 '하이큐HiQ'라고 한다. 하이큐 회원들에 비하면 보통의 멘사 회원들은 콧물 찔찔 흘리는 오스트랄로피테쿠스에 불과하다. 멘사 회원이 되려면 지능 지수 시험에서 상위 2퍼센트에 들어야 하는데 그건 애들 장난이다. 론의 첫 번째 단체 '상위 1퍼센트 소사이어티'는 말 그대로 지능 지수가 상위 1퍼센트인 사람들만 드는 곳이다. 두 번째, 상위 0.1퍼센트를 위한 '1,000명 중 1명 소사이어티'가 있다. 다음으로 '프로메테우스 소사이어티'는 상위 0.003퍼센트를 위한 모임이다. 마지막으로 막강의 '메가 소사이어티'는 상위 0.0001퍼센트를 위한 모임이다. 론의 지능 지수는 얼마일까? 시험 유형에 따라 조금씩 다르지만 컨디션이 좋은 날에는 190까지 찍는다.

내가 론을 알게 된 것은 몇 년 전에 그가 〈에스콰이어〉에 소개된 적이 있기 때문이다. 기사가 나간 뒤 론은 편집자의 터무니없는 실수들을 지적하는 편지를 보내왔다. "제가 쓰는 수정액은 '리퀴드페이퍼'가 아니라 '와이트아웃'입니다", "제 아버지는 사교춤 댄서가 아니라 사교춤 강사였습니다" 하는 식이었다. 그런 론을 만난다니 초조하기 이를 데 없다. 나는 론의 말을 철두철미하게 받아 적기로 다짐, 또 다짐했다.

론은 우범지구에 있는 자신의 아파트 문에서 나를 맞았다. 뉴욕의 아파트들이 다 작기로서니 이렇게 작은 아파트가 있나 싶었는데, 집세는 론의 아이큐보다 낮은 월 150달러라고 했다. 론은 '빅보이'와 '와일드씽'이라는 고양이 두 마리, 그리고 메탈리카 콘서트의 베이스 소리보다 우렁차게 쿨렁거리는 라디에이터와 함께 산다. 벽에는 아슬아슬한 천 조각을 걸친 채 불끈 튀어나온 알통으로 힘차게 칼을 휘두르는 여성들이 등장하는 미래주의적 그림들이 줄줄이 붙어 있다.

"판타지 달력에서 뗀 그림들입니다. 온갖 학위며 증서 들을 걸어놓고 나르시시즘적으로 바라보는 것도 질리더군요."

론은 쉰아홉 살이다. 희끗해진 털을 수북하게 기르고, 뿌연 안경을 썼다. 안과 기준에 따르면 공식적으로 시각 장애인이지만 물건을 바싹 눈앞에 들이대면 볼 수는 있어서, 돋보기로 책을 읽는다. 론은 세인트루이스 시 근교에서 자랐다. 꼬마일 때 원주율을 소수점 200자리까지 외웠고(아직도 첫 50자리를 기억한다), 뉴욕의 뉴스쿨 대학에서 철학 박사 학위를 받았다. 론은 하이큐 소식지를 발간하는 일로 그럭저럭 먹고산다. 자신도 인정하다시피, 론은 낯을 가리고, 사람 만나기를 어색해하는 편이다. 사교적 인간이라고는 절대 말할 수 없다. 그를 보니 영화 〈레인맨〉에서 더스틴 호프만이 연기했던 백치 천재가 떠올랐다. 거기에서 백치 부분을 제외하면 된다. 나는 한눈에 론을 좋아하게 되었다.

론은 내 백과사전 작전에 흥미를 보였다. 론 역시 강박적 독서광이기 때문이다. 론은 매일 8번가와 56번가가 만나는 곳에 있는 패스트 푸드점 웬디스에서 아이스 티, 시저 샐러드, 치킨 샌드위치를 먹으면서 두 시간씩 철학책을 읽는다. 왜 하필 웬디스일까? "조명이 밝고, 사교적인 분위기니까요. 나는 사람들하고 직접 대화하지는 않아도 내 주변에 사람들이 있는 게 좋습니다." 론은 그곳에서 420일에 걸쳐 매일 10페이지씩 독서한 끝에 《철학 백과사전》을 독파했다. "논리학에 관한 몇몇 항목은 너무 기술적이라서 뛰어넘기도 했습니다."

세상에 이렇게 반가운 소식이! 론 같은 공인된 천재도 끝까지 읽지 못하는 항목들이 있다는 거 아닌가. 다음에 내가 벡터 다발이니 뫼비우스 띠니 하는 항목에서 정처 없이 헤맬 때, 론의 고백을 위안 삼아야지.

론은 그동안 《불가해의 극복: 철학 구조 이론》이라는 책을 썼다. 원고는 한때 4,000페이지에 육박하였으나 지금은 5분의 1로 쳐내서 748페이지쯤 된다. 론은 원고 일부를 보여주었다. 내가 제대로 이해했을 리가 없지만, 하여튼 내가 이해하는 한, 모든 철학 체계들을 숫자에 따라 분류할 수 있다는 이론이었다. 가령 2장은 두 부분으로 구성된 철학 체계들을 소개하는데, 음양 이론이나 양자 물리학의 파동 입자 이중성 등이 여기 속한다. 3장에서 소개되는 것은 기독교의 삼위일체론이나 프로이트의 자아, 이드, 초자아 체계 등. 그럴싸하다. 론은 동그라미 안에 사각형을 그리고, 접선을 긋고, "선행 목표 대상"이니 "뿌리 은유"니 "초끈 이론"이니 하는 용어들을 구사하며 속사포처럼 설명을 늘어놓는다. 나는 얼간이처럼 보이고 싶지 않아서

"그렇죠, 그렇죠, 그렇죠" 하고 있지만, 실은 무슨 말인지 전혀 모르겠고, 그의 이론이 좋은 이론인지 아닌지도 전혀 판별하지 못하겠다.

론은 10년을 씨름한 끝에 막 집필을 마쳐 이제 출력할 준비가 다 되었는데, 마침 프린터가 고장 났고, 새 프린터를 살 돈은 없다. 나는 슬픔이 북받쳐 그를 안아주고 싶지만 그가 싫어할 것이 뻔해서 관두었다.

그는 백과사전에서 무얼 배웠느냐고 내게 물었다. 나는 철학 이야기를 해야겠다는 판단이 들었다. "르네 데카르트가 사시 여성에 집착했다는 사실을 아십니까?" 내가 말했다.

"흠. 내 어머니가 데카르트의 사망일과 같은 날짜에 돌아가셨지요. 2월 11일에 말입니다."

나는 고개를 주억댔다. 집 안에는 쇼팽의 음악이 흐르고 있다. 무거운 침묵의 순간이 몇 초 흘렀다. 내가 입을 열었다.

"지능을 무엇이라고 정의하시겠습니까?"

"매우 까다로운 문제이지요." 론은 꼭 무어라 규정해야 한다면, 자신은 시행착오, 즉 실수를 통한 학습이라 하겠다고 말했다. 자동온도 조절장치처럼 생각과 행동을 완만하게 조절해가는 것, 여기 칠했다 저기 칠했다 하면서 전체 그림을 완성해가는 화가의 작업과 같은 것이라고 말이다.

"제가 백과사전을 다 읽으면 더 똑똑해질 수 있을까요?"

"똑똑해진다는 걸 어떻게 정의하느냐에 따라 다르겠지요. 정보를 입력 받은 컴퓨터는 조금 더 똑똑해졌다고 할 수 있으니, 인간도 그렇겠지요. 하지만 하드웨어만 놓고 보면 사람에게는 희망이 별로 없습니다. 사람은 주어진 뇌 용량에 구속되어 있으니까요."

내가 바라던 대답은 아니지만 가만 생각하면 그리 절망적인 말도 아니다. 나는 항상 하드웨어보다 소프트웨어를 선호하는 사람이었으니까. 최소한 뇌 속의 프로그램들을 개량할 수는 있다는 말 아닌가.

나는 천재에 대해서도 물었다. 천재에게는 대개 심리학적 문제가 있다는 세간의 고정관념에 대해 어떻게 생각하시는지?

"음, 그 점에 대해서라면." 론은 컴퓨터로 뭔가 불러내었다. 화면에 뜬 것은 론의 성격 테스트 결과였다. 론의 성격을 여러 면에서 평가한 결과가 막대그래프로 정리되어 있었다.

"이거 보이십니까? 나는 감수성 항목에서 만점에 가까울 정도로 높은 점수를 받았습니다. 나는 지나치게 민감한 겁니다. 지나치게 민감한 사람이 어떻게 사교적일 수 있겠습니까."

론의 솔직함은 내게 충격으로 다가왔다. 나는 15년 가까이 저널리스트 일을 해왔지만 상대가 성격 테스트 결과를 펼치며 자신의 단점을 있는 그대로 드러내 보인 일은 처음이다. 내가 〈주간 엔터테인먼트〉에 다닐 때 인터뷰했던 명사들이 다 론 같았다면. 토크 쇼 진행자 빌 마가 자신의 멍청함을 수치에 입각해 설명해주었다면 인터뷰가 즐거웠을 텐데. 나는 다시금 론을 안아주고 싶은 충동을 누르고 유대를 표현하는 발언으로 만족했다.

"저도 어지간히 사교성이 없답니다."

"최소한 댁은 결혼이라도 했잖소. 나는 결혼을 한 번도 못 했어요."

"아직 시간 많으신데요, 뭘." 내가 엉거주춤 말했다. 론은 한때 직업적 천재이자 〈퍼레이드〉의 칼럼니스트인 마릴린 보스 사반트와 데이트했던 것을 제외하고는 여자 친구를 사귀어 본 일이 없다고 했다. 나는 줄리에게 부탁해 아이큐 200 정도의 매력적인 여성과 엮어줘야지, 하고 마음속으로 메모를 했다.

어느덧 오후 4시가 되었다. 론이 웬디스에서 그날의 철학 독서를 할 시각이다. 그는 요즘 재미 삼아 페미니스트 책자를 보고 있는데 그다지 감명 받은 바는 없다고 했다. 함께 웬디스로 걸어가며 론이 말하길, 아이큐 시험 직전에 사우나를 하면 점수가 6점 정도 오른다는 설이 있단다. 어쩌면 그게 비법인지도. 나도 백과사전일랑 걷어치우고 사우나를 해야 할지도. 훨씬 효율적인 방법이군요! 내가 말하자 론이 희미하게 웃는다. 우리는 악수를 하고 헤어졌다.

나는 론의 열렬한 팬이다. 론은 내가 스태튼아일랜드 총회에서 만났던 멘사 회원들보다 한결 부드럽고 훨씬 겸손하다. 또한 내 맘을 아프게 한다. 나는 집으로 가는 지하철 속에서 론이 작성한 '메가 아이큐 테스트'를 뒤적이다가(말도 안 되게 어려운 유비와 공간 지각 문제들이 수록된 3장짜리 복사물이었다), 론의 책이 나오면 꼭 한 부 사서 새 프린터 장만에 일조하자고 포켓 컴퓨터에 메모하였다. 그리고 나는 새로운 결론에 다다랐다. 어쩌면 세상에서 가장 똑똑한 사람이 되는 게 좋은 일만은 아닌지도 모른다. 돌이켜 보면 내가 세상에서 가장 똑똑한 소년이라고 믿었던 어린 시절에 이미 이 결론을 알았던 것도 같다. 어쩌면 우둔하되 행복하게 사는 편이 낫지 않을까. 그런 생각이 든다.

pachycephalosaurus
파키케팔로사우루스

작전의 진척 상황이 얼마나 되는지 확인하려고, 나는 주기적으로 다 읽은 브리태니커를 한 줄로 쌓아 본다. 책 더미가 이만큼 자랐군, 나는 뿌듯함에 머리를 끄덕이며 혼자 껄껄 웃는다. 쑥쑥 올라오고 있다. 책 몇 권이 앙증맞게 내 발목까지 오던 게 어제 일 같은데, 보라지! P 항목을 펼치는 지금, 책 더미는 내 배꼽 위까지 올라왔다. 내가 성장 호르몬으로 책표지를 정성껏 문지르기라도 한 것 같다.

나는 이만큼 성장했다. 나는 론 회플린 같은 천재는 못 되지만, 파키케팔로사우루스 같은 멍청이도 아니다(이 공룡의 머리는 자그마한 뇌를 두껍고 딱딱한 뼈가 감싸고 있어서, 일명 '돌머리 공룡'이라고도 한다).

Paige, Satchel
페이지, 새철

여기 야구 역사상 가장 열심히 일했던 사나이가 있다. 엄청 느지막한 나이인 40대 후반에 메이저리그 경력을 시작한 페이지는 그 전까지 1년에 무려 4만 8,000킬로미터를 여행할 정도로 종횡무진 온 미국을 유랑하며 몸값을 제대로 쳐주는 팀이면 어디서든 공을 던졌다. 정말 어디서든 던졌다. 흑인 리그뿐 아니라 중앙아메리카, 카리브 해, 남아메리카의 온갖 팀에서 던졌으며, "불그레한 가짜 턱수염을 달고서 수염쟁이들로 구성된 하우스 오브 데이비드 팀에서 활약하기도" 했다. 나는 마지막 문장에 당황하고 말았다. 추가 조사를 해봐야겠다는 생각이 드는, 흔치 않은 순간이었다. 수염쟁이들의 하우스 오브 데이비드 팀이라고? 인터넷으로 검색해보니 하우스 오브 데이비드 야구단은 미시건에 토대를 둔 묵시록적 종교 집단의 회원들로 구성되었는데, 모든 단원이 기다란 턱수염을 길렀단다. 얼굴 털을 과하게 기른 야구애호가 종교 집단이라. 저널리스트로서 나는 모든 현상에서 트렌드를 찾으려는 본능이 있다. 하나의 사실을 다른 사실들과 묶어 분류하고자 하는 본능이 있다. 하지만 아무리 골똘히 생각해도 수염쟁이 야구광 종말론 집단이 속할 만한 분류는 없었다. 하나의 항목으로 이루어진 트렌드로구나.

Paine, Thomas
페인, 토머스

토머스 페인이 사망하자 대부분의 미국 언론은 〈뉴욕 시티즌〉에 실렸던 부고 기사의 문장 일부를 옮겨 게재했다. 다음과 같은 문장이었다. "그는 약간의 선행을 하고 아주 많은 해악을 끼치면서 장수하였다." 오늘날 페인은 미국 독립 전쟁의 영웅으로 추앙 받는다. 허나 당대에는 불량배라는 평가 이상을 받지 못했다.

페인의 인생 굴곡은 우랄 산맥 북부의 굴곡보다 울퉁불퉁했다. 그는 인상적일 만큼 다양한 직업에 도전했다가 모조리 실패했다. 한때 연기 안 나는 초를 발명하려고 시도했던 적도 있다. 제법 괜찮은 발상인 것 같지만 제대로 만들어지지는 않았다. 두 번의 결혼은 참담하게 끝났다.

이 남자의 타고난 소질은 팸플릿 작성이었다. 그의 소책자 시리즈 《상식》은 엄청난 베스트셀러였다. 초판은 자그마치 50만 부가 팔렸다. "지금은 인간의 영혼을 시험하는 시기이다"라는 문장으로 시작되는 이후의 책자는 조지 워싱턴이 밸리포지에서 읽은 것으로 유명하다. 페인은 소책자의 인세를 받지 않아 값싼 판본들이 널리 팔리게 했다.

사태가 꼬이기 시작한 것은 미국 독립 전쟁이 끝난 뒤, 페인이 프랑스 혁명을 옹호하는 글을 쓰면서부터였다. 페인의 의견은 확고했다. 가난한 자들에게는 구호를, 나이 든 자들에게는 연금을, 실업자들에게는 공공 사업을, 부자들에게는 누진 소득세를. 하지만 당시 페인이 머무르던 영국에서는 이런 견해는 반역죄에 해당했다. 더구나 페인이 조직화된 종교에 반대하는 소책자를 씀으로써 사태는 악화되었다. 페인은 자신이 초월적 존재를 믿는 이신론자임을 분명히 밝혔지만, 사람들은 이에 아랑곳 않고 그를 무신론자로 몰았다.

그렇게 그는 죽었다. 파산하고, 알코올에 중독되고, 이단자라는 비난을 들으며. 오, 그의 유골마저 영국으로 옮겨지던 중에 사라졌다. 그에 대한 평가는 사망 후 수십 년이 지나서야 상승세로 돌아섰다. 요컨대 역사상의 평판은 누구도 예단할 수 없다. 그저 열심히 팸플릿을 쓰면서 언젠가 이해될 날이 오기를 바라는 수밖에.

parallelism
병행론

코네티컷에 사는 캐럴 고모가 다녀가셨다. 고모에 대한 설명은 여러 가지로 가능하지만, 하나만 고른다면, 나는 내 DNA를 공유한 인간들 가운데 가장 똑똑한 사람이라고 하겠다. 고모는 그냥 똑똑한 게 아니라 지성의 현현 그 자체다. 터틀넥을 입고 릴케를 논하는 우디 앨런 영화 속 주인공들과 닮았다. 터틀넥을 잘 입지 않고 절대 잘난 척하지 않으신다는 점은 다르지만. 캐럴 고모는 해체주의 문학비평가 폴 드 만과 함께 연구했고, 지금은 예일 대 독일문학 교수이다. 고모는 발터 벤야민이나 클로드 레비스트로스 같은 대사상가들에 대한 책을 여럿 출간했다. 나는 고모의 책을 다 읽지 못했지만 (죄송해요, 고모) 서가에 나란히 꽂아두고 아끼고 있다. 브리태니커와 더불어 내 서재에 엄숙함을 더해주는 귀중한 책들이다.

이번에 고모는 내게 또 다른 진지한 책 한 권을 주고 갔다. 장-폴 사르트르의 《구토》다. 고모는 내 현재의 일상에 더없이 적절한 책일 거라고 했다. 고모가 나를 챙겨주다니, 우쭐했다. 나는 집으로 돌아오자마자 고모가 분홍색 포스트잇을 붙여둔 페이지를 펼쳐 읽기 시작했다. 사르트르의 소설 속 화자 로캉탱이 파리 도서관에 있다. 그곳에서 이른바 독학자라 불리는 한 인물을 관찰한다. 독학자는 늘 서가 사이에서 시간을 보낸다.

[독학자는] 막 같은 서가에서 다른 책을 꺼내 들었다. 나는 거꾸로 보이는 제목 글자를 읽을 수 있었다. 밀레 줄리 라베르뉴가 쓴 《코데벡의 화살, 노르만 연대기》였다. 독학자의 책 선택은 늘 나를 당황스럽게 한다.
그러다 문득 독학자가 읽은 책의 저자들 이름이 줄줄이 떠올랐다. 랑

베르, 랑글루아, 라발레트리에, 라스텍스, 라베르네. 불현듯 계시처럼 떠올랐다. 나는 독학자의 방법을 알아차렸다. 그는 알파벳 순서로 공부하고 있는 것이다.

내게도 계시와 같았다. 알파벳 순서로 공부하는 동료 현학자를 발견하다니, 놀라운 소식 아닌가! 나는 계속 읽어나갔다. "그는 딱정벌레 연구에서 양자 이론으로, 탬벌레인의 작품에서 다윈 이론에 반대하는 가톨릭 교회의 소책자로 무정하게 옮겨 가면서 한순간도 망설이지 않았다. 그의 눈앞에도, 등 뒤에도 우주가 펼쳐져 있었다."

내가 하고 싶은 말을 이렇게 잘 표현해두었다니!

나는 책장을 쓱쓱 넘겨 훑었다. 독학자는 좋은 사람인 것 같다. 그는 만물에 대한 사랑을 추구하고, 젊음을 찬미하고, 인본주의자이다. 그가 마음에 든다. 당장 책 속으로 뛰어들어 살균하지 않은 치즈라도 앞에 두고 카페에서 그와 대화를 나누고 싶다.

나는 죽 건너뛰어 책 끝까지 갔다. 아, 여기 다시 독학자가 등장하는군. 독학자는 그가 속한 곳, 그가 사랑하는 책이 있는 곳, 도서관에서 어린 소년 두 명과 대화를 나누고 있다. 흠, 이건 무슨 내용이지? 독학자가 털이 부숭한 제 손을 갈색 머리 소년의 부드러운 손바닥에 올려놓는다. 어어. 이제 사르트르가 시킨 대로 독학자는 소년의 손을 "소심하게 쓰다듬기 시작한다."

세상에 이럴 수가! 독학자는 어린이 성추행자였다. 내 눈을 믿을 수가 없다. 게다가 여기서 끝이 아니다.

독학자의 "손가락은 천천히, 조심스럽게, 가만히 있는 아이의 살결을 더듬었다. (…) 그는 눈을 감았다. 그는 미소 짓고 있었다. 그의 다른 쪽 손이 탁자 아래로 사라졌다. 소년들은 더 이상 웃음 짓지 않았다. 아이들은 둘 다 겁에 질려 있었다."

젠장!

처음에는 바보 짓을 하다가 집을 날려 먹은 부바르와 페퀴셰이더니, 이제는 탁자 아래로 소심하게 어린 소년의 몸을 더듬는 독학자란 말인가! 대사상가들이 나의 모험, 혹은 나의 모험과 비슷한 시도들에 대해 왜 이렇게 적대적인지 이해할 수가 없다. 나는 그저 백과사전을 독파하려는 것뿐이란 말입니다, 여러분. 조금 똑똑해져보겠다는 소박한 꿈이라고요. 왜 내가 그 때문에 NAMBLA(북미 남성/소년 사랑 연합, 성인 남성과 미성년 소년의 교제 합법화를 지지하는 단체) 회원 취급을 받아야 하나요? 다음엔 뭔가요? 토막 사체를 냉동실에 보관했다거나 시리아에 플루토늄을 판 혐의로 고발되는 건가요?

나는 인터넷에서 검색을 해보았다. 사르트르는 독학자를 내세워 합리적 인본주의 철학의 종말을 알리려 했다고 한다. 이런 치사한 작자가 있나. 자기가 동의하지 않는 관점이라고 해서 소아성애로 둔갑시켜버리다니! 더욱이 나는 마르크스주의에 영향을 받은 사르트르의 멍청한 실존주의보다는 합리적 인본주의가 좋단 말이다!

나는 고모에게 전화를 걸어 내 성 정체성에 대해 뭔가 말씀하고 싶은 거냐고 물었다. 고모는 절대 그렇지 않고, 《구토》를 하도 오래전에 읽어서 독학자의 소아성애 행동에 대해 까맣게 잊었다고 했다. 나는 조금 기분이 나아졌다.

"있잖아, 지금 헨리하고 네 작전 이야기를 하고 있었다." 고모가 말했다. 헨리 역시 예일 대 교수로서 무서울 정도로 똑똑하고, 헤겔의 시간 이론과 카프카의 국가 이론에 대한 두꺼운 책들을 쓴 사람이다. "헨리는 네 모험이 아주 미국적이라고 하는구나. 아주 미국적이면서 민주적이고, 스스로를 개선할 수 있는 발상이라고 말이야. 고상한 발상이라고 하는구나."

나는 기분이 많이 나아졌다. 누가 나더러 고상하다고 말해준 건 난생처음이다. 사르트르 따위는 실존주의적 지옥에나 떨어지라지.

Paris
파리

바스티유 감옥 습격은 어처구니없을 만큼 과장된 이야기였다. 성난 군중들이 감옥 문을 열어젖혔을 때, 감옥은 수년간 사용되지 않아 곧 헐릴 차였다. 그날 감옥에는 "사기꾼 네 명, 미치광이 두 명, 아버지의 비위를 거슬러 투옥된 귀족 청년 한 명"이 수감되어 있었다. 고작 일곱 명? 그게 무슨 폭풍 같은 습격이람. 폭풍은커녕 가랑비쯤 될까. 좀 더 인상적인 장소에 폭풍처럼 몰려갈 수는 없었나?

passenger pigeons
나그네비둘기

사진으로 보아 우리 집 창틀에 앉아 구구 울어대며 고개를 까딱거리는 딱 바라진 회색 머리 녀석들보다 훨씬 잘생긴 이 새는 마지막 한 마리가 1914년 9월 1일, 신시내티 동물원에서 사망함으로써 공식적으로 멸종되었다. 나그네비둘기가 멸종한 것은 인간이 하도 많이 사냥해댔기 때문이다. 하지만 1800년대에는 그 수가 수십 억 마리를 헤아렸다. 나도 아는 사실이다. 브리태니커 B 항목의 '동물 행동behavior, animal' 항목에서 존 제임스 오듀본의 글을 읽었는데, 몹시 인상적인 대목이라 똑똑히 기억하고 있다. 이런 글이다.

하늘에는 말 그대로 비둘기가 가득했다. 비둘기들이 정오의 햇빛을 가려 일식이라도 일어난 듯했다. 비둘기 똥이 반쯤 녹은 눈송이처럼 여기저기 떨어졌다 (…) 사람들은 모두 무기를 들었다……. 일주일 이상 사람들은 다른 고기는 전혀 먹지 않고 오로지 비둘기 고기만 먹었다. 공기에서는 비둘기 떼가 내뿜는 특이한 냄새가 코를 찔렀다……. 비둘기 떼의 폭이 1마일이라고 하자. 이것도 일반적인 무리 크기보다 한참 작게 잡은 것이다. 이 떼가 앞서 말했듯 분당 1마일의 속도로 3시간 동안 우리 머리 위를 난다고 하자. 비둘기 떼는 가로 1마일에 세로 180마일, 즉 넓이가 180제곱마일인 직사각형이 된다. 1제곱야드마다 비둘기가 두 마리씩 있다면 무리의 비둘기 수는 11억 1,513만 6,000마리인 셈이다.

이 글을 읽은 뒤, 나는 두서없이 이런 생각들을 했다. 인간이란 끔찍하다, 그렇게 많은 비둘기들을 죽이다니……. 비둘기 떼가 머리 위로 지나가는 걸 직접 경험하지 않아서 천만다행이다, 눈처럼 내리는 똥이라니, 정말 역겹군……. 11억 마리 비둘기들 가운데 '나는 정말 특별한 비둘기야, 나는 다른 패배자들과 달라'라고 생각한 녀석도 있었을까?

뭐, 두서없는 게 아니라 점차 솔직한 방향으로 나아간 것이라고 할 수 있다. 마지막 생각이 가장 나를 괴롭히기 때문이다. 나는 구성원이 엄청나게 많은 집단 이야기를 들을 때마다 이 걱정을 한다. 나는 내가 개인이고, 독특하다는 사실에 자긍심을 느낀다. 그러나 금성인 과학자는 매일 미드타운에 모여 컴퓨터 앞에 쭈그리고 앉아 전화 통화를 하는 500만 명의 맨해튼 인간들 가운데 나를 가려내지 못하겠지. 나는 날지 못하는 동물 종의 거대한 무리 속 한 마리일 뿐이지.

브리태니커에 따르면 나그네비둘기 떼는 지구 역사상 가장 거대한 사회 집단 순위에서 2등이다. 1등은 이집트 땅메뚜기의 차지다. 3등은? 현대 중국 사회이다. 메뚜기, 비둘기, 중국인. 메뚜기와 비둘기와 동등한 취급이라니, 중국인들에게 살짝 실례가 아닐지 모르겠다. 하지만 인간이 동물이란 사실을 인정하지 못하는 사람이나 실례로 여기겠지.

patch box
패치 박스

18세기에 애교점patch을 담아두는 용기로 썼던 직사각형의 상자. 루이 15세 시절에는 희고 고운 피부를 강조하고 싶은 세련된 여성(그리고 남성)들 사이에 점착성 태피터(호박단) 천으로 만든 검은 애교점이 대유행했다. 유행의 첨단을 걷는 사람들은 다양한 모양의 애교점을 활용했고, 수수한 사람들은 단순한 점 모양을 애용했다. 정말 세련된 사람들은 별 모양, 초생달 모양, 정교한 동물, 곤충, 사람 모양의 애교점들을 고루 썼다. 점을 붙이는 위치도 중요했다. 그에 따라 암묵적인 의미가 달랐기 때문이다. 눈가에 붙인 애교점은 정열을 상징했고, 이마 가운데 붙인 애교점은 품위를 나타내었다. 여성들은 무도회 도중에 새 점을 붙이고 싶을 때에 대비하여 늘 애교점 상자를 지니고 다녔다.

　나도 애교점이 있는 터라 반가운 정보가 아닐 수 없다. 나는 250년쯤 늦게 태어난 게 틀림없다. 내 점을 흰 살결을 돋보이게 하는 세련된 장식으로 생각하는 대신 흉물스런 커다란 사마귀로 부끄러워해왔다니, 손해가 아닌가! 안타깝게도 내 애교점은 기린이나 거미 모양은 아니고 평범한 점 모양이다. 내 점은 코 오른쪽에 붙어 있다. 18세기 프랑스의 구애자가 보기에 이 위치는 어떤 의미였을까? '나는 멍청이랍니다' 정도?

　사람들이 잠재적 배우자에게 매력적으로 보이기 위해 구사한 책략들이 얼마나 다양하고 놀라운지 아는가? 참 재미있다. 특히 프랑스인들이 이 분야에서 독보적이었다. 루이 14세 궁정의 세련된 아가씨는 애교점 상자를 지님은 물론이요, 머리에 퐁탕주라는 높은 탑을 세워야 했다. 퐁탕주는 철사로 복잡하게 얽은 틀로서, 부채 모양이 제일 흔했으며, 머리카락과 함께 가짜 머리 타래, 늘어진 리본 장식, 풀 먹인 린넨, 레이스를 꿰어놓는 것이었다. 머리에는 높다란 탑을, 얼굴에는 까만 반점을! 아아, 유행이란.

　이런 정보를 읽은 뒤 세상 사람들을 경멸하고픈 유혹이 밀려들면, 고등학교 시절의 내 몸치장을 회상하는 것으로 대번에 겸손을 되찾을 수 있다. 나도 과히 아름답지 않았다. 끈적끈적한 헤어젤을 처바른 것만도 몰골사나운데, 한발 더 나아가 귀찌를 착용했다. 귓바퀴 중간에 끼우는 착탈식 은제 고리이다. 차마 귀 뚫을 용기가 없는 소심한 인간들을 위한 액세서리였다. 추수감사절에 할머니 댁에 갈 때는 빼놓을 수 있는 것. 이 점에서는 18세기의 애교점과 다를 바가 없군.

애국심

독립기념일을 맞아 이스트햄프턴의 부모님 집에 왔다. 나는 이날에 대비해 소중하게 아껴온 사실을 아침 식사 자리에서 발표했다. 존 애덤스 대통령과 토머스 제퍼슨 대통령은 같은 날 죽었다. 그것도 미국의 건국일로부터 정확히 50년이 지난 1826년 7월 4일이었다. 제퍼슨은 정오에 숨을 거두었는데 마지막 말은 "오늘이 4일인가?"였다. 애덤스는 오후 늦게 죽었는데 마지막 말은 "아직 토머스 제퍼슨은 살아 있다네"였다. 물론 애덤스는 틀렸다.

J 항목에서 읽은 후 이제껏 마음에 담아두고 있었던 것이다. 드디어 발설하고 나니 이렇게 속이 시원할 수가 없다.

perception (of time)

(시간) 인식

나는 서른다섯 살이다. 어리지도 않지만 은퇴자들이 넘쳐나는 플로리다 보카러턴의 패밀리 레스토랑 데니스에서 노인 할인을 받을 나이도 아니다. 그래도 나이가 들긴 든 모양이다. 조부모님이 자주 말씀하시는 한 가지 심란한 현상을 요새 내가 겪고 있다. 다름 아니라 시간이 옛날보다 빨리 흐른다는 것이다. 한해 한해가 눈 깜박할 새에 흘러가고, 달력을 넘기는 속도가 전속력으로 강하하는 매보다 빠르다(시속 240킬로미터).

브리태니커는 이렇게 설명한다. 나이 들수록 시간이 빨리 가는 듯 느껴지는 것은 오랫동안 익숙해져온 주기적 변화들에 대해 더 이상 자주 신경 쓰지 않기 때문이다.

나는 이게 무슨 말인지 100퍼센트 이해하지 못하겠다. 오랫동안 익숙해져온 주기적 변화들이라니, 구체적으로 어떤 것들이지? 노인들은 일몰을 옛날만큼 자주 보지 않는다는 뜻인가? 계절의 변화? 신체의 리듬? 버킹엄 궁의 근위병 교대식? 뭐, 요지는 알겠다. 나이 들면 자극에 쉽게 순응한다는 거 아닌가. 보다 솔직하게 말하면, 나이 들수록 둔감해진다는 거 아닌가.

내가 이 변화와 맞서 싸울 수 있을까 모르겠다. 현재의 기민성을 유지하여 시간의 가속을 멈출 수 있을까? 세상의 변화와 경이에 무관심해지는 대신 마음을 활짝 열고 언제라도 놀랄 태세를 갖추면 될까? 그야말로 훌륭한 성취가 되겠지. 나는 노력해보기로 다짐한다. 하지만 나는 안다. 넘어가는 해를 막으려는 것만큼이나 부질없는 일일 것임을.

Perry, Matthew
페리, 매튜

〈제퍼디〉 퀴즈 쇼의 출연을 거부당한 이래, 나는 매일 〈백만장자가 되고 싶습니까〉의 웹사이트에 들어가 다음번 오디션 날짜를 확인하고 있다. 아무 소식이 없다. 제작자들의 사과의 말과 함께 돈을 크게 잃었는지 고통스러워하는 남자의 사진이 떠 있다. 웃기라고 실어둔 것 같은데 내 절망감을 가중시킬 뿐이다.

리저스 필빈이 진행했던 저녁의 인기 시간대 프로그램은 폐지된 지 오래다. 내가 나가려는 것은 오프라 윈프리 쇼를 할 때쯤인 오후에 방송되는 신디케이션 프로그램이다(신디케이션은 네트워크 방송국이 제작한 프로그램을 독립방송국에 판매, 배포하는 것을 말하는데, 〈백만장자〉는 1999년에서 2002년까지 ABC에서 방영되었다가 2002년부터는 브에

나비스타 텔레비전이 받아 방영하고 있다 - 옮긴이). 리저스보다 목청이 높지 않은 메러디스 비에이라가 진행하는 프로그램 말이다.

드디어, 몇 주를 기다린 끝에, 고통스러워하는 남자 얼굴이 사라졌다. 야호, 오디션이다! 뉴욕에서 오디션을 한다! 나는 어떤 형태의 시험인지도 모르는 채 무작정 화요일 저녁으로 신청했다. 그런데 우연찮게도 〈에스콰이어〉의 인턴 사원 한 명이 월요일 저녁에 오디션을 본다는 게 아닌가. 화요일 아침, 나는 터덜터덜 출근한 그를 붙잡고 정보를 캐냈다. 좋은 말은 별로 없었다. 100명의 지원자들 가운데 대부분이 떨어졌고, 그도 떨어졌는데, 문제가 "두뇌와 자아에 상처를 입힐" 정도로 어렵다는 것이다. 고로 나는 어퍼웨스트사이드의 ABC 방송국에 도착하기 전부터 바짝 얼어 있었다.

도착한 뒤에도 여유를 찾을 수 없었다. 미래의 백만장자들은 장장 45분 동안 쏟아지는 비를 맞으며 건물 밖에서 기다려야 했다.

"우습네요, 그렇죠?"

나는 축축하게 젖은 내 옆의 여성에게 말을 걸었다.

"네, 불쾌하군요. 정답입니다." 그녀가 대답했다.

우리는 낄낄 웃었다. 그녀는 헐렁한 검은 옷을 걸쳤고, 정중앙에 가르마를 탄 머리 모양은 당장 르네상스 축제에 갖다놓아도 어색하지 않을 스타일이었다. 얼굴은 빗자루를 타고 다니는 매력적인 마녀 캐릭터 브룸-힐다를 빼닮았다.

"퀴즈 쇼 오디션 말고, 평소에는 무슨 일을 하시나요?"

내가 물었다.

"지금은 실업 상태예요. 그래서 여기 온 거죠."

깜짝이야, 나는 멘사 총회에서 배운 교훈을 벌써 잊었나? 아이큐가 평균 이상인 사람들이 모이는 곳에서는 직업을 물으면 안 된다는 걸? 무례를 범한 데 대한 죄책감은 이어 안도감으로 바뀌었다. 새로운 사실을 깨달았기 때문이다. 내가 아니라 가운데 가르마의 이 여성이 출연 기회를 가져야 마땅하다. 나는 자아 도취나 해볼까 하여 왔지만 그녀는 돈이 필요해서 왔다. 그녀는 전기세도 내야 하고 전화 요금도 내야 하고 어쩌면 가운데 가르마를 탄 아이들을 키울지도 모른다. 나보다 그녀가 기회를 잡는 것이 기본적인 한계 효용 경제에 따르는 길이다. 그러니까 오디션에 통과하지 못하면 친구와 가족에게 이렇게 말해야지. "오, 기회가 절실한 친구가 있어서 나는 일부러 떨어져줬어."

이때 그녀가 블랙베리 휴대용 단말기를 꺼냈다. 젠장. 변명거리가 눈앞에서 날아가는군. 블랙베리 단말기를 갖고 있는 사람은 센트럴 파크의 파이프 속에서 자거나 줄을 서서 무료 급식을 기다릴 리 없다. 무료 급식소의 음식이 파슬리 줄기를 곁들인 23달러짜리 부야베스 요리라면 또 몰라도. 오디션에 일부러 떨어질 이유가 사라지고, 다시 어깨에 압박이 온다.

블랙베리 단말기를 가진 여성은 오디션 이틀째라고 했다. 어제도 왔었는데 잘못된 시각이었다. 진행 측은 자기들이 시각을 잘못 알려준 주제에 그녀를 다 쓴 휴지 조각보다 하찮게 취급했다. 나는 고개를 절레절레 저었다. 결론인즉, 그들은 우리의 지성에 위협을 느끼기 때문에 우리를 함부로 대하는 것이다. 억압받는 총명한 소수가 된 기분이 썩 좋았다.

45분의 대기 시간도 끝이 났다. 그동안 나는 왠지 중요한 퀴즈로 등장할 것만 같은 미국 부통령들에 관해 머릿속으로 정리하고 있었다(허버트 험프리, 조지 댈러스, 찰스 워렌 페어뱅크스 등등). 이윽고 우리는 넓은 방으로 안내되었다. ABC 간판 배우 드류 캐리 같은 진짜 백만장자들의 포스터가 붙어 있는 방이었다.

진행요원들이 시험 문제지와 프로그램 로고가 찍힌 연필을 100여 명의 지원자들에게 나눠주었다. 복수 응답이 가능한 문제 30개를 11분 만에 풀어야 한다. 자, 시~작!

문제의 난이도는 중급이었다. "오렌지는 무슨 색깔인가요?" 같은 100달러짜리 문제처럼 황당할 정도로 쉽지도 않고, "리슐리외 추기경의 애완 앵무새 이름은 무엇이었습니까?" 같은 100만 달러짜리 문제처럼 어렵지도 않았다.

나는 집중하여 풀었다.

다음 중 직선이 아닌 것은?
(a) 적도선
(b) 북회귀선
(c) 국제 날짜 변경선
(d) 자오선

아는 문제다! 브리태니커에서 국제 날짜 변경선 지도를 본 적이 있는데, 알류산 열도를 피하기 위해 선이 살짝 서쪽으로 꺾여 있었다. 우쭐하다.

맨눈으로 볼 수 없는 행성은?

(a) 수성

(b) 토성

(c) 목성

(d) 해왕성

이번에도 브리태니커가 은인이다. 행성에 대해서라면 다 읽었다. 해왕성 발견에 실패한 것으로 역사에 이름을 남긴 불쌍한 천문학자 챌리스를 기억한다. 해왕성은 목격하기 어려운 행성인 것이다. 답은 해왕성!

나는 남은 문제들도 척척 풀어나갔다. 그런데 묘한 점이 있었다. 한때 나의 전공 분야였던 대중문화 관련 문제들이 제일 알쏭달쏭했다. 라틴 팝 가수 샤키라의 출신국은? Yo no se(스페인어로, 난 몰라). 브리태니커에 코를 박고 있는 대신 예전처럼 〈피플〉 지를 읽었다면 알았을 것을.

이건 중대한 사실이다. 내 지식 중 구멍 난 분야가 공식적으로 바뀐 것이기 때문이다. 역사와 과학과 문학에 난 구멍을 메우려 애쓰는 와중에 대중문화에 새로 구멍들이 나버렸다. 나는 샤키라의 나라를 억측으로 답한 뒤(정답은 콜롬비아였다), 자랑스럽게도 진행요원들이 "연필 놓으세요!"라고 외치기 4분 전에 풀이를 마쳤다.

"어땠습니까?"

나는 블랙베리 단말기를 소지한 실업자 친구에게 물었다.

"그럭저럭 괜찮았는데, 매튜 페리 선장 문제는 모르겠더군요."

"매튜 페리 제독 말이군요."

나는 그녀의 잘못을 바로잡았다.

"참, 페리 제독이죠. 그가 무역을 튼 나라가 어디인지 기억이 안 나요."

"일본일 겁니다."

나는 그녀의 머리를 쓰다듬어주고 싶은 충동을 억누르며 말했다.

"커트니 콕스 공화국이라고 생각하셨나요?" 내가 호호 웃었다.

그녀는 반응이 없다.

"아시겠지만, 시트콤 〈프렌즈〉에서 매튜 페리라는 배우가 커트니 콕스와 애인 사이로 나와서 하는 말입니다."

이런, 겸손한 체하는 재수 없는 남자로 보이겠군. 한편 테이블 저쪽에서 소란이 일었다. "거짓말쟁이로 유명한 광고 캐릭터는?"이라는 문제를 놓고 격렬한 토론이 발생한 거다. 정답은 속사포처럼 쏘아대던 80년대의 자동차 광고 캐릭터 조 이스즈였는데, 한 남자가 팜올리브 세제 선전에 나오는 매지 여사도 지독한 거짓말쟁이라고 주장하고 있다. 매지는 팜올리브 세제 덕분에 손이 부드러워졌다는 사실을 인정하지 않았다는 것이다. 거짓말쟁이!

하지만 지금은 논쟁할 때가 아니다. 〈백만장자〉의 초고속 컴퓨터가 우리의 시험지 채점을 끝냈다. 사람마다 번호가 있었는데 한 진행요원이 통과한 사람들의 번호를 부르기 시작했다. 나는 2번이다.

"3번!"

지원자들은 마지못해 하는 투로 박수를 쳤고, 3번은 자리에서 일어나 허리를 깊게 숙여 인사했다.

"86번!"

역시 내키지 않는 듯한 갈채.

하나하나 번호가 불려나가자 나는 걱정이 되기 시작했다. 샤키라 때문에 내가 엿먹을지도 모른다. "14번!" 몇 달 동안 머리를 채워도 여전히 나는 메러디스 비에이라를 알현하기에 부족한 멍텅구리인 걸까. "2번."

오, 신이시여!

"네엡!" 나는 벌떡 일어나 영화 〈로키〉의 실베스터 스탤론처럼 주먹을 쥐고 흔들었다. 오랜 비행 끝에 파리에 도착하여 상금 2만 5,000달러를 거머쥐게 된 조종사 린드버그만큼 행복했다.

나와 블랙베리 친구를 포함하여 15명이 통과했다. 합격자는 방 뒤쪽으로 모이라는 안내를 받았다. 아직 시련이 끝나지 않았다. 우리는 인터뷰라는 또 하나의 허들을 넘어야 했다. 우리가 똑똑한 것은 증명되었다. 하지만 방송에 나가도 좋을 만큼 흥미로운 사람들인가? 정상적인 성격과 기본적인 청결을 갖추고 있는가? 그럭저럭 호감 가는 인상인가?

나는 퀴즈를 풀 때 못지않게 카메라 테스트에 대해서도 초조했다. 내 경력 가운데 특히나 굴욕적이었던 한 일화가 떠올랐기 때문이다. 10년 전이었다. 20대 중반이었던 나는 첫 책을 완성하여 출판사에 팔려 하고 있었다. 예수와 엘비스 프레슬리 간의 기이한 공통점들에 대해 분석한 책이었다. 어느 출판사가 마음에 든다면서 이렇게 요청했다. 저자의 사진을 볼 수 있을까요?

"어째서 사진을 원하는 거죠? 정상적인 절차인가요?"

나는 출판 대리인에게 물었다.

"저자가 토크 쇼 같은 데 내보내도 될 만한 사람인지 확인하려는 겁니다. 머리가 셋 달린 괴물이 아니라는 걸 확인하는 정도니까 안심하세요."

당시 샌프란시스코 근교에 살았던 나는 한 백화점의 사진관으로 행차했다. 사진사는 나를 선풍기 앞에 세워 머리칼을 제대로 쓸어 넘기고는, 실물보다 낫게 보이게 해줄 상향 조명을 비추고, 몇 십 번쯤 셔터를 눌렀다. 나는 사진을 출판사로 보냈다.

일주일 뒤. 대리인의 전화를 받았다.

"죄송합니다만, 책을 내지 않겠다고 하는군요."

내 자아가 난도질당하는 소식이었음은 따로 설명하지 않아도 아시리라. 나는 저자로서 합당한 외모를 갖추지 못한 게 분명했다. 저자로서. 나는 드라마 배우나 뉴스 진행자나 구찌 모델이 되려는 게 아니었다. 나는 혼자 방에 들어앉아 책을 쓰고 싶었을 뿐이다. 그런데 내 매력은 그 일에조차 부족하다는 것이다. 너대니얼 호손은 숙녀들의 마음을 휘어잡았던가? 허먼 멜빌은 죽이는 복근을 가졌던가? 그래, 어쩌면 그랬을지도 모르지.

어쨌든 나는 〈백만장자〉 제작진의 취향이 너그럽기를 바라는 수밖에 없다. 인터뷰는 일 대 일로 진행되었으며, 나는 웬디라는 갈색 머리의 젊은 여성과 마주 앉았다.

"친구들은 제이콥스 씨를 어떤 사람이라고 말할까요?" 그녀가 물었다.

나는 이 질문이 싫다. 내가 뭐라고 답하랴? 화끈하게 놀 줄 알고 놀랍도록 지적인 친구로 생각한다고 말하랴?

"호리호리한 사람이라고 할 것 같은데요."

그녀는 어리둥절한 듯했다.

"그 말밖에 하지 않을까요?"

"음, 호리호리하고 갈색 머리인 친구라고 할 것 같은데요."

그녀는 이맛살을 찌푸렸다. 어허, 이게 아닌가 본데. 정신을 차린 나는 나머지 질문들에는 최대한 정석적으로 답했다. 하지만 내 말투는 완벽과는 거리가 멀었다. 나는 인터뷰 내내 웅얼거리고 시선을 피했다. 퀴즈 쇼 지원자로서 나는 마땅히 활기찬 모습을 보이는 대신, 섹스용품을 훔치다 잡힌 좀도둑마냥 우물쭈물했다.

웬디가 폴라로이드 카메라를 꺼냈다.

"좋아요, '치즈' 하세요!"

나는 "에멘탈 치즈!"라고 하면 웃기겠다고 생각했다. 여담이지만 우리가 보통 스위스 치즈라고 부르는 구멍 숭숭 뚫린 치즈를 진짜 스위스 사람들은 에멘탈 치즈라고 부른다. 그 구멍은 치즈가 섭씨 24도에서 발효될 때 이산화탄소가 나오며 생기는 것이다. 그러나 나는 그냥 "치즈"라고 했다. 현명한 선택이었을 것이다.

pet
애완 동물

고대 이집트인들은 거위에게 집을 지키게 했다고 한다.

Petrarch
페트라르카

나는 이 사람에 대해 아는 게 하나도 없지만, 이름만 보면 반드시 알아야 할 인물인 것처럼 느껴진다. 브리태니커에서 읽은 내용은 이렇다. 페트라르카는 14세기의 이탈리아 시인으로서 라우라라는 여인에 대한 순결한 사랑을 노래한 시로 유명하다. 페트라르카는 1327년 4월 6일, 아비뇽의 생클레어 교회에서 라우라를 처음 보았다. 그의 나이 스물두 살 때의 일이었다. 라우라는 늘 그의 손길이 미치지 않는 곳에 있었지만 그는 죽을 때까지 그녀를 사랑했다. 연심을 담아 쓴 시들 덕분에 페트라르카의 이름은 후대에 기억된다.

어이구. 페트라르카도 그런 족속이었구나. 백과사전에는 이런 사내들이 최소한 10명 이상 등장한다. 단테를 보라. 베아트리체라는 아홉 살짜리 소녀를 보고 사랑에 빠진 뒤 평생 그녀를 사랑하고 숭배하며 무수한 시를 바쳤으나, 뺨에 가벼운 키스조차 받은 적 없었다. 바이런은 또 어떻고? 젊었을 때 이미 사촌에게 퇴짜를 맞고도 이후 수십 년간 그녀에게 집착했다.

요즘에는 이런 남자들을 뭐라고 부르더라? 아, 그렇지, '스토커.' 이들이 요즘 사람이라면 베아트리체와 라우라는 접근 금지 명령을 신청해야 할 것이다. "페트라르카 씨는 라우라에게 100미터 이내로 접근해서는 안 된다. 라우라의 이름을 거명하거나 어떤 식으로든 그녀를 암시하는 소네트, 8행시, 2행시, 리머릭, 하이쿠를 써서도 안 된다. 특히 그녀를 화창한 여름날에 비교하는 시는 엄금이다."

그녀들의 남편은 어땠을까? 그렇다, 애모의 대상인 여성들은 대개 혼인한 몸이었으나, 아무도 그 남편들의 입장은 신경 쓰지 않는다. 피렌체 귀족의 딸인 베아트리체는 시모네라는 남자와 혼인했다. 내 보기에 시모네는 단테에게 이렇게 경고할 필요가 있었다.

"보아하니 자꾸만 내 아내에게 바치는 연시를 짓는데 말이오, 아시다시피 그녀와 결혼한 것은 나이고, 그녀는 내 아내란 말입니다. 댁이 마음껏 해도 좋은 일이 뭔지 아시오? 노을에 대한 시를 쓰는 거요. 빌어먹을 노을은 임자 있는 몸이 아니니까!"

이런 망상은 하지 않는 게 좋다는 걸 나도 안다. 말해봐야 교양 없는 속물 취급을 받으리라는 것도 안다. 길고 아름다운 낭만적 사랑의 역사를 21세기의 편협한 시선으로 재단하는 일이란 것도 안다. 나는 똑똑해지려고 이 책을 읽고 있다. 그들의 깊은 감정에 찬탄해야 하는 거 아닌가? 그들의 연애시를 읽고픈 맘이 들어야 하는 거 아닌가?

하지만 어쩌나. 나는 그들에게 입 닥치고 그만 잊어버리라고 말해주고 싶다. 정신과 의사에게나 지껄이라고 말하고 싶다. 대학 때 반한 여자에게 아직 목을 매고 있는 내 친구 존한테 했던 말을 해주고 싶다. "존, 그 여자는 네 짝이 아니야. 그만 잊어버려. 매치닷컴 같은 애인 찾기 사이트에라도 가입해서 새 여자를 찾아봐. 알았어?" 그 여자가 애덤 샌들러 영화에 출연하는 배우가 된 걸 보면 과연 예쁘긴 예쁜 모양이지만, 아무리 그래도 그렇지.

물론 페트라르카와 단테에게는 매치닷컴 같은 대안이 없었으리라. 보다 원시적인 방법에 호소해야 했으리라. 음, 동영상 애인 모집 사이트 같은 거? 농담이지만 내 말이 무슨 뜻인지 아시리라 생각한다.

philosophy
철학

나는 4년간 철학을 공부했다. 하지만 그때 배웠던 모든 지식을 아래의 한 문단과 바꾸라면 기꺼이 바꾸겠다. 로버트 아드리라는 학자가 쓴 글로, 브리태니커에 인용되어 있다.

하지만 우리의 조상은 진보한 유인원들이었지, 추락한 천사들이 아니었다. 무기를 갖고 서로 죽이는 유인원들이 우리의 조상이었다. 그러니 무엇에 놀라야 하겠는가? 우리의 살육과 학살과 미사일과 화해를 모르는 군대들에? 아니면 가치가 충분하지 않다 해도 우리가 맺은 협정들에, 자주 연주되지 않는다 해도 우리가 작곡한 교향곡들에, 틈만 나면 전장으로 변한다 해도 우리가 일군 평화로운 토지에, 성취되는 일이 드물다 해도 우리가 꾸는 꿈들에 놀랄 것인가? 인간의 기적은 타락이 아니라 그 장엄한 진보에 있는 것이다. 우리가 하늘의 별들 사이에 이름을 올리는 것은 우리의 시를 통해서이지, 시체를 통해서가 아닌 것이다.

아멘. 정말이지 훌륭하다. 내가 몽테뉴를 읽다 쓰러진 여인처럼 책을 읽다 기절하는 일이 있다면 지금이 완벽한 순간이다. 얼마나 힘 있는 문장들인가. 인생의 밝은 면을 보려는 사투, 그것은 브리태니커를 읽을 때나 일상을 살 때 늘 내가 현재진행형으로 치르는 사투이다. 기질상 노력하지 않고는 잘 되지 않기 때문이다. 이 사투에 대해 이보다 잘 표현한 문장은 일찍이 보지 못했다. 물론 나는 시를 좋아하지 않는다. 하지만 이렇게 바꾸어 생각하니 너무나 행복하다.
　'우리가 하늘의 별들 사이에 이름을 올리는 것은 우리의 영화, 책, 멋진 농담, 편안한 신발, 아름답게 우뚝 솟은 건축물을 통해서이지, 시체를 통해서가 아닌 것이다.'

프리네

나는 이제 괴상한 법 집행 사례들을 잔뜩 알고 있다. 나는 9세기에 벌어진 교황 포르모수스의 재판에 대해 안다. 포르모수스는 반대 심문을 잘 이겨내지 못했다. 왜냐하면 이미 죽은 몸이었기 때문이다. 농담이 아니다. 그의 뒤를 이은 교황 스테파누스 6세는 포르모수스의 정책들을 몹시 싫어한 나머지, 포르모수스의 시체를 파헤쳐 다시 권좌에 앉힌 뒤 재판을 열었다. 그리고 포르모수스가 패했다. 아아, 충격적이기도 하지. 스테파누스 6세는 시체의 손가락들을 잘라버린 뒤 사체를 티베르 강에 내버렸다.

버마에는 '점에 의한 시죄법試罪法'이 있었다. 쌍방에 같은 길이의 초를 주고 동시에 불을 붙인다. 초가 오래 타는 쪽이 재판에서 이기는 것이다. 중세 유럽에는 '시체에의 호소'라는 풍습이 있었는데, 죽은 자에게 직접 살인범을 지목하도록 하는 것이었다.

이런저런 것들을 아는 나로서도 프리네의 재판 이야기는 충격이 아닐 수 없었다. 프리네는 고대 그리스의 유명한 창녀였다. 프리네란 '두꺼비'라는 뜻인데 피부색이 누르무레하다고 해서 붙여진 애칭이었다. 그녀는 자신의 직업에서 놀라운 성공을 거두었다. 어찌나 돈을 많이 모았던지 테베의 성벽 재건 비용을 기부할 정도였다. 하지만 창녀였기 때문에 평판이 좋지는 않았다.

프리네는 당시 사형감이었던 신성모독 죄목으로 재판에 회부되었다. 사태가 불리하게 전개되자, 프리네는 흥미로운 변호 책략을 도입했다. 자신의 옷을 찢어 "가슴을 드러내 보였는데, 그것이 변호인들의 마음을 움직여 무죄 방면을 끌어내었다." 브리태니커에 분명히 적혀 있다. 젖가슴을 보여주고 풀려났다고 말이다. 틀림없이 법조계 사람들은 "야성적 그리스 창녀의 변론"이라고 부르겠지.

브리태니커가 일깨워주지 않아도 나는 보통의 이성애 남성들이 여자 가슴 훔쳐보기를 좋아한다는 사실을 잘 안다. 나는 그 사실에 입각하여 사업 모델을 구축한 잡지들에 다닌 바 있다. 배우 조디 포스터의 사진에서 젖꼭지가 컴퓨터로 지워졌다며 분노하는 상사의 이메일을 받은 적도 있다. 내가 왜 모르겠는가.

그래도 역사적 증거 앞에서는 새삼 놀라지 않을 수 없다. 남자들은 숙녀의 벌거벗은 상반신을 보기 위해서라면 무슨 일이든 하는 것이 분명하다. 매력적인 유방은 강력한 무기이다. 물론 프리네의 유방은 각별히 감동적이었으리라. 심지어 초록색을 띠었다고 하지 않는가. 역시 브리태니커에서 읽은 내용이지만, 고대 그리스에서는 한번 배심원으로 선정되면 일 년 내내 임무를 수행해야 했다고 하니 남자들은 그러잖아도 기분 전환에 갈급한 상태였으리라.

오늘날의 변호사들도 이 전략을 쓸 수 있을까 모르겠다. 법조계에 일대 혁신을 가져올 텐데!

"그렇습니다, 제 의뢰인은 남편을 독살한 뒤 사체를 빵 조각만 하게 토막 내어 로트와일러에게 먹였습니다. 유죄를 인정합니다. 하지만 배심원 가운데 계신 신사 여러분, 제 의뢰인의 가슴을 보셨습니까?"

pigeon
비둘기

불과 얼마 전에 나그네비둘기 이야기를 했다. 하지만 이번에는 나그네가 아닌 녀석들, 지금 내 서재 창틀에서 우쭐우쭐 걷고 있는 보통의 비둘기들이니까 엄연히 다르다.

녀석들에 대해 읽은 뒤 나는 유리 탁자에 책을 내려놓고 족히 5분 이상 삼차원 실물을 관찰했다. 창틀을 왔다 갔다 하며 특유의 동작으로 머리를 까닥이는 모습. 부리와 이마 사이의 안장 같은 굴곡. 작은 오렌지색 눈동자들. 몸통에 부리를 박아 털을 다듬는 모습, 이건 책에서 읽은 바에 따르면 피지를 깃털에 펴 바르는 행동이다.

놀라운 생명체이다. 내 어머니가 말씀하시듯 하늘의 쥐인지도 모르나, 그렇다 해도 놀라운 하늘의 쥐이다. 게다가 비둘기는 일부일처제이다. 한쪽이 죽으면 남은 짝은 한참 후에야 새 배우자를 맞는다. 비둘기와의 공감대가 깊어진다.

고개를 까닥이며 창틀을 맴도는 세 마리 비둘기들을 하염없이 보노라니, 갑자기 마리화나라도 한 듯 '우와아' 하는 기분이 된다. 영화 〈애니멀 하우스〉에서 "그러니까 우리 태양계가 훨씬 거대한 어떤 존재의 손톱에 올라앉은 작은 원자일 수도 있다는 말이야?"라고 했던 한 대학 신입생의 심정처럼, 갑자기 멍해진다. 세 시간 내리 독서를 하면 이렇게 마음이 사차원으로 넘어갈 때가 있다. 비둘기 녀석들 때문에 머리가 멍해졌다.

요전에 나는 독서가 실세계와의 관계 맺기에 해를 끼치지 않을까 걱정한 적 있다. 존 로크가 말했던 답답한 시각 장애인, 진홍색의 개념을 다각도로 연구했으나 끝내 진짜 속성에 대해서는 감을 잡지 못했던 시각 장애인이 내 처지가 아닐까 근심한 적이 있다. 어쩌면 그럴지도 모른다. 하지만 나는 정반대의 효과를 누릴 수도 있으리라고 마음을 다잡았다. 백과사전 독서는 실세계와의 관계를 향상시키고,

세상에 대한 경이로움을 부추기고, 세상을 새로운 시각으로 보게 할지도 모른다. 비둘기를 보며 깨달은 것이다.

또한 백과사전 덕분에 세상을 보는 나의 시각은 끊임없이 바뀌고 있다. 수계水界에 대해 읽은 뒤에는 세상 만사가 물의 통로로 보인다. 비, 증발, 강, 구름……. 그러다 에너지 보존에 관해 읽으면 이번엔 세상이 끝없이 모습을 바꿔가는 에너지 양자들의 집합으로 보인다. 우주의 단면을 갈라보는 방법은 무수히 많기에, 나는 이렇게 갈랐다 저렇게 갈랐다 하는 것이다. 최근에 나는 호박이 역사에 미친 역할을 추적하기도 했다(하이라이트는 이른바 '펌킨 페이퍼', 즉 소련의 스파이 혐의를 받았던 미국방부 관리 앨저 히스가 호박 속에 문서를 숨긴 사건이었다). 호박을 기준으로 갈라본 우주. 너무 얇게 자른 것인지도 모르겠다. 조롱박이 더 나을 수도 있겠군.

Pirandello, Luigi
피란델로, 루이지

이탈리아 극작가로 《작가를 찾는 6인의 등장인물》 같은 작품을 남긴 피란델로는 1920년에 이렇게 썼다.

"생각컨대 인생은 매우 슬픈 한 편의 익살이다. 왜, 무엇을 위해 그러는지, 어디서 비롯되는 욕망인지는 알 도리가 없지만, 우리는 현실을(저마다 다른 현실을 각자 하나씩) 창조함으로써 끊임없이 자신을 속이려는 욕망을 품고 있다. 그러나 이따금 우리는 이 현실이 너무나 헛되고 실체가 없음을 발견한다……. 내 예술은 자기 자신을 속이는 모든 사람들에 대한 쓰라린 연민으로 가득 차 있다. 그러나 연민 뒤에는 인간을 자기기만으로 몰아넣는 바로 그 운명의 잔인한 비웃음이 반드시 따라붙기 마련이다."

맙소사. 이 얼마나 쓸쓸한 문장인가. 인생은 한 편의 슬픈 익살이라는 것, 내가 딱 빨려 들기 좋은 생각이다. 하지만 안 된다. 건강하지 못한 생각이다. 로버트 아드리의 인간의 기적에 관한 문장으로 머리를 씻어야겠다. 아드리의 관점 또한 연민할 만한 자기기만에 불과할까? 그렇지 않기를 간절히 바란다.

planetary features
행성의 속성들

줄리가 서재로 왔다.

"자기, 이것 좀 봐. 왜 이럴까?"

줄리가 셔츠를 걷어 올리며 말했다. 배에 널따랗게 발진이 나 있다.

"목성 표면의 대적반大赤斑 같아 보이네."

"뭐라고?"

"대적반. 목성에 있는 크고 붉은 이상한 구름인데, 길이가 2만 4,000킬로미터가 넘어. 왜 이게 생겼는지 과학자들도 아직 잘 모르지만 일종의 소용돌이이거나 또는……."

줄리가 셔츠를 내리더니 나가버린다. 아무 대꾸 없이. 방을 나가면서 문을 좀 세게 닫는다. 어어. 좋지 않다. 약이 올랐을 때의 줄리는 한마디도 지지 않으려고 입씨름을 벌이기 때문에 정확히 어떤 점에서 짜증이 났는지 뻔히 들여다보인다.

하지만 화가 났을 때의 줄리는 조개처럼 입을 다물고 방을 나간다. 무서울 정도로 조용해져서는 다른 방으로 물러나 화를 삭인다.

지금은 화가 난 것이다.

나는 말장난을 할 때가 아니라는 걸 알았어야 했다. 오늘 아침에 나는 이미 줄리를 한계까지 밀어붙였다. 날씨가 화창하고 좋으니 센트럴파크로 소풍이라도 가자는 줄리의 말에 나는 됐다고 하면서 이렇게 말했다. 서재 창문으로 훤히 공원이 보이는구먼.

그만해도 속상했을 텐데 또 이러다니.

나는 다시 독서에 몰두하려 했다. 북아메리카 고원 원주민Plateau Indian과 플랫폼 테니스(platform tennis: 테니스와 스쿼시를 결합한 운동이다) 항목을 읽었으나 머리에 하나도 들어오지 않는다. 정신이 딴 데 있다.

줄리가 따지지 않아도 나 스스로 알고 있다. 내가 잘못했다는 것을. 안 그래도 임신 문제 때문에 분위기가 어두운 마당에 줄리가 내게 그런 대접을 받을 이유가 없다. 줄리는 천문학적 현상에 대한 이야기를 들을 이유가 없다. 줄리는 이런 말을 들어야 한다.

"오, 이런. 발진이 생겼잖아, 불쌍하게시리. 가려워? 뭐 잘못 먹은 거 없어?"

나의 뇌에 든 지식들 때문에 공감하는 능력이 퇴화한 것이라면, 진지하게 다시 생각해볼 필요가 있다. 지식을 뽐내느라 아내의 건강을 염려할 틈이 없는 건 정상이 아니다.

며칠 전에 나는 비둘기를 깊이 있게 감상하는 자신에 대해 찬사를 보낸 바 있다. 그러나 지금은 속죄하고픈 심정이다. 14세기 기독교인처럼 제 몸에 채찍질을 하며 빌고픈 심정이다(교황 클레멘스 6세가 이 풍습을 금지시켰다). 그러나 대신, 나는 서재에 딸린 화장실로 가서 가려울 때 바르는 라나케인 연고를 찾았다.

나는 줄리가 칩거한 침실 문을 빠끔 열었다. 줄리의 분노는 슬픔으로 누그러져 있었다. 나는 화해의 선물, 노란색 연고 튜브를 내밀었다.

"미안해."

"자기가 나랑 같이 있어줬으면 했던 것뿐이야."

"나도 알아."

Plath, Sylvia
플라스, 실비아

작가와 자살 사이에는 정말 무슨 관계가 있는 건가? 나는 P를 읽기 전에도 플라스가 자살했다는 것을 알고 있었다. H를 읽기 전에도 헤밍웨이가 자살한 것을 알고 있었다. 하지만 세상에, 그들의 동지가 이렇게나 많을 줄은 몰랐다. 박각시나방이 마다가스카르 난에 끌리듯(나방의 코는 23센티미터나 되어서 난의 기다란 꽃턱 속 꿀을 빨아 먹을 수 있다), 작가들은 자기 파멸에 끌리는 모양이다. 나는 자기 파멸로 생을 마감한 작가가 등장할 때마다 수를 헤아렸지만 나중에는 지수로 표기해야 할 지경으로 많아지기에 그만두었다.

처음 들어 보는 이름의 한 프랑스 작가는 가로등에 목매어 자살했다. 한 페루 작가는 텅 빈 교실에서 목을 맸다. 한 일본 시인은 정부와 함께 산장에서 목을 맸다. 작가들은 계단에서 몸을 굴리고, 다리에서 뛰어내렸다. 한 헝가리 작가는 호주머니에 돌을 잔뜩 담은 뒤 호수에 투신했다. 몇 천 페이지 뒤에 등장하는 버지니아 울프의 죽음을 예견하기라도 하듯.

자살 미수에 그친 작가들까지 포함하면 수는 더욱 불어난다. 조세 프 콘래드, 막심 고리키, 기 드 모파상, 유진 오닐. 솔직히 말해 상당 히 인상적인 목록이 아닐 수 없다. 나도 글 쓰는 직업을 계속할 것이 라면 줄리에게 부탁해 우선 면도칼을 숨기고 운동화 끈을 빼놓아야 겠다.

그런데 이 현상이 다소 당혹스럽기도 하다. 작가만큼 행복한 직업 이 또 어디 있다고? 시간도 마음대로 쓸 수 있지, 옷도 멋대로 입을 수 있지. 허리를 삐끗할 일이 있나, 교육을 한답시고 전화 내용을 녹 음당할 일이 있나, 고객에게 일부러 골프를 져주어야 할 일이 있나. 게다가 모든 숙녀들의 사랑을 받지 않는가?

작가들은 용기를 내고, 기운을 차리고, 빌어먹을 올가미 따위는 목 에서 멀리 치우는 게 좋겠다. 광부가 자살했다는 이야기는 하나도 없 는데 왜 자기네들만 그 난리인가(물론 브리태니커에는 애초에 광부가 많 이 등장하지 않지만, 말이 그렇다는 얘기다).

플라톤

또 철학이다. 나는 조용하고 빠른 필라델피아행 아셀라 고속전철 에 앉아 플라톤 항목을 읽고 있다. 오늘은 금요일이고, 나는 다행히 도 발진이 다 나은 줄리와 함께 줄리의 오빠 더그네 집에 놀러 가는 중이다.

전철이 막 터널을 빠져나온 순간, 플라톤의 동굴 우화에 관해 읽었 다. 묘하기도 해라. 동굴에서 나오는 이야기를 읽으면서 동굴에서 나 오고 있다니. 솔직히 그렇게 묘한 일은 아닐지도 모른다. 이런 식의 우연은 시도 때도 없이 벌어진다. 나는 운동기구 위에서 헐떡이며 '피로fatigue' 항목을 읽었고, 율리우스 카이사르가 등장하는 드라마를 보며 율리우스력에 관해 읽었다. 나는 지긋지긋하게 많이 읽고 있기 때문에 이런 식의 중첩이 자주 생길 수밖에 없다. 터널이 아니라면 다른 일이 벌어졌겠지. 옆줄에 앉은 남자가 그리스 샐러드를 먹고 있다거나, 가능성은 희박할 것 같지만 헴록 주스를 마시고 있다거나(소크라테스가 받은 사약이 헴록즙이었다).

좌우간 나는 지금 플라톤을 읽고 있고, 고백하건대 아무런 감흥도 받지 못했다. 플라톤의 형상(이데아) 이론은 어처구니없는 수준을 넘어 짜증이 난다. 플라톤은 물리적 세계와 별개로 이상적인 형상들로 이루어진 또 다른 세계가 존재한다고 했다. 어딘가에는 이상적인 남자, 돌, 모양, 색, 아름다움, 정의가 있다는 것이다. 어딘가에는 플라톤적으로 이상적인 물병이, 의자가 있다는 것이다.

한마디로 시시껄렁한 이야기다. 나는 브리태니커를 읽는 내내 몹시 반 플라톤적인 세상을 보아 왔다. 이제껏 읽은 2만 1,000페이지 속에서는 사람이건 돌이건 아름다움이건 그 무엇이건 끊임없이 변화하고 진화했다. 어떻게 이상적인 의자의 형상이 존재한단 말인가? 수십 가지 스타일의 의자 가운데 어떤 걸 골라 이상화할 건데? 18세기 양식의 오토만(보통 등받이가 없고 속이 잔뜩 채워진 낮은 단 같은 의자)? 19세기 양식의 콕파이팅 의자(등받이에 독서대가 달려 돌아 앉아 독서할 수 있는 의자)? 아름다움이라면 어떤 아름다움? 아름다움은 시대를 초월한다고 생각하는 사람이 있다면 브리태니커에 실린 트로이의 헬렌 조각상을 보기 바란다. 당대 최고의 미녀였지만 내 눈에는 코 성형수술이 필요한 여장 남자로 보인다. 트로이의 헬렌이 현대에 태어났다면 미스 유니버스가 되는 것은 고사하고 시골 축제의 미스 브로콜리조차 되지 못할 것이다. 그녀를 되찾기 위한 대규모 원정대는 고사하고 작은 보트 한 척 뜨지 않을 것이다.

물론 무수한 변화들 가운데 아주 드물게 영원한 것도 있다. 가령 원자들이 방출하는 복사에 관한 물리량인 플랑크 상수常數는 영원히 변함이 없다. "살인하지 말라"는 계율도 불변의 도덕률이라고 생각한다. 하지만 어느 외딴 별세계에 이들이 이상적 형상으로 존재할 거라고는 생각하지 않는다.

나는 플라톤의 지식 이론도 싫다. 플라톤은 지식이 인간 내부에 존재한다고 주장하는 쪽이었다. 스승 소크라테스의 의견을 좇아, 플라톤은 세상의 모든 지식은 이미 우리 안에 있으며, 우리는 그것을 상기하기만 하면 된다고 말했다. 내 견해로는 이런 주장은 허섭스레기에 가깝다. 나는 지식이 감각을 통해 학습된다는 경험주의적 입장을 지지한다. 선천적 지식 따위는 믿지 않는다! 물론 지금 내가 약간의 자기 합리화를 하고 있다는 점은 인정한다. 나는 감각을 통해 지식을 얻는 일에 지난 8개월을 바쳤다. 정말로 가장 중요한 지식이 이미 내 안에 있다면 난 순 바보 멍청이 짓을 한 게 아닌가.

내 견해가 옳건 그르건, 이런 생각을 했다는 점 자체에 대해서는 자화자찬하고 싶다. 아리스토텔레스 항목에서 했던 생각에 비하면 장족의 발전 아닌가. 내가 아리스토텔레스에 대해 품었던 감상을 기억하시는지? "음, 그는 화끈한 어린 여자들을 좋아했군", "와, 이 이야기 끝내주네", 대충 그랬다.

배관

여러분에게 존 해링턴 경을 소개한다. 브리태니커에 등장하는 무수한 이름 없는 영웅들 가운데 하나이자, H 항목에 두 문단의 별도 항목으로도 당당히 소개된 해링턴 경을. 내가 이제까지 해링턴을 몰랐다니, 아연실색할 일이다. 그는 에디슨의 전구나 라이트 형제의 비행기만큼 우리 삶을 바꾸어놓은 기구를 발명한 분이다. 대학 신입생 때 그리스 문자 모임 환영회에서 고주망태가 되어 내 깃털 이불에 실례를 했던 친구를 제외하고, 그냥 평범한 미국인이라면 하루에 여러 차례 사용하는 물건, 그런데도 아무도 발명자의 이름을 모르는 물건을.

나는 예전에 수세식 변기의 발명자는 영국의 배관공 토머스 크래퍼라 알고 있었다. 후에 이것이 낭설이라고 들었지만, 그렇다면 실제로 변기 뒤에 숨겨진 인물이 누구인지는 못 들었다. 마침내 그 인물, 해링턴 경이 등장한 것이다. 그리고 그는 사랑할 수밖에 없는 깜찍한 건달이었다.

나는 우선 해링턴이 가난한 노동계급 출신이 아니라는 점에 충격을 받았다. 그는 엘리자베스 1세 여왕의 대자였고 궁정을 출입하는 몸이었다. 하지만 변기의 아버지답게, 순수한 조신과는 거리가 멀었다. 해링턴은 20대 때 16세기 이탈리아 시인 아리오스토의 '문란한 이야기'들을 궁정 숙녀들 사이에 배포하다 걸렸다. 엘리자베스 여왕은 이야기를 즐기지 않았나 보다. 여왕은 잔인하지는 않지만 확실히 특이한 벌을 대자에게 내렸다. 길기로 악명 높은 아리오스토의 서사시 〈미친 오를란도〉를 번역하라고 명한 것이다. 사람 대신 시나 괴롭히라는 뜻 아니었을까 싶다.

숙제를 마치고 궁정에 복귀한 해링턴은 수세식 변기를 발명하여 엘리자베스 여왕의 거처에 한 대 설치했다. 화려한 개선식이라도 펼쳤을 것 같은가? 별로 그렇지도 않았다. 간 큰 해링턴은 《아이아스의 변신The Metamorphosis of Ajax》이라는 책을 써서 변기 발명에 얽힌 이야기를 소개했는데(엘리자베스 시대에는 수세식 변기를 'jakes'라는 속어로 불렀는데, 그것을 그리스 신화의 '아이아스Ajax'에 빗댄 말장난이다), 브리태니커에 따르면 그 책은 변기를 "기계적으로 묘사하기보다 라블레식으로 희화화"하였다. 해링턴은 또 추방당했고, 격분하였다. 사실 격분했는지 여부는 모르겠지만 나라면 그랬을 것 같다. 그래서인지 그는 아일랜드 군사 원정에 참여했고, 덕분에 기사 작위를 받았다. 나름대로 해피 엔딩인 셈. 나는 해링턴의 이력서가 브리태니커를 통틀어 제일로 멋지다고 생각한다. 배관공, 번역가, 익살꾼, 군인, 여왕의 대자이자 건달, 괴테를 능가한다. 어떻게 역사가 이런 인간을 간과했는지 모르겠다. 세상의 존경을 받으려면 도대체 어떤 일을 해야 하는가? 오래전에 잊혀진 짧은 군사 원정으로는 작위를 받으면서, 전 세계 화장실에 혁명을 일으킨 일로는 국물도 없다고? 미국인들은 이따금 화장실을 '존'이라고 부르는데, 그걸로 해링턴 경을 기념한다고 착각하지 말자. 그 말은 다른 맥락에서 생겨났다. 차라리 화장실을 '해링턴'이라 불러야 한다고 강력히 주장하는 바이다.

Poe, Edgar Allan
포, 에드거 앨런

그는 열세 살의 사촌과 결혼했다. 19세기의 제리 리 루이스였구나(가수 제리 리 루이스의 세 번째 아내도 열세 살짜리 사촌이었다).

깜짝 퀴즈

줄리와 나는 필라델피아 주말 여행을 마치고 집으로 돌아왔다. 어머니가 줄리에게 보낸 이메일이 있었다. 어머니는 몇 년 동안 이메일은 시간 낭비라면서 단호하게 사용을 거부하였지만, 일단 방법을 익히자 맹렬하고 열정적인 이메일 전달자로 둔갑하였다. 변호사 농담, 유대인 농담, 엉뚱한 하이쿠 등을 이메일로 전달하면서 끄트머리에는 항상 웃는 표정의 이모티콘을 곁들인다. "네가 모르는 게 없다고 했지? 이걸 보고 다시 생각해보렴" 하는 내용의 이메일들이라, 인정하건대 지금의 내게 상당히 적절한 것들이다.

목성 대적반 소동 이래 나는 줄리와 대화할 때 뜬금없는 사실들을 끼워 넣지 않으려고 무진장 자제해왔다. 하지만 지금은 떳떳하게 말해도 좋다. 줄리가 내게 깜짝 퀴즈를 내겠다고 했기 때문이다. 나는 브리태니커를 가슴에 얹은 채 소파에 누웠고, 줄리는 매킨토시로 어머니의 이메일을 보며 문제를 낸다.

"준비됐지? 자, 10센트짜리 동전 테두리에는 홈이 몇 개 파여 있게?"

"244개."

"아니야, 118개야. 다음 문제. 알 카포네는 명함에 자기 직업을 뭐라고 적었게?"

"골상학자."

"아니야, 중고 가구 판매자야. 다음, '암살_{assassination}'과 '부딪치다_{bump}'라는 단어는 누가 만들었을까?"

"음, '아사신_{Assassins}'이라는 이슬람 분파가 있었어. 적을 암살하러

나서기 전에 해시시를 피우고 무아지경에 빠지는 풍습이 있었는데,
거기서 나온 이름이지."

"아니야, 답은 셰익스피어. 다음, 영어에서 한 음절로 된 단어 중
제일 긴 것은?"

"마카라카마카이Makalakamakai."

나는 입에서 나오는 대로 말했다. 20년대 뉴욕 지식인들의 환담 모
임이었던 '알공킨 원탁'에서 누가 같은 질문을 했다면 주최자를 자처
했던 알렉산더 울컷이 나처럼 대답하지 않았을까. 물론 '마카라카마
카이'가 한 음절 단어라면 말이지만.

"틀렸어, '끽끽거렸다screeched'야. 너무 추워서 나이아가라 폭포가
얼어붙었던 해는?"

"1932년!"

나는 오랜만에 확신 있게 외쳤다.

"맞아!"

줄리가 나를 쳐다보았다. 줄리는 진짜 놀란 표정이다. 감동의 기색
마저 어려 있다.

"어떻게 알았어?"

고백하자면 때려 맞힌 것이었다. 근거라곤 조금도 없이 순전히 운
이었다. 하지만 줄리에게 그렇게 말할 수는 없다. 이 한 문제에 대해
서만이라도 내 공을 인정 받고 말리라.

"내가 아는 게 좀 많아야지. 가끔은 내가 얼마나 아는지 모를 정도
로 많이 안다니까."

포우하탄

인디언 추장이며 포카혼타스의 아버지였다. 나는 메인 주의 포우하탄 캠프에서 3번의 여름을 보냈고, 아주 최근까지 14번 벙크 하우스(이층 침대를 갖춘 캠프 숙소) 근처에 새 옥외 변소를 지었다는 둥의 참으로 필수적인 정보들을 전해주는 〈포우&와우 뉴스레터〉를 받아봤다. 그런데도 어떻게 나는 포우하탄에 대해서 아무것도 모를 수가 있었을까. 황당한 일이다. 학교 다닐 때 역사 교과서를 열심히 읽거나 최소한 디즈니 사의 애니메이션 〈포카혼타스〉라도 봤어야 했다. 그러면 알았을 텐데.

포우하탄은 "영리하고 정력적인 지도자였으나 잔인한 것으로도 유명했다." 캠프 이름으로도 아주 적절하다. 우리 학생들도 정력적이면서 잔인했기 때문이다. 굳이 따지면 잔인함 쪽이 우세했다. 우리는 사춘기도 되지 않은 말썽꾸러기들이었다. 이 말을 하면서 나는 친구들과 합세하여 로브 블론킨을 괴롭혔던 일을 떠올리고 있다. 로브는 뉴욕 주 북부에서 온 열두 살짜리 곱슬머리 소년으로 몸 여기저기를 씰룩거리는 버릇이 있었는데, 특히 얼굴을 움찔대는 게 심하여 당장 아이들의 희생양으로 낙점되었다(여담이지만 원래 희생양은 인간들의 죄를 대신하여 죽은 뒤 예루살렘 벼랑에 버려졌던 제물을 말한다).

우리는 갖가지 정신적 고문법들을 개발했다. 예를 들면 다 함께 로브에게 가서 아주 빠른 속도로 "안녕, 로브. 잘 지내니, 로브? 그럼 안녕, 로브"라고 말한 뒤 돌아오는 것이다. 로브는 얼떨떨해서 입이 잘 안 돌아가는 와중에도 "잘 지내"라고 대답하려 애썼다. 보다 세련되고 악독한 방법은 〈오디나무 주위를 돌아서〉라는 동요를 로브 앞에서 사납게 불러 젖히는 것이었다. 로브는 반드시 울음을 터뜨렸다. 이유는 아무도 몰랐다. 내 생각에 파블로프의 개 같은 조건반사였지 싶다. 우리가 "오디나무"라고 으르렁대기 시작하여 "획! 족제비가 나가네"라고 맺을 무렵이면 어느새 로브의 뺨은 눈물에 젖는 것이었다.

당시의 내 행동을 자랑할 의도는 없다. 확실히 캠프에서 보낸 여름들은 도덕적으로 가장 저열했던 시기였다. (학교에서의 나는 오히려 여드름을 놀리는 친구들 때문에 울음을 터뜨리는 약자였다. 말이 나왔으니 말인데 여드름에는 15종류가 있다.) 변명의 여지가 없는 비열한 행동이었다. 나는 세상에서 가장 똑똑한 소년이 되는 일에 너무 집중했던 것 같다. 이제 와서 돌이켜 보면 세상에서 가장 도덕적인 소년이 되는 일에 몰두하면 좋았을 것을.

"얘들아, 블론킨 울리는 건 그만두고 쿠키를 팔아서 개발도상국 농부들을 위한 모금이나 하자꾸나"라고 할 것을.

한 가지 분명한 사실은, 만약 우리 부부에게 사내아이가 생긴다면, 남자들만 가는 캠프에는 절대 보내지 않겠다는 것이다. 남성 비율이 압도적인 환경에서는 반드시 소란이 생긴다. 브리태니커만 봐도 고립된 남성 소집단에서 공격적 행위가 두드러진다는 사실을 알 수 있다. 극지 탐험대나 감옥을 보라. 의심의 여지가 없지 않은가. 극지 탐험대, 죄수들, 그리고 메인 주나 버몬트 주에서 열리는 여름 캠프에 참가한 유대인 소년들. 음, 본론에서 너무 벗어났군. 책으로 돌아가자.

precedent
전례

나는 브리태니커 백과사전 완독에 성공한 다른 사람을 본 적이 없다. 참고자료에 환장한다는 점에서 비슷한 부류인 사람은 몇 명 알지만 말이다. 장모 바버라는 맨해튼 전화번호부를 거의 다 읽으셨다. 장모는 전화번호부를 사랑한다. 오프라 윈프리의 독서 클럽에 채택되어야 할 책이라고 생각한다. 전화번호부 독서의 시작은 어려서 조부모님 댁을 방문했을 때였다고 한다. 조부모님은 막 유럽에서 건너오신 터라 영어를 한마디도 하지 못했고, 하루 종일 닭 요리나 먹으면서 눈물 흘리셨다. "어른들이 울고 있을 때 애들이 뭘 하고 놀겠어? 전화번호부를 읽어야지." 장모는 완벽하게 논리적인 삼단논법인 것처럼 힘주어 말씀하신다. 감히 사위가 반박해서야 쓰겠는가? 그때부터 장모는 짬만 나면 몇 글자씩 전화번호부를 음미해온 것이다.

"아주 재미있는 내용이 많다네."

한번은 그 내용이란 게 뭔지 내가 물었다.

"보자, 내가 아는 남자 중에 스파이크 리 감독하고 같이 일하는 사람이 있는데, 그이가 자네 집 옆 건물에 살더라고."

그런 것들이었구나.

그리고 나는 대략 2주에 한 번꼴로 백과사전 애호가임을 고백하는 사람을 만나곤 한다. 한 남자는 어렸을 때 어머니가 화장실에 있던 브리태니커를 슬그머니 치운 이야기를 해주었다. 원래 어머니는 아이들이 신체 일부를 비우는 동안 머리를 채우길 바라는 마음에서 사전을 화장실에 비치하였다. 문제는 이 남자가 몇 시간이고 변기에 버티고 앉아 포크너Faulker와 홍학flamingo과 가자미류flounders에 대해 읽는 바람에 여자 형제들이 방광에 심각한 곤란을 느끼며 밖에서 문을 두드려 댔다는 것이다.

하지만 이들은 아마추어이다. 나는 위대한 브리태니커를 알파벳순으로 독파하는 마라톤에 성공한 사람은 한 명도 보지 못했다. (여담이지만 현대 마라톤 거리가 42.195킬로미터가 된 것은 1908년 올림픽을 치른 영국 올림픽 위원회가 윈저 성에서 주경기장 귀빈석 앞까지의 거리로 정했기 때문이다.) 브리태니커를 한 자도 빼놓지 않고 다 읽으려 시도한 사람은 만나지 못했다. 하지만 나 말고도 그런 사람이 있다는 것은 확실하다. 최소한 과거에는 있었다. 조지 버나드 쇼는 대영 박물관에 비치된 브리태니커 9판을 완독했다. 물리학자 리처드 파인먼도 전질을 소화했다. 유명한 해군 장교 캐릭터 '허레이쇼 혼블로워'를 탄생시킨 작가 C. S. 포리스터도 다 읽었다. 포리스터는 심지어 두 번을 읽었으니, 작전을 마친 미래의 나보다 두 배는 똑똑했을 것이다. 《멋진 신세계》의 작가 올더스 헉슬리의 경우는 완독했는지 분명치 않다. 하지만 그는 여행에 절반 크기의 소형판을 들고 다니며 가장 좋은 길동무라 불렀다.

하나같이 대단한 사내들이다. 기분이 좋다. 나도 Z까지 보기 좋게 마무리하면 천체물리학 분야에서 혁명적인 정리를 발견해낼지 모른다. 최소한 쓸 만한 항해 소설이라도 쓸 수 있겠지. 그러나 나는 이 이름들로도 부족하다. 나는 산 사람을 만나고 싶다. 서로 모험담을 나눌 수 있는 살아 있는 사람을.

나는 브리태니커 본부에 전화를 걸어 홍보담당 톰 파넬라스에게 도움을 청했다. 당연한 일이겠지만 톰은 내가 만난 최고로 똑똑한 홍보담이었다. 나는 배우 폴 라이저나 브루스 윌리스 등등의 홍보담당들과 숱하게 대화해보았지만, '보르헤스적'이라는 수식어를 쓰는 사람은 처음 봤다. 톰은 헉슬리의 브리태니커 습관을 알고 있을 뿐더러 헉슬리가 C. S. 루이스나 존 F. 케네디와 같은 날인 1963년 11월 22일에 죽었다는 사실도 알고 있었다. 대단한 정보다.

톰은 과거에 충성 독자들이 여럿 있었지만 개중에 아직 살아 있는 사람이 있는지는 모르겠다고 했다. (톰은 브리태니커 완독과 수명 사이에 무슨 인과 관계가 있는 건 아니라며 나를 안심시켰다. 내 머리가 폭발하는 일은 없을 것이라고.) 그렇군, 우리의 이름은 '충성 독자'였군. 톰은 알아봐주겠다고 했다.

며칠 뒤, 톰이 전화로 조사 내용을 알려주었다. 현재 브리태니커 완독을 수행하는 사람으로는 중국 소도시의 한 남자가 있다. 브리태니커 사로 남자가 보낸 팬레터가 몇 통 있었는데, 지금은 모두 잃어버려서 연락처를 모른다. 그리고 수십 년 전에, 어린아이일 때 A에서 Z까지 읽어 낸 미국인이 한 명 있다. 그의 이름은 마이클 디베이키. 수술의 역사에 관심이 있는 사람이면 누구나 알다시피, 디베이키는 세계적인 심장 전문의이다. 1963년에 세계 최초로 인공 심장 이식 수술을 했고, 브리태니커에도 자그마치 네 문단에 걸쳐 소개되는 인물이다.

나는 디베이키 박사에게 전화를 걸었다. 그리고 아흔다섯 살의 저명한 외과 의사와 대화를 나누며 깜짝 놀라고 말았다. 박사의 느릿한 루이지애나 사투리가 참 듣기 좋았고, 무엇보다도 말투가 다정했다. 생일을 아흔 번 넘게 경험한 그에게 당장 내 대동맥 우회 수술을 맡겨도 좋다는 생각이 절로 들 만큼 편안했다.

박사는 말했다.

"내가 어릴 때, 부모님은 일주일에 한 번 도서관에 가서 한 권씩만 빌려오게 하셨소. 어느 날 내가 집에 와서 부모님에게 말했지. 도서관에 엄청난 책이 있는데 대출을 안 해준다고. 부모님이 물었소. '무슨 책인데?' 내가 대답했지. '브리태니커 백과사전이요.' 부모님은 전집을 사주셨어. 내가 열 살인가 열두 살인가 그랬으니까 1919년판쯤 되었겠지. 대학에 입학할 무렵에서야 그걸 다 읽어 치웠소. 누이가 넷 있었는데 다들 할 일을 후딱후딱 해치우곤 백과사전을 읽었지."

나는 A에서 Z까지의 항해에 성공한 선배에게 조언을 여쭈었다. 박사는 이렇게 대답했다.

"자네도 직장이 있고 가족이 있겠지. 시간이 한정되어 있을 게 아닌가. 흥미 없는 주제는 건너뛰어도 좋다고 말해주고 싶네."

무례한 작자가 되고 싶지 않기에 나는 조언을 받아쓰고 감사 인사를 했다. 하지만 내 속마음은 이랬다. 뭐라고요? 그럴 수는 없어요. 저는 무언가를 성취하려고 하는 거란 말입니다. 인생 최초로 무언가 중대한 일을 해내려는 거라고요. 조금 우스꽝스러운 일이긴 합니다만. 일단 마라톤에 나선 주제에 23킬로미터만 뛰고, 볼 거리가 없는 동네는 택시를 타고 지날 순 없단 말입니다. 알렉스 트레벅이 말했듯 흥미가 동하지 않는 것들에 대해서도 호기심을 가져야 한단 말입니다.

procrastination
늑장, 연기, 지연

나는 내 자신에게 화가 난다. 방금 옛날에 사귀었던 여자 친구나 짝사랑했던 여자들 이름을 구글에서 검색하느라 45분을 허비했기 때문이다. 전혀 쓸데없는 정보 아닌가. 노엘 도킨스가 〈데드 섹시〉라는 인디 영화 제작에 스크립터를 맡았다는 사실을 내가 알아봤자 뭐 하겠는가. 레이첼 자바가 돌턴 학교의 50미터 달리기 역대 기록 3위를 여태 지키고 있다는 사실, 캐트린 머사가 한 캘리포니아 지붕 시공 회사를 추천하는 편지를 썼다는 사실을 알아 뭣 하겠는가. 필시 내가 아는 그 캐트린 머사도 아닐 텐데. 구글 검색은 건전하지 못한 집착이고, 내 시간과 뇌 용량을 갉아먹는 낭비이다. 그 45분을 얼마든지 다르게 쓸 수 있었다. 브리태니커를 읽거나, 아내와 어울리거나, 아니면 집에 굴러다니는 고무줄들을 크기와 색에 따라 분류할 수 있었을 것이다. 디베이키 박사의 지적대로 시간은 한정되어 있다. 좋다, 다시는 불필요한 구글 검색을 하지 않겠노라! 하지만 내 맹세는 오래 가봤자 작심삼일일 것을, 나도 안다.

21세기를 사는 미국인으로서, 정보의 홍수를 막는 일은 끝이 보이지 않는 싸움이다. 정신의 다락방은 공간이 한정되어 있다는 셜록 홈즈 이론에 따라 나는 브리태니커에서 유래하지 않은 정보들은 머리에서 비워내려 노력 중이다. 얼마간 진전도 있었다. 나는 이제 〈뉴욕 포스트〉를 읽지 않는다. 배우 커스틴 던스트의 새 애정 행각 상대에 관한 기사는 이제 그만! 나는 〈뉴욕 타임스〉 읽는 시간도 줄였다. 몇몇 중요한 국제 뉴스만 본다. 화려한 하와이식 파티가 유행이라는 둥의 시시한 기사는 안 읽는다고.

pronunciation
발음

친구 폴과 점심을 먹다가 살짝 지루해졌다. 미안, 폴, 맘 상하라고 하는 말은 아니야. 그래서 폴의 티셔츠를 열심히 감상했다. '미시간

Michigan'이라고 적혀 있었다. 이상한 이름이야, 나는 속으로 생각했다. 왜 미치-간Mitch-igan이라고 발음하지 않고 미시-간Mish-igan이라고 발음하지? 잠깐, 이유를 알겠다. 미시간에 최초로 정착한 사람들은 프랑스인들이었지. 카디야크 같은 강건한 갈리아족들이 살았었지. 말이 나왔으니 말인데 카디야크는 미시간에서 사령관을 지냈지만 후에 바스티유 감옥에 갇히게 되는 파란만장한 인생의 남자이다. 자, 프랑스 사람들은 ch(치)를 sh(시)로 발음하지. 그래서 미시-간이 된 거지! 나는 그날 밤 집에 와서 혹시 모르니까, 하고 찾아보았다. '미시간'은 '커다란 호수'를 뜻하는 인디언 말에서 왔단다. 젠장.

Proust, Marcel
프루스트, 마르셀

마들렌이 아니었다. 현실에서 프루스트의 회상을 촉발한 것은 바삭한 러스크 비스킷이었다. 딱딱한 츠비박 빵 같은 과자였다. 하지만 프루스트는 막상 《잃어버린 시간을 찾아서》를 쓸 때 마들렌으로 바꿨다. 츠비박이 뭐가 어때서? 흐음, 냄새가 난다. 마들렌 업계가 간접 광고를 목적으로 뇌물을 준 냄새가 나.

Public school
공립학교

나는 운이 좋아서 으리으리한 사립학교에 다녔지만 내 아버지는 공립학교 출신이다. 맨해튼 어퍼웨스트사이드에 살았던 아버지는 전철을 타고 통학했다. 중산층 유대인 집안 영재들이 많이 다녔던 브롱크스 사이언스라는 학교였다.

아버지의 고등학교 졸업 후 교육 내용에 대해서는 나도 잘 안다.

아버지의 수많은 학위들에 대해서도 잘 안다. 아버지는 공대에 다닐 때 깨알 같은 글씨의 증기압 도표들을 읽느라 시력이 망가졌다고 하셨다. 법대에 다닐 때는 초창기의 컴퓨터를 다루셨다. 천공 카드와 진공관이 달려 있고 농구장 몇 개만 한 면적을 차지하는 것 말이다. 컴퓨터가 법조계에 미칠 영향에 관한 논문을 쓴 적도 있는데, 미래에는 컴퓨터가 판사, 배심원, 그리고 전기를 사용한다는 공통점이 있는 사형 집행인까지 대체하리라고 조심스레 짐작하는 내용이었다. 나는 아버지의 대학 시절에 대해 이 정도 알고 있다.

하지만 그 이전은 어땠을까? 정보가 불완전하다. 지식에 대한 내 광적인 집착의 근원을 탐구하는 작업의 일환으로, 나는 아버지의 성장기를 취재하기로 했다. 그래서 할아버지가 주최한 자선 파티에서 아버지를 만났을 때, 나는 꼬치꼬치 따지고 들었다.

물론 아버지는 진지하게 답하고 싶어 하지 않았다. 나는 압박을 가하며 애매모호하게 주장했다.

"백과사전 작전에 필요한 일이란 말입니다."

아버지는 글쎄, 이렇다 하게 할 말이 없는데, 라고 하셨다. 좋아하는 과목은 수학과 과학이었고, 옆머리만 길게 길러 뒤에서 묶는 머리 스타일을 하셨단다.

학업 성적은 어땠는지? 상위 5퍼센트? 10퍼센트?

아버지는 고개를 저었다. "아니야. 상위 78퍼센트쯤."

뭐라고? 이거 농담인가?

"농담 아니다. 100명 가운데 78등쯤 했었지."

"아니, 어쩌다 그러셨어요?"

"나만의 규칙이 있었거든. 숙제는 등하굣길 지하철 안에서만 한다. 지하철에서 다 안 끝나면 영원히 하지 않는다."

참으로 요상한 폭로였다. 내 아버지가 게으름뱅이였다니. 아무리 하찮고 45년이나 묵은 비밀이라 해도, 아버지의 결점을 밝혀낸 기분은 사뭇 묘했다. 어쩐지 아버지가 집필한 24권의 책들이 덜 압도적으로 느껴졌다. 그러니까 아버지 같은 대기만성도 가능한 것이다.

Puccini
푸치니

줄리가 극장에 가자고 졸랐다. 나는 쥐글라르 주기마다 한 번씩 극장에 가는 편이다(쥐글라르 파동은 약 8년을 한 주기로 하는 경기순환 이론이다). 뮤지컬이라는 장르는 통 내게 와 닿지 않는다. 나는 영화와 TV를 보며 자라서 그런지 브로드웨이 쇼를 볼 때마다 언제 감독이 컷을 외치나 싶다. 몽타주 기법은 어디 갔지? 깜박임 없이 커다랗게 열린 배우의 눈동자를 극단적으로 클로즈업하는 장면은 언제 나오지? 한 시간 내내 반으로 갈라진 채 꼼짝도 않는 집을 바라보며 몸을 배배 꼬아야 하다니.

하지만 똑똑해지고 싶으면 인텔리다운 문화 활동에도 발을 담가야 한다고 줄리가 말한다. 그 말도 맞다. 그래서 나는 브로드웨이 극장의 빨간 모조 벨벳 좌석에 앉아 오페라 〈라 보엠〉을 각색한 뮤지컬이 시작되길 기다리게 되었다.

"어때, 기대했던 대로야?"

줄리가 묻는다.

"뭐가?"

"브로드웨이 극장 내부가."

"이봐, 전에도 몇 번 공연을 본 적 있다고."

"좋아, 그럼 잘 기억해, 공연은 예고편 상영 없이 바로 시작한다는 거."

"알았어, 알았어. 잘 알았어."

"화면에 대고 야유를 보내도 안 돼. 살아 있는 배우들이니까 소리를 알아듣는다고."

천만다행으로 불이 꺼지고 공연이 시작되었다. 나쁜 공연은 아니었다. 플롯이 제법 괜찮았다. 기본적으로 러브 스토리에 폐결핵이 감초로 들어가고. 하지만 몇 주가 지난 지금, 〈라 보엠〉의 작곡가인 자코모 푸치니 항목을 읽으며, 나는 안 그래도 얼마 되지 않던 감동이 급속히 퇴색되는 것을 느낀다. 푸치니의 오페라보다는 푸치니의 삶에 급박한 사건과 놀라운 반전이 훨씬 많은 게 아닌가! 푸치니는 왜 일기장을 뜯어서 대본으로 쓰지 않았지? 아래와 같은 일화를 오페라로 만들었어야 했다.

1880년대 언젠가, 푸치니는 엘비라라는 유부녀와 바람이 나서 함께 고향 마을 루카를 떠났다. 푸치니와 엘비라의 연애는 매우 육감적이었으며 결국 둘은 결혼에 성공하지만, 이것은 1막일 뿐. 1908년 "엘비라가 느닷없이 여러 해 동안 푸치니 집안에서 하녀로 일해온 근처 마을 출신의 어린 하녀 도리아 만프레디와 푸치니와의 관계를 의심하였다. 엘비라는 도리아를 내쫓으면서 죽이겠다고 위협했다. 하녀는 음독 자살을 했고, 하녀의 부모가 의사에게 의뢰하여 부검한 결과 도리아는 처녀였음이 드러났다. 도리아의 부모는 학대와 중상모

략죄로 엘비라를 고발했고 이 사건은 세상을 떠들썩하게 하는 스캔들이 되었다." 엘비라는 유죄를 선고받았지만 푸치니가 도리아의 부모에게 배상금을 지불했기에 감옥에 가지는 않았다. 이후 푸치니의 결혼 생활은 '명목뿐'이었다.

살해 협박, 음독, 간통, 재판, 젊은 하녀. 더 이상 무엇이 필요한가? 브리태니커가 매일같이 일깨워주는 교훈이 여기 있다. 역시 실화가 소설보다 낫다.

Punctuation
구두점

그리스어에서 원래 물음표였던 것이 영어로 와서 세미콜론이 되었다. 야릇하군, 안 그런가;

Pythagoras
피타고라스

백과사전에서 가장 종잡을 수 없는 인물 가운데 하나를 만났다. 피타고라스는 언뜻 순진해 보인다. 완벽한 기하학적 정리를 발명하여 이름을 남긴 사람이니까. 하지만 삼각형에 대한 훌륭한 업적을 차치하면 그는 진짜 골 때리는 괴짜였다. 피타고라스는 고대 그리스에서 종교 결사체를 창설했다. 내 보기에는 완전 사교邪教다. 피타고라스는 학파 사람들에게 "신성한 것에 대해 함부로 말하지 말고, 흰 옷을 입고, 성적 순결을 지키고, 콩을 만지지 말라"는 등등의 주문을 했다.

진짜 그렇게 적혀 있다. 콩을 만지지 말라고. 브리태니커는 이것이 마치 "부모를 죽이지 말라"만큼 평범한 계율인 양 보충설명 없이 던져두었다. 콩이란 콩은 다 안 되는 건지, 강낭콩이나 얼룩콩 같은 특정 품종만 안 되는 건지 일언반구도 없다. 간혹 나는 브리태니커 이외의 자료를 통해 사실을 보충하고픈 욕심을 느끼는데, 이 콩 문제는 그냥 순순히 받아들이고 넘어가기로 했다.

콩은 그렇다 치고, 피타고라스는 수학의 영적인 속성과 특정 숫자들의 신성을 믿는 복잡한 신념 체계를 발전시켰다. 피타고라스 학파 사람들은 모두 수학에 빠졌다. 아니, 미쳤다. 그들은 피타고라스적 세계관에 부합하지 않는 무리수를 발견했다는 이유로 한 회원을 익사시켰다고 한다.

무엇 하나 흥미롭지 않은 이야기가 없지만, 내가 피타고라스 관련 항목에서 얻은 최고의 지식은 따로 있다(피타고라스는 별도의 항목 외에 '철학' 항목에도 살짝 소개되어 있다). 피타고라스가 이른바 노몬gnomon이라는 사각형을 사랑했다는 대목을 읽다가 알게 된 것이다. 노몬은 점을 찍거나 자갈을 늘어놓아 만든 사각형인데, 특정한 숫자를 나타

```
· · · ·
· · · ·
· · · ·
· · · ·
```

내는 상징이다. 가령 숫자 16은 노몬으로 아래처럼 표현된다.

정사각형이다. 그리고 피타고라스 학파는 이 노몬을 통해 제곱근을 계산했다. 16의 제곱근? 사각형의 밑변에 점이 4개 있으니 4이다. 달리 말해 제곱근(square root, 스퀘어 루트)은 말 그대로 사각형(square, 스퀘어)의 밑변(root, 루트)인 것이다. '스퀘어'라는 말이 들어간 게 우연이 아니었다.

세상에 이런 비밀이 있었다니! 혹시 다들 알고 있는 사실인가? 이렇게 당연한 진리를 미처 깨닫지 못한 내가 창피하게 여겨야 하나? 그럴지도 모르지. 하지만 나는 행복하다. 이제라도 이해하게 되었으니까.

안 그래도 요즘 나는 어원을 까맣게 잊고 쓰는 단어나 숙어가 많다는 것을 실감하는 중이다. 그리고 브리태니커 덕분에 몇몇 단어들의 실체를 새삼 되새기고 있다. '찬장cupboard'은 정말로 컵cup을 놓아두는 선반board이다. '휴일holiday'은 거룩한holy 날day이다. '광섬유fiberglass'는 유리glass로 만들어진 섬유fiber이다. '마시멜로marshmallow'는 원래 양아욱marshmallow의 뿌리로 만들었다. 나는 이런 사실들을 컴퓨터의 한 폴더에 모으고 있다. 폴더의 이름은 '설마'라고 지었다. 아, 나의 재치란.

결론적으로, 피타고라스는 정신이 이상한 콩 혐오자였다. 하지만 그와 그의 완벽하게 아름다운 제곱근에 대해 알게 되어 나는 기쁘다.

qa
카

고대 바빌로니아 사람들이 액체의 양을 잴 때 사용한 단위이다. 스크래블 보드 게임에서 활용하기 정말 좋은 단어이다. Q 항목은 스크래블 게임 외에도 나의 브리태니커 완독 도전 행로에 각별히 도움이 되고 있다. 이 Q 항목 장에 도달하기를 얼마나 고대해왔던가. 질릴 정도로 긴 P 항목과 R 항목 사이에 자리한 39페이지 분량의 귀여운 항목. P와 R 항목이 소화하기 버겁게 양이 많은 주 요리라면, Q 항목은 부담 없는 과일 셔벗 메뉴인 셈이다. 메추라기quail와 유사(流砂, quicksand)를 거쳐 아랍 지도자들 이름을 통과하고 나면 일사천리이다.

Q 항목에 나오는 모든 단어를 빼놓지 않고 읽을 것이다. 이렇게 스스로 다짐하는 까닭인즉, 내가 지금까지 나빴기 때문이다. 지난 M, N, O, P 항목에 걸쳐 건성으로 보고 지나가는 때가 제법 있었다. 경범죄가 아니라 중죄에 해당될 정도로 말이다. 물론 아주 많은 부분을 건성으로 지나간 건 아니지만, 죄책감을 느끼기에 충분한 정도이다. 이를테면 최적화optimization, 지각판구조론plate tectonic, 포르투갈 문학Portuguese literature 등의 항목에서 특히 그러했다. 처음 몇몇 알파벳 항목에서도 개념의 이해를 읽는 속도에 희생시켜 몇 문단을 건너뛴 적이 있었지

497

Q

만, 최근 몇몇 항목에서는 그 정도가 심해졌다. 건너뛰는 방식으로 나는 두 눈을 재빠르게 굴려 한 페이지 전체를 거의 한꺼번에 본다.

이를 합리화하자면, 나는 모든 단어를 '꿰뚫으며 통과'하지는 않더라도, 한 페이지에 있는 모든 단어를 '본다.' 그러니 어떤 의미에서 나는 모든 단어를 읽고 있다고 할 수 있다. 이렇게 말하고 보니 은근슬쩍 두루뭉술하게 넘어가는 클린턴 대통령 스타일이다. TV에 출연해 미국민을 상대로 사과 연설이라도 해야 할까 보다. 여기에서 반성! Q 항목에서 스스로 반성하고 심기일전!

Quaker
퀘이커

'퀘이커' 그러니까 '떠는 사람'은 본래 모욕하고 조롱하는 표현이었다. 프렌드회Society of Friends 사람들이 하느님의 은총에 감사하며 몸을 부르르 떠는 것을 조롱하기 위해 만들어진 말이었던 것. 영국에서 프렌드회를 조직한 조지 폭스가 1650년에 기록한 바에 따르면 이렇다. "더비의 베넷 판사가 처음으로 우리를 퀘이커라 불렀다. 우리가 사람들에게 하느님의 말씀에 몸을 떨어라 말했기 때문이다." 초기에는 이렇게 모욕적인 표현으로 쓰였지만 프렌드회는 곧 그 표현을 자신들의 공식적인 명칭으로 채택했고, 오늘날에는 물론 비하하는 뉘앙스가 전혀 없다.

나는 이런 이야기를 좋아한다. 모욕당하고 억압받던 집단이 자신들을 비하하고 놀리는 표현을 스스로 정식 명칭으로 채택하는 것 말이다. 동성애자 운동을 하는 사람들이 퀴어(queer: 이상한, 야릇한, 수상한, 머리가 돈 등등)라는 말을 과감하게 채택하여, 동성애 혐오자들이 그 말을 모욕적으로 사용하기 어렵게 만든 것도 하나의 멋진 사례라 하겠다. 브리태니커는 그 밖의 예들도 많이 알려준다.

미술 사조의 인상주의 혹은 인상파라는 말은 당시 저널리스트들이 그 새로운 화풍을 조롱하는 뜻에서 사용한 것이다. 그러나 모네와 그 동료들은 그 말을 가져와 자신들의 정체성을 나타내는 용어로 택했다. 18세기 옥스퍼드의 한 학생 집단은 종교적 의무 이행과 일상생활에서 딱딱한 형식과 방법에 갇힌 무리들, 즉 메소디스트methodists라 불렸다. 메소디스트, 즉 감리회 혹은 감리교회는 이 조롱당한 집단에서 출발하여 유력한 기독교 종파로 크게 성장했다.

고발하고 폭로하는 저널리즘을 가리키는 머크레이킹muckraking은 또 어떤가. 이 말은 존 버니언의 《천로역정》에서 빌려온 모욕적인 표현이다. 돈벌이에만 열중하면서 "타락하는 길밖에 볼 줄 모르는" 인간을 가리키는 표현이었던 것이다. 소똥을 뒤져서라도 세속적인 부를 찾느라 늘 여념이 없는 인간, 천상의 것을 바라는 마음은 조금도 없는 인간이다. 초기의 과감한 저널리스트들이 이 표현을 자기들을 가리키는 말로 가져왔다. 나로 말할 것 같으면, 청소년 시절의 내 별명을 지금 나의 별명으로 채택할 수 있을지 생각 중이다. 그 별명인즉 '멍청이'였다.

quarantine
검역

중세 때는 30일간 배를 격리시켜 전염병 확산을 막기 위한 검역을 시행했다는데, 이 기간이 40일까지로 늘어났다. 분명한 논리적 혹은 과학적 이유가 있어서 그런 게 아니고 예수가 광야에서 40일 동안 홀로 기도와 금식을 한 것에서 비롯되었단다. 배와 예수를 편리하게 유비시켜버린 탓에 배가 허비했을 그 많은 날들을 생각하니 어처구니가 없다.

quill pen
깃펜

일요일에 나는 뉴욕 역사협회 박물관을 가 보기로 했다. 우리 아파트에서 매우 가깝기 때문이기도 하거니와, 고가구, 독립 전쟁 시기의 복식, 옛날 뉴요커들이 역사적 문서에 사인하는 장면을 묘사한 그림(가장 좋은 깃펜은 까마귀의 왼쪽 날개에서 바깥쪽으로 두 번째 혹은 세 번째 깃털로 만든다) 등 제법 볼 만한 상설 전시물들을 갖추고 있다.

안내를 맡은 낸시는 새침하면서 꼼꼼한 스타일로 밀짚 색깔 머리를 하고 있고, 지독한 꽃가루 알레르기 염증을 앓고 있는 듯했다. 말하는 품새는 뭐랄까, 전형적인 교사 스타일이라고 할까. 친절함과 자부심, 그리고 자기보다 덜 아는 사람들에 대한 약간의 우월감 같은 게 뒤섞여 있는 태도였다. 나는 10여 명의 관람객들 틈에 끼어 낸시의 설명을 경청했다. 그들 관람객들의 대부분은 60대로 보였다. 우리가 처음 멈춘 곳은 북미 지역의 새를 그린 존 제임스 오듀본의 그림 앞이었다. 낸시의 설명에 따르면 뉴욕 역사협회가 소장하고 있는 오듀본 컬렉션은 미국에서 가장 방대한데, 오듀본이 세상을 떠나자마자 오듀본의 집에서 덥석 가져왔단다. 이럴 때 나는 입 다물고 조용히 고개를 끄덕여야 마땅하건만, 한마디 하고 싶은 욕구를 억제하기 힘들다. 이렇게 말해서 어떨지 모르지만, 내가 알고 있는 오듀본 관련 정보들이 빨리 좀 자기들을 풀어 놓아 달라고 소리치는 걸 어쩌란 말인가. 내가 말했다.

"알고 계시겠지만 오듀본은 사생아였지요. 비유적인 의미가 아니라 정말로 사생아였어요." 낸시가 내 말을 받아 말했다. "오, 그래요. 그는 사생아였어요." 낸시는 오듀본의 출생에 관해 잘 알고 있는 듯이 말했지만, 나는 낸시가 정말로 알고 있는지 의심스러웠다. 내가 계속 말했다. "장 주네와 알렉상드르 뒤마도 사생아였어요. 역사상 많은 사생아들이 크게 활약했지요."

나는 낄낄 웃으며 다른 관람객들을 돌아보았다. 내 말에 동의해주기를 바라면서 말이다. 그러나 별 반응이 없었다. 오히려 나를 일종의 요주의 인물로 경계하는 눈치였다. 내가 갑자기 바지를 벗거나 전시물이 들어 있는 유리 케이스를 혀로 핥는 행동이라도 하지 않을까 하는 눈초리. 나는 첫 수부터 잘못 둔 셈이다. 낸시는 우리를 이끌어 긴 가발 머리와 삼각 모자를 쓴 식민지 시대 비즈니스맨들을 묘사한 그림 앞으로 안내했다.

"뉴욕에서 언제 처음으로 주식 거래가 이루어졌는지 아시는 분?"

나는 낸시의 질문에 대한 답을 몰랐다. 그러나 무관하다고 할 수 없는 한 가지 정보를 알고 있었다. "첫 주식 거래는 나무 아래서 이루어졌지요." 낸시가 말했다. "맞습니다."

나는 약간 우쭐해졌다. 관람객 학급의 반장이나 1등이라도 된 기분. 그런데 관람객들 중 한 남자가 굵은 목소리로 한마디 하는 게 아닌가. 회색 스웨터를 입은 그 남자는 나보다 키도 크고 날씬했다.

"버튼나무지요."

이런 기분 나쁜 녀석을 봤나. 난 그를 좋아할 수 없다. 무엇보다도 그는 자신의 오른손 검지를 들며 말했다. 마치 손가락을 까닥거려 택시라도 부르는 듯이 말이다. 건방진 녀석 같으니라고. 그냥 나무면 됐지, 그 하고많은 나무들 가운데 이름 하나를 지껄여서 나를 밀어내? 여하튼 낸시가 말했다. "맞아요, 버튼나무입니다. 그러나 얼마 안 있어 주식 거래는 커피하우스에서 이루어졌지요. 그 시대의 스타벅스라고 할 수 있는 곳 말입니다." 덧붙이자면, 1792년부터 커피하우스에서 주식이 거래되기 시작했다. 곧 이어 낸시는 초기 뉴욕을 다스린 총독으로 의족을 하고 다녔던 네덜란드 사람 페터르 스타위베산트를 그린 그림으로 안내했다.

"수리남이 어디에 있는지 아시는 분?"

수리남. 제기랄, 그걸 알고 있어야 했는데. 물론 아직 S 항목에 이르지는 못했지만 그건 구차한 평계에 불과할 것이다. 그런데 오호라! 회색 스웨터를 입은 남자가 다시 한 번 오른손 검지를 쳐드는 게 아닌가. "수리남은 남아메리카에 있어요. 남아메리카의 브라질 근처에 말입니다." 그의 말이 맞다. 남아메리카 대륙의 북부 해안에 있는 작은 나라로, 예전에는 네덜란드령 기아나였다. 낸시가 말했다.

"맞아요. 좋습니다." 그는 계속해서 우리에게 대단한 사실을 말해주었다. 1667년 네덜란드 사람들이 부동산 거래 역사상 최악의 거래를 했다는 사실. 그 거래인즉 맨해튼을 영국에 넘기고 수리남을 받는 거래였다. 물론 당시로서는 유망한 거래로 보였을 것이다. 수리남에는 대규모 설탕 농장이 많았기 때문이다. 그러나 네덜란드인들의 기대와 달리 수리남은 서반구의 교역 중심지가 되지 못했다. 그들은 내심 〈수리남 타임스〉 같은 매체가 최고 권위의 신문이 되리라 기대했는지도 모르지만, 그건 뉴욕의 몫이 되었다.

슬슬 회색 스웨터 남자에게 압박감을 느끼기 시작했다. 보기 좋게 만회해야 하는데 말이다. 우리는 24달러라는 인상적인 가격에 인디언에게서 맨해튼을 사들인 또 다른 네덜란드인 페터르 미나위트를 그린 그림 앞에 섰다. 역전 찬스다! 나는 저쪽에 서 있는 회색 스웨터를 걸친 버튼나무 선생이 보란 듯이 재빠르게 오른손 검지를 들며 말했다. "사실 인디언들이 받은 돈은 24달러가 넘습니다. 120달러 정도라고 할 수 있지요."

이건 사실이다. 브리태니커에 따르면 미나위트는 맨해튼을 6길더를 주고 사들였는데, 6길더는 은 1.5파운드 가치에 해당한다. 은 1.5파운드가 오늘날 얼마에 거래되는지 구글 검색을 통해 알아본 결과, 120달러였던 것이다. 그러니 미나위트가 맨해튼을 완전히 날로 먹은 건 아니라고 할 수 있다.

내 말이 끝나기가 무섭게 낸시가 아무렇지도 않다는 듯 말했다. "그래요. 어떤 사람들은 100달러 넘는 가격에 해당한다고 말하기도 하지요." 관람객들 가운데 한 사람이 "그거 흥미로운데?" 하고 말했다. 나는 버튼나무 선생을 향해 짐짓 점잖은 미소를 날렸다.

몇 점의 그림, 몇 개의 인물상, 그리고 고풍스런 의자를 지나치고 나서, 낸시가 질문을 던졌다. "미국 역사상 최초로 정신 이상을 이유로 무죄 항변이 이루어진 재판을 아십니까?"

"스탠퍼드 화이트 재판입니다." 내 목소리의 데시벨은 옆 사람이 깜짝 놀랄 정도로 높아졌다. 그 답을 알고 있다는 게 즐거울 따름이었다. 스탠퍼드 화이트. 여성들을 무척이나 좋아했던 뉴욕의 건축가.

그는 질투심에 불탄 남자에게 살해당했다. 낸시가 가볍게 미소 지으며 고개를 저었다. "많은 사람들이 스탠퍼드 화이트 재판이라고 생각하지만, 사실은 남북 전쟁 당시 장군이었던 제임스 시클링입니다."

이럴 수가! 난 낸시가 쳐놓은 덫에 걸린 셈이다. 페터르 미나위트에서 중뿔나게 나선 데 대한 처벌인가? 스탠퍼드 화이트는 틀린 대답이다. 내가 틀린 답을 말하자마자 낸시는 물 만난 고기가 된 것 같았다. 낸시에 따르면 화이트는 메디슨스퀘어가든을 설계했고, 그 꼭대기에는 그리스 여신 디아나의 상이 자리 잡고 있다. 화이트를 총으로 쏴 살해한 해리 써라는 남자는 화이트가 디아나 여신상을 자신의 아내를 모델 삼아 만들었다고 생각한 나머지 분노했다. 뮤지컬 무용수로 이름을 날리던 자신의 아내와 화이트 사이의 부적절한 관계를 의심했던 것(스탠퍼드의 집에서 해리 써의 아내가 발가벗고 그네를 타며 놀기도 했다. 두 차례의 재판 끝에 분명한 판결이 내려지지 못했고, 해리 써는 제정신이 아니라는 이유로 뉴욕의 정신병원에 수감됐다 - 옮긴이). 낸시가 계속 말했다.

"일종의 아이러니라 하겠습니다. 디아나가 어떤 여신이지요?"

디아나, 디아나…… 머리가 백지장이라도 된 것 같다. 내 라이벌 남자가 나서며 말했다. "디아나는 정숙과 순결의 여신 아닙니까?"

나는 쓰디쓴 입맛을 다시며 뒤쪽에 조용히 박혀 나머지 관람을 마쳤다. 관람 막바지에 그 대머리 사내, 즉 버튼나무 선생은 뉴욕의 가로등 기둥에 관한 미니 강의까지 했다. 옛날 스타일의 가로등 기둥을 보려면 62번가 어퍼이스트사이드에 가는 게 좋다는 친절한 안내까지 곁들였다. 낸시가 감탄조로 말했다. "뉴욕에 관해 정말 많은 걸 알고 계시네요." 낸시는 버튼나무 선생을 사랑하게 된 것 같다. 버튼나무 선생을 자기 집으로 데려가 실크해트만 쓰게 하고 옷을 모두 벗게 한 뒤, 태머니홀에 관해 부드럽게 속삭여 달라고 할 것 같다(태머니홀은 18세기 말부터 20세기 초까지 뉴욕 시정市政을 좌지우지하던 정치 기구를 가리키는 속칭이다. 보스 위주의 부패 정치를 일삼다가 1930년을 즈음하여 쇠퇴했다. 뉴욕의 역사를 이야기할 때 빼놓을 수 없는 주제이다 - 옮긴이).

아! 속이 부글부글 끓어오른다. 질투의 화신이 된 기분. 브리태니커 Q 항목 도달에 빛나는 내가 무참하게 깨지다니. 낙담과 실망! 그러나 또 다른 걱정에 휩싸이고 만다. 내가 그 남자를 질투하듯이 다른 사람들이 나를 질투하면 어떡한다?

quiz show
퀴즈 쇼

〈백만장자〉에서는 아직 기별이 없다. 내가 TV 낮 프로그램에 나가도 좋을 만한 외모가 안 되나 보다.

quodlibet
퀴들리벳

오늘은 토요일. 줄리와 나는 친구 존과 젠 부부의 집에 놀러 갔다. 바비큐 점심을 먹으며 퀴들리벳을 하기로 한 것이다. 퀴들리벳이 뭐냐면, 주제에 제한을 두지 않고 모두 즐겁고 자유롭게 나누는 대화라고 할 수 있다. 13세기 프랑스 왕 루이 9세는 식사 후에 궁정 신료들과 함께 퀴들리벳을 즐겼다고 한다. 좋을 대로 나누는 대화라고 할 수 있는데 16, 17세기에 유행한 익살스런 음악 형식이기도 하다.

그러나 오늘은 결코 보통의 토요일이 아니었다. 오후 1시에 임신

클리닉의 간호사가 줄리의 휴대전화로 줄리가 임신했는지 여부를 알려주기로 약속되어 있었던 것이다. 지금은 1시 45분. 아직까지 전화가 없다. 미치겠다. 천둥보다 더 시끄럽게 들리는 이 휴대전화의 침묵이여! 우리를 초대해준 존과 젠 부부와 즐겁게 어울려야 마땅하건만, 줄리와 나는 초긴장 상태에 빠져 정원에 있는 그물 침대 주변을 서성였다.

그들 부부가 열심히 시시케밥을 굽는 동안 줄리와 나는 그물 침대에 조용히 누워 있었다. 침대를 조용히 앞뒤로 흔들면서 줄리의 노키아 휴대전화만 바라보고 있는 것이다. 나는 이 긴장 상태를 완화시켜줄 만한 것들을 생각해내 조용히 말했다. 우리가 아이를 갖게 되건 그렇지 않건 감사해야 하는 이유들을 떠올려 보려 했던 것이다. 이를테면 고대 로마의 기대 수명은 29세에 불과했다. 그러니 이렇게 우리가 숨 쉬고 살아 있다는 사실 자체에 감사해야 한다. 줄리가 말했다.

"그거 세상살이의 지혜로 삼기 괜찮은데."

줄리의 이런 반응은 의외였다. 본건과 상관없는 썰렁한 농담쯤으로 폄하하는 게 평소 줄리의 태도가 아니던가. 그만큼 우리는 조심스럽고 민감해져 있었다. 그리고 드디어 전화가 울렸다. 줄리가 말했다.

"여보세요!"

간호사는 늦게 연락한 것을 사과했다. 혈액 검사 장비가 35분 동안 작동을 멈추는 바람에 늦었다는 것이다. 뭐 그거야 어떻든 좋다. 혈액 검사 장비 수리에 관한 얘기는 나중에 들어도 그만 안 들어도 그만이다. 이제 우리가 들어야 하는 소식은 이것이 아닌가. 줄리는 결국 임신했는가?

통화를 하던 줄리가 엄지손가락을 치켜들었다. 임신이다! 나의 씨앗이 드디어 제자리를 잡고 세포 분열을 시작한 것이다. 줄리가 만일 햄스터라면 지금 당장 출산했을 것이다. 세포 분열이 시작되기가 무섭게 말이다. 정말 위대한 날이다. 만세! 지금까지 이 책을 읽으며 내 고민을 함께해준 독자 여러분들도 축하해주시리라 믿어 의심치 않는 바이다. 줄리와 나는 꽉 껴안았다. 우리가 함께했던 지난 어느 날보다도 행복한 날이다. 우리는 몇 분간 서로 말이 없었다. 얼마나 기다려온 침묵의 순간이던가.

rabbit
토끼

아직도 줄리의 임신이 믿기지 않는다. 다산의 상징인 암토끼가 결국 마법을 부렸나 보다. 너무나 기뻐서 흥분 상태가 좀처럼 가라앉지 않는다. 물론 새로운 걱정거리들, 무수히 많은 걱정거리들이 떠오른다. 유산, 클라인펠터 증후군(XY 염색체가 아니라 XXY 염색체인 경우에 일어나는 선천성 질환), 고양이 울음 증후군(염색체 일부가 잘려 생기는 증후군으로 선천성 심장 질환과 근무력증을 동반하기도 하고, 고양이 울음과 비슷한 소리를 내게 된다) 등등. 생각만 해도 끔찍하다. 아니다, 아니야. 좋은 생각만 하자. 줄리가 임신했다!

raccoon
미국너구리

미국너구리는 먹이를 발로 씻어 먹는다고 한다. 새롭게 알게 된 흥미로운 동물, 맘에 드는 동물이다.

raspberry
나무딸기

우리 부부의 친구 폴과 리사 부부가 와서 주말을 함께 보냈다. 그들은 지금 워싱턴에 살고 있다. 저녁 식사가 끝나고 폴은 자신이 과일의 정의를 둘러싸고 삼촌과 논쟁 중이라고 말했다. 친구가 틀렸다는 게 아쉽기는 하지만 어쩔 수 없다. 그의 삼촌이 옳았다. 식물학적으로 엄격히 말해서 과일은 씨일 뿐이다. 그래서 토마토는 과일이다. 이런 걸 모른다고 폴의 지적 수준이 떨어지는 건 결코 아니다. 폴은 예일 대 법과대학원을 졸업했다. 폴은 다만 토마토가 과일이라는 널리 알려져 있는 지식을 어떤 이유에선지 접하지 못했을 뿐이다.

슬슬 내 장난기가 발동했다. 토마토가 과일이니 아니니 하는 수준에 머물러서는 곤란하지 않은가. 내가 폴에게 물었다.

"이건 어때? 스트로베리는 베리일까? 그러니까 딸기는 장과漿果일까?"

폴은 과감하게 답을 찍었다.

"스트로베리는 베리, 그러니까 딸기는 장과야!"

"아니야! 스트로베리는 베리가 아니야. 검은 딸기blackberry도, 나무딸기raspberry도 장과berry가 아니야."

"그럼 그것들은 뭐란 말이지?"

"음, 그것들은 말이지, 집합과集合果야, 집합과." 나는 쪽지 시험을 채점해서 결과를 통보해주는 교수의 어투를 흉내 내어 말했다. 나는 같은 어투로 계속 말했다. "그렇다면 장과란 무엇일까? 바나나, 오렌지, 호박 같은 것들이야."

폴은 다소 혼란스러워하면서도 깊은 인상을 받은 것 같았다. 그렇다면 장과의 정의는? 내가 말했다.

"식물학적으로 말해서 장과는 하나의 씨방과 많은 수의 씨앗을 갖고 있지."

나는 이쯤에서 폴이 질문을 멈추기를 바랐다. 이 주제에 관한 내

밑천이 바닥났기 때문이다. 그런데 폴이 아닌 줄리가 나설 줄이야. 도움이 안 되는 마누라여!

"씨방이 하나라는 건 어떻게 확인할 수 있는데?"

"매우 주의 깊게 확인하면 되지."

나는 남아메리카의 피그트리 화석층만큼 오래된 농담으로 응수했다(35억 년이나 된 최고最古의 화석층이다).

"좀, 아니 많이 이상하지 않아?" 폴이 말했다. "장과의 정의를 바꿔 버리는 게 낫지 않겠느냐고. 내 말인즉, 그런 식의 정의라면 아무짝에도 쓸모없어 보인다는 거지. 장과로서의 호박이라? 그런 식이라면 바퀴가 열여덟 개 달린 대형 트럭도 장과라고 할 수 있겠다. 씨방 하나에 많은 수의 씨앗. 그렇지 않아?"

"그렇게까지 생각하는 건 무리겠지."

내가 말하자 폴이 집요하게 말을 이었다.

"탁자나 의자는 어때? 씨방 하나에 씨앗, 아니 다리 여럿. 그것들도 장과인가?"

"아니, 그건 콩류 식물에 속한다고 할 수 있지 않을까?"

밑천이 바닥난 이 몸이 어설프게 되는 대로 지껄이는 꼴이라니. 진리란 늘 논쟁의 소용돌이에 휩싸일 수 있는 법이다.

Rasputin
라스푸틴

글을 읽을 줄 모르는 농민 출신 수도사 라스푸틴은 러시아 황제와 황후의 총애를 받아 막강한 권력을 휘둘렀다. 이 인물에 관해 내가 가장 큰 충격을 받은 사항은 다름 아닌 그의 죽음이다. 황제의 측근

들은 라스푸틴을 증오했다. 황후는 라스푸틴이 혈우병에 걸린 황태
자를 치료할 수 있다고 믿었고, 라스푸틴의 기도로 황태자의 혈우병
증세가 다소 낫는 기미가 보이자 황제와 황후의 신임은 극에 달했다.

1905년 일단의 음모자들이 라스푸틴을 죽이기로 했다. 그들은 라
스푸틴에게 독이 든 술과 과자를 먹였지만 죽지 않았다. 결국 한 음
모자가 라스푸틴을 저격했지만 그래도 죽지 않았다. 라스푸틴은 쓰
러졌다가 일어나 달리기 시작했다. 다른 음모자가 다시 저격했지만
그래도 죽지 않았다. 결국 음모자들은 라스푸틴을 붙잡아 꽁꽁 언 강
에 난 작은 구멍 속으로 밀어 넣었다. 결국 라스푸틴은 익사했다.

질긴 게 목숨이라고 했던가. 죽음에 이르는 방식도 정말 다양하다.
블루스 가수 로버트 존슨은 허름한 술집에서 유독성 중추신경흥분제
스트리키니네가 들어간 위스키를 마신 뒤 세상을 떠났다. 비행 역사
에서 선구자 반열에 드는 마리 블랑샤르는 자신의 열기구가 불꽃놀
이 불꽃 때문에 화염에 휩싸여 세상을 떠났다. 탐험가 데이비드 리빙
스턴은 치질 악화로 세상을 떠났다. 시인 헨리 롱펠로의 아내는 옷에
불이 붙어 입은 화상이 사인이었고, 그리스 철학자 페레그리누스 프
로테우스는 올림픽 경기 성화에 스스로 몸을 던졌으며, 프랑스 혁명
가 장-폴 마라는 욕실에서 한 여성에게 칼에 찔려 죽었다.

새뮤얼 존슨 가라사대, "죽음에 관해 자주 명상하는 건 열정을 가
라앉히기 위해 반드시 필요하다." 그럴듯하다. 내 열정은 아주 분명
하게 가라앉았다. 내가 세상을 떠날 수 있는 엄청나게 다양한 가능
성, 요컨대 무수히 다양한 죽음의 원인들! 배우 진 할로처럼 요독증
에 걸려 쓰러질 수도 있고, 가능성은 매우 낮지만 성서에 나오는 이

세벨처럼 환관들에 의해 창밖으로 내던져져 개의 먹이가 될 수도 있다. 죽음을 기억하고 또 기억할지니!

그러나 가장 강력한 기억, 죽음에 관한 깊이 각인된 기억은 역시 가족의 죽음에서 비롯된다. 며칠 전 장모님이 전화를 걸어 소식을 전해왔다. 장모님의 이모 마샤가 세상을 떠났다는 것이다. 오늘이 바로 장례식날이었다. 나는 마샤에 관해 잘 모른다. 아마 가족 모임에서 세 번쯤 만난 것 같기는 하다. 그러나 장례식 추도사에서 나는 마샤가 간단치 않은 삶을 살았다는 걸 알게 됐다. 어릴 적 마샤는 폴란드에서 나치의 수색을 피해 닭장 마루 밑에서 숨어 지냈다.

사람들의 추도사는 엇비슷했다. 마샤는 남들에게 나눠주는 사람이었다는 것. 마샤가 암으로 고통받으며 병원에서 투병 생활을 할 때 마샤의 한 친구는 난처한 요청을 받았다고 한다. 마샤는 그 친구에게 자신이 뭔가 도울 일이 없겠느냐 말했다는 것이다. 말할 기운도 다 빠져버려 겨우 속삭일 수만 있는 형편이면서도 친구를 돕고 싶어 한 것이다. 나는 호레이스 만의 말을 떠올렸다. "부끄러운 줄 알아라. 인간성을 위한 승리를 거두기 전에 죽는 자들이여." 그렇다. 마샤는 인간성을 위한 승리를 거두었다. 비록 그 승리가 웅장한 것은 아니었다 하더라도, 마샤는 하루하루의 일상에서 작지만 무수한 승리를 거두었던 것이다.

장례식이 끝난 뒤 우리는 롱아일랜드에 있는 묘지로 이동하여, 작은 삽으로 진한 갈색 흙을 조금씩 떠서 고인의 관 위에 뿌렸다. 흙이 관에 닿을 때 나는 소리만큼 죽음에 관해 많은 걸 생각하게 하는 건 없다는 걸 깨달았다. 그것은 최후의 소리, 죽음에 관한 백과사전 항목 1,000개에 맞먹고도 남음이 있는 최후의 소리라 하겠다.

우리는 어퍼웨스트사이드에 있는 줄리의 삼촌 집으로 갔다. 그곳에서 나는 필터로 커피를 내려 사람들에게 건넸다. 귓가에는 그 최후의 소리가 계속 맴돌았으니, 커피 내리는 일을 하든 브리태니커를 읽든 뭔가에 집중해야만 할 것 같았다. 커피를 내려 사람들에게 건네는 일은 특히 도움이 되었다. 더구나 그 일은 다른 사람들의 기분을 카페인으로 위로하는 일이기도 하니 말이다.

몇 시간이 지나 우리는 또 하나의 통과 의례에 참석해야 했다. 나의 누이가 전날 밤에 코넬 메디컬 센터에서 딸을 낳았던 것이다. 3킬로그램 조금 넘는 이사벨라라는 이름의 아기. 나의 부모님에게는 겹경사인 셈이다. 며느리 줄리의 임신과 딸 베릴의 출산.

병원에 도착해보니 매형 윌리는 이사벨라를 안고 있고 누이는 침대에서 많이 지친 모습으로, 그러나 다소 들뜬 표정으로 요구르트를 먹고 있었다. 출산은 쉽지 않았다. 누이는 제왕절개 수술을 해야 했다. 그러나 산모도 아이도 모두 건강했다. 누이가 입을 열었다.

"아기가 꼭 늙은 중국인 남자 같아 보여." 누이의 말은 사실이었다. 이런 말을 해서 어떨까 싶기도 하지만, 내 조카는 청나라 말기 아편굴 모습을 찍은 사진에 나오는 중국인 남성, 마오쩌둥의 어록을 열심히 펼쳐 읽는 문화대혁명 시기의 중국인 남성을 닮았다. 물론 더없이 사랑스럽고 귀엽고 멋진, 늙은 중국 남성이다. 정신없이 지나간 하루였다. 죽음과 탄생. 지친 몸을 이끌고 집에 돌아오니, 브리태니커를 펼쳐 들 기운이 남아 있지 않다.

R

면도칼

선사 시대의 면도칼 가운데는 조개껍질이나 상어의 이로 만든 것들도 있었다. 고대 이집트의 면도칼 가운데는 금으로 만든 것도 있었다. 금으로 만든 면도칼이라! 내가 쓰는 질레트 마하3 제품보다 약간은 비쌌겠지. 그러나 많이 비싸지는 않았을 성싶다.

리드, 월터

나는 그의 이름을 딴 유명한 병원 이름 때문에 이 사람을 알게 됐다. 그러나 이 사람이 황열의 비밀을 풀어 냈다는 건 모르고 있었다. 스페인-미국 전쟁 당시 많은 군인들이 황열에 쓰러져갔다. 리드는 황열이 어떻게 퍼져나가는지 알아내기 위해 쿠바로 갔다. 그 전까지는 병독에 오염된 침구나 군복을 의심하고 있었다. 그러나 리드를 포함한 과학자들은 곤충이 범인이라는 걸 알아냈다. 리드는 모기가 황열을 전염시킨다는 걸 밝혀냄으로써 수많은 생명을 구했다. 대단하다. 칭송 받아 마땅하다.

그러나 나는 제임스 캐롤과 제시 레지어의 이름을 딴 병원들이 많아야 한다고 주장하는 바이다. 잊혀진 인물들이라고 할 수 있는 이들은 리드와 함께 일했던 과학자들로, 모기에 물리는 일에 자원했다. 캐롤은 고통에 시달리다가 겨우 생존할 수 있었고, 레지어는 세상을 떠나고 말았다. 그들은 모기가 황열을 전염시키는 구실을 한다는 걸 입증하기 위해 스스로 치명적 질병에 몸을 내맡긴 것이다. 스스로 팔을 걷어붙이고 모기가 피를 빨아 먹을 수 있게 하는 순간 그들의 심정이 어땠을까? 과학자로서 그들은 모기 가설이 입증되기를 진심으로 바랐을 것이다. 그러나 그 가설이 참이라면 자신들은 치명적인 질병에 시달리게 될 것이라는 걸, 죽을 수도 있다는 걸 알고 있었을 것이다. 정말 위대하고 용감한 인물들이다.

종교

나는 특별히 종교적인 분위기에서 성장하지는 않았다. 나는 공식적으로는 유대인이지만, 그것은 레스토랑 체인점 올리브 가든이 이탈리아 레스토랑인 것과 마찬가지다. 요컨대 전적으로 혹은 온전한 의미에서 이탈리아 레스토랑이라고 하기에는, 아니 유대인이라고 하기에는 미안하다는 것.

나는 히브리 학교에 다닌 적도, 그 안에 들어가 본 적도 없고, 유대교 성인식에 참석해본 적도 없으며, 송어나 잉어 고기에 계란과 양파 따위를 섞어 둥글게 뭉쳐 끓인 유대인 전통 생선 요리를 맛본 적도 없다. 최근까지도 우리 가족은 유대교 의식 하누카가 아니라 성탄절을 기념해왔다. 다윗의 별을 크리스마스트리 꼭대기 장식으로 사용할 때도 있었지만 말이다.

어떤 의미에서 우리 가족은 미국이라는 용광로에 완전히 녹아든 셈이다. 미국 사회에 완전히 동화됐다고 할 수 있을까? 우리 가족은 이스트햄프턴의 메이드스톤 클럽 회원인데, 이 클럽은 테니스와 골프를 즐기면서 자신들의 조상들 가운데 누가 제일 먼저 플리머스 바위(1620년 메이플라워 호를 타고 대서양을 건넌 영국 청교도들이 처음 상륙한 곳)에 도착했는지 따위를 놓고 논쟁하는 사람들을 위한 곳이다. 요컨대 미국에서 가장 주류 와스프WASP적인 조직, 앵글로색슨계 백인

515

R

신교도적인 조직이라고 할 수 있다. 친구 존은 나에게 유대인들이 쓰는 작은 모자 야물커를 쓰고 클럽 식당에 등장해보라고 조언한다. 그것도 분홍색과 녹색 격자무늬가 들어 있는 걸로 말이다. 그러나 아직까지 존의 조언을 실행에 옮겨보지는 못했다.

내가 진짜 유대주의와 그나마 가장 가깝게 연결될 수 있는 통로는 친구 레이첼 자바일 터인데, 그렇다고 레이첼이 특별히 종교적인 건 아니다. 사실 레이첼은 종교적이지 않다. 다만 그녀의 아버지가 자바 델리를 소유하고 있을 뿐이다. 세계에서 가장 유명한 유대계 식료품점, 뉴욕의 명물들 가운데 하나로 손꼽히기도 하는 그 식료품점이다.

이걸 알게 된 내 주위 사람들은 누구나 같은 말을 한다. "야! 훈제 연어깨나 공짜로 먹었겠는걸!" 주말에 자바에서 번호표를 받고 기다려서 훈제 연어를 사는 뉴요커들이 많으니 그런 질시의 대상이 되는 것도 이해 못 할 바는 아니다. 그래, 그렇다. 나 공짜로 훈제 연어 좀 얻어먹어 봤다. 자바 형제, 그러니까 레이첼의 아버지와 삼촌이 참석하는 자바의 유월절 축제에도 가봤고, 무교병無酵餠도 먹어 봤다.

여하튼, 지금까지 내가 유대교적인 뭔가와 맺은 관계가 있다면 이상과 같은 경험 정도, 그리고 우디 앨런의 영화를 본 것 정도이다. 종교 신앙으로 말할 것 같으면, 상대적으로 신이나 종교에 기울지 않고 키워주신 부모님 덕분인지, 나는 불가지론자다. '불가지론자agnostic'라는 말은 위대한 진화론 사상가로 1895년에 세상을 떠난 토머스 H. 헉슬리가 만들어 냈다. 불가지론자들은 신이 존재한다는 것을 입증할 수 있는 경험적 증거, 혹은 신이 존재하지 않는다는 것을 입증할 수 있는 경험적 증거가 없다는 걸 강조한다. 사실, 불가지론자를 납득시킬 만한 증거를 제시한다는 건 거의 불가능하다. 브리태니커는 독자들에게 이런 걸 상상해보라고 권한다. 수많은 사람들이 밤하늘을 바라보고 있다. 그런데 갑자기 밤하늘의 별들이 스스로, 그러니까 저절로 'God'이라는 단어 모양으로 재배치된다. 이게 불가지론자를 납득시킬 증거가 될 수 있을까? 브리태니커에 따르면, 아니다.

별들이 반드시 'God'이 아니라 이를테면 "살인하지 말라Thou shalt not kill" 같은 계명의 문장 모양으로 재배열된다 해도, 나는 그것을 결정적인 증거로 간주하지 않을 것이다. 결국 나는 나 자신의 신념만을 정당화하고 싶어 하는지도 모른다. 브리태니커는 그 자체로 다분히 불가지론을 지지해주는 것 같다. 이를테면 수백, 수천 가지 종교에 관해 읽어 봐도 모든 종교가 제각기 참된 종교라는 걸 주장하고 있는 형편이 아닌가. 성서의 기적담에 대해서도 나름의 과학적 설명들이 나와 있다. 예컨대 모세 시대에 강물이 피로 넘쳤다는 것은, 비가 엄청나게 많이 내려 붉은 토양과 북아프리카의 붉은 조류가 뒤섞인 결과로 풀이할 수 있다.

여하튼 브리태니커는 내가 태어나면서부터 속하게 된 유대교라는 종교에 관해 내가 끔찍할 정도로 무지하다는 느낌을 완화시켜주었다. 히브리 학교의 훌륭한 대체물이라고나 할까. 나는 부림절이 무언지, 에스더가 어떤 인물인지 알게 됐다. 그리고 하프타라(haftarah, 예배 때 구약 일부를 발췌하여 읽는 것)가 토라(Torah, 모세 5경)의 절반이 아니라는 것도 알게 됐다. (발음과 철자로 추정하여 나는 정말로 그게 토라의 절반이라고 생각하고 있었다.)

브리태니커의 유대교 관련 항목을 모두 읽고 나면 나 자신의 유대인적 정체성 같은 걸 보다 분명하게 느끼게 될까? 그렇기도 하고 아니기도 할 것 같다. 내가 기대했던 것보다는 유대교에 매료될 만한 더 많은 이유를 알게 될 것이다. 그러나 동시에 싫어할 만한 이유들도 더 많이 알게 될 것이다. 한 친구가 자신이 평소 알고 지내는 랍비와 나를 만날 수 있게 해주었다. 친구가 잡은 약속 장소는 유대학 연구의 유명한 중심지라 할 수 있는 곳이었으니, 다름 아니라 그리니치 빌리지에 있는 오봉팽(빵과 가벼운 요리나 음료를 파는 카페테리아 체인점으로, 유대인들의 빵 베이글이 맛있기로 유명하다 - 옮긴이)이었다.

약속 장소에 도착해보니 내가 만나기로 한 랍비의 외모가 단연 눈길을 끌었다. 무성하게 길러 두 뺨 가득한 회색 수염 뭉치가 카페테리아의 쟁반 크기만 했다. 어딜 봐도 '나는 랍비입니다'라고 얼굴과 온몸에 써놓은 것 같다. 브리태니커에서 본 19세기 사진 속 인물들을 연상시킨다. 나는 유대인들이 수천 년 전 고안하여 오늘날 세계화된 빵, 베이글을 주문해 받아왔다. 랍비와 만나는 자리에 어울리는 메뉴가 아닌가. 그러나 랍비 앞에는 커피만 놓여 있었다.

우리는 만남을 주선해준 친구에 관해 이야기하면서 말문을 열었다. 그러나 랍비가 곧 정색을 하며 말했다. "저는 오늘 당신과 하루 종일이라도 수다 떨 수 있지만, 당신이 바쁘다는 걸 압니다. 궁금한 게 뭔지 말씀하시지요." 본론으로 빨리 들어가자는 얘기. 이거 좋다. 그러나 처음부터 논쟁적인 주제를 거론하는 건 좋지 않다고 판단했다. 유대교에 관해 내가 좋아하는 것부터 거론하는 편이 대화를 원활하게 만들 수 있을 것이다. 나는 브리태니커를 인용하면서 유대교에서 학문은 '윤리적 선'으로 간주된다는 걸 언급했다. 랍비는 고개를 끄덕였다. 그의 긴 수염이 탁자에 닿았다 말았다 했다. 그가 말했다.

"윤리적 선 이상이지요. 그건 생존의 수단이기도 합니다. 유대교는 스토리텔링, 그러니까 이야기하는 걸 무척 강조합니다. 유대교에서 이야기한다는 건 자신을 '유대인적으로', '유대교적으로' 표현하는 길 그 자체지요." '유대인적으로_{Jewishly}'라고? 유대교나 유대인을 부사로 활용하는 건 처음 봤다. 맘에 든다. 다음으로 나는 구약 성서의 《전도서》가 맘에 든다고 말했다. 랍비가 내게 물었다.

"어떤 면이 맘에 드십니까?"

갑자기 불안해졌다. 그의 시험을 통과하지 못하면 어쩐다? 나는 가능한 한 최선을 다해 '유대인적으로' 말하려 했다. 나는 《전도서》가 진리이자 지혜라 생각한다고 말했다. 그 어느 것도 세상에 있는 것을 믿을 수는 없고, 신께서 내리신 선한 것들을 누려야 한다는 진리이자 지혜 말이다. 랍비도 내 말에 동의했다. 그의 시험을 통과한 셈인가!

"한 가지 일에 너무 강하게 집착할 필요는 없어요. 당신이 브리태니커 A 항목에서 Z 항목까지 모조리 다 읽었다면 대단한 일임에 틀림없지만, 설혹 그 일을 끝마치지 못했다 해도 당신은 결코 실패한 게 아닙니다."

"맞는 말씀입니다." 내가 맞장구쳤다. 그는 가볍게 미소 짓더니 말을 이었다. "정통파 유대교인들 가운데는 매일 한 페이지씩 탈무드를 읽는 사람들이 있어요. 보통 7년 정도 지나 완독하게 되는데, 완독 축하 행사를 메디슨스퀘어가든에서 열지요. 축하 행사 다음 날부터 그 사람들이 뭘 하는지 아십니까? 그래요. 다시 탈무드 첫 페이지를 읽기 시작합니다."

오! 주여! 제가 브리태니커를 완독한 다음에 다시 A 항목의 아악 a-ak으로 되돌아가는 일은 없기를! 나는 말을 이었다.

"유대교에 관해 제가 좋아하는 다른 것 하나는 고행주의나 금욕주의가 거의 없다는 겁니다." '고행, 금욕주의ascetism' 항목을 읽을 때 나는 이 점을 알고 매우 깊은 인상을 받은 터였다. 내 말을 듣고 랍비는 카인과 아벨 이야기를 길게 들먹이면서 깊은 주제까지 들어갈 태세였다. 이건 아닌데 싶었다. 나는 그저 유대교가 성행위를 금지하지 않는다는 걸 좋게 평가하는 정도의 취지로 이 말을 한 거다. 주제를 바꾸는 게 좋겠다는 생각이 들었다.

"좋습니다. 이제 제가 유대교에 관해 좋아하지 않는 것들을 말해보겠습니다."

"좋습니다. 말씀하시지요."

"할리자라는 게 있지요?"

"할리자?"

"그래요. 성서에 따르면 남편이 죽었을 때 아내는 시아주버니, 즉 남편의 형제와 결혼해야 하지요. 할리자는 그 결혼에서 벗어나기 위해 여인이 취해야 하는 의례적 행동을 뜻합니다. 여인은 시아주버니의 신발을 벗기고 시아주버니의 얼굴에 침을 뱉습니다."

"저도 할리자에 관해 압니다. 그런데 당신의 요점이 뭡니까?"

"제 요점은 그러니까, 참 이상하지 않습니까? 죽은 남편의 형제와 결혼해야 한다는 것도 이상하고, 신발을 벗기고 침을 뱉는다는 것도 이상하지 않습니까?"

"글쎄요. 뭐가 어떻게 이상하다는 건지……."

아하! 질문을 더 자세하게 해야 할 것 같았다. 다시 차근차근 설명했다. 내가 보기에 할리자는 이상하고도 야릇한 풍습이다. 결코 수긍할 수 없다. 할례나 유월절 풍습과 마찬가지로 성서에 기원을 두고 있는 풍습이지만, 더 이상 타당성이 없다고 봐야 하지 않는가? 내 말을 듣고 랍비는 고개를 끄덕이더니 10여 초 동안 아무 말 없이 생각하는 것이었다. 그리고 말문을 열었다.

"할리자는 더 이상 시행되지 않는 풍습입니다."

"그거 다행이네요."

"우리는 더 이상 할리자 풍습을 시행하지 않습니다. 그건 사람의 품위를 떨어뜨리는 풍습이니까요. 사람으로서의 품위를 떨어뜨리는 풍습과 삶을 풍부하게 만들어주는 풍습을 구분해야 합니다."

좋은 말이다. 괜찮은 분류법 같다. 그러나 다른 종교들과 마찬가지로 유대교 역시 삶을 풍부하게 만들어주지 못하는 풍습을 유지하고 있다. 이를테면 정통파 유대교 회당에서는 여전히 남성과 여성이 서로 옆에 앉지 못한다. 랍비가 내게 질문했다.

"샴마이와 힐렐이라는 유명한 랍비에 관해 들어 보셨습니까?"

내가 고개를 저었다. 그가 말을 이었다.

"이 유명한 랍비 두 사람은 모든 문제에서 서로 의견이 달랐습니다. 메주자가 뭔지는 아시지요? 유대인들이 하느님에 대한 의무를 늘 잊지 않으려고 성서의 구절을 새겨 넣고 접거나 말아놓은 작은 양피지 말입니다. 보통 문설주에 붙여놓곤 하지요. 두 사람의 랍비 가운데 한 사람은 메주자를 수평으로 붙여놓아야 한다고 주장하고, 다른 랍비는 수직으로 붙여놓아야 한다고 주장했습니다. 오늘날에는 비스듬하게 붙여놓지요. 한 남자가 샴마이를 찾아가 이렇게 말했습니다. '한 발로 서 있는 동안 유대교가 뭔지 말씀해주십시오.' 샴마이는 '당장 나가라'고 말했습니다. 그 남자가 힐렐에게 가서 같은 요청을 하자 힐렐은 한 발로 서서 이렇게 말했답니다. '남들이 그대에게 해주기를 바라는 바대로 남들에게 행동할지어다.' 바로 그게 유대교의 핵심입니다. 다른 것들은 지엽적인 것에 불과합니다."

나는 랍비의 대답이 훌륭하다고 생각했다. 그야말로 '유대인적인', '유대교적인' 이야기다. 랍비와 나의 대화는 이후 여러 시간 이어졌다. 히브리 학교에서 몇 년을 공부하는 것에는 물론 못 미치겠지만, 내가 지금까지 살아오면서 종교인과 대면하여 나눈 가장 긴 대화였다. 대화가 끝난 다음에도 나는 불가지론자로 남았지만, 유대교의 지혜를 어느 정도 인정하게 된 것도 사실이다. 내가 유대교에서 수긍할 수 있는 지혜를 취하면 그만이다. 다만 유대교에서 말하는 게헨나, 즉 지옥에 가지 않기를! 나는 랍비가 말한 황금률을 취할 것이다. 《전도서》의 지혜를 취할 것이다. 유월절 행사에 참석할 것이다. 유월절 자체의 의미보다는 가족들과 함께한다는 점에서 의미 있는 행사라고 생각하기 때문이다. 나는 유대교 의례에 관해 잘 알고 있는, 그래서 자녀에게 민족적 정체성을 적절하게 일깨워줄 수 있는 줄리와 행복한 결혼 생활을 함께 꾸려나갈 것이다.

오봉팽에서 나와 지하철역으로 함께 걸어가면서 나는 랍비에게 한 가지 사실을 고백했다. 내가 저명한 유대학자의 후손이라는 사실을 말이다. 그는 18세기에 천재 유대학자로 유명했던 엘리야 벤 솔로몬이다. 그는 빌나 가온이라는 별칭으로도 널리 알려져 있는데, '빌나의 지혜로운 자'라는 뜻이다. 랍비는 깊은 인상을 받은 것 같았다. "범상치 않은 가계로군요." 순간 나는 스타, 대스타는 아니어도 그럭저럭 스타가 된 기분이었다. 랍비가 쓰고 있는 야물커에 사인이라도 해줘야 할 것 같은 기분. 랍비가 말했다. "그분은 문자 그대로 박학다식의 만물박사였지요. 아마 후손인 당신의 브리태니커 완독 도전을 그분이 아신다면, 자신의 발자취를 따르는 후손이라고 여기실 겁니다." 오! 이 밀려드는 막대한 부담감. 아무도 나를 '뉴욕의 지혜로운 사람'이라 부르지 않는데도 말이다.

나의 조상 빌나 가온에 관해서는 이미 조사해보았다. 브리태니커에 따르면 그는 유대학의 범위를 넓혀서 유대학을 혁신하려 했다. 그는 유대 율법과 문학을 온전하게 이해하려면 광범위한 교육과 연구, 수학·천문학·지리학·식물학·동물학·철학 등등을 교육하고 연구하는 게 필요하다고 보았다. 그는 또한 유대교 신비주의인 하시디즘 운동에 열렬히 반대했다. 그는 그것이 반학문적이라고 보았던 것이다. 나는 이에 관해 랍비에게 물었다. 랍비의 대답은 이러했다.

"그래요. 그런 의견 차이는 오늘날에도 있습니다. 어떤 사람들은 하느님이 자신을 손으로 어루만져주시는 것 같은 어떤 영적 체험과 영성을 갈구합니다. 그러나 빌나 가온은 그런 측면을 좋아하지 않았어요. 이를테면 그는 춤과 음악을 통해 하느님과 소통할 수 있다는 식의 생각을 싫어했습니다."

듣고 보니 나는 빌나 가온의 세계관을 물려받은 것 같다. 정확히 말하면 빌나 가온과 나의 아버지의 세계관. 이건 내가 스스로 선택한 세계관인 것 같지는 않다. 어떤 의미에서 나는 지식에 목말라 하는 학자가 될 운명을 타고난 셈이라 할까. 나는 거의 선천적으로 정서적인 측면보다는 지적인 측면에 기우는 인간으로 태어난 게 아닐까. 내가 지금 치르고 있는 브리태니커 작전의 먼 연원을 빌나 가온에게서 찾는다면 지나친 일일까?

Renoir, Jean
르누아르, 장

주말이다. 다시 한 번 앓기 시작했다. 감기 바이러스에 감염된 것 같다. 북극곰 그림이 찍힌 잠옷을 입고 집 안을 어슬렁거렸다. 오렌지 주스를 연신 마셔대며 비싼 감기약을 먹었다. 줄리는 내가 아플 때마다 잠이 부족하기 때문이라고 여긴다. 이번에도 마찬가지다. 줄리는 모든 건강 문제가 수면 부족에 원인이 있다고 생각한다. 심지어 내가 발목을 삐었을 때도 줄리는 내가 여덟 시간 삼십 분에 달하는 적정 수면 시간을 지키지 않았기 때문이라고 질책한다.

원인이 뭐든 지금 내 몸 상태는 끔찍하다. 그러나 몸이 아파 겨우겨우 버틸 때도 나는 가능한 한 긍정적으로 생각하려 한다. 브리태니커가 나에게 가르쳐준 지혜가 있기 때문이다. 이를테면 1883년 크라카토아 화산이 폭발했을 때 엄청난 재앙이 일어나기도 했지만, 폭발의 결과 화산 먼지가 전 세계의 대기 곳곳으로 퍼져나간 끝에, 이듬해 전 세계 사람들은 유례없이 아름다운 일몰 광경을 감상할 수 있게 되었다.

견강부회인지도 모르지만 비슷한 예들이 많다. 몸이 아플 때 최상의 결과를 얻을 수 있었다는 사례들 말이다. 라틴아메리카의 위대한 작가 호르헤 루이스 보르헤스는 1938년 머리에 큰 부상을 입고 치명적인 감염으로 죽음 일보 직전까지 갔다. 회복되더라도 그가 말을 제대로 할 수 있을지, 정신 상태가 온전할지도 의문이었다. 그러나 최상의 결과가 나왔다. 브리태니커에 따르면 당시의 경험이 보르헤스로 하여금 "가장 심원한 창조성의 힘을 자유롭게 발휘할 수 있도록" 만들었다. 프리다 칼로는 버스 사고로 입은 끔찍한 부상에서 점차 회복되면서 본격적으로 그림을 그리기 시작했다. 앙리 마티스는 충수염에 걸려 심하게 고생하다가 회복되면서 붓을 들었다. 장 르누아르는 제1차 세계대전 때 다리에 입은 부상을 치료하는 동안 주로 영화관에서 영화를 관람하며 소일했는데, 그곳에서 영화라는 매체에 푹 빠지게 되었다.

결국 관건은 이것이다. 건강에 문제가 있어 허락되는 자유로운 시간의 이점. 자신도 깨닫지 못하고 있던 내면의 창조성의 오솔길을 탐색할 수 있는 기회. 그러나 이번 주말에는 몸이 아파 내가 탐색한 길이 그리 신통치 못했다. 아픈 동안 뭔가 위대한 생각을 해보려 애쓰며 공책에 이것저것 적어 보았지만 실패했다. 아마도 이번 주말의 감기는 획기적인 감기가 아니었나 보다. 다시 브리태니커 읽기에나 집중해야 할까 보다.

revelation
폭로

아버지와 나의 공통점이 또 하나 있다. 콜레스테롤 수치가 높다는 것. 콜레스테롤 강하제 리피토르가 아니면 아버지와 나의 콜레스테롤 수치는 아보가드로 수에 근접할지도 모른다. 얼마 전부터 나는 매일 밤 아스피린을 복용한다. 아스피린 복용이 내 심장 건강에 도움을 줄 것이라 판단한 게 정확히 언제인지 기억나지 않는다. 〈뉴스위크〉에 실린 기사를 보고 나서였던가? 역시 콜레스테롤 수치가 높은 장인 어르신과 얘기를 나눈 다음부터였던가? 사연이야 어쨌든 건강을 위해 해야 할 일을 한다는 느낌이 든다. (아스피린은 본래 버드나무 껍질을 원료로 만들어졌다.)

아버지와 통화하다가 아스피린 복용 습관에 관해 말씀드렸더니 반대하지 않으셨다. 다만 맥킨 박사와 상담해보라고 권하셨다. 내가 말했다.

"한번 생각해보겠습니다."

그러나 아버지의 조언을 따르지 않을 작정이다. 주된 이유는 브리태니커가 매우 체계적으로, 또한 매우 무자비하게 의사의 권위에 대한 나의 신념을 무너뜨렸기 때문이다. 피로 점철된, 그리고 무엇보다도 어리석음으로 점철된 의학의 역사를 브리태니커에서 읽어 보면 아마 누구라도 그렇게 될 것이다. 나는 지금도 천공穿孔 수술의 원조를 떠올리면 뜨악한 기분이 든다. 사람의 머리에서 악령을 몰아내기 위해 머리에 5센티미터 정도의 구멍을 뚫었다는 원시인들의 풍습 말이다. 천공 수술의 초창기 모습을 한번 상상해본다. 천공 수술 분야에서 권위와 명성이 드높은 라스코 동굴 병원의 레지던트가 환자들에게 짐짓 점잖고 친절한 목소리로 걱정할 거 없다고 말하는 모습. 우리는 전문가들이니 믿고 맡겨달라 말한 뒤 그 레지던트는 환자의 머리를 동굴 속 바위에 강타시켜 머리를 열었으리라.

뭐 선사 시대니까 그건 그럴 수 있다고 치자. 과학이 제법 발달한 시대 이후에도 의학의 역사는 결코 우리를 안심시켜주지 못한다. 브리태니커에 인용된 글 하나를 읽어 보자. "나는 믿어 의심치 않는다. 수술용 장갑의 사용 때문에 사망한 환자들이, 그 장갑을 사용하여 막고자 했던 감염 때문에 사망한 환자들보다 많다는 걸 말이다." 이 글은 20세기 초 의학계의 최고 권위자들 가운데 한 사람이 수술용 장갑 논쟁의 와중에 쓴 것이다. 나는 그런 논쟁이 있었는지도 몰랐다. 브리태니커의 해당 부분 옆에 나는 이렇게 적어 놓았다. "의사 놈들도 모를 거다. 제길!"

물론 이런 나의 반응은 좀 지나친 구석이 없지 않다. "의사 선생님들도 조금은 아신다. 제길!"로 바꾸는 게 나을 성싶다. 나는 과학과 의학을 신뢰해온 편이었다. 그러나 진료실 벽에 학위증을 떡하니 걸어놓고 스스로 권위와 영향력을 확대시켜온 사람들, 의사라는 인간들의 실수와 오류 가능성을 심각하게 생각하지 않을 수 없다. 한편 나 스스로를 돌이켜 보면 건방지고 자만하는 측면이 없지 않다. 브리태니커에서 신물 나도록 의학에 관해 읽었다 한들, 내가 과연 의학에 관해 아는 게 뭐란 말인가? 그러니 의학과 의사들의 실수와 오류에 핏대 세워가며 침 튀길 자격은 없는지도 모른다.

지난 몇 주에 걸쳐 나의 에고, 나의 자의식, 아니 지적으로 건방 떨고 자만하는 태도가 부쩍 강해진 걸 느낀다. 정확히 언제부터 그랬는지는 잘 모르겠으나, 내가 일종의 사고 실험을 하면서부터 그렇게 된 것 같다. 그 사고 실험이라는 건 내가 살만 루시디나 스티븐 호킹 같은 인물들과 저녁 식사를 함께하는 상상이다. 내가 그들과 동격으로 식탁의 한자리를 차지하고 있는 상상. (다행인 건 내가 정말로 그런 저녁 식사를 하게 될 가능성이 없다는 점이다. 그러니 내 지적 수준의 실체가 적나라하게 드러나는 일도 없으리라.)

최근 들어서는 내가 지적으로 표류하고 있다는 느낌이 들지는 않는다. 모든 지식의 좌표가 표시돼 있는 지도를 볼 줄은 안다는 안도감이라 할까. 비록 지식의 세부적인 사항들이 빠져 있는 경우도 많지만, 적어도 대륙과 섬의 위치와 기본적인 모양새와 지형 정도는 가늠하고 있다는 느낌이다. 〈에스콰이어〉 편집회의에 참석할 때면 전에 느끼지 못했던 자기 신뢰 혹은 확신이 든다. 물론 회의 참석자들이 내가 철자도 잘 모르는 미식 축구팀 이름이나 러닝백 선수 이름을 들먹이면 할 말이 없지만, 대신 나는 포르투갈 탐험가들의 이름, 파리 대주교들, 그 밖에 무수히 다양한 지식들을 내 머리에서 꺼낼 수 있다. 내가 필요로 할 때 꺼내 쓸 수 있는 지식들이 어디에 있는지 나는 알고 있다.

Rice, Dan
라이스, 댄

우스꽝스럽고 과장되게 행동하는 어릿광대들. 정치인을 가리키는 관용 표현에 가까운 말이다. 그런데 정말로 어릿광대이자 정치인인 인물이 있었으니, 바로 댄 라이스이다. 그는 19세기 미국에서 가장 유명한 어릿광대였다. 브리태니커에 따르면 그의 서커스 경력은 사람의 말을 듣도록 조련된 돼지 한 마리를 사들이면서 시작됐다. 이후 그는 차력사로도 활동했고 어릿광대와 말 서커스로 분야를 전문화했다. 1860년대는 그의 전성기였다. 그는 자신의 트레이드마크라고 할 수 있는 하얀 수염을 휘날리며 미국 전역 순회 공연을 통해 당시로서는 엄청난 액수인 주당 1,000달러의 급료를 받았다. (생각해보니 내가 지금 받고 있는 급료와 크게 차이 나지 않는다.) 워낙 저명인사가 된 덕분에 당시 미국 대통령 재커리 테일러가 그에게 명예 대령 직위를 수여하기까지 했다. 그리고 가장 흥미로운 대목. 1868년 댄 라이스는 공화당 대통령 후보 선거전에 나섰다. 그러나 승리하지 못했다. 아쉽다.

소요, 폭동
riot

사납게 날뛰는 세 사람이 있다면, 그리고 당신이 그들 가운데 한 사람이라면 당신은 법적으로 소요죄 혐의자가 될 수 있다. 줄리와 나, 그리고 우리의 아이, 이렇게 세 사람이면 소요를 일으키기 충분한 셈이다. 그런데 왜 꼭 세 사람일까? 두 사람은 아무리 날뛰어도 소요를 일으킬 수 없다니.

로베르-우댕
Robert-Houdin, Jean-Eugéne

로베르-우댕(본명 장-외젠 로베르)은 프랑스의 마술사였다. 그는 현대 마술의 기초를 닦은 인물이기도 하다. 미국 위스콘신 주에 살던 한 유대인 꼬마가 그를 깊이 존경한 나머지 자신의 이름을 바꾸었으니, 바로 그 유명한 후디니Houdini다. 로베르-우댕에 관해 가장 흥미로운 사실은 이렇다. 1856년 프랑스 정부는 그를 북아프리카의 알제리로 보냈다. 로베르-우댕의 마술을 이용해 알제리 지역에서 회교 금욕파 수도사들의 영향력을 줄여볼 요량이었던 것. 전쟁의 승리를 위해 마술사를 활용한다는 아이디어. 이거 참 흥미롭다. 마술사 데이비드 블레인을 이라크의 가장 위험한 지역, 예컨대 지뢰 지역에 공중 낙하시키면 어떨까?

로베스피에르

아버지와 점심 식사를 했다. 아버지와 나는 사실상 정기적으로 주택 지구 근처 한 식당에서 직장인들이 먹는 가벼운 메뉴로 점심 식사를 한다. 아버지는 나보다 먼저 도착해서 식탁 위 접시에 담긴 피클을 씹고 계셨다. 내가 말했다.

"아버지, 주의하십시오. 피클이 위암과 관련 있다는 주장이 있거든요. 절인 음식과 소금은 위에 문제를 일으키기 쉽습니다." 솔직히 나는 아버지의 건강에 지대한 관심이 있어 이런 말씀을 드린 게 아니었다. 그렇다면 왜? 그렇다. 내 지식을 과시하기 위해서다. 아버지가 말씀하셨다.

"그렇다면 앞으로 많이 줄이기로 하지."

내가 한마디 덧붙였다.

"월경 직후의 유대인 여성들은 피클을 만지는 게 금지돼 있어요."

말을 내뱉자마자 나는 후회했다. 다시 주워 담을 수만 있다면! 나는 너무도 당연한 삶의 규칙을 어겼던 것이다. 그 규칙이란 이렇다. 너의 아버지와 월경에 관해 이야기하지 말라. 불행 중 다행히도 아버지는 내 말에 크게 신경 쓰지 않으셨다. 내가 말했다.

"요즘 아버지의 직업에 관해 읽고 있어요."

"오! 그래?"

"그래요. 브리태니커에는 변호사에 관한 훌륭한 섹션이 있거든요. 사담 후세인, 블라디미르 레닌, 로베스피에르, 이 사람들이 모두 변호사였다는 거 아세요?"

"그럴듯한 인력 구성이구나."

아버지는 저쪽 먼 식탁의 누군가를 바라보셨다. 내가 전에 만난 적이 없는 아버지의 동료였다. 아버지는 그 사람의 자리로 합석하자고 말씀하시더니, 새로운 자리에 앉자마자 그 사람에게 "이봐, 베리!" 하며 유대인의 월경 관련 금기를 신나게 떠드시는 것이었다. 유대인의 월경 관련 금기를 내가 아버지에게 말씀드릴 때보다 훨씬 더 불편했다. 역시 말하지 말았어야 했다.

rock tripe
석이

〈에스콰이어〉 월례 기획회의가 열렸다. 수석 편집자 그레인저와 함께 다섯 명의 편집자들이 참석했다. 동료 편집자 브랜던은 송전선망 바깥에서의 삶에 관한 이야기를 기획안으로 밀었다. 그건 곧 현대 문명 바깥에서의 삶을 뜻한다고 볼 수 있다. 브랜던이 말했다.

"자체 발전기를 가져야 하는 건 빙산의 일각이지 않겠어요?"

내가 말했다.

"사람들이 '빙산의 일각'이라고들 말하지만, 사실 빙산의 표출부가 반드시 작지만은 않아. 어떤 경우에는 전체 빙산의 절반 정도가 물 바깥으로 나와 있기도 하지. 그러니 '빙산의 일각'은 사실을 아주 정확하게 반영하는 관용 표현이라고 보기는 힘들어."

브랜던은 나를 노려보며 알려줘서 고맙다고 말한 뒤 자신의 발표를 태양 에너지에 관한 이야기로 마무리 지었다. 그레인저는 브랜던의 생각이 그럴듯하다고 여기는 모양이었다. 그레인저가 펜을 놀린다는 게 그 증거다. 몇 초 동안 침묵이 흐른 뒤 내가 말을 꺼냈다.

"좋은 생각이 떠올랐습니다." 그레인저가 나를 주목하기 시작했다.

"우리 미국의 영웅, 잘 알려져 있지 않은 영웅에 관해 우리가 뭔가를 해야 한다고 생각해요." 나는 극적 효과를 주기 위해 잠시 뜸을 들인 뒤 말했다. "이끼!"

"지의류 식물을 말하는 건가요?"

"지의류이기도 하고 조류일 수도 있고!"

동료들의 얼굴을 보아하니 신통치 않다는 눈치가 역력했다. 내가 설명하기 시작했다. 조지 워싱턴의 부대가 굶주림에 시달릴 때 포지 계곡의 바위에 붙은 이끼와 석이石耳를 먹었으니, 이끼와 석이가 우리 미국을 구한 셈 아닌가. 그게 아니었으면 오늘날 미국인들이 크리켓 경기를 하고 있을지도 모른다.

회의 참석자들 가운데 누군가가 지의류, 조류가 나왔으니 양치류까지 출동시켜 〈에스콰이어〉의 폭을 넓히자고 말했다. 모두 크게 웃었다. 또 다른 참석자는 물이끼를 주제로 한 노먼 메일러의 글을 당할 게 없으리라 말했다.

회의가 끝나고 사무실로 돌아와 이끼에 관해 좀 더 생각해보았다. 나는 내가 낸 아이디어가 결코 나쁜 글을 낳게 되리라 생각하지 않는다. 숨겨진 영웅을 좋아하지 않는 사람 있으면 나와 보라고 해! 그레인저는 우리에게 늘 아직까지 경쟁지를 포함한 그 어떤 매체도 다루지 않은 새로운 아이디어를 내라고 다그친다. 내가 알기로 〈GQ〉는 지금까지 이끼를 다룬 적이 없다.

나의 본래 아이디어를 공개하자면, 두 페이지를 이끼에 할애해서 이끼의 다양한 용도(향수, 리트머스, 식용 색소 등등), 이끼 음식 조리법, 이끼의 다양한 종류 가운데 톱텐, 저명인사가 바라본 이끼, 이런 것들을 다루는 것이다. 그러나 회의 때 동료들의 반응을 감안하면 두 페이지 분량은 어림도 없어 보였다. 나는 그레인저에게 이메일을 보내 다시 한 번 충분히 고려해 달라고 부탁했다. 작은 박스 기사라도 감지덕지하겠다는 내용이었다. 그레인저가 답장을 보내왔다. "괜찮다."

〈에스콰이어〉에서 일한 지 2년이 지나면서부터 나는 그레인저가 보내는 이메일의 속뜻을 이해하게 됐다. "대단하다"는 건 기획안이 맘에 쏙 들었다는 뜻이다. "오케이"는 기획안이 좋다는 뜻이다. "알았다"는 건 크게 주목할 것까지는 없지만 완전히 무시하지는 않겠다는 뜻이다. 그리고 "괜찮다"는 건 아주 싫다는 뜻이다. 더 정확히 말하면 할 테면 한번 해봐라, 제풀에 지쳐 나가떨어지든 말든 상관하지 않겠다는 뜻이다.

며칠 뒤 나는 짧은 분량의 이끼 예찬을 집필해서 페이지 중간에 억지로 끼워 넣으려 했다. 미술부에 이끼 사진까지 부탁했다. 그 사진이라는 게 배우 페넬로페 크루즈 사진만큼 매력적이지 않은 건 분명할 뿐더러, 피부병의 환부를 촬영한 게 아닌지 추측할 사람도 아주 없지는 않을 것 같다. 그러나 여하튼 자랑스러운 순간이었다. 충분치는 않아도 이끼가 응당 받아야 할 대접을 일부나마 받은 셈이니 말이다. 전체 글이 나온 뒤에 보니 이끼는 미국 독립 전쟁 당시의 영웅들 가운데 하나로 폴 리비어와 고적대 파이프를 든 사나이 옆에 당당히 자리를 차지했다. 나의 지식이 내 머리 바깥 세상에 영향을 미친 것이다. 기분이 좋다.

rodeo
로데오

황소 레슬링을 고안해낸 사람은 아프리카계 미국인 카우보이 빌 피케트다. 그는 황소와 엉켜 싸워 자빠트린 뒤 이른바 '황소 그립'으로 황소의 머리통을 꽉 잡고 황소의 윗입술을 물어 씹었다. 이런 세상에! 그 모습에 비한다면 오늘날의 로데오는 차라리 '동물을 인도적으로 사랑하는 사람들PETA' 집회에 가까운 셈이라 할까.

Rubens, Peter Paul
루벤스, 피터 폴

17세기 플랑드르 출신 화가 루벤스는 예술적 창의력도 풍부했고 작품 수에서나 자녀 수에서나 다산의 화가이기도 했다. 그의 스타일은 부분적으로 카라바조의 영향을 받은 것으로 알려져 있으나, 그들 사이의 친화성은 작품에서 끝난다. 개인적 삶에서 루벤스는 안티-카라바조라고 할 수 있다. 브리태니커가 말해주듯, "여덟 아이를 키우는 아버지이자 부유하고 정력적이며 잘 균형 잡힌 이 인물은 세상과 불화하고 투쟁하는 예술가라는 현대적인 예술가 개념에 대한 반대 사례"라고 할 수 있다. 바로 이거다! 루벤스를 나의 역할 모델로 삼아야겠다. 나는 이제 안다. 천재적 예술가임을 과시할 요량으로 레스토랑에서 웨이터에게 소리치며 물건을 집어던지는 일 따위는 할 필요는 없다. 테니스 코트에서 사람을 죽일 필요도 없고, 치밀어 오르는 울화 정도는 잘 다스리기로 하자. 나에게 필요한 건 다만 약간의 재능이다.

Sabbatarians

안식일 엄수주의자

맙소사, 너무 지친다. 영화 〈쿨 핸드 루크〉에서 폴 뉴먼이 삶은 달걀을 연거푸 입에 쑤셔 넣던 장면이 생각난다. 그가 마흔세 번째 달걀을 밀어 넣었을 때의 심정을 알 것도 같다. 내가 스물일곱 번째 리투아니아 시인을 소화했을 때의 기분이겠지.

이제 나는 최고의 난관인 S에 직면했다. 브리태니커에서 가장 많은 양을 차지하는 알파벳으로 무려 2,089페이지이다. 보스턴 마라톤으로 따지면 상심의 언덕을 만난 거나 다름없다. 나는 겨자색 책장에 놓인 S권들을 바라보았다. 녀석들은 너무나 조용하고, 두껍고, 다가가기 어려운 우등생 같다. 나는 심호흡을 한 뒤 S로 뛰어든다. 자, 안식일 엄수주의자. 일요일이 아니라 토요일이 성일聖日이 되어야 한다고 믿는 기독교인들을 가리키는 말로도 쓰였단다. 내 입장에서는 당장 이번 주 토요일에 쉬든 일요일에 쉬든 아무 상관없다. 어차피 S의 날일 테니까.

Saint Elias Mountains

세인트일라이어스 산맥

나는 세인트일라이어스 산맥을 지긋지긋하게 잘 안다. 가까이서 지나치게 오래 바라본 경험이 있다. 내가 어릴 때 부모님은 여름마다 누나와 나를 데리고 여행을 다녔다. 넓은 세상을 보여주고 싶었던 것인데, 두 분이 어찌나 철저하게 소망을 실현하셨는지, 이제 나는 TV로 디스커버리 채널을 보는 것 이상의 여행은 더 이상 필요가 없다. 줄리는 혀를 차지만.

내가 고등학교 1학년일 때 우리는 알래스카를 여행했다. 세인트일 라이어스 산맥에 면한 글레이셔 만 국립공원을 방문했다.

실로 거대한 공원이었다. 면적이 1만 3,000제곱킬로미터에 달하니 센트럴파크의 3,000배쯤 된다. 롤러블레이드 탄 사람이나 마약 거래 상은 없는 공원이지만. 우디 앨런의 표현을 빌리면 "자연과 두 몸인" 나 같은 사람이 보기에도 과연 장관이었다.

어느 날 오후, 누나와 나는 카약을 한 대 빌렸다(카약을 발명한 것은 그린란드의 에스키모들인데 원래 고래수염 뼈대에 바다표범 가죽을 입혀 만 들었다). 카약을 빌려준 남자는 마리화나의 효과에 익숙한 얼굴을 하 고 있는 것 외에는 별문제 없어 보였다. 누나와 나는 반짝반짝 빛나 는 오후의 바다로 노 저어 나갔다. 장대한 산맥과 간간이 물 위로 코 를 내미는 바다표범들을 보며 우와, 와아거렸다. 시야에 사람은 없었 다. 카약을 타는 사람도, 야영을 하는 사람도, 어떤 종류이든 인간의 흔적은 보이지 않았다. 오로지 야생의 자연뿐. 이윽고 예정했던 30분 이 지나자 우리는 되돌아가기로 했다. 문제는 방향을 잘못 꺾은 것 같다는 점이었다. 분명히 해협이 있던 자리에 해변이 있었다. (나중에 알고 보니 카약을 대여해준 마리화나 애호가께서 깜박 잊고 간조가 되면 해 협의 물이 빠져나간다는 말을 해주지 않았던 거다.)

누나와 나는 다시 방향을 틀었고, 이번에는 옳은 길을 찾았다고 확 신하며 노를 젓기 시작했다. 최선의 방침이 아니었음은 분명하지만 그간 방향 감각을 연마할 기회가 없었던 우리로서는 어쩔 수 없었다. 81번가에서 76번가로 가는 데 나침반이 필요한 적이 있었어야지.

우리는 노를 젓고 또 저었으며, 시간도 때울 겸 TV 드라마 주제가들을 노래했다. 〈개구쟁이 아놀드〉, 〈브래디 번치〉, 이어 〈길리건의 섬〉 주제가를 부르려다가, 무인도에 난파한 이야기를 노래하는 것은 적절치 않다는 판단을 내리고 중지하였다. 누나와 나는 우리가 죽으면 친구들 중 누가 제일 슬퍼할지 이야기했다. 나는 레이첼 야스키가 내 관에 몸을 던져 울다가 사람들이 관을 옮길 때 함께 질질 끌려가는 광경을 상상하고 즐거워했다.

한 시간이나 두 시간쯤 지났을까, 이젠 부를 노래도 할 이야기도 없어서 오로지 찰싹찰싹 노 젓는 소리만 울렸다. 그리고 정체는 모르겠지만 틀림없이 흉폭한 식인 동물일 그 무언가의 울부짖음이 간간이 들려왔다.

우리는 아무도 없는 육지에 오르고 싶진 않았다. 호텔 주인이 해준 불쾌한 이야기가 있었기 때문이다. 자세히 기억나지 않지만 아마 회색 곰과 버터스카치 사탕과 잘려 나간 상반신과 관계 있었던 것 같다. 점차 추워졌다. 날도 어두워졌다. 비가 내리기 시작했다. 우리는 겁이 났지만 정신을 못 차릴 정도는 아니었다. 뉴요커다운 지나친 자신감이었는지 모르겠지만 하여튼 공황에 빠지지는 않았다.

한편 육지에 계신 부모님은 우리 몫까지 공황을 겪고 계셨다. 부모님은 혼비백산하였다. 벌써 밤이라서 공원 순찰대의 수색기를 띄우려면 아침까지 기다려야 했다. 게다가 순찰대 사람들은 누나와 내가 계속 노를 젓는 중이라면 머지않아 얼어 죽을 수도 있다고 슬쩍 말을 흘렸다. 부모님은 이제 본인들이 무자식 팔자가 되는 게 아닌지 걱정하며 기다리는 수밖에 없었다.

새벽 1시경, 누나와 나는 우리들의 이 부딪치는 소리.너머로 뭔가 다른 소리를 들었다. 남자들의 웃음소리였다. 우리는 소리를 질렀다. 그들이 맞받아 소리쳤다. 우리는 목소리 쪽으로 노 저어 갔다. 후에 알고 보니 그들은 근방 수백 제곱킬로미터 내에 유일한 야영객들이었다. 그리고 좋은 사람들이었다. 캘리포니아에서 허파 가득 신선한 공기를 마시러 왔다고 했다. 그들이 우리에게 물은 첫 질문은 이랬다. "담배 있니?" 캘리포니아 남자들이 말쑥한 텐트를 빌려주고 곰에 대한 걱정도 달래주었으므로 누나와 나는 편안한 잠을 이룰 수 있었다. 우리가 잠을 깬 것은 머리 위에서 윙윙거리는 구조대의 수상 비행기 소리를 듣고서였다.

아버지가 비행정에서 내려 누나와 나를 보았을 때의 그 표정, 그건 아직도 잊히지 않는다. 온 얼굴에 안도감이 흘러넘쳤다. 그냥 하는 말이 아니다. 실제로 안도감이 아버지의 얼굴을 뒤덮는 광경을 나는 똑똑히 보았다.

그날 밤에 아버지가 받은 충격은 대단했다. 아버지는 세상만사에 대해 농담을 나눌 준비가 되어 있는 분이지만, 그날 밤 일만큼은 예외다. 내 생각에 아버지는 그날 이후로 변하셨다. 이전에도 자식들을 곁에 묶어두길 좋아하는 분이었지만 이후에는 물리적 근접성에 거의 집착하다시피 하셨다. 아버지가 가장 흡족해하는 광경은 우리가 한 방에 모여 TV를 보는 것이다. 광고를 빨리 감는 15초를 제외하고는 한마디도 하면 안 되는 엄숙한 분위기일지라도. 그 일이 있은 후에 아버지는 내게 짧은 편지를 쓰셨는데, 성격답지 않게 너무나 열렬하고 감정적인 말투로 내가 자랑스럽다고 말씀하시는 편지였다. 지금도 나는 그 편지를 생각할 때마다 눈물이 차오른다.

이 일화를 길게 늘어놓은 것은 내 자신이 희미하게나마 아버지의 심정을 느끼기 시작했기 때문이다. 요전 날 줄리가 복통을 느꼈을 때 나는 정신이 나갈 뻔했다. 마음 같아선 앞의 문장을 굵게 이탤릭으로 기울여 쓰고 느낌표도 두 개쯤 붙이고 싶지만, 그러지 않아도 무슨 말인지 아시리라. 나는 평생 걱정 중독자였다. 그렇지만 이것은 차원이 전혀 다른, 양적으로도 전혀 다른 불안이다. 다행히도 줄리는 괜찮았다. 하지만 나는 이제 자신이 흉안凶眼을 갖고 있다는 것을 깨닫고 실수로라도 아이들에게 불행을 안겨줄까 봐 제 눈을 파냈다는 슬라브 전설 속의 아버지를 이해할 것만 같다.

Salieri, Antonio
살리에리, 안토니오

토머스 페인과 반대되는 경우가 등장했다. 역사는 뒤늦게나마 페인에게 진한 키스를 날려주었지만, 불쌍한 살리에리는 다 늦게 달리는 차에서 겨눈 총구에 맞는 꼴이 되었다. 살리에리가 특별히 범인凡人의 화신이 될 만한 일을 한 게 있던가? 아니, 당대의 살리에리는 존경 받는 작곡가였다. 아니, 거의 숭앙 받는 작곡가였다. 그리고 모차르트를 경멸하기는커녕 좋은 친구였다.

림스키-코르사코프라는 사내가 〈모차르트와 살리에리〉(1898)라는 오페라를 쓰면 재미있겠다는 생각을 한 게 불행의 시초였다. 림스키-코르사코프는 역사적 사실과는 무관하게 살리에리를 질투에 눈멀어

모차르트를 독살하는 인물로 변모시켰다. 그리고 수십 년이 지나서 같은 내용의 영화가 만들어졌다. 흥, 예술의 자유니 뭐니 하는 거지. 하지만 불쌍하고 무고한 살리에리는 어쩌라고? 불공평하다.

Sartre, Jean-Paul
사르트르, 장—폴

여기 나왔네, 《구토》의 작가. 나를 소아 성애자라고 비난한 거나 다름없는 사내. 나는 사르트르의 약점을 찾아 항목을 훑은 끝에 그가 사시였다는 사실을 알아냈다. 처음엔 데카르트의 사시 애호증이더니, 이젠 사르트르냐? 프랑스 철학과 사시는 도대체 무슨 관계인지?

Schmeling, Max
슈멜링, 막스

나는 슈멜링에 대해 알고 있었다. 독일 권투 선수, 히틀러가 아긴 챔피언, 위대한 나치의 희망. 진짜 악당이라고 생각했다. 그런데 슈멜링의 인생사를 읽고 보니 마음이 흔들린다. 내 아이의 이름을 슈멜링이라고 짓겠다는 건 아니지만, 최소한 그를 영혼 없는 악의 화신으로까지는 생각하지 않게 되었다. 브리태니커 덕분이다. 그렇다. 역사에는 확실히 검거나 확실히 흰 사례도 간혹 존재하지만, 대개의 사례들은 중간 어디쯤의 회색을 띠는 것이다.

슈멜링 하면 뭐니 뭐니 해도 1936년에 조 루이스를 때려눕힌 경기가 떠오른다. 슈멜링은 영리했다. 시합 전에 루이스의 영상을 슬로모션으로 검토하고는, 루이스가 왼손 잽을 연속으로 날린 뒤에 방어를 푸는 습관이 있다는 약점을 알아냈다. 슈멜링은 이 정보를 활용해 루이스를 12회 케이오시켰다. 물론 1938년에 다시 붙었을 때는 악습을 고친 루이스가 슈멜링을 1회에 미끈하게 눕혀 아리안 민족의 선전 도구에 보기 좋게 상처를 입혔지만.

이상한 대목은 여기서부터다. 아리안 민족의 영웅으로 추앙 받았던 이 남자는 "공개적으로 유대인들과 어울렸고", 유대인 트레이너를 두었으며, 유대인들에 대한 무차별 테러가 벌어졌던 크리스탈나흐트 때는 베를린의 아파트에 두 유대인 소년을 숨겨주었다. 유대인 친구들을 버리지 않는 태도 때문에 나치 정권과의 사이도 틀어졌다. 나치는 유명인들을 대개 쉬운 보직에 배치했지만 슈멜링은 위험한 낙하산 부대로 보냈다. 슈멜링은 1941년에 임무를 수행하다 부상을 당한다.

전후에 슈멜링은 잠시 링에 복귀하였지만 곧 독일 내에서 코카콜라 프랜차이즈 사업을 시작했다. 숙적 조 루이스의 미망인에게 금전적 도움을 주기도 했다. 자, 어떤가? 슈멜링을 성인이라고 하지는 않겠다. 어쨌든 그는 나치를 위해 싸웠다. 하지만 그는 유대인들을 숨겨주었으며, 조 루이스의 미망인을 도와주었던 것이다.

school
학교

지금쯤 향수 어린 현장 조사를 해보면 어떨까 싶다. 나는 내가 세상에서 가장 똑똑한 소년이라는 망상에 빠져 살았던 바 있고, 현재과거의 영광을 되살리려 노력하는 중이므로, 범죄 현장을 다시 가보면 느끼는 바가 있을 것이다. 유치원에서 고등학교까지 장장 13년 동안 뇌 단련 장소로 삼았던 돌턴 학교로 가보자. 뭔가 통찰을 얻을 수도 있다.

모험을 안내할 사람은 6학년생 애비 벤더이다. 나한테 그 한심한 플로베르의 책을 읽으라고 권하셨던 옛 영어 선생님 스티브 벤더의 딸이다. 나는 애비를 믿는다. 애비는 영특하고 활달하며, 내가 결전의 날에 앞서 알아두어야 할 점이 있느냐고 묻자 미니스커트를 입고 오지 말라고 조언했다. 뼈가 되고 살이 되는 조언이다.

나는 오래된 습관대로 10분 일찍 등교했다. 학교는 내가 칠면조 테트라치니 요리를 식당 천장에 붙이며 놀았던 때와는 상당히 달라진 모습이다. 군데군데 매킨토시 컴퓨터가 놓여 있고, 엘리베이터가 실제로 작동을 하며, 어퍼이스트사이드 출신 백인 소년들이 모두 랩 가수처럼 입었다. 마지막 사실이 가장 충격이었다. 똥 싼 듯 처진 바지, 하얀 머리 밴드, 무릎까지 늘어진 앨런 아이버슨 농구 선수 티셔츠. 랩 가수 에미넴의 키 120센티미터짜리 복제들이 넘쳐난다. 다이아몬드 장신구와 글록 반자동 소총이 없는 것 외에는 완벽한 차림들이다.

첫 수업은 과학이다. 랩 가수보다는 매력적인 영국인에 가까워 보이는 펜턴 선생님의 수업이다. 턱수염이 희끗해지기 시작한 펜턴 선생님은 넥타이가 분젠 버너에 들어가지 않도록 셔츠 주머니에 단단히 쑤셔 넣었다. 오늘은 화학을 공부할 거라고 한다. 화학이라, 그럭저럭 괜찮을 것 같다. 나는 브리태니커에서 읽은 화학 관련 사실들을 떠올리려 애썼지만, 바닷물 속의 금을 추출해서 조국의 제1차 세계대전 패전 배상금에 보태려 했던 독일 화학자 프리츠 하버 이야기 말고는 아무것도 안 떠오른다. 말이 나왔으니 말인데, 바닷물에는 실제로 금이 함유되어 있지만 하버의 계획을 성공시킬 만큼은 아니었다. 나는 귀중한 원석 같은 정보를 혼자 알고 있기로 한다.

펜턴 선생님이 마그네슘 코일을 꺼낸다.

"마그네슘을 태워도 되나요?" 꼬마 힙합 예술가 하나가 묻는다.

"안 된단다. 망막에 상처를 남길 수 있거든." 펜턴 선생님의 답.

"먹어도 되나요?" 다른 녀석의 질문.

"아니, 그것도 좋은 생각이 아닌 것 같구나."

꼬마들의 사고방식이 마음이 드는걸. 하지만 재미있는 일은 다 안 된다고 하니, 선생님이 마그네슘 조각들을 염산 용액에 떨어뜨리는 광경이나 지켜볼밖에.

"어떤 일이 벌어지는지 보렴." 산이 부글부글 쉬익쉬익 하더니 연기와 함께 거품을 풍풍 뿜어낸다. 샌프란시스코의 레이브 파티에 어울릴 것 같은 형광 초록색 안전 고글을 쓴 우리들은 열심히 비이커를 들여다보며 메모했다. "왜 이런 일이 벌어지는 것 같니?"

어어, 펜턴 선생님이 나를 지목하지 않으면 좋겠는데. 솔직히 무슨 현상인지 모르기 때문이다. 공유 결합에 관계되는 현상이던가? 비활성 기체? 전기 도금?

"pH 테스트 용지 있나요?" 유독 깡마른 아이가 묻는다. "만약에 염산이······." 아이의 목소리가 잦아들었다.

"계속 얘기해봐." 선생님이 말한다.

"만약에 거품이 되어 나오는 게 염산이라면 용액의 산성이 낮아졌을 거예요."

제기랄! 열두 살 주제에 우라지게 똑똑하네. 선생님은 pH 테스트 용지를 꺼내어 용액에 담근다. 한참 더 토론이 오가고, 누군가 용액을 마셔보자는 제안을 한다.

이때다! 내가 진가를 발휘할 때다. 나는 손을 든다. 진심으로 떨린다. "마그네슘이 용액에 남아 있으면 어쩌죠?"

"마그네슘이 용액 안에 녹아 있다는 말입니까, 용액으로 변했다는 말입니까?" 선생님이 묻는다.

모르겠다. 나는 능구렁이처럼 타고 넘는다. "어느 쪽이든요."

선생님이 고개를 끄덕인다. 내 가설이 모호하긴 해도 옳다니, 입을 열길 잘했다는 생각이 든다. 선생님은 마그네슘이 용액에 녹으면서 수소 기체가 방출된 것이라고 설명한다. 그렇지! 수업 끝 무렵에 선생님은 기체가 수소임을 확인하는 작은 폭발 실험도 보여주었다. 제리 브룩하이머 감독 영화에 등장하는 그런 폭발은 아니고 기포 포장재를 터뜨릴 때와 비슷한 소리가 나지만, 관중을 즐겁게 하기에는 충분하였다.

수업이 종료되자 나는 스스로 성적을 매겨보았다. B다. 나는 $Mg + 2HCl \rightarrow MgCl_2 + H_2$라는 화학 방정식을 알아내지는 못했지만 제대로 된 방향으로 통찰했다.

애비의 다음 수업은 영어이다. 좋았어, 영어로 먹고사는 나니까, 이 수업에서는 빛을 발해 보이겠어! 카프리 바지를 입은 매력적인 코르노 선생님이 오늘은 특별한 날이라고 하신다.

"오늘은 문법 겨루기를 하겠어요!"

학생이 나를 포함해 여덟 명인 작은 반이다. 우리는 넷씩 두 팀으로 나뉘었다. 나는 떠들썩한 힙합 예술가 두 녀석과 부끄럼 많은 소녀 하나와 같은 팀이다. 코르노 선생님이 마분지에 적힌 문장을 보여주면 내 차례가 왔을 때 밑줄 그어진 단어의 품사를 말하면 된다. 선생님이 먼저 소피에게 문장을 보여주었다.

"고양이가 프랭크를 안전한 곳까지 끌어냈다."

"명사예요." 내 팀원 소피가 대답한다. 여기저기서 하이파이브!

선생님이 다음 문장으로 넘긴다.

"태양이 비추었다. 하지만 날은 차가웠다."

"접속사요!"

선생님이 문장을 다 읽기도 전에 잭이 외쳤다. 잭은 미식축구 선수 자말 앤더슨이 유행시킨 날갯짓춤으로 성공을 자축한다.

드디어 선생님이 나를 가리켰다.

"어제, 그녀는 곰 스무 마리를 보았다."

어어, 까다롭잖아. 왜 나한테는 빌어먹을 고양이 같은 문제를 안 주시지? 나도 그놈의 고양이가 명사인 건 안다고. 하지만 좋아, 나는 할 수 있어. '어제'는 어떤 날을 가리키는 거니까 명사겠지.

"명사입니다."

"안됐지만 부사예요."

우리 팀원들이 신음을 뱉는다.

"작가 아니에요?" 잭이 내게 묻는다.

"음, 문법을 점검하는 교열 편집자라는 사람이 따로 있단다. 그래서 글 쓰는 사람들은 사실 문법을 많이 알 필요가 없어."

어이쿠, 문법 수업에서 이런 말을 하면 안 되는데. 나는 코르노 선생님을 보았다. 선생님은 짜증스러운 표정인데, 여기서 '짜증스러운'은 형용사이다.

"틀렸으니까 점수판을 관리하세요. 잘할 수 있어요?" 잭이 말한다.

그거야 할 수 있고말고. 하지만 선생님이 다시 내게 문제를 던졌을 때, 나는 'with(~와)'가 접속사라고 잘못 답하고 말았다. 실제로는 전치사이다. 팀원들이 이마를 치며 탄식하고, 나를 유치원에 보내야 하지 않을까 고민한다.

문법 겨루기가 거의 끝났을 때 우리 팀은 전적으로 내 덕분에 23 대 25로 뒤지고 있었다. 그런데 선생님이 작은 반전을 제안했다. 원하는 만큼 점수를 걸어서 한 판에 승부를 내자는 것이다. 팀원들은 18점을 걸자고 했고, 나는 단호히 거부했다. 당연히 다 걸어야지! 우리는 촌시와 미끄러운 서핑보드가 어쩌구 하는 문장의 품사를 정확히 알아맞혀서 이기고 말았다! 상대 팀이 점수를 많이 걸지 않았기 때문이다. 나는 영웅이다! 언어에 대해서는 실적이 나빴지만 동료들에게 도박에 대해 한 수 알려주었으니 그게 어딘가.

이번에는 스스로 D를 매겼다.

이제 역사 시간이다. 역사 담당 스프링어 선생님은 잘 다려진 청셔츠를 입고, 코끝에 안경을 걸치고, 아이들을 "귀염둥이"니 "아가"니 하고 부른다. 번잡한 녀석들 가운데 하나가 시끄럽게 굴자 "애, 자크! 인생을 낭비하지 말자꾸나"라고 하셨을 뿐이다.

오늘의 주제는 로마이다.

알렉스라는 소년이 손을 들자 선생님이 지목했다.

"영화 〈글래디에이터〉 보셨어요?"

"알렉스, 넌 로마만 나왔다 하면 〈글래디에이터〉 얘기를 하는구나. 그래, 그 영화 봤다."

알렉스는 러셀 크로가 맡은 역이 한때 농부였고, 그러므로…… 그러므로…… 하고 논지를 펼쳤다. 그게 주장의 전부인 것 같았지만, 확실히 반박하기 어려운 주장이긴 하다.

"좋아, 좋아. 여러분, 아레테$_{arete}$가 뭐죠?"

스프링어 선생님이 물었다.

"탁월함에 대한 추구요!" 일제히 외친다. 젠장, 나는 왜 잊고 있었지? 한때는 알았는데 말이다.

"그리스인들은 아레테를 추구했고, 로마인들은 정복을 추구했지요." 선생님은 나중에 이렇게도 말했다. "그리스인들은 멋진 사람들이었어요. 로마인들은 야만인이었고요."

내 생각에 스프링어 선생님은 현명한 분이다. 이렇게 말씀하신다.

"여러분은 어려요. 여러분은 앞으로 많은 전쟁을 겪게 될 텐데, 사람들은 전쟁을 해야 평화를 찾을 수 있다고 말할 거예요. 그때 여러분이 지금 이 6학년 역사 수업을 떠올렸으면 좋겠어요. 사람들은 그런 거짓말을 로마 시대부터 해왔다는 사실을 말이에요."

내 6학년 때 선생님이 평생 기억할 만한 뭔가를 말씀해주었던가? 그리고 말인데 맨 앞줄의 여자 아이는 저보다 더 시끄러울 수 있을까? 소녀는 초콜릿 통밀 크래커를 먹고 있는데 봉지에서 하나씩 꺼낼 때마다 꾸깃꾸깃하는 소리가 엄청나게 높은 데시벨로 울려 퍼진다. 마침내 스프링어 선생님이 '예쁜이'에게 수업 끝날 때까지 과자를 치워두라고 말했다. 정말 복에 겨운 아이들이로고. 내 학창 시절에는 수업 중에 과자 먹는 일이 아예 금지였던 것 같은데. 물론 그래도 조용히 먹긴 했지만.

다른 수업에서도 느꼈지만 아이들은 지식이 풍부하다. 러셀 크로만 아는 게 아니다. 아시리아의 왕들을 알고, 베르길리우스의 《아이네이스》를 알고, 그 밖에 나 역시 알아야 하건만 알지 못하는 것들을 안다. 나도 끝내 '레스 푸블리카(공화국)'가 무슨 뜻인지 맞혀서 박수를 받긴 했지만 말이다. 그러니까 역사 점수는 C⁺.

요약하자면(학교 다닐 때 에세이 숙제의 결론을 항상 이렇게 맺었으니 이번에도 그렇게 하자) 나는 과거로의 여행에서 세 가지 사실을 깨달았다. 첫째, 에빙하우스 망각 곡선이 심각하게 진행되고 있다는 추가 증거들을 확보했다. 마그네슘, 아레테, 접속사. 나는 학창 시절에 습득한 지식들을 예상보다 훨씬 많이 잊어버렸다. 둘째, 어린 척척박사가 탄생하는 과정을 조금 파악하게 되었다. 꼬마 에미넴들 가운데 자기가 세상에서 가장 똑똑한 소년이라고 생각하는 녀석이 얼마나 있는지 모르겠으나, 나는 분명히 녀석들의 거만한 허세를 느꼈다. 똑똑하다는 칭찬을 수없이 들으며 자란 아이들, 불경기나 실연 같은 본격적 세상의 쓴맛을 보지 못한 아이들 특유의 거만이다. 셋째, 너무나 뒤늦은 일이지만 학교가 재미있는 장소임을 깨달았다. 과거에 나는 스스로의 지적 능력을 믿어 의심치 않으면서도 대개의 시간을 걱정에 소비했다. 성적을 걱정하고, 외모를 걱정하고, 극악한 일산화탄소의 악영향을 걱정했다. 그때는 일주일에 닷새를 놀라운 사실들을 배우며 지내고 있다는 사실을 깨닫지 못했다. 배움이 직업이었는데 말이다. 지금이라도 나는 브리태니커 작전을 자처한 숙제처럼 여기지 말고 배움의 즐거움을 만끽해야 한다. 느긋하게. 기억하자, A. J. 인생을 낭비하지 말자꾸나!

Scrabble
스크래블 게임

브라유 점자로도 스크래블 게임을 할 수 있다. 멋진 사실이다. 어쩐지 인류에 대한 애정이 샘솟는다. 왜 그런지는 설명할 수 없지만.

script
대본

제기랄. 〈웨스트윙〉을 본 줄리가 그러는데, 드라마에서 바틀렛 대통령이 내 소중한 독립기념일 사실을 훔쳤다고 한다. 제퍼슨 대통령과 애덤스 대통령이 같은 날에 죽었다는 사실을 말해버렸다고 한다. 이제 이 사실은 공공의 자산이 되었잖아.

selection
선택

오늘은 BMW 신차 모델에 대한 기사와 어느 뾰로통한 TV 스타에 대한 기사를 편집한 평범한 날. 오후 3시까지는 여느 날과 다를 것 없는 평범한 날이었다. 그때 음성 메시지가 왔다. "안녕하세요, 〈백만장자가 되고 싶습니까〉의 매트라고 합니다." 세상에, 이렇게 반가울 데가! 남겨진 번호로 전화를 걸어 내가 바라면서도 한편 두려워한 사실을 확인했다. 내가 퀴즈 쇼에 출연하게 되었다. 거물들의 세계에 불려가게 되었다. 12월 16일에 녹화를 하게 된다. 준비할 날이 얼마 남지 않았다. 당장에 스트레스성 복통이 엄습한다.

Seven Wonders
7대 불가사의

진짜 실망이야. 일곱 개 중에 진정한 불가사의는 절반도 안 된다. 피라미드, 좋지, 피라미드라면 확실히 경이롭고 불가사의하지. 하지만 다른 것들을 보라. 로도스 섬의 거상은 항구 양쪽으로 다리를 벌리고 서 있지 않았다. 그건 신화였다. 높이가 32미터였다니 상당히 크긴 해도 여러 그림에 묘사된 것처럼 다리를 벌리고 있진 않았다. 항구 한쪽에 두 다리를 붙이고 선 거상이었다. 실망은 시작일 뿐. 바빌론의 공중정원은 공중에 떠 있지 않았다. 지구라트의 각층 테라스에 계단식으로 조성한 정원이었다. 화려한 지붕 정원 같은 것이다. 전혀 감동적이지 않다. 그리고 할리카르나소스의 마우솔레움. 이건 그나마도 못하다. 그냥 커다란 직사각형 건물이었다. 나라면 그걸 불가사의라고 부르지 않을 것 같다. 누가 세계 7대 불가사의를 생각해 냈는지 몰라도 하여간 홍보 솜씨 하나는 끝내준다.

sharks
상어

월경 중인 여성은 상어의 공격을 받을 가능성이 높다. 줄리의 임신을 기뻐할 이유가 한 가지 늘었다.

Shaw, George Bernard
쇼, 조지 버나드

백과사전을 읽기 전에 내가 쇼에 대해 갖고 있던 지식 중 인상적인 것은 결혼에 대한 그의 발언이었다. "남녀가 세상에서 가장 격렬하고, 가장 어리석고, 가장 기만적이고, 가장 덧없는 열정의 영향하에 놓이면, 그들은 죽음이 그들을 갈라놓을 때까지 그러한 들뜨고, 비정상적이고, 피곤한 상태를 유지하겠다는 서약을 한다." 이 문장을 기억하는 것은, 몇 년 전만 해도 조부모님 댁에서 가족 행사가 열릴 때면 할아버지께서 《바틀릿의 유명 인용문》을 꺼내어 이 대목을 큰 소리로 낭독하셨기 때문이다. 몸이 떨리게 키득키득 웃으면서 말이다. 어느 날 할머니가 그 페이지를 찢어버렸으므로 더 이상 암송은 없다.

쇼는 기이한 인물이었다. 20대에는 실패한 작가였으나 이후 팸플릿 저자, 음악 비평가, 오페라광, 평화주의자, 채식주의자, 사회주의자가 되었고, 급기야 영국 희극계에 일대 혁명을 일으킨 극작가가 되었다. 또한 결혼 생활에서 금욕을 지켰다는데, 브리태니커가 이 사실을 어떻게 아는지는 의문이지만, 사실이라면 결혼 제도에 대한 쇼의 반감이 설명되고도 남는다. 그런데 쇼에 관한 사실들 가운데 내 맘에 드는 것은 따로 있다. 저 앞 C에서 최초의 예술 사진 작가 앨빈 랭던 코번Coburn 항목을 읽을 때 알게 된 사실이다. 1906년, 위대한 극작가께서 코번의 요청하에 홀딱 벗고 누드 사진을 찍었다는 거 아닌가. 로댕의 〈생각하는 사람〉 자세로 말이다. 조지 버나드 쇼, 전신 누드 대공개!

사진가 앞에서 옷을 벗어 본 수많은 남녀에게 가슴 훈훈한 소식이 아닐 수 없다. 가수 바네사 윌리엄스가 속살 좀 보였기로서니 무슨 대수인가? 마돈나와 버트 레이놀즈가 벗어젖혔기로서니 무슨 대수인가? 현대 최고의 희곡 작가도 벗었던 판에.

개인적으로 나도 가슴이 훈훈하다. 나 또한 시절이 수상하던 과거에 누드를 찍은 바 있기 때문이다. 〈에스콰이어〉 재직 2년차의 일이었다. 재능 있는 젊은 여배우들에게 누드 사진을 부탁하는 잡지의 전통에 따라 배우 메리-루이즈 파커에게 요청을 넣었는데, 담당 편집자도 함께 찍는다면 수락하겠다고 답한 것이다. 그 편집자가 나였다.

조건치고는 황당했는데, 더 황당한 일은 내 상사가 자초지종을 들더니 천재적 발상이라며 좋아한 것이다. 우리가 1년 전에 어느 이탈리아 여배우에게 했던 것처럼 젖꼭지에 캐비아를 펴 바르고 찍으면 어떻겠느냐는 아이디어까지 주었다. 그래서, 잘리지 않기 위해, 나는 며칠 뒤에 격납고만큼 크고 어둠침침한 스튜디오에 가게 됐다. '고전적인' 흑백 누드를 찍기 위하여. 다행히 러시아산 철갑상어 알은 동원되지 않았지만, 나는 아일랜드인 사진 작가가 '물건'이라고 지칭하는 그것을 가리기 위해 양다리를 엉거주춤하게 꼰 요가 자세로 앉아야 했다. 사진 작가는 계속 "밑에를 느으시고"라고 했는데 나는 한참 지나서야 그게 볼록한 똥배를 숨기라는 요청임을 알아차렸다. 슬프게도, 어리고 귀여운 여성 조수들은 내 나체에 대해 터무니없는 무관심을 드러냈다. 그들에게 내 몸은 등나무 테이블 정도의 매력을 띠었던 것이다.

물론 정말로 근심스러운 대목은 계획을 전해 들은 친구들과 가족의 반응이었다. 어머니의 표정은 뭐랄까……. 미국인 존 워커 린드가 탈레반 반군을 돕는 일에 한목숨 바치겠다고 말했을 때 린드 모친의 표정이 그렇지 않았을까. 어떤 사람들은 제모제를 꼭 사용하라고 조언했다. 동료들은 나의 저널리스트로서의 진지한 경력은 그날로 끝이 날 거라고 했다. 애초에 진지한 경력이 있었는지는 모르겠지만.

당시에 쇼의 누드에 대해 알았다면 좋았을걸. 한결 편안했을 것이다. 요즘도 카메라 앞에서 바지를 내린 일로 조롱당할 때가 종종 있으니, 이제라도 답변을 마련하게 되어 다행이다. '조지 버나드 쇼의 경력에는 아무 지장이 없었는걸.' 나는 이제 천재적인 희곡 몇 편만 쓰면 된다.

나는 느긋한 예비 아빠가 못 된다. 나는 산모를 과잉 보호하려 들며, 끊임없이 스트레스를 받는다. 임신에 대한 대처는 나보다 줄리가 훨씬 낫다. 호르몬 변화로 인해 감정이 요동치고, 몸속에 작은 인간을 기르고 있다는 사소한 불리한 점이 있긴 하지만 말이다.

나는 줄리가 수정액 통보다 무거운 것을 들면 신경이 날카로워진다. 줄리가 뉴욕 거리를 씩씩하게 활보하는 것도 싫고, 집에 있는 운동 기구를 타는 것은 더 싫다. 줄리는 심박이 너무 빨라지지 않게 주의하겠다고 맹세하지만, 그래도 나는 초조하게 줄리 근처를 맴돌며 숨이 가빠하지 않는지 날카롭게 관찰한다. 개인적으로는 줄리가 임신 기간 내내 침대에 누워 있겠다고 해도 찬성할 용의가 있다.

브리태니커에서 알게 된 한 가지 사실 덕분에 그나마 신경증이 악화되지는 않고 있다. 여기서 더 이상 악화되기도 어렵긴 하지만. 어떤 사실인고 하니, 마오쩌둥의 아내는 임신한 상태로 남편을 따라 대장정에 올랐다는 것이다. 대장정은 중국 영토를 동에서 서로 가로지르며 18개의 산맥을 넘고 24개의 강을 건너 9,700킬로미터를 걷는 엄혹한 고행이었다. 마오의 아내와 아기가 대장정을 견뎌냈다니, 줄리가 여덟 블록 떨어진 페어웨이 슈퍼마켓에 다녀오는 것은 괜찮으리라 생각한다.

마오의 아내는 대장정은 견뎠으나 결혼 생활은 견디지 못했다. 몇 년 뒤, 마오쩌둥은 조강지처를 버리고 여배우와 결혼했다. 줄리에게도 조심하라고 일러줘야지. 나도 곧 르네 젤위거와 결혼하게 될지 모르니까.

잠

아기가 태어나면 이것을 많이 취하지 못할 것이다. 사실 나한테는 별문제 아니다. 나는 잠을 싫어한다. 잠은 시간 낭비 같다. 베개에 점점 크게 번져가는 침 자국 말고 아무것도 이루지 못하는 일에 인생의 3분의 1을 허비하다니. 반면 줄리는 잠을 사랑한다. 줄리는 수면의 대가라서 주말에는 열두 시간 연속 수면을 가뿐하게 해치운다. 아마 독서, TV 시청, 듀이 십진 분류법의 경쟁 체계들에 대해 논하는 남편 말에 귀 기울이기 등의 활동보다 잠을 더 좋아할 것이다. 게다가 논스톱으로 열두 시간 잔 뒤에는 자못 만족스럽다는 듯 입맛 다시는 소리를 내는데, 나는 그건 만화 속의 요기 베어가 동면 후에 내는 소리인 줄로만 알았다.

줄리는 열두 시간 취침을 지금 실컷 즐겨두는 게 좋을 거다. 우리는 곧 '저수면증hyposomnia'에 시달릴 것이기 때문이다. 사람은 누구나 조금씩은 자기 마련이므로 엄밀히 말해 '불면증insomnia'보다는 저수면증이 옳은 표현이다. 머지않아 빽빽거리는 소리에 벌떡 잠에서 깨는 날이 올 것이다. 내가 읽은 바에 따르면 어떤 문화에서는 이 일을 상당히 위험하게 여겼다. 필리핀 루손 섬의 타잘족은 자는 동안 영혼이 육신을 떠나 특별한 꿈의 세계에 가 있다고 믿었으므로, "자는 사람을 깨우는 행위를 엄중하게 처벌했다."

줄리에게 이 사실을 이야기해주었더니 아니나 다를까 크게 동의했다. "그것 참 좋은 법이네. 타잘 사람들은 뭐가 중요한지 아는 사람들이야." 역시 아니나 다를까, 다음 날 아침에 내가 시리얼 그릇을 좀 시끄럽게 긁었더니 줄리가 침실에서 소리쳤다. "조심해, 처벌해버릴까 보다!"

줄리는 타잘이 좋다지만 나는 캄차카가 좋다. 캄차카 사람들은 꿈을 현실에서 할 일에 대한 지시로 여겼다. 문자 그대로 "꿈을 현실로"이다. 내가 꽂힌 문장은 이거다. "캄차카의 몇몇 원주민 부족은 여인이 자기를 좋아하는 꿈을 꾸기만 하면 현실에서 그 여성에게 성적 행위를 요구할 수 있었다."

상당히 흥미로운 발상임을 인정하자. 내가 고등학교에 다닐 때 이런 규칙이 있었다면 참으로 유용했을 텐데. 이런 말을 수십 번은 할 수 있었을 텐데.

"이자벨, 수업 후에 바빠? 하긴 약속 있어도 취소해야 할 거야. 어제 내 꿈에 네가 나왔거든. 그러니까 몸에 착 달라붙는 주차 단속원 유니폼을 입고 우리 집으로 와. 팬케이크 가루 있으면 좀 가져오고. 언니 앨리슨도 같이 오라고 할래? 미안하지만 꿈을 꿨기 때문에 나도 어쩔 수 없어. 그럼 나중에 봐!"

물론 꿈을 현실로 충족시키는 세상에도 맹점은 있다. 이로쿼이 아메리카 원주민들은 그 점을 알았어야 했다. 이들도 캄차카 원주민과 비슷한 꿈 철학을 갖고 있었는데, 브리태니커에 따르면 "친구 열 명이 얼음 호수의 구멍으로 들어가 다른 구멍으로 나오는 꿈을 꾸었다고 한 인디언이 말하자 그 말을 들은 친구들은 의무를 실행에 옮겼는데, 불행히도 그중 아홉 명만 성공했다."

흠 없는 발상은 아닌 셈이다. 차라리 창조적인 꿈꾸기에 매진하는 편이 낫겠다. 브리태니커에는 꿈을 업무에 활용한 갖가지 사례들이 나와 있다. 새뮤얼 콜리지는 〈쿠빌라이 칸〉의 구성을 꿈에서 완벽히 마쳤다(몽골 정복자에 대한 책을 읽다가 잠이 들었었다).《지킬 박사와 하이드 씨》를 쓴 로버트 루이스 스티븐슨은 꿈속의 '작은 사람들'이 작품 쓰는 걸 도와준다고 말했다. 한 독일 화학자는 꿈에서 꼬리에 꼬리를 문 뱀의 형상을 본 뒤 벤젠 고리의 구조를 밝혀냈다.

훌륭한걸. 잠이 시간 낭비만은 아닌가 보다. 나도 수면에 바치는 하루 여덟 시간을 미결 문제들을 처리하는 시간으로 활용해야겠다. 늦잠을 자다 약속에 늦은 로렌초 메디치는 친구가 나무라자 이렇게 말했다지. "내가 한 시간 동안 꾼 꿈이 자네가 네 시간 동안 깨어서 한 일보다 가치 있을 걸세."

이후 며칠간 나는 창조적인 생각을 하자고 다짐한 뒤 잠을 청했다. 백과사전 지식을 위대한 시나 새로운 과학 이론으로 거듭나게 하자는 취지였다. 하지만 소득이라곤 미국 독립 전쟁의 반역자 베네딕트 아널드가 은퇴 후 플로리다의 콘도에서 사는 꿈을 꾸었을 뿐이다. 원반 집어넣기 놀이기구와 이동식 도서관이 갖춰진 현대식 콘도에서 말이다. 내 '작은 사람들'을 해고해야겠다.

snails
달팽이

달팽이는 발을 격렬하게 수축시킴으로써 제법 빠르게 튀어오를 수 있다. 장하다, 달팽이들! "달팽이처럼 느리다"라는 고정관념을 산산조각내버려!

snorkel
스노클

좋은 생각이 났다. 대략 50년에 한 번씩 모든 사물의 이름을 재평가하면 어떨까? 사악한 것을 따서 만든 이름으로 판명되면 새 이름을 지어 주는 것이다. '스노클'이라는 단어는 제2차 세계대전 당시 독일 잠수함들이 사용한 통풍관에서 유래했다. 사악한 이름이다. '샌드위치'도 그렇다. 나도 그 유명한 샌드위치 백작 이야기를 들어 보기는 했지만, 그가 그렇게 못된 사람인 줄은 미처 몰랐다. 그는 뇌물 수뢰자에, 중상모략가에, 도박 중독자에(24시간 내내 도박 테이블에 붙어 있으며 간간이 먹은 음식에서 샌드위치가 유래했다), 미국 독립의 적에, 약아빠진 모사꾼이었다. 샌드위치를 미국 이름으로 바꿔야 한다! 미국 독립을 재정적으로 후원했지만 과소평가받고 있는 로버트 모리스의 이름을 따면 어떤가. 여기 햄치즈 모리스 하나 주세요!

socioeconomic doctrines and reform movements
사회경제학적 주의와 개혁 운동

내가 제일 좋아하는 개혁 운동 지도자는 푸리에라는 프랑스인이다. 사실에 충실한 브리태니커는 그를 "약간 미친 것 이상이었다"고 묘사한다. 푸리에가 꿈꾼 유토피아에서 사람들은 '팔랑주'라는 공동체를 이루고 사는데, "아침에는 양배추를 재배하고 저녁에는 오페라를 불렀다. (…) 강제적 규율이 아니라 사랑과 열정을 통해 사람들은 하나로 뭉쳤다."

푸리에의 반자본주의적 전망에는 사회적 변혁뿐 아니라 자연적, 우주적 변혁도 포함되었다. 야생 동물들은 반#사자와 반#호랑이 들로 변해 인류를 섬길 것이고, 바다는 레모네이드로 변하리라 했다. 참으로 사랑스러운 꿈이며, 완벽한 헛소리이다. 현실이 어떤지는 우리도 잘 알지 않는가. 바다가 당연히 토마토 주스로 변하지, 어떻게 레모네이드로 변할 수 있는가?

푸리에는 나를 개종시키지 못했다. 나는 여전히 자본주의자이다. 하지만 끔찍한 마르크스주의자였던 고등학교 시절 이래 내 안에 조용히 잠자고 있던 반半급진적 정치 성향이 브리태니커 때문에 되살아나고 있다. 그동안 나는 편의점과 식당과 상품 카탈로그가 넘치는 풍요롭고 안락한 선진국의 일상에 고치처럼 틀어박혀 살았다. 읽는 것이라곤 유명인들의 자서전밖에 없다 보면 굶주림의 비극에 대해서는 전혀 생각하지 않고 살게끔 된다. 게다가 나는 현실에 대한 눈가리개를 사수하는 능력이 뛰어나다. 하지만 요즘 나는 1년 평균 소득이 달러로 두 자릿수를 겨우 넘는 나라, 기대 수명이 40대 언저리인 나라, 이질로 수천 명의 아이들이 죽어가는 나라에 관해 매일 읽는다. 그러니 다시금 고민하지 않을 수 없다. 세상에 구원이 필요하다는 사실을 다시금 깨닫지 않을 수 없다. 나는 베릴 누나를 본받아야 한다. 누나는 페루의 판자촌에서 몇 년 일했는데 일종의 개인적 평화유지군이었다. 누나는 단단한 도덕 관념을 가졌고, 도덕감을 일깨우기 위해 브리태니커에 기댈 필요도 없다.

Solomon
솔로몬

나도 그가 현명한 왕이었다는 건 안다. 하지만 그렇게 바쁜 사람이었을 줄이야! 성경에 등장하는 이 왕에게는 700명의 부인과 300명의 첩이 있었다. 6명의 부인과 숱한 정부를 두었던 방송인 래리 킹을 능가하고도 남는다.

소리

오래된 수수께끼 하나. 깊은 숲 속에서 나무 하나가 쓰러졌으나, 아무도 그걸 들은 사람이 없다면, 소리가 났다고 할 수 있는가? 나는 이 문제로 잠 못 이룬 일은 없지만 그래도 명쾌한 해답을 알게 되어 기쁘다. 답은 그렇다이다. 브리태니커가 그랬다. 소리는 공기 또는 다른 매질로 전해지는 기계적 진동으로써 인간의 귀에 인지되는 주파수를 갖는 것을 의미하기 때문이다. 떡갈나무가 쓰러지면 제법 커다란 소리가 날 수밖에. 문제 해결, 끝.

스페인–미국 전쟁

시어도어 루스벨트가 상관의 명령 없이 산후안 언덕으로 진격했던 이야기도 재미있고, 윌리엄 랜돌프 허스트의 신문이 황색 저널리즘으로 전쟁을 부추겼다는 이야기도 재미있지만, 이 전쟁에서 내가 가장 주목하는 점은 다음 대목이다.

"스페인은 4월 24일에 미국에 전쟁을 선포했고, 이어 미국도 25일에 스페인에 전쟁을 선포했는데, 미국의 선전포고는 21일로 소급되었다."

이렇게 간편한 꾀를 보았나, 선전포고를 소급하다니. 만약 내가 〈에스콰이어〉에서 잘리면 상사에게 이렇게 말해주리라.

"뭐, 괜찮습니다. 하지만 저는 해고 통지를 지난 화요일로 소급하겠습니다. 그리고 역시 소급하여 말하는데, 너나 꺼져!"

미국의 선전포고 소급을 내가 전쟁의 역사에서 목격한 여러 흠잡을 데 없이 완벽한 논리들 가운데 하나로 인정하노라. 그렇다, 전장에서 고귀한 태도를 보인 사람도 더러 있었지만, 대개의 사람들은 짜증 부리는 애들처럼 행동한다. 지정학적 충돌 사건들을 읽다 보면 초등학교 4학년 아이들이 떠오른다. 짓궂은 장난이 종종 죽음까지 부른다는 점이 문제이지만 말이다.

　내 주장을 뒷받침하기 위해, 조셉 헬러의 소설에나 나올 법한 한심하기 짝이 없는 전쟁 목록을 작성해보았다. 제일 먼저 페이스트리 전쟁. 멕시코와 프랑스 사이에 벌어진 역사적 충돌인데, 멕시코시티에 살던 프랑스인 페이스트리 제빵사가 멕시코 군인들이 식당에 손해를 입혔다고 주장하면서 시작된 사태였다. 그 전쟁에서 사망한 분들에게 심심한 조의를 표하는 바이다. 아무리 맛있는 에클레어라 해도 디저트 때문에 목숨을 잃는다는 건 그리 고귀한 일은 아니지 않은가. 다음으로 젠킨스의 귀 전쟁. 젠킨스라는 영국 선원이 스페인 해안 경비대에게 귀를 잘렸다고 주장하면서 벌어진 영국과 스페인 간의 분쟁이었다. 젠킨스는 잘려 나간 귀를 의회에서 선보이기도 했다. 그리고 돼지 전쟁. 영국인과 미국인이 1859년에 산후안 제도에서 일으킨 소요 사태로, 영국인이 기르던 돼지가 미국인의 감자밭을 짓밟은 것에서 촉발됐다. 마지막으로 맥주 전쟁. 맥주 파티에서 벌어진 다툼이나 고전적인 감칠맛/적은 포만감 격돌(밀러 라이트의 광고에서 두 여성이 "great tastes"냐 "less filling"이냐를 두고 다투었던 것을 말한다 – 옮긴이)을 말하는 게 아니다. 15세기 독일에서 맥주 세금을 놓고 벌어진 소요였다.

언어 장애

줄리의 사촌 앤드루가 우리 집에 놀러 왔다. 변호사이자 영화 교수인 앤드루는 내가 아는 최고의 달변가라서, 컬럼비아 대학 토론 동아리에서 스타였다는 사실이 전혀 놀랍지 않다.

"그 애들하고 한번 대결해보지 그래요, 똑똑한 분." 앤드루의 말.

나쁘지 않은 생각이다. 대학 토론 동아리와의 대결이라, 내 지성을 철저하게 검증할 좋은 기회다. 내가 허파에 바람이 잔뜩 든 컬럼비아 토론 팀 녀석들을 이기면, 처남도 때려눕히지 못할 게 없지 않은가?

현재 나는 능숙한 토론자라 할 수 없다. 공식적인 토론 경력은 CNN 방송의 〈크로스파이어〉 프로그램에 출연했던 끔찍한 경험뿐이다. 그날의 토론 주제는 "영화 관람료, 너무 높은가?"였다(특별한 뉴스 거리가 없는 날이었음이 분명하다). 당시 〈주간 엔터테인먼트〉에 다녔던 나는 마침 관람료에 대한 기사를 쓴 적이 있어서 소비자 대표로 섭외되었다. 나는 '크로스파이어'가 말 그대로 불같이 공세를 주고받는 논쟁 프로그램임을 알고 있었다. 한두 번 시청한 적도 있었다. 하지만 이번에는 영화가 주제인 만큼 쾌활하고 친근한 대화처럼 진행되리라 기대했다. 사회자 존 스누누가 007 시리즈 중 가장 좋아하는 악당을 이야기하거나 〈대부〉의 대사들을 인용하지 않을까?

그러나 카메라에 붉은빛이 들어오자마자, 스누누는 나를 향해 으르렁대기 시작했다. 스누누는 내가 자기 10대 딸의 가슴을 애무했거나 자기 BMW에 오줌이라도 눈 양 진짜 나한테 화가 난 듯 보였다. 관람료가 너무 높단 말씀이죠? 자본주의에 반대하나요? 정부가 영화 요금까지 규제하기 바라나요? 이 녀석아, 도대체 너 왜 그러냐? 나는 매카시의 청문회에서 집중 포화를 받은 얼간이가 된 기분이었다. 공산당 기관지 〈프라우다〉를 얼마나 오래 구독하셨지요, 제이콥스 씨?

내 귀에 꽂힌 이어폰에서 프로듀서의 거드는 소리가 들렸다. 프로듀서는 "지금 입장을 변호하시면 좋겠습니다" 또는 "과감하게 끼어드세요" 또는 "제발 아무 말이라도 하세요" 등을 조언하였다. 내게는 '크로스파이어'가 아니라 '리시브 파이어' 즉 일방적으로 공격을 받는 프로그램이었다. 가까스로 발언 기회를 얻어 내가 펼친 주장의 요지는 신작 영화 〈쥐라기 공원 2: 잃어버린 세계〉의 관람료가 9달러인데, 영화는 형편없다는 것이었다. 나는 확실히 소크라테스는 못 되는 모양이다.

다음 날 출근을 했더니 동료들은 거짓말로라도 "잘했어!"라고 해주지 못했다. "괜찮아?" 또는 "완전히 언 것 같더라" 또는 "최소한 그래도…… 음, 그래도 내 생각엔 네가…… 음, 그래, 이따 봐"라고 할 뿐이었다.

컬럼비아 대학 학생들은 존 스누누보다 훨씬 정중했다. 내가 전화를 걸어 앤드루의 이름을 대며 계획을 설명하자, 학생들은 굉장한 생각이라고 여기는 듯했다. 그러면서 화요일 밤에 학교로 오라고 했다.

나는 웅장한 대경연장을 기대했지만 실제 토론이 열릴 장소는 학생회관 4층의 평범한 방이었다. 토론 주제는 '사형은 정당한가'였다. 2 대 2 토론으로서 나와 내 짝은 찬성 쪽을 맡았다.

첫 번째 연사는 키가 껑충한 4학년생 에반이었다. 에반은 연단에 올라 7분간 훌륭한 연설을 했다. 그는 주요 단어를 또박또박 발음하고 강조할 부분은 확실히 강조하며, 루소의 사회 계약설, 비용 편익

분석, 갱생의 기회와 개인의 권리, 기타 장대한 철학 이론들을 이야기했다. 젠장, 저렇게 매끄러울 수가!

"옳소! 옳소!" 에반의 짝이 주먹으로 책상을 탕탕 치며 외쳤다. 오, 기발한 전략인걸. 토론자다워 보이는 태도이군. 나는 "의사 진행상의 문제"와 "의견을 같이하는 분들"이라는 유용한 표현도 배웠다. 제일 멋진 것은 반론을 제기하려고 일어설 때는 한 손을 머리 위에 얹어야 한다는 것이었다. (영국 의회에서 상원 의원들이 가발이 벗겨지지 않도록 주의한 데서 유래했다.) 토론 내내 이 대학생 녀석들은 손을 두개골에 얹은 채 벌떡벌떡 일어나 서로 방해했는데, 그 모습이 꼭 명석한 침팬지들 같았다.

특히 내 짝 게리가 이의 제기에 능했다. 게리는 말이 빠르고 활기가 넘치는 4학년생이었다. 논박을 할 때는 마치 맥박을 재듯 두 손가락을 모아 목에다 댔다. 그것이 합당한 토론 자세인지는 모르겠으나 내 눈에는 너무나 세련되어 보였다. 게리는 수감보다 중한 처벌 방법이 존재해야 한다는 논리를 질서정연하게 펼쳤다. "옳소, 옳소!" 나는 주먹을 내리치며 말했다. "옳소, 옳소! 옳소, 옳소!" 나는 "옳소"를 완벽히 익혔다.

하지만 불행히도, 토론 규칙상 나 또한 연설을 해야 했다. 나는 연단에 올라가 단상의 양 옆을 잡았다. 그러면 단호하고 당당하게 보일 것 같았다. 나는 사형 제도에 관한 몇몇 사실들을 적어 온 종이를 내려다보며 연설을 시작했다. "메소포타미아에서는, 인류 최초의 법전인 함무라비 법전에 따라, 맥주에 물을 탄 술집 주인은 처형을 시켰습니다. 맥주에 물 타기는 사형에 해당하는 범죄였습니다."

잠시 침묵. 흥미를 자극하는 시작이긴 한데 이 다음에는 뭐라고 하지? 이렇게 해보자. "제가 지금 코스모폴리탄 칵테일에 물을 타는 어퍼웨스트사이드 바텐더들을 처형하자고 말하는 것입니까? 그렇진 않습니다. 저는 다만 메소포타미아의 맥주는 분명 끝내주게 진했을 것이라고 말하는 것입니다."

청중은 나의 혁신적인 논리에 조금 회의를 느끼는 듯하지만 대체로 정중하게 듣고 있다. "옳소, 옳소" 하는 재청은 없지만 적어도 내 면상에 채소가 날아오진 않았으며, 정중하게 키득거리는 소리도 들린다.

"고대 로마로 가봅시다. 고대 로마에서는 존속 살해범, 즉 아버지를 살해한 자는 강에 처넣었습니다. 하지만 맨몸을 던진 것이 아닙니다. 개, 수탉, 뱀, 고릴라가 한 마리씩 담긴 자루에 범인을 넣어 강에 던졌습니다."

또 잠시 침묵. 극적인 효과를 노리기 위함도 있지만 사실은 결론을 어떻게 맺을지 궁리하는 중이다.

"제 주장이 무엇일까요? 저는 오늘날의 범죄자들을 동물들과 함께 허드슨 강에 처넣자고 주장하는 것이 아닙니다. 하지만 로마의 아버지들이 얼마나 안심하며 살았을지 생각해보자는 것입니다."

아직도 시간이 남았다. 나는 종이쪽을 훔쳐보았다.

"참수형에 대해 생각해봅시다. 고대에 참수형은 상류층의 특권이었습니다. 그러다 프랑스인들이 단두대를 발명하였습니다. 이제 사람들은 참수형을 훨씬 간편하게 할 수 있게 되었습니다. 이것은 장족의 발전이었습니다. 이제 왕으로부터 농부에 이르기까지 누구나 쉽게 목이 잘릴 수 있게 되었습니다. 어떤 사람은 목이 좀 더 쉽게 잘리도록 증기 동력을 이용한 단두대를 만들자고도 했습니다. 하지만 현실에서 실행되지는 않았습니다." 어어, 논지에서 벗어나고 있는 것 같은데. "좌우간, 짧게 요약한 사형의 역사는 이러하였습니다. 점점 덜 야만적인 방식으로, 점점 더 인간적인 방식으로, 점점 더 정당성을 확보해온 것입니다. 감사합니다."

나는 잽싸게 자리로 돌아왔다. 나 스스로를 지지하는 의미로 나는 책상을 치면서 소리쳤다. "옳소, 옳소! 옳소, 옳소!"

다음으로 나선 상대편의 맥스는 간단하게 내 논리를 뭉개버렸다. 맥스는 이라크가 정의의 본보기로서 그다지 바람직하다 할 수 없으니 함무라비 법전을 받들어 인용하는 것은 좋지 않다고 했다. 개와 닭과 함께 사람을 강에 빠뜨리는 것 이외에도 범죄를 막는 방법이 얼마든지 있다고 지적했다. 이후 맥스와 에반은 외국인 혐오증$_\text{xenophobia}$, 고문$_\text{torture}$, 이득 없음$_\text{zero gain}$ 등 백과사전 뒷부분에 해당하는 사실들을 산더미같이 열거하며 결론을 맺었다. 제길. 어른을 놀려 먹으니 재미있다 이거지. 오늘의 수훈자는 나로구먼.

아이들은 똑똑했다. 내가 대학 다닐 때보다도 똑똑하고, 아마 지금의 나보다도 똑똑하지 싶다. 최소한 논리적으로 주장을 전개하는 면에서는 나보다 낫다. 나는 내가 삼단논법과 증명 종료들로 녀석들을 압도할 수 있으리라 기대했건만, 실험 결과는 좋지 않았다. 나는 무기와 탄약을 갖추고 있었지만 어떻게 조준하고 발사하는지 몰랐기에 엉뚱한 곳에 하릴없이 총알만 낭비하다 끝났다. 그래도 나는 시끄럽게 책상을 두드리기는 했다. CNN 토론에서 전투의 여신 이슈타르가 나를 버렸던 것에 비하면 이번이 훨씬 낫다.

spice trade
향신료 무역

앞으로는 계피 타르트를 당연히 여기지 않겠노라 맹세한다. 계피 향 껌, 계피나 기타 향신료 맛이 가미된 오트밀도 당연히 여기지 않 겠다. 21세기의 미국인으로서, 커다란 편의점이 군데군데 있는 동네 에 사는 중산 계층 뉴요커로서, 나는 모든 것이 터무니없이 풍족한 시대와 공간에 살고 있다. 나는 못 구하는 것이 없는 소비 문화에서 살고 있다. 이베이 같은 인터넷 경매 사이트를 뒤지면 심지어 계피향 사슴고기 소시지도 살 수 있을지 모른다. 나는 이 현실에 감사하겠노 라고 다짐한다. 백과사전을 읽어 보니 그래야겠다.

지금으로부터 400년 전이라면 나는 계피 한 자밤을 얻기 위해 한 달 월급을 바쳐야 했다. 당시의 향신료 무역은 기만과 부패가 판치는 분야로, 오늘날의 마약 무역과 비슷했다. 개중에서도 가장 값진 것이 계피였다. 계피는 금보다 귀했다. 향신료 무역업자들이 경쟁자를 들 이지 않기 위해 헛소문을 퍼뜨릴 정도였다. 계피는 독사가 우글대는 깊은 협곡에서 자라고, 카시아 계수나무(육계라고도 하는 중국 계피)는 날짐승들이 지키는 얕은 호수에서 자란다고 소문을 냈다.

앞으로는 핫초콜릿에 계피가루를 뿌릴 때 초콜릿도 당연히 여기지 않겠다. 초콜릿을 유럽에 들여온 것은 신대륙 정복자 코르테스였는 데, 스페인은 이후 100여 년간 주변 국가들에게 비법을 알려주지 않 았다. 그렇다. 당연한 권리로 여겨선 안 되는 것이다. 나는 초콜릿과 계피를 매번 처음 맛보는 것처럼 감상할 것임을 엄숙하게 선서한다.

스포츠 기록

스포츠 기록 항목은 66페이지에 걸쳐 있다. 양궁에서 요트에 이르기까지 45가지 스포츠가 등장한다. 불평 한마디 하자면, 정말 읽기 힘든 항목이 아닐 수 없다. 이름과 점수와 날짜가 끝없이 나열되니 말이다.

1920년대 배드민턴계의 타이거 우즈는 누구였는지 알고 싶은가? 셔틀콕의 제왕이라 불렸던 아일랜드의 J. F. 데블린이었다. 1903년의 첫 미국 야구 월드시리즈 우승팀은? 보스턴 필그림즈. 보스턴 레드삭스는 다시 필그림즈로 개명하면 지겹도록 우승을 못 하는 저주를 깨뜨릴 수 있을지도 모르겠다.(보스턴 레드삭스는 이 책이 첫 출간된 2004년에 86년 만에 우승을 거두었다 – 옮긴이) 캐나다 미식축구 리그에는 오타와 러프라이더스라는 팀도 있고 서스캐처원 러프라이더스라는 팀도 있다. 작명의 상상력이 없기로도 기록적이다.

하지만 경마의 우승마들 이름을 읽는 것은 재미있다. 1917년에는 게이 크루세이더(즐거운 십자군 전사), 1809년에는 포프(교황). 1789년 영국 더비 경마에서 우승한 스카이스크레이퍼(마천루)는 묘하게 현대적인 이름 아닌가? 읽다 보니 내가 척척박사인 척하는 건방진 꼬마였을 때, 할아버지가 경주마의 지분을 사셨던 일이 떠오른다. 나는 말 이름을 지을 수 있다는 생각에 엄청 들떴다. 나는 할아버지에게 기다란 후보 목록을 제출했는데, 경마 아나운서의 혀를 꼬이게 하고 라디오 청취자를 헷갈리게 하기 위한 이름들이었다. '스리 펄롱스(펄롱은 경마 대회에서 사용되는 길이 단위로, 3펄롱은 약 0.6킬로미터이다)', '머디 컨디션즈(땅이 질척한 상황)', '바이 어 노즈(간발의 차이로)' 등등. 아나운서는 "'간발의 차이로'가 간발의 차이로 앞서는 것 같습니다"라고 말해야 하는 것이다. 돌아보면 나는 얼마나 재수 없는 녀석이었는가. 다행히도 가족들이 내 의견을 무시했다.

Sports
스포츠

직장 동료들이 내 취약 분야인 스포츠 관련 대화를 나눌 때 써먹을 만한 사실 한 가지. 최초의 농구 경기는 매사추세츠 주 스프링필드에서 1891년에 열렸다. 축구 공과 복숭아 바구니로 한 시합이었다. 윌리엄 R. 체이스가 날린 중거리 슛 덕분에 결과는 1:0. 체이스는 당장 수백 달러짜리 탄산음료 광고 계약을 체결했겠지?

Stalin, Joseph
스탈린, 요시프

내가 정치에 대해 배운 사실들 중 철통같이 분명한 단 하나의 원칙은 이것이다. 별명이 '엉클(삼촌)'인 정치가는 절대 믿지 말라. '엉클 조' 스탈린은 당분간 성인으로 추앙 받을 일이 없으리라. '엉클 호' 호치민도 있다. 세 명을 채워볼까? 남아프리카에 악독한 보어인 국가를 건설했던 '엉클 폴' 폴 크뤼에르도 있다. 그러니 투표용지에 삼촌이 있어도 절대 유혹에 넘어가지 말도록. 그는 당신의 진짜 삼촌 같지 않을 것이다. 웃긴 농담을 하거나 귀에서 동전을 꺼내는 마술을 보여주는 삼촌이 아니다. 그러기는커녕 당신을 숙청하려 들 것이다. 노파심에서 덧붙이면 별명이 '파파(아빠)'인 정치가도 피하는 것이 좋다.

미국 국가 〈성조기여 영원하라〉

작사가 프랜시스 스콧 키가 붙인 원래 제목은 〈맥헨리 요새의 방어〉였다. 흡인력 없는 제목이거니와 심지어 이 가사를 영국의 권주가勸酒歌 가락에다 붙였다. 이상할 게 뭐가 있냐고? 키가 가사를 쓴 것은 전쟁이 한창이던 1812년으로서 전쟁 상대는…… 영국이었단 말이다. 야구는 영국 게임 라운더스를 베낀 것이더니, 국가마저! 미국인들은 가장 충성스럽게 받드는 것들을 적에게서 훔쳐오는 데 일가견이 있다.

Stravinsky, Igor
스트라빈스키, 이고르

나는 엄청 어릴 때 스트라빈스키를 알게 되었다. 열두 살 때였다. 나는 집에서 피아노 과외를 받았는데, 사람 좋고, 곱슬머리이고, 서른 몇 살쯤 된 독신 여성 드니즈 선생님이 〈엘리제를 위하여〉, 바흐의 변주곡, 영화 〈스타워즈〉 주제가 등을 가르쳐주었다. 맨 마지막 것은 물론 내 흥미를 유발하기 위해서였다. 내게 음악적 재능이 손톱만큼도 없다는 점이 조금 맘에 걸리긴 했지만, 그거야 뭐 중요한 일은 아니니까, 나는 더 높은 단계로 나아가기로 했다. 나는 작곡가가 되기로 결심한 것이다.

나는 일주일 내내 오후 시간을 바쳐 작곡에 전념했다. 현관방에 놓인 피아노 주위를 서성이며, 가끔 건반을 튕기고, 음표를 휘갈겼다가 지우고, 다시 휘갈기기를 반복했다. 마침내 금요일, 드니즈 선생님이 왔다. 나는 선생님에게 작품을 연주해 보였다. 교통 체증에 걸린 매디슨 가의 소음, 팩스 소리, 발정한 족제비 소리를 합친 것 같은 소음이 났다.

"잘했어, A. J." 선생님이 말했다. "무조無調 작곡법을 실험했구나."

"네, 저는 무조 음악에 관심이 많아요." 물론 나는 그게 뭔지 전혀 몰랐다. 사실 조성 음악을 작곡하려고 필사적으로 몸부림친 결과였지만, 내 귀가 100퍼센트 깡통인 것을 어쩌랴.

"스트라빈스키풍이구나." 선생님이 말했다.

"아, 네, 스트라빈스키." 나는 고개를 끄덕였다. 선생님은 내 기를 꺾지 않으려고 극단의 친절을 베푼 것이다. 내 음악이 스트라빈스키풍일 수 있는 유일한 방법은 스트라빈스키가 어쩌다 건반 위에 걸터앉았을 때밖에 없다.

나는 그렇게 러시아 거장에 대해 알게 되었고, 이후 대학에서 스트라빈스키에 관한 지식을 두 단어 늘렸다. 〈봄의 제전들〉. 그러니까 〈봄의 제전들〉을 쓴 무조 음악의 대가, 이게 다였다.

그런데 브리태니커를 읽으며 두 가지 중대한 사실을 발견했다. 첫째, 〈봄의 제전들〉이 아니라 〈봄의 제전〉이다. 제전이 하나밖에 없다. 그 오랜 세월 동안 내가 때때로 스트라빈스키에 대해 언급할 때마다 얼마나 멍텅구리처럼 보였을 것인가(실제 때때로 언급을 해왔다는 점이 슬프다)! 둘째, 〈봄의 제전〉은 1913년 5월 29일 파리의 샹젤리제 극장에서 초연되었을 때 관객들로부터 '공연장 난동'에 가까운 야유를 받았다.

"물의를 일으킬 만한 불협화음과 야만적인 리듬으로 진행되는" 스트라빈스키의 곡은 파리의 고상한 청중을 격분케 했다. 장내가 어찌나 소란했던지 발레 무용수들은 바로 옆에 있는 오케스트라의 소리를 들을 수가 없었다. 하지만 안무가가 무대 옆에 의자를 놓고 올라가 고함을 지르고 몸짓을 취하며 밀어붙인 덕분에 어쨌든 춤은 계속되었다.

사랑스러운 이야기이다. 고작 100년 전에 발레 음악에 불협화음이 좀 들어갔다고 진짜 난동이 일어났다는 거 아닌가. (그 사람들이 내 작품을 들었다면 극장을 불질렀겠다.) 요즘의 발레 관객은 소동을 거의 일으키지 않는다. 자리에 앉자마자 곯아떨어지기 바쁘다. 정말로 맘에 안 들면 1막 후에 일어나 맛있는 저녁이나 먹으러 가지, 난동은 부리지 않는다.

예술로 사람들에게 충격을 안길 수 있었던 시절이 그립다. 과거에는 그리 어려운 일도 아니었다. 건반에서 지나치게 가깝게 붙은 음표들을 동시에 누르고, 섹스를 좀 섞고, 프레스토로 빨리빨리 몰아치면, 짠, 난동이다! 오늘날은 관객에게 충격을 주기가 만만치 않다. 10대 주인공들이 이를테면 잉꼬들이나 기타 등등과 섹스하는 영화를 보러 가도 대부분은 하품만 해대고, 광적인 종교 단체 사람들만 지역 신문에 고발 편지를 쓰느라 바쁜데, 물론 신문은 그런 편지 따위는 간단히 무시한다. 영광스럽던 과거에는 예술가가 된다는 것이 훨씬 쉬웠다. 결핵에 걸려야 한다는 점을 빼면 말이다.

stuttering
말 더듬기

나는 내 아이의 행동을 과잉 교정하지 않겠다. 약속한다. "말문이 막히거나 말을 반복하는 아이에게 부모가 화를 내며 과민 반응을 보이면 아이가 말더듬이가 되기 쉽다. 독자 또는 비슷한 연령대의 형제

자매가 없는 아이들 가운데 말더듬이가 많은 것도 이 때문인 듯하다."

소중한 육아 조언이다. 내게도 필요하다. 줄리의 배 속에 있는 생명체가 차차 인간의 꼴을 갖춰가고 있기 때문이다.

어제, 줄리와 나는 초음파 검사를 받으러 마운트시나이 병원에 갔다. 간호사는 당밀 색깔의 액체를 줄리의 배에 칠하고 마이크처럼 생긴 기기의 끄트머리를 배 위에 얹었다. 간호사가 기기를 상당히 세게 눌러 줄리의 배가 움푹 파이기에 신경이 좀 쓰였지만 보라, 저기에 아기가 있다.

내가 물었다. "아기의 장기가 보입니까?"

"아 네, 심장을 보실 수 있어요." 간호사는 동전만 한 것이 고동치는 모습을 가리켰다. "이 까만 점이 간이고요."

"저기, 그 장기 말입니다." 나는 우리 아이가 커서 〈에스콰이어〉 구독자가 될지 〈코스모폴리탄〉 구독자가 될지 궁금했던 것이다.

"아하, 그것 말씀이군요. 자세히 보죠." 간호사는 웅웅 소리 나는 거대한 초음파 기계에서 버튼 몇 개를 누르더니, 새로운 각도의 영상을 보여주었다. "아, 저기 보이네요. 사내아이군요."

화면에는 본토에서 뒤어나온 곶 같은 희끄무레한 덩어리가 보였다. 곶치고는 작지 않은데? 내 망상일지 몰라도 간호사 역시 적잖이 감명 받은 눈치다. '내가 독신이고 서른다섯 살만 어렸다면······' 하는 표정을 짓고 있다.

그야 어쨌든, 아들이란 말이지. 이 아들을 말더듬이로 만들진 않겠다. 줄리와 나는 아직 이 소식을 어떻게 받아들여야 할지 모른다. 확실한 것은 제이콥스 가의 이름이 이어지리라는 것뿐. 하지만 아들은 딸보다 기물을 파손하거나 벽에다 음식을 갖다 바를 가능성도 높은데. 그러나 그건 어디까지나 곁다리이고, 중요한 것은 우리에게 아이가 있다는 점이다. 쿵쾅대는 심장과 까만 점 같은 간과 물건이 크기로 유명했던 코미디언 밀턴 벌이 부럽지 않은 그것을 가진 아름다운 아이가.

우리는 줄리의 옷을 추스른 뒤 계산을 하러 갔다. 접수대에서 기다리는 동안 나는 창밖을 내다보았는데, 소프트볼 경기장들이 펼쳐진 공원이 있었다. 이제 방망이 휘두르는 법도 다시 익혀야겠군, 나는 생각했다.

"예쁜 공원이네. 무슨 공원이지?" 내가 줄리에게 물었다.

"음, 저게 아마 센트럴파크라는 공원일걸."

"아."

"자기 어디서 컸지?"

젠장, 아픈 데를 꼬집다니. 브리태니커를 아무리 읽어도 방향 감각은 나아지지 않는다.

Suez Canal
수에즈 운하

〈백만장자〉 출연을 한 달 앞둔 요즘, 나는 비교적 태연히 압박을 이겨내고 있다. 그저 잠을 못 이루고, 제대로 생각을 할 수가 없고, 목구멍으로 음식을 밀어 넣어야만 식사를 할 수 있는 정도랄까. 브리태니커 알파벳 정복 속도도 전과 같지 않다. 밤마다 퀴즈 쇼에 대비해 공부하고, 복습하고, 예습하는 탓이다. 대학수학능력시험을 다시 치르는 기분이다. 다만 200만 명의 까다로운 시청자들 눈앞에서.

하루에도 몇 번씩 나는 내가 확실히 모르는 주제를 떠올리고 공포에 질린다. 주머니에는 이런 소재들을 적은 목록이 들어 있는데 갈수록 길이가 늘어난다. 플루타르크, 유명한 다리들, 파인트와 쿼트, 아시아의 수도들, 러시아 귀족들, 월터 롤리 경, 월터 스콧 경, 프랜시스 드레이크 경, 노상 강도 귀족들, 황도대, 바이외 태피스트리, 수에즈 운하(1869년에 건설되었으며 아시아와 아프리카를 이어준다). 이건 뭐, 미치광이 대학의 교과목 같다.

브리태니커 작전을 개시한 이후 내가 사실들의 바다에서 허우적대고 있다는 기분을 자주 느꼈다. 하지만 이제는 빌어먹을 사실들에 눌려서 익사하기 일보 직전이다. 요전 날에는 기묘한 감각까지 느꼈다. 퇴근하고 센트럴파크웨스트를 지나 집으로 걷는데, 갑자기 온 세상이 빠르게 날아다니며, 고동치고, 튕겨다니는 사실들로 이루어진 것처럼 보였다. 영화 〈매트릭스〉에서 키아누 리브스가 세상을 0과 1의 흐름으로 보았던 장면과 비슷했는데, 다만 내 경우 타이어와 불빛과 시멘트와 차양 등에 관한 사실들이 마구 서로 부딪치며 튕겨다니는 세상이었다. 기어이 정신이 나가려는 모양이다.

나는 다른 정상적인 〈백만장자〉 출연자들이 부럽다. 그들은 백과사전을 읽으며 1년을 보내지 않았을 것이다. 그들은 친구와 가족과 동료에게 세상 모든 지식을 안다고 선언하지 않았을 것이다. 그들이 창피를 당할 확률? 높다. 내가 창피를 당할 확률? 성층권에 닿을 만큼 높다. (자신에게 하는 메모: 대기층에 대해 다시 공부할 것.)

확신은 걷잡을 수 없이 흔들린다. 기분이 괜찮을 때는 내가 백만 달러 수표를 차지할 수 있을 것만 같다. 수상 소감을 뭐라고 할까 몽상한다. 상금은 연방 대법원장 셔먼 체이스가 그려진 1만 달러짜리 지폐로 달라고 해야지! 반면 우울할 때는 고작 100달러짜리 문제부터 망칠 것 같다. 자장가에 대한 문제가 나오면 어쩌지? 나는 '꼬마 잭 호너'가 파이에 엄지를 박는 노래랑 '꼬마 아가씨 머펫'이 낮은 의자에 앉는 노래를 구별하지도 못하는데. 혹시 얼룩말$_{zebra}$이나 잔지바르 섬$_{Zanzibar}$ 같은 Z 항목들에 대해 물으면 어쩌지? 알파벳 순례의 끝을 향해 가고 있으니 출연 시점이 나쁘지는 않지만, 완벽하지는 않은 것이다. 그들은 야크$_{yak}$ 같은 걸 물어서 나를 골탕 먹일 수도 있다.

나도 성적에 대해 지나치게 신경 쓰는 나 자신이 짜증스럽다. 내가 비교적 똑똑하다는 것, 제법 지식이 풍부하다는 것을 나도 안다. 왜 굳이 남들에게 증명하려 하는가? 하지만 해야겠는 걸 어쩌나. 그래서 나는 매일 〈백만장자〉를 시청하며 꼼꼼히 분석 중이다. 안 그래도 위태로운 정신 상태에 악영향을 미치는 활동이다. 사회자 메러디스가 내가 아는 문제를 던지면 나는 돌아버릴 지경이다. 왜 내가 아닌 저 사람에게 저 문제를 주지? 내 뇌에 저장된 사실은 200만 가지쯤으로 한정되어 있는데 개중 하나가 쓸모없게 된 것 아닌가. 하지만 답을 모를 때가 더욱 끔찍하다. 그리고 실제로 내가 모르는 사실들이 있다. 소중한 백과사전에도 나오지 않는 사실들이다. 미군이 영결식에서 연주하는 드럼 연주의 공식 명칭은? 머플드 러플(muffled ruffle: 북을 싸서 소리를 줄여 연주하는 것). 이건 브리태니커에 안 나온다. 라이프세이버 사 신제품 사탕의 맛은? 블랙베리. 이것도 안 나온다.

내가 TV를 독차지하고 〈백만장자〉를 보지 않을 때면, 줄리는 제시카 심슨이라는 금발 팝 가수의 일상을 다룬 MTV 채널 쇼를 본다. 제시카는 그 쇼 때문에 미국 대표 저능아로 급부상했다고 한다. 줄리가 그러는데, 어느 날 제시카가 남편에게 "참치는 닭이냐 생선이냐" 하고 물었다. 몰랐던 것이다. 깜짝 놀란 남편이 "생선이야" 하고 알려 주었다. 제시카의 대답은 이랬다. "참치가 닭이 아니라 생선이라면, 왜 캔에는 '바다의 닭고기'라고 적혀 있어?"

처음에는 나도 킬킬 웃었다. 와, 진짜 웃기다. 제시카의 뇌는 꼬마굴나방만 한가보군(꼬마굴나방은 날개 끝에서 끝까지 길이가 3밀리미터이다). 하지만 곧 제시카에게 안된 마음이 들었다. 반발이 느껴질 정도로 부유한 팝 스타에게 안된 마음이 들어 봤자지만, 누구에게나 지식의 빈틈이 존재하는 것 아니겠는가? 나도 한때 소의 소변으로 만들어진 치즈 따위는 절대 먹지 않겠노라 선언한 적이 있다. 물론 여섯 살 때의 일이다. 그리고 젖과 오줌을 혼동한 것은 순전한 실수였다고 생각한다. 그러나 어쨌든 나는 두 달 내내 친구들의 놀림에 시달렸고, 마음의 상처를 입었다. 최근에는 메이저리그 커미셔너(최고 감독관)였던 피터 우에베로스와 뚱뚱한 영국 배우 피터 유스티노프를 헷갈려서 신난 동료들의 놀림감이 된 적도 있다. 우에베로스와 유스티노프, 걸어다니는 백과사전도 나무에서 떨어질 때가 있군, 하하하!

내가 전국 TV 방송에서 실수하면 어쩌지? 나는 동료들 사이에서 제시카 심슨이 될 수도 있다. 평생 하루에 열일곱 시간씩 공부해도 빈틈은 있을 것이다. 빈틈이 숨어 있느냐 드러나 있느냐, 트럭을 몰고 들어가도 될 만큼 크냐 세그웨이 스쿠터가 겨우 들어갈 만큼 작으냐 하는 차이가 있을 뿐이다. 내가 몇 주 전에 경험했던 영광스럽고도 거만한 기분? 스티븐 호킹과도 대적할 수 있을 것 같던 느낌? 사라진 지 오래이다. 도도새처럼 완벽하게 멸종했다(도도새의 잔해는 옥스퍼드 대학교에 머리와 발 하나, 대영 박물관에 발 하나, 코펜하겐 자연사 박물관에 머리 하나, 그 밖에 뼈 조각 몇 개가 산산이 흩어져 있다).

Taiping Rebellion
태평천국의 난

19세기 중반 중국에서 일어나 "2,000만 명의 목숨을 앗아간" 대규모 동란이다. 나는 이 문장을 거듭 읽어 보았다. 2,000만 명의 목숨이라 하지 않는가. 세상에! 나는 이 막대한 인명에 관해 생각해보았다. 대형 스타디움 400개를 채울 수 있는 인명이 아닌가. 맨해튼 인구의 10배 이상에 달하는 인명 아닌가. 태평천국의 난은 미국의 남북 전쟁과 비슷한 시기에 일어났다. 남북 전쟁도 피로 점철된 끔찍한 전란이었지만 희생자는 70만 명 정도였다. 그렇다면 태평천국의 난에서 희생당한 인명의 4% 정도이다.

솔직히 나는 태평천국의 난에 관해 별로 아는 게 없다. 이 무지한 서양인 같으니라고! 나름대로 광범위한 교양 교육을 받았다고는 해도, 나는 지구 반대편에서 벌어진 일에 관해 거의 전적으로 무지했던 것이다. 그래서 기분이 좋지 않다. 다른 한편으로 나는 브리태니커에 대해 화가 났다. 브리태니커는 2,000만 명의 죽음에 대해 특유의 무표정하고 무감정적인 어조로 서술한다. 절규나 분노나 항의의 목소리를 내서는 안 되는 걸까?

하긴, 브리태니커가 그러기는 힘들 것이다. 나도 전적으로 무감정적인 것이 브리태니커의 장점이라고 생각한다. 그렇지만 말이다, 이런 끔찍한 정보를 접한 우리가 무감정적일 수는 없는 일이다. 인간의 끔찍한 행동과 그것이 낳은 비극을 마치 지질학에서 지각판 구조를 말하듯 이야기할 수는 없다. 브리태니커의 냉정한 어조는 읽는 사람으로 하여금 세상이 합리적인 것처럼 생각하게 만들 수 있다. 그러나 태평천국의 난과 같은 항목들은 더 이상 세상을 냉정하게만 바라볼 수 없게 만든다.

태평천국의 난에 관한 자세한 이야기는 슬프고 충격적이다. 난은 중국 남부 작은 마을의 농민 가정 출신 홍수전이 일으켰다. 그는 젊은 시절 좌절을 겪었다. 관료 선발 시험에서 세 차례 낙방하고 실의에 빠져 열병까지 앓다가, 금발 노인으로부터 지상의 악마를 퇴치하라는 사명과 칼을 받는 꿈, 그러니까 일종의 신비 체험을 했다.

시험에서 네 번째 낙방을 한 뒤 홍수전은 중국어로 쓰인 기독교 입문서 《권세양언勸世良言》을 우연히 손에 넣게 된다. 그는 이 책을 읽고 자신이 꿈에서 만난 금발 노인이 하느님이며, 자신이 새로운 그리스도라는 확신을 갖게 된다. 그러나 그는 기독교를 제대로 이해하지는 못한 것 같다. 그는 기독교 하느님의 자애와 사랑보다는 자기 자신의 세상을 향한 복수심을 중시한 것 같다. 그는 스스로 천왕天王이라 칭했다.

원시 공산주의, 청교도주의, 심령주의 등이 뒤섞여 있는 홍수전의 메시지는 당시 많은 중국 하층민들의 심금을 날카롭게 파고들었다. 그는 토지의 균등 분배와 도박, 매춘, 아편 흡입 등의 금지를 천명했고, 만주족 지배자들의 통치를 끝장낸다는 목표도 제시했다.

처음에는 수백, 수천의 추종자들로 시작됐지만 시간이 지나면서 한 마을이나 지역 전체가 홍수전 측에 가담하는 일이 늘어났고, 홍수전 세력은 중국 전역으로 들불처럼 퍼져 나갔다. 태평천국 지도자들은 많은 수의 처첩을 거느렸는데, 신흥 종교 집단 지도자들은 왜 하나같이 그런 걸까?

난징을 점령하여 수도로 삼은 홍수전은 점점 더 변덕스러워지고 상궤에서 벗어나기 시작했다. 이를테면 그는 자신의 부하들을 죽이기 시작했다. 한 부하는 홍수전이 첩을 걷어차고 때렸으니 처벌을 받아야 한다고 주장하다가 죽임을 당했고, 또 어떤 부하는 단지 태도가 건방지다는 이유로 죽임을 당했다. 1860년 태평천국군은 상하이를 점령하는 데 실패했다. 당시 상하이는 서양식으로 훈련 받은 군대가 방어하고 있었다. (태평천국군을 진압하는 데 공을 세운 장군들 가운데 좌종당이 있었다. 중국 식당에서 흔히 먹을 수 있는 닭 요리 좌종당계가 바로 이 사람의 이름을 딴 것이다. 미국인들은 '좌 장군의 닭General Tso's Chicken'이라 부른다.) 1862년 난징이 포위당했고, 1864년 6월에 홍수전은 자살하고 말았으며 그로부터 한 달 뒤 난징은 함락됐다.

어마어마한 이야기가 아닐 수 없다. 알려지지 않은, 말하여지지 않은 수많은 사연들이 그 안에 깃들어 있는 그런 이야기 말이다. 홍수전의 총애를 받던 여인의 삶은 어떠했을까? 포위당한 난징에서 바라본 세상은 어땠을까? 그러나 무엇보다도 나는 브리태니커에 대해 다소 환멸을 느꼈다. 인간이 얼마나 잔인해질 수 있고 어리석을 수 있으며 미쳐 돌아갈 수 있는지, 브리태니커가 과연 이런 문제를 다루기에 적합한 매체인지 확신이 서지 않는다.

테러리즘

인간의 끔찍한 행동. 무고한 사람들을 살해한 역사가 2페이지에 걸쳐 펼쳐진다. 이 항목은 브리태니커에서 내 마음을 가장 어지럽게 만드는 것들 중 하나라 할 만하다. 성서 시대의 테러리즘부터 시작해서 유구한 역사를 거쳐 9·11 테러에 관한 네 문장으로 끝난다. 9·11 테러를 단 네 문장으로 접하고 보니 어리둥절한 느낌이다.

나는 브리태니커 편집진으로부터 세계무역센터 건물이 무너질 당시 브리태니커가 막 인쇄에 들어가고 있었다는 걸 알게 됐다. 인쇄를 급히 중단시키고 몇 문장을 삽입해야 했다는 것이다. 다음 해 발행본에서는 9·11 테러에 관해 훨씬 더 자세한 설명이 추가되리라 기대해 본다.

사정이 이러하다 보니 내가 읽고 있는 판본에서 어떤 결론을 이끌어내는 건 가당치 못하다. 그러나 9·11 테러를 긴 역사적 맥락에서 살펴본다는 게 유익한 건 분명하다. 부모님의 어느 친구 분 말씀처럼, 그 사건 역시 "지나가버리고 말 것"이다. 물론 나는 9·11 테러를 사소한 사건으로 여기려는 게 결코 아니다. 그것은 지금까지 살아오면서 내가 목격한 가장 충격적이고 끔찍하고 두려운 사건이었다. 그러나 역사상 충격적이고 끔찍했던 수많은 사건들 가운데 하나로 9·11 테러를 조망해보면, 우리가 그 충격을 극복할 수 있다는 희망을 품게 된다.

생각해보니 나는 태평천국의 난 때와 정반대의 반응을 하고 있다. 불과 몇 항목 이전에서는 한껏 흥분해 열을 내다가 이번 항목에서는 다분히 냉정해진 것이다. 좋게 말하면 안정을 되찾았다고나 할까. 브리태니커를 읽을 때 일어날 수 있는 심적 현상쯤이라 해두자.

테슬라, 니콜라

임산부 지침서를 읽어 보니 태아에게 말을 건네는 게 좋다고 한다. 아버지의 목소리에 익숙해지도록 말이다. 오늘 밤 나는 태아에게 전기 기술 분야의 선구자 니콜라 테슬라에 관해 읽어주기로 했다. 테슬라는 토머스 에디슨의 라이벌로 교류를 고안해낸 인물이기도 하다.

줄리의 배에 내 머리를 살며시 갖다 댔다. (불러오기 시작한 줄리의 배는 주말마다 버드와이저 맥주를 엄청 마셔대는 뚱보 아저씨의 배와 비슷하다.) 그리고 읽기 시작했다.

"그는 재정 문제에 매우 어둡고 현실적이지 못했으며, 매사에서 상궤를 벗어난 인물이었다." 나는 최선을 다해 어린이에게 정겹게 읽어주는 목소리와 억양을 내고자 애썼다. 배 속의 아이가 그걸 좋아하기를 바라면서. "그는 충동적으로 일을 시작해 밀어붙이고자 했으며, 세균 공포증에 시달렸다." 그때 줄리가 말했다.

"바로 네 아버지처럼!"

"그래, 바로 네 아버지처럼!"

나는 계속해서 테슬라에 관해 읽어주었다. "다른 행성들과 의사소통하는 것에 대한 관심, 자신이 지구를 사과 쪼개듯 쪼갤 수 있다는 주장, 400킬로미터 떨어진 1만 대의 항공기를 파괴할 수 있는 죽음의 광선을 발명하겠다는 공언 등은 모두 신랄한 조롱과 비난의 대상이 되었다." 줄리를 바라보며 내가 말했다.

"녀석이 발로 차지 않아?"

줄리가 고개를 저었다. 녀석은 미동도 하지 않는다.

"당신 이야기에 열심히 귀 기울이고 있나 봐."

"그래, 맞아. 아마 틀림없이 그럴 거야."

나는 깨달았다. 이 녀석이 밖으로 나올 때까지 내가 도저히 그냥 앉아서 기다리기 힘들다는 걸 말이다. 녀석이 제이콥스 일가의 다른 사람들처럼 배움과 지식에 대한 사랑에 푹 빠지게 되기를 그냥 앉아서 기다릴 수는 없다는 걸 말이다. 오! 이 불쌍한 아빠.

theater
극장

19세기 극장에서는 '레이싱 드라마'라는 장르가 제법 인기였다고 한다. 실제로 말들이 등장하여 무대에 설치된 주로走路 위를 달렸다는 거 아닌가. 영화 〈벤허〉에 나오는 전차 경주도 1899년에 이런 방식으로 무대에 올려졌다. 이 장르가 오늘날까지 이어지지 못한 게 아쉽기 그지없다. 그런 장르가 지금도 있다면 나는 기꺼이 극장에 갈 터인데 말이다.

thing
물건, 것, 스칸디나비아 지역의 의회나 법정

중세 아이슬란드에서 의회는 씽thing으로 불렸다. 내가 혹 아이슬란드 역사가라도 만나게 된다면 이런 말장난 농담을 건네야 할까 보다. "난폭한wild 씽", "모든 씽을 고려해볼 때all things considered." 이걸 멘사 회원 친구들에게 알려줘야지. 틀림없이 그들이 높이 평가해줄 거다.

thinking
사고

나는 사고에 관해 정말 많이 사고해왔다. 정확히 말하면 사고와 지식과 지능, 그리고 그것들 사이의 관계에 관해 많은 걸 생각해왔다. 돌이켜 보면 마티 고모가 나에게 상기시켜준 것에서 출발한다. 브리태니커를 읽어 내 두뇌가 지식으로 가득 차면 내가 더 똑똑해질 수 있을까? 아니면 헛수고에 불과한가?

나는 지능 분야에서 미국 최고의 권위를 자랑하는 학자, 예일 대 교수 로버트 J. 스턴버그와 접촉해보기로 했다. 스턴버그는 브리태니커의 지능 항목을 집필한 사람이기도 하다. 나는 스턴버그 박사에게 이메일을 보내 내가 세계에서 가장 똑똑한 사람이 되기 위해 브리태니커 완독에 도전 중이라고 밝혔다. 그리고 지능에 관해 대화를 나누고 싶다는 뜻을 밝혔다. 며칠 뒤 스턴버그 박사가 답장을 보내왔다. "보내주신 이메일 잘 읽었습니다. 당신이 내 지능 이론에 관해 잘 알고 있다면, 당신이 지금 하고 계신 일이 별 소용이 없다는 것도 잘 아실 텐데요. 그렇습니다. 저는 브리태니커 완독이 당신을 세계에서 가장 똑똑한 사람으로 만들어주리라 보지 않습니다. 오히려 그건 시간 낭비가 아닐까요?"

음, 그렇단 말이지. 스턴버그 박사는 지능에 관해 자신이 정통하다고 주장하는 셈이지만, 에티켓에 관해서는 별로 정통하지 못한 것 같다. 시간 낭비라니! 별 소용이 없다니! 나는 아무래도 그를 독일 비행기, 그러니까 포커라 불러야 할까 보다. (권위 있는 학자를 향해 비속어를 날리지 않으려는 나의 이 착한 에티켓!)

스턴버그 박사는 고맙게도 다시 이메일을 보내 지능 이론에 관한 글이나 책을 더 읽어 보라고 조언했다. 다소 잘난 척하는 분위기의 조언이었지만 나는 그의 말을 따르기로 했다. 나는 스턴버그 박사의 저서 《성공 지능》과 《지능 핸드북》을 구입했다. 그의 저서를 읽고 내가 먼저 배운 것은 지능이란 정의하기가 무척 까다롭다는 사실이다. 다양한 문화권마다 지능에 대한 정의가 각기 다르다. 짐바브웨에서 지능은 "주의 깊고 신중한 것"을 뜻한다. 중국의 도교 전통에서는 겸양이 지능의 중요한 부분이다. 잠비아에서는 지능이 "협력하고 복종하는 것"과 깊이 관련돼 있다. 서양에서는 대체로 말하는 능력이 지능과 깊이 관련돼 있는데, 그건 결코 보편적인 정의가 아니다. 아프리카의 어느 부족은 '과묵함'을 지혜로 간주한다지 않는가.

사실 서양 문화권에서도 지능의 개념은 끊임없이 변해왔다. 지능에 관한 최초의 과학적 이론가는 찰스 다윈의 사촌이자 친구이기도 했던 프랜시스 골턴이다. 골턴은 지능이 뛰어난 감각 식별력이라고 확신했다. 이에 따라 그는 높은 음의 신호음을 얼마나 잘 듣는지, 물건의 무게를 얼마나 잘 가늠하는지, 미약한 냄새를 얼마나 잘 맡는지 등의 검사로 이루어진 지능 검사 방법을 고안해냈다. 골턴 이후 과학적으로 지능을 측정하고 정의하려는 다양한 시도가 이루어져왔다. 최근의 한 지능 이론가는 지능을 음악 지능, 운동 감각 지능, 근육 지능 등의 범주로 구분하기도 했다. 심지어 150여 가지 범주로 지능을 나누는 이론도 있다.

가장 유명한 지능 이론가는 프랑스 심리학자 알프레드 비네일 것이다. 그는 1900년대 초에 현대적인 지능 검사법의 원조에 해당하는 검사법을 고안해냈다. 그의 검사법은 지진아들을 식별해 학교의 정규 학급에서 제외시킬 목적으로 개발된 것이다. 스턴버그 박사는 지능 검사가 한 가지 유형의 지능만 검사하기 때문에 심각한 결함을 안고 있다고 본다. 그 한 가지 지능이란 분석적 지능(문제를 풀어내는 능력)이다. 학교 우등생이 되는 데 유리한 지능이라고 할 수 있다. 지능 검사는 창조적 지능(새로운 문제를 파악하고 해결하는 능력)과 실천적 지능(해결책을 실제 생활에서 활용할 줄 아는 능력)을 사실상 빼놓고 있다. 지능 검사에 대한 스턴버그 박사의 부정적인 견해만큼은 맘에 든다. 멘사 지능 검사에서 고배를 들이마신 나로서는 말이다.

그러나 스턴버그 박사가 결정성結晶性 지능을 높이 평가하지 않는 것에는 동의하기 힘들다. 결정성 지능은 후천적인 환경, 경험, 학습 등을 통해 얻은 지식에 기반을 둔 지능이라고 할 수 있는데, 내가 브리태니커 읽기를 통해 발달시킨 지능이 있다면 그것도 하나의 예라 하겠다. 스턴버그 박사는 결정성 지능보다 유동성 지능을 더 중시하는 것 같다. 유동성 지능은 새로운 상황에 적응하는 심리적 능력이자, 추론하고 문제를 해결할 때 유연성을 발휘하는 능력이다. 오늘날 대부분의 지능 이론가들이 유연성을 지능의 주요 핵심으로 간주한다.

뭐 좋다. 나도 유연성이 중요하다는 데 동의한다. 그러나 스턴버그 박사가 고려해야 할 사항이 있다. 지식과 유연성은 서로 연결돼 있다는 것. 내가 브리태니커를 읽어 더 많은 걸 알게 될수록, 유연성이 중요하다는 걸 더욱더 분명히 알게 된다. 고대 로마군이 바다에서도 막강해졌던 것은 그들이 유연했기 때문이다. 육지 싸움에서의 전술을 바다 싸움에 적용시켜, 적선에 올라타 싸우는 전술을 구사한 것이다. 알렉산드로스 대왕이 병력 숫자가 더 많은 페르시아군을 이길 수 있었던 것은 그의 병사들이 기동력에서 앞섰기 때문이다. 백년 전쟁에서 영국이 프랑스를 패퇴시킬 수 있었던 것은 프랑스군이 지나치게 중무장을 하여 빠르게 움직일 수 없었기 때문이다. 전쟁, 경제, 수학, 그 밖의 모든 분야에서 유동성이 늘 승리를 거둔다.

스턴버그 박사에게 내가 제기하고 싶은 두 번째 반론은, 지식의 양이 늘어날수록 문제를 창조적으로 해결할 가능성도 커진다는 것이다. 풍부한 사례들을 많이 알고 있을수록 그것에서 이끌어내 만들 수 있는 비유와 은유도 늘어나기 마련이다. 얼마 전 매킨토시 노트북을 사용하다가 배터리가 과열된 적이 있다. 대부분의 사람들은 즉시 해결책을 찾아내겠지만, 나는 이런 문제에서 굼뜨고 젬병이다. 얼마 전에 나는 세탁기 문이 잘 열리지 않아 건물 관리인을 부른 적이 있다. 결국 나는 해결책을 찾기 위해 곰곰이 생각할 수밖에 없다.

지름길이 아니라 먼 길을 돌아가는 셈인지도 모르지만, 자동 소총에 관한 지식 덕분에 나는 해결책을 찾았다. 처음 개발됐을 때, 과열된 자동 소총을 식히는 방법은 물이었다. 그러나 매킨토시 노트북을 물에 담그거나 물로 닦는 건 결코 좋은 생각이 아니다. 그렇다면 팬은 어떨까? 자동 소총의 경우 수랭식에서 공랭식으로 발전하지 않았는가. 그래, 그거다. 나는 작은 회전 선풍기를 노트북 옆에 끌어다 놓는 것으로 문제를 해결했다.

나는 이메일로 스턴버그 박사에게 위와 같은 내용의 일종의 반론을 제기했다. 브리태니커 덕분에 나는 스턴버그 박사의 정의에 따른 지능에서 진전을 보인 셈이다. 컴퓨터 배터리 문제 해결이 그 증거이다. 스턴버그 박사는 빠르게 답장을 보내왔다. 그는 이메일을 이런 말로 시작했다. "대단하군요!" 그래, 이거 시작이 좋다. 스턴버그 박사가 독일 비행기 포커는 아닌 것 같다. 그는 이렇게 말을 이었다. "예술·문학·과학·음악·사업 등 각 분야에서 역사적으로 위대한 업적을 이루고 해당 분야 발전에 크게 기여한 인물들이 많지요. 그런데 그들 가운데 백과사전을 읽은 덕분에 위대한 업적과 기여를 이룬 인물이 있는지 저는 의심스럽습니다."

제기랄! 그러면 그렇지. 그의 말대로 백과사전이 위대한 업적과 기여의 필수 조건은 아닐 것이다. 그가 나열한 분야들 가운데 한 군데서라도 내가 위대한 업적과 기여를 이룰 가능성도 없을 것이다. 그는 계속 이렇게 말했다. "제가 당신이라면, 더 많은 유용한 방법을 생각하는 데 시간을 쓸 것 같습니다. 물론 백과사전이 당신에게 도움이 된 건 분명해 보입니다. 다른 어떤 사람들에게는 성서나 코란이 도움이 되겠지요. 다른 방법에서는 찾을 수 없는 분명한 안전감, 정서적 혹은 지적 안전감 같은 걸 그 각각의 책이 제공해줄 수는 있을 겁니다."

스턴버그 박사는 나의 반론을 진지하게 고려하거나 평가하지 않았다. 그러나 나는 인정할 수밖에 없다. 그래, 스턴버그 박사는 똑똑하다. 그가 말한 백과사전-성서 이론은 그럴듯해 보인다. 사실 나도 지난 몇 주 동안 그걸 생각하고 있었으니, 이만하면 나도 스턴버그 박사만큼 똑똑한 게 아닐까? 나는 마치 성스러운 의례를 거행하기라도 하듯 매일 브리태니커를 읽고 있다. 브리태니커의 이런저런 내용을 나름대로 비판해볼 때도 있지만, 전체적으로 나는 그것을 일종의 복음으로 받아들인다. 무엇보다도 브리태니커는 나에게 안전감과 평화를 가져다준다. 세상은 무서울 정도로 빠르게 변한다. 브리태니커는 그렇게 빨리 변하는 세상에 관한 내구성 좋은 지식을 담고 있다. 그래서 그 지식을 접할 때마다 나는 안전감을 느낀다. 그렇게 안전하다고 느끼는 것이야말로, 어쩌면 똑똑하다고 느끼는 것만큼이나 나에게 중요한 것 같다.

시간
time

1시간이 언제나 60분이었던 건 아니다. 그리스, 수메르, 로마 등등의 여러 고대 문명에서 낮은 12시간으로 나누어졌다. 그리고 계절에 따라 1시간의 길이는 오늘날의 분 단위로 쳐서 대략 45분부터 75분 사이에서 왔다 갔다 했다. 고대의 시간 체계가 맘에 든다. 겨울철이 되면 CBS 방송 〈60분〉의 진행자 앤디 루니를 보지 않을 수도 있겠다.

톨스토이
Tolstoy

나는 고전이나 명저에 관한 브리태니커의 설명을 무척 좋아한다. 고전이나 명저의 내용을 간략하게 요약, 정리해놓은 책을 읽는 기분이다. 물론 브리태니커의 요약은 그런 책보다 훨씬 더 짧다. 고전 명저에 등장하는 인물이나 대화를 따라가느라 지루해할 필요가 없다. 브리태니커는 책 한 권을 단 한 문장으로 요약해주기도 한다. 이렇게 훌륭하게 시간을 절약해주다니. 절대 농담하거나 조롱하는 게 아니다. 정말 도움이 된다.

《안나 카레리나》로 말할 것 같으면 나는 처음부터 끝까지 다 읽은 적이 없다. 브리태니커는 안나의 오라버니 스티바에 관해 멋지게 표현한다. "온순 다감하면서 향락에 빠져 나약한." 좀 더 읽어 보면 이렇다. "스티바는 악을 행하려는 마음은 결코 없었지만 재산을 축내고 가족을 돌보지 않으면서 쾌락을 인생의 목표로 여겼다. 스티바라는 인물은 악이라는 게 사소해 보이는 도덕적 선택 상황에서 인간이 행하는 순간 순간의 판단에서 비롯된다는 걸 제시하기 위해 설정되었다고 할 수 있다."

나는 브리태니커의 이런 설명이 《안나 카레리나》와 그 등장인물들을 정확히 분석한 것인지 여부는 잘 모른다. 그러나 톨스토이 항목에 나오는 이 설명은 나에게 심원한 것을 일깨워주었다. 지금까지 거쳐 온 모든 페이지를 통틀어 단연 가장 지혜로운 말이다. 나는 지금 식당에서 저지방 머핀을 먹고 있다. 내가 이걸 언급하는 까닭은, 머핀을 다 먹고 나서 이 식당을 떠날 때 나는 탁자 위에 내가 사용한 냅킨을 그냥 놓아두고 떠날 게 분명하기 때문이다. 바로 이런 게 브리태니커가 말하는 도덕적 선택 상황이 아닐지. 스티바도 아마 사용한 냅킨을 그냥 놓아두고 떠날 것 같다. 나는 냅킨을 휴지통에 집어넣었다. 나는 악을 방지하고 선을 행한 것이다.

이후 며칠 동안 나는 이 새로운 가르침을 늘 염두에 두고 살았다. "예수님이라면 어떻게 하셨을까"의 브리태니커판이라고나 할까. 나는 나 자신에게 말했다. 톨스토이를 기억하라. (예수와 톨스토이를 함께 언급하다 보니, 톨스토이가 복음서를 나름대로 수정한 것을 펴냈다는 게 생각났다. 그 복음서에서 톨스토이는 예수를 "인간 예수"로 언급한다.) 사무실을 떠날 때면 반드시 조명을 끈다. 그리고 중얼거린다. 톨스토이를 기억하라. 사진 촬영을 위해 〈에스콰이어〉 의상부에서 옷을 빌렸으면 바로 다음 날 반환한다. 톨스토이를 기억하라. 살인하지 않거나 은행을 털지 않거나 하는 것만으로 내가 도덕적으로 살 수는 없다. 일상적이고 사소한 결정과 판단에 주의를 기울여야 하는 것이다.

브리태니커 읽기의 끝에 가까워질수록 뭔가 심원하고 근본적인 것을 더욱 열심히 찾고자 하는 나를 발견하게 된다. 의미를 추구하려는 나 자신의 모습. 나의 새로운 자아, 보다 나아진 톨스토이적 자아가 반갑기 그지없다.

training
트레이닝, 훈련, 연습

내 아들 녀석이 줄리의 자궁에서 나와 세상 빛을 볼 날이 다가옴에 따라, 나는 부모님이 사시는 아파트로 가서 내가 어릴 적 갖고 놀던 장난감들을 가지고 왔다. 노란색의 커다란 장난감 트럭, 레고 세트, 미식축구 공 모양의 베개 등등. (이 베개는 신경이 쓰인다. 아들 녀석이 이 베개 때문에 나중에 커서 미식축구 선수가 되겠다고 하면 어쩐다? 내가 녀석에게 해줄 수 있는 조언은 테디 루스벨트가 미식축구 전진 패스에 미친 영향밖에 없는데 말이다.)

여하튼 내가 장난감을 챙기고 있는데 아버지가 놀라운 말씀을 하셨다. 그건 정말 놀라운 사건이라고 할 수 있다. 아버지는 나에게 새로 구입한 DVD 플레이어 작동법을 알려달라고 말씀하신 것이다.

이런 일은 결코 일어난 적이 없다. 아버지는 늘 엔지니어였고 나는 늘 기계치였다. 아버지가 나에게 기기 작동법을 알려달라고 말씀하시는 건, 워터게이트 사건 특종으로 유명한 밥 우드워드가 나에게 탐사 저널리즘의 노하우를 전수해 달라고 말하는 것과 같다. 아버지가 말씀하셨다. "난 단지 그걸 이미 사용해본 사람에게 배우고 싶은 거다." 아버지 말씀대로 난 이미 DVD 플레이어를 사용해봤다. 나는 영화 〈카사블랑카〉 DVD를 플레이어에 넣고 빠르게 가기, 정지, 메뉴 선택 등의 기능을 실행해 보여드렸다. 내 도움이 없이도 아버지가 손쉽게 운용할 수 있는 기능들이다. 내가 아버지에게 물었다.

"험프리 보거트의 입술이 왜 뻣뻣한지 아시죠?"

"글쎄다. 전쟁 중에 입은 부상 때문이 아닐까?"

"아닙니다. 제1차 세계대전 중 해군으로 복무할 때니까 전쟁 중인 건 맞는데, 전쟁 부상이 아니라 우연한 사고로 나뭇가지에 입술을 찔려서 그렇게 됐어요. 그 후유증으로 평생 윗입술이 뻣뻣해진 거죠."

아버지는 DVD 플레이어의 리모트 컨트롤을 작동해보시느라 여념이 없었다. 기분이 좋다. 아버지가 나에게 도움을 청했다는 것 아닌가. 아마 언젠가 나도 내 아들 녀석에게 미래에 출시될지도 모르는 홀로그래픽 토스터 작동법을 묻게 될 것 같다.

triumphal marches
개선 행진

브리태니커 읽기를 잠시 중단하고, 24시간 내내 할리우드 관련 소식과 프로그램을 내보내는 E 채널을 켜보았다. 지난 여러 달 동안 E 채널을 시청하지 않았다. 그동안 많이 바뀐 것 같다. 소식을 전하는 기자들이 헤어젤을 너무 많이 바른 것 같다. 그리고 "가장 위대한", "가장 섹시한", "제일 뜨거운", 이런 최상급 표현도 남발하는 것 같다. 주요 프로그램을 대대적으로 개편한다는데, 그 개편 소식을 전하는 투가 마치 자신들이 베를린 공수 작전만큼이나 역사적으로 중요한 일을 한다는 투다. 맛없는 요리를 먹었을 때처럼 씁쓸한 기분이 든다.

이런 기분이 든다는 게 나에게는 좋은 징조다. 브리태니커가 펼쳐 보이는 지식의 세계에 몸담다 보니 입맛이 지적으로 바뀐 건지도 모르니 말이다.

여하튼 지금 E 채널은 브루스 윌리스가 영화제에 참석해 레드 카펫을 밟는 것에 관한 이야기를 전하고 있다. 브루스 윌리스는 레드 카펫 위를 걸으며 미소 짓고 윙크하기도 하고, 팬들에게 손을 내밀어 가볍게 악수하기도 했겠지. 그의 뒤를 돌봐주는 에이전트와 분장사와 코디네이터와 기타 다양한 직종으로 이루어진 팀을 보이지 않는 곳에 거느리고 말이다.

얼마 전 나는 고대 로마인들의 개선 행진에 관해 읽었다. 브루스 윌리스가 레드 카펫 위를 걷는 건 고대 로마인들의 개선 행진의 현대판이 아닐까? 다만 다른 게 있다면 사슬에 묶인 노예들을 거느리지 않았다는 것 정도? 적어도 눈에 보이는 노예들을 거느린 건 아니다. 고대 로마에서 개선 행진은 5,000명 이상의 적을 죽이고 승리를 거둔 장군에게만 허락됐다. 브리태니커에 따르면 대승을 거둔 장군은 월계수 다발로 장식한 전차에 올라타, 진홍색과 황금색의 화려한 겉옷을 입고, 오른손으로는 월계수 가지를 잡고 왼손으로는 상아로 만든 홀을 쥔다.

특히 관심이 가는 대목은 이렇다. "노예가 장군의 머리에 황금관을 씌워주면서 절정의 영광 한가운데 있는 장군에게 '장군도 죽을 수밖에 없는 운명의 인간'이라는 것을 되풀이해 말하며 상기시켜준다."

괜찮은 아이디어다. 우리도 오늘날의 레드 카펫에서 해볼 만한 일이 아닌가. 레드 카펫의 주인공이 브루스 윌리스라면, 그를 뒤에서

T

돕는 제작 보조가 브루스 윌리스의 귀에 대고 계속 이렇게 속삭이는 거다. "당신은 죽을 수밖에 없는 운명의 인간입니다. 당신은 바보 혹은 얼간이에 불과합니다. 당신을 도와주는 스태프가 없으면 아무것도 제대로 해낼 수 없는 얼간이 말입니다. 당신은 신이 아닙니다." 아무리 생각해도 오늘날 우리 사회에는 겸양의 미덕이 필요하다. 억지로라도 그 미덕을 되살려야 할 것 같다. 우리가 잃어버린 미덕.

triumvirate
삼두정

〈백만장자〉 프로그램 출연까지 아직 몇 주가 남아 있다. 여전히 나는 토머스 제퍼슨처럼 머리에 열심히 지식을 집어넣느라 여념이 없다. (젊은 시절 제퍼슨은 하루 15시간 공부하고 3시간은 바이올린을 연습하고 나머지 6시간을 취침과 식사에 썼다.)

잠시 짬을 내어 〈백만장자〉 프로그램에서 내 구명줄 노릇을 할 사람들을 물색했다. 내가 답을 찾기 어려운 문제와 만났을 때 전화로 나에게 도움을 줄 사람들이다. 누가 좋을까? 음료 관련 문제라면 내 친구 마이크가 좋을 듯하다. 그는 스무디 음료 회사에서 일하고 있다. 그거 괜찮은 생각이다. 지능 지수가 엄청나게 높은 론 회플린은 어떨까? 다섯 차례나 〈제퍼디〉 챔피언에 올랐던 데이브 샘퍼그너로는 어떨까?

그리고 역시 에릭! 그렇다. 나의 처남 에릭은 지적인 측면에서 단연 강적이다. 에릭과 나는 묘한 긴장 관계이기는 하지만 100만 달러를 놓고서는 서로 협력할 수 있지 않겠는가. 100만 달러의 위력은 역시 대단하다. 내 자존심일랑 일단 접어둘 만큼 말이다. 나의 구명줄이 되기에 충분할 정도로, 아니 구명줄이 되기에는 아까울 정도로 에릭은 정말 해박하다.

에릭의 놀라운 해박함을 나는 몇 주 전에 인정할 수밖에 없었다. 영화 〈벤허〉의 역사적 정확성에 관해 궁금해하는 자신의 어머니, 즉 내 장모에게 에릭은 로마 제국의 역사를 막힘 없이 줄줄 설명했던 것이다. 카이사르, 폼페이우스, 크라수스 등으로 이루어진 제1회 삼두정三頭政 시대부터 신성로마제국의 종말에 이르기까지. 물론 나도 나름대로 서고트족과 동고트족을 주워섬기면서 애써보았지만, 에릭은 늘 나를 눌렀다. 집으로 돌아와 에릭이 말한 것들을 조사해보니 슬프게도 그가 한 말은 모두 정확했다.

여하튼, 에릭에게 용건을 말했다. "〈백만장자가 되고 싶습니까〉 프로그램에서 내 구명줄로 모실 수 있으면 정말 좋겠어요."

"그러니까, 그 프로그램에서 구명줄이 되어 달란 말이지?"

"그래요."

"음, 만약 100만 달러를 획득하면 나한테는 얼마나 돌아오는데?"

나는 잠시 생각했다. 그리고 답했다.

"상금의 10퍼센트를 드릴게요. 하지만 형님이 결정적인 실수를 한다면, 제가 획득하려다 실패한 상금 전액을 저에게 주셔야 합니다."

에릭이 한발 물러섰다. 무료 봉사하겠다는 것이다. 줄리가 활짝 미소 지었다. 먼저 세게 치고 나간 내 거래 방식이 자랑스러웠나 보다. 지금부터 에릭의 관심을 이 일에 집중시키는 게 좋겠다고 생각했다. 그래서 〈백만장자〉가 상금을 지급하는 방식을 얼른 읽고 에릭에게 말해주었다. 프로그램 제작진이 보내온 안내문에 따르면 25만 달러까지는 일시불로 지급한단다. 그러나 50만 달러와 100만 달러가 되면 각각 10년, 20년에 걸쳐 나누어 지급한단다. 인플레이션과 투자 기회를 고려하면 일시불 25만 달러가 더 나은 게 아닐까? 〈백만장자〉 프로그램의 역사에서 전례 없는 한 획을 한번 그어 볼까? 25만 달러가 됐을 때 딱 멈추고 진행자에게 그 까닭을 설명하는 거다. 투자 은행에서 일한 적이 있는 에릭에게 어떻게 하면 좋을지 물어보았다.

에릭이 이메일로 알려준 바에 따르면, 20년 뒤에 100만 달러는 현재 달러 가치로 대략 54만 달러에 해당한다(세금 계산하기 전). 제길, 내 생각이 틀린 거다. 일시불 25만 달러보다 20년 뒤의 100만 달러가 더 낮다는 뜻이니 말이다. 그렇다면 목표는 정해졌다. 100만 달러!

Trotsky, Leon
트로츠키, 레온

줄리의 젖가슴이 한껏 부풀어 올랐다. 두 손으로 젖가슴을 들어 지탱하며 아파트 안을 돌아다니는 형편이다. 북유럽 신화에서 지하나 동굴에 사는 초자연적 괴물인 트롤(햇빛을 쬐면 불타버린다)과 트로츠키(멕시코에서 도끼에 맞아 살해당했다) 항목을 읽으려 애써보지만 줄리의 그런 모습을 보니 자꾸만 정신이 산란해진다.

Trumph, Donald
트럼프, 도널드

줄리와 함께 HBO 다큐멘터리를 시청했다. 브리태니커가 카메오로 깜짝 등장하는 다큐멘터리다. 제목은 〈타고난 부자〉. 젊은 거액 상속자들의 때로는 시시껄렁하고 때로는 허랑방탕한 삶의 모습을 따라가보는 내용이다. 예컨대 존슨앤존슨 상속자, 도널드 트럼프의 상속녀가 등장한다. (도널드 트럼프가 소유한 아파트가 2만 5,000채가 넘는다나.) 엄청난 돈방석에 앉아 있는 건 분명해 보인다. 잉카 제국을 정복한 피사로의 보물 컬렉션에 맞먹는 돈방석이라고 할까. (피사로는 잉카 황제 아타후알파의 몸값으로 금은 24톤을 받아 챙긴 뒤 황제를 죽였다.)

다큐멘터리는 유럽 상류사회의 어느 거액 상속자도 조명하고 있는데, 잘난 체하는 말투와 기름을 처바른 머리에 멋진 여인을 데리고 있었다. 섬유 산업에서 부모가 일군 거부를 물려받았다나. 그는 여가 시간(사실 여가 시간을 즐기는 게 그의 본업 같았다)의 많은 부분을 자신의 개인 재단사와 함께 옷을 맞추는 데 보내고 있었다. 섬유 산업 거부의 상속자답게 구는 걸까? 그는 적절치 못하게 접힌 옷깃이야말로 "저속하기 그지없다"고 말했다. 프로그램에 등장한 상속자들 가운데 가장 밉살스럽고 불쾌한 인간이 아닐 수 없다.

그런데 그는 자신이 갖고 있는 제11판 브리태니커를 보여주더니, 그 판이 브리태니커가 훌륭했던 마지막 판이라고 말했다. 그가 말했다. "브리태니커의 좋은 시절은 다 가버렸어요. 브리태니커가 이제는 대중을 위한 게 되어버렸으니까요. 이제 브리태니커는 뭐랄까, 그렇습니다. 이제 제기랄 브리태니커가 된 거죠." 이런 얼간이 같은 놈을 봤나. 나의 친애하는 브리태니커를 꾸짖을 자격이 당신에게 있다고 생각하는가? 그 2,800만 단어를 모조리 읽고 나서 나한테 와라. 한번 본격적으로 따져보자!

그 녀석은 상속법을 전면적으로 뜯어고쳐야 하는 살아 있는 근거 그 자체다. 브리태니커의 상속 항목에 따르면, 선사 시대에 수렵과 채집 활동으로 먹고살던 우리 조상들은 한 사람이 죽으면 그 사람이

지니고 있던 무기나 그릇 같은 걸 모두 파괴해버렸다. 뉴기니의 파푸 아 사람들은 사람이 죽으면 그 사람이 살던 오두막을 불태워버렸다. 그렇다면 우리는 거액 상속자들의 부모가 세상을 떠났을 때, 부모가 소유했던 재규어 승용차나 노키아 휴대전화를 불태워버리거나 다른 사람들에게 재분배해야 하는 거 아닌가.

그 겉멋 든 귀족 나리께서는 브리태니커 최근 판이 상속 제도에 찬성하는 주장이 힘을 잃었다는 걸 지적하고 있기 때문에 싫어하는지도 모른다. 오늘날에는 사업의 연속성을 위해 상속할 필요가 없다. 일반적으로 사업의 연속성은 아버지에서 아들이 아니라 최고경영자, 즉 CEO에서 CEO로 계승되면서 얼마든지 보장된다. 도널드 트럼프의 상속녀 이반카 트럼프가 KFC에서 닭고기를 먹고 중저가 자동차를 타더라도 경제는 얼마든지 호황을 나타낼 수 있단 말이다. 밥맛떨어지게 하는 유럽 상속 귀족이 자신이 혐오하는 대중의 자리로 간다고 해서 세계 경제가 고통받는 일은 없을 것이다.

Tunguska event
퉁구스카 대폭발 사건

"1908년 6월 30일 오전 7시 40분, 러시아의 중부 시베리아 지역 포드카멘나야 퉁구스카 강 근처 2,150제곱킬로미터의 삼림을 쓰러뜨린 미증유의 대폭발이다. 당시 폭발 에너지는 10 내지 15메가톤 급의 TNT 폭발에 달했다. 다양한 종류의 불확실한 증거들로 미루어 볼 때, 이 대폭발은 혜성 파편이 지상에 충돌하여 일어난 것으로 추정된다."

퉁구스카 대폭발에 관해서는 내가 여덟 살인가 아홉 살 때, 풀리지 않는 세계의 미스터리에 관한 책에서 읽고 몇 주 동안 관심을 가졌던 기억이 난다. 수많은 나무들이 땅바닥에 쓰러져 있는 흑백 삽화를 본 것도 기억이 난다. 이후 나는 다른 책에서도 퉁구스카 대폭발에 관해 읽었다. 대폭발의 원인에 관한 갖가지 주장들도 기억이 난다. 미확인 비행물체UFO가 목표물을 타격하는 연습을 한 것이라느니, 이른바 반물질이 대기권에서 작용하여 일어난 현상이라느니 하는 것 등등. 자연스럽게 나는 걱정에 휩싸였다. 시베리아에서 일어났다면 맨해튼 82번가에서 일어나지 말란 법도 없다는 걱정. 어퍼이스트사이트 대폭발 사건으로 내가 사라져버리지 않으리라고 누가 장담할 수 있겠는가?

그러나 처음 퉁구스카 대폭발에 관해 읽은 이후 몇 주 동안 그런 일은 일어나지 않았다. 퉁구스카는 내 기억에서 점차 사라져갔다. 그리고 지난 26년 동안, 이 항목을 읽기 직전까지 나는 퉁구스카 대폭발에 관해서는 단 한 번도 다시 생각해보지 않았다. 아마도 그 대폭발 사건이 유명인 관련 기사를 많이 다루는 저널리즘 세계와는 별 상관이 없기 때문이 아닌가 추측해본다.

turnip
순무

오늘은 할로윈데이다. 영국 제도 지역에서는 할로윈 초롱을 호박이 아니라 순무로 만든다. 여하튼, 줄리가 임신해서 좋은 또 하나의 이유다. 너무 피곤해서 외출할 엄두를 못 내는 것이다. 호박을 깎고 구멍 낼 일도 없고, 물론 순무를 깎고 구멍 낼 일도 없다. 할로윈 분장을 하지 않아도 된다. (지난 수년간 나는 KFC 창업자 커넬 샌더스로 분장하기도 하고, 보드 게임 클루의 커넬 머스터드가 되기도 했다. 올해에는 내가 어떤 커넬이 될 건지 궁금해하는 사람도 있었으리라.) 밖으로 나가지 않고 집에 틀어박혀 TV 채널을 이리저리 돌리며 보냈다. 아역 배우들이 커서 어떻게 변했고 어떤 활동을 하고 있는지 보여주는 쇼 프로그램을 택했다.

tutelage
교육, 보호, 영향, 지도, 신탁통치

내 친구 제이미가 자신이 맡고 있는 성인교육 강좌에 나를 특별 강사로 초청했다. 속독법과 기억술에서 쓴맛을 경험한 이후로 성인교육 분야에 다시 참여하게 된 것이다. 수강생이 아닌 강사 자격으로 말이다. 이번에는 내가 거드름을 피우며 잘난 척해볼 기회인 셈.

글쓰기 강좌였다. 돈벌이가 되는 글쓰기 분야에서 직장이나 일을 잡기 원하는 10여 명의 수강생들이 앉아 있었다. 돈벌이가 되는 글쓰기라. '스티븐'이나 '킹' 가운데 하나가 이름에 들어 있으면 글쓰기로 갑부가 될 수 있을지도 모르겠다. 스티븐 킹! 수강생들은 그럭저럭 괜찮아 보였다. 스키장 언저리에서 직업을 구하며 전전하는 스키 광도 있었다. 그는 잡지사에서 일하고 싶어 했다. 또 어떤 수강생은 끔찍한 전쟁터 같은 홍보업계에서 일하고 싶어 했다.

나는 브리태니커에서 읽은 지식을 동원해 좋은 글쓰기에 관해 점잖게 몇 마디 조언하기로 했다. 나는 내가 말할 사항을 작은 인덱스 카드에 인쇄하여 수강생들에게 배포했다. 왜냐고? 두말 하면 잔소리지. 내가 전문성을 갖춘 사람, 잘 정비되어 있고 조직적으로 일하는 사람이라는 인상을 수강생들에게 심어주고 싶었다. 나는 인덱스 카드에 인쇄한 내용을 읽기 시작했다.

첫째, 적극적으로 임할 것. 때로는 얼굴에 철판을 까는 것도 주저하지 말지어다. 시인 랭스턴 휴즈는 워싱턴 D. C.의 한 호텔 레스토랑에서 보조 웨이터로 일하고 있었다. 그는 유명한 시인 바셀 린지의 식사가 담긴 접시 옆에 자신의 시 세 편을 적은 종이를 슬쩍 밀어 넣었다. 다음 날 신문에는 린지가 '흑인 보조 웨이터 시인'을 발견했다는 기사가 실렸다. 교훈은 이렇다. 당신이 쓴 글을 사람들 면전에 들이댈 것. 어떤 수단을 써서라도.

둘째, 어디에서나 쓸 것. 요컨대 장소 불문. 예컨대 갭 의류 매장에서 일하는 사람이라면 몇 분의 틈을 내서 스웨터 진열 코너 옆으로 가서 몇 줄을 쓸 수도 있다. 쓸 장소가 없다고 핑계 대지 말지어다. 아동 문학가이자 삽화가 휴 로프팅은 둘리틀 선생을 주인공으로 한 이야기를 제1차 세계대전 당시 참호에서 집필했다. 폭탄이 터지고 가스 마스크를 써야 하고 쥐가 들끓는 한가운데서 그는 원고를 집으로 보내 자신의 아이들을 즐겁게 해줄 요량으로, 동물의 말을 알아듣는 둘리틀 박사에 관한 아름답고 재미있는 이야기를 썼다. 휴처럼 될지니, 어디에서나 쓰고 또 써라.

결론적으로, 자기만의 스타일을 갖고 열정을 다해 쓴다면, 어떤 주제라도 흥미롭게 만들 수 있을 것이다. 낭만파의 선구자로 평가 받는 18세기 영국 시인 윌리엄 쿠퍼가 보여주듯이 말이다.

ukulele
우쿨렐레

하와이 음악에서 자주 쓰이는 현악기 우쿨렐레는 포르투갈의 마차다에 연원을 두고 있으며, 원주민의 토착 음악을 표현하기에 적합한 악기는 아니다. 하와이의 전설적인 가수 돈 호의 대표적 히트곡 〈타이니 버블〉은 고대 태평양 섬 지역 멜로디가 아니라는 뜻이 되겠다. 그랬었다니!

umlaut
움라우트

드디어 나의 성지 순례 시간이다. 브리태니커 본부로 순례를 떠나게 된 것이다. 여러 달에 걸쳐 나의 삶을 지배했던 전32권 백과사전의 탄생지를 엿보고 싶은 건 당연한 일 아니겠는가.

그 진짜 탄생지는 스코틀랜드의 에든버러지만, 그곳에 갈 시간적 여유는 없다. 1930년대에 시어스 로벅 사가 잠시 브리태니커를 소유했을 때 그 사무실이 시카고에 자리 잡게 되었다. 나는 〈주간 엔터테인먼트〉에서 일했던 때 이후로는 시카고에 가본 적이 없다. 당시 나는 제리 스프링어 쇼를 취재하기 위해 시카고를 방문했었다. 당시 여행과 달리 레즈비언 여성 둘이 나와 초콜릿 푸딩을 서로에게 던지며 뒤엉켜 싸우는 꼴은 보지 않게 될 것이다. 시카고에 있는 친구를 오랜만에 만나기 위해 줄리가 동행했다.

"그거 알아? 시카고가 '바람 센 도시'로도 불린다는 거. 시카고의 초기 정치인들이 허풍으로 가득 차 있었기 때문이지."

"1달러 내놔!"

상황 혹은 주제와 별 상관없어 보이는 허튼소리를 할 때마다 줄리에게 벌금 1달러를 납부하기로 약속했던 터였다. 그때까지 나는 20달러를 벌금으로 바쳤다. 그러나 이번 경우는 줄리에게 항의해야 마땅하다.

"허튼소리가 아니라니까. 꽤 쓸모 있는 기상학적 정보 아니겠어? 시카고의 별명에 나오는 바람이 실제 바람이 아니라는 걸 알았으니, 시카고를 방문할 때 굳이 바람 막는 데 좋은 옷을 준비할 필요는 없다는 걸 알 수 있지."

줄리는 어처구니없다는 듯 어깨를 가볍게 쓱 올리는 것이었다.

이 바람 잔뜩 든 도시에 도착한 다음 날 아침, 그럴듯한 블레이저코트를 차려입고 전문가다운 분위기를 풍기면서 나는 브리태니커 홍보 책임자 톰 파넬라스와 만나 아침 식사를 하러 갔다. 저널리스트로서의 나는 모든 홍보 담당자들을 사탄의 하수인 정도로 여겨야 한다. 그러나 톰과 함께하면서는 도저히 그렇게 생각할 수가 없었다. 그는 억세 보이는 체구에 음성은 몸 깊숙한 곳에서 나오는 듯했고 잘 웃었다. 그리고 무엇보다 그는 똑똑했다. 그는 놀랄 만큼 광범위한 지식을 보유하고 있었다. 약속을 잡기 위해 그와 전화 통화를 하던 때를 돌이켜 보면, 내가 무슨 이유에선가 내 생일 1968년 3월 20일을 언급하자 그가 이렇게 말했다. "월남전 당시 베트콩의 구정 대공세와 마틴 루터 킹 목사 암살 사건 사이에 태어나셨군요." 그 순간 나는 내 생일에 대해 새삼 다시 생각하게 된 것은 물론, 톰의 기억력에 놀라지 않을 수 없었다. 그는 셔츠 주머니에 서너 개의 펜을 꽂고 다닌다. 그는 이런 지적인 농담을 하는 사람임이 분명했다. "르네 데카르트가 바에 갔다. 바텐더가 말을 건넸다. '오셨군요, 르네 씨. 요즘 어때요? 맥주 한잔 드릴까요?' 데카르트가 답했다. '오늘은 별 생각이 없는데.' 그리고 데카르트는 사라졌다." ("나는 생각한다. 고로 존재한다"를 패러디한 농담.)

톰이 조금이나마 흥분했던 때는, 내가 encyclopaedia-britannica.com 도메인이 다른 웹사이트에서 사용되고 있다는 내용의 글을 언급했을 때였다. 문제의 웹사이트는 빵빵한 금발 여성들이 나와 야릇하고 도발적인 행위에 몰두하는 장면으로 가득한 웹사이트라는데, 브리태니커와 하드코어 포르노를 연결 짓는다는 게 톰의 기분을 다소 상하게 한 모양이었다. 그는 그런 종류의 문제가 오래전에 해결되었다는 점을 분명히 하고 싶어 했다.

여하튼 톰은 나를 위해 사뭇 빡빡한 브리태니커 핵심 관광 일정을 준비해주었다. 엘리베이터를 타고 올라가 사무실로 걸어가는데 묘한 기분이 들었다. 그렇게 열심히 자주 브리태니커를 읽어온 내가 드디어 그 지식을 편집하는 현장으로 가는구나 하는 생각, 성서의 《신명기》처럼 위대한 예언자가 높은 곳에서 내린 지고한 율법을 만나러 가는 기분. 나는 그 율법의 현장에 사람들이 있음을, 바지를 입고 있는, 가끔은 코르덴 바지를 입기도 하는 사람들이 있음을 잊고 있었다. 나는 이제 그 사람들 사이로 가고 있는 것이다.

그렇다. 그곳에는 편집자들, 불멸의 편집자들이 있었다. 그리고 매우 조용했다. 아마 미국에서 가장 조용한 사무실일 것이다. 톰은 나에게 배경음악 전문 기업 뮤작을 소유하고 있는 기업이 브리태니커를 소유하고 있다고 말해주었다. 이건 뭘 뜻하는가? 사이먼 앤 가펑클의 음악 가운데 부드럽고 조용한 음악을 더욱 부드럽게 만든 것이 사무실을 휘감고 있다는 걸 뜻한다. 들리는 소리는 컴퓨터 자판을 누르는 소리뿐이었고, 아주 가끔씩 고딕 건축 같은 주제에 관한 무척이나 점잖고 조용한 토론이 벌어질 뿐이었다.

사무실은 말끔하게 정돈되어 깨끗하기 그지없었다. 화려한 장식도 없고 고급스런 사무집기도 없었다. 사무실 벽은 브리태니커 관련 사진들이 장식하고 있다. 할아버지가 손녀에게 브리태니커를 읽어주고 있는 장면을 묘사한 노먼 락웰의 광고 그림, 브리태니커 제3판에 나와 있는 연표, 1768년판에 실려 있는 산부인과 의료 도구 그림 같은 것들이다.

나는 수석 편집자 두 사람과 만났다. 데일 호이버그와 시어도어 팝파스였다. 중국 문학을 전공한 데일의 사무실 벽에는 공자 그림이 걸려 있었다. 데일의 인상은 뭐랄까, TV 시트콤 〈엘프〉의 주인공과 닮았다. 그러나 나는 이 점을 발설하지 않았다. 그런 농담을 할 장소가 아니라고 판단한 것이다. 시어도어는 텁수룩한 수염에 파란 셔츠를 입고 넥타이를 맸으며, 매우 치밀하고 분명한 성격으로 보였다. 음악 CD 보관대에 클래식과 재즈를 결코 뒤섞어놓지 않는 사람일 듯싶다. 데일과 시어도어는 매우 친절했고, 점잖은 학자풍의 매너를 보여주었다.

난 그들과 만나자마자 그들을 좋아하기로 했다. 무엇보다도 그들이 나에 관해 흥미를 나타냈기 때문이다. 하긴, 흥미를 나타내지 않는 게 더 이상할 것이다. 내가 브리태니커 작전을 훌륭히 수행 중이라는 걸 말했으니 말이다. 나는 힘겨울 때도 많지만 브리태니커는 정말 대단한 읽을거리라고 말했다. 그리고 이어서 말하기를 "브리태니커의 수학 섹션은 저의 베트 느와르(징그러운 것, 혐오의 대상)입니다."

베트 느와르? 그런 표현이 내 입에서 나오다니. 나는 생각보다 많이 긴장하고 있었던 것 같다. 데일과 시어도어에게 깊은 인상을 주기 위해, 내가 범상치 않은 사람이라는 걸 보여주기 위해, 흔히 쓰이지 않는 프랑스어 문구를 내뱉은 것이다. 내가 브리태니커에서 배운 것들에 관해 그들과 얘기를 시작하자 먼저 떠오른 것은 시신 방부 처리였다. 죽은 아내의 돈을 물려받기 위해 아내의 시신을 묻지 않고 땅위에 보존한 남자에 관한 이야기였다. 그 많고많은 브리태니커의 항목과 이야기들 가운데 하필 그런 게 떠오르다니. 내가 말했다.

"이 얘기는 소름이 끼쳐요."

두 사람은 웃었다. 그들은 그 이야기에 관해 모르고 있었다.

이걸 모른다고? 나는 놀랐다. 나는 브리태니커 편집자들이라면 브리태니커의 거의 모든 내용을 잘 알고 있을 것이라 짐작했다. 그들은 브리태니커를 편집한 사람들이 아닌가. 수석 편집자라면 브리태니커의 4,400만 단어를 모두 읽고 기억해야 하지 않을까? 그러나 적어도 한 가지 항목에 대해 데일과 시어도어가 모르고 있으며 나는 알고 있다는 게 증명되었다. 나는 더 밀어붙이기로 했다.

"브리태니커의 정확성은 놀랍지만, 몇 가지 오류도 있기는 합니다.

저도 몇 가지 오류를 발견했어요."

나는 그들에게 로버트 프로스트가 하버드 졸업생으로 나와 있다고 지적했다. 나는 그들의 얼굴이 충격을 받은 표정으로 바뀌리라 기대했지만 그렇지 않았다. 다만 호기심을 느끼는 표정이었다. 그들은 내가 지적한 사항을 수정하겠노라고 말했다. 실제로 시어도어는 수첩에 내가 말한 사항을 적었다. 하! 이 기분 아무도 모를 거다. 내가 이런 순간을 상상이나 했겠는가? 내가 황송하게도 브리태니커 백과사전에 영향을 미치다니 말이다. 나에게는 브리태니커가 늘 신성불가침의 영역으로 다가왔다. 그걸 고칠 수 있다는 건 생각도 못 해봤다. 그건 마치 러시모어 산 중턱에 조각돼 있는 대통령 반신상을 고치는 것이나 마찬가지 일이었던 것이다. 그런데 나는 지금 그렇게 하고 있다.

"그리고 제 아내는 브리태니커에 톰 크루즈 항목이 없는 걸 아쉽게 생각하고 있어요."

시어도어가 다시 수첩에 적었다. 시어도어는 안 그래도 브리태니커가 그동안 유지해온 일종의 엄숙성을 손상시키지 않는 한도 안에서 대중문화 부분을 강화하려 노력 중이라고 말했다. 만일 톰 크루즈가 브리태니커에 수록된다면, 줄리와 함께 그 사건을 각별히 기념할 것이다. 각종 기념일을 잊어버리는 게 내 주특기이지만, 그날만은 결코 잊지 않고 기념하리라.

데일과 시어도어와 한 시간 정도 대화를 나누면서 점점 내 밑천이 바닥나는 걸 느꼈다. 그들이 데이터베이스 이론에 관해 말하기 시작했기 때문이다. 그 밖에도 나는 그들이 말하는 리게이처ligature의 정확한 의미를 물어봐야 했다. 그것은 브리태니커의 정식 제목인 '엔사이클로페디아 브리태니커_{Encyclopaedia Britannica}'에서처럼 a와 e가 연달아 나올 때 두 글자를 합쳐서 쓰거나 인쇄하는 것을 뜻한다. (나는 이 책에서 a와 e를 합쳐 쓰지 않았는데, 나의 매킨토시 컴퓨터 자판에서 리게이처를 어떻게 구사하는지 모르기 때문이다.)

톰은 나를 데일의 사무실에서 나오게 하여 일러스트레이션 부서를 구경시켜주었다. 그리고 다음으로 브리태니커 시디롬에 수록할 짧은 영상물을 만드는 애니메이션 부서를 구경시켜주었다. 나는 브리태니커에 수록된 잠자리가 먹이를 먹는 영상이 제리 브룩하이머의 영화를 떠올리게 만든다고 말했다. 그리고 즉시 후회했다. 이런 말은 하지 말걸! 그리고 다음으로 인덱스 작업 부서를 구경했다. 인덱스 전문가들 사이에서 노벨상으로 통하는 휘틀리 메달 수상에 빛나는 곳이 바로 이곳이다. '인덱스'라는 개념을 어떻게 색인 작업하는지 보여달라 요청하고 싶었지만 겨우 참았다.

그리고 나는 사실 조사팀 사람들과 이야기를 나누었다. 그들은 스코틀랜드의 작은 마을 인구를 체크하고 있었다. 그들은 그 마을에 사는 어떤 남자와 통화 중이었는데, 남자가 이렇게 말했다고 한다. "잠깐만요! 잠깐 전화를 끊지 말고 기다리세요. 제가 한번 이 마을 사람들을 세어 볼게요." 정말 작은 마을인가 보다. 마을 술집에 사람들을 다 모이게 한 뒤 세고 있는 게 아닐지. 나는 각 분야 편집자들도 만났다. 분야별로 전문 편집자가 있어 자기 분야에 관한 항목과 글을 맡아 편집한다. 그리고 자료실도 구경했는데, 말레이어-영어 사전, 인도에 관한 논문들을 주제로 하는 책을 비롯하여 내가 지금까지 본 중에서 가장 특이한 자료 컬렉션이었다.

톰은 나를 깜짝 놀라게 했다. 브리태니커가 실제로 어떻게 만들어지는지 이해할 수 있는 일종의 체험 프로그램을 준비해두고 있었던 것이다. 그들은 편집부 사무실 책상 하나를 나를 위해 마련해두었다. 책상 위에는 빨간펜 두 개, 형광 컬러펜, 여러 권의 책, 브리태니커 로고가 찍힌 머그잔 등이 놓여 있었다. 그리고 나는 브리태니커 편집부 사무실의 정적 속에 홀로 남겨졌다. 다른 근무자들이 자판을 두드리는 소리만 들렸다.

나의 임무는 스포츠의 역사에 관한 글을 체크하는 것이었다. 사실 조사팀의 일원이 된 셈이다. 나는 스스로 적임자라 생각했다. 〈뉴욕 옵저버〉에서 조사 업무를 여러 달 담당한 적이 있기 때문이다. 먼저 나는 일본의 전통 스포츠인 스모의 유니폼이 많은 사람들이 생각하듯 중세 때 디자인된 게 아니라 1906년에 디자인됐다는 내용을 검토했다. 책상 위에 놓여 있는 스포츠 관련 책을 뒤져 보았지만 스모는 실려 있지 않았다. 이제 웹사이트를 검색하기 시작했다. 드렉셀 대학의 한 웹페이지가 유용해 보여 자세히 살펴보았지만 소용이 없었다. 땀이 흐르기 시작했다. 정말로 내 몸은 물 먹은 스펀지처럼 땀으로 흠뻑 젖어갔다. 당황스럽기 짝이 없었다. 멘사 회원가입 테스트 이후로 그런 기분은 처음이었다. 브리태니커 사람들에게 내가 그들의 책을 처음부터 끝까지 읽을 만한 자격이 충분한 사람이라는 걸 증명하고 싶었지만, 첫 판에 보기 좋게 실패한 셈이다.

이후 40분 동안 나는 내게 부과된 15가지 사항들 가운데 겨우 두 가지 사항만 조사하여 확증할 수 있었다. 다음 임무는 편집이었다. 국제 형법에 관한 글 하나가 나에게 주어졌다. 나는 그 글에 '의미 있는 상호 참조'를 추가시켜야 했다. 이 역시 내가 충분히 할 수 있는 일이라고 생각했다. 상호 참조란 말하자면 해당 글의 끝부분에 "여기 여기 여기를 보시오"라는 참고 안내 사항을 추가하는 일이다.

예컨대 브로콜리에 관한 글이라면 그 글 끝에 '채소$_{vegetable}$를 보시오'라고 적어 넣는 것이다. 나는 무척 열심이었다. 사실 조사 업무에서 내가 겪은 체르노빌 재난을 만회하기 위해 빨간펜으로 종이 위를 부지런히 메워나갔다. 국제 공역$_{空域}$? '주권$_{sovereignty}$'을 보시오. 이것이 내가 이해한 '의미 있는 상호 참조'였다.

20분쯤 지났을까. 나는 시어도어의 사무실로 호출됐다. 내가 작업한 결과를 제출하자 그는 기뻐하는 것 같았다. 그가 물었다.

"국제법에 관한 글에서 뭔가 고쳐야 할 게 있던가요? 제안하실 거라도?"

이런! 나는 의미 있는 상호 참조 작업에 몰두하느라 여념이 없었단 말이다. 내게 주어진 글이 전체적으로 잘된 글인지 살필 만한 여유는 조금도 없었다. 이럴 때 의미 있는 상호 참조는 '얼간이를 보시오.'

"아마도…… 음…… 그러니까, 국제 형법의 역사에 관해 보충하면 좋을 것 같은데요. 이를테면 고대 그리스에는 국제 공법에 해당하는 개념이 없었을까요?"

그럭저럭 나쁜 대답은 아닌 것 같다. 어떤 주제든 그 주제의 역사가 중요하다고 볼 때 말이다. 시어도어가 말했다.

"국제 형법의 구체적인 사례가 필요하다는 생각은 해보지 않으셨나요? 독자들이 국제 형법을 이해하는 데 도움을 줄 만한 사례 말입니다."

제기랄! 그래 맞다. 그게 정확한 답이다. 나는 기어 들어가는 목소리로 말했다.

"그렇군요. 맞아요. 대단히 좋은 생각입니다. 슬로보단 밀로셰비치 같은 사례 말이지요. 저는 전쟁 범죄라고 하면 그 사람이 떠올라요."

"좋습니다. 우리는 하루살이 신문 기사를 편집하는 게 아니거든요. 우리는 훨씬 더 전망을 갖고 편집에 임해야 한답니다."

또 한번 보기 좋게 한 방 먹었다. 나는 브리태니커 편집자처럼 업무에 임하지 못하고, 마감 시각에 쫓기는 신문 기자처럼 헤드라인을 사냥하는 데만 정신이 팔렸던 거다. 시어도어와 인사를 나누고 뉴욕행 비행기를 타기 위해 떠났다.

줄리와 공항에 한참 앉아 있다 보니 내 굴욕감도 서서히 잦아들었다. 브리태니커 편집진이 나에게 더없이 친절했기에 내 실패의 아픔이 더욱 컸지만, 내가 기억할 것은 그게 아니다. 정말로 내가 기억할 것은 브리태니커 사람들의 순수한 열정 바로 그것이다. 글자 위의 악센트 표시, 움라우트, 글자 위에 붙이는 물결무늬 발음 기호 등 각종 발음 및 문자 기호 하나하나에 그처럼 열정적인 사람들을 나는 본 적이 없다. 데일은 나에게 정보 관리 및 검색 시스템이라 불리는 데이터베이스를 설명해주기도 했는데, 마치 10대 소년이 가수 크리스티나 아길레라의 가슴 사이 팬 곳에 관해 말하는 것 같은 태도와 방식이었다. 그렇다. 그를 비롯한 편집진은 아길레라의 가슴 사이 팬 곳 속에, 아니 정보 그 자체 속에 살고 있다. 그들은 정보를 사랑하고, 그것을 읽고, 그것을 소화하고, 무엇보다도 그것을 체계적으로 정리하고 조직해낸다.

그들은 고귀한 사명과 목적을 위해 일한다고 자부한다. 그 자부심이라는 게 순진해 보이기도 하고 허세에 가깝게 보일 수도 있겠지만, 진지하고 강력한 것만은 틀림없다. 그들이 하는 일은 결코 비즈니스에 불과한 게 아니다. 오늘날 대부분의 출판 활동이 많이 파는 것을 지상의 목표로 삼고 있다고 본다면, 브리태니커 편집진은 그런 경향과 멀어도 한참 멀리 떨어져 있는 사람들이다. 그것은 우리 시대에 보기 드문 미덕이라 할 만하다.

시어도어와 대화하는 동안 나는 내 세대에 속한 사람들이 흔히 그렇듯이 격조 있고 유장한 표현을 구사하기보다는 "엄……" 하는 따위의 말을 자주 넣어가며 짧고 가볍게 말했다. 시어도어는 그런 내가 안쓰러웠나 보다. 그는 인용을 통해 사실상 나를 일깨워주었다. 내가 속한 사회적 네트워크와 세대 사람들은 무언가를 인용한다는 데 익숙지 않다. 코미디 영화 〈플레치〉나 가상 록밴드 스파이널 탭을 다룬 영화 〈이것이 스파이널 탭이다〉의 대사라면 몰라도 말이다. 시어도어가 인용한 것은 1940년대에 나온 브리태니커에 실려 있는 헌정사였다. "세상의 모든 남성과 여성과 어린이들, 이 세상과 사람에 관한 지식을 늘려 서로의 문제를 이해하고, 그 이해를 통해 수많은 나라들로 이루어진 공동체가 평화롭게 살아나가기를 바라는 모든 이들에게. 브리태니커 백과사전이 이 책을 바친다."

university
대학

최초의 대학은 11세기 볼로냐에 세워졌다. 초기 대학에서는 교수들이 각 강의마다 수업료를 거뒀다. 교수가 학생들 마음에 들지 않으면 굶어야 한다는 뜻이다. 이거야말로 오늘날 회복시켜야 할 좋은 제도이다. 강의의 자유 시장! 심리학 강의실과 고급 통계학 강의실 옆에 티켓 부스를 세워놓는다. 교수들이 학생을 긁어모으기 위해 뭘 하는지 지켜본다. 그렇게 하면 고등 교육의 수준을 크게 높일 수 있을 것이다. 적어도 내가 대학 시절 수강했던 영국의 르네상스 시인 에드먼드 스펜서의 〈페어리 퀸〉에 관한 졸음 쏟아지는 강의도 벤 애플렉, 제니퍼 로페즈가 주연한 〈기글리〉(한국 개봉 제목 〈갱스터 러버〉)의 학술 버전 정도로 재미있게 수강할 수 있을지 누가 알겠는가.

urine
오줌

달마시안 개와 인간은 이상하게도 비슷한 오줌을 눈다. 포유류 가운데 그 둘만 요산을 내는 것이다. 내가 마리화나를 피운 적이 있다면, 그런데 공직에 지원한다면, 이 지식이 요긴할 법도 하다. 달마시안에게 접근해서 그 오줌을 받아내 약물 검사 때 제출하는 것이다. 여하튼, 예기치 못한 관련성은 늘 놀랍기만 하다.

utility
유용성

아버지가 나를 자랑스럽게 여기셨다. 어젯밤 한 자선 공연에 참석하셨을 때 지인에게 당신의 아들이 브리태니커를 A 항목부터 Z 항목까지 모조리 읽고 있는 중이라고 말씀하신 것이다. 그 지인은 믿을 수 없다는 반응을 보였다. 아버지가 또 하나의 농담거리를 개발한 것이라 여긴 것이다.

오늘 아침에 아버지와 나, 그리고 그 사람은 전화로 삼자 대화를 나누었다. 나는 내가 정말로 브리태니커를 처음부터 끝까지 읽고 있다고 말했다. 아버지는 기뻐하셨다. 내가 아버지를 농담꾼 이미지에서 벗어나게 해드린 것이다. 하긴, 이 자체가 아버지의 농담인지도 모르지만. 아버지가 그럴듯한 뜬소문보다 더 좋아하시는 게 있다면 그건 바로 아무도 믿지 않는 터무니없어 보이는 사실을 말씀하시는 것이다. 일종의 진지한 농담이라 할까.

여하튼 나로서는 영광이다. 아직까지 나의 지식이 아버지에게 깊은 인상을 남기지는 못한 것 같지만, 적어도 지식을 추구하는 것 자체가 쓸모를 발휘한 셈이다.

Uzziah
웃시야

기원전 8세기에 52년 동안 유대 왕국을 다스린 왕이다. 브리태니커 U 항목의 마지막이기도 하다. 브리태니커의 끝이 조금씩 보이기 시작하면서부터, 나는 브리태니커에 일종의 플롯을 부여해볼 수 있지 않을까 하고 생각한다. 브리태니커의 마지막에 뭔가 결정적인 대단원이 기다리고 있으면 좋겠다는 소망. 나는 이 소망이 헛되리라는 걸 알지만, 꿈은 꾸어 볼 수 있는 거 아닌가.

vaccine
백신

　할머니, 할아버지와 온 가족이 모여 브런치를 나누었
다. 식탁의 화제는 유례를 찾기 힘든 위업, 출판 분야의
위업이었다. 바로 〈우리 가족 완전 뉴스〉라는 출판물이
다. 1950년부터 할머니가 매달 2페이지 분량으로 발행해
온 가족 소식지로, 25명 정도의 열렬한 독자를 확보하고
있다. 제인 고모가 500호가 넘는 소식지를 모조리 복사
해 브리태니커와 비슷한 크기의 책으로 묶었다.

　적어도 나와 유전적으로 가장 가까운 사람들 사이에서
는 대단한 읽을거리가 아닐 수 없다. 탄생, 결혼, 직업적
성취, 가족들 가운데 한 아기가 다른 아기의 발가락을 빨
았다는 소식에 이르기까지. 그런데 이 소식은 좀 이상야
릇하다. 여하튼 실제로 일어난 사건이었다.

　〈가족 뉴스〉는 충격적인, 적어도 우리 가족들 사이에
서는 충격적인 소식들로 가득하다. 친척들 가운데 누군
가가 구조조정 대상이 되었다거나, 어린아이가 환각 작
용을 일으키는 버섯을 먹었다거나 하는 소식을 예로 들
수 있다. 흐루시초프 치하 소련에서 발행된 공산당 기관
지 〈프라우다〉에 견줄 수 있을지 모른다. 물론 영웅적인
공장 노동자에 관한 이야기 같은 건 없지만 말이다.

　지금도 〈가족 뉴스〉를 뒤적거리는 건 즐겁다. 줄리는

특히 나의 유아 시절 관련 기사에 큰 흥미를 느낀다. 그 기사란 이번 달에는 내가 어떤 병을 앓았는지를 전하는 내용이다. 거의 매달 그런 기사가 실렸으니, 장기 연재 기획물이라고 해도 과장이 아니다. 'A. J.의 이달의 질병'이라는 코너를 만드는 게 나았을 지경이다. 내가 줄리에게 말했다.

"정말 많이 앓았지. 하지만 우울증은 아니었어."

〈가족 뉴스〉의 발행인이자 기자이며 칼럼니스트인 할머니도 〈가족 뉴스〉 지난 호를 읽으시곤 한다. 할머니는 내 부모님의 연애 시절에 관해 읽으시다가, 내 아버지가 대학에 들어간 나이를 떠올리시며 새삼 놀라셨다. 할머니가 아버지에게 물으셨다.

"그때 몇 살이었지?"

"열여섯 살이요."

"와우!"

음, 그러셨구나. 내가 가만있을 수 없다. 나는 일종의 수동적 공격 반응을 나타냈다. 코튼 마서와 인크리스 마서가 열두 살 때 하버드에 입학했다는 걸 말씀드린 것이다. "코튼 마서와 인크리스 마서는 천연 두 예방 접종 분야의 선구자들이었어요. 그 당시에는 대단한 논란거 리여서 성난 반대자들이 코튼이 사는 집 창문에 폭탄을 던지기까지 했지요."

이 대목에서 아버지는 〈가족 뉴스〉를 읽다가 크게 놀란 점을 말씀 하시겠다고 했다. 할머니가 말씀하셨다.

"그게 뭐냐?"

나는 썰렁한 농담을 듣게 되는구나 생각했다.

"어머님이 얼마나 대단한 걸 이루셨는지 크게 놀랐어요. 정말 위대한 일을 하신 겁니다. 세상을 보다 나은 곳으로 만드는 데 기여하신 거죠."

오호! 이런 걸 기대한 게 아니었는데. 아버지가 이렇게 순수하게 정감 어린 순간을 자아내실 줄이야. 나는 아버지가 그러실 때를 본 적이 별로 없다. 그런데 최근 들어 그러실 때가 점점 더 늘어나고 있다. 카야 사고 이후 가장 감동적인 순간이었다. 나는 어떤 사회에는 '농담 관계'라는 게 있다는 걸 읽은 적이 있다. 그것은 일종의 안전한 거리를 유지하는 방식이다. 아버지는 이제 농담 관계를 스스로 무너뜨리셨다. 존경할 만한 일이다. 나도 아버지를 따라 그렇게 해야 할 것 같다. 동물학자 콘라드 로렌츠를 엄마로 알고 뒤를 졸졸 따라다닌 거위들처럼 말이다. 더구나 나의 아버지는 나의 진짜 아버지임에랴.

Van Buren, Martin
밴 뷰런, 마틴

권력을 쟁취하는 수단은 여러 가지다. 거세하여 환관이 되는 것도 있고, 뇌물을 바치는 것도 있고, 정적의 목을 치는 것도 있다. 그러나 미국의 제8대 대통령 마틴 밴 뷰런은 잔인하거나 무례한 수단을 쓰지 않고 권력을 쟁취했다는 거 아닌가. 그는 자주는 아니더라도 가끔씩이라도 누군가를 친절히 대하는 게 매우 가치 있는 일이라는 걸 증명해주었다.

1828년 앤드루 잭슨은 밴 뷰런을 국무장관으로 임명했다. 그해 워싱턴의 분위기는 어수선했다. 요즘 같으면 페기 게이트라 불릴 스캔들로 시끌벅적했던 것이다. 여인숙 주인의 딸 페기 이튼(E 항목에 등장한다)은 테네시 주 출신 상원의원 존 이튼과 정을 통하다가 남편이 죽자 이튼과 결혼했다. 잭슨은 존 이튼을 국방장관으로 임명했다. 그녀를 둘러싼 갖가지 안 좋은 소문들이 꼬리에 꼬리를 물었다. 내각 각료 부인들을 비롯한 워싱턴 사교계는 노골적으로 페기 이튼을 무시하고 따돌렸다. 특히 부통령 존 캘혼의 부인이 앞장서서 페기 이튼을 따돌렸다. 스스로 '보통 사람'임을 자처하며 그들을 대변한다는 걸 강조하던 잭슨 대통령은 그런 사태에 분노하며 공공연히 페기 이튼 편을 들었다. 잭슨은 본래 캘혼을 자신의 후임 대통령 후보로 점찍고 있었지만, 페기 이튼 사태 때문에 캘혼과 척을 지고 말았다.

내각에서 페기 이튼 편을 든 인물은 유일했다. 바로 마틴 밴 뷰런이었다. 잭슨 대통령은 그런 밴 뷰런을 가장 총애하게 되었고, 결국 1832년에 밴 뷰런을 부통령으로 임명하고 후임 대통령 후보로 밀었다. 정치권력을 획득하는 길치고는 참으로 이상야릇하다. 블루칼라 출신 여인에게 친절할 것!

밴 뷰런 대통령은 별다른 치적을 남기지 못했고 인기도 없었다. 그리고 페기 이튼은 남편 존 이튼이 세상을 떠난 뒤 이탈리아인 춤 선생과 결혼했지만, 그 춤 선생은 페기 이튼의 재산을 빼앗고 페기 이튼의 손녀를 꼬드겨 달아나기까지 했다. 그러니 이 이야기가 아름다운 요정이 등장하는 동화가 아닌 건 분명하다. 그러나 그런 측면은 눈감고 싶다. 여하튼 사람들에게 친절하라는 것. 그것이 이 이야기에서 취할 바가 아닌가 싶다.

바서 칼리지
Vassar College

〈백만장자〉 퀴즈 경기까지 얼마 남지 않았다. 긴장이 더해지고 혼란스럽다. 내가 잊어버린 것들의 목록을 만들어 점검하고 있다. 바서 칼리지가 속해 있는 일곱 자매 대학이 어디 어디였더라? 버나드 칼리지, 브린머 칼리지, 래드클리프 칼리지, 스미스 칼리지, 웨슬리 칼리지, 마운트 홀리요크 칼리지, 그리고 바서 칼리지다. 역사상 가장 거대한 화산 폭발은? (크라카토아 화산이 아니라, 1815년에 있었던 인도네시아의 탐보라 화산 폭발이다.) 리어 왕의 세 딸 이름이 뭐더라? 셰익스피어 작품에 나오는 왕들 가운데 곱사등이가 있던가? 있다면 누구지? 오! 그렇지. 리처드 3세.

채식주의
vegetarianism

마티 고모가 밤에 전화를 걸어 뭐 하고 있느냐 물으셨다.

"책 때리고 있어요."

마티 고모는 그냥 지나가는 법이 없다. 그런 폭력적인 은유를 사용하지 말라고 나를 꾸짖으셨다.

"알았어요, 알았어. 저는 지금 책에 대해 아주 부드러운 지압 요법을 시행하고 있어요."

마티 고모는 이 표현이 한결 더 낫다고 여기는 눈치였다.

난 마티 고모를 사랑한다. 그러나 고모와 나누는 대화는 늘 이런 식이다. 내가 지금 뭐 하는지 물어보시고, 나는 대답하고, 그건 틀렸다 꾸짖으시고, 내 언행이 남성우월주의적 권력 구조를 강화하는 데 기여한다고 힐난하시고…… 뭐 그렇다. 고모는 이른바 지론, 그렇다, 지론을 갖고 있다. 그 지론이란 리버럴이라고 표현할 도리밖에 없다. 정말 리버럴하다. 보다 정확히 말하면 리버럴에서 조금 더 좌파 쪽이라고 할까. 고모는 버클리 근처에 사시는데, 리버럴의 대명사로 일컬어지기도 하는 버클리도 당신에게는 너무 파시스트적이다.

그때까지 나는 줄리가 임신했다는 소식을 전해드리지 못했다. 나는 고모에게 내가 할 수 있는 한 가장 점잖게 소식을 전했다. 그리고 인구 과잉 문제를 심화시키는 데 일조해서 송구스럽다는 말씀도 드렸다.

"괜찮다. 뭐 송구스러울 것까지야 있겠니."

뜻밖에 고모는 나를 용서하셨다. 그러나 웬걸. 아이를 철저한 채식주의자로 키워 지구 환경에 미치는 악영향을 최소화해야 한다고 따끔하게 한마디 '날리셨다.' (고모를 두고 이런 표현을 쓰면 안 되는데.) 역시 우리 고모이다. 고모는 채식주의자 그 이상의 채식주의자라고 할 수 있다. 고모는 동물의 권리에 대한 철저한 신념을 갖고 있다. (사실 고모는 권리라는 개념 자체가 너무 서구적이라고까지 생각한다.) 채식주의자 회의에 참석하기 위해 미국 전역을 누비느라 많은 시간을 보낼 정도다.

고모가 드시지 않는 음식으로 어떤 게 있더라? 소고기와 돼지고기는 물론이고, 닭고기, 생선, 달걀, 모든 유제품(아이스크림을 '고체화시킨 점액'이라 부르신다), 그리고 꿀도 안 드신다. 꿀을 생산하는 벌들이 억압받고 있기 때문이란다. 그렇다면 남은 건 콩으로 만든 음식인데, 그것도 안 드신다. 콩 음식 산업이 부패로 얼룩져 있다고 믿기 때문이다. 최근에 고모는 채식주의에서 한 단계 더 나아가 생식주의자가 되셨다. 익히지 않은 날것만 드시는 것이다. 그것이 훨씬 더 자연친화적이기 때문이란다.

이 독단과 아집에 가까운 신념에도 불구하고, 고모는 유머 감각도 넘치고 상냥하다. 성마르고 깐깐한 태도인 것 같으면서도 웃음을 잃지 않으시니, 고모와 이야기하는 건 늘 즐겁다. 단, 내 혀가 어떻게 움직이는지 단단히 주의를 기울여야 한다는 걸 전제로. 마티 고모는 성적인 표현을 무척 싫어하고, 너무도 당연하게, 동물을 비하하는 따위의 표현도 정말 싫어한다. 이를테면 내가 누군가를 돼지라고 일컫자 불호령이 떨어졌다. 돼지가 얼마나 훌륭한 동물인지 일장 연설이 이어진 건 당연한 일. 얼마 전에는 할머니가 조지 W. 부시에 대해 불평하면서 그를 시큼한 '레몬'이라고 말씀하시는 실수를 저질렀다.

"어머니, 레몬이 무슨 잘못이 있다고 그러세요?"

고모에게 내가 브리태니커에서 읽은 것에 관해 말씀드릴 때마다, 고모는 내가 충분히 예상할 수 있는 반응을 보이셨다. 뭐가 틀려먹었고, 뭐가 돼먹지 못한 얘기라는 말씀. 프랜시스 베이컨에 관해 말씀드리자 물으시기를 "그 사람이 성차별주의자라는 언급은 없더냐?"

"없어요."

이번에 나는 고모가 흥미를 느낄 만한 주제를 말씀드렸다. 바로 채식주의이다.

"뭐라고 적혀 있더냐?"

나는 고모에게 피타고라스, 플라톤, 플루타르코스 등이 모두 채식주의자였다고 말씀드렸다. 볼테르가 채식주의를 높이 평가했고 셸리는 채식주의를 실천했으며, 제러미 벤담은 동물에 관한 이런 말을 남겼다는 말씀도 드렸다.

"동물이 사고할 수 있는가? 동물이 말을 할 수 있는가? 이런 건 중요한 문제가 아니다. 정말 중요한 건 이렇다. 동물이 고통받고 괴로워할 수 있는가?"

내 예상이 들어맞았다. 고모는 이 말을 좋아했다.

나는 채식주의 항목을 한번 읽어 보시겠느냐 물었다. 속으로 나는 기대해 마지않았다. 고모가 브리태니커의 채식주의 항목을 읽으시면 얼마나 많은 오류를 발견하실까? 사실의 오류에서부터 브리태니커가 지나치게 남성적인 글꼴을 사용하고 있다는 불만에 이르기까지.

나는 팩스로 채식주의 항목을 보내드렸다. 내 예상이 보기 좋게 맞았다. 고모가 보시기에 채식주의 항목에는 오류가 가득하다. 이를테면 육식과 남성성 사이의 관계를 빼먹고 있으며, 채식주의자들의 동기가 동물적 욕망을 극복하는 데 있다는 주장을 지나치게 강조한다. 채식주의에 관한 페미니스트 철학자들의 견해는 수록하지 않고 오직 남성 윤리학자 피터 싱어의 언급만 수록한 것도 고모는 불만이다.

여기에서 얻은 한 가지 교훈. 브리태니커가 비록 공평무사하고자 노력하더라도 모든 이를 만족시킬 수는 없다. 어쩔 수 없이 어느 한 쪽으로 기울기 마련이다.

vehicle
탈것

나는 지금 〈에스콰이어〉 연말 특집판을 편집 중인데, 자동차 판매장을 불태운 급진운동가들에 관한 뉴스를 읽고 있다. 그들은 고속도로의 유람선이라 할 만한 신형 험머 20대도 불태웠다. 그들은 불타버린 자동차 잔해에 "뚱뚱하고 게으른 미국놈들"이라는 문구를 스프레이로 휘갈겨놓았다. 나는 이 뉴스를 '무시무시한 과거의 메아리'라 이름 붙여 425번 파일로 철해두었다.

C 항목의 마차couch에 관한 설명을 떠올려 보면 말이 끄는 네 바퀴 달린 화려한 마차는 1500년대에 처음 등장했다. 그 시대의 스포츠형 다목적 차량suv이었다고나 할까. 브리태니커는 이를 둘러싼 오래 잊혀 있던 논쟁을 일러준다. "시인들은 그 마차가 바람둥이와 난봉꾼들이나 즐겨 타는 허세로 가득한 탈것이라 힐난했고 (…) 보스턴 주민들은 악마가 그것을 만들었다며 공격했다." 어느 독일 귀족은 칙령으로 그 마차를 금지시키기까지 했다.

험머 자동차와 마차의 관계를 깨닫게 된 게 즐겁다. 더욱 즐거운 건, 내가 아직까지도 C 항목의 내용을 기억하고 있다는 사실이다.

vending machine
자동판매기

브리태니커는 내가 미처 몰랐던 또 한 사람의 영웅을 알게 해주었다. 자동판매기는 제2차 세계대전 직전에 미국이 방위산업을 강화하면서 널리 보급됐다. 당시 공장주들은 노동자들이 정규 식사 시간을 갖지 않고 12시간 교대 근무를 하도록 자동판매기를 들여놓았던 것이다. 기계에서 간단한 식사거리가 튀어나오다니 그럴듯한 생각이다. 제2차 세계대전 승전에 한몫한 자동판매기에게 고마움을 느껴야 할 것 같다. 자동판매기가 아니었으면 오늘날의 우리가 사우어크라우트(독일식 양배추 김치)나 브라트부르스트(독일 소시지)를 자동판매기에서 뽑아 먹고 있을지 누가 알겠는가.

복화술

에스키모와 줄루인들은 복화술에 능했다. 극지 사람과 사하라 이남 지역 사람이 공통점을 지녔다는 게 맘에 든다. 그것도 그냥 공통점이 아니라 인형이 말하는 농담이라는 공통점이 아닌가. 역시 인류는 하나라는 생각이 든다.

기학

지금까지 살아오면서 저널리즘에 종사했다는 게 대체로 좋은 경력이라 생각하고 있었다. 그런데 이제 저널리즘 외의 새로운 경력 후보를 알게 되어 반갑다. 브리태니커는 새로운 경력 대안들로 가득하다. 경력 카운슬링의 대가 리처드 N. 볼스가 집필해서 700만 부 이상 팔렸다는 《당신의 파라슈트는 어떤 색깔입니까?》의 3만 3,000페이지짜리 판본이라 할 수 있겠다. 브리태니커에서 내가 뽑은 일곱 가지는 다음과 같다.

1. 팸플릿 저자: 제법 인기 직종이었다. 팸플릿을 통해 서로의 주장을 내세우며 사실상 팸플릿 전쟁을 벌이는 데 많은 저자들이 필요했다. 특히 격렬했던 팸플릿 전쟁으로 청교도 진영과 감독파 진영 사이의 전쟁이 있다. 청교도 진영은 감독파 진영을 향해 "불경스럽고, 거만하며, 무가치하고, 유해하며, 파괴적이고, 뻔뻔스러운 고위 성직자들"이라 비난했다는 거 아닌가. profane, proud, paltry, popish, pestilent, pernicious, presumptuous, prelates. 두운을 맞추는 것도 좋고 분량이 적은 책도 좋다. 그러니 팸플릿 저자는 나에게 적합한 직업이 아니

겠는가.

2. 엉터리 대수도원장: 명함에 이 직종을 돋을새김해 넣으면 멋지겠다. 중세 스코틀랜드에서 '엉터리 대수도원장'은 크리스마스 축제를 조직하는 사람이었다. 가짜 신하들이 이 사람에게 짐짓 예의를 표하는 것으로 축제가 완성된다고 하니 이거 해볼 만한 직업이다. 영국에서는 같은 일을 하는 사람을 '실정하는 왕' 그러니까 엉터리 왕이라 불렀다니 이것도 맘에 든다.

3. 호소학湖沼學 연구자: 호수를 연구하는 사람이다. 오직 호수 연구에만 전념하는 직종이 있다는 게 맘에 든다. 그러나 솔직하게 말하면 브리태니커에 나오는 정말 다양한 각종 연구자-ologist들과 호소학 연구자 가운데 어떤 걸 택하는 게 좋을지 잘 모르겠다. 깃발을 연구하는 기학旗學 연구자vexillologist, 선거와 투표를 연구하는 선거학 연구자psephologist가 되는 게 더 나을지도 모른다. 지구 밖 생명체를 연구하는 외계생명체 연구자exobiologist, 순교자와 순교의 역사를 연구하는 순교사학자martyrologist, 달을 연구하는 월리학月理學 연구자selenographist, 문헌에 사용된 인장印章을 연구하는 인장학자sigillographist 등은 또 어떤가? 선택하기 참 힘들다.

4. 고래 의식 집전자: 북서 태평양 연안에 사는 누트카 인디언들 가운데 죽은 고래가 해변으로 떠오르기를 기원하는 의식을 집전하는 사람이 있었다. 급성장하는 직종은 아닐 것 같다. 〈포천〉 선정 세계 500대 기업들 가운데 절반 정도나 고래 의식 집전자를 필요로 할까? 그러나 갖추어둘 만한 고도의 전문성을 필요로 하는 직종 같다.

5. 인쇄소 심부름꾼: printer's devil이라. 인쇄소 견습공 혹은 도제를

뜻한다. 손과 얼굴이 잉크 등으로 더러워진 모습을 악마에 견준 셈이다. 작가이자 신문 기자였던 암브로스 비어스, 〈뉴욕 타임스〉 사주였던 아돌프 옥스 같은 인물이 여기에 해당할까? 인쇄소에서 온갖 허드렛일을 하는 직종이지만, '악마'라는 이름이 붙은 직종은 왠지 좋아 보인다.

7. 19세기 대법원 판사: 이 사람들은 한 해에 7주 또는 8주를 일했다. 44주에 걸친 긴 휴가라니. 더구나 그 얼마 되지 않는 근무 기간에 병가를 내거나 휴가를 낼 수도 있었다니 거저먹기도 이런 거저먹기가 없다. 그들이 출산육아 휴가까지 챙기려 하지나 않았는지 궁금하다.

위의 직종들이 내가 보기에 제법 유망한 것들이라면, 세상에서 가장 안 좋은 직업들도 있다.

1. 뼈 추려내는 사람: 당신이 아메리칸 인디언들 가운데 촉토족 사람으로 태어나 살다가 세상을 떠났다면, 당신의 시신은 뼈 추려내는 사람에 의해 말끔하게 처리된다. 촉토족의 뼈 추려내는 사람은 남성일 수도 있고 여성일 수도 있는데, 특별한 문신을 하고 긴 손톱을 지니고 있었다.

2. 어퍼지션 멤버: 어퍼지션Opposition이라고 해서 반대당 멤버, 그러니까 영국 의회와 관련 있는 직종으로 생각하면 안 된다. 여기에서 어퍼지션은 미국의 묘기 농구단 할렘 글로브트로터스에서 패하는 구실을 맡은 백인 팀의 공식 명칭이다. 4,323연패를 당하고 나면 무슨 생각이 들까? 코치가 선수들을 매우 엄격하게 몰아세울 것 같다. "이제 패해

야지! 지란 말이야. 인정사정 볼 것 없이 화끈하게 지라고!"

3. 레닌 시신 관리자: 방부 처리돼 있는 레닌의 시신을 "정기적으로 관리해주어야" 한단다.

Victoria
빅토리아

빅토리아 여왕은 노크하는 것을 금했다. 대신 문을 조용히 긁게 했다. 그만큼 큰 소리를 싫어한 모양인데, 그래도 여왕은 한 가지 소리만은 좋아했다. 그 위에 앉을 때마다 영국 국가 〈신이여, 여왕을 보호하소서〉가 흘러나오는 허리받이를 애용한 것이다. 앉으면 소리 나는 뿡뿡 쿠션의 왕실판이라고나 할까.

vinaigrette
비너그레트

샐러드 요리에 넣는 비너그레트 드레싱이 아니다. 18세기에 유행한 비너그레트는 라벤더와 아세트산 약물을 흡수시킨 스펀지를 넣은 작은 금상자로, 좋지 않은 체취를 막는 데 쓰였다. 18세기 사람들의 몸에서 샐러드 냄새가 났을 것 같다.

vital fluids
생체액

자! 운명의 그날, 아니 나의 디데이가 오고야 말았다. (역사 속의 진짜 디데이, 즉 노르망디 상륙 작전의 공식적인 작전 명칭은 오버로드 작전이었다.) 이날이 오면 나는 불교 선사에 버금갈 만큼 평온한 상태를 유지하게 되리라 기대했었다. 그러나 나는 위통과 두통에 시달리며 그 어느 때보다 일찍 일어났다. 초긴장 상태라 할까. 그리스 극작가들

이름과 아프리카의 강 이름을 다시 한 번 떠올려 보고, 행운을 비는 줄리의 포옹에 이어, 택시에 올라 어퍼웨스트사이드에 있는 ABC 방송사 스튜디오로 향했다.

에이미라는 이름의 미소 가득한 안내원이 맞아주었다. "〈백만장자가 되고 싶습니까〉에 오신 걸 환영합니다." 에이미는 창이 없는 대기실로 안내했다. 일급 유명 인사에 대한 대우와 관타나모 수용소 수감자들에 대한 처우의 중간. 나는 〈백만장자〉 프로그램이 출연자들을 그렇게 취급한다는 걸 알게 됐다. 에이미는 내 휴대전화와 개인용 휴대단말기, 그리고 읽을거리들을 모두 수거해 갔다. 현실 세계와의 접촉이 철저하게 금지되는 셈이다. 그 어떤 종류의 정보나 즐길거리와도 차단된다는 것. 비록 일시적이기는 하지만, 어떤 의미에서는 그 모든 것들로부터 벗어나 완전한 자유를 누리는 셈이라 할까.

대기실은 나의 동료 '수감자' 여덟 명으로 가득하다. 샌프란시스코에서 온 트럭 운전사 출신 디제이, 매사추세츠에서 온 공인회계사, 중서부에서 온 교사 부부 등 면면이 다양하다. 분위기는 묘하다. 한편으로는 같은 배를 탔다는 일종의 동료 의식이 엿보이는가 하면, 다른 한편으로는 곧 있으면 서로의 피를 보고야 말 것 같은 긴장감이 흐른다. 사람들은 다리를 떨거나, 손가락 마디를 연신 소리 나게 꺾거나, 괴로워 내는 신음 소리를 흘리거나 하면서 신경과민 증세를 보이고 있다.

나로 말할 것 같으면 무언가 읽고 싶어 미칠 지경이다. 텍스트 금단 현상이 나를 엄습하여 피를 말리게 하고 있다. 내가 말했다.

"폴란드 스프링Poland Spring 생수병 라벨에서 무언가 문제가 나올 수 있지 않을까요?"

미시간에서 온 큰 체구의 금발머리 교사가 답했다.

"전에 그 문제가 나온 적이 있어요."

"어떤 문제였나요?"

"폴란드 스프링이 어디에서 만들어지는가?"

"정말요?"

"그래요."

필라델피아에서 온 긴 머리의 대학 2학년생이 노래를 흥얼거리다가 말을 이었다. "폴란드 스프링은 메인 주에서 만들어져요. 원료가 되는 물을 숲 좋고 물 맑은 메인 주의 숲에서 얻는다고 광고하거든요." 그러자 다른 사람이 말했다. "최근에 그 광고가 바뀌었다는 걸 모르시는군요." 누구 말이 맞는지는 모르지만 나는 대학생을 한 방 먹인 그가 맘에 들었다.

결코 만만히 볼 사람들이 아니다. 그들은 생수병에서도 뭔가를 건져내는 사람들, 모든 것에서 지식을 얻으려는 사람들이다. 그렇다고 그들이 모든 걸 다 아는 전지全知의 차원에 도달했다고 보기는 힘들다. 그들 중 한 여성은 제트블루 항공사를 처음 들어 본다는 거 아닌가. 그래서 내 기분이 좀 나아졌다.

우리는 곧 아래층 스튜디오로 안내됐다. 다분히 미래주의적 분위기의 금속성 디자인 개념을 보여주는 원형 극장이다. 중간에는 뜨거운 의자라 불리는 의자가 놓여 있다. 물론 실제로 의자가 뜨거운 건 아니지만, 워낙 큰 데다가 빠르게 회전하기 때문에 위험할 수도 있다. 무대 감독은 우리에게 그 의자에 어떻게 올라앉는지 가르쳐주었다. 엉덩이를 의자 끝에 꽉 붙이고 팔걸이를 잡아당겨 의자를 돌려 제자리를 잡는다. 우리는 모두 실제로 한 번씩 해보았다. 몇 주 전의 한 출연자 할머니처럼 의자에서 떨어지는 사고를 당하기는 싫었다.

대기실로 돌아오자 프로그램 담당 변호사가 우리에게 몇 가지 주의를 주었다. 프로그램 진행 중 출연자들이 대화를 나누는 것은 연방법 위반이라는 등의 주의 사항이었다. 변호사가 주의를 주는 동안 필라델피아에서 온 대학 2학년생은 신경질적으로 웃어댔다. 쉼 없이 웃어대는 그 꼴이라니. 히, 히, 히! 정신병원에 입원해야 할 여성 박수부대원이 아닌가.

무대 감독은 우리에게 시시껄렁한 농담을 던지며 긴장을 풀고 즐기라고 말했다. 그러면서도 우리를 긴장시키는 말을 하는 것이었다. 다른 때보다 문제가 훨씬 더 어렵다는 것이다. 약 주고 병 주고라 할까. 방청객들이 지루해하고 있다는데, 제기랄! 지루한 게 당연한 거 아닌가? 지루하면 좀 어떻단 말인가? 그들은 방청객일 뿐이지 않은가. 왕창 더 지루해라!

시작 시간을 기다리는 건 고문과도 같았다. 중세 때 이단자를 고문할 때 두 손을 묶어 매달아 올리는 형틀, 그런 형틀에 묶여 있는 심정이었다. 간단한 점심 식사를 하고 다시 기다렸다. 방청객 무리가 들어오고, 코미디언이 분위기를 띄우고, 또 기다리고, 기다리고.

이윽고 첫 번째 희생자가 호출당했다. 머리 모양이 말끔한 외과 의사가 뜨거운 의자에 1번 타자로 올라가게 된 것이다. 나를 포함한 나머지 사람들이 한마디씩 했다.

"행운을 빌어요!"

"자! 이제 가는 겁니다."

"100만 달러 버세요!"

속내까지 그럴 리는 없다. '빨리 죽 쑤고 내려와라. 우리가 간다!'

우리는 대기실의 폐쇄회로 TV를 통해 프로그램 진행 상황을 지켜 봤다. 메인 주에서 온 폴란드 스프링 생수를 홀짝이거나, TV 화면에 서 외과 의사가 문제를 맞히기 전에 미리 맞혀보았다. 그러다 보니 전망이 밝아지는 것이었다. 이를테면 나는 베네수엘라가 베네치아에 서 이름을 따온 것이라는 사실을 알고 있다. (탐험가들은 바다에 기둥 을 박고 서 있는 해안가 집들을 보고 이탈리아의 베네치아를 떠올렸던 것이 다.) 나는 에익실러axilla가 무언지도 알고 있었다. 한 사람이 말했다.

"그거 귀 아닌가요?"

내가 바로잡아주었다.

"아니요. 겨드랑이예요."

"정말 확실해요?"

"그럼요. 전 〈에스콰이어〉에서 이상성욕에 관한 글을 편집한 적이 있거든요. 에익실리즘은 겨드랑이에 탐닉하는 이상성욕입니다."

돌이켜 생각해보건대, 그런 특수한 정보를 흘리는 게 아니었다. 우 리를 안내하는 에이미가 크게 놀란 눈치였다. 프로듀서가 가끔 대기 실에 안내판을 들고 나타나 다음 차례가 누구인지 알려주었다. 트럭 운전사 출신 디제이가 뜨거운 의자에 올랐고, 교사도 올랐다. 록펠러 센터의 크리스마스트리를 경비한다는 남자도 올랐다. 모두 스튜디오 로 떠나고 웃기 잘하는 필라델피아 여학생과 하버드를 졸업한 웨이 터, 그리고 나만 남았다. 이런! 오늘분 녹화가 끝났다는 거 아닌가.

에이미가 미소 지으며 말했다.

"내일 오전 11시 45분까지 다시 오세요."

두세 시간이나 잤을까? 여하튼 나는 다음 날 대기실에 다시 도착했다. 완전히 새로운 수감자들이 기다리고 있었다. 오늘의 문제 인물은 자신을 '자기 의견이 확고한 개새끼'로 자처하는 50대 남성이었다. 그는 가수 브리트니 스피어스("결코 그따위 가수의 팬이 될 수는 없다"), 전 뉴욕 시장 루돌프 줄리아니("만세!"), 조지 W. 부시("코카인 흡입하듯이 쿵쿵대는 꼴이라니"), 〈백만장자〉의 프로듀서("빅토리아 시크릿 란제리 모델을 닮았다") 등에 대한 확고한 자기 의견을 떠들어댔다. 자기 의견을 떠들어대지 않을 때는 주기율표에 관한 이런저런 지식들을 우리에게 묻고 떠벌렸다.

보청기를 끼고 있는 생물학자가 문제를 냈다. 영화 〈하이눈〉에서 결투로 죽는 네 명의 배우들 이름은? 우리 모두는 고개를 흔들었다. 그 생물학자가 말했다.

"이언 맥도널드, 밥 윌크, 셰브 울리." 그가 계속 말했다. "셰브 울리가 〈퍼플 피플 이터〉를 작사했다는 걸 압니까?" 그러자 다른 경쟁자 한 사람이 말했다.

"네 명이라고 하지 않았습니까? 네 번째 배우 이름을 대셔야죠."

"그건 잊어버렸습니다."

이 순간을 놓칠 수 없다. 내가 말했다.

"〈백만장자〉에서 물어보는 게 바로 그 네 번째 배우일 걸요."

생물학자는 나를 쏘아보았다.

프로듀서가 대기실로 들어와 내 이름을 불렀다.

"예!" 큰 소리로 내가 답했다.

"행운을 빌어요!" 대기실의 모든 사람이 말했지만, 나는 그들의 속내를 잘 알고 있다.

아래층 스튜디오로 내려간 나는 어제보다 훨씬 더 위험스럽고 공격적이며 미래주의적으로 보이는 세트로 올라갔다. 방청객들은 박수를 치고 난리였다. 그래야 TV 화면에서 나아 보인다는 무대 감독의 지도를 받은 터였다. 어머니, 아버지, 줄리도 방청객들 가운데 있었지만, 내 뒤에 앉아 있으니 나에게 신호를 보내거나 할 수는 없다. 다분히 과장되도록 극적인 음악이 흐르고 조명이 켜지고 내 손바닥은 체라푼지만큼 땀으로 젖어들었다. 체라푼지는 인도 메갈라야 주 남부에 있는 마을로, 연평균 강수량이 1만 1,430밀리미터에 달한다. 나는 뜨거운 의자 위에 올랐다. 오르는 연습을 했음에도 비틀거리다가 겨우 중심을 되찾았다.

진행자 메러디스 비에이라는 이런 무시무시한 스튜디오와는 정확히 정반대의 인물이라고 할 수 있다. 미소 가득하고 차분한 태도가 마치 자애로운 어머니를 연상시키는 것이다. 둘 중의 하나가 아닐까 싶다. 그녀가 정말 천재적인 배우이거나, 출연자가 100만 달러를 획득하기를 진심으로 바라는 사람이거나. 그녀와 나는 잠시 얘기를 나누었다. 그녀는 나에게 긴장을 풀고 실력을 발휘해 달라고 말했다.

"준비됐나요? 시작합니다."

100달러가 걸린 문제는 "본 보야주Bon voyage는 무슨 뜻인가?" 내가 말했다. "고등학교 때 배운 프랑스어의 99퍼센트를 잊어버렸어요. (이건 일종의 책략이었다. 위태롭게 출발함으로써 방청객들의 동정을 얻어

내 내 편으로 만들려는 책략!) 하지만 이건 나머지 1퍼센트에 속하네요. 천만다행입니다. 제 답은, 본 보야주는 좋은 여행을 뜻합니다."

맞았다! 터지는 박수! 첫 문제에 답하지 못하는 최악의 수치는 피한 것이다. 그 다음부터는 비교적 탄탄대로였다. 퀘이커the Quaker가 오트밀 상표라는 것, 수녀들이 사는 곳은 칸번트convent 혹은 넌너리nunnery라는 것, 황화수소는 썩은 달걀 냄새를 풍긴다는 것, 엠퍼샌드ampersand는 'and'를 뜻한다는 것, 배우 소피아 로렌은 이탈리아 출신이라는 것 등등. 연이어 터지는 박수! 이런 신날 데가 있나! 세상의 온갖 똑똑한 자들을 보기 좋게 물리치는 지식의 닌자가 된 기분! 세상의 모든 걸 다 아는 이 기분.

그러나 8,000달러가 걸린 문제가 내 꿈을 깨버렸다. TV 시리즈 〈로 앤 오더〉의 최근 출연 배우들 가운데 가장 오래 출연하고 있는 배우는?

제기랄. 남미 모든 나라의 수도 이름이나 일본의 역대 쇼군 이름을 모조리 알고 있는 내가 TV 시리즈 관련 지식에 허를 찔리다니. 제리 오바하? 샘 워터스톤? 잘 모르겠다.

"방청객에게 물어볼게요." 단 한 번만 사용할 수 있는 찬스를 쓰기로 했다. 대기실에 있을 때 프로듀서가 콜롬비아에도 〈백만장자〉 비슷한 프로그램이 있다며 들려준 이야기인즉, 곤경에 빠진 출연자를 괴롭힐 요량으로 방청객들이 일부러 틀린 답을 알려준다는 것이다. 그러나 나는 지금 이 자리의 선량한 방청객들을 믿어 의심치 않는다. 그들 가운데 두 사람은 수녀님이기도 하다. 방청객의 70퍼센트가 오바하라고 답했다. 그들이 옳았다. 내가 말했다.

"방청객 여러분, 고마워요!"

1만 6,000달러가 걸린 문제는, 릴리퓨션(소인국)은 어떤 소설에 나올까요? 좋다. 난 알고 있다. "답은 《걸리버 여행기》입니다."

나는 릴리퓨션 성에서 발생한 화재를 걸리버가 오줌을 눠서 진압했다는 말은 메러디스에게 하지 않았다. (나는 브리태니커에서 화재와 오줌의 관계에 관한 사항을 많이 배웠다. 프로이트는 방화벽과 야뇨증이 관계가 있다고 말했다. 비잔틴 시대 그리스인들이 해전에서 주로 사용한 액체 화약(고대의 네이팜탄이라고 할 수 있는)의 폭발로 일어난 불을 진압하는 데도, 소변이 쓰였다. 이런! 긴박하고 긴장된 순간에조차 내 정신은 자꾸만 이상한 데로 흘러가기만 한다.)

"《걸리버 여행기》, 정답입니다."

이제 나는 3만 2,000달러 문제를 기다렸다. 이윽고 내 모니터에 문제가 떴다. 이릿스러사이트$_{erythrocyte}$는 혈액의 어떤 성분인가?

이게 뭐지? 도무지 생각이 나질 않는다. 대뇌피질의 구석구석을 파헤치며 돌아다녀보았지만 이 단어를 찾을 수 없다. 제기랄! 백혈구? 적혈구? 림프액? 혈소판? 여전히 모르겠다. 이릿스러사이트, 이릿스러사이트. 점점 초초해졌지만 겨우 평정을 잃지 않았다. 내가 의지할 수 있는 구명줄이 있지 않은가. 잘될 것이다.

"에릭 형님에게 도움을 청하겠어요!"

에릭은 하버드에서 생화학을 전공했다. 에릭이 이런 걸 모를 리 없다. 메러디스가 말했다.

"좋습니다. 에릭을 부르죠."

벨이 세 번 울리자 에릭이 응답해왔다. 메러디스는 에릭에게 내가 지금까지 1만 6,000달러를 확보했음을 상기시켰다. 에릭은 적잖이 깊은 인상을 받은 것 같았다. 그리고 이제 나는 그의 도움을 필요로 한다. 인사말 따위로 시간을 허비하지 않고 나는 곧바로 문제를 읽어주었다.

"이릿스러사이트는 혈액의 어떤 성분인가? 적혈구, 백혈구, 림프액, 혈소판."

에릭의 입에서 답이 즉시 튀어나올 줄 알았다. 그러나 에릭은 주저했다. "음…… 그…… 저……." 이거 미칠 노릇이다. 에릭이 이걸 모른다고? 다른 사람도 아닌 에릭이? 에릭이 이걸 모른다면 가톨릭 신자가 아닌 교황이나 마찬가지 아닌가. 나는 마음을 진정시키느라 여념이 없었다. 에릭이 말했다.

"이릿스러사이트? 철자가 어떻게 되지?"

"E-r-y-t-h-r-o-c-y-t-e."

나는 에릭에게 구글 검색을 해보라고까지 말했다. 구명줄 구실을 하는 사람이 컴퓨터로 검색을 하기도 한다는 게 〈백만장자〉 프로그램의 숨은, 아니 공공연한 비밀이다. 관객들은 내 뻔뻔스러움에 키득거리는 것이었다. 에릭이 말했다.

"네 가지를 다시 말해줄래?"

내가 적혈구, 백혈구, 림프액, 혈소판을 주워섬기기 전에 제한 시간이 지나버리고 말았다. 메러디스가 나를 동정의 눈길로 쳐다봤다. 내가 말했다.

"에릭이 모든 걸 다 안다고 생각했는데……."

관객들이 일제히 웃었다. 농담으로 받아들이나 보지? 그러나 나는 웃을 기분이 아니었다. 난 정말 에릭이 뭐든 다 안다고 생각했단 말이다.

나는 순간적인 공황 상태에 빠졌다. 홀로 내버려진 기분이었다. 내가 할 수 있는 일이란 몸을 뒤척이며 의자를 이리저리 움직이는 일뿐이었다. 구명줄이 사라졌어도 마지막 기회는 남아 있다. 50 대 50이라는 기회다. 네 가지 선택지들 가운데 두 개가 제외되는 것이다. 남겨진 선택지는 적혈구와 림프액이다. 아! 이래도 못 맞힌다면? 림프액, 적혈구, 림프액, 적혈. 내가 말했다.

"적혈구를 일컫는 전문 용어를 분명히 들은 적이 있거든요. 그런데 그게 이릿스러사이트였던 것 같지는 않아요. 림프액으로 하겠습니다. 답은 림프액입니다."

주사위는 던져졌다. 나는 메러디스의 표정을 살폈다. 그가 말했다.

"이릿스러사이트를 가리키는 다른 말은 적혈구입니다."

나는 두 손으로 얼굴을 감싸쥐었다. 그게 그거였구나. 화려한 조명의 순간은 지나가버렸다. 메러디스는 광고를 내보내기 위해 진행을 잠시 중단했다. 나는 무대 뒤로 갔다. 아버지, 어머니와 줄리가 나를 맞이해주었다. 모두들 내가 자랑스럽다고 말했지만, 그거야 말이 그렇다는 거 아니겠는가. 이릿스러사이트. 나는 평생 그 단어를 잊지 못할 것이다. 프로그램 관계자가 상금을 건네주었다. 1,000달러였다. 사무실로 돌아와 에릭에게 전화를 걸었다.

"저에게 3만 1,000달러를 빚진 겁니다." 다분히 농담조였다.

에릭이 답했다.

"넌 작가 아니야? 그렇다면 그걸 알고 있었어야지!"

에릭은 구글 검색을 해봤지만 검색 결과를 살펴서 결정하기 전에 시간이 다 가버리고 말았다고 했다. 이후 24시간 동안 나는 내가 이 릿스러사이트라는 단어를 기억해냈어야 마땅하다는 일종의 자책에 시달렸다. 충분히 기억해낼 수 있었던 건데! 무엇보다도 먼저 나는 그것을 브리태니커에서 기억해내야 옳았다. 찾아보니 아니나 다를까, 바로 E 항목에 있었다. "이릿스러사이트: 레드 블러드 셀(적혈구) 또는 레드 커퍼슬(적혈구)로도 불림." 적혈구는 양쪽이 오목하며 운동 기구인 덤벨 모양과 비슷하다. 매우 유연해서 미세혈관을 지나며 종 모양을 띤다. 그리고 헤모글로빈을 함유하고 있다. 왜 내가 이걸 기억해내지 못했을까? 생물학 섹션에 좀 더 주의를 기울였어야 했다. 공부해야 할 것들의 목록에 생체액을 넣었어야 했다.

더구나 사이트$_{cyte}$가 셀(cell, 세포)을 뜻한다는 걸 알고 있었으니(무슨 무슨 사이트, 이렇게 연결형으로 쓰인다), 답이 적혈구나 백혈구 가운데 하나라는 걸 짐작했어야 마땅하다. 에릭에게 구글이 아니라 브리태니커를 찾아보라는 말을 왜 하지 못했을까? 그도 아니라면 방청객들 사이에 나에게 텔레파시로 정보를 전달해줄 수 있는 심령술사, 그것도 혈액에 밝은 심령술사를 한 사람 심어두었어야 했다.

어찌 됐건 결과는 그러했다. 내 꿈은 무너졌다. 최고급 마카누도 시가에 100달러 지폐로 불을 붙일 수도 없게 되었고, 샴페인을 터뜨릴 수도 없게 되었다. 두 병들이 샴페인 매그넘도, 네 병들이 샴페인 여로보암도, 여덟 병들이 샴페인 므두셀라도, 열두 병들이 샴페인 살마나자도, 열여섯 병들이 샴페인 발타자르도, 스무 병들이 샴페인 느부갓네살도. 그러나 시간이 지남에 따라, 내가 획득한 1,000달러를 위안 삼아 점점 더 편안한 기분을 느꼈다. 그 돈이면 내 브리태니커 구입비의 3분의 2 정도 분량에 해당하지 않는가. A 항목부터 P 항목까지 구입할 수 있는 돈이다.

더구나 내가 무대에서 완전히 얼간이로 비친 것도 아니다. 사실 내가 맞히지 못한 문제는 어려웠다. 정말 어려웠다. 척척박사에다가 하버드 생화학 학위를 지니고 있으며 미국에서 가장 유식한 축에 드는 에릭 쉔버그도 답을 몰랐다는 거 아닌가. 그는 정말 많은 걸 아는 사람, 나보다 훨씬 더 많은 걸 아는 사람이다. 그러나 그도 결코 모든 걸 다 아는 건 아니다. 사실 아무도 그럴 수는 없다. 전국적으로 방영되는 프로그램에서 그 사실이 입증된 셈이다.

전쟁 기술

영혼을 짓밟는 98페이지에 걸친 항목이다. 인간이 다른 인간을 죽이기 위해 고안해낸 이 다양하고 무시무시하고 복잡한 방법들이라니. 창, 성벽, 석궁, 총, 자동소총, 미사일, 쇠뇌 기타 등등. 그중 특히 한 페이지가 충격적이다. 1945년 8월 9일 일본 나가사키에 투하된 두 번째 원폭에 관한 부분이다. 당시 투하된 원폭의 이름은 뚱보였다.

"B29 폭격기는 고쿠라 상공에서 10분을 비행했지만 구름 때문에 투하 지점을 찾을 수 없었다. 이에 따라 2차 목표 지점으로 정해놓은 나가사키 상공으로 향했다. 현지 시각 오전 11시 2분, 21킬로톤 위력의 원자폭탄이 1,650피트 상공에서 투하됐다."

나는 고쿠라가 1차 목표 지점이었다는 걸 몰랐다. 고쿠라라는 곳에 관해 들어 본 적도 없다. 이 무슨 운명의 장난이란 말인가. 구름 상태에 따라 고쿠라의 수많은 생명이 살아난 반면 나가사키에서는 7만 명이 목숨을 잃었으니 말이다.

나는 B29기가 고쿠라 상공을 비행하던 10분에 관해 생각해보았다. 고쿠라에 사는 사람들은 각자의 하루를 보내고 있었을 것이다. 사무실에 전화를 걸고, 아이들과 놀

아주고, 식사를 하면서 말이다. 상상을 뛰어넘는 파괴력을 지닌 폭탄, 자신들의 몸을 찢어놓을 무시무시한 폭탄이 머리 위를 맴돌고 있으리라고는 아무도 알지 못했다. 폭격기가 목표 지점을 식별하지 못했기에 그들은 살아남았다.

역사의 교훈이라고 할 것까지는 없겠지만, 나는 반복해서 깨닫게 된다. 역사에서 운이라는 게 엄청나게 큰 구실을 한다는 것. 우리는 역사가 우리의 의지와 합리적 판단과 계획에 따라 움직인다고 생각하기 쉽다. 그러나 자주, 매우 자주 역사는 사소해 보이는 운에 좌우되곤 한다.

제2차 세계대전에서 또 하나의 사례를 들 수 있다. 히틀러 암살 계획이다. 1944년 7월 20일 에른스트 슈타우펜베르크 대령과 공모자들이 암살 계획을 실행에 옮겼다. 브리태니커에 따르면 이렇다.

"방에서 빠져나온 슈타우펜베르크는 오후 12시 42분에 폭발이 일어난 것을 확인했다. 그리고 히틀러가 죽었다고 확신했다. (…) 그러나 장교 한 사람이 폭탄이 든 가방을 회의 탁자의 두꺼운 다리 옆으로 옮겨놓았다. 이에 따라 히틀러는 폭발의 위력에 직접 노출되지 않을 수 있었다."

히틀러는 평소 물건을 잘 정돈하는 장교 한 사람 덕분에 살아난 셈이다. 역사는 탁자 두께에 의해서도 바뀔 수 있다.

Wells, H. G.
H. G. 웰스

웰스는 사촌과 결혼했다. 지난 몇 달 동안 나는 사촌을 사랑한 인물들을 자주 접했다. 그중 일부로 찰스 다윈, 헨리 8세, 에드거 앨런

포(열세 살 나이의 사촌과 결혼), 세르게이 라흐마니노프 등이 있다. 이제 사촌 사랑 클럽의 새로운 멤버로 작가 웰스가 추가됐다. 라흐마니노프는 사촌과 결혼했는데, 흥미롭게도 그는 사촌 사랑 클럽의 멤버인 포의 시에 바탕을 둔 교향곡을 작곡하기도 했다. 묘한 인연이다.

내가 좀 똑똑했을 때, 그러니까 고등학교 시절에 이탈로 칼비노의 단편을 읽은 적이 있다. 사람들이 사는 아파트가 여러 끈으로 연결돼 있는 어느 도시에 관한 일종의 우화였다. 여기에서 여러 끈은 각기 다른 종류의 관계를 뜻한다. 두 아파트에 사는 사람들이 혈연관계라면 끈은 검은색이다. 사업상의 관계라면 끈은 흰색이다. 한 사람이 다른 사람의 상사라면 그들 사이를 잇는 끈은 회색이다. 점차 그 많은 끈들이 늘어나고 두꺼워진 끝에 사람들은 도시를 걸어다닐 수 없게 된다.

단순한 우화가 아니라 지극히 현실적인 이야기이다. 사실 모든 사람은 온갖 종류의 방식으로 다른 사람들과 연결돼 있다. 사람과 사람을 이어주는 수많은 끈이 있는 것이다. 기대했거나 예상했던 관계도 있지만, 그렇지 않은 관계도 많다. 마치 거미줄 같다. 거미는 거미줄에 걸린 것을 먹어 치우지 않던가.

속죄보상금
wergild

고대 게르만의 관습법에서 손해나 상해를 입은 피해자에게 가해자가 치르는 보상이다. 대부분의 문화권에 비슷한 관행이 있었다. 중동에서는 이 관행이 디야라 일컬어진다. 한 사람의 목숨에 대한 보상은 암 낙타 100마리, 눈 하나 또는 발 하나를 잃었을 때는 암 낙타 50마리이다. 머리나 복부에 심한 부상을 입히면 33마리, 치아를 잃었을 때는 5마리이다.

아직까지 에릭은 〈백만장자〉 퀴즈 경기에서 구명줄 구실을 제대로 하지 못한 것에 대한 3만 1,000달러의 속죄보상금에 사인하지 않았다. 대신 그는 나에게 다른 것을 주었다. 줄리가 에릭의 아내 알렉산드라에게 들은 바에 따르면, 에릭은 낭패감에 휩싸여 있단다. 그것은 전국 방송에서 자신의 무지가 드러난 것에 대한 낭패감만이 아니었다. 에릭은 내 기회를 날려버린 것에 대해 진심으로 미안해하고 있다는 것이다. 나는 에릭이 감정을 지닌 사람이라는 걸 알고 있었지만 (그는 자애로운 아버지이자 좋은 아들이다) 그런 감정이 나를 향할 줄은, 진심으로 나에게 미안해할 줄은 예상하지 못했다. 에릭이 어려운 생물학 용어를 몰랐을 때보다도 이게 더 놀라웠다. 나는 너그러운 심정이 되었다. 에릭에게 이메일을 보냈다.

내 구명줄이 되어준 것, 정말 고맙습니다.
우린 이기지 못했지만 최선을 다했어요.
동생 A. J.로부터 (이럿스러사이트, 즉 적혈구를 나눈 동생이 아니라 결혼을 통해 성립된 동생)

나는 이런 이메일 내용이 적절하다고 생각했다. 가족애, 공감, 동정, 위로가 넘쳐나지 않는가 말이다. 물론 마지막 부분에서 쓰라린 기억을 환기시키기는 했지만. 에릭이 답신을 보내왔다.

도움이 됐다니 기뻐. 하긴 도움이 되지도 못했지만······.

적어도 상금에 부과될 세금을 낼 필요는 없잖아?

에릭으로부터

나는 에릭에게 이런 내용의 답장을 쓰고 싶은 마음이 굴뚝같았다. 내 아이가 에릭의 아이들보다 똑똑하고 잘생겼고 유머 감각도 뛰어나다는 게 밝혀진다면, 나는 비로소 행복해질 것이라고 말이다. 그러나 지킬 건 지켜야겠지? 그런 내용이라면 에릭의 마음을 콕콕 찌르게 될지도 모르니.

White House
백악관

백악관은 본래 대통령궁으로 불렸다. 그러나 '궁'이라는 말이 왕정을 연상시킨다는 이유로 대통령 관저로 바뀌었다. 시어도어 루스벨트 대통령 시대인 1902년까지 대통령 관저는 공식적으로 백악관으로 불리지는 않았다. 루스벨트는 대통령 관저 2층을 고쳐서 자신의 "자녀들이 키우는 뱀, 곰, 오소리, 너구리 등의 애완동물"을 위한 공간으로 만들었다.

흥미로운 사실이다. 나는 사무실 동료에게 이 각별한 루스벨트 동물원에 관해 말해주었다. 동료는 나에게 문제의 곰이 바로 테디 베어였는지 물었다. 나는 브리태니커닷컴에 접속해 백악관 항목을 다시 읽어 보았다. 문제의 곰이 테디 베어였는지 여부는 나와 있지 않았다. 그런데 브리태니커 온라인 판이 인쇄본에 비해 더 자세하지 않은가. 아마 지면 제한이 없기 때문이리라. 그래서 알게 된 사항인즉 이렇다.

백악관의 보안 상태가 어처구니없이 형편없었을 때가 있었다는 사실. 1842년 찰스 디킨스가 존 타일러 대통령의 초청으로 백악관을 방문했다. 디킨스는 백악관 건물에 도착해 문을 두드렸지만 아무 응답이 없었다. 그가 어떻게 했을까? 그냥 혼자 들어갔다. 문을 열고 현관을 통과해 혼자 이 방 저 방 돌아다니다가 대통령 측근 무리가 있는 방에 도착할 수 있었다. 디킨스는 대통령 측근들이 백악관 바닥에 아무렇게나 침을 뱉는 걸 보고 경악했다. 디킨스는 나중에 백악관 바닥 청소를 하는 사람들이 충분한 급료를 받기를 바란다고 썼다.

이 정도면 정말 흥미로운 이야기 아닌가. 나는 브리태니커 인쇄본을 좋아하지만, 온라인 판을 무시하면서 지금까지 놓친 게 얼마나 될지 걱정된다.

Winchell, Walter
윈첼, 월터

무척이나 빠르게 지껄이고, 늘 모자를 쓰고 있으며, 익살 넘치는 가십을 글감으로 삼는 칼럼니스트다. 본래는 Winchell이 아니라 Winchel, 즉 성에 l 하나가 없었다. 그런데 어느 극장 차양에 'Winchell'이라는 글자가 적혀 있는 걸 보고 마음에 든 윈첼은 스스로 성의 철자를 하나 추가했다. 율리시스Ulysses 그랜트 대통령도 비슷한 경우이다. 본래 이름 철자가 Ulyses였지만 육군사관학교 생도 시절 그에 관한 서류에 우연히 s가 하나 더 추가됐고, 이후 그랜트는 계속 이름 철자를 Ulysses로 썼다. 그런가 하면 이런 사람도 있다. 본래 이름이 이스라엘 발린Baline이었지만 인쇄소의 실수로 발린이 벌린Berlin으로 잘못 찍혀 나온 다음부터 이름을 어빙 벌린으로 바꾼 사람이다. 바로 러시아 출신의 미국 작곡가이자 작사가 어빙 벌린이다. (문제의 인쇄소 직원이 빨리 직업을 바꾸었기를.) 개인 차원의 일이기는 하지만 이 역시 운이 역사를 바꾸는 것에 속한다 하겠다.

Wise Men
동방 박사, 현자

동방 박사가 최근 줄리와 나의 삶 속에 들어왔다. 정확히 말하면 그들 가운데 한 사람이다. 우리 아들의 이름을 재스퍼로 할까 고민 중인 것이다. 특별한 이유는 없다. 그저 그 이름이 좋다. 아기 이름 짓는 책에서 재스퍼가 동방 박사들 가운데 한 사람인 가스파르에서 유래됐다는 걸 알게 됐다.

우리 아들이 동방 박사의 이름을 따르게 된다는 것. 아마 지혜로운 아이가 되지 않을까? 그리고 아주 놀랍게도, 나 자신의 지혜를 녀석에게 나누어줄 수 있을지도 모른다. 그렇다. 나는 이제 나름의 지혜를 갖추고 있다고 생각한다. 솔직히 돌이켜 보건대 브리태니커 작전은 다분히 장난스럽게 시작됐다. 나는 칵테일파티에서 지껄일 수 있는 흥미로운 사실들을 알게 되리라 기대했고, 생활 속에서 브리태니커 지식을 써먹을 수 있으리라 기대했으며, 지식의 본질에 관해 무언가 깨달을 수 있으리라 보았다. 그렇다면 지혜는? 솔직히 지혜를 진지하게 기대하지는 않았다.

그런데 놀랍게도 이제 지혜가 모습을 드러냈다. 4,400만 단어들 사이에 숨어 있던 지혜가 말이다. 물론 브리태니커의 어떤 항목을 읽다가 지혜가 번개처럼 내 머리를 때리는 일도 있었지만, 브리태니커를 하나의 전체로 조망하고 돌이켜 보는 데서 진정한 지혜에 접근할 수 있었다. 그 지혜란 무엇인가?

나는 호모사피엔스, 두뇌 용량 1,350세제곱센티미터에 2차 구개口蓋를 지녔고 10만 개 안팎의 머리카락을 지닌, 척색동물문에 속하는 두 발 포유동물이 매우 좋은 종이라고 확신하게 됐다. 물론 우리는 끔찍한 일을 저지를 수도 있는 종이다. 우리는 빈곤과 전쟁을 일으켜 왔고, 일광 절약 시간을 고안해내기도 했다. 감히 지난 1만 년의 세월과 3만 3,000페이지의 브리태니커를 돌이켜 볼 때, 우리 인간은 인간이 이룩한 것들을 통해 자신을 구해왔다. 우리는 트레비 분수, 브라유식 점자법, 디베이키 박사의 인공 심장, 버튼식 전화기 같은 것들과 함께해온 종인 것이다.

우리 인간은 삶을 보다 나은 것으로 만들어왔다. 수천 배가 나은 것으로 말이다. 나는 다시는 먼 과거를 황금시대로 미화하거나 신화화하지 않을 것이다. 19세기에 제왕절개 수술 시 영아 사망률은 75퍼센트에 달했다. 하루 중 근로 시간이 14시간이었으니, 나 같은 일 중독자에게도 그건 너무 심하다. 고대 로마인의 기대 수명은 29세였다. 남편이 세상을 떠난 여성은 남편의 형제와 결혼해야 했다. 포크 가지는 하나였고 우산은 검은색 하나였으며, 상온에서 나흘이 지나 고약한 냄새가 나는 고기를 먹어야 했다.

이런 여러 조건들을 감안할 때 오늘날이 그 어느 때보다 살기 좋은 시대이다. 장차 태어날 나의 아들 재스퍼 때문에 나는 좀 흥분해 있다. 빨리 태어났으면 좋겠다. 녀석을 달고 다니며 내가 누릴 기쁨 때문만이 아니라, 녀석이 이 세상을 좋아할 것이고, 세상이 녀석을 좋아할 것이라는 생각 때문이다. 내 머릿속의 지식은 서서히 사라져가겠지만, 이 세상과 우리 시대에 대한 나의 이런 생각과 느낌만은 언제까지라도 계속되었으면 좋겠다.

Wood, Grant
우드, 그랜트

〈아메리칸 고딕〉이라는 초상화 작품으로 유명한 미국 화가이다. 어느 농부와 그 아내를 묘사한 것 같지만, 그림 속 여성은 화가 자신의 동생 낸이고, 건초용 갈퀴를 들고 있는 남성은 화가를 치료해준 치과 의사란다. 그렇단 말이지. 다시 한 번 그림 속 남성을 쳐다보자. 그가 하얀 가운을 입고 날카로운 치과용 도구를 들고 서 있다. 그럴듯하다.

Woodhull, Victoria
우드헐, 빅토리아

1년에 걸친 중단 없는 브리태니커 읽기. 일종의 후유증은 없을까? 브리태니커 이후에는 그 어떤 책도 읽지 않게 될 것 같다. 심지어 도로 표지판 문구나 샐러드 드레싱 상표도 읽지 않게 될 것 같다. 그러나 브리태니커에서 빅토리아 우드헐 같은 인물에 관해 읽게 되면 나는 그런 인물에 관한 전기물을 읽고 싶어진다. 이 무슨 조화일까.

우드헐은 놀라운 여성이었다. 최초의 여성 주식중개인이자 최초의 여성 대통령 후보였다. 1838년 오하이오 주에서 태어나 심령술과 점술업으로 먹고사는 가족을 따라 이곳저곳을 떠돌아다니며 자랐다. 열다섯 살에 결혼했지만 곧 이혼하고 뉴욕으로 갔다. 그곳에서 기업가 코르넬리우스 반더빌트와 친분을 쌓았다. 반더빌트는 심령술에 관심이 많았다. 반더빌트는 우드헐이 주식중개 회사를 차릴 수 있도록 도와주었다. (그럴듯하다. 심령술에 바탕을 둔 주식중개.)

우드헐은 공동 생활, 자유 연애, 평등권, 여성 투표권 등을 주장하는 개혁적인 잡지를 출간하기 시작했다. 상대적으로 온건한 여성 참정권 운동가들 사이에서 우드헐은 인기가 없었지만, 그들은 우드헐이 미 의회 앞에서 여성 투표권을 청원한 다음부터 잠시나마 우드헐을 받아들였다.

우드헐은 개혁 운동가 시어도어 틸턴의 아내가 헨리 워드 비처 목사와 부적절한 관계를 맺었다는 소문을 보도했고, 부적절한 간행물을 우편으로 보냈다는 혐의로 기소당했다. 1877년 우드헐은 반더빌트 상속자들의 재정적 도움을 받아 런던으로 이주했다. 그들은 반더빌트가 남긴 유언장을 우드헐이 문제 삼고 나설 것을 두려워했던 것이다. 영국에서 우드헐은 우생학을 다루는 잡지를 시작했고, 대서양을 최초로 횡단 비행하는 이에게 줄 5,000달러를 상금으로 내놓기도 했다.

흥미진진하고 파란만장한 삶이라 할 만하다. 나는 우드헐 항목을 읽고 온라인 서점에서 우드헐 전기를 주문하고 말았다. 적어도 브리태니커 이후의 한 권이 생긴 셈이다.

X-ray style
엑스선 스타일

동물을 그 골격이나 내장 기관을 그려 묘사한다고 해
보자. 그런 예술 기법을 엑스선 스타일이라 한다. 북유럽
의 중석기 시대 사냥꾼들도 엑스선 스타일을 선호했다.
초기 호주 원주민들도 엑스선 스타일을 구사했다. (브리
태니커에는 엑스선으로 도마뱀을 투시한 것 같은 호주 원주민
그림이 실려 있다.) 사실 이 항목을 읽기 불과 몇 시간 전,
〈에스콰이어〉 편집자 한 사람이 엑스선 사진 포트폴리오
를 실어 보는 게 어떠냐는 의견을 냈다. 골프공 치는 남
자를 엑스선 촬영한 것, 침대에 함께 누워 있는 여성과
남성을 엑스선 촬영한 것, 뭐 이런 것들이다. 이것이 브
리태니커와 내 일상이 우연하게 갈마드는 마지막 경우일
까? 아마도 그렇겠지. 이제 브리태니커라는 긴 터널의
끝인 Z 항목이 보이기 시작한다. 터널 끝에 거의 다 온
것이다.

yacht
요트

메이플라워라 불리는 대통령 요트는 1897년에 건조됐
다. 제2차 세계대전 중 해안 순시선으로도 사용됐다. 전
쟁에 참가한 요트. 이거 맘에 든다. 폭스 방송 제국을 이
끌어온 거물 베리 딜러의 요트를 페르시아만으로 보내면

어떨지 싶다.

Yang, Franklin
양, 프랭클린

중국 태생의 미국 물리학자로 1957년 노벨 물리학상을 수상했다. 그의 본래 이름은 전닝, 즉 양전닝楊振寧이었다. 어린 시절 벤저민 프랭클린의 전기를 읽고 느낀 바가 각별하여, 미국에 유학 온 이후 프랭클린이라는 이름을 사용했다. 다른 사람의 이름을 따르고자 한다면 프랭클린은 안정적인 선택이라 하겠다. 벤저민 프랭클린은 브리태니커에 정말 자주 등장한다. 그것도 매번 훌륭한 쪽으로 말이다. 그는 스물한 살 때 미국철학회를 창설했고, 미국에서 최초로 보험 제도를 실시했으며, 사람들을 황홀한 무아지경에 빠지게 한다는 사기성이 짙은 의학자 프란츠 메스머를 불신했다. (최면을 걸다, 매혹시키다, 감화시키다 등을 뜻하는 메스머라이즈mesmerize라는 말이 그 사람에서 비롯됐다.) 한편 여성 편력이 심했던 그는 성적 욕망을 '저급한 여성'들을 통해 충족시켰다.

Year
해

오늘은 부모님 댁에서 새해 선물을 주고받는 날이다. 내가 브리태니커를 읽기 시작한 지도 벌써 1년 정도가 됐다니, 좀처럼 믿어지지 않는다. 지난 1년은 1년이 아닌 것 같다. 그렇다고 354일로 이루어진 태음력의 1년을 보낸 기분도 아니다. 우리는 예정보다 좀 일찍 도착했다. 누나 부부는 아직 오지 않았다. 이건 뭘 뜻하느냐? 줄리와 어머니가 방으로 들어가 어머니가 작업하신 보석 디자인을 감상할 시간이 있다는 뜻이다. 아버지와 나만 거실에 남았다. 내가 여쭈어 보았다.

"최근에 나온 초음파 사진 보시겠어요?"

"보고 싶고말고."

상태가 좋은 초음파 사진이다. 척추가 밝은 흰색으로 분명하게 보인다. 살이 촘촘한 빗 모양이라고 할까. 그리고 얼굴도 보인다. 줄리와 나는 우리 태아의 얼굴이 이티처럼 생겼는지 〈13일의 금요일〉 시리즈에 나오는 살인마 제이슨처럼 생겼는지 갑론을박하기도 했다.

나는 초음파 사진을 가방에서 꺼내 재스퍼의 할아버지에게 건네드렸다.

"잘생긴 녀석이로군."

"네, 제이콥스 가문의 코를 지니고 있어요."

"녀석의 이름을 아놀드 제이콥스 5세로 하는 것에 대해 좀 더 생각해봤니?"

"송구스럽지만, 생각해보지 못했어요."

아버지가 고개를 끄덕였다. 그럴 줄 이미 알고 계셨던 것 같다. 내가 말했다.

"다른 거 보여드릴 게 있어요. 아마 아버지도 보고 싶어 하실 것 같아서……."

"뭐냐?"

나는 가방에서 종이 한 장을 꺼냈다.

"제가 한번 써본 건데, 브리태니커 편집부에 보낼까 해요. 내년도 판에 넣어달라고 요청하는 거죠."

아버지는 내가 건네드린 종이를 들고 읽기 시작했다.

제이콥스, 아놀드 (1941년 2월 26일 뉴욕에서 태어나다.)
내부자 거래 전문가이며, 가장 많은 주석이 있는 법학 논문 세계 기록
보유자. 제이콥스는 변호사 아버지와 미술 교사 어머니 사이에서 태어
나 맨해튼에서 성장했다. 그는 백분위 등수 78등으로 고등학교를 졸업
했다. 지하철을 타고 있을 때만 공부한 셈치고는 놀라운 성적이다. 제
이콥스는 정말 많은 대학원을 다녔다. 지면 관계상 그가 다닌 대학원
과정을 여기에 모두 소개하기는 힘들다. 제이콥스는 아내 엘렌 킬과
함께 버펄로 기념품 수집가이기도 하며, 자녀 둘을 두었다. 그는 아들
아놀드 제이콥스 주니어(일명 아놀드 제이콥스 4세)에게 배움과 학문에
대한 사랑, 때로는 지나칠 때도 있는 사랑을 나눠주었다. 제이콥스는
또한 그 아들에게 자신이 이룬 업적, 가족에 대한 헌신, 칭기즈칸에 대
한 전문가적 식견 등으로 깊은 인상을 남겼다. 가장 중요한 것은 아마
도 그가 과학상의 위대한 도약을 이루었다는 사실일 것이다. 그는 빛
의 속력을 2주당 패덤 단위로 계산한 것이다. 그 속력은 1.98에 10의
14승을 곱한 것이다. 그의 아들 제이콥스 주니어는 광속을 나노세컨드
(1초의 10억 분의 1)당 노트 단위로 계산하여 아버지의 발견을 보충했
다. 그것은 0.00162다.

나는 아버지가 읽으시는 모습을 지켜봤다. 매우 길게 느껴졌다. 다
읽고 나자 아버지는 미소 지었다.
"이거 대단하구나. 영광인걸!"

"브리태니커 측이 이걸 받아줄지는 봐야 알겠죠."

"나노세컨드당 노트라고?"

"네, 그걸 계산해봤어요."

"그거 좋은 정보로군."

"그럼요. 유익한 정보죠."

"더구나 두운법까지 구사한 모양이다. 너츠 퍼 나노세컨드!"

"네, 그래서 피코세컨드(1초의 1조분의 1)를 선택하지 않은 겁니다."

"아주 좋아! 내가 손자 녀석에게 가르쳐줄 첫 번째 정보다."

나는 버펄로 작전을 비롯한 아버지 특유의 장난이나 농담에 한몫 거들고 싶지는 않았다. 그러나 빛의 속력을 이상하게 계산하는 것 정도에는 한몫 거들지 못할 게 뭐란 말인가? 아버지의 장난을 실마리 삼아 아버지를 흡족하게 해드리고 칭찬해드리지 못할 까닭이 없다. 아버지는 내가 그럴 때마다 좋아하신다.

Z 항목에 가까워지면서 나는 어떤 면에서는 아버지를 능가하게 됐다고 할 수 있다. 그리고 아버지의 지적 능력과 지식에 대한 질투심을 몰아낼 수 있었다. 적어도 앞으로 몇 주 동안은 나의 대뇌 피질에 저장된 정보가 아버지의 것보다 많을 것이다. 그렇다면 내가 아버지보다 똑똑해진 건가? 그렇지 않을 것이다. 내가 아버지보다 법률에 관해 더 많이 아는가? 분명히 아니다. 분명히 알게 된 건 아버지와 내가 정말 많이 닮았다는 것, 어떤 의미에서는 같다는 것이다. 나는 때로 이 사실이 싫었지만, 이제는 그렇지 않다. 그래서 좋다.

요들

스위스가 요들을 독점하고 있다고 생각하면 오산이다. 피그미와 호주 원주민들도 능숙한 요들 가수들이다. 요들은 그렇다치고 스위스의 뻐꾹 시계 소리는 기대 이하다.

Young, Thomas
영, 토머스

빛에 관한 파동설을 주장했다. 뉴턴의 입자설과 다른 이론을 제기한다는 건 쉬운 일이 아니었으니, 파동설은 무시당하기 일쑤였다. 토머스 영도 과학계의 이단자 취급을 받았다. 조지 버나드 쇼가 말했듯이 "모든 위대한 진리는 불경에서부터 출발한다."

Zeus
제우스

나는 남성들이 바지춤을 제대로 간수하지 못한다는 게 대단한 소식이 아니라고 생각했다. 정말 그렇다. 브리태니커의 첫 수백 페이지에만도 성적으로 방탕한 남성들과 그 상대 여성들이 줄기차게 나온다. 그러나 제우스를 누가 당하랴? 그는 자신만의 성관계 리그를 운영했다고 해도 지나친 말이 아니다. 단연 금메달감이다. 제우스는 그리스 신들 가운데 월트 체임벌린이라고 할 수 있다. 월트 체임벌린이 누구인가? 1962년 NBA에서 단일 경기 100점 득점의 신화적인 기록을 남긴 이가 아니던가. 제우스는 자신의 씨를 정말 광범위하게 뿌려댔다. 브리태니커 수백 페이지를 읽을 때마다 제우스가 관계한 여성, 심지어 남성이 등장한다. 제우스가 제우스 자신과 관계했을지도 모른다. 그는 자주 다른 모습으로 변신해 나타나지 않던가. 황소, 독수

리, 뻐꾸기, 먹구름, 개미 등등. 그는 개미로 변신해 에우리메두사와
관계했다. 그게 어떻게 가능했을지 도무지 모르겠다. 에우리메두사
가 과연 성적 쾌감을 느꼈을까? 개미가 달려드는 판이니 피부 연고
가 필요했을지도 모르겠다.

Zola, Emile
졸라, 에밀

일부 자료에 따르면 작가 에밀 졸라는 심하게 굶주린 나머지, 창턱
에 덫을 놓아 참새를 잡아먹었다.

zoo
동물원

아스텍인들은 사육사 300명이 동물을 관리하는 큰 동물원을 멕시
코에 두고 있었다. 그런가 하면 제2차 세계대전 중 런던 시민들은 동
물원에서 키우는 물고기를 먹었다.

이제 17페이지 남았다. 목 뒤가 뻐근하다. 건성으로 지나치고픈 마
음도 없지 않지만, 오히려 읽는 속도를 줄이려 애써본다. 마지막 항
목들을 여유 있게 즐겨야 하지 않겠는가.

zucchetto
모관, 주케토

가톨릭 교회 성직자들이 머리에 쓰는 작은 모자다. 브리태니커에
나오는 마지막 교회 전례 복식이다. 마지막!

줄루, 아프리카의 종족이자 나라. (줄루 왕국을 연 샤카는 어머니가
세상을 떠났을 때 "공공연하게 정신 이상"이 되어, 농작물을 심는 것을 허락
하지 않았다.)

이런! 7페이지가 더 남았다.

레오폴트 춘츠, 유대학을 연구한 유대인 학자.

취리히 웨어, 스위스 도자기의 한 유형.

즈베노 그룹, 불가리아의 정당.

Zywiec
지비에츠

이제 드디어 여기다. 나는 도착하고 말았다. 브리태니커의 6만 5,000여 항목들 가운데 마지막 항목, 4,400만 단어들 가운데 마지막. 이상한 건 정말로 마라톤 풀코스를 뛰고 있기라도 한 것처럼 맥박이 고동친다는 사실이다. 그렇다. 나는 벅차오르고 있다. 크게 한 번 심호흡을 한 뒤 폴란드 남중부에 있는 도시 이름인 지비에츠 항목을 읽어 내려갔다. 지비에츠는 맥주와 함께 16세기의 〈잠자는 성처녀〉 상으로 유명하고, 인구는 3만 2,000명이다.

화요일 밤 오후 9시 38분. 평소 같으면 별다를 게 없는 그저 그런 화요일 밤이었을 것이다. 소파에 몸을 푹 파묻고 나는 드디어 브리태니커 2002년판을 다 읽었다. 이제 뭘 해야 할지 어리둥절한 기분이었다. 조용히 책장을 덮었다. 그리고 소파에서 일어났다.

리본도 깃발도 없다. 평소와는 뭔가 다른 기분이지만 좀처럼 실감이 나지 않는다. 항목 자체는 마지막이라고 별다를 게 없다. 브리태니커가 아닌 다른 책이었다면, 그 마지막이 앞부분보다 심원한 의미를 전해주거나, 놀라운 반전을 준비해두었거나, 책 전체의 결론 같은 게 있을지 모른다. 그러나 브리태니커 안의 모든 것은 알파벳 순서라는 철칙에 따라 제자리를 지키고 있을 뿐이다. 그 마지막이라는 것도 언제 잊어버릴지 모르는 폴란드 남중부의 맥주에 취한 마을이 아니 겠는가. 지식의 보고 브리태니커의 마지막 항목이라고 해서 그게 우주의 모든 비밀을 함축하고 있어야 한다는 법은 없는 것이다. 만일 그렇다면 적어도 이 정도는 되어야 할 것이다. '지비에츠: 오소리 털에서 발견된 신비한 물체인 지비에츠는 우리가 살아가야 하는 이유이다.' 그래서 나는 약간은 실망스럽다. 산후 우울증에 비길 수 있을까? 1년 내내 계속해온 거대한 프로젝트를 마친 끝에 찾아오는 일종의 허탈감이라 할까? 나는 브리태니커를 서가의 제자리에 꽂아 넣고 거실로 갔다. 그리고 아내에게 말했다.

"마쳤어."

"잠잘 준비 마쳤어?"

"아니. 해냈다고, 해냈어."

줄리는 팔을 벌려 나를 꽉 안아주었다. 그리고 키스. 줄리가 말했다.

"잠깐 있어 봐. 이걸 기록해 놔야지."

줄리가 침실로 가서 비디오 카메라를 가지고 왔다.

"A. J. 제이콥스, 당신은 브리태니커 백과사전을 A 항목부터 Z 항목까지 모조리 읽었습니다. 이제 뭘 할 건가요?"

"음……."

나는 고개를 흔들었다. 정말 뭘 해야 할지 떠오르는 게 하나도 없었다. 나는 어찌할 바를 몰랐다. 줄리가 기자라도 되는 양 물었다.

"디즈니랜드에 갈 건가요?"

"그래요. 디즈니랜드에 가야죠. 토끼 오스왈드를 만들어 낸 월트 디즈니가 세운 디즈니랜드로 갈 겁니다."

줄리가 비디오 카메라를 끄고 물었다.

"그냥 넘어갈 수 없지. 기념 만찬은 어때?"

"좋아. 왜 아니겠어?" 멋진 만찬이 될 것이다. 그동안 브리태니커에 남편을 빼앗겼던 줄리와 함께하는 저녁 식사. 줄리, 그래 그게 내 아내의 이름이었지. 맞나?

"줄리! 당신 〈웨스트윙〉을 봐야 하지 않아?"

"그렇지!"

나는 줄리와 거실 소파에 나란히 앉아 백악관을 무대로 한 TV 시리즈 〈웨스트윙〉을 시청했다. 토머스 제퍼슨은 백악관을 가리켜서 "황제 둘, 교황 하나, 라마교 수장 등을 너끈히 용납할 수 있을 만큼 크다"고 했다.

나는 부모님의 친구 분이 들려준 우화를 떠올려 본다. 백과사전의 모든 지식, 세상의 모든 지식을 한마디로 압축했다는 현자의 우화다. 그 현자는 "이것 역시 지나가고 말 것에 불과하다"고 했던가? 그리 나쁘지 않은 가르침이다. 그렇다면 브리태니커를 다 읽은 이 마당에 내가 할 수 있는 한마디는? 그런 한마디가 있다면 바로 지금 이 순간 하는 게 좋을 것 같다. 내가 바라던 것보다 훨씬 더 많은 지식을 갖게 된 지금, 독일의 심리학자 에빙하우스의 망각 곡선의 궤적에 따라 내가 많은 걸 잊어버리게 되기 전에 말이다.

솔직히 내 나름의 한마디가 무엇일지 잘 모르겠다. 내가 브리태니커를 압축하고 요약하는 한마디 말을 자신 있게 할 정도로 똑똑하지는 않기 때문이리라. 한마디가 아니라 여러 마디라면 또 모르겠다.

이를테면 다음과 같은 말 정도?

　나는 이제 여섯 단계 분리의 법칙이 보여주듯 세상 모든 게 서로 연결되어 있다는 걸 잘 안다. 나는 역사가 온갖 추잡하고 더러운 것들로 가득하다는 걸 알고 있지만, 동시에 우리가 다른 인류와 같은 DNA 구조를 갖추고 있다는 사실을 자랑스럽게 만드는 놀라운 위업들로 가득하다는 것을 안다. 나는 우리가 좋은 일에 초점을 맞추지 않으면 괴로워진다는 걸 안다. 나는 삶이라는 경주에서 빨리 가는 게 능사도 아니고 현명하게 되고자 애쓰는 것도 능사가 아니라는 걸 안다. 그저 각자가 누릴 수 있는 즐거움을 흠뻑 누려야 한다. 나는 도덕성이라는 게 가장 사소한 결정에 좌우된다는 걸 안다. 한 장의 냅킨을 집어던지느냐 마느냐 같은 결정 말이다. 나는 이릿스러사이트가 혈청이나 림프액 성분이 아니라 적혈구라는 걸 안다. 나는 세상의 지식이 대양만큼 광범위하다는 걸 안다. 그 대양 가운데 내가 아는 건 미미하기 짝이 없다는 것도 안다. 나는 두 달 안에 아빠가 되리라는 걸 알고 있고, 아이 아빠가 되기 위한 약간의 준비를 했다는 걸 안다. (나는 아이에게 하늘이 왜 푸른지, 블루문의 기원이 뭔지 등등, 아이가 궁금해하는 것에 대해 답해줄 수 있다.) 그러나 아빠로서 해야 할 일의 99퍼센트는 아이를 키우면서 배워나갈 수밖에 없으리라. 약간의 불면증에 시달리고 〈심슨〉 시리즈를 시청하지 못할지라도 브리태니커를 다 읽는 게 기쁘다는 걸 나는 안다. 나는 주머니쥐의 젖꼭지가 13개라는 걸 안다. 나는 지난 1년여 동안 수백 번이나 나 자신에 반하는 행동을 하거나 회의에 빠졌다는 걸 안다. 그리고 인간의 역사야말로 수천 번이나, 아니 그보다 훨씬 더 자주 모순에 빠지곤 했다는 걸 안다. 나는 굴이 성별을 바꿀 수 있다는 걸 알고, 터키의 아방가르드 잡지 〈바리크〉에 관해 안다. 나는 우리가 기꺼이 새로운 모험에 나서지 않으면 지루하게 살 수밖에 없다는 걸 안다. 나는 지식과 지력이 같지 않다는 걸 안다. 그러나 그 둘은 가까운 이웃이라고 할 수 있다. 그리고 나는 다시 한 번 배움의 즐거움을 알게 되었다. 그리고 나는 이제 내 삶이 다시 평온한 제자리로 돌아왔다는 걸 안다. 이제 아내와 멋진 저녁 식사를 해야지.

| 참고 문헌 |

BROWN, CRAIG. *How the First Fly Guy Went Up, Up and Wa-hey··· Edinburgh Evening News,* December 9, 2003.

COLEMAN, ALEXANDER and CHARLES SIMMONS. *All There Is to Know: Readings from the Illustrious Eleventh Edition of the Encyclopedia Britannica.* New York: Simon & Schuster, 1994.

FLAUBERT, GUSTAVE. *Bouvard and Pecuchet with the Dictionary of Received Ideas.* New York: Penguin Group, 1976.

KOGAN, HERMAN. *The Great EB: The Story of the Encyclopaedia Britannica.* Chicago: University of Chicago Press, 1958.

KONING, HANS. "Onward and Upward with the Arts: The Eleventh Edition." *New Yorker,* March 2, 1981.

MARKS-BEALE, ABBY. *10 Days to Faster Reading.* New York: Warner Books, 2001.

MCCABE, JOSEPH. *The Lies and Fallacies of the Encyclopedia Britannica.* Escondido, Calif.: The Book Tree, 2000.

MCCARTHY, MICHAEL. "It's Not True About Caligula's Horse: Britannica Checked-Dogged Researchers Answer Some Remarkable Queries." *Wall Street Journal,* April 22, 1999.

MCHENRY, ROBERT. "Whatever Happened to Encyclopedic Style." *Chronicle of Higher Education,* February 28, 2003.

OSTROV, RICK. *Power Reading.* North San Juan, Calif.: Education Press, 2002.

SARTE, JEAN-PAUL. *Nausea.* New York: New Directions, 1964.

SHNEIDMAN, EDWIN. "Suicide On My Mind, Britannica On My Table."
    American Scholar, Autumn 1998.
STERNBERG, ROBERT J. *Successful Intelligence: How Practical and Creative
    Intelligence Determine Success in Life.* New York: Plume, 1997.
——— ed. *Handbook of Intelligence.* Cambridge: Cambridge University Press,
    2000.

665